880

Historia

1085

HISTORIOGRAFIA ESPAÑOLA CONTEMPORANEA

X Coloquio del Centro de Investigaciones Hispánicas de la Universidad de Pau. Balance y resumen

por

MANUEL TUÑÓN DE LARA

y

M. Alpert, A. Bahamonde, A. Balcells, A. M. Bernal,
G. Caussimont, J. M. Delgado Idarreta, J. Extramiana,
E. Fernández Clemente, C. Forcadell, F. García de Cortázar,
J. García-Lombardero, M. C. García-Nieto, A. Gil Novales,
J. L. Guereña, S. Juliá, A. Macías, J. C. Mainer, P. Malerbe,
I. Moll Blanes, M. E. Nicolás Marín, J. S. Pérez Garzón,
M. A. Rebollo Torío, A. Rodríguez de las Heras, D. Ruiz,
J. Toro Mérida, G. Tortella, P. Vilar, A. Viñas.

siglo
veintiuno
editores

MÉXICO
ESPAÑA
ARGENTINA
COLOMBIA

siglo veintiuno editores, sa
CERRO DEL AGUA 248, MEXICO 20, D.F.

siglo veintiuno de españa editores, sa
C/PLAZA 5, MADRID 33, ESPAÑA

siglo veintiuno argentina editores, sa

siglo veintiuno de colombia, ltda
AV. 3a. 17-73 PRIMER PISO. BOGOTA, D.E. COLOMBIA

Primera edición, noviembre de 1980

© SIGLO XXI DE ESPAÑA EDITORES, S. A.
Calle Plaza, 5. Madrid-33

Diseño de la cubierta: El Cubri

ISBN: 84-323-0393-3
Depósito legal: M. 39.701 - 1980
Compuesto en Fernández Ciudad, S. L.
Impreso en Closas-Orcoyen, S. L.
Martínez Paje, 5. Madrid-29

INDICE

HISTORIA DE LOS COLOQUIOS

1970-1979, LOS COLOQUIOS DE PAU.
DIEZ AÑOS DE HISTORIA Y DE AMISTAD.
Y TAMBIEN DIEZ AÑOS DE ESPAÑA, NUESTRA VIDA

Pierre MALERBE

Otoño del 69, el pequeño Seminario de Estudios de los Siglos XIX y XX del Departamento de Español de Pau, sin saberlo va a iniciar, impulsar y orientar un notable cambio en la historiografía de la España contemporánea. A otras plumas les corresponde apreciar lo que ha significado para los españoles. Aquí sólo queremos recordar lo que fueron aquellos diez años alumbrados por la acción pertinaz de Manuel Tuñón de Lara y sus colegas. Luz tenue, vacilante en un principio. Nunca apagada. Y cada año más fuerte. Irradiaba primero a unos pocos estudiosos, luego iba a alcanzar a todos los historiadores de la época contemporánea —atractiva u ofuscadora—, abriendo camino con la polémica, los silencios altivos, los amistosos debates.

En este sector de la investigación, la situación en Francia era asaz mediocre. Estudiosos de la España contemporánea casi no los había. Entre los diplomados de historia pocos, muy pocos, han estudiado el castellano. Y los archivos franceses siempre son más asequibles... Los catedráticos de Universidad, que podrían atraer y orientar a algunos, son menos aún. La señera figura de Pierre Vilar es como una magnífica excepción. Pero tanto sus publicaciones como su elevación a la Cátedra de Historia económica de la Sorbona como sucesor de Ernest Labrousse (1964) favorecían más la época moderna que la contemporánea. Tendencia que reforzaba el magisterio de Fernand Braudel que iba a ocupar una cátedra del Colegio de Francia.

La preocupación por la España del «tiempo de silencio» llevaba a numerosos estudiantes hacia el «hispanismo». En las estructuras universitarias de Francia esto significaba el estudio de la lengua y de la literatura. Claro que por el estudio del público del teatro y del libro, por la historia de la prensa, de las ideas, por las biografías, se hacían interesantes incursiones en la sociedad española del liberalismo. Pero las destacadas figuras de Sarrailh y de Bataillon, que dominaban el hispanismo universitario, privilegiaban, quizás a pesar suyo, el estudio de los siglos XVI a XVIII. Sólo la problemática de la vía del «despotismo ilustrado» planteaba la cuestión de la modernización de la sociedad española a la víspera de la revolución burguesa.

Bajo el patrocinio de P. Vilar, dos investigadores españoles exiliados y un latinoamericano presentaron las escasas obras preparadas en Francia sobre la España de los siglos XIX y XX: F. G. Bruguera, M. Tuñón de Lara, C. M. Rama [1]. Y en el marco de los debates sobre la Tercera Internacional y la lucha contra el fascismo, P. Broué y E. Témine analizan la guerra de España [2].

Un notable cambio iba a ocurrir merced al impulso del profesor Noël Salomon, catedrático —de literatura española— de la Universidad de Burdeos. A pesar de que sus estudios interesaban el Siglo de Oro, su orientación metodológica y su militancia política le hicieron más sensible a la impaciencia de los jóvenes hispanistas molestos por las limitaciones temáticas, problemáticas y cronológicas que les imponía el hispanismo universitario imperante. Contra vientos y mareas, Noël Salomon aceptó la dirección de trabajos que naturalmente desembocaban en la investigación histórica: anarquismo, carlismo, literatura popular, etc.

En el año 1965, N. Salomon llamaba a Manuel Tuñón de Lara para que se encargara de la enseñanza de historia y civilización contemporánea en lo que iba a ser, a partir de 1969, la Universidad de Pau. Con las primeras y brillantes memorias de Diplomas de Estudios Superiores se forja el núcleo originario del Seminario de Estudios de los Siglos XIX y XX del Centro de Investigaciones Hispánicas de aquella Universidad.

En octubre de 1969, el Seminario prevé en su Plan de Trabajo del año: «el establecimiento de relaciones con los colegas, investigadores y estudiosos de nuestra especialidad, a fin de facilitar los intercambios y la información recíproca de los trabajos en vía de

---

[1] F. G. Bruguera, *Histoire contemporaine d'Espagne, 1789-1950,* Gap, Ophrys, 1953; M. Tuñón de Lara, «Historia y realidad del poder», *El poder y las élites en el primer tercio de la España del siglo XX,* Madrid, Edicusa, 1967; C. M. Rama, *La Crise espagnole au XXe siècle,* París, Librairie Fischbacher, 1962.

[2] P. Broué, E. Témine, *La Révolution et la Guerre d'Espagne,* París, Editions de Minuit, 1961. (Hay trad. esp., México, FCE, 1962.)

realización». Firmaban quienes iban a ser en todos esos diez años el alma de los Coloquios: Manuel Tuñón y Bernard Barrère. Por el momento se trataba de una red de corresponsales para concentrar y difundir luego la información relativa a trabajos en curso, a memorias y doctorados ya leídos.

En Francia, los contactos se tomaron con J. F. Botrel y J. Le Bouill (Rennes), con J. Maurice (Dijon) y desde luego con los equipos de Pau y de Burdeos. En Estados Unidos, con C. Lida, R. Pérez de la Dehesa, con N. Sánchez-Albornoz. En España, los primeros eran Antonio Elorza (Madrid) y D. Ruiz (Oviedo).

Lo importante era cubrir terreno y tener contacto con el mayor número de universidades.

En noviembre de 1969, ya estaba clara la idea de un coloquio, pero sólo para el año universitario siguiente: «Quisiéramos... celebrar una reunión "informal" pero con algunas comunicaciones de trabajo, un poco antes de las vacaciones de Pascua (1970) para que vinieran al menos amigos de Toulouse y Burdeos, que están cerca. Sobre un posible coloquio en el curso 1970-1971 tendríamos que cambiar impresiones con más detalle» (Carta de 22-11-69).

La respuesta de los investigadores españoles y franceses fue mucho más allá de lo esperado. Y como en aquellos años la historia contemporánea de España ocupa un ínfimo lugar en las Facultades de Letras españolas, son principalmente los profesores de Políticas y Económicas quienes se adhieren al proyecto. Casi todos de Madrid: A. Elorza, M. Martínez Cuadrado, J. L. García Delgado, Elías Díaz.

Finalmente, y con un año de anticipación, los días 20 y 21 de marzo de 1970 tiene lugar lo que después había de ser el I Coloquio de Pau. El entorno es poco ameno: mucha lluvia y locales destartalados y provisionales en el parque de la «Villa Formosa». Pero todo se vuelve alegría con el encuentro de don Manuel con todos aquellos amigos que le traen el aire de España. La comida empieza a la francesa, a la una, y termina a la española, hacia las cinco. Después —o a pesar— de la segunda sesión de trabajo: recital de Paco Ibáñez y nocturna tertulia hasta las tres de la madrugada del sábado. Tanto había que contar, además de la monstruosa farsa del escándalo Matesa. Y todo aquello con trasfondo de huelgas de metalúrgicos en Sevilla, Tarrasa y Pamplona. Y condenas de militantes comunistas por el Tribunal de Orden Público.

Cada año llevaba así su carga de angustias por los procesos, ejecuciones, atentados y las esperanzas en un cambio político.

De este primer encuentro de 1970, fuera del imborrable recuerdo y de entrañables amistades, no quedan más que algunas copias mecanografiadas de las comunicaciones[3]. Con temáticas muy diversas se presentaban nuevas vías en la utilización de fuentes, se esbozaba una crítica ideológica de la historiografía reinante. Las conclusiones sobre el atraso metodológico, la timidez en cuanto a problemática tanto como las cuestiones de censura en la publicación o el acceso difícil a las fuentes para el período posterior a 1931 orientaron las reuniones siguientes y los trabajos en curso. Algunos libros publicados luego por los primeros participantes de los coloquios recogieron esta preocupación tanto pedagógica como investigadora[4].

Durante el año que sigue, se multiplican los contactos y sale un primer *Boletín* de información (bibliografía, estudios en elaboración, congresos y coloquios).

2 y 3 de abril de 1971: todos reunidos en el flamante anfiteatro de la nueva universidad. En cuanto a la meteorología las cosas siguen más o menos iguales: nubarrones y viento del oeste. A pocos les preocupan los gritos de «Muera el Rey» y «Abajo el Opus» de los falangistas, en Madrid. En todos está el recuerdo del proceso de Burgos, la esperanza de que la conmutación de las penas capitales marque el final de la represión sangrienta. Pero allí están las torturas —y no serán las últimas— de militantes de ETA, en la comisaría de Bilbao y la valiente reacción de cuantos firman la petición contra la tortura y las detenciones arbitrarias.

---

[3] B. Barrère, «Líneas de investigación sobre Canalejas»; J. M. Desvois, «Los grandes diarios de Madrid en 1917, orígenes de *El Sol*»; P. Conard-Malerbe, «Utilisation des sources documentaires et recherches historiques»; J. Maurice, «L'anarchisme rural en Andalousie»; J. Rodríguez Aramberri y L. Rodríguez Zúñiga: «A propósito de un texto de Julián Besteiro». Del II coloquio se mecanografiaron: Lamo de Espinosa, «Sobre la obra de Julián Besteiro»; J. Maurice, «De la Unión de Trabajadores del Campo al proyecto de Federación Nacional de Agricultores»; M. Tuñón de Lara, «En torno a la historia de las organizaciones obreras (1910-1918)»; D. Ruiz, «Vieja nobleza e industrialización, 1850-1931».

[4] M. Tuñón de Lara, *Metodología de la historia social de España*, Madrid, Siglo XXI de España, 1973, y *El Movimiento obrero en la historia de España*, Madrid, Taurus, 1972; P. Conard-Malerbe, *Guía para el estudio de la historia contemporánea de España*, Madrid, Siglo XXI de España, 1975; y en cierta medida M. Martínez Cuadrado, *La Burguesía conservadora (1874-1931)*, vol. VI de la Historia de España Alfaguara, Madrid, Alianza Universitaria, 1973.

Este Segundo Coloquio se ha centrado en el movimiento obrero (su conflictividad, sus organizaciones, el pensamiento de sus líderes), especialmente en el período de la II República de la que se celebra el cuarenta aniversario. «Para desfigurar lo del 36-39 —escribía Tuñón de Lara— allá abajo han empezado por falsificar lo del 31-36. De ahí la obsesión celtibérica por el tema» (carta de 1-11-70).

Con el III Coloquio, y a despecho de la mesa organizadora, los encuentros van a tener nuevo cariz. La estructura anterior resulta totalmente desbordada por el alud de comunicaciones tanto como por el elevado número de participantes. ¿Qué había que hacer? Hasta entonces, la mitad de las sesiones servían para intercambios y discusiones, se trataba realmente de un coloquio. A partir de 1972, en apariencia, mejor debiera cambiarse el nombre por el de Congreso. En apariencia decimos porque si los debates en sesiones plenarias o en comisiones resultaron generalmente brevísimos y apresurados, también surgieron felizmente tres «instituciones» paralelas: el pasillo, la cafetería casino y el café La Coupole. En estos tres sitios se constituyeron pequeños núcleos donde se compensaron las prisas del anfiteatro.

La originalidad de Pau consistió indiscutiblemente —sobre todo en aquellos primeros años— en la libertad, a veces tachada de laxitud pero que se justificaba ampliamente. Si ocurrió que fue severísima la crítica de alguna ponencia, nunca se ejerció *a priori* bajo forma de censura. Tampoco se admitió en los debates jerarquía alguna entre las personas: desaparecían así las tutelas y el servilismo. No pocos fueron los compañeros que presentaron hace años algunas primicias de su tesis doctoral y ahora ya han sacado por oposición tal o cual cátedra de universidad. En Pau no se les notó más diferencia entre las dos épocas que algunas canas más para los que se salvaban de la calva, algunos centímetros en la cintura —con notable excepción de nuestro amigo Eloy Fernández Clemente que lo hizo al revés, adelgazando, que le daba rabia a un servidor. De pelos y barbas no se puede hablar porque resultó un altibajo permanente.

Desbordadas, como decíamos, por el número de comunicaciones, la mesa imaginó celebrar sesiones nocturnas. Fallo total. Para unos acortaba el descanso después de largo viaje con peripecias de fronteras mal abiertas, de puertos nevados o de coches recalcitrantes.

Para otros más valían las tertulias de La Coupole y, sobre todo, en aquel año 1972, echaban *El último tango en París*.

En sí, el rechazo de las sesiones nocturnas no importaría mucho si en cambio se empezara con menos retraso de día. Pero téngase en cuenta que algunos madrileños que no lograban reunirse en Madrid hicieron tertulias hasta las tres de la madrugada. Esto también es Pau.

A partir del III Coloquio, no es necesario reseñar las comunicaciones puesto que se publicaron cada año en libro por Edicusa [5], con excepción del IX que va multicopiado. El X es el que el lector tiene en sus manos.

En los primeros años del coloquio, la llegada de nuestros colegas españoles coincidió tristemente con alguna fechoría sangrienta del régimen: en marzo de 1972, son los dos muertos de El Ferrol; en abril del 73, otro obrero muerto en Barcelona; en 1974, la ejecución de Puig Antich hace eco a la de Julián Grimau, once años antes, y cuyos restos son trasladados por fin al cementerio civil de Carabanchel.

Al contrario, a partir de 1975, y a pesar de la inquietud por tal o cual compañero detenido o del horror causado por la masacre de los abogados de Comisiones Obreras en la calle de Atocha (24 de enero de 1977), se marcan los pasos hacia la democracia. Resonancia de la Revolución democrática de Portugal con fracaso del golpe de Spínola, protagonismo de la Junta Democrática (1975), preparación de las elecciones de junio de 1977, resultados de las elecciones municipales en abril de 1979.

Efemérides también luctuosas para los investigadores: en 1973 se recordó la memoria de nuestro compañero Pérez de la Dehesa, fallecido poco después de estar en el coloquio anterior; en 1977 nos sorprende en plena sesión la noticia de la muerte de Noël Salomon.

Este cambio político alrededor de 1975 también tuvo efecto en la temática de los coloquios. Hasta 1975, se elegían temas que en la historiografía —y más aún en la enseñanza universitaria, so-

---

[5] III Coloquio: Sociedad política y cultura en la España de los siglos XIX-XX; IV: Movimiento obrero, política y literatura en la España contemporánea. V: Prensa y sociedad en España (1820-1936). VI: La cuestión agraria en la España contemporánea. VII: Crisis del antiguo régimen e industrialización en la España del siglo XIX; e Ideología y sociedad en la España contemporánea: por un análisis del franquismo. VIII: La crisis del Estado español, 1898-1936.

bre todo en departamentos de historia— seguían poco estudiados. Así pues lo que a veces pudo interpretarse como una incorporación súbita y voluntarista de las proposiciones metodológicas de la escuela francesa de historia, en realidad no era más que la herencia de Vicens Vives que, años antes, había sido, brillantemente, el introductor de esta escuela. Como lo era para él en 1952, para los participantes de Pau «los temas más interesantes y aún no aclarados son: *a*) relación de la demografía con la vida económica, social y política; *b*) la desamortización civil y eclesiástica y sus efectos sobre la agricultura y sociedad agraria; *c*) la Iglesia y el catolicismo ante el cambio ideológico del país; *d*) el Ejército como protagonista social de la historia de España a lo largo del siglo xix; *e*) grandeza y servidumbre de la burguesía; *f*) la administración pública: el funcionarismo; *g*) todo lo referente al problema social, pero singularmente el régimen laboral en el campo, las minas y las ciudades, y el género de vida del proletariado; *h*) los partidos políticos, el caciquismo y la vida parlamentaria; *i*) los grupos regionales (Andalucía, Valencia, Cataluña, País Vasco, Navarra, etc.) como estructuras actuantes» [6].

La verdad es que desde entonces muchos de estos temas seguían punto menos que vírgenes. Los Coloquios III y IV representaron un esfuerzo por una sistematización de las temáticas abordadas sea por períodos (las dos Repúblicas, 1971) sea por sectores (industrialización y movimiento social, 1973; prensa, 1974; sociedad rural, 1975).

Después de 1975, la libertad de movimiento para entrar y salir de España —vuelta de Manuel Tuñón de Lara después de unos treinta años de exilio— les planteaba a los animadores la cuestión de saber si habían de liar los bártulos para que en adelante los coloquios se organizaran en la Península. La respuesta, quizás no tan extraña como parece, fue que no. Así se mantenía una equidistancia moral entre las diversas universidades españolas. Lo que a algunos parecía haber sido fruto de circunstancias provisionales, como la presencia de Manuel Tuñón en Pau y la escasa libertad de expresión en España, se institucionalizaba. Evolución que se reforzaría más aún hacia 1979 con el nombramiento de don Manuel —Doc-

---

[6] Jaime Vicens Vives, *Aproximación a la historia de España*, 3.ª ed., Barcelona, Salvat, 1970, pp. 178-179.

tor de Estado en 1977— como catedrático de Universidad en Pau y con un cambio de las estructuras en que se inserta el Seminario.

En cuanto a la temática de los coloquios, tuvo influencia la interrogación sobre las condiciones de la transición hacia la democracia. Problemática que ya se planteaba en otros países europeos con la eventualidad de que mediante un «programa común» de socialistas y comunistas en Francia o un «compromiso histórico» entre demócratas cristianos y comunistas en Italia, unos partidos revolucionarios participasen en el poder. Una gran batalla teórica se libraba, pues, respecto a las condiciones de la transición de un tipo de organización social a otro y especialmente las condiciones específicas de la Revolución francesa [7]. En el VII Coloquio de 1976, se centraron las comunicaciones sobre «la transición de la sociedad señorial a la sociedad capitalista».

Al mismo tiempo se ponían en el tapete las condiciones materiales del estudio del período franquista, especialmente la preservación de la documentación que algunos o muchos desearían que se destruyese.

Los coloquios siguientes de 1977 y 1978 fueron claro reflejo de la problemática constituyente en España con los temas de: «La crisis del Estado español de 1895 a 1936» y «Constitución real en el Estado español de los siglos xix y xx». La ponencia del profesor J. Solé Tura sobre la naturaleza del Estado franquista enfocó de manera magistral la «permeabilidad» desigual y la también desigual «continuidad» de las diversas instituciones estatales. Análisis diferenciado fundamental no sólo para entender en épocas pasadas el papel del Estado en el movimiento histórico sino también para actuar hoy con cierta eficacia en la democratización de España.

En 1978, el profesor Miguel Artola analizó los «Sistemas de poder en la Historia contemporánea de España». La distinción entre *sistema político* y *sistema de poder* y la doble vertiente de la acción estatal en sus funciones de *socialización* y *compulsión* abría un debate relativo a la terminología histórica y sus implicaciones teóricas. Se le oponía, en un enfoque menos sociológico, los conceptos de *hegemonía política* y los aparatos del Estado, *ideológicos* unos, coercitivos otros.

Con el X Coloquio llegaba la hora del balance. Balance historiográfico y mirada crítica hacia la «institución» organizadora.

[7] Véase número monográfico de *La Pensée,* 196 (nov.-dic. 1977).

Dentro de un panorama totalmente distinto del de 1970, los aportes positivos son numerosos y el papel jugado por los participantes en Pau apreciable. Tesis doctorales numerosas que son la investigación propiamente dicha y acción fundamental de vulgarización y rectificación en revistas como *Historia 16* y con los libritos de la colección de *Estudios de Historia contemporánea,* publicados por Siglo XXI de España[8]. Buen número de los que vinieron como estudiantes o ayudantes han ganado oposiciones y algunos incluso son jefes de Departamentos de Historia en sus respectivas universidades.

Sin embargo, entre las múltiples deficiencias del conocimiento de los dos últimos siglos, dominan las cuestiones relativas a las mentalidades de los diversos grupos sociales. Los estudios demográficos no pasan aún del análisis pormenorizado de datos censales: nada sobre la demografía vivida por las familias y las pequeñas comunidades —aldeas, pueblos. Asimismo, el enfoque cuantificado de las estructuras sociales está aún en ciernes, con notables excepciones relativas a la desamortización y propiedad rural (Bernal) y a la propiedad urbana en Madrid (Bahamonde Magro y Toro Mérida).

La necesidad de publicar, para los opositores en España, es poco favorable a los trabajos ímprobos de la estadística. En Francia, las condiciones de preparación de las tesis —alejamiento de las fuentes españolas— tiene los mismos resultados. La solución estriba seguramente en la constitución de equipos permanentes con objetivos

---

[8] Aymes, *La Guerra de la Independencia en España (1808-1814);* Bahamonde Magro y Toro-Mérida, *Burguesía, especulación y cuestión social en el Madrid del siglo XIX;* Balcells, *Cataluña contemporánea,* 2 vols.; Bécarud y López Campillo: *Los intelectuales españoles durante la II República;* Calero, *Movimientos sociales en Andalucía (1820-1936);* Conard-Malerbe, *Guía para el estudio de la Historia contemporánea de España;* Desvois, *La prensa en España (1900-1931);* Fernández Bastarreche, *El Ejército español en el siglo XIX;* Fernández Clemente, *Aragón contemporáneo (1833-1936);* Garmendia, *La segunda guerra carlista;* Garrido González, *Colectividades agrarias en Andalucía: Jaén (1931-1939);* Juliá, *Orígenes del Frente Popular en España (1934-1936);* López-Cordón, *La Revolución de 1868 y la I República;* Maurice, *La reforma agraria en España en el siglo XX (1900-1936);* Maurice y Serrano, *J. Costa: Crisis de la Restauración y populismo (1875-1911);* Medioni, *El Cantón de Cartagena;* Peset, Garma, Pérez Garzón, *Ciencias y enseñanza en la revolución burguesa;* Ruiz, *Asturias contemporánea (1808-1936);* Solé-Tura y Aja, *Constituciones y períodos constituyentes en España (1808-1936);* Tuñón de Lara, *La II República,* 2 vols; Viñas, *La formación de las Juventudes Socialistas Unificadas (1934-1936).*

estrechamente delimitados y personal sustituible (estudiantes, personal bajo contrato específico), verdaderos laboratorios de historia.

En cuanto a las estructuras universitarias que respaldaban el Seminario de Pau, han sido grandemente modificadas también en 1979. En el marco de una política de concentración geográfica de los medios de investigación se ha concedido a las Universidades de Aquitaine (Burdeos y Pau) la constitución de un GIS (Agrupación de Interés Científico) que estructura el conjunto de los centros y laboratorios que se dedican al estudio de cuestiones ibéricas (España y Portugal). Se edificará en Burdeos un centro de investigación con biblioteca, salas de conferencia, laboratorios: la Maison des Pays Ibériques. En Pau se concentrará la documentación relativa a la historia y la literatura de los siglos XIX y XX. Merecido homenaje rendido a la magnífica labor de Manuel Tuñón de Lara y al empeño de los sucesivos presidentes de la Universidad y Decanos de la Facultad de Letras. Esta integración del Seminario en una estructura más amplia supone para el porvenir una posible modificación de la organización de los coloquios puesto que a ellos se añadirán, al mismo tiempo, los del equipo de estudios de los Países de la Corona de Aragón y Reino de Navarra que dirige M. Tucoo-Chala, y del de Estudios de Teatro. Así el Coloquio reflejará en su totalidad la actividad de los diversos equipos que componen el Centre de Recherches Hispaniques de Pau.

HACIA EL HISPANISMO TOTAL

Eloy FERNÁNDEZ CLEMENTE

«... la década de los setenta, en cuyo medio nos encontramos, parece abocada a una gran crisis y a una profunda transformación. Continúa el desarrollo, en cantidad y calidad, de la historiografía española, por más que su infraestructura (bibliotecas, seminarios, equipos de trabajo; posibilidad económica de constituir estos últimos con carácter estable) no responda, ni mucho menos, al incremento de vocaciones. Por lo demás, la avidez por la historia contemporánea, la multiplicación de publicaciones, libros de bolsillo, colecciones y revistas de divulgación histórica, permiten referirse a estos años como época en la cual el trabajo del historiador profesional —del historiador que «forma el conocimiento científico», utilizando la expresión de Altamira— tiende a acercarse como en ninguna otra época, y en virtud de un recíproco influjo, a una temática que va siendo cada vez en mayor medida la del "español que va por la calle"...

»... En cuanto a los historiadores españoles que han hecho del mismo siglo xx su campo de investigación y estudio... el autor de estas líneas cree advertir cierta "allure" britanizante en algunas de las más características figuras de este sector de la historiografía española relativa al siglo xx, quizá, en parte, por su tendencia a situar en niveles de historia política el centro de gravedad del quehacer historiográfico, y en parte por el cultivo de un pragmatismo metodológico que se atiene, en última instancia, a los buenos principios de la historia académica. Pero quizá, sobre todo, por contraste con ese otro sector más directamente influido por los grandes maestros de la escuela francesa, en especial por Labrousse y por Vilar, más propenso a situar en niveles de historia social y económica el ámbito de sus investigaciones y seriamente preocupado por unos problemas metodológicos que proyecta sobre fuentes predominantemente cuantitativas. En esta dirección corresponde una posición de vanguardia a Manuel Tuñón de Lara, profesor en la Universidad de Pau (Francia), autor de una obra extensa y meditada, dotada de una gran coherencia interna, y que es, sin duda, el historiador español de nuestro tiempo que más fecunda y tenazmente ha abordado el problema de los métodos en historia social contemporánea.»

(J. M.ª Jover Zamora, en «Corrientes historiográficas en España hoy», en *Once ensayos sobre la Historia,* ed. Fundación March, Madrid, 1976, p. 237.)

Con alguna sorpresa y hasta sorda «contestación» —que, desgraciadamente, no se materializó, acaso por desgaste de las viejas guardias, acaso por temor a herir la enorme bondad y entusiasmo de
Tuñón—, se supo que los Coloquios celebraban con esta décima
edición su última convocatoria en este sentido. Todo comenzó como
un encuentro entre hispanistas franceses de Pau, Burdeos, Bayona,
y pocas universidades más, pero ya desde su inicio, en 1970, contó
con una pléyade de jóvenes historiadores españoles en torno al Centro de Investigaciones Hispánicas de Pau, y su Seminario de los
siglos XIX y XX, todo ello creado y animado por Tuñón de Lara.
Desde allí Tuñón fue desarrollando una gran actividad: dirección
de tesis y otros trabajos, creación de un fondo documental en micro-
film, edición de un boletín anual de información bibliográfica y de
trabajos inéditos, de enorme utilidad, un laborioso y fidelísimo trabajo epistolar que ha mantenido en contacto y colaboración a profesores e investigadores sobre el tema en todo el mundo y sobre
todo esas «mesas redondas» en que, junto a una estimulante variedad, nunca faltó el rigor. Ahora Tuñón, que ha sido investido de
«Doctor de Estado», máxima distinción académica en Francia, y
que va viendo lentamente reconocida su meritísima historia docente en el país vecino, va a dar un salto cualitativo convirtiendo
este embrión fecundo en Centro de Documentación de Historia
Contemporánea de España con la ayuda del Centro Nacional de Investigaciones Científicas Francés y, a la vez, en colaboración con el
Grupo de Estudios de la Corona de Aragón y el Instituto Jurídico
Franco-Español va a surgir un gran Centro de Estudios de los Países Ibéricos. Los Coloquios que este super-centro organizará en
años sucesivos abarcarán así, toda la hispanística, desde la Edad
Media a nuestros días, y podrán convocar a tantos hispanistas especializados en Edad Moderna, por ejemplo franceses (Vilar, Braudel, etc.) o ingleses. Mueren de algún modo, los viejos Coloquios
con un sabor nostálgico que evoca los difíciles años del franquismo,
en que las fronteras se «especializaban» esos días en asistentes a
Pau, con largos y humillantes cacheos, breves detenciones, incluso
en varios casos prohibición de pasar a los más «fichados», o ausencias notorias por falta de pasaporte. En los Coloquios, hasta hace
poco casi exclusivos de profesores no numerarios, se compensaba
la tensión política con una exigencia de rigor temático y terminológico muy altos. Se huía como del demonio de hacer «anti-historia»
desde la izquierda democrática o de hacer política. Pau era, a la

vez, un agotador maratón de sesiones apretadas y llenas de abierta
y rica discusión, escapadas a las librerías aún repletas de textos prohibidos, alguna película mítica, desde el «Tango» a Buñuel y otras
rituales tradiciones.

PROBLEMAS DE MÉTODO

Efectivamente, como señala Jover Zamora, el problema del método
ha sido una de las obsesiones predilectas de Manuel Tuñón de Lara.
De algún modo, bajo esa obsesión, se sitúa una honestidad profesional que sólo quienes están fuera de prejuicios y quienes le conocen a fondo, personalmente, en toda su obra, pueden calibrar
adecuadamente. Alejadísimo de cualquier tipo de dogmas, a cualquiera de los que le tratan acostumbra a obsequiar a diario con los
«más difícil todavía» de una vieja preocupación por lo religioso,
de un tratamiento pionero del tema de los grupos de presión y las
élites, del estudio en profundidad de autores y obras literarias, de
la avaricia en obtener y la prodigalidad en regalar anécdotas, que
cuenta con entusiasmo contagioso. En la incansable, socrática, deli-
berada insistencia en hacerse preguntas, muchas de ellas a sabiendas de que no hay, o es arriesgada, dificilísima, la respuesta. Atento
a temas tan diversos como la historia militar, las biografías, los via-
jes y mapas, las costumbres y, por supuesto, la historia política
desde el pequeño cacique local a la que siempre se hizo en las «cuatro esquinas» madrileñas, Tuñón ha supuesto, con un magisterio
insólito, afectuosísimo, humilde, trabajador hasta el agotamiento
peligroso, viajero allá donde le reclaman desde que puede traspasar
en libertad las viejas fronteras, un nuevo «molde» de historiador
y de maestro. Algo tan lejos del mistérico sacerdocio de Ortega
como del jacarandoso Valle Inclán de las tertulias, dicho sea con
enorme respeto por esas y otras figuras de nuestra historia grande.
Dentro de una situación política española que hacía casi imposible el trabajo, incluso en Francia —aunque con infinita más libertad que dentro, claro, pero sin medios, sin convivir con la marcha de las cosas, en la terrible lejanía—, Tuñón fue levantando, casi
solo, casi a pulso, esa otra manera de ver la historia contemporánea,
concepto ciertamente cambiante, y de su periodización. Había que
hacer historia contemporánea española porque, como ha señalado
uno de sus aventajados discípulos, P. Conard-Malerbe, así lo im-

ponen la especificidad de la documentación, del área nacional y del propio período. Pero todo ello exigía «romper una serie de compartimentos estancos; supone, en primer lugar, el intercambio y, como objetivo mayor, el trabajo de equipo». De ahí surgió la idea de convocar el I Coloquio de Pau, hace justamente diez años. Lo demás, tras el primer entusiasmo, la acogida emocionada de cuantos sólo así podían al fin encontrarse con libertad, establecer contactos, discutir a sus anchas, confraternizar, sentir que hacer la historia contemporánea española tenía un sentido, lo demás fue rodado, a pesar de las aduanas, las faltas de pasaporte, las directas o indirectas sanciones a muchos de los «fichados» por el franquismo por traspasar las fronteras del fascismo y la intolerancia en el camino de Pau. Un camino curiosamente inverso al jacobeo, que muchos hemos realizado, año tras año —menos los de cárcel, retirada de pasaporte u otras dificultades insalvables—, cada vez con la necesidad del oxígeno, con la satisfacción del esfuerzo científico y la pasión por esta nueva, discutidora, rigurosa manera de trabajar. No ha sido, no, como rechazara siempre Tuñón, ese «un certamen de individualidades, por brillantes que sean, no es una competición».

Como rasgos comunes, definidos desde las primeras ediciones de trabajos, han estado en los Coloquios: una preocupación dominante por la historia social y la de las actitudes mentales, por las fuentes y su rigor, y una tendencia a evitar el relato superfluo, la «literatura» histórica. Sin embargo, los miles de páginas, en parte publicados en seis voluminosos tomos, en parte inéditos o vertidos en otras publicaciones, aportan hasta el momento (y éste es el séptimo tomo surgido de Pau) tal variedad de temas y tratamientos, de sugerencias, discusiones, aportes documentales, que ciertamente no podría entenderse ya la historia contemporánea española sin esas páginas.

En cuanto al método, y Tuñón lo subrayó con exigencia y orgullo con motivo del VI encuentro, «nuestros coloquios tienen por principio una amplia libertad de enfoques de métodos expositivos, de temas a tratar (dentro del tema general fijado al que la experiencia nos ha enseñado a ceñirnos)». Y describe la génesis de la actitud colectiva:

... todos estábamos convencidos de la necesidad de afinar nuestro instrumental conceptual, de establecer una especie de «código» terminológico que evite que estemos designando a veces el mismo objeto con palabras diferentes o, al contrario, que empleemos un mismo término (es el caso de «burgués» y de «burguesía») para señalar realidades socio-históricas enteramente diferentes. Estamos además convencidos de que no se puede hablar frívolamente, por ejemplo, de «revolución burguesa» en la historia de España cuando no viene a cuento (y algo de esto ocurrió en 1917) y lo mismo ocurre con «capitalismo», «industrialización», «formación popular», «conjunto salarial», y sus subdivisiones y todo el complejísimo problema de enfrentamiento y alianzas de clases sociales y de sus fracciones y categorías, etc.

De hecho, la propia historia personal y profesional de Tuñón fue marcando los pasos. En primer lugar, y tras una serie de originales y meritorios trabajos monográficos o de síntesis generalizadora, acomete la redacción y publicación de sus revolucionarias *España del siglo XIX* y *España del siglo XX,* polémicas para la derecha que se siente incapaz de descalificarlas científicamente y acusa el terrible golpe de una historia sin mitos, sin tópicos, rigurosa, que se ocupa del precio de las subsistencias y de las crisis internas en la vida política, de los movimientos clandestinos (luego, silenciados, hasta entonces), de la vida y sentimientos de la gente de la calle... y que es tremendamente interesante, que tiene en vilo al lector. Luego, su preocupación lejana toma cuerpo y publica (1967) la primera edición de un librito que merecía más seguidores y divulgación, aunque ya es considerado un pionero y clásico: *Historia y realidad del poder.* El año 1972 es decisivo en su producción: aparece la monumental *Historia del movimiento obrero,* resumen de tantas historias parciales, perdidas, inconexas, y realizado con un aire nuevo, que huye del ideologismo para atender tanto a las condiciones de vida de las clases populares cuanto a la organización interna de los partidos y sindicatos obreros, además de a su historia interna y externa y la de sus líderes, etc. También en ese año cuajan sus *Estudios sobre el siglo XIX español,* en que aparecen ya muy maduras sus concepciones metodológicas, que al año siguiente, 1973, darán lugar a un manual imprescindible: *Metodología de la historia social de España.* Años adelante seguirán apareciendo, además de sus muchas aportaciones, monografías, ponencias en congresos, conferencias, etc., sus *Estudios de historia contemporánea,* los que analizan el movimiento obrero andaluz, los trabajos sobre coyunturas, los ciclos sobre periodización, memorias de hombres de Estado, y tantos otros...

Hacer hincapié en la figura y la obra de Tuñón no es adorar al santo por la peana, ni siquiera rendir el merecidísimo tributo de cariño y respeto, de gratitud y admiración de docenas de historiado-

res españoles que le debemos mucho. Es, de alguna manera, referirse al curso de preocupaciones, temas y métodos desarrollados en
esos diez años de Pau. Porque Tuñón los ha suscitado y, a la vez,
ha tenido una receptividad enorme, una curiosidad universal, una
humildad asombrosa para rectificar, tomar iniciativas de otros, aprender del más joven, del más novel, del estudiante que no ha publicado ni aún, apenas, investiga, pero acaso tenga preguntas inquie-
tantes que hacernos a todos.

Con el ánimo de respetar los planteamientos más rigurosos, sin
embargo el rigor exige estas acotaciones, estas referencias, y el fir-
mante las hace con pudor y temor de herir al amigo entrañable. No
sería comprensible todo lo que Pau ha significado sin Manolo Tuñón. También creo que esos diez años, a pesar de disgustos, trabajos ímprobos, cientos de cartas y de ruegos e insistencias contra
corriente de inercias y complicaciones, han sido algo muy importante en la historia humana, profesional, biográfica plena de Manolo. Y de Carmina, su silenciosa, discretísima, enamorada esposa, tantas veces ocupada y preocupada de pequeños y grandes detalles, es-
caramuzas y batallas que librar, cuya mención y glosa no son del
caso en este breve apunte.

LOS GRANDES TEMAS

Siempre, desde el principio, ha estado amenazando el problema del
método: ¿un gran tema?; ¿varios, de algún modo relacionados?;
¿un número indeterminado de ellos? También, en el caso de su variedad, ¿de exposición múltiple y simultánea?; ello resultaba duro
a la mayoría de los asistentes, de curiosidad universal, interesados
por muchas cosas y con fuertes dificultades de elección de temas y
ponentes; en todo caso los coloquios se han visto necesariamente
disminuidos hasta casi no existir finalmente, debido a la avalancha
de ponencias y comunicaciones. Y aún así, hacia el último día se
agolpaban por extensión temas y comunicaciones, mientras comenzaban a desfilar los viajeros de más lejanas tierras. En todo caso, el
agotamiento en sesiones maratonianas, apretadísimas, sin apenas
tiempo para comer y no digamos un hispánico «descanso» de sobre-
mesa, fueron un problema, aliviado por el cambio de ambiente, el
buen humor, los encuentros, saludos, intercambio de direcciones,
publicaciones, ideas y métodos de trabajo...

Sobre los Coloquios han tenido enorme influencia —y hasta ahí se extendía su magisterio, su afabilísimo directorio generalmente aceptado por todos— las propias preocupaciones y preferencias de Tuñón. Los grandes temas abordados a lo largo de los diez años de Coloquios, podrían catalogarse así:

a) Socioeconomía. Historia social y movimiento obrero (II y IV). Evolución de la sociedad rural (VI). Industrialización (IV).

b) Historia de las ideas políticas, sociales, literatura, etc. (II y IV). En este apartado encajaría mejor que en otros el estudio monográfico de historia de la prensa española (V).

c) Historia política y constitucional (IX).

d) Metodología y fuentes para el estudio de la historia contemporánea española (I). Nuevos métodos (VII). Catalogación, análisis y crítica bibliográfica (X).

Por períodos, se ha puesto especial interés en la I República, Restauración como período amplio, II República y Franquismo (a partir del VII, como es obvio). En cambio, para otras épocas las aportaciones han sido esporádicas. Por razones bastante explicables hasta hace unos años, y menos recientemente, apenas se ha estudiado la Guerra Civil. Quizá por las dificultades de enfoque sistemático, pues aún dependen en exceso de la memoria y el tratamiento personal, la polémica ideológica dentro de la propia izquierda, etc. Muy escasos estudios aún sobre la quiebra del Antiguo Régimen y la crisis de transición, sobre el período isabelino, guerras carlistas, desamortizaciones, etc. —salvo aspectos de industrialización—, o sobre la Dictadura de Primo de Rivera, salvo los animosos planes del equipo Gómez Navarro-Portuondo-Calbet.

LOS «GRUPOS» POR AFINIDAD TEMÁTICA

Aunque en muchos casos las ponencias y comunicaciones resultan de difícil encasillamiento, y hay bastantes historiadores que han intervenido aquí y allá, una de las más fáciles y útiles maneras de recordar cómo estaba estructurado el colectivo de asistentes activos a los Coloquios seguramente sea la de agruparlos según la especialidad predominante. De hecho se han dado, fundamentalmente, las cuatro grandes áreas clásicas: economía, sociedad, ideología-cultura y política. Nunca de modo «puro», excluyente, quede claro. Y con arreglo a ellas podríamos recordar, haciendo mención sólo de los más asiduos o de los que, por uno u otro motivo han destacado en sus intervenciones:

a) *Historia económica.* Muy abundantes participantes y temas; sin embargo, su presencia ha sido sin duda la más inestable, sin excepciones. Recordemos una larga nómina en la que están tantos nombres conocidos de la relativamente moderna ciencia: J. Nadal, G. Anes, G. Tortella, J. A. Lacomba, S. Roldán, J. L. García Delgado, González Portilla, Fernández de Pinedo, García Lombardero, L. M. Bilbao, J. A. Biescas, Joaquín del Moral, J. Velarde, Angel Viñas y, ya a caballo con el área social, Calero, A. M. Bernal, Pérez Garzón...

b) *Historia social y del movimiento obrero.* Aunque universal en temas, preocupaciones y pasiones, éste es el lugar del propio Tuñón y, con él, desde las primeras horas, de C. Martí, A. Balcells, Elorza, Bizcarrondo, Forcadell, Pérez Ledesma y los hermanos Santiago y J. J. Castillo. De regular continuidad, su escasez y presencia intermitente en muchos casos, hizo que lo que parecía en los primeros años el tema obsesivo haya decaído bastante en los últimos años.

c) *Historia ideológica y literaria.* Impulsada de modo eminente por la asidua presencia de J.-C. Mainer y María Dolores Albiac, así como de J. L. Abellán y Fernando G. de Cortázar, ha contado con presencias muy valiosas como la de los esposos López Campillo, Juan L. Guereña, el discutido Blanco Aguinaga, el malogrado R. Pérez de la Dehesa, Ferrer Benimeli.

d) *Historia política.* Brillantes planteamientos, estelares presencias, gran diversidad de asistencias: Martínez Cuadrado, Artola, los equipos de David Ruiz y Manuel Ramírez Jiménez, M. C. García Nieto, A. Gil Novales, Santos Juliá, Solé Tura, González Casanova, Extramiana, Carlos Rama y el trío madrileño de Gómez Navarro, Calbet y Portuondo.

Hay, desde luego, otra posible clasificación por el origen de los asistentes —origen de procedencia nativa o de dedicación profesional—, progresivamente más significativo con el incremento de los estudios y la preocupación política por nacionalidades y regiones.

Así, y con lógica (acrecentada por la abundante presencia y entusiasmo) los más próximos —vascos y aragoneses— han puesto, seguramente, un color festivo, lleno de buen humor y alegría por cada reencuentro, y de no menos lógica afinidad entre ambos grupos. Entre los vascos habríamos de destacar a los Extramiana, Garmendia, Lasa, Corcuera, Elorza, González Portilla, Arpal, Fernández de Pinedo, G. de Cortázar y un largo y denso etcétera. Entre los aragoneses, dos subgrupos: Manuel Ramírez y su equipo de Derecho Político (Montero, Portero, Contreras, Jerez Mir, Sáinz de Varanda...) y los de Historia Económica (Forcadell, Fernández Clemente, L. Germán, Biescas) a los que resulta lógico unir a J. J. Carreras y J. A. Ferrer Benimeli, amén de un nutrido grupo de estudiantes de últimos cursos, profesores de Instituto (M. Bailo, M. Amada, etc.). Más reducido es el grupo que llega desde Cataluña, algunos de los cuales siguen profesando también de aragoneses —J.-C. Mainer, M. D. Albiac, A. Gil Novales— y que viene compuesto, además, por el veterano Balcells, Rama, Martí y presencias esporádicas de Solé Tura, G. Casanova, Nadal, etc. En todo caso, parece que en Barcelona tienen sus propios «guisos» y no terminan de entusiasmarse por la experiencia pauloise... Otros colectivos bastante asiduos y coherentes serían los de Asturias, en torno a David Ruiz (Girón, Santullano, Masip, etc.), Galicia (Vilas Nogueira, Barreiro, Villares, G. Lombardero, todos «temporeros»), Valencia (Tortella, J. Sisinio Pérez Garzón, P. Ruiz Torres...), Andalucía (Lacomba, Calero, A. M. Bernal...), Murcia (Encarna Nicolás, Antelo), Extremadura (Rodríguez de las Heras y otros), Salamanca, etc.

LOS FRANCESES

Uno de los grandes atractivos de Pau, además del sustancial ya citado, ha sido precisamente el que posibilitaba el encuentro con los principales hispanistas franceses, estudiosos de nuestra Historia Contemporánea. Acaso su número y fama no parezcan muy dilatados al lector profano, y es de justicia reconocer que la mayoría de los hispanistas franceses de estas décadas han tenido preferencia por la Edad Moderna, al menos los más conocidos: F. Braudel, los Chaunu, Sarrailh, Bataillon, y un largo importante etcétera. De ellos, de ese grupo de los «consagrados», han visitado los Coloquios con frecuencia el fallecido Noël Salomon, Pierre Vilar, Jean Bécarud y los grandes estudiosos de la modernidad y de la Edad Media española en Burdeos y Pau, Joseph Pérez y Tucoo-Chala.

Pero, por encima incluso de la presencia brillante, «sensacional», muy atractiva de estos «grandes», ha estado la muy laboriosa y eficaz de los más jóvenes, que han acudido fieles a la cita, entusiastas, cordialísimos. Hay que citar, sin duda, a Pierre C. Malerbe, de Toulouse —con su «baile» de apellidos, que al principio despistó a algunos—, en muchos casos «segundo de a bordo» de Tuñón, moderador enérgico en tantas ocasiones, siempre interesado y amable con todos; J. F. Botrel (Rennes-Casa de Velázquez), también muy eficaz organizador en los primeros años; los parisinos J. Maurice, R. Marrast, etc.; J. M. Devois, también de Rennes, aunque forjado en Pau, siempre con Tuñón, desde que acabó el Bachillerato; C. Serrano, Le Bouil, Chastagneret, R. Aymes, Guy Hermet, G. Brey y un largo etcétera. Y, desde luego, los más próximos, del mismo Pau, Barrère, R. Andioc, Philip Moreau y todo el equipo de colaboradores de Tuñón, amables, discretos, eficaces.

La presencia no-francesa ha sido tan gratamente recibida como escasa, todo hay que decirlo. Así, desde Estados Unidos han venido en ocasiones Joan Connelly Ullmann o los españoles Blanco Aguinaga y R. Pérez de la Dehesa; de Gran Bretaña, Michael Alpert, Santos Juliá, etc.; de Portugal, César M. Oliveira. Poco más, al menos en nuestro recuerdo.

Todo un récord de convocatoria que, sin podernos permitir hablar de «escuela de Pau» por la diversidad de tendencias historiográficas, ideológicas y aun caracteriales, sí hace referencia a un talante y a una historia: la de los historiadores durante la Dictadura franquista, esa «noche negra de páramo intelectual» que dice Tuñón. Esos historiadores que, sin embargo, decidieron esforzarse por hacer una historia que fuese explicación y comprensión, huyendo del fácil atractivo del *acontecimiento,* que siempre oculta antagonismos estructurales; por integrar la investigación en la síntesis para huir del distanciamiento de la monografía, comprometiéndose a esa dialéctica agotadora de publicar síntesis porque no es posible demorar más la clarificación del pasado... y al instante siguiente volver a buscar nuevas fuentes, a replanteárselo todo otra vez. Que se cuestionan, como los politólogos, el problema de los medios de producción como objetos teóricos del conocimiento histórico, la posibilidad de los modelos de transición, de modelos de formaciones sociales específicas, etc. Que sienten la urgencia de intercambiar experiencias y emprender trabajos en equipo. Que se plantean ya, con toda seriedad y clarividencia, un estudio sereno y en profundidad del período que comienza en 1939 y termina en 1975. Pronto, antes de que esa etapa quede arruinada por miles de panfletos que hagan terrible el trabajo posterior, de limpieza y destrucción de tópicos, mentiras e intereses.

DIEZ AÑOS DEL «CENTRE DE RECHERCHES HISPANIQUES» DE LA UNIVERSIDAD DE PAU

Gérard Caussimont

A partir de 1969 se crea en la Universidad de Pau el Seminario de estudios sobre «Historia Contemporánea de España en los siglos XIX y XX», del Centre de Recherches Hispaniques. Grupo formado por profesores e investigadores de diversas Universidades francesas, españolas y de otras nacionalidades, para intercambiar ideas y experiencias sobre sus trabajos de historia de España de los siglos XIX y XX, y para estudiar los problemas metodológicos planteados por sus investigaciones sobre ese período.

La primera meta fijada por la creación del Centre de Recherches Hispaniques para favorecer estos intercambios sobre trabajos de historia contemporánea fue la realización de encuentros de historia contemporánea anuales en la Universidad de Pau, bajo forma de coloquios, seminarios o mesas redondas abiertos a profesores, investigadores y estudiantes franceses, españoles y de otras nacionalidades.

Desde 1970 fueron diez los celebrados, sobre los siguientes temas [1]:

Títulos de los diez coloquios:

I Coloquio: 20-21 de marzo de 1970: «Metodología y fuentes sobre el estudio de los siglos XIX y XX».

II Coloquio: 2 de abril de 1971: «Ideologías en el siglo XIX y movimiento obrero en el siglo XX».

III Coloquio: 24-25 de marzo de 1972: «Primera República y período 1923-1936».

---

[1] Véanse, en las pp. 28-43, el repertorio de ponencias, según nuestro sistema de clasificación, y la lista de participantes en los coloquios.

IV Coloquio: 6-7 de abril de 1973: Sur trois thèmes: «Pour une sociologie de l'Histoire littéraire du xixè siècle espagnol». «Problemática de la Industrialización española durante el siglo xix». «Problemas de historiografía social de España en el primer tercio del siglo xx».

V Coloquio: 12-13 de abril de 1974: «Table ronde sur l'Histoire de la presse espagnole».

VI Coloquio: 21-22 de marzo de 1975: «La société rurale espagnole depuis la crise de l'Ancien Régime jusqu'à celle des années trente».

VII Coloquio: 9-10-11 de abril de 1976: Deux thèmes: «Le passage de la société seigneuriale à la société capitaliste». «Nouvelles périodes de l'histoire contemporaine: sources et méthodologie».

VIII Coloquio: 18-19-20 de marzo de 1977: «La crise de l'état espagnol de 1898 à 1936».

IX Coloquio: 31 de marzo-1-2 de abril de 1978: «Constitution légale et Constitution réelle dans l'état espagnol des xixè et xxè siècles».

X Coloquio: 6-7-8 de abril de 1979: «Bilan de 10 ans de colloques et d'historiographie espagnole».

Siete de estos coloquios fueron publicados en libros donde se recogen gran parte de las ponencias presentadas. He aquí los títulos:

Sociedad política y cultura en la España de los siglos XIX-XX. (Tercer coloquio, Edicusa, Madrid, 1973.)

Movimiento obrero, política y literatura en la España contemporánea. (Cuarto coloquio, Edicusa, Madrid, 1974.)

Prensa y sociedad en España: 1820-1936. (Quinto coloquio, Edicusa, Madrid, 1975.)

La cuestión agraria en la España contemporánea. (Sexto coloquio, Edicusa, Madrid, 1976.)

Crisis del antiguo régimen e industrialización en la España del siglo XIX, tomo 1.

Ideología y sociedad en la España contemporánea. Por un análisis del franquismo, tomo 2. (Séptimo coloquio, Edicusa, Madrid, 1977).

La crisis del Estado español, 1898-1936. (Octavo coloquio, Edicusa, Madrid, 1978.)

Para mantener el contacto entre coloquio y coloquio se creó un boletín, destinado a difundir entre los investigadores información sobre trabajos de investigación (terminados o en curso de realización) en las Universidades (tesis, tesinas, trabajos inéditos) y sobre bibliografías (libros, revistas, publicaciones), así como la difusión de algún trabajo inédito.

El boletín fue anual al principio, luego semestral, a partir de 1975, y trimestral a partir de 1978-79. Hasta hoy se han publicado los números siguientes:

1970	núm. 1
1971	núm. 2
1972	núm. 3
1973	núm. 4
1974	núm. 5
1975	núm. 6 y núm. 7
1976	núm. 8 y núm. 9
1977	núm. 10 y núm. 11
1978	núm. 12 y suplemento y núm. 13
1979	núm. 14, núm. 15 y núm. 16

Además de la información antes señalada (bibliografía y tesis), los boletines del Centre de Recherches Hispaniques de la Universidad de Pau han publicado:

— Informaciones sobre coloquios, congresos, mesas redondas y seminarios de historia contemporánea del mundo entero.

— Información completa sobre los diez coloquios y seminarios del Centre de Recherches Hispaniques de la Universidad de Pau.

— Publicaciones inéditas de investigadores:

Jacques Maurice: «Problemática de las colectividades agrarias en la guerra civil», núms. 13 y 14, 1978-1979.

José Antonio Ferrer Benimelli: IX coloquio, 1978, núms. 15 y 16, 1979.

— Información sobre trabajos de equipo realizados en distintas universidades (Zaragoza, Cáceres, Pau...).

— Información de una encuesta en curso de realización sobre la enseñanza de la Historia en los institutos en España.

La realización de estos intercambios y coloquios, la publicación de boletines, etc., ha sido posible gracias a la colaboración de varios equipos de licenciados, que preparaban sus tesinas o tesis y

que se encargaron de asegurar, con el profesor Manuel Tuñón de
Lara, el funcionamiento del «Centre de Recherches Hispaniques», la
secretaría y la organización de los diez coloquios; con Pierre Malerbe, Profesor de la Universidad de Toulouse, la confección, redacción y difusión del Boletín del Centro, órgano de enlace y de información permanente entre los investigadores. Estos licenciados
fueron:

Michèle Jaunier en 1970, Cecilia Marco en 1971, Paulette Guerrero en 1972 y en 1973 con Marie Alonso y Gérard Caussimont
(quien asegura el funcionamiento del Centre de Recherches Hispaniques desde 1973), así como Chistiane Chard en 1975.

También se ha de agradecer además de estas colaboraciones la
ayuda benévola y eficaz de Monique Alonso, Rosa Cachero, Albert
Cerezal, María José Pedregal, Enrique Romero, Carmen Testeviu-
de y de las señoras Darracq y Mandrou.

PONENCIAS Y COMUNICACIONES DE LOS DIEZ COLOQUIOS 1970-1979

Fuentes, bibliografía, metodología

1 - A

Malerbe, Pierre: «Utilisation des sources documentaires et recherches historiques: XIX et début de XX siècles». 1970.
Mesple, P.: «Unas fuentes del Pirineo Francés para el conocimiento de hechos de Historia de España». 1971.

1 - D

Martínez Bernícola, José Antonio: «Aproximación a una metodología del uso
de la prensa para investigación de conflictos laborales». 1974.
Tuñón de Lara, Manuel (U. de Pau): «Considération sur la méthodologie de
l'Histoire sociale». 1970.
Rodríguez de las Heras, Antonio: «Precisiones sobre el concepto de crisis».
1976.

1 - E

Fernández Clemente, Eloy: «La Prensa, material de trabajo para el historiador». 1973.
Ressot, Jean Pierre: «Le groupe de Recherches sur la presse espagnole contemporaine de l'Université de Paris Sorbone: perspectives méthodologi-
ques et programmes». 1974

Siglos XIX y XX

2 - A

Balcells, Albert: «Historia de Catalunya». 1979.
Extramiana, José: «Historia de Euzkadi». 1979.
Fernández Clemente, Eloy, y Forcadell, Carlos: «El estado de la cuestión en historia regional y local». 1979.
García-Lombardero, Jaime: «Historia de Galicia». 1979.
Rodríguez de las Heras, Antonio: «Extremadura en la crisis del Estado español». 1977.

2 - B

Artola, Miguel: «Los sistemas de poder en la historia contemporánea de España». 1978.
Aubert, Paul: «El estado de excepción en las Constituciones españolas». 1978.
Elorza, Antonio: «El tema agrario en el nacionalismo vasco». 1975.
Richard, Bernard: «Notas sobre el reclutamiento del alto personal de la Restauración (1874-1923): el origen geográfico de los gobernadores civiles y su evolución». 1972.
Rodríguez de las Heras, Antonio: «Los fenómenos electorales de la Restauración y la II República a través de la teoría matemática de la información». 1978.
Solé Tura, Jordi: «Elementos constantes en la crisis del Estado». 1977.

2 - C

González Portilla, Manuel: «La industria siderúrgica en el País Vasco: del verlangssystem al capitalismo industrial». 1976.
Tortella, Gabriel: «Histoire économique». 1979.

2 - D

Maurice, Jacques: «Recherches sur l'Anarchisme rural en Andalousie, 1868-1936». 1970 y 1971.
Martínez Cuadrado, Miguel: «Localización, sistematización y tratamiento de las fuentes para un modelo de la sociedad española contemporánea, 1770-1970». 1970.
Ruiz, David: «Recherches sur l'Histoire sociale des Asturies». 1970.
Ruiz, David: «Vieja Nobleza e industrialización en Asturias (1868-1931)». 1971.
Tuñón de Lara, Manuel: «Historia del Movimiento obrero». 1979.
Vilar, Sergio: «La burguesía y el Estado español, 1808-1975. Consideraciones sobre una zona clave de la ideología burguesa: la esfera jurídica». 1978.

2 - E

Botrel, Jean-François: «Estadística de la prensa madrileña de 1858 a 1909, según el Registro de Constitución Industrial». 1974.
Brey, Gérard, y Forgues, Roland: «Algunas rebeliones campesinas en la literatura española: Mano Negra, Jerez, Casas Viejas y Yeste». 1975.

Chastagnaret, Gérard: «Un ejemplo de revista científica: "la Revista Minera" desde 1850 a 1914».

Fernández Clemente, Eloy, y Forcadell, Carlos: «Los problemas de la educación en las Constituciones españolas». 1978.

Ferrer Benimeli, José Antonio: «La Masonería y las Constituciones españolas». 1978.

García de Cortázar, Fernando: «Historia de la Iglesia». 1979.

Mainer, José Carlos: «La redención de los Paraninfos: asambleas y regeneracionismo universitarios». 1977.

Rebollo, Miguel A.: «Lingüística e historia contemporánea de España. Un estado de la cuestión». 1978.

Siglo XIX hasta 1868

3 - B

Aragón, Manuel: «Posibles bases para la comprensión de la obra política de Azaña». 1973.

Aymes, Jean-René: «La guerra de la Independencia (1808-1914) y las postrimerías del Antiguo Régimen: ¿Sucesión forzosa o sucesión abierta?». 1976.

Baldo, Marc: «Mendizábal y la disolución del feudalismo». 1976.

Del Moral, S.: «Un informe policial acerca de la sociedad y la economía del País Valenciano en 1825». 1973.

Gil Novales, Alberto: «Del Antiguo al Nuevo Régimen de España. Ensayo de interpretación». 1976.

Fernández Bastarreche, Fernando: «Ejército y sociedad en la España Decimonónica». 1979.

Gil Novales, Alberto: «El asesinato del cura Vinuesa». 1973.

Millán, Jesús: «En torno a las actitudes políticas en el bajo Segura (1780-1837)». 1976.

Ruiz Torres, Pedro: «Conciencia antiseñorial y revolución: el caso de Elche (1766-1840)». 1976.

Sebastiá, Enrique: «La Revolución burguesa antifeudal española». 1976.

3 - C

Anes, Gonzalo: «Crisis de subsistencias y agitación campesina en la España de la Ilustración». 1975.

Arpal, Miguel: «Estructura territorial y sistema señorial».

Lacomba, Antonio: «Aproximación a un núcleo industrial del siglo XIX: Bejar el Manchester Castellano». 1971.

Mateo del Peral, Diego: «Los antecedentes de la abolición del diezmo (el debate de las Cortes del Trienio Liberal)». 1975.

Ruiz Torres, Pedro: «Notas para el estudio de la tierra en el País Valenciano a principios del siglo XIX». 1975.

Tortella, Gabriel: Ferrocarriles, industria y banca (1850-1868)». 1972.

3 - D

Bahamonde, Angel; Toro, Julián, y Urquijo Goitia, Ramón y Elena: «Datos para el estudio de la burguesía madrileña, 1829-1868». 1976.
Bernal, A. M.: «La disolución del régimen señorial, la propiedad de la tierra y la conformación del actual sistema agrario andaluz».
Bilbao, Luis María, y Fernández de Pinedo, Emiliano: «La coyuntura agraria de la Llanada Alavesa y tensiones sociales en la primera mitad del siglo XIX». 1975.
Del Moral, Joaquín: «Agricultura, Hacienda y revuelta campesina; Portugal, 1846-1847». 1975.
Escudero: «Problema del bandolerismo valenciano (1812-1823)». 1976.
Lasa, Eugenio: «Raíces de los movimientos carlistas conservadores y progresistas en el País Vasco durante el reinado de Isabel II». 1971.
Ruiz, David: «Luddismo y burguesía en España (1821-1855)». 1976.
Sebastiá, Enrique: «Crisis de los factores mediatizantes del régimen feudal. Feudalismo y guerra campesina en la Valencia de 1835». 1975.
Tuñón de Lara, Manuel: «Sociedad señorial, revolución burguesa y sociedad capitalista». 1977.

3 - E

Botrel, Jean-François: «Sobre la condición del escritor en la España del siglo XIX». 1973.
Cabrera, Mercedes; Elorza, Antonio; Valero, Javier, y Vázquez, Matilde: «Datos para un estudio cuantitativo de la prensa diaria madrileña (1850-1875)». 1974.
Carrillo, Víctor: «Radiografía de una colección de novelas a mediados del siglo XIX». 1973.
Del Moral, Joaquín: «Sociedades secretas "apostólicas" y partidas "realistas" en el trienio constitucional (1820-1823)». 1972.
Del Moral, Joaquín: «Absolutismo combativo en el trienio constitucional». 1972.
Gelos Tudela, Juan: «Mendizábal». 1972.
Gil Novales, Alberto: «La prensa en el trienio liberal (1820-1823)». 1974.
Marrast, Robert: «Libro y lectura en la España del siglo XIX. Temas de investigación». 1974.
Nadal, Jordi: «Ciencia y técnica en los albores del capitalismo». 1976.
Oliveira, Cesar M.: «A imprensa operaria na sociedade portuguesa (Contribuçao para o estudo da imprensa portuguesa oitocentista)» 1974.
Puelles, Francisco de: «La Internacional en Puerto de Santa María». 1972.
Pérez Garzón, Juan Sisinio; Garma, Santiago, y Peset, José Luis: «Las ciencias y la enseñanza en el proceso revolucionario burgués». 1976.
Portero Molina, José Antonio: «Ideología católica en los sermones del siglo XIX». 1976.
Rodríguez de Lecea, Teresa: «Influencia de la cultura alemana en España en la primera mitad del siglo XIX».
Vilas Nogueira, José Ramón: «Ideología y periodización del diferencialismo gallego en el siglo XIX». 1976.

Sexenio (1868-1875)

4 - A

Calero, Antonio María: «Los cantones de Málaga y Granada». 1972.
Guereña, Juan Luis: «El sexenio: 1868-1874». 1979.
Sánchez Jiménez, José: «El período Revolucionario en un pueblo de la sierra (1868-1874)». 1972.

4 - B

Garmendia, Vincent: «L'idéologie des brochures de propagande carliste (1868-1872)». 1971.
López Cordón, María Victoria: «El pensamiento político internacional del federalismo español». 1972.

4 - C

Lacomba, Juan Antonio: «La Primera República. Problemas económicos, agobios financieros, reformas sociales», 1971.

4 - D

Pérez Garzón, Juan Sisinio: «Balance y reflexiones sobre la historiografía de la revolución burguesa en España». 1979.

4 - E

Botrel, Jean-François: «La Asociación de Escritores y Artistas españoles (1872-1877)». 1972.
Extramiana, José: «De la paz a la guerra: aspectos de la ideología dominante en el País Vasco de 1866 a 1873». 1976.

Restauración (1875-1901)

5 - B

Elorza, Antonio: «El tema rural en la evolución del nacionalismo vasco». 1975.
Serrano, Carlos: «La Constitución real de España según Unamuno». 1978.

5 - D

Castillo, Santiago: «La actividad del PSOE en el campo: los casos de Alcalá de los Gazules y Grazalema» (1887-1889)». 1975.
Corcuera, Javier: «La burguesía no monopolista en el origen del nacionalismo vasco». 1977.
González Portilla, Manuel: «Evolución del coste de la vida, los precios y la demografía en Vizcaya en los orígenes de la revolución industrial». 1973.
Guerrero, Paulette: «El caciquismo en la provincia de Granada». 1972.
Iglesias, M. C.: «Fuentes y Documentación de la comisión de Reformas Sociales, 1883-1885». 1970.
Jaunier, Michelle: «Recherches sur les syndicalistes à la fin du XIXe à Barcelone». 1970.
Navarro, Manuel: «Méthodologie sur l'histoire sociale à la fin du siècle dernier». 1970.

5 - E

Abellán, José Luis: «Claves del 98. Un acercamiento a su significado». 1972.
Castillo, Santiago J.: «La prensa diaria en Madrid: notas para el análisis de las estadísticas del timbre (1873-1887)». 1974.
Díaz, Elías: «Notas sobre la difusión de la filosofía Krausista en España». 1972.
Desvois, Jean-Michel: «Las transformaciones de la prensa de la oligarquía a comienzos del siglo». 1977.
García de Cortázar, Fernando: «La Iglesia y la Constitución de 1876». 1978.
Mainer, José Carlos: «El hispanoamericanismo en la crisis de la ideología de fin de siglo». 1976.
Le Bouil, Jean: «El propietario ilustrado o patriarca en la obra de Pereda». 1975.

Siglo XX en general

6 - A

Barreiro, J. R., y Villares Paz, R.: «Problemática socio-económica y nacionalismo gallego, 1898-1936». 1977.

6 - B

Carreras, Juan José: «La acción de la Constitución legal sobre la real: el ejemplo de Weismar. Problemas metodológicos». 1978.

6 - D

Botrel, Jean-François: «Ensayo de interpretación sociológica: "el éxito de Pequeñeces del Padre Coloma"». 1971.
Calero, Antonio María: «Los "por qué" del anarquismo andaluz. Aportaciones del caso de Granada». 1973.

6 - E

Blanco Aguinaga, Carlos: «Contradicciones de la literatura burguesa progresista: 1898-1936». 1977.
Gómez Orfanell, Germán: «La Junta de Ampliación de Estudios», 1972.
Laporta, Sres., y Zapatero, V.: «La Junta de Ampliación de Estudios». 1972.
Velarde Fuertes, Juan: «Primera aproximación al estudio de la Universidad de Oviedo como enlace entre la Institución libre de Enseñanza y el Instituto de Reformas sociales». 1973.

Reinado de Alfonso XIII (1902-1931)

7 - B

Corcuera, Javier: «Elecciones municipales a principios del siglo en Bilbao». 1978.

Malerbe, Pierre: «La pratique constitutionnelle sous la dictature de Primo de Rivera». 1978.

Portuondo, Ernesto; Jiménez Aleixandre, Miguel; González Calbet, María Teresa, y Gómez Navarro, José Luis: «El proyecto de constitución de 1929 y la configuración del fascismo español». 1978.

7 - C

Biescas Ferrer, José Antonio: «El desarrollo de la industria azucarera en la provincia de Zaragoza después del 98: su impacto en la economía aragonesa». 1976.

7 - D

Aramberri: «A propos d'un texte de Besteiro». 1970.

Castillo, Juan José: «Notas sobre los orígenes y primeros años de la CNCA».

Conard Malerbe, Pierre: «Las peticiones del primero de mayo (1913-1922).» 1972.

Estivil, Jordi: «Notas sobre el trabajo en España a principios del siglo XX».

Fernández, Bernardo, y Girón, José: «Aproximación al sindicalismo agrario en Asturias (1906-1923)».

Lasa, Eugenio: «Apuntes para el estudio de los hechos sociales en Vizcaya durante los años 1917-1920». 1973

Martí, Casimiro: «Panorama de los estudios monográficos recientes sobre el movimiento obrero español entre 1900-1936». 1973.

Moral Sandoval, Enrique: «Catalanismo y socialismo». 1977.

Tuñón de Lara, Manuel: «En torno de la metodología de la historia de los siglos XIX y XX». 1970.

7 - E

Bachoud, Renée: «Los intelectuales y las campañas de Marruecos (1909-1913)» 1974.

Cuesta, Josefina: «Una perspectiva ante la crisis de 1917-20. ¿Hubo una respuesta católica?». 1977.

Desvois, Jean-Michel: «Les grands quotidiens de Madrid en 1917: los orígenes del *Sol*». 1970.

García de Cortázar, Fernando: «La Iglesia en la crisis del Estado español (1898-1923)». 1977.

García Nieto, María del Carmen: La prensa diaria de Barcelona de 1895 a 1918». 1974.

Mainer, José Carlos: «Prensa y literatura en los comienzos del siglo XX.» 1974.

Mainer, José Carlos: «Un capítulo regeneracionista: el hispanoamericanismo (1892-1923)». 1976.

Rodríguez de las Heras, Antonio: «Las campañas agrarias de los intelectuales (Salamanca 1913)». 1975.

Tuñón de Lara, Manuel: «El semanario *La Internacional* (1909-1921)». 1974.

Zapatero, Virgilio: «Pensamiento de Fernando de los Ríos». 1972.

Regunda República - Guerra Civil (1931-1939)

8 - A

Juliá, Santos: «Historia de la Segunda República española. Historiografía».
1979.
González Casanova, J. A.: «Cataluña en la crisis contemporánea del Estado
español». 1977.
Masip, A.: «Apunte para un estudio sobre la guerra civil en Asturias». 1972.
Ramírez, Manuel: «Los tópicos revisables en la bibliografía sobre la segunda
República». 1976.
Sáinz de Varanda, Ramón: «La autonomía de Aragón en el período del Fren-
te Popular». 1977.

8 - B

Agulló Lucía, Luis: «El sistema de partidos políticos en el País Valencià
durante la segunda República».
Alpert, Michael: «Historiographie militaire de la guerre civile d'Espagne:
Etât de la question». 1979.
Aragón, Manuel: «Posibles bases para la comprensión de la obra política de
Azaña». 1973.
Balcells, Albert: «Anarquistas y socialistas ante la autonomía catalana, 1930-
1936». 1977.
Bizcarrondo, Marta: «Largo Caballero y la izquierda socialista». 1971.
Castells, José Manuel: «La autonomía de Euzkadi en tiempos de la repú-
blica». 1978.
Cibrián, Ramiro: «Violencia política y colapso democrático: el caso de España
en 1936». 1978.
Contreras Casado, Manuel: «El PSOE y la Segunda República española: refor-
ma y revolución.» 1976.
Elorza, Antonio: «Sobre el concepto de comunismo libertario en la Segunda
República». 1972.
García Nieto, María del Carmen: «Historiographie politique sur la guerre ci-
vile d'Espagne».
Girón, José: «Un estudio de sociología electoral: la ciudad de Oviedo y su
contorno en las elecciones generales de 1933».
Granja, José Luis de la: «Autonomías y Constitución de 1931». 1978.
Maurice, Jacques: «Togliatti y España». 1977.
Ramírez, Manuel: «Los partidos políticos durante la Segunda República».
1976.

8 - C

Viñas, Angel: «L'Etât de la question en historiographie économique et sur
les aspects internationaux de la guerre civile d'Espagne». 1979.

8 - D

Balcells, Albert: «El socialismo en Cataluña durante la Segunda República
(1931-1936)».

Brey, Gérard: «Socialistas, anarco-sindicalistas y anarquistas en la provincia de Cádiz en 1932-1933». 1972.

Cabrera, Mercedes: «Organizaciones patronales y cuestión agraria en España (1931-1936)». 1975.

Marco, Cecilia; Desvois, Jean-Michel, y Navarro, Manuel: «La extrema izquierda al comienzo de la Segunda República». 1972.

Maurice, Jacques: «De la Unión de los Trabajadores del campo (Federación de la Región española) al proyecto de Federación nacional de Agricultores (en tiempos de la Segunda República). Cómo los anarcosindicalistas andaluces trataron de organizar a las masas rurales». 1972.

Maurice, Jacques: «Problemas de la reforma agraria en la Segunda República (1931-1936)». 1973.

Preston, Paul: «Polarización de fuerzas en el campo durante la Segunda República». 1975.

Ruiz, David: «Aproximación a octubre de 1934». 1972.

Santullano, Gabriel: «Las organizaciones obreras asturianas en los comienzos de la Segunda República». 1972.

8 - E

Bécarud, Jean, y López Campillo, Evelyne: «Radicalización de los intelectuales españoles en 1933-1934». 1977.

Desvois, Jean-Michel: «Las bases empresariales de la prensa de Madrid en 1931». 1974.

Guereña, Juan Luis: «Notas acerca de la prensa internacionalista y su público». 1973.

Laporta, Francisco: «El pensamiento de G. Posada en el período 1930-1936».

Magnien, Brigitte: «La obra de César María de Arconada, de la "deshumanización" al compromiso. La novela rural bajo la Segunda República». 1972.

Mainer, José Carlos: «"Azor" 1932-1934. Radiografía de una crisis».

El franquismo (1939-1975)

9 - A

Hermet, Guy: «La España de Franco: formas cambiantes de una situación autoritaria». 1976.

Tuñón de Lara, Manuel: «Algunas propuestas para el análisis del franquismo». 1978.

Vilar, Sergio: «Proposiciones metodológicas para el análisis del franquismo». 1978.

9 - B

Ramírez, Manuel: «Ideología y Estado en España. 1939-1945».

9 - C

Braña, Francisco Javier; Buesa, Miguel, y Molero, José: «El desarrollo del capitalismo periférico en España: algunas aportaciones». 1976.

García Delgado, José Luis: «A propósito de la agricultura en el desarrollo capitalista español (1940-1970)». 1975.

9 - D

Gomáriz, Enrique: «La reproducción del pasado». 1976.
Rama, Carlos M.: «La clase atributaria del poder bajo la "Constitución" franquista». 1978.

9 - E

Castillo, Juan José: «Franquismo y catolicismo social: la confederación nacional católico-agraria, 1937-1942». 1977.
Contreras, Manuel: «La Revista Escorial». 1978.
Montero, José Ramón: «El boletín de Acción Católica Nacional de Propagandistas». 1978.
Portero Molina, José Antonio: «El Instituto de Estudios políticos». 1978.

Desde 1976

10 - B

Georgel, Jacques: «L'Ibérie en transition, Espagne et Portugal». 1978.
Moderne, Frank: «Les autonomies et la Constitution: problèmes généraux». 1978.

LISTA DE PARTICIPANTES. COLOQUIOS 1970-1979

Abellán, José Luis	Universidad de Madrid
Aguiló Lucia, Luis	» » Valencia
Albiac, María Dolores	» » Barcelona
Alomar, Carmen	Palma de Mallorca
Alonso, Emilio	Universidad de Palma de Mallorca
Alonso, Marie	» » Pau
Alonso, Monique	» » »
Alpert, Michael	» » Londres
Amada, Mariano	» » Zaragoza
Andioc, René	» » Pau
Anes, Gonzalo	» » Madrid
Antelo Fraga, Jesús	» » Murcia
Aragón Reyes, Manuel	» » Madrid
Arpal, Miguel	» » Bilbao
Aubert, Paul	» » Pau
Aymes, Jean-René	» » Caen
Azagra, Joaquín	» » Valencia
Bachoud, Andrée	» » París X
Bahamonde, Angel	C. S. I. C. y Universidad de Madrid
Bailo, María Luisa	Jaca (Catedrático de Instituto de B. U. P.)
Balcells, Albert	Universidad de Barcelona (Autónoma)

Baldo, Marc	»	» Valencia
Bancel, Philippe	»	» Pau
Bandrés, Rosa María	»	» Zaragoza
Bar Cendón, Antonio	»	» »
Barceló Pons, Bartolomé	»	» Palma de Mallorca
Barrere, Bernard	»	» Pau
Barreiro, José Ramón	»	» Santiago de Compostela
Battaner, María Paz	»	» San Sebastián
Bécarud, Jean	Directeur Bibliothèque du Sénat	
Benaisa, José Javier	Universidad de Zaragoza	
Bernal, Antonio Miguel	»	» Sevilla
Biescas Ferrer, Antonio	»	» Zaragoza
Bilbao, Luis María	»	» Bilbao
Bizcarrondo, Marta	»	» Madrid
Blanco Aguinaya, Carlos	»	» California, La Jolla
Borel, Jean-Paul	»	» Neuchâtel
Borell, Dolores	»	» Madrid
Botrell, Jean-François	»	» Rennes
Braña, Francisco Javier	»	» Madrid
Brey, Gérard	»	» Dijon
Buesa, Miguel	»	» Madrid
Cabieces, Victoria	Deusto, Bilbao	
Cabrera, Mercedes	Universidad de Madrid	
Calabro, Mme.	»	» Nápoles
Calero, Antonio	»	» Madrid (Autónoma)
Calleja, Carlos	»	» Murcia
Camin, Xavier	»	» Pau
Capdevila, María	»	» Barcelona
Carreras, Juan José	»	» Barcelona (Autónoma)
Cases, José Ignacio	Madrid	
Castellano, Philippe	Universidad de Pau	
Castellón, Antonio	»	» Madrid
Castells, José Manuel	»	» País Vasco, S. Sebastián
Castells, Luis	»	» Salamanca
Castillo, Santiago	»	» Madrid
Castillo, Juan José	»	» »
Catalinas, José Luis	»	» »
Caussimont, Gérard	»	» Pau
Cava Mesa, María Jesús	»	» Deusto, Bilbao
Cela Conde, Camilo José	»	» Palma de Mallorca
Cereza Cibrián, Ramiro	»	Complutense, Madrid
Contreras, Manuel	»	de Zaragoza
Corcuera, Javier	»	» Bilbao (País Vasco)
Corrales Egea, José	»	Sorbonne Paris III
Cuadrat, Xavier	»	de Madrid
Cuesta, Josefina	»	» Salamanca

Chard, Christiane	Pau
Chueca, Luis	Universidad de Zaragoza
Chastagnaret, Gérard	» » Aix
Da Cruz, Humberto	Universidad de Madrid
Del Moral, Joaquín	Madrid
Del Moral, Carmen	Universidad de Madrid
Delgado, José Miguel	» » Logroño
Desvois, Jean-Michel	» » Haute-Bretagne
Díaz, Elías	» » Valencia
Díaz de Castro, Francisco	» » Palma de Mallorca
Díaz Malledo, Javier	» » Madrid
Díaz Nosty, B.	» » »
Echenegusia, Javier	» » Madrid
Elboj, Fernando	» » Madrid
Elorza, Antonio	» » »
Estivill, Jordi	» » Perpignan
Extramiana, José	» » Grenoble
Fandos, Antonio	» » Pau
Fernández, Bernardo	» » »
Fernández Basterreche, Fernando	» » Almería
Fernández Clemente, Eloy	» » Zaragoza
Fernández de Loyasa, Montserrat	» » Madrid
Fernández de Pinedo, Emiliano	» » País Vasco (Vitoria)
Ferrer Benimeli, José Antonio	» » Zaragoza
Forcadell, Carlos	» » »
Forgues, Roland	»
Fraile, Fidelio	» » León
Franco, Ana María	» » Pau
Fusi, Juan Pablo	» » Madrid
Galán, Elvira	» » »
Galgallo, Juan	» Complutense, Madrid
García de Cortázar, Francisco	Deusto, Bilbao
García Delgado, José Luis	Universidad de Oviedo
García Lombardero, Jaime	» » Santiago de Compostela
García Nieto, M. C.	» » Madrid
Garma, Santiago	» Complutense, Madrid
Garmendia, Vincent	» de Burdeos
Gelos Tudela, Juan	» » Cádiz
Genevois, Danièle	» » París
Georgel, Jacques	» » Rennes
Germán, Luis	» » Zaragoza
Gil Novales, Alberto	» » Barcelona
Girón, José	» » Oviedo
Gomariz, Enrique	» » Madrid

Gómez Navarro, José Luis   »   »   »
Gómez Orfanel, Germán   »   »   »
González Calbert, María Teresa   »   »   »
González Casanova, José Antonio   »   »   Barcelona
González Portilla, Manuel   »   »   Bilbao
Goñi, José María   »   »   Deusto, Bilbao
Gorostiaga, Luis   »   »   Pau
Goyheneche, Eugène   »   »   »
Granja, José Luis de   »   »   Bilbao
Guereña, Juan Luis   »   »   Tours
Guerra Martínez, Ana   »   »   Murcia
Guerrero, Paulette   »   »   Pau
Guerrero, Enrique   »   »   Madrid

Halbout, Nicole   »   »   Pau
Hernández, Angela   »   »   Murcia
Hernández Montalbán, Francisco   »   »   Valencia
Hermet, Guy   »   »   París

Izquierdo, María Dolores   »   »   Madrid

Jaunier, Michèle   »   »   Pau
Jerez Mir   »   »   Zaragoza
Jiménez Aleixandre, Miguel   »   »   Madrid
Jover Zamora, José María   »   »   »
Juliá, Santos   »   »   »

Labordeta, José Antonio   Zaragoza
Lacomba, Juan Antonio   Universidad de Málaga
Lalinde, Jesús   »   »   Zaragoza
Lamo de Espinosa   »   »   Madrid
Laporta, Francisco   »   »   »
Larraz, Emmanuel   »   »   Aix
Lasa, Eugenio   »   »   Burdeos
Laval, Monique   »   »   Pau
Lavaud, Jean-Marie   »   »   Dijon
Lavaud, Eliane   »   »   »
Le Bouil, Jean   »   »   Rennes
Le Mevel, Nicole   »   »   Pau
Lissorgues, Yvan   »   »   Toulouse
Longares, Jesús   »   »   Córdoba
López Campillo, Evelyne   »   »   París
López Cordón, María Victoria   »   »   Madrid
López Nieto, Lourdes   »   Complutense, Madrid
López, Alejandro   »   de Madrid

Madrid, Juan José   Madrid («Historia-16»)
Maestre, Alfonso Juan   Universidad de Madrid

Magnien, Brigitte	»	» París VIII
Mainer, José Carlos	»	» Barcelona
Malerbe, Pierre	»	» Toulouse
Marco, Cecilia	»	» Pau
Marrast, Robert	»	» París III
Martí, Casimiro	Barcelona-Univ. Pontificia de Salamanca	
Martín López, Francisco	Universidad de Córdoba	
Martínez Bernícola, José Antonio	Alicante	
Martínez Cuadrado, Miguel	Universidad de Madrid	
Martínez Quintero, Esther	»	» Salamanca
Martínez Segarra, Rosa	»	» Madrid
Matthys, Mireille	»	» Pau
Maurice, Jacques	»	» París VIII
Mesple, Robert	»	» Pau
Mina, María Cruz	»	» Deusto, Bilbao
Moderne, Franck	»	» Pau
Molero, José	»	» Madrid
Moll, Isabel	»	» Palma de Mallorca
Montero, José Ramón	»	» Zaragoza
Moral Sandoval, Enrique	»	» Madrid
Morodo, Raúl	»	» »
Moro, José María	»	» Oviedo
Morón, Aline	Tours	
Muñoz, María Dolores	Universidad de Córdoba	
Nadal, Jordi	»	» Barcelona (Autónoma)
Navarro, Manuel	»	» Pau
Nicolás Marín, María Encarna	»	» Murcia
Nicolás, Esther	»	» »
Nielfa, Gloria	»	Complutense, Madrid
Olías de Lima, Blanca	»	de Madrid
Oribe, Yolanda	»	» Bilbao (I. C. E.)
Pastor	Alicante	
Pastor, Jeanne	Universidad de Pau	
Pedregal, María José	»	» »
Perroy, D.	Casa de Velázquez	
Pérez, Joseph	Universidad de Burdeos	
Pérez Garzón, Juan Sisinio	Madrid C. S. I. C.	
Pérez Ledesma, Manuel	Universidad de Madrid	
Pérez País, María Carmen	»	» »
Pérez Sarrión, Guillermo	Colegio Universitario de Huesca	
Peset, José Luis	Madrid C. S. I. C.	
Petschen, Santiago	Universidad de Madrid	
Portero, José Antonio	»	» Zaragoza
Portuondo, Ernesto	»	» Madrid
Prados de la Escosura, Leandro	Oxford	

Preston, Paul	Londres	
Puente Ojea, Fernando	París (Ministro de Asuntos Culturales de España en Francia)	
Puelles, Francisco de	Cádiz	
Ralle, Michel	Universidad de Besançon	
Rama, Carlos M.	» »	Barcelona (Autónoma)
Ramírez, Manuel	» »	Zaragoza
Rebollo Torio	» »	Extremadura
Reig, Alberto	» »	Pau
Ressot, Jean-Pierre	» »	París, Sorbonne
Ripollés, María José	» »	Valencia
Richard, Bernard	Casa de Velázquez	
Rodríguez, François	Universidad de Pau	
Rodríguez Aramberri, J.	» »	Madrid
Rodríguez de las Heras, Antonio	» »	Extremadura
Rodríguez de Lecea, Teresa	» »	Madrid
Rodríguez Zúñiga, Luis	» » »	
Roldán, Santiago	» » » y de Barcelona	
Ruiz de Azua, Miguel	» Complutense, Madrid	
Ruiz González, David	» de Oviedo	
Ruiz Lapeña, Rosa María	» »	Zaragoza
Ruiz Ortiz	» »	Madrid
Ruiz Torres, Pedro	» »	Valencia
Rupérez, Paloma	» »	Madrid
Saad, Gabriel	» »	Pau
Sáez, José Alberto	» »	Murcia
Sáinz de Varanda, Ramón	» »	Zaragoza
Salomón, Noël	» »	Burdeos
Sánchez Jiménez, José	» »	Madrid
Sánchez Marroyo, Fernando	» »	Extremadura
Sancho Flórez, José Gonzalo	» »	Oviedo
Sebastiá, Enrique	» »	Valencia
Schmidt, Bernhard	Moers R. F. A.	
Schneider, M. C.	Universidad de Pau	
Semolinos, Mercedes	» »	Madrid
Serra Busquets, Sebastián	» »	Palma de Mallorca
Serrano, Carlos	» »	París III
Serván García, María Pilar	» Laboral de Cáceres	
Serván García, María Jesús	» » » »	
Sevilla, Julia	» de Valencia	
Sevilla Guzmán	Reading G-B	
Solé Sabaté, José María	Universidad de Barcelona	
Solé Turá, Jordi	» » »	
Tello, J. Angel	» »	Zaragoza
Temine, Emile	» »	Aix

Toro Mérida, Julián	Madrid C. S. I. C.
Tortella, Gabriel	Universidad de Valencia y Pittsbourgh
Tuñón de Lara, Manuel	» » Pau
Tucoo-Chala, Pierre	» » »
Urigüen, María Begoña	Madrid C. S. I. C.
Urquijo Goitia, José Ramón	» »
Vanaclocha, Francisco	Universidad de Madrid
Velarde, Juan	» » »
Velasco, Carlos	» » »
Vélez, Eloína	» » Bilbao (I. C. E.)
Vergmory, Isabel	» » » »
Vidal, José Juan	» » Palma de Mallorca
Vilar, Pierre	» » París I
Vilar, Sergio	» » » VIII
Vilas Nogueira, J.	» » Santiago de Compostela
Viñas, Angel	» » Madrid-Alcalá
Villares, Ramón	» » Santiago de Compostela
Villota	» » Grenoble
Zapatero, Virgilio	» » Madrid
Yvorra, José Antonio	» » Valencia

SEGUNDA PARTE

HISTORIOGRAFIA CONTEMPORANEA

1970-1979, DIEZ AÑOS DE HISTORIOGRAFIA EN TORNO AL PRIMER TERCIO DEL SIGLO XIX ESPAÑOL

Alberto GIL NOVALES

Hace diez años, el panorama historiográfico español —y en adelante, sin necesidad de nueva especificación con este término me referiré sólo al del primer tercio del siglo XIX, a no ser que se indique una acepción más amplia— era desolador, por las dificultades inherentes a la investigación histórica en un régimen político como el que imperaba entonces en España. Había muy pocos investigadores, y aun prescindiendo ahora de problemas ideológicos, que ya es prescindir, había sobre todo muy poca continuidad en estas tareas. Pero a la vez acaso el panorama estaba cambiando, se podían ventear —y no sólo en el marco específico de mi tema de hoy— nuevas realidades, nuevas promesas.

No es éste el momento de hacer un estudio amplio del negativismo franquista, ni tampoco de la presión social que trataba de romper sus moldes. Baste señalar el hecho: la sociedad española se había ido transformando en profundidad, aunque la superficie política no cambiase, o cambiase sólo dentro de ciertas coordenadas; y esa transformación exigía ineludiblemente una nueva historiografía.

Y ésta se produjo, por lo menos, antes de entrar en valoraciones, como hecho bruto: la masa de los títulos creció extraordinariamente, a pesar de las dificultades, de censura, etc., pero también dificultades derivadas del hecho de la casi inexistencia de editoriales universitarias y estatales, que dejaba al historiador serio al albur de la iniciativa privada. Justo es decirlo, el nuevo historiador se vio ayudado por un hecho también nuevo: la Historia se puso de moda, en el fondo de cuyo fenómeno se hallaba la necesidad de autorreflexión de los españoles, la necesidad de averiguar qué fuerzas en nuestro pasado nos habían llevado a la guerra civil y al hondón del franquismo.

Había algo de ruptura en esta posición, lo digo con nostalgia. Y el Centro de Pau, que en 1970 celebraba su primer Coloquio, contribuyó extraordinariamente a esta nueva dimensión de la Historia, primero por permitir la expresión libre de diferentes problemas de los siglos XIX y XX, sin las restricciones inherentes a la situación de la Península, pero también sin convertirse programáticamente en *oposición:* sus directores supieron hallar en la ciencia sin partidismos el verdadero camino que España necesitaba. De aquí que Pau también se pusiese de moda: era la libertad lo que allí se buscaba. Pero los Coloquios de Pau, tan poco doctorales, tuvieron el mérito de permitir expresarse a personas que en España estaban todavía inéditas: esto tiene inmensa importancia, pues significa que Pau empezó a convertirse en una alternativa a los trillados caminos oficiales; alternativa con la que en España hubo que contar, y efectivamente pudimos ver a algunos representantes más o menos oficiales emprender el camino de Canosa de la regeneración paulina.

Los Coloquios de Pau, aparte de poner en contacto a unos investigadores con otros, función propia de toda reunión científica, más la escapatoria obligada para comprar libros franceses, comenzaron a publicar un *Boletín,* modestamente, pero de extraordinaria eficacia a la hora informativa y, sobre todo, por sus páginas bibliográficas. No sé si se juzgará que es una impresión excesivamente subjetiva, pero creo que el *Boletín* ha cumplido una tarea fundamental en el conjunto del *haber* de Pau.

Hoy la situación en la Península ha cambiado, sin que por eso podamos sentirnos plenamente optimistas, y por supuesto nada triunfalistas. Ha cambiado la situación política, pero en lo que respecta a la vida intelectual, en general, y a la actividad historiográfica, en particular, los problemas no han desaparecido, sino que acaso se han agrandado. Ha desaparecido la censura y con ella otras coacciones molestas, pero me interesa resaltar que las estructuras de poder no se han alterado y por ello en las escalas burocráticas de la historiografía nacional, tan eficaces a la hora de prefigurar el destino de los jóvenes, siguen imperando los mismos demonios que antes, apenas con una adecuación nominalista al momento. Por si esto fuera poco, la crisis económica ha incidido duramente sobre el mundo editorial, eliminando a muchas de las pequeñas empresas y acentuando el conservadurismo de las grandes. En la búsqueda de un mercado, siempre problemático en una España de la que se afirma que es el país en que nadie lee nada, las editoriales han adulterado con frecuencia el producto, por aquello de que todo mercado es por definición siempre algo fenicio. La cosa no es nueva; acaso ahora se ha mostrado más abiertamente, pero obedece a una tendencia anterior. Malas traducciones, y siempre mal pagadas, supresión en los libros de su aparato científico, notas, bibliografía, índices, y esto incluso cuando el original extranjero lo llevaba todo completo. Creo que las llamadas editoriales progresistas tienen una gran parte de culpa en el estrago del gusto que puede observarse en nuestro público: por vender, y en defintiva medrar, han tendido sistemáticamente a abaratarlo todo, incluso la calidad. Pero acaso en este mundo editorial sí hay una novedad, o a mí me lo parece, novedad que ha ido haciéndose lentamente en los últimos años: muchas editoriales se están convirtiendo en comisionistas, y sólo publican aquellos libros, valiosos o no, por los cuales son subvencionados. De hecho parece estar desapareciendo el editor emprendedor, y al no existir todavía la editorial pública, los autores se las ven y se las desean para publicar sus cosas. La crisis de la editorial privada repercute en la crisis general de la profesión intelectual; yo no sé si será transitoria, producto de una situación económica precaria. Pero el mismo *Boletín* de Pau demuestra cómo en los últimos años van proliferando los libros publicados por sus propios autores; con lo cual, de persistir las tendencias actuales, pronto el editor privado será una figura del pasado, llamada a desaparecer.

En otro orden de consideraciones, hoy hay más centros universitarios y de investigación que hace algunos años, y es consolador ver cómo van llegando trabajos originados en algunos de estos nuevos centros. Pero nadie ignora las dificultades que se viven, hoy igual que antes, en las Universidades españolas y en el Consejo Superior de Investigaciones Científicas, y más todavía en los nuevos centros, mal dotados, mal comunicados muchas veces, sin bibliotecas adecuadas, sin personal competente en todos los departamentos, y sobre todo escaso. Otro capítulo sería la falta de bibliotecas en nuestras ciudades, y los reglamentos arcaicos que en general rigen en las existentes: como todo en España, lo que se hace es producto del esfuerzo individual, a pesar de la infraestructura.

Dentro de este contexto universitario, la progresiva degradación de la Memoria de Licenciatura o tesina, salvo excepciones muy honrosas, pero siempre excepciones, contribuye a la abundancia de títulos que amenaza ahogarnos, porque a pesar de que las tesinas sean malas, se publican o se han publicado hasta hace poco. Muchos de los libros de los que tendré que ocuparme en seguida, no tienen otro origen: procedimiento normal en todos los países éste de que la historiografía empiece desde los centros de cultura superior, pero lo que lo vuelve problemático en España es la inflación y la poca exigencia crítica.

Y en cuanto a contactos con el extranjero, y sobre todo con la cultura extranjera, sólo unos pocos historiadores españoles la mantienen, por los problemas idiomáticos, las dificultades de hacerse con el libro extranjero a precio asequible o bien las de encontrarlo en las bibliotecas, etc.; aunque realmente el ejemplo de los franceses que hemos tratado en Pau a muchos de nosotros debiera habernos hecho meditar.

Agrava todavía más el panorama que estoy presentando la gran dispersión con que se presenta: dispersión, tanto en el sentido de las librerías, ya que hay pocas, poquísimas, que sean buenas, y en donde uno pueda encontrar rápidamente aquello que le interesa; y dispersión en el sentido de la propia producción intelectual, falta de revistas libres y científicas, o con órganos viejo régimen, enmohecidos, pero en los que puede aparecer un artículo excelente; o, por ejemplo, como me observaban un día unos colegas radicados en Francia, dispersión en el sentido de que una revista de título tan especializado como *Moneda y Crédito* pueda publicar algunos de los mejores trabajos de Historia económica que ven la luz en España.

Problemas no faltan, pues: pero lo más esperanzador es la cantidad de personas dispuestas a trabajar para superarlos; y lo más desalentador, la persistencia en sus sitiales de los viejos caciquillos; y el plantel de sucesores, tan jóvenes, que han sabido prepararse: porque no es un problema de generaciones, sino la herencia de las estructuras de los últimos cuarenta años: herencia, insisto, que sigue mandando.

Planteadas estas premisas, voy a tratar de sistematizar la producción historiográfica de los últimos diez años en los siguientes apartados, en los que acaso tendré ocasión de aplicar algunos de los conceptos expresados hasta aquí: Bibliografía, Ediciones de textos, Ciencia y enseñanza, Historia por períodos, Historia de sucesos particulares, Economía y Hacienda, Población, Burguesía y revolución, Derecho e Instituciones, Iglesia, Ejército, Sociedades Secretas, Estudios sobre personajes, Pensamiento, Arte y Literatura; aunque no se me oculta que muchos de los libros que me propongo analizar abarcan varios de esos apartados, y aunque dada la abundancia de títulos me vea obligado a prescindir, salvo excepciones, de los artículos de revista.

En cuanto al primero, Bibliografía, conviene volver a recordar la labor del *Boletín* de Pau y el puesto fundamental que ocupa una publicación como el *Indice Histórico Español,* a pesar de que éste salga con algún retraso. En 1977 apareció el libro de Margaret Rees: *French Authors on Spain 1800-1850* [1], que aunque su interés principal es literario resulta muy útil incluso para los historiadores. Cosa parecida hay que decir de la obra de José Alberich: *Bibliografía anglo-hispánica 1801-1850* [2], que abarca también una enorme variedad de campos, peca más que el anterior de amateurismo, pues, aunque siempre útil, la información que se nos da es con frecuencia deficiente: faltan títulos, incluso de periódicos, como por ejemplo *The Peninsular Magazine* que en Londres, 1841, publicaba don Enrique Lazeu; y respecto al período propio de esta comunicación, se me perdonará si digo que una consulta del tomo II de mis *Sociedades Patrióticas* habría permitido al autor aumentar notablemente sus referencias. Citaré también, aunque no lo he visto, el *Manual de bibliografía española,* de Anna M. Paci [3]. Los investigadores disponen ahora de una nueva edición, en un solo volumen, de la obra de Jaime del Burgo: *Bibliografía del siglo XIX* [4], actualizada hasta las publicaciones aparecidas en 1975 inclusive, pero hay que decir que en esta reedición, no obstante su utilidad, el autor ha elegido el camino del mínimo esfuerzo, es decir la reproducción mecánica del trabajo anterior adicionada de unos pocos títulos modernos, sin tomarse el cuidado de analizar e incorporar a sus propias series el contenido bibliográfico de los títulos modernos. Parabienes mere-

---

[1] Margaret Rees: *French Authors on Spain 1800-1850. A checklist.* Research Bibliographies x Checklist. General Editors A. D. Deyermond, J. R. Little and J. E. Varey. Grant and Cutler Ltd., 1977.

[2] José Alberich: *Bibliografía anglo-hispánica 1801-1850. Ensayo bibliográfico de libros y folletos relativos a España e Hispanoamérica impresos en Inglaterra en la primera mitad del siglo diecinueve.* Oxford, The Dolphin Book Co. Ltd.; Barcelona, Editorial Gustavo Gili, 1978.

[3] Anna M. Paci: *Manual de bibliografía española,* Pisa, 1970, cit. por Joseph Siracusa y Joseph L. Laurenti: «A bibliography of literary relations between Spain and Italy», *Hispano-Italic Studies,* I, 84, Georgetown University, Washington, 1976.

[4] Jaime del Burgo: *Bibliografía del siglo XIX. Guerras carlistas. Luchas políticas.* Segunda edición revisada y puesta al día con las publicaciones que han visto la luz hasta el año 1975 inclusive. Prólogo de Federico Suárez Verdeguer. Pamplona, Imp. de Navarra, 1978.

ce el que se haya completado en 1977 la publicación del Palau,
Manual del librero hispanoamericano, en su segunda edición [5], obra
siempre útil y fundamental, aunque para el período considerado las
omisiones sean frecuentísimas y a veces aparezca algún que otro dis-
late. Pero una vez más el esfuerzo particular ha sabido hacer lo que
el Estado, o las Academias, no se preocuparon de hacer. Deficiente
resulta también para el primer tercio del xix la *Bibliografia dels
moviments socials a Catalunya* [6], de la que seguramente nos hablará Balcells, pero esta deficiencia no lo es si consideramos que su
tema no entra apenas en el marco temporal por mí considerado.
Tanto en este epígrafe, como en el siguiente, podría citar la reedición del *Ensayo* de Villa-amil y Castro sobre Galicia [7]. Mención especial merecen los trabajos de Inocencio Ruiz Lasala sobre bibliografía zaragozana y valenciana [8], continuación de trabajos anteriores,
como el libro dedicado al impresor Ibarra [9]. Inocencio Ruiz es un
Palau contemporáneo, ya que sustenta casi diría que heroicamente
una librería de viejo en Zaragoza. Quiero también mencionar la
reedición de los *Apuntes* de Maffei y Rua Figueroa [10], libro fundamental no sólo para la minería, sino para la Ciencia en general: su
reedición es típica del momento que se vivía hace diez años, pues
no obstante su inmensa utilidad, no se dice lisa y llanamente que se
trata de una reproducción fotostática del viejo libro, sino que se le

    [5] Antonio Palau y Dulcet: *Manual del librero hispanoamericano.* Segun-
da edición, corregida y aumentada por el autor, xxviii tomos, Barcelona, varias
imprentas, 1948-1977.
    [6] *Bibliografia dels moviments socials à Catalunya, País Valencià i les Illes.*
Dirigida por E. Giralt i Raventós amb la col.laboració de A. Balcells, A. Cucó,
J. Termes i equip de redacció. Barcelona, Edit. Lavinia, 1972.
    [7] José Villa-amil y Castro: *Ensayo de un Católogo sistemático y crítico de
libros, folletos y papeles que tratan de Galicia* (1875), Barcelona, El Albir,
1975.
    [8] Inocencio Ruiz Lasala: *D. Benito Monfort y su oficina tipográfica (1757-
1852),* Zaragoza, San Francisco SAE de Artes Gráficas, 1974; *Id.: Historia de
la Imprenta en Zaragoza con noticias de las de Barcelona, Valencia y Segovia,*
id., id., 1975; *Id.: Bibliografía zaragozana del siglo XIX,* id., id., Excmo.
Ayuntamiento, 1977.
    [9] *Id.: Joaquín Ibarra y Marín (1725-1785),* id., id., 1968.
    [10] Eugenio Maffei y Ramón Rua Figueroa: *Apuntes para una biblioteca
española de libros, folletos y artículos, impresos y manuscritos, relativos
al conocimiento y explotación de las riquezas minerales y a las ciencias auxi-
liares (1871),* ahora en *La Minería Hispana e Iberoamericana. Contribución a
su investigación histórica. Estudios. Fuentes. Bibliografía.* Vol. ii y iii. *Bibliografía.* Cátedra de San Isidoro, León, 1970.

da nuevo título contemporáneo, al que se acompaña de una larga lista de Excelentísimos e Ilustrísimos Señores, que nada tienen que ver con los *Apuntes,* salvo el afán de figurar, algunos me imagino contra su voluntad, ya que el hacer ver que se hace era institucional. Util resultará también la reedición de la *Bibliografía de la Masonería* [11] de Ferrer Benimeli, que casi dobla los títulos incorporados con respecto a la primera edición, aparecida en Caracas. El *Manual de biografía y bibliografía de los escritos españoles del siglo XIX* de Manuel Ovilo y Otero ha sido objeto de una reproducción fotostática en 1976 [12]. En otro orden de cosas, es también notable la reproducción del *Essai* de Julien Vinson sobre la lengua vasca, 1970 [13]. Pasando a las ediciones de textos, señalaré la aparición en 1970 del *Examen histórico* de Agustín de Argüelles, con título abreviado, lo cual no es muy científico, pero acaso sí comercial [14]. La índole de la colección es probablemente responsable de que se nos dé el texto de Argüelles sin nota explicativa alguna, sin referencia a la primera edición, sin nada prácticamente, excepto algo que se llama *Estudio crítico y Estado de la cuestión y notas bibliográficas,* en donde falta, como digo, lo más elemental, que se suple por afirmaciones, como la siguiente: «Es, sin duda, el movimiento político liberal de principios del XIX un movimiento epidérmico, tanto por el volumen demográfico de los hombres que lo ansían como por sus resultados. Sin embargo, se ven favorecidos por un hecho afectivo de enorme impronta en el grueso social: un modo nuevo de hacer y pensar, un impetuoso modo de ver la sociedad, que denominamos Romanticismo» (p. 10). Al final, se eligen tres textos aislados, en ocasiones incluso una frase incompleta, y se comentan esos textos,

---

[11] José A. Ferrer Benimeli: *Bibliografía de la Masonería.* Introducción histórico-crítica. 2.ª ed. corregida y aumentada, Fundación Univ. Española, Madrid, 1978.

[12] Manuel Ovilo y Otero: *Manual de biografía y bibliografía de los escritores españoles del siglo XIX (1859),* Hildesheim-Nueva York, Georg Olms Verlag, 1976.

[13] Julien Vinson: *Essai d'une bibliographie de la langue basque (1891-1898),* Anthropological Publications, Oosterhout, Pays-Bas 1970.

[14] Agustín Argüelles: *Examen histórico de la reforma constitucional que hicieron las Cortes Generales y Extraordinarias desde que se instalaron en la Isla de León el día 54 de septiembre de 1810, hasta que cerraron en Cádiz sus sesiones en 14 del propio mes de 1813 (1835),* ahora con el título de *La reforma constitucional de Cádiz.* Estudios, notas y comentarios de texto por Jesús Longares. Madrid, Iter, 1970. «Colección Bitácora».

con nuevas *perlas* como la de que «No nos extrañe, pues, el desprecio formal que los liberales sienten hacia el pueblo. No es tanto un desprecio clasista, todavía desconocido, como de consciencia de su inutilidad para cualquier toma de postura» (p. 448). A esto se llamaba Historia en ciertos estratos españoles.

Gran importancia científica tiene, en cambio, la recogida y publicación de textos de Quintana o relacionados con él que hace Albert Dérozier en el tomo II de su *Manuel Josef Quintana,* edición francesa 1970, y esto no solamente por la importancia de los materiales allegados —fundamentales para la Guerra de la Independencia y aun para épocas posteriores—, sino por el completísimo sistema de índices de que el volumen va provisto [15]. El mismo autor publicó en 1975 una antología de *Escritores políticos españoles* [16], desde 1789 hasta 1854, con prólogo, notas e índices, útil probablemente como lectura de español en los cursos de la Universidad francesa, pero que —lo confesaré— abarca demasiado espacio temporal en pocas páginas para dejar satisfecho al especialista. Pero reconozco que estos son los problemas de todo antólogo, que se ve obligado a cortes de carácter completamente personal.

Lo mismo se puede decir del tomo I de las *Bases documentales de la España contemporánea,* de María Carmen García Nieto, Javier M. Donézar y Luis López Puerta, libro útil, evidentemente, que cumple su misión, pero en el que se deslizó algún error bibliográfico [17]. En estos años el Seminario de Historia Moderna de la Universidad de Navarra ha seguido publicando, bajo la dirección de Federico Suárez Verdeguer, los *Documentos del reinado de Fernando VII:* VI, *Luis López Ballesteros y su gestión al frente de la Real Hacienda (1823-1832);* VII, *El Consejo de Estado (1792-1834);* VIII, *Los agraviados de Cataluña* [18], libros que se han hecho ya, como

---

[15] Albert Dérozier: *Manuel Josef Quintana et la naissance du libéralisme en Espagne,* Tome II. Appendices. Documents inédits et oubliés. Annales Littéraires de l'Université de Besançon, París, Les Belles Lettres, 1970.

[16] *Id.:* Escritores políticos españoles 1780-1854. Selección y prólogo. Madrid, Turner, 1975.

[17] María Carmen García Nieto, Javier María Donézar y Luis López Puerta: *Bases Documentales de la España Contemporánea.* I. *Revolución y reacción 1808-1833,* Madrid, Guadiana, 1971.

[18] *Documentos del reinado de Fernando VII.* VI. *L. López Ballesteros y su gestión al frente de la Real Hacienda.* Estudio preliminar por Federico Suárez. Pamplona, Univ. de Navarra, CSIC, 1970, 5 vols.; VII. *El Consejo de Estado (1792-1834), Id., id., id.,* Instituto de Estudios Administrativos,

los anteriores, imprescindibles, a pesar de que la recogida de documentos parece haber sido de aluvión, y nunca podemos estar seguros de la fidelidad con que responden al original, es decir, que si somos exigentes estas ediciones no nos ahorran la visita a los archivos correspondientes. La reseña que hizo Fontana de un título anterior de esta serie [19] nos exime de mayores precisiones. Federico Suárez aparece también al frente de las *Actas de la Comisión de Constitución (1811-1813)* [20], que se reproducen con un estudio preliminar de María Cristina Diz-Lois, la cual parece que ha hecho efectivamente el trabajo, y Suárez se ha limitado a dejar poner su nombre, a título de coordinador. Con el mismo sello editorial ha aparecido en 1976 la *Correspondencia diplomática del Nuncio Tiberi (1827-1834)* [21], obra muy sólida, que forma parte de una serie editada por Vicente Cárcel Ortí, que estudiará las relaciones entre el Estado y la Iglesia en el siglo XIX, con fondos fundamentalmente del Archivo Secreto Vaticano. Para nuestra composición de lugar, llama la atención que cuando Francesco Tiberi llegó a España en 1827 le pareció que la Iglesia sufría persecución, a pesar del empaque católico oficial, pero no simpatizará Tiberi con el carlismo, acaso por haber tenido que sufrir las demasías del Obispo de León, Abarca, y del P. Cirilo, que sí fueron agentes carlistas. Indices, etcétera, todo en esta obra parece muy completo. *La Constitución de 1812*, edición de Barcelona de 1836, ha sido objeto de una edición facsímil en 1978 [22]. Carece de preámbulo.

Util resulta la publicación del *Epistolario del Deán López Cepero* hecha por Manuel Ruiz Lagos (cartas de Martínez de la Rosa, Conde de Toreno, Donoso Cortés, Lista, Miñano, Quintana, Rei-

---

1971; VIII. *Los agraviados de Cataluña. Id.* Univ. de Navarra-CSIC, 1972, 4 vols.

[19] Fontana Lázaro, José: «Una edición inadmisible: La de las memorias de hacienda de Garay por el padre Federico Suárez Verdaguer», *Moneda y Crédito*, núm. 103, dic. 1967, pp. 113-118.

[20] Federico Suárez: *Actas de la Comisión de Constitución (1811-1813)*. Estudio preliminar por María Cristina Diz-Lois. Coordinador, Federico Suárez. Seminario de Historia Moderna (Univ. de Navarra), Edic. del I. de Estudios Políticos, Madrid, 1976.

[21] Vicente Cárcel Ortí: *Correspondencia diplomática del Nuncio Tiberi (1827-1834)*, Pamplona, Edic. Univ. de Navarra, 1976.

[22] *Constitución Política de la Monarquía Española, promulgada en Cádiz a 19 de marzo de 1812* (Barcelona, Sausí, 1836). Valladolid, Lex Nova, 1978.

noso, Narváez, etc.), aunque como en otras obras suyas los comentarios del editor dejen bastante que desear [23]. El Diario de Viaje de Manuel Domecq y Víctor por Irlanda, Inglaterra y Francia, 1829, ha sido publicado por Eduardo Gener Cuadrado [24], a quien se debe no sólo la localización del manuscrito sino la averiguación de su autor. Por lo demás el aparato erudito de que se ha dotado al libro resulta algo elemental.

Las *Obras políticas* de Alonso de Nava Grimón, Marqués de Villanueva del Prado, ilustrado canario que intervino en la fundación de la Sociedad Económica de Amigos del País de La Laguna y en la creación del Jardín Botánico, y que después fue Presidente de la Junta Suprema de Gobierno de Tenerife, 1808, han sido publicadas en una sobria edición por Alejandro Cioranescu, con lo cual tenemos un documento imprescindible para la historia canaria y española de comienzos del siglo XIX [25].

Gracias a los esmerados cuidados de Vicente Lloréns Castillo conocemos ahora mejor el pensamiento y la personalidad de José María Blanco White, cuyas obras ha ido dando en castellano [26]. Independientemente de Lloréns, no ha faltado en la pobreza de nuestra vida intelectual el repentino descubrimiento de Blanco por parte de algún literato, que lo ha presentado de forma singular, en detrimento de la visión general de la época. Ignoro las razones profundas de esta actitud, y por tanto no juzgo, pero señalo el hecho [27].

Las importantes Memorias de Sébastien Blaze, boticario napoleónico durante la Guerra de la Independencia, publicadas en 1828,

[23] Manuel Ruiz Lagos: *Epistolario del Deán López Cepero. Anotaciones a un liberal romántico. Jerez, 1778-Sevilla, 1858.* Publicaciones del Centro de Estudios Históricos Jerezanos, Jerez de la Frontera, Gráficas del Exportador, 1972.
[24] Eduardo Gener Cuadrado: *Diario de viaje de un comerciante gaditano (1829).* Comentarios y anotaciones por..., Cadiz, Instituto de Estudios Gaditanos, 1976.
[25] Alonso de Nava Grimón, Marqués de Villanueva del Prado: *Obras políticas,* edición, introducción y notas por Alejandru Cioranescu. Biblioteca de Autores Canarios, Aula de Cultura de Tenerife, 1974.
[26] José Blanco White: *Cartas de España. Introducción de Vicente Lloréns.* Trad. y notas de Antonio Garnica. Madrid, Alianza Editorial, 1972. Id.: *Antología de Obras en español,* Edición, selección, prólogo y notas de Vicente Lloréns. Barcelona, Labor, 1971.
[27] Id.: *Obra inglesa.* Prólogo de Juan Goytisolo. Barcelona, Seix Barral, 1974.

han sido objeto de una nueva edición en Ginebra, 1977 [28]. No es una edición científica, sino mera reproducción fotostática de la anterior, sin índices ni temático ni onomástico, pero por lo menos mejora con mucho la deplorable traducción incompleta publicada hace años por la Casa Editorial Hispano-Americana, París-Buenos Aires [29]. En este capítulo de Memorias, poseemos ahora el primer tomo de los *Recuerdos (1778-1837)* del Marqués de las Amarillas, que llega hasta 1809: no hace falta destacar la importancia de este texto, sobre todo si, como espero, ve la luz el resto de los *Recuerdos*. Ana María Berazaluce ha hecho un buen trabajo, con notas e índice de nombres, y esto naturalmente aunque no demos valor absoluto a las afirmaciones del personaje, ni tampoco a las del prologuista, Federico Suárez, muy moderado en esta ocasión, pero al fin la cabra tira al monte, y Suárez aprovecha cualquier detalle para volcar espíritu contrarrevolucionario, aunque sea falseando la historia, como cuando habla de la *sargentada* de La Granja (p. 37) [30]. La *Memoria histórica sobre cuál ha sido la opinión nacional de España acerca del tribunal de la Inquisición,* de Llorente [31] ha sido objeto de una excelente edición crítica por Gérard Dufour, cuya tesis anunciada sobre Llorente renovará nuestra comprensión del personaje. Un documento alicantino de 1804 ha sido descubierto y publicado por Luis Mas y Gil [32], mientras que Cuenca Toribio y Rodríguez Sánchez de Alva reproducen siete documentos del Trienio y uno de 1824 en sus *Lecturas de Historia Eeconómica andaluza* (canal del Guadalquivir, comercio, prohibición y librecambio, diezmos, esta-

---

[28] Sébastien Blaze: *Mémoires d'un apothicaire sur la guerre d'Espagne pendant les années 1808 à 1814* (1828), Ginebra, Slatkine Reprints, 1977.

[29] Sebastián Blaze: *Memorias de un boticario (Episodios de la Guerra de la Independencia en España).* Trad. de Mariano Ramón Martínez. París-Buenos Aires, Casa Edit. Hispano-Americana, s.a.

[30] Pedro Agustín Girón, Marqués de las Amarillas: *Recuerdos (1778-1837).* I. Intr. Federico Suárez. Edición y notas Ana María Berazaluce. Pamplona. Edic. Univ. de Navarra, 1978.

[31] Juan Antonio Llorente: *Memoria histórica sobre qual ha sido la opinión nacional de España* (sic) *acerca del Tribunal de la Inquisición.* Edition, introduction et notes de Gérard Dufour. París, Presses Univ. de France, 1977.

[32] *Informe incompleto sobre Alicante.* Año 1804. Transcripción, notas y comentarios de Luis Mas y Gil. Alicante, Publicaciones del Excmo. Ayuntamiento, 1972.

dística, minas, etc.), sin notas ni bibliografía [33]. Cuenca ha publicado
también las *Memorias* de D. Luis María Ramírez de las Casas Deza,
que cubren los años 1808-1874 [34].

Es importante indicar que ha aparecido una reproducción del
Aristarco, periódico de Oviedo en la época del Trienio, así como
de las *Conversaciones entre Saro Perrengue i el Dotor Cudol,* y de
los importantes, más de lo que pensamos, *Opúsculos* gramático-satíricos de Antonio Puigblanch, aunque naturalmente en ediciones
muy limitadas (la última no la he visto) [35]. El *Repertorio Americano,*
Londres, 1826-27, fue reproducido en Caracas 1973 [36]. Señalemos
también la reproducción fotostática en 1975 de la *Galería biográfica de artistas españoles del siglo XIX,* de M. Ossorio y Bernard [37].
Séame permitido añadir a este capítulo de textos, mis propias contribuciones con las cartas, escritos y discursos de Rafael del Riego,
y con los *Textos exaltados del Trienio Liberal* [38].

Pasando al apartado de Ciencia y enseñanza, anotaré los libros
de Antonio Palomeque Torres *El Trienio Constitucional en Barcelona* y *Los estudios universitarios en Cataluña bajo la reacción absolutista* [39], uno continuación de otro, buen acopio de datos, sin dema-

---

[33] José Manuel Cuenca Toribio y Alfonso Rodríguez Sánchez de Alva:
Lecturas de Historia económica andaluza (siglo XIX). Servicio de Estudios
del Banco Urquijo en Sevilla, 1977.

[34] *Biografía y Memorias especialmente literarias de Don Luis María Ramírez de las Casas Deza, entre los Arcades de Roma Ramilio Tartesiaco, individuo correspondiente de la Real Academia Española.* Prólogo de J. M. Cuenca Toribio. Córdoba, Facultad de Filosofía y Letras, 1977.

[35] *El Aristarco* (1821-22). Bibliófilos Asturianos 1975. *Conversacions entre Saro Perrengue i el Dotor Cudol* (1820). Sueca, Lletra menuda, 1976.
Antonio Puigblanch: *Opsculos gramático-satíricos,* Barcelona, Curial, 1976.

[36] *El repertorio Americano,* Londres, 1826-1827. Prólogo e Indices por
Pedro Grases. Caracas, Edición de la Presidencia de la República, 1973,
2 vols.

[37] M. Ossorio y Bernard: *Galería biográfica de Artistas españoles del siglo XIX,* Madrid, Librería Gaudí, 1975.

[38] Rafael del Riego: *La Revolución de 1820, día a día. Cartas, escritos y
discursos.* Madrid, Tecnos, 1976. *Textos exaltados del Trienio Liberal,* Gijón,
Júcar, 1979.

[39] Antonio Palomeque Torres: *El trienio constitucional en Barcelona y
la instauración de la Universidad de 2.ª y 3.ª enseñanza,* Univ. de Barcelona,
1970. Id.: *Los estudios universitarios en Cataluña bajo la reacción absolutista y el triunfo liberal hasta la reforma de Pidal (1824-1845),* Univ. de Barcelona, 1974.

siada toma de posición personal, todo lo más en el segundo libro, que sólo en parte nos interesa aquí, intento de reivindicar las realizaciones culturales de la época absolutista, que merecería mayor desarrollo, pero en el que debería evitarse la confusión entre iniciativas privadas y régimen político. Complemento del primer libro citado de Palomeque, para la enseñanza primaria y general, es el de Alfredo Sáenz-Rico Urbina *La educación general en Cataluña durante el Trienio Constitucional* [40], buen arsenal de datos, de insoslayable consulta. Lo mismo hay que decir de los libros, centrados en madrid, de Julio Ruiz Berrio: *Política escolar de España en el siglo XIX,* y María del Carmen Simón Palmer: *La enseñanza privada seglar en Madrid (1820-1868),* libros de tendencia conservadora, que significan una aportación al tema considerado, y son por ello laudables, pero no representan un estudio en profundidad [41]. El libro de Eduard Fey: *Estudio documental de la Filosofía en el Bachillerato español (1807-1957)* [42], realmente a pesar de las fechas de su título no empieza hasta la de 1847, con el krausismo, y nos evita de tomarlo aquí en consideración. Algo parecido ocurre con el de Francisco Puy: *La Filosofía del Derecho en la Universidad de Santiago (1807-1975)* [43], que no es más que la *biografía* de la cátedra que actualmente ocupa el autor, con datos biográficos y bibliográficos de los catedráticos que la ocuparon, de los cuales sólo los cuatro primeros corresponden al período aquí considerado.

Los infatigables investigadores Mariano y José Luis Peset nos dieron en 1972 *Muerte en España* [44], libro aparentemente de divulgación, con el cual sus autores se incorporan a una de las últimas y más vigorosas provincias de la historiografía universal: el tratamiento social de la muerte, la incidencia de la enfermedad —peste y cólera—, el miedo popular a las epidemias, y la mezcla de ciencia y política en los remedios que se les quiere aplicar. Todo ello

---

[40] Alfredo Sáenz--Rico Urbina: *La educación general en Cataluña durante el trienio constitucional (1820-1823),* Univ. de Barcelona, 1973.

[41] Julio Ruiz Berrio: *Política escolar de España en el siglo XIX (1808-1823),* Madrid, CSIC, 1970; María del Carmen Simón Palmer: *La enseñanza privada seglar en Madrid (1820-1868),* Madrid, CSIC, 1972.

[42] Eduard Fey: *Estudio documental de la Filosofía en el Bachillerato español (1807-1957),* Madrid, CSIC, 1975.

[43] Francisco Puy: *La Filosofía del Derecho en la Universidad de Santiago (1807-1975),* Santiago de Compostela, Imp. Paredes, 1975.

[44] M. y J. L. Peset: *Muerte en España (Política y Sociedad entre la peste y el cólera),* Madrid, Seminarios y Ediciones, 1972.

dentro de una excelente revaloración de la Historia de la Medicina y una hábil inserción de los problemas específicos en la Historia general. Poco después los mismos autores nos dieron su libro *La Universidad Española*[45], que tomando su historia en el siglo XVIII se extiende por las realizaciones liberales del XIX. Un libro así, denso y crítico, escapa sin embargo un poco a mis propósitos de hoy, ya que aunque se habla lógicamente de los años liberales y absolutistas de Fernando VII no están considerados en sí mismos, individualizados como período histórico, sino en función, como consecuencia o preparación, de lo anterior y de lo posterior; aún así hubiese sido imperdonable no citarlo, lo mismo que a la serie amplísima de Ajo y Sáinz de Zúñiga, *Historia de las universidades hispánicas,* ocho volúmenes completados en 1972[46]. También se nos escapa temporalmente, pero no puedo menos de citarlo por su carácter de apretado resumen al hilo de la última investigación, y la publicación también de documentos, el libro de José Luis Peset, Santiago Garma y Juan Sisinio Pérez Garzón, *Ciencias y enseñanza en la revolución burguesa*[47]. En una comunicación como la presente, no podemos estudiar la *Historia de la ciencia española* de Juan Vernet Ginés[48], pero conviene por lo menos citarla.

Quiero comenzar el apartado de Historia por períodos, con el josefino, de José I, gracias a la aparición de un libro importantísimo sobre el tema: el de Juan Mercader Riba: *José Bonaparte Rey de España, 1808-1813. Historia externa del reinado*[49], libro denso y fundamental, que prescindiendo de quién tenía razón en la Guerra de la Independencia y de las luchas ideológicas del período, pero naturalmente sin olvidar la presencia de la guerra, trata de aislar el reinado de José en sus instituciones, sus hombres, sus incidencias y realizaciones. Mercader ve a ese Gobierno como un gobierno *quisling,* y sin embargo con cierta simpatía, como la historia de una

---

[45] Mariano Peset-José Luis Peset: *La Universidad española (siglos XVIII y XIX). Despotismo ilustrado y revolución liberal,* Madrid, Taurus, 1974.

[46] G. Ajo y C. M.ª Sáinz de Zúñiga: *Historia de las universidades hispánicas. Orígenes y desarrollo desde su aparición a nuestros días,* 8 vols., Madrid, 1957-1972.

[47] J. L. Peset, S. Garma y J. S. Pérez Garzón: *Ciencias y enseñanza en la revolución burguesa,* Madrid, Siglo XXI, 1978.

[48] Juan Vernet Ginés: *Historia de la ciencia española,* Madrid, Instituto de España, Cátedra «Alfonso X el Sabio», 1975.

[49] Juan Mercader Riba: *José Bonaparte Rey de España 1808-1813. Historia externa del reinado,* Madrid, CSIC, 1971.

frustración. No traza una biografía personal de José I, sino que lo que le interesa es el eco español de las instituciones napoleónicas, y los intentos de arraigo en el país de su régimen, frente al propio Napoleón y frente a las satrapías organizadas por algunos de los generales franceses. Insiste Mercader en que sería interesante una comparación entre la Monarquía josefina y las otras Monarquías napoleónicas de Europa: creo que también resultaría fecundo comparar la actitud de los josefinos con la de los prohombres italianos de los territorios incorporados a la fuerza a Francia. Me satisface tener esta ocasión de resaltar la importancia de este libro, para su propio tema y para la Guerra de la Independencia, precisamente porque se trata de un autor que, aunque ya conocido por excelentes libros anteriores, no forma parte al parecer de los mundillos contemporáneos de propagandas interesadas. Sería de desear que no se demorase más la edición del tomo II de este libro.

La Guerra de la Independencia ha seguido en estos años apasionando a los investigadores, y podemos señalar la aparición de algunas obras fundamentales. Sea la primera —a tal señor, tal honor— la de Jean René Aymes, aparecida en francés en 1973 y traducida al español [50]. Se trata de una apretada síntesis en apenas 100 páginas y 60 más de documentos, en las que el autor, con lucidez poco frecuente y admirable dominio de la documentación y de la literatura, tanto española como francesa, tejida en torno al conflicto, desarrolla en tres capítulos y un «Balance» los orígenes de la guerra, situación del país y de su gobierno, las motivaciones de los patriotas y de los afrancesados, las actitudes de unos y otros y las nuevas formas que adopta el Poder o los poderes alternativos. El balance es el resultado, terriblemente negativo, que la guerra deja a España. He de reconocer que pocas veces he leído un libro de tan poderoso empuje, todo él nadando contra corriente, es decir, sacando sus juicios sólo del análisis de los testimonios históricos, librándose de las numerosas propagandas, aun historiándolas también, porque también la propaganda hace o modifica la historia, es historia. Y todo ello con un respeto paradigmático por la labor ajena, que al pronto nos sorprende. Sí, de este libro tenemos todos que aprender mucho, pero sobre todo dos valores que acaso a todos nos falten en diferente medida según los casos: ciencia y modestia.

---

[50] Jean-René Aymes: *La guerre d'Indépendance espagnole (1808-1814)*, París, Bruxelles-Montréal, Bordas, 1973. Trad. esp. en Siglo XXI, Madrid.

Aymes ha desarrollado sus temas en otros trabajos de importancia
capital, como el presentado precisamente al VII Coloquio de Pau,
que desarrolla el tema de Guerra de la Independencia y Revolución
burguesa [51] —sobre lo cual volveremos— y el consagrado a la guerrilla española [52], que por sí solo debiera haber hecho callar a tanto
vano declamador. Añadamos el importante libro, todavía inédito,
sobre los españoles en Francia. Los análisis de Aymes son siempre
ecuánimes y ponderados: aparte algunas matizaciones o rectificacio-
nes de detalle que aquí o allá se le podrían oponer, creo que en su
argumentación no ha valorado suficientemente el carácter de mito
que la actuación popular está revistiendo; mito capaz de sustentar
en el futuro unas ilusiones revolucionarias, precarias desde luego,
pero importantes en un país tan abrumadoramente sometido a la
propaganda de las clases privilegiadas.

Entre 1972 y 1976 han ido apareciendo los tomos II, III y IV de
la *Guerra de la Independencia* de D. Juan Priego López (cuyo primer tomo se remonta a 1966) [53], intento de revisar y poner al día
la *Historia* del general Gómez de Arteche, utilizando toda la bibliografía moderna, los documentos de la Colección del Fraile y los manuscritos del Servicio Histórico Militar. La revisión ha de entenderse fundamentalmente militar: sobre el tema, como obra de consulta, se ha hecho ya imprescindible. No se puede decir lo mismo de
La Guerra de la Independencia española, de Ramón Solís [54], obra
de divulgación, con poquísimo pensamiento, en la que lo único que
está cuidada —pero no pensada— es la parte gráfica, con cerca de
50 láminas en color y casi 200 en blanco y negro. Episódico y «popular» sin más importancia es *The Spanish Mousetrap* de Nina Epton [55], mientras que Michael Glover, un poco impresionado por la

---

[51] *Id.:* «La Guerra de la Independencia (1808-1814) y las postrimerías
del Antiguo Régimen: ¿Sucesión forzosa o sucesión abierta?», en Tuñón de
Lara y otros: *Crisis del antiguo régimen e industrialización en la España del
siglo XIX,* Madrid, Edicusa, 1977.

[52] *Id.:* «La guérilla dans la lutte espagnole pour l'Indépendance (1808-
1814): amorce d'une théorie et avatars d'une pratique», *Bulletin Hispanique,*
LXXVIII, 3-4, julio-diciembre 1976.

[53] Juan Priego López: *Guerra de la Independencia, 1808-1814,* vols. II,
III y IV, Madrid, Librería Edit. San Martín, 1972-1976.

[54] Ramón Solís: *La Guerra de la Independencia española,* Barcelona, Noguer, s.a. (1973).

[55] Nina Epton: *The spanish mousetrap. Napoleon and the court of Spain,*
Londres, Macdonald, 1973.

obra de Oman, hace un buen resumen de la intervención británica en *The Peninsular War*[56], pero olvidando demasiado los factores no ingleses o franceses de la contienda.

El libro de Julia Sevilla Merino *Las ideas internacionales en las Cortes de Cádiz*[57], tesis doctoral de la autora publicada con subvención del Banco Coca, es un trabajo más de Derecho Internacional que de Historia, pero que naturalmente por su tema incide de lleno en los campos de ésta. La investigación está basada en los Diarios de Cortes, en la legislación de la época y en la bibliografía jurídica y un poco también histórica. Pero con frecuencia su método es anticientífico: así por ejemplo, para definir al guerrillero, capítulo II de su tesis, se basa en Angel Ganivet, Donoso Cortés y Benito Pérez Galdós. El estilo y la ideología quedarán claros con la siguiente cita: «Alguien ha escrito que se inició en Cádiz "la inmensa farsa de las democracias hispánicas". La Junta de Cádiz estaba constituida por individuos formados en el espíritu revolucionario francés. A ella se unieron fugitivos de otras juntas provinciales que también se distinguían por lo avanzado de sus ideas. Este pequeño grupo trataba de amotinar pequeños contingentes para imponer su voluntad a los gobernantes, mientras el verdadero pueblo seguía entregado a la causa del rey y de la iglesia» (p. 13).

Libro admirable el de E. Goig: *La moneda catalana de la Guerra de la Independencia*[58], estudio sobre cecas y circulación de monedas, a la vez técnico y económico-social y político: según el autor, que parece poseído de una gran modestia, innova poco respecto de lo que ya se sabía de Barcelona, pero mucho respecto de Gerona y otras poblaciones. Dato a retener: a partir de la emisión de pesetas de 1809, la peseta —hasta entonces moneda *popular*— pasará a ser unidad de valor en las emisiones españolas.

Una serie de títulos de los últimos años hacen historia local de la Guerra de la Independencia. El de Lluis M.ª Puig i Oliver: *Gi-*

[56] Michael Glover: *The Peninsular War 1807-1814. A Concise Military History,* Londres, David and Charles; Hamden, Connecticut, Archon Books, 1974.
[57] Julia Sevilla Merino: *Las ideas internacionales en las Cortes de Cádiz,* Cátedra Fadrique Furio Ceriol, Valencia, Facultad de Derecho, 1977.
[58] Goig, E.: *La moneda catalana de la Guerra de la Independencia (1808-1814).* Publicado bajo el patrocinio de la Sección Numismática del Círculo Filatélico y Numismático, Barcelona, 1974.

rona francesa 1812/1814 [59] es una excelente contribución al tema
de la anexión de Cataluña a Francia, especialmente por lo que respecta a Gerona, con amplia utilización de documentos de archivos
locales y privados. La personalidad del afrancesado Tomàs Puig
cobra el realce debido, pero el libro se resiente en conjunto de ser
todavía demasiado escolar, en el sentido de que su autor depende
demasiado de juicios ajenos, que a veces va enumerando uno tras
otro. El volumen dedicado por Rogelio Sanchis Lloréns a *Alcoy y
la Guerra de la Independencia* [60] es muy modesto en sus pretensiones, pero está lleno de datos imprescindibles tomados de archivos
locales. Lleva un apéndice documental. El historiador británico
Raymond Rudorff publicó en 1974 su libro *War to the Death,* traducido tres años después en Barcelona con el título de *Los Sitios
de Zaragoza 1808-1809* [61]. Lamentemos primero la traducción, que
convierte a la ciudad mexicana de Puebla de los Angeles en Los Angeles de los Pueblos en América (p. 87), acaso confundiéndola con la
urbe californiana. Lamentemos también la edición española, que carece de índices, cuando este libro los está pidiendo a gritos. Es casi
criminal publicarlo sin ellos. El libro consiste en la narración casi exhaustiva de hechos, muchos hechos, sin patriotería ni *bigoterie,* sin
más ideología que la admiración por —y la comprobación minuciosa de la voluntad de resistir: buen monumento levantado a la fama
de Zaragoza. Por eso tiene razón el autor cuando en el *Epílogo* la-
menta el desinterés zaragozano por su propia historia, la barbarie
zaragozana del xix que permitió la demolición de la Torre Nueva
y de la Casa de la Infanta, el no haber sabido crear ni siquiera un
Museo (uno piensa en los formidables Museos italianos del Risor-
gimento), y sólo se apoya en un historiador local —al que yo lamentablemente no conozco, pero que acaso algún colega pueda ilus-
trarme—, Carlos Eiba y García, que también se lamentaba de la
dejadez cesaraugustana.

Carácter muy diferente tiene la Memoria de licenciatura de Adolfo Martínez Ruiz, publicada en 1977 con el título de *El Reino de*

---

[59] Lluis M.ª Puig i Oliver: *Girona francesa 1812/1814. L'anexió de Catalunya a França i el domini napoleònic a Girona,* Girona, Gothia editorial,
1976.
[60] Rogelio Sanchis Lloréns: *Alcoy y la Guerra de la Independencia,* Valencia, Cosmos Artes Gráficas, 1977.
[61] Raymond Rudorff: *Los Sitios de Zaragoza 1808-1809.* Trad. de Agustín
Gil Lasierra. Dimensiones Hispánicas, Barcelona, Grijalbo, 1977.

Granada en la Guerra de la Independencia[62], muy elemental, con poquísima información respecto de algunos aspectos, por ejemplo el de los guerrilleros; en conjunto el libro combina la utilización de fuentes locales con una bibliografía común, verdaderamente sin demasiado esfuerzo. Sorpresa en cambio muy favorable nos ha producido el librito de Andreu Murillo i Tudurí: *La «Revolució» menorquina de 1810*[63], que el autor enfoca desde la cesión de la isla a Inglaterra en 1712 (no en 1713 rectifica) y acontecimientos posteriores, que alimentaron un sentimiento popular muy suyo, manifestado en 1810, que el autor compara por su situación colonial con los coetáneos de la América Hispana —¿no será excesiva esta comparación?—, movimiento que acabaría desembocando en el liberalismo posterior de la isla. El libro de Francisco Miranda Rubio, *La Guerra de la Independencia en Navarra*, tomo I, *La acción del Estado*[64], parte de la tesis doctoral de su autor, desarrollo de la tesina, constituye un buen acopio de datos y documentos, con poco análisis —aunque éste se reserve acaso para un volumen posterior— y mentalidad conservadora. En el aparato bibliográfico faltan títulos, que indican acaso carencias culturales (por ejemplo la conocida biografía de Mina el Mozo, que publicara Martín Luis Guzmán en 1932, aunque se cita un artículo del mismo en la *Revista de Occidente* de 1931). El libro de Felipe Abad León: *Arnedo y su comarca durante la Guerra de la Independencia*[65] es una simple transcripción de documentos del Archivo Municipal de Arnedo, interesantes en sí mismos, pero sin elaboración ninguna. Cuenca Toribio: *Estudios sobre la Sevilla liberal*[66] trata, con bastante mesura, de definir la relación entre pueblo urbano y Constitución en el período de la guerra, aunque uno de los trabajos recogidos se refiere al

---

[62] Adolfo Martínez Ruiz: *El Reino de Granada en la Guerra de la Independencia*, Excma. Diputación Provincial, Instituto de Estudios y Promoción Cultural, Granada, 1977.

[63] Andreu Murillo i Tudurí: *La «Revolució» menorquina de 1810*, Menorca, Edicions Nura, 1977.

[64] Francisco Miranda Rubio: *La Guerra de la Independencia en Navarra*. I. *La acción del Estado*. Diputación Foral de Navarra, Institución Príncipe de Viana, Pamplona, CSIC, 1977.

[65] Felipe Abad León: *Arnedo y su comarca durante la Guerra de la Independencia (Estudio documental)*. Instituto de Estudios Riojanos, Diputación Provincial, Logroño, 1975.

[66] José Manuel Cuenca Toribio: *Estudios sobre la Sevilla Liberal (1812-1814)*, Anales de la Universidad Hispalense, Sevilla, 1973.

Trienio Liberal. Fundamentales para Canarias son los trabajos de
Marcos Guimerá Peraza, *Estudios sobre el siglo XIX canario* y *El
pleito insular* [67], bien documentados, y de excelente factura filológica. No quiero terminar estos comentarios sobre la historiografía de
la Guerra de la Independencia, sin recoger el profundo concepto de
amalgama que Franco Venturi le aplica en 1973 para historiar su
difusión en la Italia de 1820 [68], y que también Aymes utiliza en su
ya citada comunicación de Pau [69].

Para el Trienio Liberal espero que se me perdone que cite mi
propio libro *Las Sociedades Patrióticas* [70], y para las épocas absolutistas, un título muy sugestivo es *El Carlismo gallego* de José Ramón Barreiro Fernández [71], libro del que hoy nos afecta sólo el llamado pre-carlismo, de 1808 a 1833, en el que el autor ve una gran
continuidad, nutriendo el realismo los clérigos, aristócratas, hacen-
dados, hidalgos y rentistas de tierras, y siendo los liberales, los burgueses, los intelectuales y los miembros de las llamadas profesiones
liberales o no rentistas, es decir que no se trata nunca de un enfrentamiento entre el pueblo y las clases elevadas o entre el campo y la
ciudad. Los realistas pretendían la vuelta atrás en todo, y si optaron
por Don Carlos fue porque les pareció que sólo su autoridad podía
realizar las pretendidas restauraciones. Ideológicamente, puede haber alguna diferencia entre realistas y carlistas, pero el autor sospecha que no la hubo. El libro, dotado de tres índices (de fuentes, bibliográfico y toponímico), es muestra de un renovado interés por
estudiar científicamente estos problemas, como manifiesta también
un artículo muy poco posterior de M.ª Rosa Saurín de la Iglesia [72].

El carlismo vasco tendrá que ser estudiado ahora desde la perspectiva de dos libros extraordinarios: el de Fernández de Pinedo

---

[67] Marcos Guimerá Peraza: *Estudios sobre el siglo XIX político canario,*
Las Palmas, Edics. del Excmo. Cabildo Insular de Gran Canaria, 1973; *id.:*
El Pleito Insular (1808-1936), Santa Cruz de Tenerife, Servicio de Publica-
ciones de la Caja General de Ahorros, 1976.

[68] Franco Venturi: «L'Italia fuori d'Italia», *Storia d'Italia,* III, *Dal primo*
Settecento all'Unità, Turín, Einaudi, 1973, p. 1224.

[69] Cit. en n. 51.

[70] Madrid, Tecnos, 1975, 2 vols.

[71] José Ramón Barreiro Fernández: *El carlismo gallego,* Santiago de Compostela, Picosacro, 1976.

[72] M.ª Rosa Saurín de la Iglesia: «Algunos datos para el estudio del Carlismo gallego (1833-1839)», *Hispania,* XXXVII, 135, enero-abril 1977, pp. 139-
207.

sobre el País Vasco desde 1100 hasta 1850 [73], en la parte que a nosotros nos afecta, estudio sistemático de la demografía desde el xviii hasta 1850, agricultura, industria, mercado interior y conflictos sociales hasta el carlismo; y el de Fernández Albaladejo sobre Guipúzcoa, 1766-1833 [74], con dos grandes frisos: El Antiguo Régimen 1500-1766, y La Crisis 1766-1833. Según el autor, en 1833 la burguesía comercial guipuzcoana opta por romper con el Antiguo Régimen (p. 276). Creo que en alguno de sus representantes el fenómeno puede antedatarse.

Algunos autores de los últimos años, que cultivan preferentemente lo que con apelación tradicional llamo Historia de sucesos particulares, insisten programáticamente en sus prólogos de que ellos se atienen sólo a los hechos y nada más, cosa que sería loable si no escondiera un intento de irracionalidad. Veamos qué han hecho algunos de estos inesperados vástagos de Ranke. Angel Martínez de Velasco, en *La formación de la Junta Central,* que fue su tesis doctoral en Pamplona [75], se ocupa solamente de los pasos que dieron lugar a la formación de la misma. El trabajo está bien en cuanto a los hechos, concedámoslo, pero la redacción deja mucho que desear y desconoce totalmente la problemática social de España en aquel momento. Hace Martínez una interpretación reaccionaria de la Guerra de la Independencia, a lo que le ayuda la bibliografía convenientemente seleccionada. Francisco Martí Gilabert, en *El motín de Aranjuez,* continuación de un libro anterior sobre *El proceso de El Escorial* [76], utiliza para describir los sucesos varias Memorias de la época, fundamentalmente una *Relación* del arzobispo Félix Amat, del 6 de abril de 1808. Entre las fuentes utilizadas no se cuenta desgraciadamente las curiosas *Memorias* del Marqués de Labrador, publicadas en 1849 [77], que atribuyen la parte que los

---

[73] Emiliano Fernández de Pinedo: *Crecimiento económico y transformaciones sociales del País Vasco (1100-1850),* Madrid, Siglo XXI, 1974.

[74] Pablo Fernández Albaladejo: *La crisis del Antiguo Régimen en Guipúzcoa, 1766-1833: cambio económico e historia,* Madrid, Akal, 1975.

[75] Angel Martínez de Velasco: *La formación de la Junta Central,* Pamplona, Eunsa, csic, 1972.

[76] Francisco Martí Gilabert: *El Motín de Aranjuez,* Pamplona, Eunsa-csic, 1972.

[77] Pedro Gómez Havela: *Mélanges sur la vie privée et publique du Marquis de Labrador, écrits par lui-même et renfermant une revue de la politique de l'Europe depuis 1798 jusqu'au mois d'octobre 1849 et des révélations très-importantes sur le Congrès de Vienne,* E. Thunot et Cie., París, 1849.

guardias de corps tomaron en el motín al barón Cappelletti, encargado de negocios de España en Bolonia. Confieso que la cosa me intriga: Cappelletti es conocido casi sólo como amigo de Moratín, pero Francisco Martí no colma nuestra curiosidad, ya que desconoce por completo el problema, y en cambio da en atribuir al motín o a sus autores secretos un cambio en el sistema de gobierno, que los acontecimientos no permitieron desarrollar. Se basa para ello en autoridades, Conde de Toreno, Corona Baratech, etc., y sobre todo Montesquieu, *L'esprit des Lois,* y la teoría de la limitación del poder. Pero leer Montesquieu en el Motín de Aranjuez es forzar las cosas, sin base ninguna. Martí Gilabert es autor también de un libro sobre *La Iglesia en España durante la Revolución Francesa* [78], que aunque no entra exactamente dentro del marco de mi comunicación de hoy, quiero citarlo por la importancia que el tema adquiere para el primer tercio del siglo XIX, y porque la pretensión de imparcialidad del autor se resuelve en una reivindicación de Fray Diego José de Cádiz, como autor de misiones populares, pero sin revelar la profunda carga reaccionaria que conlleva —esto sí hubiese sido una contribución interesante y original.

Otro autor de *hechos:* Pedro Pegenaute, *Represión política en el reinado de Fernando VII. Las Comisiones militares (1824-1825)* [79], tesis de licenciatura del autor, quien, con motivo de introducir unas pocas precisiones sobre dicha institución, asimila de hecho a los liberales con los malhechores, quita hierro a la represión, llama popular a Francisco Chaperón, acepta la poca importancia numérica de los liberales, y combate a la historiografía de este color o tenida por tal, cuyos errores aun de detalle se desmesuran, mientras que simples suposiciones en el siglo XIX se aceptan como la verdad histórica. Al parecer esta incongruencia es tomada por el primado de los hechos. La tesis doctoral del autor, que versó sobre el famoso Regato [80] intenta convencernos de que el personaje fue sinceramente liberal durante el Trienio, a pesar de que consta que estaba al servicio de la reacción por lo menos desde el 22 de julio de 1819, fecha en la que se pone en contacto desde Londres con el Embaja-

[78] Francisco Martí Gilabert: *La Iglesia en España durante la Revolución Francesa,* Pamplona, Eunsa, 1971.

[79] Pedro Pegenaute: *Represión política en el reinado de Fernando VII. Las Comisiones militares (1824-1825),* Pamplona, Eunsa, 1974.

[80] Id.: *Trayectoria y testimonio de José Manuel del Regato: cotnribución al estudio de la España de Fernando VII,* Pamplona, Eunsa, 1978.

dor de España en París, Conde de Fernán Núñez. Pegenaute conoce el dato, pues lo cita, y sin embargo monta toda su tesis sobre la suposición, para mí insostenible, del liberalismo de Regato en 1820. María del Pilar Ramos Rodríguez, en *La Conspiración del Triángulo* estudia la causa contra Vicente Richart, sin darse cuenta de que ya había sido estudiada y publicada en 1863 [81]. Joaquín E. Ruiz Alemán, en *El levantamiento realista de Orihuela en 1822* pone de relieve la guerra civil de hombres que odian a otros hombres, y no sólo cuestión de ideas [82].

No quiero extenderme demasiado en el apartado de Economía y Hacienda, porque es conveniente dejar sitio a los especialistas; pero sí quiero mencionar algunos libros significativos. El de Javier Lasarte: *Economía y Hacienda al final del Antiguo Régimen* [83], se compone de dos estudios: el primero referente al siglo XVIII, del que no me ocuparé, y el siguiente sobre la consulta al país en 1809. Sin entrar en la discusión de si los documentos reunidos en la consulta constituyen verdaderos *cahiers de doléances* o asuntos y respuestas sueltas, Lasarte llega a una conclusión importante: por lo que respecta a las ideas sobre Hacienda, estos documentos representan la repulsa total del sistema de la antigua Hacienda, son la opinión del país (p. 140). Lasarte dedica casi todo el estudio al análisis de las propuestas, perspectivas y soluciones a la Hacienda de 1809, y estudia y resume en apéndice más de cien documentos. Trabajo sólido y ya fundamental. Al Trienio Liberal dedica Joaquín del Moral Ruiz un libro lleno de datos fundamentales, tanto sobre la Hacienda como sobre los aspectos sociales, pero en el que ha faltado quizá una referencia a la negociación de 1821 con los Rothschild [84].

Acaso uno de los libros que más renovadores han resultado en un capítulo muy descuidado hasta entonces de la economía espa-

---

[81] María del Pilar Ramos Rodríguez: *La conspiración del Triángulo*, Anales de la Universidad Hispalense, Sevilla, 1970. «Causa contra D. Vicente Ramón Richart, D. Baltasar Gutiérrez, D. Ramón Calatraba, D. Juan Antonio Yandiola, D. Simón la Plaza y otros, formada en 1816 sobre conspiración contra la persona del Rey», en *Colección de las causas más célebres* ... Parte española, VIII, Madrid, Librería de D. Leocadio López, 1863, pp. 77-291.

[82] Joaquín E. Ruiz Alemán: *El levantamiento realista de Orihuela en 1822*, Murcia, Academia Alfonso X el Sabio, 1970.

[83] Javier Lasarte: *Economía y Hacienda al final del Antiguo Régimen*, Madrid, I. de Estudios Fiscales, 1976.

[84] Joaquín del Moral Ruiz: *Hacienda y Sociedad en el Trienio Constitucional (1820-1823)*, Madrid, I. de Estudios Fiscales, 1975.

ñola sea el de David R. Ringrose: *Los transportes y el estancamiento económico de España* [85], que abarca un período de cien años, 1750-1850, muy superior a los límites de la presente comunicación. Sólo diré que la tremenda dificultad de comunicar el centro de España, debida a la imposibilidad de un crecimiento infinito de los arrieros y sus recuas, que encontraban un *techo* en la existencia o escasez de pastos, mucho más grave esto que la misma calidad de los caminos, aunque tampoco este otro aspecto es deleznable; esta dificultad de comunicación, digo, contribuye en parte a explicar el conservadurismo español en la primera mitad del XIX. Los problemas no se vencen con declaraciones. El libro de Ringrose puede y debe completarse con una serie de artículos, siempre magistrales, que han ido apareciendo en varias publicaciones [86].

Jordi Nadal: *El fracaso de la Revolución industrial en España, 1814-1913* [87] sostiene una tesis, que habrá que recoger cuando hablemos de la revolución burguesa en España: al comenzar el siglo XIX España se hallaba preparada, técnica e intelectualmente (traducciones de libros clave, etc.) para la revolución industrial, pero falló algo muy importante, la agricultura, y esto hizo fracasar todo el proceso. El importante libro de Gabriel Tortella Casares: *Los orígenes del capitalismo en España* [88], aunque hace alguna referencia a los primeros años del XIX, es tan exigua que no *entra* en mis límites de hoy. Lo mismo digo de las Actas del Primer Coloquio de Historia Económica en España, publicadas por Nadal y Tortella, en las que hay sin embargo algunos trabajos que nos competen, sobre todo referentes al comercio indiano. Este fue también el as-

---

[85] David R. Ringrose: *Los transportes y el estancamiento económico de España (1760-1850)*, Madrid, Tecnos, 1972.

[86] Id.: «The government and the carters in Spain, 1476-1700», *Economic History Review*, 1, 1969; «Transportes, mercado interior e industrialización», *Hacienda Pública Española*, 27, 1974; «Madrid et l'Espagne au XVIIIe S. L'economie d'une capitale politique», *Mélanges de la Casa de Velázquez*, XI, 1975; «Variaciones en la población de Madrid en relación con algunos aspectos de su mercado urbano (siglos XVI a XIX)», *Hacienda Pública Española*, 38, 1976; «Inmigración, estructuras demográficas y tendencias económicas en Madrid a comienzos de la Epoca Moderna», *Moneda y Crédito*, 138, septiembre 1976.

[87] Barcelona, Ariel, 1975.

[88] Gabriel Tortella Casares: *Los orígenes del capitalismo en España. Banca, Industria y Ferrocarriles en el siglo XIX*, Madrid, Tecnos, 1973.

pecto estudiado por Antonio García-Baquero González: *Comercio colonial y guerras revolucionarias* [89], referido a Cádiz, desde la Ordenanza de libre comercio de 1788 a 1824, que demuestra, con cifras, la catástrofe económica y social que padeció la ciudad atlántica en ese medio siglo. García Baquero quiere huir de las interpretaciones políticas e intelectuales del fenómeno, pero su propia investigación otorga a éstas una base más sólida. Parecida preocupación movía ya en 1970 a María José Alvarez Pantoja, en sus *Aspectos económicos de la Sevilla fernandina,* que cubren los años 1800-1833 [90]. Es libro sólido y primario, como la misma autora dice por falta de estudios anteriores. Se propone el análisis de los datos objetivos de la economía hispalense, la repercusión sobre ellos de la política de Godoy y de todos los sistemas políticos que, demasiado rápidamente, se suceden hasta 1833, y el análisis seriado de precios y salarios. En definitiva, libro de obligada referencia que no ha tenido, me parece, la difusión que merece.

Sevilla ha sido en cambio privilegiada —relativamente— en lo que a estudios de población se refiere, con el libro de León Carlos Alvarez Santaló: sobre el primer tercio del XIX [19], utilización crítica de los archivos municipales y del censo municipal sevillano de 1821; y con la aportación de Juan Ignacio Carmona García sobre las series parroquiales de San Martín, de 1750 a 1860 [92], con interesantes conclusiones, que rebasan el marco temporal de la presente comunicación: sólo diré que de 1750 a 1860 el autor encuentra una natalidad y una nupcialidad estabilizadas, mientras que la mortalidad presenta curva ascendente, con reacción positiva en los dos primeros decenios del XIX frenada por la irrupción de epidemias y carestía. En la década de los 30 empiezan una serie de años catastróficos. Para toda España tenemos ahora el libro de Pedro Romero de

---

[89] Antonio García-Baquero González: *Comercilo Colonial y Guerras Revolucionarias. La Decadencia Económica de Cádiz a raíz de la Emancipación Americana,* Sevilla, Escuela de Estudios Hispano-Americanos, 1972.

[90] María José Alvarez Pantoja: *Aspectos Económicos de la Sevilla Fernandina (1800-1833),* Diputación de Sevilla, Facultad de Filosofía y Letras, 1970, 2 vols.

[91] León Carlos Alvarez Santaló: *La población de Sevilla en el primer tercio del siglo XIX,* Sevilla, Diputación Provincial y Facultad de Letras, 1974.

[92] Juan Ignacio Carmona García: *Una aportación a la demografía de Sevilla en los siglos XVIII y XIX: las series parroquiales de San Martín (1750-1860),* Sevilla, Diputación Provincial, 1976.

Solís, referente a la población en los siglos XVIII y XIX [93], que para lo que a nosotros nos interesa hace hincapié en las grandes epidemias de comienzos del XIX, utilizando para ello obras ya publicadas, antiguas, como las de Villalba o Aréjula, o modernas; y se interesa también por los efectos originados en el cambio en los modos de producción, es decir, la paulatina aparición de la propiedad burguesa. Obra de síntesis, que conduce sus razonamientos a buen puerto, aunque a veces a costa de algún esquematismo, como por ejemplo el que relaciona la Ilustración con la mendicidad (p. 185).

Bajo el epígrafe de Burguesía y revolución agrupo una serie de libros aparecidos con la preocupación de medir el alcance real del crecimiento de la burguesía en España, su relación con otras clases sociales y, en definitiva, el problema de la revolución burguesa en nuestro país. Sobre la cuestión, existen libros específicos que tratan de la burguesía como clase social. Citaré el Coloquio Internacional de Burdeos en 1970, publicado en 1973 [94], que abarca tanto a España como a la América española y a todo el siglo XIX, pero en el que contrayéndome a mi tema, encontramos trabajos tan importantes como el de Dérozier sobre el *Semanario patriótico,* expresión de una ideología de clase, el de Bernal sobre la formación de la burguesía agraria sevillana (Morón de la Frontera) entre los siglos XVIII y XIX, y la conclusión, hecha por Pierre Vilar, sobre la existencia de una burguesía mercantil gaditana y una burguesía industrial catalana, la existencia y posible contradicción entre liberalismo político y liberalismo económico, y cómo el español de las Cortes de Cádiz parece liberalismo políticamente puro: si la burguesía ha conseguido sus finalidades económicas, mantenerlas es lo suyo, aunque sea recurriendo al modelo germánico de la represión política. Empezamos a comprender. Al tema mismo de la burguesía mercantil gaditana, entre 1650 y 1868 se dedicó todo un congreso de la Asociación para el Progreso de las Ciencias, cuyas actas fueron publicadas en 1976 [95]. Las aportaciones al mismo fueron divididas de antema-

---

[93] Pedro Romero de Solís: *La población española en los siglos XVIII y XIX,* Madrid, Siglo XXI, 1973.
[94] *La Question de la «Bourgeoisie» dans le Monde Hispanique au XIXe siècle,* Editions Bière, Burdeos, 1973.
[95] *La burguesía mercantil gaditana (1650-1868).* Ponencias presentadas en el XXXI Congreso Luso-Español para el Progreso de las Ciencias, celebrado en Cádiz. Instituto de Estudios Gaditanos, Excma. Diputación Provincial de Cádiz, 1976.

no en ponencias y comunicaciones, ya que algunos entienden que la Ciencia debe ser mortal enemiga de la Democracia. Dos de las ponencias se refieren al primer tercio del siglo XIX, pero carecen de valor: Palacio Atard, a pesar de un título prometedor, *La imagen de España en Europa a comienzos del siglo XIX: La Guerra de la Independencia y la Constitución de Cádiz*, hace una interpretación reaccionaria de la Guerra de la Independencia, se refiere brevemente a las guerillas, y publica en apéndice la *Instrucción del corso terrestre* de 17 de abril de 1809, tomándolo del Servicio Histórico Militar. Ramón Solís, *La burguesía gaditana y el Romanticismo*, insiste en la interpretación reaccionaria de la guerra, y abusa de un supuesto sentimiento separatista gaditano, que identifica con Moreno Guerra, anticipo según él de Fermín Salvochea: yo no niego que pueda establecerse una relación entre los dos, basado en un sentimiento democrático, rousseauniano de la existencia, pero no creo que la semejanza, y el papel histórico de uno y otro, se reduzcan a encarnar el separatismo gaditano, más o menos helénico y hanseático. Entre las comunicaciones de este Congreso, hay dos muy interesantes, la de José J. Hernández Palomo sobre la evolución demográfica y social de Tarifa entre 1786 y 1816, y la de Antonio Orozco Acuaviva, sobre la Sociedad Económica de Cádiz, fundada en 1813 y desaparecida en 1905. Otra comunicación, de tema literario, sobre Cádiz en los *Episodios* de Galdós, vale poco. La toma de conciencia de la burguesía catalana, a través de su pensamiento económico, de 1760 a 1840, es el tema de Ernest Lluch [96], ya de obligada consulta.

Y llegamos por fin a un libro de extraordinaria importancia, uno de los capitales en estos últimos años: el de Josep Fontana Lázaro: *La quiebra de la monarquía absoluta* [97]. Espero que a nadie le parezca mal su inserción en esta sección, aunque libro tan denso podría haber figurado también en otras. Pero me ha parecido ser más fiel al espíritu mismo del autor, hablando de él ahora, porque este libro no es sólo el que pone un poco de orden en la vagarosas ideas que hasta entonces todos teníamos sobre la Hacienda, no es sólo el que expone con agudeza y erudición la situación económica de Es-

[96] Ernest Lluch: *El pensament econòmic à Catalunya (1760-1840). Els orígens ideològics del proteccionisme i la presa de consciència de la burgesia catalana*, Barcelona, Ed. 62, 1973.
[97] Josep Fontana Lázaro: *La quiebra de la monarquía absoluta, 1814-1820 (La crisis del antiguo régimen en España)*, Barcelona, Ariel, 1971.

paña a finales del Antiguo Régimen, las graves contradicciones que presentaba —agudizadas porque América se pierde—, los *parches* de los gobernantes absolutistas, y las tensiones derivadas de la existencia de una burguesía, que empieza a tomar conciencia de sí misma, y un campesinado, protagonista o sujeto también de la Historia. Todo esto encontramos en este libro, pero no sólo esto, porque su autor al describir los vericuetos de la política y de la Hacienda, está trazando un arco ideal sobre el desarrollo español entre los dos siglos, XVIII y XIX, que él mismo ha continuado en otros libros, y de los que seguramente nos hablará Juan Sisinio Pérez Garzón —cuya diana final lleva a la fundamentación de una teoría sobre la revolución burguesa española. Pero en este libro, y con más razón en los siguientes, hay un ausente presente: la revolución de 1820, a la que no se ha dedicado ningún libro Especial, pero que aparece inevitablemente, aparte de en multitud de referencias, en un capítulo epilogal. Fontana sostiene allí que el régimen del Trienio, derrotada la contrarrevolución de 1822, se hubiese consolidado sin la intervención extranjera, y a pesar de todos sus problemas, habría asegurado la continuación del orden burgués (p. 291). Creo que Fontana peca aquí de *ideologismo,* es decir que aplicando el deber ser de la realidad económica y de la fuerza burguesa al momento estudiado, toma este deber ser por lo realmente sucedido. En libro posterior, *La Revolución liberal* [98] —y que me perdone Sisinio por meterme en su terreno— Fontana cree poder datar en 1837 el comienzo del papel reaccionario de la burguesía, cuando la Constitución de esa fecha no responde a los intereses del movimiento juntero de los dos años anteriores, y cuando la burguesía contrarresta el movimiento espontáneo de los campesinos. En realidad, lo ocurrido entonces no es novedad: repite actitudes de la época del Trienio y de la que empieza en Cádiz. Todas las revoluciones modernas, desde la inglesa del siglo XVII y no digamos la norteamericana y francesa, van precedidas o acompañadas de una declaración de derechos, en la que la clase revolucionaria habla en nombre de toda la comunidad. Algo de esto llega hasta Cádiz, hasta la propia Constitución, pero lo peculiar aquí es el carácter desconfiado frente al pueblo o francamente enemigo que adoptan las clases medias, siempre dispuestas en cambio a aliarse con la Aristocracia feudal, cuyos títulos de rela-

---

[98] Josep Fontana Lázaro: *La Revolución Liberal (Política y Hacienda, 1833-45),* Madrid, Inst. de Estudios Fiscales, 1977.

ción con la tierra transformará, pero no cortará; y con la máquina monárquica, que le sirve de salvaguardia. La burguesía, o las fuerzas que la representan, avanza sus peones en la legislación y en la realidad económica, pero actúa contra el pueblo: nos lo dice Aymes respecto a la guerra de la Independencia, lo he visto yo meridianamente respecto al Trienio, lo dice Fontana a partir de 1837. No se puede acusar a la burguesía de no ser democrática, ya que una cosa es la burguesía y otra el pueblo; pero sí se la podrá hacer responsable de haber contribuido al hundimiento de su propio sistema, en 1814 acaso, pero desde luego en 1823. Ciertamente los dirigentes de la vida española a partir del 7 de julio de 1822, y en realidad todos los gobiernos y el amplio sector moderado de las Cortes y la opinión afrancesada, etc., no buscaban deliberadamente el hundimiento del sistema, pero con su conducta frente a las reivindicaciones populares, y el desarme de las fuerzas mismas que habían triunfado el 7 de julio, lo hicieron inevitable. Pido perdón por extenderme en este punto, pero es que lo creo fundamental: si no nos damos cuenta de la disociación entre burguesía y pueblo, entre los intereses económicos de aquélla, que se promueven, y los logros políticos, supuestamente liberales y representativos, que se obstaculizan, nunca nos daremos cuenta de la verdadera naturaleza de la transición española en el primer tercio del siglo XIX —que marcó naturalmente a todo el resto de nuestra historia. Esto no es pura deducción: al contrario, hay españoles en todas estas épocas que lo saben y lo denuncian. A ellos, a estos textos tenemos que volver nuestra vista, si no queremos contentarnos con una teoría general equipolítica.

El libro de Manuel Ardit Lucas: *Revolución liberal y revuelta campesina* [99], extraordinario por tantos aspectos, confirma este punto de vista. Ardit nos explica que el crecimiento económico valenciano del siglo XVIII beneficia a la nobleza, es decir a los terratenientes y perceptores de rentas agrarias, pero también a los enfiteutas privilegiados de los pueblos de señorío, enriquecidos gracias a la colocación de sus excedentes en el mercado. La toma de conciencia contra la opresión feudal produce la *jacquerie* de 1801. En la Guerra de la Independencia los enfiteutas de señorío contaron con la ayuda de los campesinos pobres. Pero la alianza no duró, ni

---

[99] Manuel Ardit Lucas: *Revolución liberal y revuelta campesina. Un ensayo sobre la desintegración del régimen feudal en el País Valenciano (1793-1840)*, Barcelona, Ariel, 1977.

podía durar: la revolución liberal no hizo desaparecer la propiedad señorial, y en consecuencia el campesinado pobre se hizo absolutista, mientras que la burguesía agraria y financiera y la nobleza propietaria se aliaban. La Revolución pasa así del modelo francés al prusiano. En libro tan admirable yo sólo introduciría una cautela contra la excesiva interpretación revolucionaria de los Bertrán de Lis, que me siguen pareciendo agentes dobles, en cuanto están en contacto secreto con Palacio, en cuanto actúan como representantes de los Rothschild (finales del Trienio), en cuanto en la emigración, en fin, se reparten sus miembros por todas las coloraciones políticas [100].

Sobre este tema trató también el VII Congreso de Pau, con intervenciones entre otras, aparte la ya citada de Aymes, de Tuñón de Lara y A. M. Bernal, aunque naturalmente el problema no se circunscribe al primer tercio del siglo XIX. A estas comunicaciones, así como a las numerosas aportaciones de Bernal sobre la circunstancia agraria andaluza me remito [101]. Quiero citar también los trabajos de síntesis, tan densos y agudos, de Manfred Kossok, sobre el lugar de España en la Revolución moderna, europea y americana [102], buen correctivo a los que en la «revolución burguesa» sólo ven «burguesía» y no «revolución», o los más y menos de ambas componentes.

---

[100] Cf. mis libros *Las Sociedades Patrióticas, William Maclure: Socialismo utópico en España* (en prensa) y el artículo de Alfred Stern: «Der Versuch des Staatstreiches Ferdinand VII von Spanien im Juli 1822», en *Historische Vierteljahrchrift,* Leipzig, 1898.

[101] Antonio Miguel Bernal: *La propiedad de la tierra y las luchas agrarias andaluzas,* Barcelona, Ariel, 1974; «Le Minifundium dans le Régime Latifundiaire d' Andalousie», en *Mélanges de la Casa de Velázquez,* VIII, 1972; «La petite noblesse traditionelle andalouse et son rôle economico-social au milieu du XIXᵉ siècle: L'Exemple des Santillán», *id.* X, 1974; «El subdesenrotllament agrari i el problema regional a Andalusia», *Recerques 5,* 1975; «La disolución del régimen señorial, la propiedad de la tierra y la conformación del actual sistema agrario andaluz», en Tuñón de Lara: *Crisis del antiguo régimen e industrialización en la España del siglo XIX,* Madrid, Edicusa, 1977.

[102] Manfred Kossok: «La révolution ibérique de 1789-1830», *Studien über die Revolution,* Berlín, 1969; «Revolution-Reform-Gegenrevolution in Spanien und Portugal (1808-1910)», *Studien zur vergleichenden Revolutionsgeschichte, 1500-1917,* Berlín, 1974; «Der spanische Liberalismus der 19. Jahrhunderts. Skizzeüber Charakter und historische Funktion», *Zeitschrift für Geschichte* XXV, Heft 5, 1977; «Agrarfrage und bürgerliche Revolutionszyclus in Spanien», *Der deutsche Bauernkrieg,* Berlín, 1977.

Interesante aportación también la de Jaime Torras: *Liberalismo y rebeldía campesina* [103], que trata de averiguar el porqué de las actitudes campesinas en el Trienio, qué es lo que les lanza a la contrarrevolución, y se describen con gran acopio de datos e intenciones definitorias unos cuantos guerrilleros absolutistas y bandidos, sobre todo catalanes y del área mediterránea: todo ello pensando también en el envés o revés de la revolución burguesa, y para hacernos conocer mejor a una clase que solía ser despachada en España con alguna rápida frase despectiva. Sobre el tema bandolero cogemos por el final a un libro, descriptivo y episódico, de extraño título: *El catalán un bandolerismo español*, de Victoria Sau [104].

También Gonzalo Anes tanto en *Las crisis agrarias* [105], en donde se refiere «a la típica deserción de la burguesía de la España interior» (p. 449) —aspecto complementario de los hasta ahora tocados, el del burgués que aspira a ser tenido, él o sus hijos, por aristócrata o caballero—, como en su artículo sobre *La agricultura española desde comienzos del siglo XIX hasta 1868* [106] insiste en la yuxtaposición de un orden jurídico burgués sin alterar la estructura de propiedad de la tierra (pp. 242-243). Pero la aportación decisiva, y al mismo tiempo nueva visión de los problemas, vino con el libro de Bartolomé Clavero: *Mayorazgo* [107], que al enfocar la evolución de la propiedad feudal en Castilla desde 1369 hasta 1836 nos concierne hoy a nosotros tan sólo en su tercera parte. En la segunda mitad del siglo XVIII tiene lugar una reforma del mayorazgo, que Clavero no entiende como revolución burguesa, sino como reacción señorial. Los proyectos y medidas de las Cortes de Cádiz no llegaron de hecho a regir. Abolido el mayorazgo por la Ley de 11 de octubre de 1820 —de insegura aplicación—, se volvió en 1824 al régimen anterior, llegándose en 1835-36 a la abolición definitiva, verdadera revolución burguesa, aunque no supuso privar a la nobleza de sus propiedades, sino cambiar el carácter de las mismas.

---

[103] Jaime Torras Elías: *Liberalismo y rebeldía campesina 1820-1823*, Barcelona, Ariel, 1976.

[104] Victoria Sau: *El Catalán un bandolerismo español*, Barcelona, Aura, 1973.

[105] Gonzalo Anes: *Las crisis agrarias en la España Moderna*, Madrid, Taurus, 1974.

[106] En *Ensayos sobre la economía española a mediados del siglo XIX*, Madrid, Banco de España, 1970.

[107] Bartolomé Clavero: *Mayorazgo. Propiedad feudal en Castilla 1369-1836*, Madrid, Siglo XXI, 1974.

Clavero descalifica en su libro la llamada *línea social:* Olavide, Flórez Estrada, Costa, frente a la llamada *línea liberal.* La primera habría dejado al campesino en manos del capital financiero. Sobre la segunda pasa muy rápidamente, ya que no es su tema y está por ello justificado, aunque no cree con razón que se haya dado oposión entre ambas líneas. Y alude a las frustraciones de 1814 y 1823. En mi opinón, como queda manifiesto en estas páginas, habría que hablar de más frustraciones, pues todo el proceso comporta la ausencia de una Declaración y asunción de Derechos. Si pudo surgir la teoría de una *línea social* es precisamente por esta carencia: no debemos olvidarlo. No trataré de la polémica Tuñón-Clavero-Fontana, porque sería salirme de mi terreno, pero sí apoyar la idea de la necesidad de encontrar una conceptualización común [108]. Dos libros de Miguel Artola: *La burguesía revolucionaria (1808-1874)* y *Antiguo Régimen y revolución liberal* [109] constituyen un intento, siempre renovado por la conocida laboriosidad del autor, de *ir a través* de los años del xix, llenándolos de contenido económico y social, pero, en definitiva, para el período aquí considerado sin salirse de las coordenadas moderadas de sus libros anteriores. En cuanto al titulado *Partidos y programas políticos 1808-1936* [110], la parte que aquí nos interesa es mínima, sólo unas pocas páginas, resumen y repetición de sus posiciones anteriores. En cuanto al manual de Vicente Palacio Atard: *La España del siglo XIX* [111] es sólo una repetición sin importancia, una especie de historia sin problema: se cuentan los hechos elementales, se les sazona aquí y allá con comentarios de obras recientes, se evita rigurosamente la profundización en los conflictos, y se hacen en la prensa declaraciones de bondad generosa. El antiguo defensor de la Inquisición adopta un lenguaje social y casi democrático, y bajo él continúa el mismo espíritu y acción cerradamente reaccionario.

---

[108] Cf. del mismo «Para un concepto de revolución burguesa», *Sistema* 13, 1976.

[109] Miguel Artola: *La burguesía revolucionaria (1808-1874),* Madrid Alianza Universidad, 1973; *Antiguo Régimen y revolución liberal,* Barcelona, Ariel, 1978.

[110] Miguel Artola: *Partidos y programas políticos 1808-1936.* i. *Los partidos políticos,* Madrid, Aguilar, 1974.

[111] Vicente Palacio Atard: *La España del siglo XIX, 1808-1898,* Madrid, Espasa-Calpe, 1978.

El libro de Alicia Fiestas Loza: *Los delitos políticos* [112], tesis doctoral de la autora en la Facultad de Derecho de la Universidad de Salamanca, abarca desde 1808 hasta 1936, y presenta el indudable interés de sistematizar cronológicamente nuestro conocimiento de una cuestión tan de actualidad. Así, su utilidad es grande, aunque a veces falle un poco el dominio histórico de la época considerada, sobre todo el primer tercio del XIX, cuya complejidad es por demás evidente. Habría que citar también el excelente libro de Tomás Valiente: *La tortura en España,* aunque señalaré que los ecos de Beccaria en España pueden ampliarse con la edición de Franco Venturi y con la ponencia de Giovanna Calabrò [113]. Es una lástima que el libro de Carlos Carrasco Canals: *La burocracia en la España del siglo XIX* [114], tema tan importante, no empiece hasta 1824, con lo cual apenas tenemos algunos prolegómenos sobre el origen de los *cuerpos* de funcionarios, alguna legislación apuntada, y también alguna cosa divertida, como la que convierte al cuáquero Usoz en la sigla U.S.O.F. (p. 43). José Antonio Escudero, en *Los cambios ministeriales a fines del Antiguo Régimen* [115] sólo llega hasta 1814, aunque publica muchos documentos posteriores referentes a la carrera administrativa y política de don José García Pizarro. El mismo carácter, de recopilación de textos legales y reglamentarios, tiene el volumen *Primera Secretaría de Estado. Ministerio de Estado. Disposiciones orgánicas (1705-1936),* por Carlos Fernández Espeso y José Martínez Cardós, con *Estudio preliminar* de este último [116], interesante además por los datos biográficos que aporta del personal citado. Juan Alfonso Santamaría Pastor: *Sobre la génesis del Derecho Administra-*

[112] Alicia Fiestas Loza: *Los delitos políticos (1808-1936),* Salamanca, Gráficas Cervantes, 1977.

[113] Francisco Tomás y Valiente: *La tortura en España. Estudios históricos,* Barcelona, Ariel, 1973. Cesare Beccaria: *Dei delitti e delle pene.* Con una raccolta di lettere e documenti relativi alla nascita dell'opera e alla sua fortuna nell'Europa del Settecento. A cura di Franco Venturi. Turín, Einaudi, 1978. Giovanna Calabrò: «Beccaria e la Spagna», *Atti del Congreso internazionale su Cesare Beccaria,* Turín, Accademia delle Scienze, 1966.

[114] Carlos Carrasco Canals: *La burocracia en la España del siglo XIX,* Madrid, Inst. de Estudios de Administración Local, 1975.

[115] José Antonio Escudero: *Los cambios ministeriales a fines del Antiguo Régimen,* Sevilla, Anales de la Universidad Hispalense, 1975.

[116] Carlos Fernández Espeso y José Martínez Cardós: *Primera Secretaría de Estado. Ministerio de Estado. Disposiciones orgánicas (1705-1936),* recopilación de textos de ... Estudio preliminar de José Martínez Cardós, Madrid, Secretaría General Técnica, Ministerio de Asuntos Exteriores, 1972.

tivo Español en el siglo XIX (1812-1845) es una primera toma de contacto por un no historiador, y a pesar de los peligros que puede suponer sustituir el Derecho a la Historia vivida, es trabajo serio y bien hecho. El mismo autor, en colaboración con Tomás Román Fernández, ha publicado una útil *Legislación administrativa española del siglo XIX,* que abarca la de la centuria [117].

En otro orden de cosas el libro de Jesús María Palomares Ibáñez sobre *La asistencia social en Valladolid* [118] resulta de útil consulta, para nuestra época desde el capítulo IV, que trata de la Real Casa de Misericordia (1785-1847). Lleva apéndice documental.

Pasando al tema Iglesia, siempre tan importante en España, el libro de Francisco Gil Delgado: *Conflicto Iglesia-Estado* [119], aunque habla de antecedentes en los siglos XVIII y XIX se refiere fundamentalmente al XX. El de Juan Sáez Marín: *Datos sobre la Iglesia española contemporánea 1768-1868* [120] es un conjunto de estadísticas sobre conventos y personal eclesiástico, por épocas y, cuando se ha podido, por zonas. No es completo, pero el libro resulta muy útil, aunque a veces las fuentes utilizadas no son muy de fiar, pero el autor lo sabe, lo cual es una garantía. José Manuel Castells: *Las asociaciones religiosas en la España contemporánea* [121] parte de la estrecha asociación Iglesia-Monarquía absoluta que se da en el Antiguo Régimen, de las críticas ilustradas a la misma, y de la ruptura que empieza a producirse en la época bonapartista, Cortes de Cádiz y Trienio Liberal, para desembocar después en la desamortización, a donde ya no podemos seguirle por límites temporales; y es lástima, porque se trata de obra bien documentada, razonada y ecuánime. Algo semejante ocurre con Manuel Revuelta González, S. J.:

---

[117] Juan Alfonso Santamaría Pastor: *Sobre la génesis del Derecho Administrativo Español en el siglo XIX (1812-1845),* Sevilla, Instituto García Oviedo, Univ. de Sevilla, 1973; Tomás Ramón Fernández y Juan Alfonso Santamaría: *Legislación administrativa española del siglo XIX,* Madrid, Inst. de Estudios Administrativos, 1977.

[118] Jesús María Palomares Ibáñez: *La asistencia social en Valladolid. El hospicio de pobres y la Real Casa de Misericordia (1724-1847),* Valladolid, Diputación Provincial, 1975.

[119] Francisco Gil Delgado: *Conflicto Iglesia-Estado,* Madrid, Sedmay Ediciones, 1975.

[120] Juan Sáez Marín: *Datos sobre la Iglesia española contemporánea 1768-1868,* Madrid, Editora Nacional, 1975.

[121] José Manuel Castells: *Las asociaciones religiosas en la España contemporánea. Un estudio jurídico-administrativo (1767-1965),* Madrid, Taurus, 1973.

Política religiosa de los liberales en el siglo XIX [122], título que puede inducir a error, pues sólo en el interior aparece el subtítulo: Trienio Constitucional. Es autor que lógicamente comprende que la Iglesia tenía que sufrir con la disolución del Antiguo Régimen, y tiene por ello una sana curiosidad humana, y diríamos, profesional; pero sin buscar la identificación anacrónica con una causa perdida. En conjunto, creo que es un avance con importantes apéndices estadísticos, hacia la comprensión de los problemas a que dio lugar el inevitable enfrentamiento religioso de entonces. Cierta simpatía hacia lo eclesiástico me parece natural, y no debemos echársela en cara; sí, en cambio, acaso que preocupado por su tema meta con frecuencia en el mismo saco a periódicos o autores entre sí muy diferentes, y que obedecen a perspectivas también diferentes, y extremando la crítica habría que decirle que las propuestas de reforma del clero no son siempre lugares comunes, sino que en algunos autores que él cita y en otros que se le escapan acaso estamos asistiendo a la aparición de un pensamiento democrático-religioso español. Una revisión en este sentido acaso resultaría fecunda. La Iglesia era reaccionaria, y la mayoría del clero lógicamente también. Pero esto no quiere decir que todo el clero lo fuese, y que no hubiese en su seno voces independientes, relativamente más abundantes de lo que pensamos. Acaso éstos independientes formen la verdadera Iglesia del silencio de comienzos del XIX, ahogada después por absolutistas y burócratas. Vaya esto por lo menos a título de hipótesis. El mismo autor ha publicado otro libro sobre *La exclaustración (1833-1840)* [123], que por sus fechas se nos escapa, pero en el que hay como antecedente un estudio de la actitud del clero durante la década ominosa.

Libro insólito, desmesurado y verdadero, el de Pío de Montoya: *La intervención del clero vasco en las contiendas civiles 1820-1823* [124], colección de hechos y mentalidades espantosos del cainismo nacional —la expresión es del autor—, perpetrados por religiosos cristianos, convencidos de su causa, que enarbolan la cruz como arma. Aunque el libro está lleno de datos interesantes para el historiador desapa-

---

[122] Manuel Revuelta González, S.J.: *Política religiosa de los liberales en el siglo XIX*. Trienio Constitucional, Madrid, CSIC, 1973.
[123] Manuel Revuelta González, S.J.: *La exclaustración (1833-1840)*, Madrid, BAC, 1976.
[124] Pío de Montoya: *La intervención del clero vasco en las contiendas civiles (1820-1823)*, San Sebastián, Txertoa, 1971.

sionado y no carece de oportunos razonamientos, más parece obra de místico que se quema en la desesperación de la eterna violencia española que de investigador de archivos, a pesar de que sabemos que también lo es. El libro paralelo para Cataluña, más histórico y menos místico, aunque no agota el tema, es el de Gaspar Feliu i Monfort: *La clerecía catalana durant el Trienni liberal* [125], buena muestra del reparto de la investigación por sectores regionales, que va prevaleciendo en España. Más carácter de divulgación inteligente, más literario también, pero no carente de información, es el librito publicado por Miguel Angel Muñiz: *El clero liberal asturiano,* cuyo subtítulo es *De Martínez Marina a Díez Alegría* [126]. En la parte que aquí nos corresponde los problemas constitucionales-religiosos de Oviedo están muy bien descritos, con documentación de primera mano. El volumen carece de notas, para no asustar al lector, y lleva una sucinta bibliografía y una nómina bisecular de eclesiásticos liberales asturianos.

Pedro Antonio Perlado en *Los obispos españoles ante la amnistía de 1817* [127] estudia la respuesta de 56 obispos —faltan los de Avila, Canarias y Lérida— al oficio de 29 de mayo de 1817 sobre si convenía dar una amnistía general o con excepciones. Libro útil para conocer el pensamiento de estos obispos, de los que se da un breve resumen biográfico —pero convendría haber insistido en la renovación reaccionaria del episcopado que se produce a partir de 1814. El estudio de Perlado intenta reivindicar la figura de don Juan Esteban Lozano de Torres, transmisor del citado oficio emanado de Fernando VII, pero no se insiste mucho en el intento, que efectivamente no se sostiene. Los documentos proceden del Archivo General de Palacio, *Papeles reservados de Fernando VII,* tomo 13.

El trabajo de José Manuel Cuenca: *La Iglesia española ante la revolución liberal* [128] toma el tema a partir de 1833, y queda por ello fuera de nuestro enfoque. Muy útil para conocer los orígenes geográficos y sociales, la formación recibida, etc., por el clero, es el li-

---

[125] Gaspar Feliu i Montfort: *La clerecia catalana durant el trienni liberal,* Barcelona, Inst. d'Estudis Catalans, 1972.

[126] Miguel Angel González Muñiz: *El clero liberal asturiano (De Martínez Marina a Díez Alegría),* Salinas, Ayalga Ediciones, 1976.

[127] Pedro Antonio Perlado: *Los obispos españoles ante la amnistía de 1817,* Pamplona, Eunsa, 1971.

[128] José Manuel Cuenca: *La Iglesia española ante la revolución liberal,* Madrid, Rialp, 1971.

bro del autor, *Sociología de una élite de poder de España e Hispanoamérica Contemporáneas: La Jerarquía eclesiástica (1789-1965)* [129], título, siguiendo la moda, quizá excesivo.

Pasando a la consideración de los problemas militares, el libro de Stanley G. Payne: *Ejército y sociedad en la España liberal (1808-1936)* [130], teniendo en cuenta la personalidad de su autor, está dominado por una preocupación muy siglo XX. La parte relativa al primer tercio del XIX, unas 32 páginas, se titula *El Pretorianismo español en el período del liberalismo convulsivo*, y con esto queda ya definido, pues sólo estudia los pronunciamientos, los golpes, con pocos elementos originales. En cuanto a José Ramón Alonso: *Historia política del Ejército español* [131] se trata de una Historia de España escrita con ocasión del Ejército por un ágil periodista. Con Fernando Fernández Bastarreche [132] empezamos a ver algo más, es decir, cuestiones relativas a la procedencia social de los militares, los presupuestos que se les destinaban, los salarios que percibían, etc. Sin embargo la enorme importancia cultural del Ejército en el primes tercio del XIX, el Ejército más allá de los pronunciamientos y de los golpes, incluso más allá de la política, el Ejército que traduce y que construye, esta Historia del Ejército está todavía por escribir, aunque se hayan estudiado parcialmente contribuciones individuales o corporativas (el libro de Christiansen, que tampoco nos da esta Historia deseada, es de 1967) [133].

Libro, en cambio, sólido, referente a una institución paramilitar, pero importantísima como es la Milicia Nacional, es el de nuestro colega Juan Sisinio Pérez Garzón, *Milicia Nacional y Revolución burguesa* [134], en el que con documentación de primera mano se analizan los orígenes, la estructura y los avatares de la Milicia Nacional madrileña, que el autor cuida de poner en relación con el tema de fondo de la revolución burguesa. Tan amplio tema está reducido a Madrid por un subtítulo: hubiera sido mejor que éste figurase tam-

---

[129] José Manuel Cuenca, Córdoba, Ediciones Escudero, 1976.

[130] Madrid, Akal, 1976. En inglés, Stanford Univ. Press, California, 1967.

[131] José Ramón Alonso: *Historia política del Ejército español*, Madrid, Editora Nacional, 1974.

[132] Fernando Fernández Bastarreche: *Sociología del ejército español en el siglo XIX*, Madrid, Fundación Juan March, 1978.

[133] E. Christiansen: *The origins of military power in Spain 1800-1854*, Oxford Univ. Press, 1967. Hay trad. esp.

[134] Juan Sisinio Pérez Garzón: *Milicia Nacional y Revolución burguesa*, Madrid, CSIC, 1978.

bién en la portada, pero por lo demás no nos podemos quejar de
la factura científica del libro, que además publica interesantes documentos. Los orígenes de la Guardia Civil han sido estudiados por
Enrique Martínez Ruiz [135].

Estamos lejos todavía de tener una visión coherente de la Historia de las Sociedades secretas en España. Los trabajos de Iris M.
Zavala representan una aportación fundamental [136], aunque no exenta de errores, ya que es una materia muy embrollada, que se resis-
te a la sistematización. El libro del Marqués de Valdelomar *Fernando VII y la masonería* [137] es un disparate a-científico, mientras que
Ferrer Benimeli limita la investigación al siglo XVIII, salvo en la
bibliografía. Para las sociedades secretas apostólicas, aparte lo que
ya se ha indicado al hablar del precarlismo, son fundamentales las
contribuciones de Joaquín del Moral Ruiz [138]. Señalemos de este
autor también sus estudios pioneros sobre España y el migue-
lismo [139].

En la rúbrica Estudios sobre personajes es donde más lamento
no poder incorporar artículos de revista, porque sería el cuento de
nunca acabar. Entre los libros habrá que citar los de Manuel Ruiz
Lagos: *Ilustrados y reformadores en la Baja Andalucía, El deán López Cepero y la Ilustración romántica* y el ya mencionado *Epistolario* de este último, que, lo mismo que otros títulos anteriores del
autor son obra de aficionado, con poca crítica, pero con frecuenta-
ción y publicación de documentos [140]. Norberto Cuesta Dutari, al es-

---

[135] Enrique Martínez Ruiz: «Las fuerzas de seguridad y orden público
en la primera mitad del siglo XIX», *Cuadernos de Historia* 4, Madrid, CSIC,
1973.
[136] Iris M. Zavala: *Masones, comuneros y carbonarios,* Madrid, Siglo XXI,
1971; *Id., Románticos y socialistas. Prensa española del XIX,* Madrid, Siglo
XXI, 1972.
[137] Marqués de Valdelomar: *Fernando VII y la Masonería. Españoles:
Unión y Alerta,* Madrid, Prensa Española, 1970.
[138] «Sociedades secretas apostólicas y partidas "realistas" en el trienio
constitucional (1820-1823)», *Sociedad, política y cultura en la España de los
siglos XIX-XX,* Madrid, Edicusa, 1973.
[139] «Realistas, miguelistas y liberales. Contribución al estudio de la intervención española en Portugal (1826-1828)», en José María Jover Zamora:
El siglo XIX en España: doce estudios, Barcelona, Planeta, 1974.
[140] *Ilustrados y reformadores en la Baja Andalucía,* Madrid, Editora Nacional, 1974; *El deán López Cepero y la Ilustración romántica (Ensayo crítico y literario sobre un ilustre jerezano del siglo XIX),* Jerez de la Frontera,
Gráficas del Exportador, 1970.

tudiar la figura de Juan Justo García, difusor en España de Destutt
de Tracy, ha hecho una buena contribución para la historia de la
Ilustración, de la Universidad y de la Ciencia. En el volumen II
publica algunos documentos muy interesantes para la historia de
Salamanca [141]. Alcance menor, pero no sin interés, tiene el libro de
Julio Trenas sobre Fermín Arteta [142], gobernante que había quedado
muy oscurecido; mientras que Cristóbal García Montoro publica interesantes documentos sobre Manuel Agustín Heredia (1786-1846),
al trazar su biografía [143]. Pedro Ortiz Armengol, en *Aviraneta y diez
más* [144] revela ya en el título que su interés va hacia los *tipos* de la
época (Aviraneta, Van Halen, Bessières, Leguía Arrambide, Regato,
Corpas, Moreno Guerra, Romero Alpuente, Olózaga), integrantes
del orbe novelesco de Galdós y Baroja. La ausencia de comprensión
histórica no excluye una gran pasión por acarrear datos sobre sus
personajes, y en tal sentido el libro resulta de consulta indispensable. Lo mismo diremos de los trabajos de Louis Urrutia sobre Aviraneta [145], mientras que María del Carmen Simón Palmer se propone
rebajar o desautorizar a Aviraneta; en el mismo volumen en que
aparece su trabajo, Ignacio Lasa Iraola, más objetivo, estudia el
proceso contra Joaquín Lorenzo Villanueva [146]. Convendría volver
a mencionar aquí el ya citado trabajo de Pegenaute sobre Regato,
pero sobre todo el admirable artículo de Claude Morange [147], verdadero modelo de cómo se ha de trabajar.

Ya he citado anteriormente algunos de los trabajos historiográficos de Marcos Guimerá Peraza. Ahora conviene añadir la docu-

---

[141] Norberto Cuesta Dutari: *El Maestro Juan Justo García Presbítero, natural de Zafra, 1752-1830,* Universidad de Salamanca, 1974.

[142] Julio Trenas: *Fermín Arteta, Ministro de Isabel II (La anticipación de
un tecnócrata),* Madrid, Fundación Juan March, 1971.

[143] Cristóbal García Montoro: *Málaga en los comienzos de la industrialización: Manuel Agustín Heredia (1786-1846),* Universidad de Córdoba, 1978.

[144] Pedro Ortiz Armengol: *Aviraneta y diez más,* Madrid, Prensa Española, 1970.

[145] Louis Urrutia: «Aviraneta de Pío Baroja et les "Memorias íntimas",
de Eugenio de Aviraneta», *Actes du VIᵉ Congrès National des Hispanistes
Français de l'Enseignement Supérieur,* Besançon-París, 1971.

[146] María del Carmen Simón Palmer: «El espionaje liberal en la última
etapa de la primera guerra carlista: nuevas cartas de Aviraneta y de F. de
Gamboa», *Cuadernos de Historia* 4, Madrid, CSIC, 1973.

[147] Claude Morange: «José Manuel Regato (Notes sur la police secrète de
Ferdinand VII», *Bulletin Hispanique,* LXXIX, 3-4, julio-diciembre, 1977.

mentadísima biografía de José Murphy, diputado a Cortes en 1822, de quien el autor ya había publicado anteriormente un importante documento sobre los aranceles de aduanas; y la apurada semblanza del liberal don Antonio Saviñón, cuyo afrancesamiento rechaza Guimerá, al mismo tiempo que al describir las denuncias contra él en la España absolutista, el proceso y muerte, contribuye a darnos un sobrio, pero certero, cuadro de lo sórdido que eran aquellos años [148].

Carola Reig Salvá ha hecho una interesante biografía de otro liberal, éste valenciano, *Vicente Salvá* [149], bibliófilo y gramático, a base precisamente del archivo personal del biografiado; aunque hay que lamentar que la interpretación general de la época deje bastante que desear. Muchísimo menos valor tiene el *Quintana revolucionario* de M. E. Martínez Quinteiro [150], con brevísima introducción y comentarios triviales, acaso porque la índole de la colección no le deja más holgura. Publica algunos textos de la *Memoria* sobre el proceso de 1814. Tratándose de Quintana, tiene gracia que hable de «un francés», Dérozier ... (p. 177). Carlos Seco Serrano ha reimpreso su viejo estudio sobre Godoy [151], reescribiendo de nuevo algunas partes que habían quedado ya demasiado anticuadas: lo mejor de este libro es su documentación, como no podía ser menos; lo peor, también obligado, es que el autor candorosamente se niega a ver lo pútrido que puede presentar una sociedad, y eso que el Sr. Seco escribe en el siglo xx. Excelente biografía, dentro de una inflexión general conservadora, la escrita por Concepción de Castro sobre Andrés Borrego, aunque sólo las primeras páginas entran en nuestra consideración de hoy [152]. En el libro de Peter Janke sobre *Mendizá-*

---

[148] Marcos Guimerá Peraza: *José Murphy (1774-18...?). Su vida, su obra, sus incógnitas,* Santa Cruz de Tenerife, Caja General de Ahorros, 1974; José Murphy: *Breves reflexiones sobre los nuevos aranceles de aduanas* (1821), edición, prólogo y notas de Marcos Guimerá Peraza, Las Palmas, Cabildo Insular de Gran Canaria, 1966; *Id.: Antonio Saviñón constitucionalista (1768-1814),* Excma. Mancomunidad de Cabildos de Las Palmas, Plan Cultural, 1978.

[149] Carola Reig Salvá: *Vicente Salvá. Un valenciano de prestigio internacional,* Diputación Provincial de Valencia, csic, 1972.

[150] M. E. Martínez Quinteiro: *Quintana revolucionario,* Estudio, notas y comentarios de texto, Madrid, Narcea, 1972, «Col. Bitácora».

[151] Carlos Seco Serrano: *Godoy el hombre y el político,* Madrid, Espasa-Calpe, 1978.

[152] Concepción de Castro: *Romanticismo, Periodismo y Política. Andrés Borrego,* Madrid, Tecnos, 1975.

bal[153] hay que lamentar dos cosas: la traducción, que convierte a Miguel del Riego en Canón (p. 36), y el espíritu del autor, incapaz de concebir una historia objetiva.

Pasando a la última sección, la que he llamado de Literatura, arte y pensamiento, empezaré con un libro sobre periodismo, el de María Cruz Seoane[154], que contiene alguna información sobre la materia, aunque con pocos elementos nuevos, y en cambio con excesiva simplificación, y afirmaciones por lo menos chocantes, como esa de que Romero Alpuente era «más partidario de patíbulos y puñales» (p. 175). ¿Es posible que todavía se escriba esto en España? Ante Diego Sevilla Andrés y su sugestivo título *Orígenes de la crítica social en España,* escrito gracias a una beca March[155], creeríamos encontrar algo original, pero el libro es un fracaso absoluto: hay en él citas interesantes, pero el método seguido, de no respetar los límites cronológicos, yendo continuamente hacia adelante y hacia atrás, en busca de ejemplos, marea más que otra cosa, y hace al libro inservible.

Los orígenes del pensamiento reaccionario español fueron analizados en un libro excelente por Javier Herrero[156], libro al que sin embargo le falta toda una cara de la cuestión: se ocupa abundantemente de la descendencia ideal del Abate Barruel, pero se olvida del burkismo español; es decir, que si está bien señalar el reaccionarismo eclesiástico, siempre tan abundante en nuestro país, conviene tener presentes también a los reaccionarios no eclesiásticos. Esto es lo que en parte ha hecho Guillermo Carnero con su tesis sobre los Böhl de Faber[157], libro de un rigor crítico y metodológico realmente insólito por estos pagos. Nos sentimos reconfortados al ver que todavía existe alguien que no ahorra esfuerzos para documentar sus argumentos.

---

[153] Peter Janke: *Mendizábal y la instauración de la Monarquía constitucional en España (1790-1853),* trad. de Maribel de Juan, Madrid, Siglo XXI, 1974.

[154] María Cruz Seoane: *Oratorio y periodismo en la España del siglo XIX,* Fundación Juan March, Madrid, Castalia, 1977.

[155] Diego Sevilla Andrés: *Orígenes de la crítica social en España (1800-1856),* Cátedra Fadrique Furio Ceriol, Valencia, 1975.

[156] Javier Herrero: *Los orígenes del pensamiento reaccionario español,* Madrid, Edicusa, 1971.

[157] Guillermo Carnero: *Los orígenes del Romanticismo reaccionario español: el matrimonio Böhl de Faber,* Universidad de Valencia, 1978.

Sobre las relaciones de España con otros países, y el fecundo movimiento de ideas que de ellas se derivan, habría que citar el libro de Ana María Schop Soler, que sólo en parte nos concierne; el de Mijail Alekséev, ambos sobre Rusia, y lamento que las *Cartas de Botkin* no se hayan traducido al castellano, porque es libro excelente y de riquísima información [158]. Elenea Fernández Herr se ocupó de los viajeros franceses de 1755 a 1823 principalmente, mientras que Ian Robertson recogió los ingleses en excelente edición, de lujosas láminas [159].

A este grupo habría que añadir un muy buen libro sobre el protestantismo español en el siglo XIX, aunque para nuestra época se limita casi a los metodistas gibraltareños, sus relaciones con el anglicanismo oficial, y las dificultades de sus pastores en el aprendizaje de la lengua española [160].

No entraré en los terrenos de la Literatura, si no es para subrayar la importancia del *Espronceda* de Marrast y la aparición de algunos libros sobre la novela del período considerado [161]; pero en materia artística encontramos algunos libros en la frontera con lo histórico: en primer lugar el de Claudette Dérozier sobre la campaña de Napoleón en España, a través de las litografías de Bacler d'Albe y de Langlois, y el dedicado por la misma autora a la Guerra de la

---

[158] Ana María Schop Soler: *Las relaciones entre España y Rusia en la época de Carlos IV,* Universidad de Barcelona, 1971; Mijail Alekséev: *Rusia y España: una respuesta cultural,* trad. de José Fernández Sánchez, Madrid, Seminarios y Ediciones, 1975; Vassili Botkine: *Lettres sur l'Espagne.* Texte traduit du russe, préfacé, annoté et illustré para Alexandre Zviguilsky, París, Centre de Recherches Hispaniques, 1969.

[159] Elena Fernández Herr: *Les origines de l'Espagne romantique. Les récits de voyage 1755-1823,* París, Didier, 1973; Ian Robertson: *Los curiosos impertinentes. Viajeros ingleses por España 1760-1855.* Trad. de Francisco José Mayan, Madrid, Editora Nacional, 1976.

[160] Rainer María Klaus Van der Grijp: *Geschichte des spanischen Protestantismus im 19. Jahrhundert,* Wageningen, H. Veenman und Zonen N.V., 1971.

[161] Robert Marrast: *José de Espronceda et son temps. Littérature, Société, Politique au temps du Romantisme,* París, Klincksieck, 1974; Leonardo Romero Tobar: *La novela popular española del siglo XIX,* Barcelona, Fundación March-Ariel, 1976; Mercedes Etreros, María Isabel Montesinos, Leonardo Romero: *Estudios sobre la novela española del siglo XIX,* Madrid, CSIC, 1977; Albert Dérozier (editor): *Recherches sur le roman historique en Europe - XVIIIe - XIXe siècles,* Besançon, París, Les Belles Lettres, 1977.

Independencia a través de la estampa [162], es decir el arte de la vida diaria, episódico y político —excluye los cuadros—. Rico material, que no es sólo inventario, sino aplicación de los cánones artísticos de la época a la concepción histórica que revelan.

Goya, en fin, ha sido objeto de algunos libros singulares: el de Edith Helman sobre *Jovellanos y Goya* [163], recopilación de trabajos anteriores, en los que la autora sigue desbrozando el terreno de la relación entre el pintor y los ilustrados españoles; la suma de conocimientos sobre la *Vida y obra* de Goya en el libro, ya clásico, de Pierre Gassier y Julie Wilson [164], y el increíble y poderoso volumen de Gwyn A. Williams sobre *Goya y la revolución imposible* [165], relación dialéctica entre obra y sociedad en un momento histórico determinado, aquél precisamente, y con esto termino mi comunicación, «cuando el pueblo comienza a figurar» (en la obra de Goya) «sin estar refractado por el cristal de la moda» (p. 18).

---

[162] Claudette Dérozier: *La campagne d'Espagne. Lithographies de Bacler d'Albe et Langlois,* 2 vols., Besançon, París, Les Belles Lettres, 1970-71; *Id.: La guerre d'independance espagnole à travers l'estampe (1808-1814),* 3 vols., París, Atelier, 1976.

[163] Edith Helman: *Jovellanos y Goya,* Madrid, Taurus, 1970.

[164] Pierre Gassier y Julie Wilson: *Vie et oeuvre de Francisco Goya,* Friburgo (Suiza), Office du Livre, 1970, *Id.: Vida y obra de Francisco de Goya.* Edición dirigida por François Lachenal, Barcelona, Juventud, 1974.

[165] Gwyn A. Williams: *Goya y la revolución imposible.* Trad. de Antonio Desmond, Barcelona, Icaria, 1978.

LA REVOLUCION BURGUESA EN ESPAÑA: LOS INICIOS DE UN DEBATE CIENTIFICO, 1966-1979

Juan-Sisinio PÉREZ GARZÓN

Feudalismo, revolución burguesa y *capitalismo* constituyen la triada conceptual que, tal como la ha acuñado el marxismo, ha originado la más fructífera polémica habida en la ciencia histórica durante las tres últimas décadas [1]. Tres categorías del proceso histórico que, al menos para el continente europeo, comparecen engarzadas de modo sucesivo, y de las cuales la de revolución burguesa significa el cambio cualitativo de superación del modo de producción feudal y de inicio del predominio de las relaciones capitalistas. Por esto, un balance de los estudios sobre tal ruptura histórica en la formación social española debe establecer la articulación dialéctica entre las relaciones de producción que anteceden y las nuevas que se implantan.

En el presente esbozo historiográfico resumimos en breves trazos un trabajo de inmediata publicación. Sin duda, estas páginas peca-

---

[1] Sin pretender la exhaustividad, damos unas referencias bibliográficas básicas sobre tal polémica: Rodney Hilton, *La transición del feudalismo al capitalismo*, Barcelona, Crítica, 1977, que recoge el debate suscitado por la obra de M. Dobb, *Estudios sobre el desarrollo del capitalismo*, Madrid, Siglo XXI, 1976 (ed. or. inglesa, 1946); «Voies de la révolution bourgeoise», *Recherches internationales à la lumière du marxisme*, núm. 62, 1970; Inmanuel Wallerstein, *El moderno sistema mundial. La agricultura capitalista y los orígenes de la economía-mundo europea en el siglo XVI*, Madrid, Siglo XXI, 1979; A. D. Lublinskaya, *La crisis del siglo XVII y la sociedad del absolutismo*, Barcelona, Crítica, 1979; Aurelio Lepre, «Dopo Dobb e Sweezy: il dibattito sulle origine del capitalismo. Per la ricomposizione dell'interpretazione marxista delle origini del capitalismo», *Studi Storici*, abril-junio, 1979; Gaetano La Pira, «La storiografia sovietica sullo sviluppo del capitalismo nelle campagne», *Studi Storici*, julio-septiembre, 1979. Manfred Kossok, ed., *Studien über die Revolution*, Berlin, Akademie-Verlag, 1969, y también *Studien zur vergleichenden Revolutionsgeschichte, 1500-1917*, Berlín, 1974; y de R. Brenner, «Los orígenes del desarrollo capitalista: crítica del marxismo neosmithiano», *En Teoría*, oct.-dic., 1979.

rán de simplificación al limitarnos a enumerar los rasgos y a señalar
la bibliografía.

1. Orientaciones y herencias historiográficas

Imperativos de espacio y tema del presente Coloquio de Pau obligan a centrarse en la última década. Pero ésta resulta, a su vez,
indescifrable si no se bosquejan previamente las líneas generales que
han definido la evolución del pensamiento histórico sobre la revolución burguesa española desde su misma acta de nacimiento,
esto es, desde la Constitución de 1812. Y de nuevo la limitación
de la síntesis apresurada que sólo nos permite ofrecer una serie
de hipótesis interpretativas que nos conduzcan a la comprensión
del panorama historiográfico tal como se encontraba en la década
de los sesenta, en que dominaba el consenso negativo sobre la existencia tanto de feudalismo como de revolución burguesa en la historia de la formación social española.

A) *La clarividencia de los coetáneos*

Durante el proceso revolucionario de la burguesía española —que
por nuestra parte acotamos entre 1808 y 1874 [2]—, la publicística
sobre lo que entonces, desde ópticas diferentes, se denominó la
revolución española, es enorme [3]. Se tuvo conciencia de las profundas transformaciones que se estaban operando no sólo en lo político e ideológico (derrumbamiento del absolutismo y establecimiento

---

[2] Al señalar los años de 1808 y 1874 como hitos que enmarcan cronológicamente el proceso de ascenso e implantación hegemónica de la clase
social burguesa española, seguimos a F. G. Bruguera, *Histoire contemporaine
d'Espagne, 1789-1950,* París, Ophrys, 1953, a I. Fernández de Castro, *De
las Cortes de Cádiz al Plan de Desarrollo, 1808-1966. Ensayo de interpretación política de la España contemporánea,* París, Ruedo Ibérico, 1968, y
a E. Sebastià Domingo, *La revolución burguesa antifeudal, expresión de la
realidad histórica española. Propuesta para un esquema,* texto mecanografiado
(Valencia, 1973).

[3] Puesto que en un futuro libro se analizarán con más detalle las obras
de los coetáneos, de momento nos remitimos a las obras recogidas por B.
Sánchez Alonso, *Fuentes de la Historia española e hispanoamericana,* Madrid,
3.ª ed., 1952, tercer volumen.

del régimen liberal), sino sobre todo en lo social y económico. Se constata el cambio de poder a nivel social y se escribe por doquier sobre la hegemonía de «las clases medias». *Clases medias* que, para la primera mitad del siglo xix, no significan otra cosa que burguesía, tal como se define hoy científicamente[4].

Los testimonios abundan, comenzando por los propios protagonistas del cambio. Así se encuentran, por ejemplo, en las intervenciones que registra el *Diario de Sesiones de Cortes* en sucesivas legislaturas constituyentes, desde las de 1810 a las de 1869. Podríamos corroborarlo con las obras y respectivas trayectorias de los representantes del liberalismo moderado, como el marqués de Miraflores, el conde de Toreno o Martínez de la Rosa, adalides de la *vía* que, en definitiva, se impuso en el proceso de transformación burgués de la sociedad decimonónica[5]. Pero si hemos de utilizar el argumento de autoridad, preferimos extraerlo de la historia por excelencia del siglo xix, la de M. Lafuente, que justo él dejará escrita hasta 1833 y que continuaran tres firmas cualificadas —y, sin embargo, nada sospechosas— del liberalismo español: Juan Valera, Andrés Borrego y Antonio Pirala. Así, en un capítulo que titulan «la Revolución social que vino en apoyo de la política», escriben: «Desde la muerte de Fernando VII hasta nuestros días ha habido en España una grande y favorable *transformación,* de la cual podíanse ya advertir los efectos al terminar la regencia y al empezar la mayor edad de doña Isabel II. Esta transformación ocurrió, no sólo *en las ideas,* sino también en la exterior cultura *y ser material del país,* aunque con mayores dificultades y pausas...

»No se puede dudar de que en España se advierte hoy este *desarrollo:* de que en España, desde 1833 en adelante, el acervo común de *la riqueza pública ha crecido* y los españoles se han hecho

---

[4] Véase a este respecto, J. F. Botrel y J. Le Bouil, «Sur le concept de "clase media" dans la pensée bourgeoise en Espagne au xixe siècle», en Colloque International de l'Université de Bordeaux, *La question de la «bourgeoisie» dans le monde hispanique au XIXe siècle,* Burdeos, Bière, 1973.

[5] Véase Marqués de Miraflores, *Memorias del reinado de Isabel II,* Madrid, BAE, 1963, 3 vols., y *Apuntes histórico-críticos para escribir la historia de la revolución de España desde el año 1820 hasta 1823,* Londres, 1834, 3 vols. F. Martínez de la Rosa, *Espíritu del siglo,* Madrid, 1835-1851, 10 vols., y *La revolución actual de España,* Madrid, BAE, t. 151, 1962, vol. iv. José María Queipo de Llano, conde de Toreno, *Historia del levantamiento, guerra y revolución de España,* Madrid, 1835-1837, 5 vols.

más ricos y prósperos, o si se quiere menos desventurados y pobres de lo que eran» [6].

Hemos subrayado del original los términos y conceptos que reflejan de modo fehaciente la óptica de la clase social protagonista del desarrollo capitalista comenzado en esta época. Protagonista y beneficiaria, si se recuerda que lo específico de la ideología burguesa consiste en encubrir su propio *desarrollo* como *riqueza pública,* identificando sus intereses de clase con los de toda la nación española. Por otra parte, el capítulo que dedican los mencionados autores al «sistema económico de Mendizábal» describe el contenido revolucionario de lo que califican el «poder dictatorial» de tal figura política, que, sin duda, sería el equivalente —*mutatis mutandis*— a nuestro Cromwell [7].

Precisamente en torno a la interpretación de la tarea desvinculadora y desamortizadora de Mendizábal —a la cuestión agraria, en definitiva— van a girar las tempranas contestaciones de la *vía revolucionaria* seguida por la burguesía española y de sus resultados. Tanto la Iglesia, desposeída de sus bienes pero que pronto recuperó su papel ideológico en el nuevo régimen, como las capas medias campesinas proletarizadas o el mismo proletariado incipiente, efectuaron sus críticas al régimen de propiedad burguesa, o bien pro-

---

[6] Modesto Lafuente, *Historia general de España...,* continuada por don Juan Valera con la colaboración de don Andrés Borrego y don Antonio Pirala, Barcelona, Montaner y Simón, 1890, t. 22, libro XIII, pp. 359-360.

[7] Escriben: «La revolución en España no ha sido meramente política. Los cambios más radicales... la Constitución de tal o cual año, la libertad de imprenta, el parlamentarismo y las más liberales leyes orgánicas nos parecen que no hubieran prestado suficiente entusiasmo al pueblo y suficientes recursos al tesoro para impedir que Carlos V o alguno de sus sucesores subiese al trono. Para impedirlo fue menester una revolución social, y revolución social ha habido. De aquí que la encarnación de ella... fuese don Juan Alvarez Mendizábal» (*Ibíd.,* p. 360). Otro historiador, éste progresista, escribía también: «La obra de Mendizábal, presidiendo el Consejo de Ministros del año 35 y principios del año 36, y como ministro de Hacienda bajo la presidencia de Calatrava, viene a ser la cifra de las reformas revolucionarias en la España moderna», en A. Fernández de los Ríos, *Estudio histórico de las luchas políticas en la España del siglo XIX,* Madrid, 2.ª ed., 1879-80, vol. I, p. 235. Al respecto y para una renovadora interpretación de la obra de Mendizábal, véase Marc Baldó Lacomba, «Mendizábal y la disolución del feudalismo», en VV.AA., *Crisis del antiguo régimen e industrialización en la España del siglo XIX. VII Coloquio de Pau,* Madrid, Edicusa, 1977, 1 vol., pp. 93-114.

palando que se trataba de la servil imitación de un sistema extraño al ser español —en el caso del tradicionalismo—, o bien exigiendo los aspectos democráticos frustrados en el desarrollo de la revolución, o que era un nuevo sistema de explotación tan oprobioso como el precedente [8].

B) *La cuestión feudal, eje de la mixtificación*

El problema agrario —recordemos que la tierra es el medio de producción básico sobre el que giran las relaciones de producción feudales y a partir de la cual se genera la acumulación primitiva de capital— está en el corazón mismo de la revolución burguesa [9].

Se pueden señalar tres posiciones fundamentales ante lo que se ha venido llamando desde el siglo XVIII «reforma agraria». La actitud de la clase señorial o feudal, forjada a fines de tal siglo cuando comienzan los embates contra la propiedad amortizada [10]. Y otras dos posiciones que, a lo largo de las evoluciones historiográficas, han recibido alternativamente calificativos de reformista o de revolucionaria, y que han generado la polémica. Por nuestra parte, preferimos calificarlas por la clase o grupos sociales que las apoyaron:

---

[8] Para el pensamiento de los propietarios feudales, véase P. Inguanzo, *El dominio sagrado de la Iglesia en sus bienes temporales. Cartas contra los impugnadores de esta propiedad,* Salamanca, 1820 y 1823, y *Representaciones de diferentes Grandes de España a las Cortes...,* Madrid, 1820, cit. por Hernández Montalbán, «La cuestión de los señoríos en el proceso revolucionario burgués: el trienio liberal», *Estudios sobre la revolución burguesa en España,* Madrid, Siglo XXI, p. 125, n. 11. Para la alternativa del liberalismo radical, véase A. Flórez Estrada, *La cuestión social, o sea, origen, latitud y efectos del derecho de propiedad,* Madrid, Impr. M. de Burgos, 1839, y el estudio de Práxedes Zancada, «El sentido social de la revolución de 1820», *Rev. Contemporánea,* 1903, CXXVII. Sobre las primeras alternativas socialistas en España, véase J. Maluquer de Motes, *El socialismo en España, 1833-1868,* Barcelona, Crítica, 1977.

[9] «D'une manière plus générale, le problème paysan est au coeur de la révolution bourgeoise sous trois aspects intimement liés: prélèvement féodal, répartition de la propriété foncière, persistance vivace de la communauté rurale. Problèmes essentiels quant à l'évolution de l'économie et de la société.» Albert Soboul, *Contributions à l'histoire paysanne de la révolution française,* París, Ed. Sociales, 1977, p. 15.

[10] Véase ideología feudal en obras citadas en nota 7. Además, J. Herrero, *Los orígenes del pensamiento reaccionario español,* Madrid, Edicusa, 1973.

— La *vía de la pequeña propiedad agraria,* que favorece al campesino cultivador que debería haberse quedado con las tierras señoriales en censo enfitéutico, siendo la propiedad nominal del Estado. Significa la realización de la abolición feudal —esto es, de la revolución burguesa— en su *vía democrático-burguesa,* creando una nación de pequeños propietarios. Se encuentra defendida por una serie de autores que van desde Olavide a Sánchez Albornoz, pasando por Flórez Estrada y Joaquín Costa [11].

— La *vía de la burguesía agraria,* propugnada por Jovellanos y efectuada por Mendizábal y Madoz [12]. Fue la que se impuso históricamente. Destruyó las trabas feudales para consolidar la propiedad burguesa en el campo, favoreciendo de modo especial a los terratenientes, incluyendo en éstos a los antiguos aristócratas feudales que devenían así —de forma simultánea y dialéctica al proceso revolucionario— terratenientes burgueses, por más que conservaran o añadiesen nuevos títulos nobiliarios. Por las relaciones de producción hay que definirlos, no por el título de nobleza.

Calificar una u otra vía de reformista o revolucionaria ha dependido de las respectivas posiciones políticas de cada historiador. Objetivamente las dos alternativas eran revolucionarias siempre que dieran paso a la edificación del régimen capitalista y destruyeran el predominio feudal. Dependió de la correlación de fuerzas en la primera mitad del siglo XIX la hegemonía e implantación de una u otra. Sin embargo, conviene destacar que, aunque la primera solución, la pequeñoburguesa, no se impuso, siempre pecó de ambigüedad, y en este caso de *reformismo:* por esto se explica su continuidad en autores de diferentes regímenes sociales. Así, bajo el postrer feudalismo Olavide la defendió, y posteriormente Costa

---

[11] Véase P. de Olavide, «Informe sobre la ley agraria» (1768), editado por R. Carande en *B.R.A.H.,* CXXXIX, 1956, pp. 357-462. Para Flórez Estrada, véase nota 8. Joaquín Costa, *El colectivismo agrario en España,* Madrid, 1898, y *La tierra y la cuestión social,* Madrid, 1912, t. IV de la «Biblioteca económica». Claudio Sánchez Albornoz, *La reforma agraria ante la historia,* Madrid, Tip. Archivos, 1932. Para la obra de Olavide, véase M. Defourneaux, *Pablo de Olavide, ou l'afrancesado (1725-1803),* París, PUF, 1959, sobre todo pp. 129-171.

[12] M. G. de Jovellanos, «Informe sobre la ley agraria» (1795), Madrid, BAE, 1952, t. I. A este respecto, véase el análisis que hace Clavero de lo que denomina «línea social/línea liberal», en *Mayorazgo. Propiedad feudal en Castilla, 1369-1836,* Madrid, 1974, pp. 419-422.

y Sánchez Albornoz la defendieron en distintas coyunturas históricas bajo unas relaciones de producción capitalistas dominantes. Y es que la vía del predominio de la pequeña producción tiene tres peculiaridades que le dan continuidad tanto bajo una formación social feudal como bajo otra capitalista. Estas son:

— Que pretenden la hegemonía del productor mercantil simple, forma económica que, aunque domine cuantitativamente tanto bajo uno y otro modo de producción, no marca la impronta determinante de las relaciones de producción. De ahí la frecuencia de los planteamientos utópicos tanto en Olavide como en Costa o en la II República sobre las soluciones al problema agrario.

— Que recurren al Estado como máxima instancia y como poder neutral para arbitrar la solución, aspecto específico de la ideología pequeño-burguesa.

— Y que, en definitiva, no rompen con el sistema imperante en cada momento sino que sólo lo alteran, o pretenden alterarlo, a nivel cuantitativo. De hecho, Olavide no pasa del intento de una racionalización del régimen señorial, convirtiendo al Estado en el gran detentador del dominio eminente y directo y haciendo del país un mosaico de pequeños usufructuarios perpetuos de la tierra; o los segundos, Costa y Sánchez Albornoz, pretenden racionalizar, también desde el Estado, la gran propiedad burguesa sin alterar cualitativamente el régimen de capitalismo agrario [13].

En realidad, la polémica giró prácticamente en torno a la propiedad señorial y a su transmutación en gran propiedad burguesa. Respecto a la desamortización eclesiástica hubo coincidencia en no retroceder por más que la jerarquía hablara de «latrocinio sacrílego». Todo lo más se criticaba el modo en que se adjudicaron las tierras eclesiásticas y sus consecuencias irracionales para el antiguo cultivador directo. Pero donde mayor herencia dejaba el feudalismo era en las antiguas extensiones señoriales. Toda la discusión, tanto

---

[13] Para la praxis de las capas medias en la Restauración, véase el prólogo de Alfonso Ortí a J. Costa, *Oligarquía y caciquismo, como la forma actual de gobierno en España: urgencia y modo de cambiarla,* Madrid, Revista de Trabajo, 1975, 2 vols.; Juan-Sisinio Pérez Garzón, *Luis Morote. La problemática de un republicano (1862-1913),* Madrid, Castalia, 1976, cap. IV, y J. Maurice y C. Serrano, *J. Costa: crisis de la Restauración y populismo (1875-1911),* Madrid, Siglo XXI, 1977.

política como historiográfica, que en el siglo xix hubo sobre el feudalismo español, sobre su existencia o negación, versó sobre la doble distinción entre señoríos de tipo territorial y señoríos de carácter jurisdiccional. Polémica que hemos recogido ampliamente y que tenemos analizada, pero que de momento hemos de omitir y hacer sólo una referencia bibliográfica, destacando de modo especial las más recientes aportaciones de Enric Sebastià y F. Hernández Montalbán que destruyen tópicos acumulados durante años[14].

C) *El fracaso de las dos repúblicas, origen de la negación de la revolución burguesa en España*

Si el republicanismo histórico, con su programa de reparto de la propiedad y abolición de las supervivencias feudales, fracasó tras el sexenio (1868-1873) y concluyó sobre el malogramiento de la revolución burguesa, tras la II República será la izquierda marxista la que propague la idea de la carencia y necesidad todavía en la formación social española de la revolución burguesa. En realidad, uno y otra —republicanismo histórico e izquierda marxista— confundieron los aspectos democráticos de la revolución burguesa con toda ella como cambio histórico de relaciones de producción. Si explicable para el primero, contradictorio resultaba en la segunda, que luchaba precisamente contra el capitalismo y por la implantación de una sociedad democrática, condición para devenir socialista.

La herencia a nivel historiográfico del republicanismo y del pensamiento pequeñoburgués consistió en las siguientes combinaciones

— desde nuestra perspectiva actual, confusiones— conceptuales:
— identificación de latifundismo con feudalismo;
— negación de la revolución burguesa en España porque no se habían consumado los aspectos democráticos de la misma;

---

[14] Véase E. Sebastià Domingo, «Crisis de los factores mediatizantes del régimen feudal. Feudalismo y guerra campesina en la Valencia de 1835», en *La cuestión agraria en la España contemporánea. VI Coloquio de Pau,* Madrid, Edicusa, 1976, y F. Hernández Montalbán, «La cuestión de los señoríos en el proceso revolucionario burgués: el trienio liberal», en Clavero, Ruiz Torres, Hernández Montalbán, *Estudios sobre la revolución burguesa,* Madrid, Siglo XXI, 1979. Véase también R. García Ormaechea, «Supervivencias feudales en España (Sobre el problema de los señoríos)», *Rev. General de Legislación y Jurisprudencia,* mayo de 1932, t. 160.

— asimilación de caciquismo con feudalismo de nuevo cuño y consiguiente negación del carácter liberal al régimen de la Constitución de 1876;

— comparación con los ejemplos europeos de implantación del liberalismo y capitalismo, sobre todo con el francés, cuyo modelo asumió el republicanismo histórico español como tarea política.

La inflexión historiográfica se produjo en la II República, cuando la izquierda que hemos calificado de incipientemente marxista aplica tales análisis como propios, introduciendo variantes que justifiquen su práctica revolucionaria. Así, a los anteriores tópicos añade los siguientes:

— no hubo revolución burguesa sino sólo *revolución política:* no se produjo un cambio de modo de producción sino que la burguesía se introdujo en algunos ámbitos económicos y políticos durante el siglo XIX, manteniéndose las clases feudales como hegemónicas;

— de ahí el reiterado tópico de la debilidad estructural de la burguesía española que reducen sólo a su sector industrial;

— y esto porque se identifica capitalismo con sólo su fase industrial;

— y así se concluía: puesto que la burguesía no realizó a su debido tiempo su revolución, ésta debía asumirla ahora el proletariado para de inmediato —en una concepción lineal del proceso histórico— poder pasar a cumplimentar la revolución específica del proletariado [15].

Unos y otros razonamientos fueron asumidos por el PCE tras la derrota de la II República y se plasmaron en un programa de lucha de carácter *antifeudal* y *anticapitalista* que se ha venido manteniendo hasta bien entrada la presente década. Importa abocetar ahora, aunque de modo sumario, los enfoques que sobre el problema ha suscitado el PCE puesto que sus análisis en los últimos cuarenta años han sido el punto de referencia para el establecimiento de la estrategia revolucionaria a seguir. Como mínimo y de manera global, cabría distinguir tres fases en la trayectoria de tales enfoques.

---

[15] Estos razonamientos pueden encontrarse en Joaquín Maurín, *La revolución española. De la monarquía absoluta a la revolución socialista*, Barcelona, Anagrama, 1977 (obra escrita en octubre-diciembre de 1931, 1.ª ed. en 1932), especialmente pp. 30-34.

La primera etapa ocupa la década que va desde su nacimiento hasta la llegada de la República en 1931, y precisamente se organizaba frente al cariz reformista del socialismo con el objetivo del derrocamiento del *régimen capitalista español,* cuyo funcionamiento democrático-burgués describía así en 1920: «La organización política y democrática del régimen burgués con el sufragio universal y el parlamentarismo, sirve para ocultar a las masas proletarias la dictadura capitalista» [16].

De semejante planteamiento derivó su oposición al gobierno provisional y a las Cortes Constituyentes en la primavera y verano de 1931, meses en que justo comienza a delimitarse, por otra parte, la segunda fase en los análisis del PCE con una palmaria intervención de la Internacional Comunista y de su delegado Manuilsky. Este período se distingue por un cambio en la estrategia y por las consiguientes adecuaciones tácticas. Dando por supuesto el carácter inconcluso de la revolución democrático-burguesa en España y criticando la incomprensión del paso a la República, a la vez que la subestimación de los «restos del feudalismo» que reducía el programa agrario a una serie de consignas [17], las sucesivas cartas abiertas de la Internacional Comunista marcaron, siguiendo el modelo ruso, las directrices estratégicas al comité central del PCE: «La condición indispensable de la terminación de la revolución democrático burguesa y de su transformación en una revolución proletaria es la existencia de un Partido Comunista de masa, plenamente consciente de los problemas fundamentales de la revolución y que sepa organizar el proletariado y hacerlo capaz de realizar su hegemonía en la revolución» [18].

---

[16] *El Comunista,* 1-mayo-1920, en Archivos de la Fundación de Investigaciones Marxistas (FIM) (Madrid), *Documentos del PCE, 1920-32,* núm. 1, p. 8.

[17] En el verano de 1931 el PCE se pronunciaba contra el gobierno provisional por considerarlo controlado por banqueros, industriales y grandes propietarios, a los que denomina «señores feudales de la campiña española», véase «El Partido Comunista ante las Cortes Constituyentes», en *Mundo Obrero,* 15-agosto-1931. Sin embargo, en una carta abierta de la Internacional Comunista al CC del PCE, escrita por Manuilsky, se criticaba en mayo de 1931 el programa propuesto y, en concreto, el agrario, véase *Documentos del PCE, 1920-32,* núm. 1, pp. 100-102, en Archivos de la FIM (Madrid).

[18] «Carta abierta de la Internacional Comunista al CC del PCE, enero de 1932, en *Documentos del PCE, 1920-32,* núm. 1, p. 114, Archivos de la FIM.

El abatimiento del Frente Popular a manos de los intereses del capitalismo, tanto nacional como internacional, ancló los análisis del PCE en un doble postulado:

— por un lado, al no distinguir entre los diferentes tipos y procesos de revolución burguesa, consideró el parlamentarismo y la democracia como aspectos formales y burgueses de cuya frustración política se infería una vez más la inexistencia de dicha revolución en la historia española [19].

— por otro, al identificar las supervivencias feudales con el latifundismo, se confundía una *forma de organización del cultivo* (absentista, extensivo, con sobreabundancia de mano de obra) con unas *relaciones de producción* derivadas de un *modo de propiedad*, cuyo carácter capitalista quedaba sin desentrañar [20].

De hecho, el PCE durante cuarenta años, por exigencias históricas de primacía de la lucha inmediata, ha venido repitiendo los mismos análisis que se hacían desde una óptica pequeñoburguesa en la II República, con lo que ello ha significado de inercia en la delimitación de los objetivos políticos, de envaramiento en la teoría sobre el proceso histórico español y de reiteración de esquemas historiográficos, visible en obras como las de P. Vilar, Tuñón de Lara o R. Tamames [21].

---

[19] Véase José Sandoval, «El paso de la revolución democrática burguesa a la revolución socialista», en *Nuestra Bandera. Revista Política y Teórica del Partido Comunista de España,* núm. 19, extra, Madrid, dic. de 1957; y respuesta de *Nuestra Bandera* a las posiciones de F. Claudín en F. Claudín, *Documentos para una divergencia comunista,* Madrid, 1978, pp. 233-315.

[20] La persistencia de estos análisis respecto al campo en el V Congreso del PCE (1954), *Programa del PCE,* París, 1955; *Declaración del PCE por la reconciliación nacional,* junio de 1956; y se mantienen a la altura prácticamente de nuestros días, Alberto Marcos, «La reforma agraria que el PCE propugna», *Nuestra Bandera,* núm. 84, Madrid, marzo-abril, 1976, y en *Anteproyecto de programa agrario del PCE,* texto mecanografiado de la Comisión agraria (Madrid, 1979).

[21] Analizamos más adelante la obra de P. Vilar al respecto. Otros ejemplos: R. Tamames, *Estructura económica de España,* Madrid, 1960, cap. III, y Tuñón de Lara, «L'histoire contemporaine de l'Espagne» *La Pensée. Revue du rationalisme moderne,* núm. 64, París, 1955, y del mismo autor, «Sociedad señorial, revolución burguesa y sociedad capitalista, 1834-1860», *Estudios de Historia contemporánea,* Barcelona, Nova Terra, 1976, su última aportación al respecto.

Habrá que esperar a 1975, fecha en que el *Manifiesto-Programa* del PCE abra la tercera etapa en sus análisis políticos, para que, aun manteniendo ciertas ambigüedades conceptuales (así cuando habla de la «impotencia revolucionaria de la burguesía» para el siglo XIX, o cuando sigue sin clarificar un programa agrario consecuente), defina la situación presente de la formación social española en estos términos: «...se desarrolla en la sociedad capitalista moderna una contradicción político-social entre la gran mayoría de la población, incluidos asalariados, capas medias y pequeña y mediana burguesía de la ciudad y del campo, por un lado, y de otro la minoría oligárquica monopolista» [22].

De aquí su profundización en el objetivo estratégico de la «democracia política y social» como condición para el paso hacia la sociedad socialista. Por lo demás hay que señalar la influencia que en tales análisis ha ejercido el avance de las ciencias sociales en España en estos años, una de las cuales, la historia, analizamos en los siguientes apartados.

D) *El peso del modelo de la revolución francesa*

La vía que siguió históricamente la transición del feudalismo al capitalismo en Francia, consumada en el arquetipo de revolución democrático-burguesa, ha estado siempre presente en los análisis políticos de la izquierda española, tanto de los republicanos como de los marxistas. A nivel historiográfico ha ocurrido otro tanto. Así se evidencia, por ejemplo, en las obras de Pierre Vilar y de Tuñón de Lara de tan amplia difusión y, de hecho, manuales de formación histórica de la intelectualidad progresista española.

Sobre la revolución burguesa se decantan varias posiciones en la década de los 50: la de la escuela de Vicens Vives que indirectamente la niega, la de P. Vilar que obvia el tema o no lo plantea de modo directo, y la de Bruguera en el exilio y M. Artola en el interior que la afirman cada cual desde diferentes interpretaciones metodológicas, aunque en Artola cuando hable de revolución *liberal* presumimos que se refiere a la *burguesa*.

En 1946 Pierre Vilar escribió una síntesis de la historia de España que, en poco más de cien páginas, ha sido desde entonces

---

[22] *Manifiesto-Programa del Partido Comunista de España* (1975), ed. Levaux, Le Cheratte (Belgique), s.f., p. 43.

y sucesivas reediciones el libro de iniciación histórica de cualquier progresista español, por más que se mantuviera la prohibición sobre ella hasta 1976. La parte dedicada al siglo XIX testimonia ese ambiente de frustración que dominaba en la izquierda tras la derrota de la II República. En P. Vilar hacen mella tanto las visiones estereotipadas que el desencanto de unas fuerzas democráticas propalaba desde el 98 ante los fracasos de «europeizar» España, como el ejemplo francés de transición del feudalismo al capitalismo; sin olvidar su área de especialización en Cataluña, donde la burguesía, desde Almirall y Prat de la Riba, reivindicaba el encabezamiento de *su* revolución, si no a nivel estatal, al menos en el ámbito de su nacionalidad.

Así se puede explicar que P. Vilar, desde su especialización en los siglos de la Edad Moderna, puede trazar la marcha hacia el capitalismo en España, pero que, de modo contradictorio para su metodología, atribuya a una «crisis de circunstancias» el fracaso de todo un siglo como el XVIII [23]. Fracaso real si se adopta la posición de la burguesía industrial catalana por cuanto el capitalismo español a nivel estatal no siguió el proceso inglés o el francés, ni en el aspecto agrario ni en el político.

Por eso, el término *fracaso* se reitera en la obra de Vilar para calificar los que él titula «les tâtonnements du XIXe siècle» [24]. Y siempre con el argumento que era habitual en la izquierda: la debilidad económica de la España del XIX porque no se había producido una intensificación del cultivo agrícola, una industrialización a la europea, o porque faltaba espíritu de empresa, o se habían perdido las colonias... Factores a tener en cuenta, sin duda, pero que no subsanan la omisión del significado de la «desaparición jurídica» del régimen señorial —por encima de la supervivencia de la «psicología del régimen señorial»—, o el trasfondo revolucionario de las desamortizaciones y consiguiente proletarización, aunque no se intensificaran los cultivos ni aumentase la productividad. Por esto, como hay que buscar el *pecado original,* se encontrará en el peso del campo, siguiendo una óptica industrialista que posteriormente va a difundir la obra y escuela de Vicens Vives; «l'Espagne agraire opposera au capitalisme des obstacles matériels,

---

[23] Pierre Vilar, *Histoire de l'Espagne,* París, PUF, 1947, pp. 51-52.
[24] Así titula uno de los apartados de la obra, *ibídem,* p. 58.

juridiques, psychologiques...» [25], escribía P. Vilar, para concluir que, puesto que ni se intensificaron los cultivos tras la desamortización como en Inglaterra, ni generóse un campesinado satisfecho como en Francia, en el caso español, tras el siglo XIX, «la structure agraire n'a pas changé» [26].

Y es que, en general, la izquierda española ha mezclado los conceptos de productividad y rentabilidad de las explotaciones agrarias con el concepto de relaciones de producción capitalistas, y éstas sólo las ha visto en la fase industrial del capitalismo, que ciertamente es cuando éste impone su dominio total, pero no es su única forma de existencia y desarrollo. Sobre todo teniendo en cuenta el momento internacional en que se efectúa la revolución burguesa en España, cuando ya han llegado al capitalismo otras formaciones sociales que de manera temprana extenderán sus redes hacia la española generando una dependencia en modo alguno desdeñable.

La contradicción de P. Vilar se evidencia cuando él mismo ha sido quien ha dado, dentro de la historiografía marxista, la definición más rigurosa de burguesía, precisamente en el Coloquio que sobre el tema se celebró en Burdeos en 1968: «Est bourgeois qui dispose librement des moyens de production, qui applique par libre contrat une main-d-oeuvre ne disposant que de sa force de travail, et qui s'adjuge par ce fait la différence entre la valeur réalisée par la marchandise et la rémunération de la force de travail appliquée» [27].

Definición coherente con su metodología, pero que sigue sin aplicar, de modo paradójico, al caso español aún en su más reciente publicación de 1974 [28]. Definición que, por nuestra parte, la consideramos básica para nuestras propias hipótesis de trabajo sobre el tema y que la seguimos como guía metodológica.

Semejante contradicción contiene la obra de Tuñón de Lara, cuyos libros también han ejercido una inconmensurable influencia no sólo en los historiadores jóvenes sino incluso en los análisis

[25] *Ibídem,* p. 67.
[26] *Ibídem,* p. 70.
[27] Colloque International de l'Université de Bordeaux (1970), *La question de la «bourgeoisie» dans le monde hispanique au XIXe siècle,* p. 11.
[28] Véase Pierre Vilar, «Le socialisme espagnol des origines à 1917», en J. Droz, *Histoire générale du socialisme,* t. II, París, PUF, 1974, sobre todo pp. 280-86, *passim.*

políticos de los partidos de izquierda durante la clandestinidad[29].
Así, Tuñón seguía preso de las paradojas de una izquierda que luchaba por derribar un régimen capitalista y que no alcanzaba a ver el proceso de implantación del mismo, persistiendo en la identificación de país agrario con país feudal y dando predominio, tras la abolición del régimen señorial, al factor de mentalidades, dimensión en absoluto relegable en historia pero que no explica la extraordinaria «jacquerie» campesina de 1833 a 1839, por ejemplo[30]. O como la interpretación de las Cortes de Cádiz en que P. Vilar y Tuñón de Lara, acogiéndose a la frase de Marx de que allí había ideas sin actos y en la guerrilla actos sin ideas, argumentan la debilidad de la burguesía española y definen en términos de «nube de pasión colectiva» el lanzamiento del pueblo a defender sus medios de producción tradicionales[31]. O incluso la tarea desamortizadora de Mendizábal que se reduce a problemas financieros para concluir la inexistencia de una «revolución agraria»[32].

El peso del modelo francés de revolución burguesa ha estado, pues, latiendo detrás de la historiografía marxista española durante décadas. Aún se percibe su influencia en la última obra de J. Fontana, de 1979. Esboza por primera vez este autor lo que denomina con criterio científico los rasgos fundamentales de la «vía española» de transición del feudalismo al capitalismo; pero, aun reconociéndole carácter revolucionario al proceso ejecutado por la burguesía española, aplica el concepto de *revolución social* sólo a la vía francesa, dejando implícito que en el caso español no hubo tal revolución social, o bien utilizando de modo diferente al clásico marxista dicho concepto[33]. Sin embargo ha sido el mismo Fontana quien en

[29] Véase crítica de Tuñón de Lara a la obra de Bruguera citada en nota 21, publicada en *La Pensée*, núm. 64, y su obra conjunta D. Aubier y Tuñón de Lara, *Espagne*, París, 1956, pp. 68-76, *passim*.

[30] «En resumen: si los señoríos desaparecieron, las normas de vida medieval permanecieron en el campo, aun bajo la nueva relación obrero-agrícola-latifundista. El capitalismo se quedaba en los umbrales del campo español», Tuñón de Lara, *La España del siglo XIX (1808-1914)*, París, 1961, p. 112.

[31] P. Vilar, *Histoire de l'Espagne*, p. 54, y D. Aubier y Tuñón de Lara, *Espagne*, p. 68.

[32] Tuñón de Lara, *La España del siglo XIX (1808-1914)*, p. 67.

[33] Josep Fontana, *La crisis del antiguo régimen (1808-1833)*, Barcelona, Crítica, 1979, pp. 18 y 20-21.

otra obra anterior se encargó de recordar con precisión el concepto
marxista de revolución social: «En un determinado estadio de su
desarrollo, las fuerzas productivas materiales de la sociedad entran
en contradicción con las relaciones de producción existentes, o lo
que no es sino su expresión jurídica, con las relaciones de propiedad
dentro de las cuales se habían movido hasta entonces. De formas
de desarrollo de las fuerzas que eran, se convierten en trabas a estas
fuerzas. Entonces se abre una era de revolución social. El cambio
en la base económica trastorna más o menos rápidamente toda la
colosal superestructura» [34].

En este caso, si el proceso histórico de cambio de modo de
producción —proceso más o menos largo, contradictorio y zigzagueante, y específico en cada caso— se dio en España, como admite
Fontana, ¿por qué reserva el concepto marxista de revolución social sólo para el modelo francés? ¿Acaso no se confunde con una
de las vías de revolución social hacia el capitalismo, la democrático-
burguesa, término más correcto para el caso francés?

Bajo el peso de estas cuatro orientaciones generales imperantes
en la historiografía se llegó al consenso negativo tanto sobre la revolución burguesa en España como sobre su antecedente dialéctico,
el modo de producción feudal. Dos excepciones debemos mencionar,
la de Bruguera y la de Artola [35]. Omitimos por la ausencia de argumentación científica las consideraciones sobre la «revolución burguesa» que para la escuela de Navarra —sobre todo Rodríguez
Casado y J. L. Comellas— se dio bajo el reinado de Carlos III [36].
Por lo demás, no podemos ahora desbrozar la renovadora aportación
de Vicens y su escuela sobre el tema. Aunque negara, más bien por
omisión, la existencia de la revolución burguesa, sin embargo las
líneas de investigación que abriera sobre el siglo XIX renovarían am-

---

[34] Cita de K. Marx, *Contribución a la crítica de la economía política*,
Madrid, A. Corazón, 1970, p. 37, cit. por J. Fontana en *Cambio económico
y actitudes políticas en la España del siglo XIX*, Barcelona, Ariel, 2.ª ed.,
1975, p. 100.
[35] F. G. Bruguera, *Histoire contemporaine d'Espagne, 1789-1950*, París,
Ophrys, 1953; M. Artola Gallego, *Los orígenes de la España Contemporánea*, Madrid, Inst. de Estudios Políticos, 1959, 2 vols.
[36] Véase V. Rodríguez Casado, «La revolución burguesa en el XVIII español», *Arbor*, t. XVIII, núm. 61, y J. L. Comellas, *Historia de España moderna y contemporánea (1474-1965)*, Madrid, Rialp, 1967.

pliamente el conocimiento de este siglo en múltiples aspectos conexos con la realidad del capitalismo español [37].

2. LA COYUNTURA INTELECTUAL Y POLÍTICA DEL 68: LA RECUPERACIÓN DEL MATERIALISMO HISTÓRICO EN ESPAÑA

El 68: año que ha quedado como símbolo de importantes mutaciones en el pensamiento de la izquierda occidental y en su estrategia política; momento histórico en que en España hablar de «intelectual de izquierdas» era un pleonasmo. Precisamente en el curso 1968-69 comenzaba la cadena de sucesivos estados de excepción con que el franquismo intentaba amordazar y romper la unión de las capas intelectuales con el movimiento de amplias fuerzas democráticas populares.

Al socaire de tal empuje democrático, se recuperó el método marxista para el análisis de la formación social española, tanto para su realidad presente como para la historia de su pasado. En la segunda mitad de la década de los sesenta se escribieron las primeras obras en dicha línea, y en los años setenta rendiría sus mejores frutos en las ciencias sociales. Todo ello en un ambiente de autodidactismo y de marcada influencia —sobre todo en el campo de la historia— de las aportaciones de los historiadores progresistas como Vicens Vives, Artola o Jover. De este modo en diversas universidades españolas se forjaron en condiciones titánicas núcleos de historiadores marxistas en diversas áreas de especialización, que sólo esbozaremos en función del tema de nuestro trabajo.

Inevitable que en semejante coyuntura política e intelectual saltara a la palestra el tema de la transición al socialismo, lo que significaba para la ciencia histórica española volver la mirada hacia anteriores momentos de analogía histórica. Por eso los temas de la revolución burguesa y de la transición al socialismo se encontraban por igual en el resurgir intelectual de la izquierda que, incluso, en las escisiones producidas entonces en el seno de las fuerzas de la clase obrera. No era, por tanto, casualidad la fecha de 1967 para la edición en castellano en España de una importante obra,

---

[37] Vicens Vives, *Coyuntura económica y reformismo burgués y otros estudios de historia de España,* Barcelona, Ariel, 4.ª ed., 1974, y la *Historia social y económica de España y América,* t. v, Barcelona, 1972.

la polémica de M. Dobb, P. Sweezy y otros autores sobre la transición del feudalismo al capitalismo, por una editorial que sufriría
las consecuencias de los estados de excepción inmediatos. Como tampoco la publicación de las obras de Solé-Tura o Fernández de Castro,
o el inicio de tesis doctorales de posterior e importante trascendencia sobre el tema de la revolución burguesa como las tesis de
Fontana y Sebastià.

De este período, que hemos llamado coyuntura del 68 pero
que abarcaría de 1966 a 1970, destacamos sobre todo tres obras
y tres coloquios. Las obras de los mencionados Solé-Tura y Fernández de Castro y la de Naredo, y tres coloquios celebrados en otros
tantos núcleos universitarios de hispanistas en Francia: Burdeos,
Toulouse y Pau.

En 1967 se editaba en catalán la tesis de Solé-Tura sobre
Prat de la Riba con un título bien expresivo: *Catalanisme i revolució burgesa*. Dos temas, dos categorías —la estrategia para el cambio y la cuestión nacional— que preocupan a la izquierda catalana.
La polémica no se hace esperar, se reedita la obra y, al fin, en 1970
aparece en castellano [38]. El autor había participado en la reciente
polémica interna del PCE-PSUC, cuando las críticas de Claudín y
Joan Balaguer, aportando la necesidad de un replanteamiento del
análisis que el comité central comunista hacía de la realidad española, presente y pasada [39]. Formado con el máximo conocedor de
la historia catalana, Pierre Vilar, e introductor temprano de parte
de la obra de Gramsci, Solé-Tura recogía el aporte teórico de estos
autores, asumiendo también en la edición de su obra en castellano
la más reciente aportación de Poulantzas, en un primer intento de
precisión de categorías para la historia de España no bien delimitado en períodos, como ocurriera también en la tesis de Fontana.

Una hipótesis de trabajo preside su «análisis sobreestructural»:
«que la historia del nacionalismo catalán, en sus diversas fases,
es la historia de *una* revolución burguesa frustrada» [40]. Y mantiene
una tesis: la frustración de la revolución que debió encabezar la
burguesía industrial catalana es una realidad ya pasada y ahora «los
problemas con que se enfrentaba han cambiado porque otra revo

---

[38] J. Solé-Tura, *Catalanismo y revolución burguesa*, Madrid, Edicusa,
1970. En adelante citaremos por esta edición.
[39] F. Claudín, *Documentos de una divergencia comunista*, Madrid, Viejo Topo, 1978, p. 181.
[40] *Catalanismo y revolución burguesa*, p. 14.

lución burguesa en acto ha dado una solución —capitalista, naturalmente— a una parte de ellos» [41]. O sea, que bajo el franquismo se ha dado lo que implícitamente denomina *revolución burguesa en acto* [42].

Novedoso respecto al planteamiento tradicional del PCE: los objetivos antifeudales dejan de ser prioritarios para Solé-Tura puesto que el modo de producción capitalista se presenta ya como dominante dentro del Estado español; en consecuencia, la hegemonía desde la década del 60 corresponde, según esta premisa, a la burguesía industrial y financiera dentro del bloque en el poder; el nacionalismo, tradicionalmente de contenido burgués, pasa ahora por un contenido de clase popular; y por todo ello las alianzas y la estrategia han de ser diferentes.

Pero una vez más afloran las deficiencias de los análisis marxistas sobre el tema de la revolución burguesa en España. Esta vez, con apoyo en Poulantzas, se dicotomiza dentro de la formación social española dos modos de producción, el capitalista para Cataluña y el feudal, que, continuando con el equívoco, identifica con lo agrario, para el resto de España. No llega Solé-Tura a trabar la dialéctica de conformación de la clase social dominante dentro del Estado, integrada por grupos burgueses sectoriales y de distintas nacionalidades y regiones.

---

[41] *Ibídem*, p. 17.

[42] «Creo que en España se ha podido hablar de *una* revolución burguesa frustrada hasta hace muy poco, porque no se había conseguido implantar plenamente el modo de producción capitalista como modo dominante y, en consecuencia, porque la burguesía industrial y financiera no ejercía la hegemonía dentro del bloque en el poder. Hasta hace muy poco, las estructuras semifeudales en el campo y la pequeña producción han tenido un peso decisivo y han disputado victoriosamente el terreno a la gran industria», *ibídem*, p. 17. Un desarrollo más explícito de esta tesis en Miguel Viñas, «Franquismo y revolución burguesa», *Horizonte español 1792*, París, Ruedo Ibérico, 1972, vol. III. En la reedición de 1974 clarifica la ambigüedad de tal aserto Solé-Tura: «Lo que se ha desarrollado decisivamente a partir de los años cuarenta no es el modo de producción capitalista, que ya era dominante mucho antes, sino la acumulación monopolista, el desarrollo del capitalismo monopolista» (p. 4, ed. 1974). Sin embargo, mantiene la frustración de la revolución burguesa en el siglo XIX, pero no la frustración del «capitalismo como modo de producción dominante» (*ibídem*, p. 3), con lo que parece afirmar la existencia de unas relaciones de producción capitalistas sin la correspondiente clase social burguesa dominante, como si un modo de producción se implantase históricamente sin rupturas ni lucha de clases.

En definitiva, Solé-Tura identifica la revolución burguesa con una de las fases de desarrollo del capitalismo, esto es, con su fase definitiva, la industrial y financiera. Puesto que esta fase se ha alcanzado bajo el franquismo, de ahí deriva su tesis de consumación de la revolución burguesa bajo el franquismo *en acto*. Todo ello porque se desconoce el momento de la acumulación originaria de capital, al confundir el predominio numérico del campesinado o sector primario hasta los años sesenta con las relaciones de producción feudales, y al no captar el trasfondo de la desamortización —olvidando la abolición de los señoríos—, por lo que el autor concluye sobre la política agraria liberal que fue «la creación de una nueva oligarquía terrateniente... que encabezó efectivamente la reconstrucción del país. Adoptó las fórmulas políticas del liberalismo, pero las superpuso a una estructura profundamente antiliberal. Unificó administrativamente el país, pero no el mercado» [43].

Una vez más el criterio costista de la vaciedad del parlamentarismo decimonónico y la apreciación de Vicens de que la burguesía catalana era la exclusiva fuerza progresiva del siglo xix. Lo que es más, Solé-Tura no sólo llega a identificar latifundismo con feudalismo, sino que para la misma Cataluña considera feudal el campo y, así, las contradicciones fundamentales para este autor estribaron en que:

— durante el siglo xix «la sociedad catalana vivió una tensión permanente entre su desarrollo capitalista y burgués y un Estado y una sociedad españoles de base esencialmente agraria, dominados por los intereses anacrónicos de la nueva oligarquía surgida con la desamortización» [44].

— y la segunda contradicción, que explica el catalanismo, «la tensión entre el desarrollo burgués y capitalista de los núcleos urbanos catalanes —Barcelona, sobre todo— y las resistencias de la estructura agraria catalana» [45].

En este análisis prima el autor las diferencias surgidas como efecto del desarrollo desigual dentro del capitalismo y hace de ellas las contradicciones básicas que explican la historia del siglo xix

---

[43] Solé-Tura, *op. cit.*, p. 286.
[44] *Ibídem*, p. 56.
[45] *Ibídem*, p. 56.

a nivel de Estado. El antagonismo con las masas urbanas para la burguesía en Cataluña o con el proletariado agrícola para la oligarquía terrateniente pasa sólo a telón de fondo para comprender los *miedos* de la burguesía industrial y explicar el por qué de no haber cumplido su misión providencial en la historia española. Sí, misión providencial porque —no sólo en Solé-Tura, sino en gran parte de la historiografía inserta en el área de influencia ideológica del renacer burgués catalán— se trata de encontrar el pecado original, generalmente hallado en el peso de las estructuras agrarias, para justificar el comportamiento de la burguesía catalana que, aunque industrial, no siguió el modelo de sus congéneres europeas.

Sin embargo, Ignacio Fernández de Castro, inserto también en la evolución de la izquierda europea, pero rompiendo con los esquemas dominantes en el marxismo español —recordemos su papel en el FLP—, publica en esas fechas en una editorial proscrita una obra cuyo título refleja la intencionalidad: *De las Cortes de Cádiz al Plan de Desarrollo, 1808-1966. Ensayo de interpretación política de la España contemporánea* [46]. De carácter diferente de la de Solé-Tura, pues no se trata de una investigación monográfica, se apoya en los trabajos empíricos de otros historiadores para ofrecer una visión similar a la ya desbrozada por Bruguera. La obra tiene un objetivo explicitado por el autor: clarificar el pasado para elaborar una estrategia correcta a nivel político —sobre todo con respecto al significado de la democracia—y a nivel económico con relación al tema agrario: «Nuestra opinión es clara: la democracia política no constituye el objetivo esencial de la revolución burguesa, sino uno de los objetivos mayores de la revolución sin más, y, por lo tanto, es perfectamente posible una etapa burguesa de la revolución, y el caso español va a ser un ejemplo típico, sin que durante ella se alcance la democracia política ni siquiera tal como se conoce o se ha conocido en algunos Estados burgueses de hoy.·Lo que realmente caracteriza a la etapa burguesa de la revolución es la toma del poder por la burguesía para la destrucción de una serie de privilegios económicos, sociales y políticos... porque tales privilegios y las estructuras jurídicas en que se asientan son incompatibles con la estructura de producción intensiva que los adelantos técnicos ponen

---

[46] I. Fernández de Castro, *De las Cortes de Cádiz al Plan de Desarrollo, 1808-1966. Ensayo de interpretación política de la España contemporánea*, París, Ruedo Ibérico, 1968.

en sus manos. La democracia para la burguesía no fue otra cosa que el instrumento político concreto, la palanca que históricamente utilizó en algunos países para conseguir su fin principal (...).

El que todavía tengamos que hacer la democracia política, que la revolución burguesa no logró asentar, no quiere ni mucho menos decir que tengamos que cubrir hoy, todavía, la etapa burguesa de la revolución, sino simplemente que tenemos que conquistar y asentar ese objetivo permanente revolucionario que la revolución burguesa en España no quiso alcanzar» [47].

Importante esclarecimiento conceptual al discernir entre revolución burguesa y democracia y al superar el análisis del estalinismo que había reducido los aspectos democráticos de las relaciones sociales a tareas estrictamente burguesas, todo lo más asumibles como *formas* transitorias de gobierno hacia el socialismo.

Por fin, culminando la década de los sesenta, se celebraron tres coloquios, cuya sede allende los Pirineos refleja en unos casos la precariedad de nuestra ciencia oficial tan alejada de los temas candentes de la ciencia histórica, y, en el caso de los coloquios de Pau, la necesidad de traspasar la frontera para reunirse con libertad.

En 1968 se organizó por el CNRS y bajo la presidencia de J. Godechot el Coloquio internacional sobre *L'abolition de la féodalité dans le monde occidentale* en la ciudad de Toulouse. Para la Península Ibérica presentaron sus respectivas ponencias los más destacados especialistas en el tema. Albert Silbert, siguiendo a Alexandre Herculano —autor del siglo XIX al que califica de fundador de la historia científica en Portugal—, sintetizaba los caracteres del feudalismo en esta nación, así como el significado antifeudal de las leyes de Mousinho da Silveira, destacando su contenido de revolución burguesa en cuanto hubo de ruptura social, política y económica, aunque posteriores avatares jurídico-políticos desvirtuaran su alcance inicial lo que nos permitiría parangonar el «caso portugués» de transición al del resto de la Península [48].

Por el contrario, para España se mantiene la dicotomía que estableciera la escuela de Sánchez Albornoz entre una Cataluña feudal y una Castilla señorial, pero no feudal. Y esto a pesar de que quienes

---

[47] *Ibídem*, p. 63.
[48] Albert Silbert, «Sur la féodalité portugaise et son abolition», t. I de Colloques Internationaux du CNRS, *L'abolition de la féodalité dans le monde occidental, Toulouse, 1968,* París, ed. CNRS, 1971, 2 vols. (Hay una traducción castellana en Siglo XXI, 1979.)

exponían los últimos momentos del régimen feudal en cada formación social, partían de diversas consideraciones metodológicas. Para Cataluña Pierre Vilar analiza de modo concreto la permanencia de la distinción entre dominio directo y dominio útil que beneficia en las postrimerías del siglo XVIII a una «clase *media* y *numerosa* de burgueses y campesinos propietarios», cohesionada en torno a la figura jurídica feudal de la enfiteusis; y en base a la «prosperidad material y prestigio moral» de estas clases medias propone la interpretación de la actuación de estos grupos sociales en el proceso abolicionista de los liberales[49].

Para la corona de Castilla Domínguez Ortiz presenta una interpretación global del régimen señorial que, a la altura de 1968, no podía dejar de repetir las aporías en que se encontraba la historiografía sobre el tema; así, reiteraba que

— el feudalismo no había existido nunca en Castilla[50];
— que los aspectos jurídicos y legislativos se encontraban ya clarificados por las obras de Moxó y Guilarte, cuando no tiene en cuenta las divergencias de García Ormaechea, aunque cita su obra para apoyar aspectos de su ponencia;
— y que la solución dada por los liberales a los señoríos se debió a la influencia de Jovellanos que se vuelve a calificar, en la línea del costismo, como «nefasta»[51].

Cuestiones que, sin embargo, se evidencian como antagónicas de los rigurosos trabajos de archivo que presenta el propio Domínguez Ortiz. Por esto mismo, aunque dé por estudiados los aspectos jurídicos, ha de reconocer por otro lado que la propiedad señorial era «dudosa»[52] y que con la revolución liberal «los señores trans-

---

[49] P. Vilar, «La fin des éléments féodaux et seigneuriaux en Catalogne au XVIIIe siècle et au XIXe siècle, avec quelques vues comparatives pour le reste de l'Espagne et le Rosillon», en vol. II *de op. cit., supra.*

[50] A. Domínguez Ortiz, «La fin du régime seigneurial en Espagne», vol. I, *op. cit.,* p. 318.

[51] Véase vol. II, *op. cit.,* p. 742 (discusión de la ponencia).

[52] «... J. Maria Guilarte et Salvador de Moxó, auteurs de nombreux travaux. Grâce à eux, nous pouvons dire que l'aspect juridique et législatif de la question se trouve bien éclairci.» En vol. I, *op. cit.,* p. 316, pero en p. 321 reconoce el carácter de «propriété douteuse», hecho que por nuestra parte estimamos básico para comprender las luchas sociales que definen casi toda la primera mitad del siglo XIX: conflictos campesinos, resistencias

formaron una propiedad dudosa y compartida en una propiedad absoluta, y multitud de colonos a título perpetuo se convirtieron en arrendatarios a título precario o en simples jornaleros» [53].

A los dos años estos temas se volvían a plantear con ocasión del Coloquio celebrado en Burdeos sobre *La cuestión de la «burguesía» en el mundo hispánico del siglo XIX* [54]. Concepto de burguesía que ya aparecía entrecomillado al dudarse de antemano de su existencia, pues, como exponía el organizador del Coloquio, Noël Salomon, se trataba de «sugerir justamente que no sabemos muy bien de qué burguesía se trata», si habría que hablar de «burguesía», «preburguesía» o más bien de «elementos burgueses» [55].

En efecto, y aunque está latiendo una vez más el modelo de revolución burguesa efectuada en Francia, en este Coloquio y a partir de tales hipótesis, planteadas con prudencia científica por P. Vilar y N. Salomon, se corroboraron diversos aspectos del ascenso hegemónico de la burguesía como clase en la formación social española, gracias a excelentes trabajos empíricos que, a veces, entraban en contradicción con sus propias interpretaciones. Este es el caso de la ponencia de Tuñón de Lara sobre «la burguesía y la formación del bloque de poder oligárquico de la Restauración: 1875-1902», que evidencia, con cuantiosos datos, la hegemonía de las relaciones de producción capitalistas dentro de tal bloque dominante. Sin embargo, en la más pura línea del regeneracionismo costista, mantiene que los grandes propietarios de tierra no son burguesía, dudando incluso del término utilizado en este Coloquio

de la aristocracia y de la Corona al decreto de agosto de 1811, aboliendo los señoríos, escamoteo de los señoríos eclesiásticos de tal decreto a partir de 1820, ocupaciones de tierras por campesinos desde 1837, etc. Y es que los estudios juridicistas de tales autores (Guilarte y Moxó), desde una óptica conservadora, no hacen sino mantener la tradición historiográfica de una burguesía mixtificadora de la cuestión y de la propiedad señorial (feudal) que arrancaba con el mismo decreto de 1811. Véase crítica al concepto institucionalista de feudalismo en A. Barbero y M. Vigil, *La formación del feudalismo en la Península Ibérica,* Barcelona, Crítica, 1978, pp. 12-14.

[53] «... les seigneurs transformèrent une propriété douteuse et partagée en propriété absolue, et une foule de colons à titre perpétuel devinrent fermiers à titre précaire ou simples journaliers.» En vol. I, *op. cit.,* p. 321.

[54] Colloque International organisé par l'Institut d'Etudes Ibériques et Ibero-américaines de l'Université de Bordeaux III en février, 1970, *La question de la «bourgeoisie» dans le monde hispanique au XIXe siècle,* Burdeos, Bière, 1973.

[55] Véase *op. cit., supra,* p. 80.

por Bernal de «burguesía agraria»; y considera que la burguesía, en general, se encuentra al margen del poder oligárquico por cuanto distingue, de modo no preciso, entre una alta burguesía —sobre todo financiera— que sí estaría integrada en dicho bloque, y otra burguesía media y burguesía restante, que se supone ser la industrial y nacionalista y a las que estima como auténticas burguesías [56]. En consecuencia, para Tuñón la revolución burguesa había quedado frustrada en 1874 al configurarse semejante bloque en el poder.

A la contradicción planteada entre las investigaciones empíricas de Tuñón y sus interpretaciones de las mismas —marcadas por la inercia de los análisis políticos—, Pierre Vilar proponía, siguiendo a Ramos Oliveira, como solución la hipótesis de que la España burguesa y la España feudal se neutralizaron durante largo período [57]. Hipótesis discutible si se interpretara como la propuesta teórica que hiciese de la transición un período en el que se yuxtaponen dos modos de producción, y pudiera implicar, por otra parte, la ausencia de rupturas históricas y de procesos ascendentes de nuevas clases dominantes.

Así, por ejemplo, las resistencias que hubo en el Coloquio para admitir las tesis de Bernal sobre la burguesía agraria procedían de las inercias de los planteamientos políticos con los que se luchaba todavía, a la altura de 1970, contra el feudalismo y el monopolio financiero, tal como proponía el PCE en sus consignas de «revolución antifeudal y antimonopolista». El falso dilema que mantenía la izquierda —del que eran presos P. Vilar y Tuñón, aunque, a su vez, habían contribuido al mismo con sus obras— entre España industrial y España agraria que se equiparaba a España burguesa

---

[56] M. Tuñón de Lara, «La burguesía y la formación del bloque de poder oligárquico de la Restauración: 1875-1902», en *op. cit.,* pp. 87-115; véase también su intervención en p. 152: «... hay otro tipo de análisis que tiende al esquematismo, a cierta dogmatización de principios, que dice que la revolución burguesa está hecha en España desde hace mucho tiempo. Las consecuencias prácticas de esas apreciaciones superficiales son las mismas. Para unos se hizo la transformación en el siglo XIX y no es necesario hacer nada más. Para otros la transformación estuvo hecha y lo que ahora hay que hacer, lo harán solamente otras clases, con lo cual se falsifica todo el problema de alianzas y de un posible nuevo bloque de poder». Y en la p. 153 afirma: «La "burguesía" en general, ha quedado al margen del bloque de poder oligárquico.»

[57] P. Vilar, *op. cit.,* en nota 54, pp. 115-116. Se apoya en Ramos Oliveira, cuya obra *Historia de España,* México, 1953, 3 vols., analizaremos en el trabajo que preparamos.

y feudal respectivamente, comenzaba a derrumbarse con los trabajos de Bernal. Más aún y sobre todo, con la obra que se editaba en 1971 de Naredo se ampliaba la respuesta y se avanzaba en el conocimiento del desarrollo específico del capitalismo español en el campo [58]. Aunque Naredo mantiene la caracterización que los institucionalistas hacían de feudalismo, sin embargo el capítulo segundo de su obra clarifica por primera vez el problema agrario, distinguiendo tres etapas en la historia agraria española:

— la feudal, que llega hasta el siglo XIX;
— el período de reformas del siglo XIX de carácter burgués, que conforman una «sociedad agraria tradicional», nuevo concepto que significa una estructura ya capitalista pero con supervivencias feudales y con atraso tecnológico;
— la fase de crisis de esta sociedad agraria tradicional en las décadas del 50 y 60 del siglo XX que da paso a un «desarrollo capitalista» a todos los niveles: mecanización, crisis de la explotación familiar, hegemonía del capital financiero en el campo... Fase que hubiera sido imposible de no haberse realizado la primera etapa que por nuestra parte calificamos de *ruptura antifeudal* en el siglo XIX y que sentó las bases para la total implantación capitalista en el campo.

Según Naredo, entre 1833 y 1876 se modificó *sustancialmente* la situación del campo, dando paso a una *nueva sociedad agraria* a través de tres reformas básicas: las desamortizaciones eclesiástica y municipal, la desvinculación de los mayorazgos y la supresión de los señoríos jurisdiccionales. Y escribe: «Así llegamos, como resultado de la descomposición de las instituciones feudales, a una estructura agraria que hoy se suele denominar tradicional..., una estructura en la que coexisten categorías claramente capitalistas, como el trabajo asalariado y la movilidad de la mano de obra, junto

---

[58] A. M. Bernal, «Formación y desarrollo de la burguesía agraria sevillana: caso concreto de Morón de la Frontera», en *op. cit.*, pp. 47-70. Véase su más reciente obra, *La lucha por la tierra en la crisis del antiguo régimen*, Madrid, Taurus, 1979. También aparecía por entonces la obra de J. Martínez Alier, *La estabilidad del latifundismo. Análisis de la interdependencia entre relaciones de producción y conciencia social en la agricultura latifundista de la campiña de Córdoba*, París, Ruedo Ibérico, 1968. J. Manuel Naredo, *La evolución de la agricultura en España (Desarrollo capitalista y crisis de las formas de producción tradicionales)*, Barcelona, Estella, 1971.

con agricultores familiares que, como en la sociedad feudal, conservan la propiedad, o la tenencia, de sus medios de producción y cuyo trabajo no se encuentra todavía subordinado al capital» [59].

Apoyándose en el debate marxista sobre la transición del feudalismo al capitalismo y siguiendo la obra de Kautsky, define el carácter de la sociedad tradicional: «La existencia en la sociedad agraria de un gran número de estos agricultores familiares libres constituye un paso intermedio necesario en el desarrollo de la agricultura entre las formas de producción feudales y las formas de producción capitalistas. Se trata de una situación que, aunque pueda durar largo tiempo, no deja de ser transitoria, pues la disolución de las instituciones feudales hace surgir las condiciones que llevan a la separación de los productores directos de sus medios de producción» [60].

Si el trabajo de Naredo es la tercera obra que hemos destacado sobre el tema en cuestión para esta coyuntura intelectual, por último también se inserta en este momento de renovación metodológica el inicio de los Coloquios de Pau que tan considerable irradiación científica han tenido en la década de los setenta. Bajo el magisterio y la personalidad de Tuñón de Lara, historiador en el exilio, encontraban acogida en esta ciudad francesa las cuestiones que, por más que se ignorasen oficialmente, constituían el horizonte intelectual del fuerte movimiento universitario desarrollado desde los años sesenta, y lógicamente sus correspondientes historiadores quienes, de este modo, podían desenvolver libremente el intercambio científico que tan escaso y difícil resultaba en el mundo académico de gran parte de las cátedras de historia. Así se pudieron difundir ampliamente nuevos enfoques de nuestros siglos xix y xx —sobre historia del movimiento obrero, sobre prensa, sobre las ideologías...— e innovadoras aportaciones como las de los hermanos Castillo, Calero Amor, Mainer, David Ruiz, González Portilla y un largo e importante etcétera que se puede encontrar en las sucesivas ediciones de las actas de los Coloquios. En lo concerniente a nuestro tema, destacamos los dos Coloquios que en 1975 y 1976 se dedicaron a la transición al capitalismo en España.

---

[59] J. M. Naredo, *op. cit.*, p. 24.
[60] *Ibídem*, p. 25. La obra de Kautsky se acababa de editar en castellano, *La cuestión agraria. Estudios de las tendencias de la agricultura moderna y de la política agraria de la socialdemocracia*, París, Ruedo Ibérico, 1970.

3. Hacia la conceptualización del proceso revolucionario de la burguesía española

Pierre Vilar, en el Coloquio mencionado de Burdeos y con referencia al presente tema, recordó y planteó en sus justos términos la relación dialéctica entre inducción y deducción, entre investigación empírica y análisis teórico, y concluía: «...toutes les discussions épistémologiques qui tournent autour de l'histoire en reviennet à cela. C'est le problème induction-déduction: est-ce que nous partons des faits, ou est-ce que nous partons de la théorie?... En vérité, c'est une dialectique que nous ne pouvons pas éluder. Il faut faire les deux à la fois, et c'est cela qui est difficile» [61].

En efecto, el asentamiento del materialismo histórico en la presente década —aunque con frecuencia no sea más que un islote en el mundo académico— ha proporcionado el punto de referencia teórica para la reinterpretación de la historia de España. Y ello a partir de las bases empíricas de trabajos de historiadores anteriores, y continuando también por su parte de modo fructífero la investigación monográfica, sin descuidar los trabajos concretos. Nuevas promociones de maestros han marcado un punto importante de inflexión en la historiografía española: así Vigil, Barbero y Valdeón para la época feudal, o Fontana, Sebastià y Clavero para la transición al capitalismo, por citar sólo unos nombres, omitiendo otros igualmente importantes que han sido punto de partida de núcleos renovadores dentro de las ciencias sociales en España [62].

En lo concerniente a la revolución burguesa en España, el método marxista se ha enriquecido con aportaciones de distintas especialidades históricas, todas ellas con el común intento de desen-

---

[61] P. Vilar, en «Introduction» al Colloque-Bordeaux (1970), *La question de la «bourgeoisie»...*, pp. 10-11.

[62] En una nota no se puede dar cumplida cuenta de la renovación metodológica efectuada en las ciencias sociales, pero sí podemos destacar ciertos nombres para la necesaria interdisciplinariedad que debe nutrir el trabajo del historiador. Así, en lo referente a la historia de las ideas políticas, las obras de Maravall, Elorza y J. Trías; para la superación del juridicismo dominante entre los historiadores del derecho, las obras de Tomás y Valiente y Mariano Peset; sobre la historia de la producción literaria, dos núcleos universitarios, en Granada con Juan Carlos Rodríguez y J. A. Bellón, y en Valencia con Juan Oleza y Genaro Talens; y para la historia de las ciencias, las investigaciones de P. Marset, G. Camarero, J. L. Peset, S. Garma y V. Navarro.

trañar el proceso de formación de la actual sociedad capitalista y con un carácter convergente hacia el conocimiento científico de nuestro pasado. Convergencia que, sin pretensiones eclécticas por nuestra parte, en modo alguno significa coincidencia monolítica, sino que apunta a la necesidad de la teoría como guía imprescindible para el trabajo empírico, gracias a lo cual comienza a ser una realidad la acotación rigurosa de diversos aspectos del proceso revolucionario de la burguesía española.

En este proceso de convergencia historiográfica señalamos varios puntos claves, con el riesgo de seleccionar entre numerosas obras valiosas. En realidad, el avance cualitativo que se ha producido en la presente década tendrá que ser evaluado por la propia historiografía, puesto que ahora procedemos a exponer cuestiones y a efectuar la crónica de una *historia en construcción*. En función de la importancia teórica de sus respectivas aportaciones al tema, destacamos tres núcleos universitarios: Barcelona, Valencia y Sevilla.

Insistimos una vez más en que ahora nos limitamos a reseñar las obras más significativas, sin poder ser exhaustivos y centrándonos en los autores que en cada núcleo universitario de los mencionados han destacado por sus posiciones teóricas. Prescindimos en esta ponencia de las monografías de otros historiadores que, aunque sin duda valiosas para el conocimiento de la transición del feudalismo al capitalismo en España, no plantean de modo explícito la cuestión teórica.

A) *Barcelona: la producción científica de Fontana*

No se debe al azar que sea en las universidades de Barcelona y Valencia donde en los cursos de 1970 y de 1971 se presenten por primera vez y con la misma metodología dos tesis doctorales sobre el proceso revolucionario de la burguesía española. En definitiva, en sus correspondientes facultades de letras se desarrollaban los métodos más progresivos de la historiografía existente, en contra o a pesar de la hegemonía académica de los historiadores conservadores. De hecho, ambas universidades estaban unidas por una misma tradición, la de la escuela de Vicens, cuyos discípulos Reglá, Nadal y Giralt trabajaron en ambas ciudades y estimularon con criterio abierto la renovación de la ciencia histórica española. Por eso, y recogiendo lo más granado de tal escuela, pero introduciendo nuevas aportaciones metodológicas, las tesis de Josep Fontana en Barcelona y de Enric Sebastià en Valencia estarían destinadas a tener una importante repercusión en la apertura del conocimiento científico de los problemas específicos de la transición del feudalismo al capitalismo en España.

Del significado historiográfico de los trabajos de Fontana —excelentes monografías sobre la primera mitad del siglo XIX, obras de interpretación global y tarea orientadora del saber histórico desde editoriales como Ariel, antes, y ahora en Crítica, de Grijalbo— sólo nos detenemos en los aspectos que conciernen a nuestra ponencia. El objetivo de las investigaciones concretas del profesor de la Universidad de Barcelona quedó enunciado en su primera monografía: «formular un modelo que describa cómo se produjo en España la crisis del Antiguo Régimen» [63]. Su método: analizar la interacción compleja de los diversos planos de tal crisis; y ello asumiendo, por un lado, lo mejor de las enseñanzas de Vicens e insertándose, por otro, en la historiografía marxista de signo crítico, en la línea de los Eric Hobsbawm, E. P. Thompson, P. Vilar e historiadores italianos gramscianos.

Así, la validez científica de su método radica en la continua verificación empírica, rectificación y superación de sus propias hipótesis iniciales. Actitud que no obvia en modo alguno la teoría como norte de cualquier análisis empírico. Esto se evidencia en la evolución que ha seguido su propia interpretación del proceso revolucionario de la burguesía española, desde una actitud inicial en que lo planteaba bajo el concepto economicista de «revolución industrial» —siguiendo la trayectoria de Vicens y Nadal— hasta su obra de 1979 en que se propone reconstruir el proceso de construcción de la «sociedad burguesa», nuevo concepto sin duda más adecuado por cuanto más *total.*

Cada obra se descifra desde su correspondiente contexto historiográfico y así, desde una especialización en historia económica, y desde un país eminentemente industrial como Cataluña, resulta lógico tratar de indagar las vertientes más económicas, *sensu stricto,* —hacienda e industrialización— del desarrollo capitalista. Por el contrario, Sebastià y Clavero, enclavados en países con problemática agraria prioritaria —el valenciano y el andaluz, respectivamen-

---

[63] Josep Fontana Lázaro, *La quiebra de la monarquía absoluta (1814-1028). La crisis del antiguo régimen en España,* Barcelona, Ariel, 1971, p. 13.

te— y con una decantación hacia la historia social el primero y con una formación jurídica el segundo, planteaban en esos años la transición al capitalismo con mayor preocupación por la crisis de las relaciones de producción feudales que giraban en torno a la tierra, tratando de acotar protagonistas sociales del cambio y de acuñar conceptos adecuados.

Fontana acusa en 1970 la inercia —explícita en Solé-Tura, como hemos visto— a identificar economía agraria con economía de «antiguo régimen» o feudal, y capitalismo con industrialización [64]. Pero, lo que es más importante, establece su modelo sobre las interacciones entre el desarrollo económico y las transformaciones sociales, investigándolo a través de la crisis del Estado absoluto en cuanto expresión máxima de uno y otras, y por cuanto máxima instancia del dominio político de una clase social.

En 1973 publicaba Fontana un libro cuyo título reflejaba esa preocupación metodológica ya indicada: *Cambio económico y actitudes políticas en la España del siglo XIX*. A través de aspectos parciales, pero siempre claves, ofrecía un panorama global de los problemas decisivos de tal período. Rehúsa en esta obra el concepto de revolución industrial porque —en sus propias palabras— centra «su atención sobre un aspecto concreto: la aparición de la gran industria moderna», y no abarca todas las transformaciones estructurales [65], fenómeno al que prefiere denominar como «crecimiento económico moderno», incluyendo ya en el mismo los temas agrarios. Precisamente este acercamiento a la cuestión agraria permite a Fontana formular de modo más explícito las analogías de la transición española con la ya mencionada «vía prusiana», marcando las diferencias con la vía francesa: «En España la liquidación del An-

---

[64] Así cuando escribe que se propone investigar «el largo proceso de base que ha hecho surgir la revolución industrial y ha producido la crisis de las economías agrarias del antiguo régimen» (*op. cit.*, p. 13), y, a su vez, define la revolución industrial como el «proceso de crecimiento acelerado que caracterizó el paso de las sociedades subdesarrolladas del antiguo régimen, de base esencialmente agraria, a una nueva etapa de crecimiento autosostenido, esencialmente asentado sobre la producción industrial» (*op. cit.*, p. 19).

[65] Rectifica así Fontana el concepto de «revolución industrial» que utiliza en su primera obra (véase *La quiebra de la...*, p. 297) y propone el concepto alternativo de «crecimiento económico moderno», *Cambio económico y actitudes políticas en la España del siglo XIX*, Barcelona, Ariel, 2.ª ed. rev., 1975, p. 13.

tiguo Régimen se efectuó mediante una alianza entre la burguesía
liberal y la aristocracia latifundista, con la propia monarquía como
árbitro, sin que hubiese un problema paralelo de revolución campesina. Lejos de ello, los intereses del campesinado fueron sacrifi-
cados, y amplias capas de labriegos españoles... se levantaron en
armas contra una revolución burguesa y una reforma agraria que
se hacía a sus expensas, y se encontraron, lógicamente, del lado
de los enemigos de estos cambios: del lado del carlismo. Así se
puede explicar lo que con el esquema francés resulta inexplicable:
que la aristocracia latifundista se situase en España del lado de la
revolución, y que un amplio sector del campesinado apoyase a la
reacción» [66].

Fontana recoge así la importancia crucial que tuvo el modo en
que se efectuó en España la abolición del régimen señorial —esto
es, feudal— para interpretar semejante alianza de fuerzas sociales,
de tal modo que puede concluir que quienes «han implantado el
capitalismo en el campo son los propios señores. Aunque, como
es natural, en su provecho» [67]. A su vez, Fontana, insertándose en
los avances teóricos que sobre la revolución burguesa se efectúan en
Europa, distingue con A. Soboul entre «revolución desde abajo»
—vía francesa o democrático-burguesa— y «revolución desde arriba» —vía prusiana o revolución antifeudal—, siendo la segunda
aquella en la que el Estado, representando a la antigua aristocracia
y a la nueva burguesía ascendente, empuja la «reforma que permite
adaptar la agricultura a las exigencias de la economía moderna sin
alterar sustancialmente la posición de las viejas clase dominantes» [68].

Cuando A. Soboul califica una revolución como «desde abajo/
desde arriba», y Fontana habla de dos tipos de reformas agrarias,
la «revolucionaria» y la «liberal» [69], creemos comprender sus respectivas matizaciones sobre las diferencias entre las vías de transición al capitalismo a partir de los grupos sociales que las prota-

---

[66] *Ibídem*, p. 162.

[67] *Ibídem*, p. 166.

[68] *Ibídem*, p. 150.

[69] Las respectivas caractèrizaciones efectuadas por Fontana de ambas vías,
en *Cambio económico y...*, pp. 149-155. Las precisiones de A. Soboul en
«La Révolution française dans l'histoire du monde contemporaine (Etude
comparative)», *Voies de la révolution bourgeoise, Recherches Internationales
à la lumière du marxisme*, núm. 62, 1970, y posteriormente en A. Soboul,
Contributions à l'histoire paysanne de la révolution française, París, Ed. Sociales, 1977, pp. 20-21.

gonizaron. No obstante, por nuestra parte y concediéndole la importancia debida a los conceptos, consideramos más pertinente el concepto marxista de *revolución social*, que también utilizan estos autores, pero recuperando su sentido originario de cambio cualitativo histórico, sin restringirlo —como realiza Fontana en su última obra [70]— sólo a una de las vías de transición.

Sin duda, tanto en lo que Fontana denomina «reforma agraria revolucionaria» como en las «reformas agrarias liberales», consideramos que hubo una *revolución social* en cuanto destruyeron las relaciones de producción feudales dominantes y se abrió el paso hacia el dominio del modo de producción capitalista; claro que, en el primer caso, «hubo una transferencia de la propiedad a los campesinos», como escribe el mismo Fontana, y en el segundo tipo se dio por igual la liquidación del feudalismo, sólo que en este caso la propiedad se transfirió a manos de una nueva burguesía agraria —léase desamortizaciones— o quedó en manos de antiguos señores jurisdiccionales [71].

Además en dicho concepto marxista de *revolución social* es donde se inserta de modo adecuado la interpretación del proceso desamortizador en cuanto fenómeno desvinculador y proletarizador. No

---

[70] «La Revolución francesa fue una revolución social..., abolió realmente el feudalismo —no sólo en sus aspectos más externos y simbólicos, como se haría en España—, dio tierra a los campesinos y barrió toda la superestructura del pasado» (p. 18), mientras que en el caso español, los diputados «no habían querido hacer una revolución social y omitieron aquel género de reformas más profundas que hubieran podido poner de su lado a las masas campesinas» (pp. 20-21), Josep Fontana, *La crisis del antiguo régimen, 1808-1833,* Barcelona, Crítica, 1979. Sigue en el razonamiento a Albert Soboul, quien caracteriza la «vía francesa» como vía revolucionaria por excelencia en contraposición a la «vía prusiana», que sería la más próxima al caso español. Véase Albert Soboul, *Problèmes paysans de la révolution, 1789-1848. Etudes d'histoire révolutionnaire,* París, Maspero, 1976, pp. 17-19.

[71] Hernández Montalbán especifica en su obra el objetivo esencial del proceso revolucionario burgués, a partir del cual tuvieron lugar las diferentes «vías», no en función de querer o no querer los políticos legisladores, sino en relación con las fuerzas sociales protagonistas y sus aliados: «Objetivos de la burguesía en la revolución burguesa antifeudal son la desvinculación, la supresión de las jurisdicciones, la acumulación de capital, la potenciación del cambio en las relaciones de producción, no la resolución del problema de los campesinos, la reforma agraria», en Clavero, Ruiz Torres, Hernández Montalbán, *Estudios sobre la revolución burguesa en España,* Madrid, Siglo XXI, 1979, p. 128.

coincidimos con Fontana cuando le niega carácter revolucionario a la desamortización «...porque nadie se propuso en serio que lo fuera», y continua escribiendo que «era fundamentalmente una medida de Hacienda»[72]. Aun sin negar que era una medida de Hacienda, pensamos que ésta siempre se incluye en el contexto de las medidas que toma un Estado representante de unos intereses de clase, y sobre todo que la desamortización supuso la expropiación de un baluarte feudal como la Iglesia —prácticamente dueña de la tercera parte de la tierra peninsular— a la vez que la transformación en propiedad libre y burguesa de esa tierra y la consiguiente proletarización del antiguo campesino feudal. Por lo demás, ¿habrá que recordar con Marx que la deuda pública sirvió de palanca de acumulación capitalista? ¿No fue un doble negocio para la burguesía agiotista transformarse en propietaria agraria con vales de la deuda pública enormemente desvalorizados respecto a su valor nominal? ¿Se sublevó la burguesía periférica en el verano de 1835 y aupó al poder a Mendizábal sólo para solucionar los problemas de una hacienda real, en abstracto?

En su más reciente obra, Fontana apunta de modo más nítido su interpretación de dicho cambio, pero la obra se queda justo en 1833, cuando comienza el proceso definitivo de construcción de la sociedad burguesa, y perfila los rasgos de lo que ya denomina explícitamente como la «vía española», en función del «juego concreto de los enfrentamientos y alianzas de los diversos grupos sociales, de las luchas de clases que son las que configuran, finalmente, el curso real y cotidiano de los acontecimientos históricos»[73]. Tras analizar el decurso zigzagueante de la «vía española» entre 1808 y 1833, concluye que entre 1833-1837 «el modelo de desarrollo a la británica que habían querido aplicar los hombres del trienio fue el que acabó imponiéndose en España, con retraso y en condiciones mucho peores que las de 1820»[74].

---

[72] Fontana, *Cambio económico y...*, p. 167. Por el contrario, otro autor ha desentrañado el contenido de la política de Mendizábal: «La medida hacendística de Mendizábal, su secreto, tenía una doble finalidad: vencer la guerra y desarticular las relaciones de producción que frenaban el desarrollo de las capas burguesas, es decir: abolir el feudalismo», véase Marc Baldó Lacomba, «Mendizábal y la disolución del feudalismo», en *Crisis del antiguo régimen e industrialización en la España del siglo XIX, VII Coloquio de Pau,* Madrid, Edicusa, 1977, p. 103.

[73] Fontana, *La crisis del...*, p. 9.

[74] *Ibídem,* p. 35.

Puesto que la producción científica de Fontana se encuentra en plena madurez, la exposición de sus hipótesis y las anotaciones críticas que a las mismas hemos realizado no significan sino el acotamiento de aspectos que quedan por profundizar en sus interpretaciones a nivel conceptual. Y estos aspectos son quizás los que se complementan con las obras de Enric Sebastià, B. Clavero, Acosta Sánchez, Alarcón Caracuel, A. Ortí, J. Torras...

Preferimos analizar la obra de Acosta Sánchez junto con las de Clavero y Alarcón Caracuel, no porque los tres sean andaluces, sino porque proceden de un mismo campo de especialidad, el del saber jurídico, que les ha permitido un mayor afinamiento en los conceptos y una preocupación en sus investigaciones a nivel superestructural, donde se percibieron con más nitidez los cambios hacia la construcción de la sociedad burguesa.

Terminamos, pues, el balance de lo que los profesores de la Universidad de Barcelona han aportado al conocimiento del proceso revolucionario de la burguesía con la mención de las obras, sobre todo, de Jaime Torras y Jordi Maluquer de Motes. Esto no significa que restemos importancia a la tarea docente —tan decisiva para el asentamiento de la renovación científica, pero tan olvidada en la historiografía— de profesores como C. Martínez Shaw, M. Carreras Ares o los mismos Fontana y Torras, sin ánimo de dar una lista exhaustiva. De nuevo las limitaciones de espacio obligan a la simple referencia de las aportaciones de Torras y Maluquer que constituyen sendas tesis doctorales sobre períodos concretos del proceso revolucionario burgués y sobre la participación de las masas populares contra el mismo, ya desde el ángulo del campesinado que se opuso, como es el tema de Torras, ya desde el análisis de las críticas superadoras que surgieron en su propio seno de forma temprana, como es el trabajo de Maluquer [75].

B) *La escuela de E. Sebastià en Valencia*

Si en historiografía resulta difícil encontrar escuelas, en este caso es legítimo hablar puesto que la incidencia de las investigaciones y de la tarea docente de Enric Sebastià no sólo se detecta en una

---

[75] Jaime Torras, *Liberalismo y rebeldía campesina, 1820-23*, Barcelona, Ariel, 1976. Jordi Maluquer de Motes, *El socialismo en España, 1833-1868*, Barcelona, Crítica, 1977.

serie de obras posteriores, sino que su magisterio se halla reconocido explícitamente por los autores de las mismas. Sin pretender establecer prioridades cronológicas, puesto que desde un principio hemos señalado el proceso de convergencia teórica que se produce en tres núcleos universitarios —Barcelona, Valencia y Sevilla—, no podemos omitir la reseña amplia de la obra de Sebastià porque se encuentra prácticamente inédita a nivel editorial, pero extensamente conocida a nivel docente. Sucesivas promociones de historiadores valencianos han conocido sus interpretaciones sobre la revolución burguesa española desde el curso 1969-70, hecho del que no queda constancia escrita pero que ha orientado numerosas investigaciones en aquella universidad.

Iniciada la investigación de Enric Sebastià en la década del 60, bajo las directrices renovadoras que en aquel entonces representaban las personalidades de los profesores Jover y Reglá, la publicación en 1967 de la polémica sobre la transición del feudalismo al capitalismo y la preocupación teórica fundamentada en los grandes clásicos del materialismo histórico, marcaron una inflexión en su trayectoria metodológica [76]. Esto, unido a la historia señorial del País Valenciano, orientaron sus investigaciones hacia el núcleo esencial de la transición: hacia las relaciones de producción en el campo. Fruto de sus investigaciones fue la tesis doctoral que presentaba en el curso 1970-1971 sobre *la transición de la cuestión señorial a la cuestión social en el País Valenciano*.

Se imponía en su investigación la precisión conceptual para clarificar el significado del cambio en las relaciones sociales que giraban en torno al medio de producción básico, la tierra, sobre el que se produjeron las transformaciones revolucionarias de la burguesía. Aplicando de modo congruente los conceptos del materialismo histórico al caso español y recuperando una historiografía jurídica clásica, pero olvidada u obviada, Sebastià identificó —creemos que por primera vez dentro de nuestra década— el carácter feudal del régimen señorial español que los institucionalistas dicotomizaban como dos cosas diferentes. Siguiendo a M. Dobb y a Takahashi, desentraña la esencia del régimen señorial que no es otra que la del régimen feudal al consistir en la exacción de un plusproducto que «obtiene el señor directamente y al margen de la voluntad de

---

[76] La primera investigación del profesor de Valencia fue *València en les novel.les de Blasco Ibáñez. Proletariat i burgesia*, Valencia, L'Estel, 1966.

los campesinos. Por esto, la coerción es fundamental, determinante. No es ajeno a la complejidad feudal el que campesinos y artesanos puedan tener acceso a la propiedad, de la que, extraídas las exacciones feudales, queda a disposición del campesino el excedente» [77].

Los conceptos claves de *coerción* y *exacción,* que definen el carácter feudal de las relaciones de producción de la España señorial hasta entrado el siglo XIX, deben ser, en consecuencia, el punto de partida para el análisis de la revolución burguesa en su modalidad española. Sebastià profundiza en el funcionamiento del feudalismo español para la correcta comprensión de su proceso de aniquilación. Su planteamiento exigía, pues, el análisis de los aspectos coercitivos extraeconómicos que, además de efectuarse a través del poder militar —la forma más externa y visible—, se plasmaron en las normativas consuetudinarias que regían el proceso productivo, caracterizadas, por lo demás, por su complejidad pues lo específico de estas normativas jurídicas consiste en ser «asincrónicas y geográficamente dispares, opuestas y contradictorias, devoradas por la diversidad de jurisdicciones vigentes que constituyen el derecho recopilado feudal con el que se regulan las relaciones sociales» [78]. En esta línea de desentrañamiento del papel de la superestructura para la exacción económica, Sebastià plantea la tesis de la monarquía absoluta española como «síntesis del sistema coercitivo inherente al feudalismo».

Pero lo que es más novedoso, Sebastià avanza cómo «la coerción desempeña, además, una segunda función inherente: la vinculación del campesino a la tierra que cultiva»; y cómo ésta adquiere su expresión más significativa para el caso español «en la formación jurídica feudal de los *derechos jurisdiccionales,* por los que el señor dispone de la prerrogativa de nombrar él mismo y para sus propios pueblos, territorio o *estados* a los funcionarios que administren justicia, jueces, alcaldes, escribanos, alguaciles...; funcionarios del señor que dictan y ejecutan justicia en las querellas entre el mismo señor y sus vasallos, o que son cauce único para

---

[77] En lugar de referirnos a la tesis inédita de E. Sebastià, preferimos hacer las citas de la parte de su obra publicada por ser accesible. Véase E. Sebastià, «Crisis de los factores mediatizantes del régimen feudal. Feudalismo y guerra campesina en la Valencia de 1835», *La cuestión agraria en la España contemporánea. VI Coloquio de Pau,* Madrid, Edicusa, 1976, p. 396.
[78] *Ibídem,* p. 397.

las reclamaciones que contra el señor eleven al rey los campesinos, motivadas por abusivas exacciones señoriales» [79].

Contra las interpretaciones de M. Artola y G. Anes que proyectan un carácter contractual —tal como se concibe en el derecho burgués— a figuras específicas del derecho feudal, Sebastià indaga sobre el carácter coercitivo y vinculador de la *enfiteusis* y de la *aparcería* [80]. Más aún, Sebastià considera la enfiteusis como la forma típica de propiedad feudal «...en contradicción con la propiedad burguesa, cuya explotación presupone la desvinculación del campesino respecto de la tierra y la 'desvinculación' de las tierras, o lo que es lo mismo: la conversión en mercancía tanto de la fuerza de trabajo del productor como de la propia tierra» [81]. La enfiteusis, como sigue escribiendo el profesor valenciano, se incorporaría al derecho burgués en la ley del 3 de mayo de 1823, pero vacía de contenido feudal.

En este orden de cosas, la ruptura metodológica más significativa de E. Sebastià es doble:

a) La lectura que del proceso desamortizador y desvinculador —tanto de tierras como de campesinos— realiza a la luz del capítulo XXIV de *El capital* sobre la *acumulación originaria* reinterpretando los fenómenos de la primera mitad del siglo XIX español (proletarización, ejército industrial de reserva, terratenientes capitalistas, «jacqueries» campesinas, luchas políticas...) en función de tal guía teórica; y procediendo a una periodificación del proceso revolucionario en consecuencia, tal como exponemos en las páginas siguientes.

b) La clarificación historiográfica que efectúa sobre la génesis de la mixtificación que, desde las Cortes de Cádiz, se ha venido manteniendo acerca de la dicotomía entre señorío territorial y señorío jurisdiccional. Si hasta este momento dominaba entre los juristas la distinción de los señoríos por la naturaleza de su detentador, pudiendo ser, en consecuencia, de *realengo, eclesiástico* y *solariego,* con el revolucionario decreto del 6 de agosto de 1811, se formuló otra trilogía inédita hasta entonces entre señoríos *jurisdiccionales, territoriales* y *solariegos.* La mixtificación consistió en

---

[79] *Ibídem,* pp. 397-98.
[80] *Ibídem,* pp. 397-99.
[81] *Ibídem,* pp. 398-99.

la subrogación de «la expresión *derechos jurisdiccionales* por *señoríos jurisdiccionales*... Error inducido que ha generado una inducción en cadena, a dimensión bibliográfica» [82].

Clarificado el carácter coercitivo —y por ende feudal— del régimen señorial español y desentrañada su especificidad histórica, la investigación de E. Sebastià procede de inmediato al planteamiento de la vía en que se efectuó —a partir de tal especificidad— el *derrumbamiento* de las trabas feudales y la *edificación* de la sociedad burguesa, cometido histórico que califica el autor de *revolución burguesa antifeudal* y que acota de modo preciso: «Para 1834-1843 el milenario régimen feudal español se había derribado definitivamente, al quebrarse el sistema coercitivo durante una larga crisis, manifestada durante el bienio 1834-1835 y velozmente acelerada durante los primeros ocho meses de 1836. Es la tercera y definitiva fase del proceso revolucionario burgués, que ha sido necesaria para eliminar la coerción jurídica feudal: la revolución jurídica, aspecto capital de la revolución burguesa. Ya que ésta necesita, para derribar la sociedad feudal y edificar la capitalista, la eliminación previa de la compleja trama coercitiva que constituye la superestructura del régimen señorial.

»Y la revolución jurídica al transformar la relación consuetudinaria *predominante* en la relación contractual ha disuelto además el aspecto socioeconómico, inherente al coercitivo, característico del feudalismo: la vinculación del trabajador directo a la tierra que cultiva. Este trabajador adquiere la libertad, manifestada, a su vez, en dos aspectos: la libertad sobreestructural de las relaciones feudales y la liberación de su vínculo directo con los medios de producción. Esta liberación se manifiesta como sinónimo del más agresivo término *expropiación*» [83].

En definitiva, E. Sebastià ha aplicado el concepto marxista de *revolución social* en su sentido de cambio cualitativo de una formación económicosocial e infiere su carácter o naturaleza por las relaciones de producción que sustituye y por la efectividad de dicha transformación: el régimen feudal por el predominio de las relaciones capitalistas en el caso de la *revolución burguesa antifeudal*

[82] *Ibídem*, p. 399. El desarrollo de tal mixtificación conceptual y la polémica política, con el consiguiente trasfondo social, que se dio en el trienio, en F. Hernández Montalbán, *op. cit.*, pp. 115-127 y 154-58.
[83] Sebastià, *op. cit.*, pp. 402-403.

española. De ahí que ésta se formule como una categoría sociológica en virtud de su significado tan general, pero dando por supuesto que el *predominio* de las relaciones burguesas de producción
en el régimen capitalista inaugurado conlleva la necesidad cualitativa de supervivencias feudales, como acontece en todas las formaciones sociales respecto a las que les precedieron. En el caso español subsistieron supervivencias feudales que no fueron radicalmente eliminadas (enfiteusis o foros, aparcería, censos...) que fre-
naron desde el primer momento el crecimiento capitalista.

La eliminación de tales supervivencias constituye el objetivo de
la *revolución democrático-burguesa,* matización conceptual que E. Sebastià aplica por primera vez para el caso español de modo dialéctico, toda vez que el fenómeno revolucionario aconteció en un
tiempo y un *contexto* concretos. Así, consideramos que una de las
aportaciones más importantes de este autor es la explicación de
cómo en pleno siglo xix la revolución burguesa puede manifestarse
sólo como *revolución antifeudal* o bien devenir ésta consecutiva-
mente en *revolución democrático-burguesa* [84]. Para diferenciar una
de otra define las fuerzas motrices que verifican la revolución, a
la vez que el carácter o naturaleza y el objetivo de la misma.

Concluyendo las hipótesis de E. Sebastià, la configuración del
nuevo bloque dominante burgués se puede considerar triunfante
en 1843, año en que se iniciaba el *crecimiento capitalista* en España
en su peculiar versión: la «vía prusiana» de desarrollo del capitalismo en agricultura. Una vez más el texto de Sebastià precisa
de modo concreto los conceptos para el caso español: «A partir
de ahora (1843) la burguesía moderada se instala definitivamente
en el poder —con los dos paréntesis revolucionarios de 1854-56
y 1868-74—, lo que posibilita su propio desarrollo clasista, inherente a la proletarización de gran parte del campesinado español.
Sin embargo, "vía prusiana" y revolución burguesa no son términos
cualitativamente opuestos sino diferentes. Ambos son "revolucionarios" puesto que señalan el cambio de unas relaciones de producción *predominantemente* feudales a unas relaciones de producción
predominantemente capitalistas, si bien en la "vía prusiana" las

---

[84] E. Sebastià, *La revolución burguesa antifeudal, expresión de la realidad
histórica española. Propuesta para un esquema,* texto mecanografiado (Valencia, 1973), p. 18.

supervivencias feudales vigentes en el régimen capitalista en crecimiento son tan rigurosas que frenan extraordinariamente este crecimiento.

»La burguesía devino moderada en 1843. Y pactó con la aristocracia. Pero esa burguesía devendrá *nueva nobleza,* será ennoblecida en 1843, 1866, 1875... y seguirá siendo (burguesía) en el sentido científico del término. La vieja aristocracia de origen feudal que consigue pactar con esa fracción burguesa, agiotista y mercantil, tendrá que aceptar las leyes de 1837, y a pesar de que algunas de las leyes de 1841 han sido el estímulo de su rebelión, habrá de reconocerlas... el pacto con la nueva *clase fundamental* —condición que ha perdido para siempre— indefectiblemente consistirá tanto en la empecinada transacción que le permita eludir la presentación de sus títulos de propiedad, como el incremento de sus propiedades pero no ya como "amortización" sino como acumulación primitiva de capital... Y en este aspecto, esta aristocracia "aburguesada" será la réplica a la burguesía ennoblecida (...).

»El pacto de terratenientes aristócratas con la burguesía agiotista o mercantil significaba el reparto en exclusiva de los bienes nacionales: asalto a los patrimonios municipales, tras el primer embate a los de la Iglesia. Ataque primordial a los antiguos realengos y contemporalización con los rigores abolicionistas, respecto a los grandes aristócratas»[85].

Con estas largas citas hemos pretendido exponer del modo más fiel posible las hipótesis de investigación de E. Sebastià y sacar a la luz una tarea científica prácticamente inédita, fuera del ámbito valenciano. No podemos ocultar que quien firma esta ponencia forma parte del grupo de historiadores que se aglutinaron bajo su magisterio y que, en consecuencia, está tomando partido por la interpretación del profesor Sebastià.

Investigaciones que entroncan directamente con las interpretaciones de E. Sebastià son las tesis doctorales presentadas en la Universidad de Valencia por J. Azagra Ros, P. Ruiz Torres y J. Sisinio Pérez Garzón en el curso 1977-78, y las tesis de licenciatura de Marc Baldó, F. Hernández Montalbán, Carlos Franco y J. R. Ur-

---

[85] E. Sebastià Domingo, *La transición de la cuestión señorial a la cuestión social,* tesis doctoral, Universidad de Valencia, curso 1970-71, 3 vols. en vol. I, pp. 23-24.

quijo Goitia; al igual que las investigaciones de A. Bahamonde y
J. Toro [86].

C) *Otros núcleos de investigación: las ciencias jurídicas y sociales*

El progresivo conocimiento del proceso revolucionario de la burguesía española ha recibido un importante aporte de la ciencia jurídica, en especial del núcleo universitario de Sevilla donde la tarea
docente de Javier Pérez Royo y las investigaciones de B. Clavero
y M. R. Alarcón Caracuel han acotado con precisión los hitos de la
«revolución jurídica» en el marco de la transición del feudalismo
al capitalismo español. Las tesis doctorales de los dos últimos, del
año 1974, se enmarcan en la recuperación que del método marxista
hacen los juristas progresistas en un panorama de esterilidad formal
académica.

La tesis de B. Clavero profundiza en la complejidad jurídica de la
coerción feudal, aunque a veces su estilo farragoso haga perder la
claridad de la misma realidad que estudia. Ceñido de forma monográfica al mayorazgo, de hecho está definiendo lo específico de la
propiedad en la formación económico-social feudal cuando lo define
como: «propiedad vinculada, es decir, propiedad en la cual su
titular dispone de la renta, pero no de los bienes que la producen,
se beneficia tan solo de todo tipo de fruto rendido por un deter-

---

[86] Nos limitamos a dar la referencia bibliográfica: J. Azagra Ros, *El
bienio progresista en Valencia. Análisis de una situación revolucionaria a
mediados del siglo XIX (1854-1856)*, Valencia, ed. Universidad, 1978. P. Ruiz
Torres, *Señores y propietarios. Transformaciones agrarias y conflictos sociales en Elche entre la consolidación del régimen señorial y la revolución burguesa (1697-1843)*, tesis doctoral, Valencia, 1978, se encuentra en imprenta
para Siglo XXI (1979). J. S. Pérez Garzón, *Milicia nacional y revolución
burguesa. El prototipo madrileño (1808-1874)*, Madrid, CSIC, 1978. También
están publicadas las tesis de licenciatura de Marc Baldó Lacomba, «Mendizábal y la disolución del feudalismo», en VII Coloquio de Pau, *cit. supra*,
nota 72; F. Hernández Montalbán, *op. cit.* en nota 14; Carlos Franco Espés de
Mantecón, *Los motines antifeudales de Zaragoza en 1835*, en prensa (Zaragoza, 1979); J. R. Urquijo Goitia, *Madrid: Revolución y Milicia en el bienio (1854-1856)*, tesis de licenciatura, Universidad de Valencia, 1977; también de Urquijo su reciente tesis doctoral, *El Bienio Progresista. La revolución
de 1854 en Madrid*, Universidad de Valencia, marzo de 1980; y de A. Bahamonde y J. Toro, *Burguesía, especulación y cuestión social en el Madrid
del siglo XIX*, Madrid, ed. Siglo XXI, 1978.

minado patrimonio sin poder disponer del valor constituido por el mismo» [87].

Clavero, a la altura de 1974, rompía también con la historiografía dominante que negaba la esencia feudal del denominado «Antiguo Régimen» y clarifica el problema del origen de la renta feudal en contra de la distinción entre rentas de la tierra, procedentes de una propiedad concebida como si existiera un derecho burgués, y rentas de señorío, como derivadas sólo de la jurisdiccionalidad. Por su parte, Clavero habla de «rentas de la heredad» que provienen del *dominio eminente* del señor que en modo alguno equivale a propiedad de la tierra en sentido burgués; y de «rentas de señorío estricto» que se deben al *dominio señorial*. En definitiva, se trata de los *derechos territoriales* y de los *derechos jurisdiccionales* que sobre un *dominio* permitían al *señor* —nunca propietario como hoy se concibe— extraer un plusproducto. Clavero analiza el contenido del dominio eminente que nunca puede ser confundido con la «propiedad» por los privilegios jurídicos que siempre llevó en las edades media y moderna [88].

Como colofón de sus investigaciones sobre el entramado jurídico tejido en torno al mayorazgo, estudia el proceso desvinculador a nivel global de unas relaciones de dependencia que caracterizaron las relaciones de producción feudales. Acota fechas: el período de las dos regencias, la de M.ª Cristina y Espartero, momento histórico en que se produce la ruptura jurídica por parte de la burguesía y durante el cual «el dominio feudal de la tierra se ha transformado en propiedad capitalista de la misma; aquí radica la medida revolucionaria y aquí termina la historia de la propiedad vinculada...» [89]. La desvinculación permite la transformación de la tierra y de la fuerza de trabajo en bienes de mercado y significa «el cumplimiento de la revolución burguesa en el ámbito del derecho de propiedad» [90].

Con posterioridad a esta obra, B. Clavero ha participado de modo polémico en los problemas de conceptualización del proceso revolucionario de la burguesía española, estimulando el debate,

[87] B. Clavero, *Mayorazgo. Propiedad feudal en Castilla, 1369-1836*, Madrid, Siglo XXI, 1974, p. 21.
[88] *Ibídem*, p. 426.
[89] *Ibídem*, p. 424.
[90] *Ibídem*, p. 412.

aunque a veces se haya caído en subjetivismos personales [91]. Sin pretender eclecticismos estériles, sin duda la ciencia jurídica percibe los hitos históricos de modo más preciso puesto que se mueve en un nivel que, al contrario del económico, los procesos quedan plasmados de forma más exacta. Por esto, más que la complementariedad ecléctica, tales divergencias deben fomentar la clarificación de las conexiones entre estructura y coyuntura, entre proceso y hecho, entre base económica y superestructura.

También en el campo del derecho se mueve la tesis del mismo año de Alarcón Caracuel quien toma como punto de partida la revolución burguesa en su faceta de disolución gremial, institución —el gremio— que junto con el señorío constituye el soporte básico de las relaciones de dependencia feudales. Si la cuestión señorial ha suscitado, como hasta aquí hemos visto, el interés prioritario, Alarcón investiga el otro puntal del feudalismo en su fase de disolución para, desde ésta, proceder al estudio de las vicisitudes por las que se fue conformando en la sociedad burguesa uno de los derechos básicos de la nueva clase explotada, el derecho de asociación del proletariado, tanto en sus dimensiones jurídicas como ideológicas y políticas [92]. Con tal motivo, el autor plantea de forma sucinta pero rigurosa el tema de la revolución burguesa en España, y, superando los planteamientos de Vicens y Jutglar, recuerda algo que hoy, a la altura de 1979, se ha impuesto: que no ha habido dos revoluciones burguesas iguales [93]. Recupera el concepto científico de revolución burguesa, tal como por esos años hacían por otro lado Acosta Sánchez, Clavero o E. Sebastià, al definirlo así: «la revolución burguesa es, en realidad, la consagración jurídico-política de la burguesía como clase dominante de una sociedad cuyo modo de producción pasa de feudal a capitalista. Dicho en otros términos: la conquista del Estado por una clase —la burguesa— que ha acumulado cierto poder económico como para in-

---

[91] B. Clavero, «Para un concepto de revolución burguesa», *Sistema*, núm. 13, 1976, y «Política de un problema: la revolución burguesa» en Clavero, Ruiz Torres, Hernández Montalbán, *op. cit., supra,* nota 14; véase la crítica de J. Fontana, «Sobre revoluciones burguesas y autos de fe», en *Mientras Tanto,* núm. 1, nov.-dic., 1979.

[92] Manuel R. Alarcón Caracuel, *El derecho de asociación obrera en España (1839-1900),* Madrid, Revista de Trabajo, 1975.

[93] *Ibídem,* p. 21, nota 8.

tentar el asalto al poder político, pero que necesita de dicho poder político para el completo desarrollo de su dominación económica» [94].

Cierta la dialéctica entre desarrollo de las relaciones de producción burguesas y la instancia política para su definitiva implantanción social. Dialéctica que determina el proceso revolucionario de la burguesía en una «vía tortuosa» que culmina en los años de 1835 y 1837 para Alarcón Caracuel.

De forma casi simultánea con las obras de Clavero y Alarcón Caracuel aparece otra obra en el año 1975, momento en que, ante la inminencia del fin de la dictadura, vuelven a protagonizar la escena política los principios democráticos del liberalismo yugulados en España por los sucesivos golpes de Estado de la burguesía conservadora. Se trata de la obra de Acosta Sánchez, procedente también del campo del derecho [95]. Porque no ha sido casualidad que hayan sido los estudiosos de la superestructura jurídica quienes de modo especial hayan señalado la evidencia de la ruptura entre el Estado feudal y el Estado burgués: en este nivel se perciben de modo inmediato las transformaciones que expresan la revolución operada en el dominio político de las clases sociales.

Acosta Sánchez procede a realizar lo que él da como subtítulo de su obra: una *aproximación metodológica* a la historia de España; o más concretamente, a la formación social capitalista española. Para ello es básica la distinción clarificadora entre *desarrollo capitalista* y *revolución burguesa;* concepto más amplio el primero, que engloba al segundo como una de sus fases. Así, *desarrollo capitalista* sería la denominación de todo el proceso de la formación social española bajo el modo de producción capitalista, con una primera fase de ruptura respecto a la situación feudal, la *revolución burguesa.* Un segundo estadio, industrial y democrático, sería la culminación de tal desarrollo como paso previo a la superación de un modo de producción agotado en sus posibilidades históricas.

Late, sin duda, una visión lineal del devenir histórico que, si bien puede ser útil para delimitar fases y clasificar períodos, no puede exigirse de forma necesaria en toda formación social. Así, los dos primeros capítulos de la obra de Acosta contienen hipótesis

---

[94] *Ibídem,* p. 21.
[95] Acosta Sánchez, *El desarrollo capitalista y la democracia en España. Aproximación metodológica,* Barcelona, Dirosa, 1975.

interpretativas de innegable valor metodológico y claridad pedagógica para definir las fases, tareas, elementos y vía específica de la revolución burguesa en España, que distingue de modo correcto de los conceptos de *democracia* y *reforma agraria*. Aquí realiza su principal aportación, plena de sugerencias al delimitar y fijar los términos y al desbrozar nuevas rutas investigadoras. Por el contrario, en el resto de su libro, sobre la segunda fase del desarrollo capitalista, parece estar determinado el autor por una inmediata y concreta coyuntura política catalana que interfiere su análisis. La misma tónica coyunturalista parece explicar sus aventuradas, cuando no arbitrarias, interpretaciones de otros fenómenos históricos, como ocurre en su libro reciente sobre Andalucía [96].

Para concluir el estudio del proceso de convergencia que sobre la transición del feudalismo al capitalismo se está produciendo en la ciencia histórica española de la presente década a partir del materialismo histórico, señalamos otros núcleos de investigación y otros autores u obras dispersos, con el riesgo de omitir tareas relevantes que desconozcamos, como puede ser la docente. Ejemplo de esta última es la actividad de Alfonso Ortí en la facultad de Políticas de Madrid, típico representante del modo socrático de producir y reproducir ciencia, y que en sucesivos cursos o seminarios ha expuesto sus tesis sobre la «vía española» de revolución burguesa, parte de las cuales se plasmaron en una sugerente e innovadora introducción a la obra de Joaquín Costa [97].

Por otra parte, el núcleo más importante de investigadores sobre la realidad capitalista de la España contemporánea se ha visto aglutinado por los Coloquios de Pau. Aquí, a lo largo de diez años, se han expuesto rigurosas investigaciones sobre la transición en España como las de Angel Bahamonde y Julián Toro, o las de A. Elor-

---

[96] Para una crítica de la obra citada de Acosta Sánchez, véase la realizada por J. S. Pérez Garzón en *Hispania, Revista española de historia,* núm. 132, CSIC, 1976, pp. 200-205. Y para una crítica de las hipótesis sobre la historia de Andalucía de Acosta Sánchez, *Historia y cultura del pueblo andaluz,* Barcelona, Anagrama, 1979, véase la efectuada por C. Martínez Shaw, «Sobre los supuestos fundamentos históricos de la nación andaluza», *El País,* 18-agosto-1979, p. 10.

[97] Joaquín Costa, *Oligarquía y caciquismo como la forma actual de gobierno en España: urgencia y modo de cambiarla,* Madrid, Revista de Trabajo, 1975, 2 vols; prólogo de Alfonso Ortí.

za, Bernal, García Delgado, A. Gil Novales, Pinedo, E. Fernández Clemente, Mercedes Cabrera, etc. [98].

Puesto que no podemos dar ahora cumplida cuenta de todas y cada una de las aportaciones mencionadas, terminados el balance historiográfico de la presente década con la mención de una obra de fructíferas consecuencias metodológicas, la de M. Vigil y A. Barbero sobre *La formación del feudalismo en la Península Ibérica*, donde de manera definitiva rompen con la visión institucionalista y, a base de una investigación original directamente sobre las fuentes, establecen una «concepción unitaria y orgánica de la sociedad, pero también dinámica y contradictoria, articulada por un sistema de relaciones de dependencia, desde lo económico a lo político, [eliminando] muchas de las sutiles distinciones y problemas artificiales que se han creado en torno a la sociedad feudal» [99]. Se identifican los autores con la definición que de modo de producción feudal diera M. Dobb en su debatida obra y prefieren, para el caso español y para evitar equívocos juridicistas, la expresión de «relaciones de dependencia feudales frente al término de servidumbre», pudiendo así hablar de feudalismo en la Península Ibérica desde fines del Imperio Romano hasta el siglo XIX [100]. Nueva categoría histórica que no podrá obviarse en futuros análisis de la formación social española.

En definitiva, como escribíamos al comienzo de esta ponencia, no se puede proceder a una investigación correcta del modo o vía en que se realizó la revolución burguesa en España sin conocer previamente su antagonista dialéctico, esto es, las relaciones de producción feudales que desmonta y sobre las que construye la nueva sociedad capitalista. Por eso la necesaria consulta de la obra de Vigil y Barbero. Por lo demás, razones de espacio nos impiden detenernos en obras de otros autores que han contribuido al conocimiento del entramado feudal, como son las de Reyna Pastor, Julio Valdeón,

---

[98] De los Coloquios de Pau destacamos sobre todo el VI y el VII por referirse a la problemática de la transición: *La cuestión agraria en la España contemporánea*, Madrid, Edicusa, 1976, y *Crisis del antiguo régimen e industrialización en la España del siglo XIX*, Madrid, Edicusa, 1977.

[99] Abilio Barbero y Marcelo Vigil, *La formación del feudalismo en la Península Ibérica*, Barcelona, Crítica, 1978, p. 14.

[100] *Ibídem*, p. 15.

Salustiano Moreta o A. García Sanz. Sólo nos permitiremos la referencia bibliográfica [101].

---

[101] J. Valdeón Baruque, *Los conflictos sociales en el reino de Castilla en los siglos XIV y XV*, Madrid, Siglo XXI, 1975. Reyna Pastor, *Conflictos sociales y estancamiento económico en la España medieval*, Barcelona, Ariel, 1973. E. Fernández de Pinedo, *Crecimiento económico y transformaciones sociales del País Vasco (1100-1850)*, Madrid, Siglo XXI, 1974. Angel García Sanz, *Desarrollo y crisis del antiguo régimen en Castilla. Economía y sociedad en tierras de Segovia de 1500 a 1814*, Madrid, Akal, 1977. Salustiano Moreta Velayos, *«Malhechores feudales». Violencia, antagonismos y alianzas de clases en Castilla, siglos XIII-XIV*, Madrid, 1978. Entre las más recientes aportaciones al tema de la revolución burguesa en España y de la transición al capitalismo en general, citamos los trabajos de A. Bahamonde Magro y J. Toro Mérida, *Burguesía, especulación y cuestión social en el Madrid del siglo XIX*, Madrid, Siglo XXI, 1978; J. L. Peset, S. Garma, J. S. Pérez Garzón, *Ciencias y enseñanza en la revolución burguesa*, Madrid, Siglo XXI, 1978; J. A. Porres Azkona y J. Jiménez Campo, *«Burguesía y revolución. El problema teórico (político) del siglo XIX español»*, *Sistema*, número 32, septiembre, 1979; los artículos de Tomás y Valiente, J. M. Naredo y J. Martínez Alier en *Agricultura y Sociedad*, núm. 7, abril-junio, 1978; F. Tomás y Valiente, *Manual de historia del derecho español*, Madrid, Tecnos, 1979, cap. XXIII; Isabel Moll i Jaume Suau, *«Senyors i pagesos a Mallorca (1718-1860/70)»*, en *Estudis d'Història Agrària*, núm. 2, pp. 95-175; y, por fin, los artículos de la primera parte *«Règim senyorial i revolució burguesa»* de *Estudis d'Història contemporània del País Valencià*, Facultat de Geografia i Història, departament d'història contemporània, núm. 1.

INTERVENCION DE PIERRE VILAR

El ambiente de esta reunión me parece —y me alegro de ello— muy distinto del de ciertos lugares de moda, donde no se habla sino del «estallido de la historia», renunciando por completo a la noción de «totalidad».

Hace poco oí una conversación radiofónica entre Claude Lefort y Pierre Nora; estos dos «historiadores» mostraban su satisfacción considerando que ya se había acabado con esas viejas concepciones marxistas sobre la racionalidad de la historia, y que si se encontraban ellos muy a gusto, al contrario, dentro de la historia, era porque la historia es algo *que no se entiende*. Así llegamos, otra vez, a la idea de que la historia no es *pensable*. Lo que me preocupa es que aquello se ha vuelto una especie de doctrina oficial, de lugar común, casi como lo de los «Nuevos filósofos»... O la historia será anécdota, contada a la manera de Ducaux y Castelot, o será psicología, psicoanálisis: lo que se quiera. Hasta en la primera y segunda enseñanza, se empieza a decir: sobre todo, no hagamos «historia» como se hacía antes; y se sustituirá la historia por una mezcla de vulgaridades económicas, sociológicas, psicológicas.

La idea de buscar en la historia la explicación fundamental de lo que más nos interesa —los mecanismos de la *vida social*— les parece a estos comentaristas una idea «superada». Y llegaba a pensar que mi generación —y tal vez yo mismo— no hemos trabajado bien, cuando se pueden oír cosas semejantes. En realidad, sí que se explican perfectamente. Por la coyuntura social. Es la misma defensa de la burguesía que la que aparece en los «Nuevos filósofos».

Pero, en este mismo sentido, podemos tener la impresión de no haber luchado bastante. Y ahora, precisamente, aquí, en todo lo que escuchamos, cuando constato el mantenimiento de todas las posiciones metodológicas que fueron las nuestras hace algunos años, espero francamente que, a través de las circunstancias agitadas que está pasando España en estos momentos, es en España donde podremos encontrar el apoyo posible para la realización de lo que hemos soñado siempre, Tuñón, yo y tantos otros: unas combinación *racional* —a lo menos *razonada*— entre el análisis histórico y la comprensión del presente.

Por esto quisiera que se entablase el debate sobre lo que se ha dicho esta mañana, y que ha tenido seguramente impacto en sus espíritus. No lo podemos dejar sin eco. Será fundamental hacer el balance de la historiografía de los últimos diez o quince años, en este sitio de Pau donde se han encontrado los historiadores —tanto los jóvenes como los viejos— de la España contemporánea, para los intercambios de ideas más libres y provechosos.

Tras un breve debate sobre la cuestión del contenido de una revolución burguesa y una revolución industrial en España, así como la valoración conceptual de la corriente historiográfica conservadora representada por Rodríguez Casado para el significado del siglo XVIII (David Ruiz, Juan Sisinio Pérez Garzón), interviene el profesor Pierre Vilar:

Temo que haya algo de formalismo en este modo de preguntarse si tales señores, en tal momento del siglo XVIII, eran «burgueses» o no lo eran. ¿Qué significa eso? No lo veo si no se intenta, *primero,* definir la situación de los mismos en el sistema de producción de aquel momento histórico, y, *segundo,* describir su sistema ideológico, buscando sobre todo de dónde proviene. Son cosas, yo creo, que se pueden estudiar. Y al hacerlo se puede reconocer que hasta cierto punto tal o tal personaje se habrá alejado mucho, ya, del antiguo régimen, pero que, por otro lado, habrá guardado una cantidad considerable de prejuicios, fundados sobre el mantenimiento de ciertas situaciones materiales, características de dicho régimen. Por ejemplo, la Ilustración es, más o menos, una expresión del despotismo ilustrado. Y el despotismo ilustrado no creo que sea un intento de transformar la sociedad, sino solamente la aceptación de ciertas categorías de trasformaciones, con la esperanza de mantener lo esencial de la antigua.

Si se quiere hacer alguna comparación, se puede pensar en el fascismo. El fascismo ha dicho: vamos a introducir en el sistema económico algún intervencionismo del Estado, hasta algo de socialismo, y, sobre todo, vocabulario socialista, pero se trata, en realidad, de conservar el capitalismo, hasta en sus formas más concentradas, más desarrolladas.

Aplicar la teoría marxista no consiste en decir: tal cosa corresponde a tal categoría, tal categoría a tal cosa; consiste en buscar lo que se puede obtener en el estudio de cada caso concreto, a partir de modelos que, precisamente, aparecerán más o menos aplicables en cada circunstancia, perfectamente en unas, muy imperfectamente en otras.

No me preocupa mucho el problema de vocabulario. Hasta hay algún peligro en su utilización. Sobre todo en la adopción de un vocabulario marxista por gente que no es marxista. Así se habló de «revolución burguesa» en la España del siglo XVIII por mimetismo hacia el marxismo, y sin haber profundizado en la significación del concepto.

Volviendo sobre lo que decía Gabriel Tortella, me parece exacto, y lo he dicho varias veces, que el «démarrage», el despegue de la gran industria, del gran capitalismo en España es muy tardío; ocurre en los años 60 del siglo XX: ¿Significa eso que no hay burguesía, que no hay capitalismo en España en los años 50, o 25, o en el siglo XIX? Sería absurdo. Lo que pasó es que España, en lugar de hacer una revolución claramente conforme a las exigencias del modo de producción capitalista, ha dejado éste desarrollarse en ciertos sectores, en otros no, en ciertas regiones, en otras no. Es un caso concreto que necesitamos estudiar como tal. En el siglo XVIII ya habían surgido muchas condiciones favorables al capitalismo. Pienso en Cataluña. El nivel alcanzado, en ciertos aspectos, se situaba inmediatamente después del de Inglaterra. Esto ha abortado, debido a ciertas circunstancias, particularmente a la pérdida del imperio colonial. Después se realizará la «revolución burguesa» en España, pero por intentos parciales, imperfectos, y muchas veces con marcha atrás. Ha pasado siglo y medio sin llegar a imponerse completamente, quiero decir, *en la totalidad del territorio, y desde la base económica hasta la ideología más extendida.* Preguntarse, pues, a cada momento: ¿en 1812, en 1834, en 1868, en 1931, etc... está hecha o no la «revolución burguesa»? me parece una cuestión sin respuesta. El interés está en observar, por sector, en cada región, en cada ambiente social y político, la lucha

—y la relación de fuerzas— entre la progresión del capitalismo y la resistencia de ciertas formas de economía, de vida social, de psicologías, heredadas del antiguo régimen. La reflexión «teórica» no es difícil. Su adaptación a cada caso concreto lo es mucho más.

Gabriel Tortella recuerda las limitaciones explicativas de la historia económica y recalca la necesidad de una aportación mediante el análisis político.

G. Tortella: Nos molestaba descubrir que la transición entre una economía rural y una economía industrial tuviese lugar bajo el franquismo. Este es uno de los grandes problemas de la historia del franquismo. ¿Hasta qué punto la sincronía implica relación causal? ¿Ha sido el franquismo la comadrona de esta transición? Yo creo que no. Probablemente, más bien, puso obstáculos en los larguísimos veinte años comprendidos entre 1939 y 1959 que ya han sido evaluados, en parte, en el libro de Ros Hombravella (y otros)...

... El modelo español es en gran parte de importación, lo cual tampoco arroja ninguna sombra sobre él. El estado franquista pone obstáculos a esta importación, pone límites —por nacionalismo y xenofobia— a la importación de capital y de tecnología extranjeros. Ahora bien, este movimiento creo que aparece ya hacia el año 90 del siglo pasado, o antes, si me apuran, por factores aún por investigar.

P. Vilar: Me parece muy interesante lo que se acaba de decir, en el sentido que se está revelando, en el fondo de un pensamiento, la *preocupación* —que es, hasta cierto punto, un «*prejuicio*»—, que Labrousse ha llamado: *imputación a lo político*. Tener en cuenta dicha preocupación es algo fundamental, a mi modo de ver, para entender la historia. No se trata, en realidad, de saber si la política influye sobre la economía, o más la economía sobre la política (existe entre ellas una reciprocidad evidente); se trata de observar, con toda precisión, lo que los partidos políticos, la opinión pública y los mismos gobiernos pretenden saber, prever, y realizar. ¿Hay prosperidad? El gobierno declara: «la prosperidad, soy yo». Y la oposición no sabe qué decir, sino intentar negar la prosperidad, o discutir sobre la repartición de la misma. ¿Aparece un descenso económico? Entonces será culpa del gobierno. Éste, naturalmente, dirá que no, que es culpa de la crisis «general», «internacional», del petróleo, etc...

Lo que hay que buscar, por debajo de esta vulgar «imputación a lo político», es *la verdad de la economía,* que, por lo menos en una sociedad *con dominante capitalista,* es una verdad *espontánea.* La *coyuntura* capitalista —adaptación del mercado a la producción, de la producción al mercado, a distintos plazos— tiene altibajos muy conocidos. El ejemplo de la historia contemporánea en España es muy claro: Primo de Rivera ha gobernado con la prosperidad internacional, general, de los años 1923-28; la República, con la crisis de 1929; Franco, después de las dificultades de la guerra y de la postguerra inmediata, se aprovechó, en los años 60, del «boom» capitalista generalizado; y, desgraciadamente, el postfranquismo se debe arreglar con la gravísima crisis actual. Mi esquema es muy sencillo —demasiado— pero sin una guía de este tipo se cae fácilmente en los tópicos más absurdos: el «mérito» de Primo de Rivera, los estragos del «desorden» bajo la República, y, sucesivamente, el «Franco es la miseria» de la oposición, y «Franco es la prosperidad y el desarrollo» de la prensa oficial y de los admiradores extranjeros...

Esta «preocupación», esta «imputación a lo político», la he reconocido, hasta cierto punto, en la exposición de Gabriel Tortella, cuando ha dicho que a muchos «les molestaba» pensar que la gran modernización de España había tenido lugar bajo Franco. Pero, para sustituir esta crítica implícita de la «imputación a lo político» ¿qué nos ofrece Tortella, sino la aceptación de otro tópico muy de moda, y que también confunde —a mi ver— los efectos de la coyuntura general del capitalismo con los efectos de una «política económica»?

Opone, en efecto, un período de «economía dirigida», «freno» para el desarrollo capitalista, a un período de economía liberalizada, que sería el factor esencial de la modernización. ¿No se ha vuelto eso, también, una especie de doctrina oficial, muy típica del ambiente general de nuestra época? Es muy posible que el «dirigismo» de los primeros años del franquismo haya sido un «freno» al desarrollo; pero ¿se han tenido en cuenta las facilidades que brindaban al capitalismo —interno y externo— las condiciones sociales impuestas a los trabajadores? ¿Se han reconstruido verdaderamente las condiciones de la acumulación —hasta cierto punto «previa»— del capital?

Esta seducción del «liberalismo», la he notado también en otras comunicaciones, como en la de Tortella. Se nos dice, por ejemplo: después de todo ¿no ha sido el proteccionismo catalán un mal para España? Fue, en el siglo XIX y comienzos del XX, la posición de Pareto; hacía cálculos: si abandonáramos el proteccionismo, podríamos comprar tales mercancías a precios más baratos en el extranjero, y «la nación» ahorraría tanto, y saldría ganando. Este razonamiento puramente teórico era el de los liberales españoles del siglo XIX, perfectamente compartido por las derechas. Pero se puede preguntar: ¿qué ha pasado con las naciones a las cuales Inglaterra, por su superioridad industrial, ha cerrado por completo el camino hacia la industrialización, imponiéndoles una política liberal? Por si acaso, ¿no han sido proteccionistas Alemania y Estados Unidos? La mentalidad liberal, como la mentalidad proteccionista, resulta de las *estructuras sociales* que las inspiran; y su éxito o fracaso resultan de las *coyunturas* globales en que se aplican.

Cuando veo que el señor Barre nos hace discursos que pudiera haber escrito Bastiat, me parece un paso atrás fantástico, y no un descubrimiento. Y esta vuelta hacia el liberalismo mas ingenuo, que influye mucho en los economistas actuales, hay que situarla como «coyuntura intelectual»; temo que no ayude realmente a resolver la gran crisis del sistema. Es verdad que no hay ninguna razón para creer que el capitalismo haya llegado a su «crisis última», como lo creyeron demasiado, en sus tiempos, Marx y Engels. Hasta ahora, el capitalismo se ha salido de las crisis por sus propias fuerzas; *pero no al nivel mundial;* pues las revoluciones, si no han resultado de las mismas crisis, han resultado de las catástrofes desencadenadas por ellas. No es lo mismo, pero no se debe ignorar.

Lo que quiero decir es que la cadena de los factores históricos es más complicada que los mecanismos teóricos. Es muy posible, por ejemplo, que la industria catalana, nacida y desarrollada primero gracias al proteccionismo, haya garantizado después a la clase patronal unos beneficios suficientes, a pesar del aparato productivo, muy envejecido. No sé qué dosis de liberalismo hubiera sido conveniente, entonces, aplicar al sistema español global. No hay ningún dogma sobre tal punto. Si existe una superioridad del marxismo, será la de proponernos una teoría económica tan alta, tan general (la noción de «plusvalía»), y tan ligada a una teoría de la historia, que permite, frente a las absurdas simplificaciones del liberalismo de concurrencia, proceder al análisis concreto de cada situación.

G. Chastagnaret señala el gran vacío relativo a la historia de las ideas económicas, a la penetración del liberalismo... Asimismo señala cómo el desarrollo de la historia del movimiento obrero ha ocultado la ausencia de una verdadera historia social. A lo que P. Vilar contesta recalcando la importancia, incluso para la historia del movimiento obrero, de la investigación de las condiciones de vida de la burguesía: «Es mucho más importante conocer la otra parte que la suya.»

J. J. Castillo defiende, sin embargo, el valor instrumental de los elementos teóricos: revolución burguesa, revolución industrial, revolución democrático-burguesa... La delimitación conceptual ayuda a comprobar por qué España llega tan tarde a un desarrollo capitalista avanzado de tipo occidental. Sin abrir otra polémica teórica vemos que se puede delimitar la revolución burguesa como tarea antifeudal de transformación del antiguo régimen y delimitar el desarrollo capitalista como desarrollo típicamente burgués...

A. Gil Novales vuelve sobre el tema de la importancia de la componente política. La Ilustración en España es floja y esta flojedad se repite en el liberalismo, de 1808 a 1810, en 1820, y esto tiene impacto en todos los terrenos, incluso en la inserción en un ambiente internacional capitalista. El caso de la Independencia de México, fenómeno político, es significativo. En la época de la Ilustración, España es un Imperio. En el momento en que se intenta salvar la Hacienda española con la ayuda de los Rothschild, la caída de México priva al liberalismo del aval de la plata de México, plata que precisamente afinca la Ilustración del siglo anterior.

P. Vilar: Efectivamente, en 1820, la famosa frase del diputado catalán Batlle, que dice: «necesitamos el *proteccionismo económico* y el *liberalismo político*», es una de las expresiones más típicas de los intereses de una burguesía. Y encuentro muy interesante lo que decía Gil Novales de la *debilidad* del liberalismo español en general, por ser una debilidad *«por debajo»*. En Cataluña, la *base económi-*

ca sugiere la necesidad del proteccionismo económico, cuando el liberalismo político aparece como la forma más adecuada del capitalismo *interno;* en Madrid, no se vería inconveniente en aceptar el liberalismo económico *externo* (con importaciones industriales baratas), pero el conservadurismo social impedirá siempre —o por lo menos dificultará— la instalación de un verdadero liberalismo político, concreto en sus bases sociales, y duradero.

EL «SEXENIO REVOLUCIONARIO» EN LA HISTORIOGRAFIA (1968-1978)

Juan-Luis GUEREÑA

El interés que hacia los años sesenta manifiesta la historiografía española hacia el siglo XIX [1] benefició particularmente al estudio del período 1868-1874, un tanto desechado en las décadas anteriores [2]. Nuestra bibliografía que, sin ser exhaustiva, ofrece un panorama global de la producción de la última década [3], recoge un total de 244 títulos, de desigual extensión e interés, desde luego, pero que testimonian la indudable atracción de los historiadores hacia los períodos de crisis. Acompañando esta progresión cuantitativa de la investigación histórica, la temática ha seguido los ejes de los nuevos planteamientos históricos: nos limitaremos a presentar tendencias y evoluciones.

La oportunidad de diversos centenarios (Revolución de 1868, Primera República, Primera Internacional) que han conocido una suerte diversa [4], explica en parte una actividad histórica que parece contestar a la reactivación de la vida política y social que conoce

---

[1] Cf. las reflexiones de José María Jover Zamora, «El siglo XIX en la historiografía española contemporánea (1939-1972)», en J. M. Jover Zamora (Ed.), *El siglo XIX en España: doce estudios,* Barcelona, Planeta, 1974, p. 9, y Manuel Tuñón de Lara, «Problemas actuales de la historiografía española», *Sistema,* Madrid, núm. 1, 1973, p. 31.

[2] Cf. Rafael Sánchez Mantero [204] y María Victoria López-Cordón [149]. (Los números entre corchetes remiten a la bibliografía.)

[3] Hemos incluido algunos títulos extranjeros que muestras el interés despertado por el sexenio. Aparte de las dos bibliografías indicadas en la nota precedente, hemos consultado también a José Manuel Cuenca [69]. El *Indice Histórico Español* y el *Boletín* del Centro de Pau son útiles instrumentos de trabajo.

[4] Sobre la Revolución de 1868, cf. Javier Herrero, «El fracaso de la "Gloriosa"», *Anales Galdosianos,* VII (1972), pp. 137-141; la Primera República, Manuel Pérez Ledesma, «Un centenario poco profundo», *Informaciones,* 13-XII-1973, p. 3; la AIT, Giovanni Paolo Biagioni [40] y Manuel Espadas Burgos [81].

España en 1868. Frutos de estos centenarios han sido diversos números monográficos de revistas (*Atlántida* [5], *Revista de Occidente* [6], *Historia y Vida* [7]), algunas sesiones de congresos (III Coloquio de Pau [8], I Jornadas de metodología aplicada de las ciencias históricas, de Santiago de Compostela [9], I Congreso de Historia del País Valenciano [10]) y la recopilación de estudios bajo el título de *La Revolución de 1868. Historia. Pensamiento. Literatura* [11].

¿Micro-historia? Entre los pronunciamientos de Cádiz y Sagunto la coyuntura del sexenio merece una relativa autonomía, con tal de inserirla en los grandes equilibrios del siglo. El ritmo de la vida política, el auge de la lucha de clases hallan su mayor expresión en el despertar del discurso político bajo todas sus facetas, que intentan analizar los historiadores. Pero la coyuntura del sexenio permite planteamientos más amplios sobre los cuales empieza a interrogarse la investigación histórica.

A grandes rasgos, la historiografía del sexenio se caracteriza por la amplia utilización de fuentes directas (prensa, folletos, archivos), una orientación por los estudios locales, y su dominante universitaria [12], así como la importancia de la historia social.

Una de las primeras direcciones de trabajo ha sido la edición (o reedición) de textos (completos o en selección) prologados y anotados, y la publicación de fuentes. Señalemos en particular el tomo III de las «Bases documentales de la España contemporánea» [97] editado en 1971 y que ofrece una selección importante de documentos sobre el conjunto del período. El acceso directo a las fuen-

---

[5] VI (1968), 36, pp. 531-657, siete estudios, y VII (1969), 37, pp. 5-31, dos estudios.

[6] VI (1968), 67, 144 pp., cinco estudios.

[7] Cf. núm. 121 (19 estudios). No hemos desglosado este número en nuestra bibliografía.

[8] *Sociedad, Política y Cultura en la España de los siglos XIX y XX*, Madrid, Edicusa, col. I. T. S., 1973.

[9] *Actas de las I Jornadas de Metodología Aplicada de las Ciencias Históricas*, Universidad de Santiago de Compostela, vol. IV, 1975.

[10] *Primer Congreso de Historia del País Valenciano*, Universidad de Valencia, vol. I (Fuentes), 1973, y vol. IV (Historia contemporánea), 1975.

[11] Clara E. Lida e Iris M. Zavala (*Ed.*), *La Revolución de 1868. Historia. Pensamiento. Literatura*, Nueva York, Las Américas Pub. C.ª, 1970, 507 pp. (25 estudios). Un apéndice documental (pp. 451-503) recoge «documentos poco conocidos o prácticamente desconocidos».

[12] Precisemos que no hemos reseñado los diversos trabajos universitarios (tesis, tesinas...) no publicados.

tes se ve así facilitado. En 1968, Valeriano Bozal [42] presentaba una rica recopilación de manifiestos y proclamas de las juntas locales, y en 1973, José Luis Catalinas y Javier Echenagusia [57] recogían una amplia selección de textos, procedentes por lo general de la prensa, con el fin de «aportar la base documental necesaria para comprender los términos en que se plantea el debate social en la coyuntura de 1873». De la revolución a la república la intensidad del debate político y social se revela en los documentos de la época. De carácter general sobre el período podemos apuntar también el conjunto de documentos presentado por María Victoria López-Cordón [149].

La reedición de las constituciones de 1869 y 1873 por Enrique Tierno Galván [222] y José Luis Fernández-Rúa [91] ofrece asimismo un gran interés al evitar tener que acudir a ediciones más antiguas y difíciles de encontrar. Dentro de este orden de ideas destaquemos la reeditación de *El reinado de Amadeo de Saboya y la República de 1873* [129] de Pi y Margall, de la *Crònica de la revolució cantonal* de Constantí Llombart [9], de los *Apuntes* de Rafael Pérez del Alamo [43]. De carácter más selectivo son la recopilación de textos de Pi y Margall bajo el título de *Pensamiento social* [225], de los discursos parlamentarios de Castelar [153] o de artículos periodísticos (extraídos de *La Defensa de la Sociedad* [78] o *La Emancipación* [79]).

La historia del movimiento obrero se ha visto enriquecida muy particularmente por toda una serie de reediciones o publicaciones de fuentes. La edición por Carlos Seco Serrano de las *Actas* [210] y *Cartas* [211] de los consejos federales de la Internacional española es de saludar por todos los historiadores del período: los preciosos manuscritos de la Biblioteca Arús resultan así de cómodo alcance. La publicación de fuentes impresas permite completar esta rica documentación. Víctor Manuel Arbeloa ha editado las actas del congreso de Barcelona de 1870 [15] y las del consejo federal fiel al consejo general de la AIT [14], Josep Termes una riquísima selección de materiales, en apéndice a la nueva edición de su tesis [218], José Alvarez Junco un importante número de fuentes periodísticas en torno al alcance de la Commune parisina en España [4], y C. E. Lida una interesante recopilación, en particular en torno al debate ideológico interno a la Internacional [144].

Como reediciones de libros publicados con anterioridad, podemos notar la edición por José Alvarez Junco de *El proletariado mi-*

litante de Anselmo Lorenzo [5], y por C. E. Lida de la obra del historiador Mex Nettlau, *Miguel Bakunín, la Internacional y la Alianza en España (1868-1873)* [142]. Del mismo Nettlau, y gracias a Renée Lamberet, dsiponemos de una edición de su manuscrito sobre *La Première Internationale en Espagne* [139].

Podríamos continuar: muchas de las obras reseñadas en la bibliografía contienen documentos más o menos inéditos. Sólo queríamos indicar una de las direcciones de la historiografía actual. No nos quejaremos de estas publicaciones de documentos a menudo de difícil acceso. La historiografía española colma así un retraso importante.

La dirección mayoritaria de trabajo sigue siendo sin embargo la monografía, de ámbito más o menos localizado. La dimensión local de los estudios sobre el sexenio (no específica a este período desde luego) nos parece importante de resaltar. Las diversas modalidades regionales, provinciales o municipales permiten una mayor comprensión de los diversos fenómenos. En esta capacidad a situarse en el terreno logra la historiografía alcanzar una real dimensión de los problemas a la hora de perfilar síntesis generales.

De ámbito diverso, cubriendo una región entera y la totalidad del período, o sólo una localidad y punto precisos, estas monografías estudian casi todo el país, y, más particularmente Andalucía (22 estudios reseñados) y Cataluña (15 estudios). En cambio, Asturias y Extremadura desconocen la atención de los historiadores del sexenio. Precisemos por región y provincia. Como estudios generales sobre Andalucía, podemos citar a Antonio Miguel Bernal [36], José Luis Millán Chivite [168], Manuel Ruiz Lagos [195] y José Viñas Cebrián [243]. Sobre la provincia de Cádiz, versan los estudios de José Cervera Pery [60], Temma Kaplan [134], Carmen Llorca [152] y Nicolás Sánchez Albornoz [201]. Sobre Córdoba, Juan Aranda Doncel [11 y 12]; Granada, Antonio María Calero [44 y 45], Francisco Gutiérrez Contreras [116], Manuel Ibáñez Molina [122], Jesús Menéndez Pérez [167] y Manuel Titos Martínez [223]; Málaga, Antonio María Calero [44], José Antonio Jiménez López [125], y José Sánchez Jiménez [203]; Sevilla, Antonio Miguel Bernal [37], Paul Drochon [76], Manuel González Jiménez [112] y Carlos Martínez Shaw [164]. La mayoría de estos estudios enfoca la realidad local del cantonalismo o la recepción de la revolución de 1868 y el desarrollo del proceso revolucionario (la actuación de las juntas por ejemplo).

En cuanto a Cataluña, la atención se ha centrado en el proceso revolucionario y en el federalismo (en sus relaciones con el catalanismo). Como estudios generales, José Fontana [94], J. A. González Casanova [111], Josep Termes [219, 220 y 221] y Juan J. Trías [225]. Para Barcelona, Francisco-Luis Cardona Castro [50], Antonio Carner [51], Mercedes Nieto de Sangenis [173], y David Stafford [215]; Gerona, Josep Clara [62 y 63], y Joaquim Nadal Farreras [171]; Tarragona, Salvador Aragonés Vidal [10].

La revolución de 1868 y el cantonalismo constituyen los principales centros de interés de los estudiosos del Levante. Para la provincia de Alicante, los trabajos de Adrián Espí Valdés [84], Vicente Martínez Morellá [162 y 163]; para Murcia, Isidoro Valverde [235 y 236], y Juan Bautista Vilar [238 y 239]; para Valencia, Vicente Gascón Pelegrí [101, 102 y 103], y María Victoria Goberna Valencia [106].

Los estudios sobre Castilla durante el sexenio revolucionario son también relativamente numerosos, sin que se manifieste alguna línea general. Citemos para la provincia de Ciudad-Real a Juan Bautista Vilar [240 y 241], de Logroño a Alfonso Ruiz Sáenz [196], de Madrid a María Paz Alvarez Mayor [7], Angel Bahamonde [27], Alberto Castilla [55] y Joaquín del Moral Ruiz [170], y de Valladolid a Celso Almuiña Fernández [2].

Las demás regiones no han atraído a los historiadores del mismo modo. El carlismo constituye claro uno de los temas de los estudios sobre el País Vasco, pero no el único. Para la provincia de Alava, existen los trabajos de Julio Aróstegui [21], José Extramiana [86] y Francisco Rodríguez de Coro [192 y 193]; para la de Vizcaya, los de Manuel Basas Fernández [31 y 32].

Podemos citar después estudios aislados acerca de Aragón (E. Fernández Clemente [87]), Baleares (Pere Gabriel [96]), y Galicia (José Ramón Barreiro Fernández [30]).

Esta larga nómina señala la importancia que vienen cobrando estos estudios locales que representan algo más que mera erudición. Trabajos como los de Joaquim Nadal Farreras, *La revolución de 1868 en Gerona* [171], Mercedes Nieto de Sangenis, *La I República española en Barcelona* [173] o Alfonso Ruiz Sáenz, *Aspectos de la primera República en Logroño* [196], nos parecen interesantes desde este punto de vista, sintetizando facetas locales del sexenio.

En cambio, faltan estudios generales sobre el período 1868-1874 de la historia de España. Parece que la real profusión bibliográfica impidiera una síntesis siempre peligrosa. El intento de María Victoria López Cordón en 1976 con *La Revolución de 1868 y la I República* [149] resulta de interés, al incorporar los resultados de varias monografías y valorar un balance del sexenio: «Ese corte, esa ruptura en la monotonía, que viene a representar el sexenio y que lo convierte en un momento especialmente atractivo para los historiadores de nuestros días, es lo que ha hecho olvidar la continuidad esencial de nuestro proceso histórico, que atraviesa indemne el período revolucionario». Las páginas que en 1973 dedica al sexenio Miguel Artola en *La burguesía revolucionaria* [24] también resultan valiosas. Síntesis difíciles pero que permiten hacer avanzar la investigación, señalando aspectos por aclarar, problemas que resolver.

Otra dimensión del estudio histórico es el ensayo en el que el investigador afila sus conceptos. Trabajos como los de Josep Fontana, «Cambio económico y crisis política. Reflexiones sobre las causas de la revolución de 1868» [95], o de Tuñón, «El problema del Poder en el sexenio 1868-1874» [229], son significativos. Proponen hipótesis de trabajo que ayudan a construir un modelo interpretativo más rico de la compleja realidad del sexenio.

Realidad que perfilamos mucho mejor gracias a los estudios de esta década. El espacio de esta investigación histórica se sitúa por lo general dentro de la historia social y su problemática. En particular la historia del movimiento obrero (más concretamente de la I Internacional en España) ha constituido en estos diez años un pivote esencial de la investigación sobre el sexenio. No olvidemos que la coyuntura del sexenio constituyó un período eminentemente favorable para el desarrollo del movimiento obrero. Pero también temáticas ya en boga anteriormente, como historia política e historia religiosa, siguen atrayendo a los historiadores, pero dentro de problemáticas en general nuevas.

Empecemos por la historia política. Encontramos intentos de descripción del sistema político del sexenio y de los mecanismos de poder y partidos en Miguel Artola [25] y Manuel Tuñón de Lara [229]. Diego Mateo del Peral [165] nos confirma de que no hay ruptura a nivel del aparato del Estado.

La constitución de 1869, pieza esencial del proceso democrático iniciado por la Revolución de 1868, permite la participación de nuevas fuerzas sociales a la vida política, y concretamente la reactivación de la vida parlamentaria. Las cortes constituyentes de 1869 han sido analizadas particularmente desde el ángulo de la cuestión religiosa (Vicente Cárcel Ortí [48], Santiago Petschen [186, 187 y 188], o Pedro Antonio Perlado [185]). Víctor Manuel Arbeloa [18] ha examinado los aspectos doctrinales de los debates parlamentarios de 1871 sobre la I Internacional, Angel Bahamonde y Julián Toro [28] el debate en 1869 en torno a las formas de la estructura política (monarquía o república), y Tuñón [231] la política social en el parlamento de la I República. Sobre las constituciones y la legislación del sexenio, disponemos de varios estudios que permiten completar el trabajo de Antonio Carro Martínez sobre *La constitución española de 1869* en 1952. Jordí Solé Tura y Eliseo Aja [214] presentan un enfoque general de interés. Sobre la constitución de 1869 un interesante trabajo de Joaquín Oltra [181] analiza la influencia norteamericana. Diego Espín Cánovas [85] presenta la legislación civil emanada de la constitución. Legislaciones particulares son estudiadas: económica, por Diego Mateo del Peral [166], eclesiástica por Rafael María Sanz de Diego [206], y hasta farmacéutica [39]. Acerca del derecho administrativo encontramos los estudios de Alejandro Nieto [172] y Lorenzo Martín-Retortillo [159]. La reforma penal de 1870 ha sido objeto de dos trabajos por Ruperto Núñez Barbero [175] y José Manuel Pérez-Prendes [184].

Los movimientos políticos han sido foco de atracción, pero particularmente el republicano-federal, tan característico del sexenio. Ideología y prácticas han sido analizadas. Citemos en cuanto a los estudios ideológicos, los de Enrique Giménez [105], María Victoria López-Cordón [146 y 148] sobre el pensamiento internacional del federalismo. En cuanto a los movimientos federales, contamos con las aportaciones de Josep Clara [62] y Vicente Gascón Pelegrí [101]. Más novedosos son los artículos de Jesús Menéndez Pérez [167] y José Ramón Barreiro Fernández [30].

Algunas figuras relevantes del sexenio han merecido la atención de biógrafos. Castelar, con Emilio Oliver Sanz de Bremond [179], Nancy A. Rosenblatt [194], y Gonzalo Fernández de la Mora [89]. Pi y Margall nos es mejor conocido gracias a la biografía de Antoni Jutglar [131]. También existen trabajos sobre Prim [178 y 189], Paúl y Angulo [195], Salmerón [120], Manterola [99], Ortí y Lara [180], y otros de menor importancia. Conocemos así la biografía de algunas personalidades que atraviesan el sexenio, pero no hay estudios sobre la composición del movimiento revolucionario, a nivel colectivo. Existen desde luego indicaciones acerca de la composición de las juntas revolucionarias o de los cantones que nos muestran su heterogeneidad. Juan Bautista Vilar [238] señala la presencia de la aristocracia, del clero y de la alta burguesía en la junta local de Cartagena. Salimos claro del plan estricto de la biografía para adentrarnos en el dominio de la composición social.

Para terminar con la historia política, señalemos algunos temas tradicionales. La «cuestión del trono» ha atraído la atención de historiadores franceses y alemanes: Josef Becker [34], Marcel Emerit [80], S. William Halperin [117] y Richard Konetzke [136]. Acerca del problema colonial, véase a Manuel Espadas Burgos [83] y Franklin W. Knight [135]. Espadas Burgos [82] y José Bárcena Guzmán [29] se han ocupado de los orígenes de la Restauración, renovando en parte el viejo libro de Houghton, *Les origines de la Restauration en Espagne.*

Movimiento obrero, cantonalismo y carlismo constituyen movimientos sociales e ideológicos característicos del sexenio y no podían dejar indiferente al historiador.

La historia de la Internacional en España constituye casi un dominio histórico autónomo dada la importancia de los estudios. Su historiografía ha sido presentada ya por Giovanni Paolo Biagioni [40] y Manuel Espadas Burgos [81]. A ellos remitimos. Indiquemos sólo que la historia del movimiento obrero durante el sexenio es demasiado ideológica, observándose una carencia a nivel del estudio del movimiento real (huelguístico en particular). La falta de fuentes archivísticas explica esta situación, en parte colmada por la utilización intensiva de la prensa. Disponemos de síntesis (Clara E. Lida [143], Termes [218], Tuñón [230] y Vilar [242]), de bibliografías [13], de ediciones de documentos ya reseñadas y de estudios locales (Antonio María Calero [45], Pere Gabriel [96] o David Stafford [215]) o parciales (José Alvarez Junco [6], Giovanni Paolo Biagioni [41], Albert Pérez Baró [183] o Michel Ralle [190]).

El estudio del cantonalismo ha sido otro punto fuerte de la historiografía del sexenio. Conocemos con bastante precisión los movimientos cantonalistas en sus variables locales: Málaga y Grana-

---

[13] Cf. E. Giralt Raventós (*Ed.*), *Bibliografía dels moviments socials a Catalunya, País Valencià i les Illes,* Barcelona, Lavinia, 1972, pp. 97-144.

da [44], Cádiz [60], Sevilla [164 y 76], Málaga [125], Valencia [102 y 106], Ciudad-Real [241] y, claro, Cartagena [235, 236 y 239]. Este último estudio de Juan Bautista Vilar sobre las *Bases sociales y económicas del Cantón Murciano* trata de acercarse al fenómeno cantonalista a partir de un análisis socio-económico regional.

El movimiento carlista también ha recibido estudios de valor que precisan su significado social [22] y sus diversas facetas regionales [21, 51 ó 240]. Con el trabajo de Vicente Garmendia [100], contamos con una útil síntesis sobre la segunda guerra carlista y el carlismo en el sexenio como fenómeno social e ideológico.

Dimensión tradicional en la historiografía española, la historia religiosa es parte importante de la historiografía del sexenio. Y si bien sigue en una dirección erudita, también se enfrenta con nuevos planteamientos que ayudan a precisar y a dibujar el mapa de la religiosidad hispana en sus diversas componentes.

Con la tesis de Paul Drochon, *Une tentative de liberté religieuse en Espagne (1868-1875)* [75], la coyuntura del sexenio enfocada a través del conflicto suscitado entre el Estado y la Iglesia Católica y la ley de libertad religiosa se ve enriquecida de una importante síntesis que completan los trabajos de Pedro Antonio Perlado [185] y Santiago Petschen [188]. En paralelo, Víctor Manuel Arbeloa [16 y 19] y Vicente Cárcel Ortí [46, 47, 48 y 49] han estudiado las reacciones diplomáticas del Vaticano frente a la Revolución de 1868 y el proceso posterior, y la actuación en España del nuncio Alessandro Franchi. Mateo Martínez [160 y 161] ha estudiado por su parte el llamado «cisma de Pulido» que enfrentó al gobierno con el Vaticano a raíz del nombramiento por Prim de Pulido para vicariato castrense.

Una dirección de trabajo actualmente abierta acerca de las jerarquías religiosas regionales ofrece interesantes perspectivas: véanse los trabajos de Francisco Rodríguez de Coro sobre el obispado vitoriano durante el sexenio [193] y de Juan Bautista Vilar sobre el obispado cartaginense [238]. No sólo se trata de estudios biográficos (Diego Alguacil para Vitoria, y Landeira para Cartagena) sino también de descripción sociológica e ideológica de una población particular. Dentro de esta línea podemos añadir los artículos de Víctor Manuel Arbeloa [17] y Paul Drochon [74].

Los trabajos de los historiadores economistas han subrayado la importancia de la situación económica a la hora de analizar el sexenio y en particular los acontecimientos de 1868. De ahí que sea necesario situar la coyuntura de 1868-1874 en los grandes equilibrios que dibujan la economía española decimonónica. Sin referirnos a la historiografía económica general que enfoca al sexenio dentro de un proceso más amplio, señalemos algunos estudios económicos en particular.

Nicolás Sánchez Albornoz [200, 201 y 202] ha situado la base de la Revolución de 1868, al insistir en la crisis financiera de 1866 y la crisis de subsistencias de 1868, que subrayan la fragilidad del equilibrio económico así como el malestar producido en diversas clases sociales. Antonio Miguel Bernal [36], Manuel Ibáñez Molina [122] y Clara E. Lida [141] han insistido en diversos aspectos de estas crisis alimenticias que subrayan claramente la dominación de los ritmos agrarios en la España del xix y la desigualdad de su desarrollo. Sánchez Albornoz se refiere a una economía dual: incipiente economía capitalista junto a una casi inmutable economía tradicional. La formación social del sexenio aparece así atravesada por una combinación de diversos modos de producción en la que el capitalismo no logra imponer sus leyes de funcionamiento, lo que plantea la cuestión de la «burguesía» [14], de su importancia y de su papel. La problemática de la «revolución burguesa» y de su fracaso interesa directamente la coyuntura del sexenio: a ella se refieren en particular Antonio Jutglar [127], José Luis Catalinas y Javier Echenagusia [57] y Juan J. Trías y Antonio Elorza [227].

La plataforma económica del sexenio ha sido analizada por Nicolás Sánchez Albornoz [200] y Gabriel Tortella [224] que sitúan la crisis de las diversas economías españolas. Situación precisada por algunos estudios regionales interesando a Vizcaya [31 y 32], Cádiz [201] o Cartagena [239]. Pensamos que es ésta una dirección de trabajo a seguir.

Aspectos sectoriales han sido también estudiados: agricultura en Madrid [170] y Sevilla [37], y minería [52 y 73].

La política económica de los distintos gobiernos que se suceden a partir de 1868 ha sido analizada con bastante precisión. El libro de Jesús Martín Niño, *La Hacienda Española y la Revolución de 1868* [158], representa una magnífica aportación al tema. La política de Figerola ha sido analizada por Alejandro Arias Camus [20].

---

[14] Cf. *La question de la «bourgeoisie» dans le monde hispanique au XIXe siècle*, Burdeos, E. Bière, 1973, 144 pp.

Gracias a Diego Mateo del Peral [166], disponemos de un útil instrumento de trabajo, un «catálogo de legislación» económica referida al sexenio. El panorama económico es sin embargo poco optimista. Y, en su libro sobre la Primera República [137], Juan Antonio Lacomba insiste sobre los problemas económicos y financieros de los republicanos. Como señala, los agobios de la hacienda entorpecieron todo el mecanismo republicano.

La explosión política que conoce el sexenio favorece la vida cultural e ideológica. Ha podido hablarse de una «revolución de las conciencias» que el desarrollo de la prensa, una prensa abiertamente política, revela. La historia de la prensa, especialmente en sus aspectos sociológicos, es todavía una temática relativamente poco abordada en España, a pesar de recientes e interesantes aportaciones.

Disponemos de un panorama global de la evolución cuantitativa de la prensa bajo el sexenio [15] y de algunos estudios de conjunto tales el de María Cruz Seoane [66] o, más reducido, de Iris M. Zavala [244]. Por nuestra parte, en una comunicación al IX Coloquio de Pau [16], hemos avanzado la hipótesis del funcionamiento de la prensa tal un Aparato Ideológico de Estado.

Existen estudios de prensa: *La Conciliación,* de Valladolid [2], el *Diario de Reus* [10], *Gil Blas* [35], la *Revista de España* [71], el *Semanario Católico Vasco-Navarro,* de Vitoria [86], *La Igualdad* [105], *La Defensa de la Sociedad* [109], y el *Cantón Murciano* [236], pero también algunos estudios de conjunto sobre la prensa carlista [98] e internacionalista [93, 113 y 114].

Se trata esencialmente de estudios de discurso, raramente de la vida misma del periódico (personal, problemas económicos y jurídicos), y más aún de su audiencia.

La oratoria del sexenio, tan brillante sin embargo en las Cortes, cuenta sólo con la aportación de María Cruz Seoane [66] que intenta seguir la evolución paralela de la oratoria y del periodismo, dos facetas del discurso político.

Faltan también análisis de conjunto de los mecanismos de difusión cultural y de los comportamientos culturales. La libertad de enseñanza ha sido analizada por Gumersindo Trujillo [228] e

[15] Cf. las contribuciones de J. F. Botrel, M. Cabrera y otros, y S. Castillo, en *Prensa y Sociedad en España (1820-1936),* Madrid, Edicusa, 1975, páginas 25-198.

[16] «Derecho constitucional, derecho de la prensa y transformaciones de la prensa en la segunda mitad del siglo XIX», de próxima aparición.

Yvonne Turin [232]. Pero los estudios concretos son todavía la excepción: Córdoba [11 y 12] y Madrid [7].

Acerca de la vida cultural, disponemos, para Madrid, del artículo de Alberto Castilla [55], que nos presenta el nacimiento de los cafés-teatro. Por su parte, Juan López-Morillas [150] ha analizado el impacto de la Revolución de 1868 sobre la novela española, y Concepción Fernández-Cordero [88] la visión de Pereda de la revolución.

Aparte de los estudios ya indicados sobre los movimientos políticos y obreros, las corrientes ideológicas han sido analizadas por Juan José Gil Cremades [104], Temma Kaplan [133] e Yvonne Turin [233].

Enfocar el sexenio es estudiar una coyuntura histórica breve pero fértil en acontecimientos históricos reflexionando también en las diversas estructuras en las que el sexenio se halla inserido.

El análisis de los acontecimientos ha recibido nuevas aportaciones que modifican en parte la imagen que de ellos se tenía. La Revolución de 1868 particularmente ha sido objeto de análisis de conjunto y de su concepción y causas. Los hechos (el pronunciamiento y las acciones militares, las juntas locales) y sus repercusiones internacionales [1, 3, 47, 176, 177 y 207] nos son relativamente bien conocidos. Pero la reflexión empieza acerca de la caracterización de esta «revolución», el alcance de su intervención en la coyuntura política. Parece patente por lo menos la complejidad del fenómeno revolucionario, al menos su extraordinaria diversidad. Una geografía política de España (mundo rural/urbano) se dibuja en esta ocasión.

Una reflexión sobre la historiografía del sexenio pone precisamente de manifiesto la necesidad del análisis regional. La utilización de la prensa local y de los archivos (municipales, catedralicios, provinciales) debe proseguirse. Nuevas fuentes han sido manejadas con provecho, tales los derechos de timbre para periódicos [17]. Nuevas orientaciones han sido abiertas: la lexicología política [33 y

---

[17] M. Martínez Cuadrado [68] utilizaba en su trabajo sobre las elecciones esta fuente comentada ulteriormente por Santiago Castillo («Una encuesta de *El Liberal:* la prensa política de Madrid (1873-1879)», *Estudios de Información,* Madrid, 21-22, 1972, pp. 121-131, y «La prensa política de Madrid: notas para el análisis de las estadísticas del timbre (1873-1887)», *Prensa y Sociedad, op. cit.,* pp. 149-198.

191], la sociología electoral [68, 63 y 209], la cartografía electoral [68] o religiosa [8]. Otras deben integrar la investigación histórica: familia, sexualidad, consumo, folklore...

Sin pretender llegar a un estado de la cuestión que requiriría mayor espacio, sólo hemos intentado una descripción de la historiografía actual del sexenio, en sus logros, sus avances, pero a veces también sus lagunas. El decenio 1968-1978 para el sexenio como el siglo XIX y la época contemporánea en su conjunto ha representado el acercamiento a la investigación histórica de nuevas generaciones de historiadores, la eclosión de nuevas problemáticas. No cabe duda de que el balance de esta rica y variada historiografía, a imagen del sexenio, es positivo, de alto valor científico. No todo se ha resuelto, pero la investigación ha dado importantes pasos hacia adelante, mediante el estudio de varios aspectos y el conocimiento más rico de muchos problemas.

BIBLIOGRAFÍA [18]

1. Alberola Fioravanti, M.ª Victoria, *La revolución de 1868 y la prensa francesa,* M., Ed. Nacional, 1973, 191 pp.
2. Almuiña Fernández, Celso, «Análisis práctico de un periódico (*La Conciliación* de Valladolid) ilustrativo del drama político posrevolucionario (noviembre 1869 a marzo 1870)», *Jornadas,* pp. 289-301.
3. Alvarez Gutiérrez, Luis, *La revolución de 1868 ante la opinión pública alemana.* Tomo I: «De la crisis de julio a la disolución de las juntas revolucionarias», M., Ed. Fragua, 1976, x+263 pp.
4. Alvarez Junco, José, *La Comuna en España,* M., Siglo XXI, 1971, 252 pp.
5. *Id. (Ed.),* Lorenzo, Anselmo, *El proletariado militante,* M., Alianza Ed., 1974, 490 pp.

---

[18] Siglas utilizadas en la bibliografía: *AH: Archivo Hispalense,* Sevilla; *AT: Atlántida,* Madrid; B: Barcelona; *H: Hispania,* Madrid; *Jornadas: Actas de las I Jornadas de Metodología Aplicada de las Ciencias Históricas,* Universidad de Santiago de Compostela, vol. IV, 1975; M: Madrid; *REP: Revista de Estudios Políticos,* Madrid; *La Revolución de 1868:* C. E. Lida e I. M. Zavala (ed.), *La revolución de 1868. Historia. Pensamiento. Literatura,* Las Américas Pub. C.º, Nueva York, 1970; *RHMC: Revue d'Histoire Moderne et Contemporaine,* París; *RO: Revista de Occidente,* Madrid; *RT: Revista de Trabajo,* Madrid; *Sociedad, Política y Cultura: Sociedad, Política y Cultura en la España de los siglos XIX y XX,* Edicusa, Madrid, 1973; *SV: Scriptorium Victoriense,* Vitoria.

6. Id., *La ideología política del anarquismo español (1868-1910)*, M., Siglo XXI, 1976, 660 pp.

7. Alvarez Mayor, M.ª Paz, «Escuelas públicas de Madrid: 1868-1874», *Cuadernos de Pedagogía*, M., 12, diciembre 1975, pp. 25-26.

8. Andrés Gallego, José, «Aproximación cartográfica a la religiosidad peninsular: los españoles ante la libertad religiosa del sexenio revolucionario», *Jornadas*, pp. 265-275.

9. Aracil, Rafael *(Ed.)*; Llompart, Constantí, *Crònica de la revolució cantonal*, Valencia, Ed. L'Estel, 1973, 208 pp.

10. Aragonés Vidal, Salvador, *La Revolución de Septiembre y el «Diario de Reus»*, Reus, Asociación de Estudios Reusenses, 1969, 129 pp.

11. Aranda Doncel, Juan, «El instituto libre de segunda enseñanza de Montoro, una experiencia fallida», *Boletín de la Real Academia de Córdoba*, XLIII (1973), 93, pp. 155-164.

12. Id., *La Universidad libre de Córdoba (1870-1874)*, Universidad de Córdoba, 1974, 187 pp.

13. Arbeloa, Víctor Manuel, «Cien años por la libertad religiosa: la libertad religiosa y las juntas revolucionarias de 1868», *Revista Española de Derecho Canónico*, M., XXIV (1968), 68, pp. 419-424.

14. Id., *Orígenes del Partido Socialista Obrero Español (i) (1873-1880)*, M., ZYX, 1972, 144 pp.

15. Id. (Ed.), *I Congreso obrero español (Barcelona, 18-26 de junio de 1870)*, M., ZYX, 1972, 376 pp.

16. Id. (y Martínez de Mendíbil, Alfredo), «Documentos diplomáticos sobre las relaciones Iglesia-Estado tras la Revolución de septiembre de 1868», *SV*, XX (1973), 2, pp. 198-232.

17. Id., «Los obispos ante la ley de unificación de fueros (Notas históricas al decreto de 6 de diciembre de 1868)», *Revista Española de Derecho Canónico*, M., XXIX (1973), pp. 431-460.

18. Id., «La Primera Internacional ¿enemiga de la religión?», *Iglesia Viva*, Valencia, 54, 1974, pp. 553-568.

19. Id., «El Nuncio Franchi ante la Revolución de Septiembre de 1868», *SV*, XXII (1975), pp. 5-77.

20. Arias Camus, Alejandro, «La política fiscal, arancelaria y monetaria de Laureano Figuerola 1868-1870» y «Semblanza intelectual de Figuerola», *Economía Financiera Española*, M., 25, 1969, pp. 44-78 y 107-136.

21. Aróstegui Sánchez, Julio, *El carlismo alavés y la guerra civil de 1870-1876*, Vitoria, Diputación Foral de Alava, 1970, XXVI + 366 pp.

22. Id., «El carlismo en la dinámica de los movimientos liberales españoles. Formulación de un modelo», *Jornadas*, pp. 225-239.

23. Arranz, Luis (y Elorza, Antonio), «El *Boletín de las clases traba-jadoras*: la definición bakuninista de la clase obrera madrileña», *RT,* 52, 1975.

24. Artola, Miguel, *La burguesía revolucionaria (1808-1869),* Alianza Ed. (Historia de España Alfaguara v), M., 1973, pp. 363-397.

25. *Id., Partidos y programas políticos 1808-1936,* Aguilar, M., 1974, t. I, pp. 279-321, y t. II (textos), pp. 79-111.

26. *Id.,* «Problemas sociales y políticos en la década de los setenta», *Jornadas,* pp. 241-255.

27. Bahamonde Magro, Angel, «Contribución al estudio del fraude electoral en un distrito urbano: las elecciones de 1869 en Madrid», *H,* xxxvi (1976), 134, pp. 639-658.

28. *Id.* (y Toro, Julián), «Monarquía o república. El debate de las Cortes Constituyentes de 1869», *Historia 16,* M., III (1978), 23, pp. 51-60.

29. Bárcena Guzmán, José, «La Guardia Civil y la Primera República. El Coronel De La Iglesia, eminencia gris del "Golpe de Pavía"», *Revista de Estudios Históricos de la Guardia Civil,* M., II (1969), 3, pp. 51-77.

30. Barreiro Fernández, José Ramón, «Aproximación sociológica al estudio del federalismo republicano en Galicia (1869-1874)», *Jornadas,* pp. 303-314.

31. Basas Fernández, Manuel, «Dinámica de los precios de los artícu-los de consumo en Vizcaya durante el decenio crítico de 1860-1869», *Estudios Vizcaínos,* Bilbao, I, 1970, pp. 6-75.

32. *Id., Economía y sociedad bilbaínas en torno al sitio de 1874,* Bil-bao, Diputación Foral, 1978, 680 pp.

33. Battaner Arias, María Paz, *Vocabulario político-social en España (1868-1873),* Anejo xxxvii del *Boletín de la Real Academia Es-pañola,* M., 1977, 678 pp.

34. Becker, Josef, «Zum Problem der Bismarckschen Politik in der spanischen Thronfrage», *Historische Zeitschrift,* ccxii (1971), 3, pp. 529-607.

35. Benítez, Rubén, «El periódico *Gil Blas* defiende a Bécquer, censor de novelas», *Hispanic Review,* xxxvi (1968), I, pp. 35-43.

36. Bernal, Antonio Miguel, «Burguesía agraria y proletariado cam-pesino en Andalucía durante la crisis de 1868», *La propiedad de la tierra y las luchas agrarias andaluzas,* B., Ed. Ariel, 1974, pp. 107-136.

37. *Id.* (y Drain, Michel), «Caractères originaux de l'utilisation du sol dans la province de Séville en 1873», *Les campagnes sévillanes aux XIXᵉ-XXᵉ siècles. Rénovation ou stagnation,* París, Ed. E. de Boccard, 1975, pp. 15-23.

38. Bertelsen Repetto, Raúl, «El Senado en la Constitución de 1869 y en los proyectos federales de 1873», *El Senado en España,* M., Instituto de Estudios Administrativos, 1974, pp. 389-418.

39. Beya Alonso, Ernesto, «Legislación farmacéutica de la primera república española: un decreto de 1873», *Boletín de la Sociedad Española de Historia de la Farmacia,* M., xxvi (1975), 103, pp. 205-210.

40. Biagioni, Giovanni Paolo, «La Prima Internazionale e l'attuale storiografia spagnola», *Rivista Storica Italiana,* lxxxv (1973),. 4, pp. 1 075-1 116.

41. *Id.,* «La Federazione regionale spagnola dell'AIL e la politica», *Anarchismo e socialismo in Italia 1872-1892,* Roma, Ed. Riuniti, 1974, pp. 253-292.

42. Bozal, Valeriano, *Juntas revolucionarias. Manifiestos y proclamas de 1868,* M., Edicusa, 1968, 135 pp.

43. Calero, Antonio M.ª *(Ed.);* Pérez del Alamo, Rafael, *Apuntes sobre dos revoluciones andaluzas,* M., zyx, 1971, pp. 99-156.

44. *Id.,* «Los cantones de Málaga y Granada», *Sociedad, Política y Cultura,* pp. 81-90.

45. *Id.,* «La I Internacional en Granada», *Historia del movimiento obrero en Granada (1909-1923),* M., Tecnos, 1973, pp. 127-138.

46. Cárcel Ortí, Vicente, «El nuncio Franchi en la España prerrevolucionaria de 1868», *SV,* xx (1973), pp. 330-357.

47. *Id.,* «La Santa Sede y la Revolución de 1868», *Anales Valentinos,* Valencia, iii (1977), 5, pp. 55-113.

48. *Id.,* «El nuncio Alessandro Franchi y las constituyentes de 1869», *H.,* xxxvii (1977), 137, pp. 623-670.

49. *Id.,* «El Vaticano y la primera república española», *Saitabi,* Valencia, 37, 1977, pp. 145-164.

50. Cardona Castro, Francisco-Luis, «El ayuntamiento de Barcelona en la Revolución de 1868», *Cuadernos de Historia Económica de Cataluña,* B., ix (1973), pp. 107-149.

51. Carner, Antonio, «Episodios de la guerra civil 1872-1876. La entrada de los carlistas en Igualada. 17 y 18 de julio de 1873», *Revista de Historia Militar,* M., xv (1971), 31, pp. 135-161.

52. Caro Baroja, Julio, «Dos testimonios históricos y familiares. 1: la vida en la mina (Río Tinto entre 1868 y 1871). 2: De la segunda guerra carlista», *Boletín de la Real Academia de la Historia,* M., clxii (1968), 1, pp. 25-49.

53. Carrasco Canals, Carlos, *La burocracia en la España del siglo XIX,* M., Instituto de Estudios de Administración local, 1975, pp. 257-298.

El «sexenio revolucionario» 163

54. Castells, José Manuel, «La revolución de 1868», *Las asociaciones religiosas en la España contemporánea. Un estudio jurídico-administrativo (1767-1965)*, M., Taurus, 1973, pp. 221-242.
55. Castilla, Alberto, «Cómo surgieron los cafés-teatro de Madrid. El teatro en la Revolución de Septiembre», *Tiempo de Historia*, M., III (1977), 34, pp. 60-71.
56. Castro, Antonio, «España estrenó su primera ley de libertad religiosa hace 99 años», *Historia y Vida*, B., I (1968), 6, pp. 57-65.
57. Catalinas, José Luis, y Echenagusia, Javier, *La Primera República. Reformismo y revolución social*, M., A. Corazón, 1973, 514 pp.
58. Id., «I República: la coyuntura política», *Zona Abierta*, M., I, 1974, pp. 87-91.
59. Cervera Pery, José, «La marina, Topete y la gloriosa (consideraciones en torno a un centenario)», *Revista General de Marina*, M., 176, 1969, pp. 29-37.
60. *Id.*, «La repercusión cantonal en la Marina (La Carraca y San Fernando 1873)», *Revista General de Marina*, M., 186, 1974, pp. 647-655.
61. Civolani, Eva, «La prima Internazionale e la Spagna», *Movimiento Operaio e Socialista*, XX (1974), 2-3, pp. 117-155.
62. Clará, Josep, *Els aixecaments federals de 1869 a Girona*, B., R. Dalmau, 1973, 61 pp.
63. *Id., Les eleccions del 1869 a Girona*, B., R. Dalmau, 1974, 64 pp.
64. *Id.* (y Jiménez, Angel), *El federal Pere Caimó (1819-1878)*, B., Ed. Pòrtic, 1975, 182 pp.
65. Comellas, José Luis, «Génesis de la revolución del 68», *AT*, VI (1968), 36, pp. 531-550.
66. Cruz Seoane, María, *Oratoria y periodismo en la España del siglo XIX*, M., Fundación Juan March-Ed. Castalia, 1977, pp. 302-332 y 381-397.
67. Cuadrado, Miguel M., «El horizonte político de la Revolución española de 1868», *RO*, VI (1968), 67, pp. 19-37.
68. *Id., Elecciones y partidos políticos de España (1868-1931)*, M., Taurus, 1969, t. I, pp. 47-208.
69. Cuenca, José Manuel, «Los regímenes transitorios (1868-1874)», en «Nuevo apéndice bibliográfico» a Jaime Vicens Vives, *Historia social y económica de España y América*, B., Vicens, t. V, 1972, pp. 679-683.
70. Del Toro, Antonio, «Manterola y Castelar en las constituyentes de 1869», *Historia y Vida*, B., III (1970), 23, pp. 114-119.
71. Dendle, Brian J., «Albareda, Galdós and the *Revista de España* (1868-1873)», *La Revolución de 1868*, pp. 362-377.

72. Devos, Jean-Claude, «La guerre carliste (1872-1876) vue par le 2ᵉ bureau de l'E. M. A. et à travers des documents diplomatiques», *Actes du 94ᵉ Congrès des Sociétés Savantes,* Section d'Histoire Moderne et Contemporaine, t. ɪ, Pau, 1969, pp. 447-462.

73. Donézar Díez de Ulzurrun, Javier M., «La minería española en el período 1868-1875», *H,* xxxv (1975), 131, pp. 584-660.

74. Drochon, Paul, «Un curé "libéral" sous la Révolution de 1868: Don José García Mora», *Mélanges de la Casa de Velázquez,* vɪ (1970), pp. 413-432.

75. *Id., Une tentative de liberté religieuse en Espagne (1868-1875),* Universidad de Lille, ɪɪɪ, 1974, 2 t., 781 y 230 pp.

76. *Id.,* «Le "canton" de Séville vu par le vice-consul de France (1873)», *Mélanges de la Casa de Velázquez,* xɪv (1978), pp. 519-536.

77. Eiras Roel, Antonio, «Nacimiento y crisis de la democracia en España: la revolución de 1868», *Cuadernos Hispanoamericanos,* M., 231, 1969, pp. 592-627.

78. Elorza, Antonio *(Ed.),* «*La Defensa de la Sociedad:* Antología», *RT,* 23, 1968, pp. 329-341.

79. *Id.* (Ed.), «*El Obrero y La Emancipación*», *RT,* 30, 1970, pp. 197-315.

80. Emerit, Marcel, «L'opinion de Napoléon III sur la question du trône d'Espagne en 1869», *RHMC,* xvɪ (1969), 3, pp. 431-438.

81. Espadas Burgos, Manuel, «La Primera Internacional y la historiografía española», *H,* xxx (1970), 114, pp. 181-197.

82. *Id., Alfonso XII y los orígenes de la Restauración,* M., csɪc, 1975, xlɪ + 427 pp.

83. *Id.,* «La crisis del Virginia y la cuestión cubana en la Primera República», *Estudios de Historia Contemporánea,* M., 1976, pp. 329-354.

84. Espí Valdés, Adrián, *Alcoy y la septembrina 1868,* Alcoy, Imp. «La Victoria», 1968.

85. Espín Cánovas, Diego, «La constitución de 1869 y la legislación civil española hasta 1874», *REP,* 163, 1969, pp. 117-137.

86. Extramiana, José, «De la paix à la guerre: Aspects de l'idéologie dominante au Pays Basque de 1868 à 1873», *Aspects du XIXᵉ siècle ibérique et ibéroaméricain,* Lille, 1977, pp. 21-44.

87. Fernández Clemente, Eloy, «Los años de la Revolución», *Aragón contemporáneo (1833-1936),* M., Siglo XXI, 1975, pp. 28-41.

88. Fernández-Cordero y Azorín, Concepción, «El primer centenario de "La Gloriosa": la Revolución de setiembre de 1868 vista por Pereda», *Boletín de la Biblioteca Menéndez Pelayo,* xlɪv (1968), pp. 355-414.

89. Fernández de la Mora, Gonzalo, «Los ideólogos de la Revolución de 1868», *AT*, vi (1968), 36, pp. 551-565.

90. Fernández-Rúa, José Luis, *España secreta, 1868-1870*, M., Ed. Nacional, 1971, 200 pp.

91. *Id., 1873. La Primera República*, M., Ed. Tebas, 1975, 595 pp.

92. Ferrando Badía, Juan, *Historia político-parlamentaria de la República de 1873*, M., Edicusa, 1973, 403 pp.

93. Flaquer Montequí, Rafael, *La clase obrera madrileña y la Primera Internacional 1868-1874 (Un análisis de Prensa)*, M., Edicusa, 1977, 279 pp.

94. Fontana i Lázaro, Josep, «La revolució del 1868 a Catalunya», *Serra d'Or*, B., x (1968), 108, pp. 23-28.

95. *Id.*, «Cambio económico y crisis política. Reflexiones sobre las causas de la revolución de 1868», *Cambio económico y actitudes políticas en la España del siglo XIX*, B., Ariel, 1973, pp. 97-145.

96. Gabriel, Pere, «Breus apunts sobre els primers anys del moviment obrer mallorqui (1869-1874)», *El moviment obrer a Mallorca*, B., Ed. Curial-Lavínia, 1973, pp. 7-17.

97. García-Nieto, M.ª Carmen; Donézar, Javier M.ª; López Puerta, Luis, *El liberalismo democrático 1868-1874*, M., Guadiana («Bases documentales de la España contemporánea», iii), 1971, 307 pp.

98. Garmendia, Vincent, «Notas para un estudio de la prensa carlista (1868-1876)», en M. Tuñón de Lara, A. Elorza y M. P. Ledesma *(Ed.)*, *Prensa y sociedad en España (1820-1936)*, M., Edicusa, 1975, pp. 207-221.

99. *Id., Vicente Manterola: Canónigo, Diputado y conspirador*, Vitoria, Biblioteca «Luis de Ajuria», 1975, 276 pp.

100. *Id., La Segunda Guerra Carlista (1872-1876)*, M., Siglo XXI, 1976, 146 pp.

101. Gascón Pelegrí, Vicente, *Valencia durante la guerra de las barricadas*, Valencia, Imp. Marí Montañana, 1971, 221 pp.

102. *Id., El cantonalismo en la ciudad y reino de Valencia*, Valencia, Imp. Mari Montañana, 1974, 279 pp.

103. *Id., La revolución del 68, en Valencia y su reino*, Castellón, Sociedad Castellonense de Cultura, 1975, 81 pp.

104. Gil Cremades, Juan José, «Krausismo y revolución (1868-1874)», krausistas y liberales, M., Seminarios y Ed., 1975, 520 pp.

105. Giménez, Enrique, «El federalismo y la clase obrera: los planteamientos doctrinales del diario *La Igualdad* (1868-1874)», *RT*, 49-50, 1975, pp. 65-109.

106. Goberna Valencia, M.ª Victoria, «El cantonalismo en el País Valenciano», *Primer Congreso de Historia del País Valenciano*, Universidad de Valencia, vol. iv, 1975, pp. 463-470.

107. Gómez Casas, Juan, *La Primera Internacional en España (Estudio y documentos)*, M., zyx, 1974, 159 pp.

108. Gómez Marín, José Antonio, «Alcance de los movimientos sociales en la Revolución de 1868», *AT,* vi (1968), 36, pp. 566-588.

109. Gómez Molleda, M.ª Dolores, «Notas sobre el estudio de las ideas y actitudes sociales conservadoras», *Jornadas,* pp. 327-338.

110. González, Nazario, «Análisis, concepción y alcance de la revolución de 1868», *Razón y Fe,* M., 1968, 850, pp. 335-356 y 851, pp. 443-462.

111. González Casanova, J. A., «Federalisme i catalanisme dins el período revolucionari de 1868-1873», *Federalisme i autonomia a Catalunya (1868-1938),* B., Curial, 1974, pp. 97-136.

112. González Jiménez, Manuel, «La Revolución de 1868 en Carmona», *AH,* 167, 1971, pp. 113-130.

113. Guereña, Juan Luis, «Notas acerca de la prensa internacionalista y su público», en M. Tuñón de Lara y J. F. Botrel *(Ed.), Movimiento obrero, política y literatura en la España contemporánea,* M., Edicusa, 1974, pp. 241-252.

114. *Id.,* «Problemas del estudio de la prensa internacionalista», *Jornadas,* pp. 277-287.

115. Guimerá Peraza, Marcos, «Nicolás Estévanez, revolucionario», *El Museo Canario,* Las Palmas, xxxiii-xxxiv (1972-1973), pp. 45-89.

116. Gutiérrez Contreras, Francisco, «Federalismo y obrerismo en Granada durante el sexenio revolucionario (1868-1873)», *Anuario de Historia Moderna y Contemporánea,* Granada, 2-3, 1975-1976, pp. 407-481.

117. Halperin, S. William, «The origins of the France-Prussian War revisited: Bismarck and the Hohenzollern Candidature for the Spanish Throne», *The Journal of Modern History,* xlv (1973), 1, pp. 83-91.

118. Harper, Glenn Terry, «The German Navy and the Spanish Federalist Insurrection of 1873», *The Southern Quarterly,* ix (1973), 4, pp. 331-348.

119. *Id.,* «The Spanish Republic and the great powers, 1873-1874», *The Southern Quarterly,* xiii (1975), 4, pp. 281-294.

120. Heredia Soriano, A., *Nicolás Salmerón. Vida, obra y pensamiento,* Salamanca, 1972, 45 pp.

121. *Historia y Vida,* B., extra 3, 1973, «La primera República española», 178 pp.

122. Ibáñez Molina, Manuel, «Aspectos granadinos en la crisis de subsistencias de 1868», *Anuario de Historia Moderna y Contemporánea,* Granada, 4-5, 1977-1978, pp. 347-361.

123. Redacción de *Ibero-Americana Pragensia*, «Un centenario de la primera república de España», *Ibero-Americana Pragensia*, Praga, VIII (1974), pp. 216-220.

124. Izard, Miguel, *Industrialización y obrerismo. Las tres clases de vapor 1869-1913*, B., Ariel, 1973, 256 pp

125. Jiménez López, José Antonio, «Historia de un separatismo: el Cantón malagueño», *Gibralfaro*, Málaga, XXII (1973), 25, pp. 121-158.

126. Jover Zamora, José María, «1868. Balance de una revolución», *Política, diplomacia y humanismo popular en la España del siglo XIX*, M., Turner, 1976, pp. 345-363.

127. Jutglar, Antoni, «La revolución burguesa fracasada (1868-1874)», *Ideologías y clases en la España contemporánea. Aproximación a la historia social de las ideas*, M., Edicusa, t. I, 1968, pp. 189-323.

128. *Id.*, «Fenomenología social de la Revolución», *RO*, VI (1968), 67, pp. 116-143.

129. *Id. (Ed.)*, Pí y Margall, Francisco, *El reinado de Amadeo de Saboya y la República de 1873*, M., Seminarios y Ed., 1970, 272 pp.

130. *Id.*, *El constitucionalismo revolucionario de Pí y Margall*, M., Taurus, 1970, 85 pp.

131. *Id.*, *Pí y Margall y el federalismo español*, Taurus, M., 2 t., 1975 y 1976, 1.182 pp.

132. *Id.*, *De la Revolución de septiembre a la Restauración*, B., Planeta, 1976, 160 pp.

133. Kaplan, Temma, «Positivism and liberalism», *La Revolución de 1868*, pp. 254-266.

134. *Id.*, «Revolución burguesa y anarquismo andaluz. La primera fase: de 1868 a 1872», *Orígenes sociales del anarquismo en Andalucía. Capitalismo agrario y lucha de clases en la provincia de Cádiz, 1868-1903*, B., Crítica, 1977, pp. 78-89.

135. W. Knight, Franklin, «A colonial response to the glorious revolution in Spain: the "grito de Yara"», *La Revolución de 1868*, pp. 196-206.

136. Konetzke, Richard, «Spanien, die vorgeschichte des Krieges von 1870 und die deutsche reichsgründung», *Historische Zeitschrift*, CCXIV (1972), 3, pp. 580-613.

137. Lacomba, Juan Antonio, *La I República. El trasfondo de una revolución fallida*, M., Guadiana, 1973, 231 pp.

138. Lamberet, Renée, «Quelques caractéristiques de la fédération régionale, section espagnole de la Première Internationale», *La Première Internationale. L'institution. L'implantation. Le rayonnement*, París, Ed. CNRS, 1968, pp. 313-320.

139. *Id. (Ed.)*, Nettlau, Max, *La Première Internationale en Espagne (1868-1888)*, Dordrecht, D. Reidel, 1969, xxviii + 683 pp.

140. Lida, Clara E., «Conspiradores e internacionalistas en vísperas de la revolución», *La Revolución de 1868*, pp. 49-63.

141. *Id.*, «Republicanismo federal y crisis agraria en el primer año de la revolución», *La Revolución de 1868*, pp. 182-195.

142. *Id. (Ed.)*, Nettlau, Max, *Miguel Bakunin, la Internacional y la Alianza en España (1868-1873)*, Nueva York, Iberama Pub., 1971, 214 pp.

143. *Id.*, *Anarquismo y Revolución en la España del XIX*, M., Siglo XXI, 1972, 334 pp.

144. *Id.*, *Antecedentes y desarrollo del movimiento obrero español (1835-1888), textos y documentos*, M., Siglo XXI, 1973, pp. 17-34 y 147-395.

145. *Id.*, «Ripercussioni della "Comune" in Spagna. Il "cantonalismo" durante la prima repubblica», *Rivista Storica Italiana*, lxxxv (1973), 4, pp. 1140-1150.

146. López-Cordón, M.ª Victoria, «El pensamiento político internacional del federalismo español», *Sociedad, Política y Cultura*, pp. 91-97.

147. *Id.*, «La Comuna de París vista desde España», en J. M. Jover Zamora *(Ed.)*, *El siglo XIX en España: doce estudios*, B., Planeta, 1974, pp. 323-395.

148. *Id.*, *El pensamiento político-internacional del federalismo español (1868-1874)*, B., Planeta, 1975, 470 pp.

149. *Id.*, *La revolución de 1868 y la I República*, M., Siglo XXI, 1976, 173 pp.

150. López-Morillas, Juan, «La Revolución de Septiembre y la novela española», *RO*, vi (1968), 67, pp. 94-115.

151. Losada Campos, Antonio, «Hechos y hombres de la batalla de Alcolea», *Omeya*, Córdoba, 15, 1970, 8 pp.

152. Llorca, Carmen, *Cádiz y la Primera República*, Cádiz, Ed. de la Caja de Ahorros, 1973, 39 pp.

153. *Id. (Ed.)*, Castelar, Emilio, *Discursos parlamentarios*, M., Narcea, 1974, 340 pp.

154. Llorenc i Gadea, Alfons, «La Revolución de Alcoi, de 1873 (Intento de aproximación a los protagonistas del "petrolio"», *Instituto de Estudios Alicantinos*, 13, 1974, pp. 43-59.

155. Maksimov, V. I., «Pod'em demokraticheskogo ovizheniia v Ispanii v 1868 godu», *Novaia i Noveishaia Istoriia*, Moscú, xiii (1969), 2, pp. 124-134.

156. Maluquer de Motes, Jorge, «El problema de la esclavitud y la Revolución de 1868», *H*, 117, 1971, pp. 55-75.

157. Martín Niño, Jesús, «Las ideas impositivas y la revolución de septiembre de 1868. La polémica en torno al impuesto de consumos», *Hacienda Pública Española,* M., 17, 1972, pp. 121-130.

158. *Id., La Hacienda Española y la Revolución de 1868,* M., Instituto de Estudios Fiscales, 1972, 347 pp.

159. Martín-Retortillo, Lorenzo, «Aspectos del Derecho Administrativo en la Revolución de 1868», *Revista de Administración Pública,* M., 58, 1969, pp. 9-48.

160. Martínez, Mateo, «El cisma de Pulido (1870-1872)», *SV,* XXXI (1974), 1, pp. 5-69.

161. *Id.,* «Un cisma en el vicariato castrense durante el reinado de Amadeo. Responsabilidad de Prim», *Jornadas,* pp. 319-326.

162. Martínez Morella, Vicente, *Alicante desde «La Gloriosa» hasta la Restauración (1868-1874). Indice de acuerdos municipales y provinciales,* Ayuntamiento de Alicante, 1972, 256 pp.

163. *Id.,* «Fuentes para el estudio de la historia de Alicante, desde la "gloriosa" a la restauración 1868-1874», *Primer Congreso de Historia del País Valenciano,* Universidad de Valencia, vol. I, 1973, pp. 617-630.

164. Martínez Shaw, Carlos, «El cantón sevillano», *AH,* 170, 1972, pp. 1-82.

165. Mateo del Peral, Diego, «Aproximación a un estudio sociológico de las autoridades económicas en España (1868-1915)», en G. Tortella *(Ed.), La Banca española de la Restauración,* M., Servicio de Estudios del Banco de España, t. I, 1974, pp. 15-106.

166. *Id.,* «Economía y política durante el sexenio liberal. Catálogo de legislación (1868-1874)», en G. Tortella *(Ed.), La Banca española de la Restauración,* M., Servicio de Estudios del Banco de España, t. II, 1974, pp. 11-74.

167. Menéndez Pérez, Jesús, «Un club revolucionario en Granada. Contribución a la metodología de los problemas sociales y políticos en la década de los 70», *Jornadas,* pp. 315-318.

168. Millán Chivite, José Luis, «La generación revolucionaria de 1868 en Andalucía», *AH,* 183, 1977, pp. 113-125.

169. Molnar, Miklos, «A propos de l'insurrection cantonaliste de 1873 en Espagne. L'attitude des anarchistes et la critique d'Engels», *Anarchici e Anarchia nel mondo contemporáneo,* Turín, Einaudi, 1971, pp. 95-100.

170. Moral Ruiz, Joaquín del, «Campesinado y agricultura de la provincia de Madrid en 1872: reflexiones sobre un informe», *Agricultura y Sociedad,* M., 5, 1977, pp. 277-335.

171. Nadal Farreras, Joaquim, *La revolución de 1868 en Gerona. La actuación de la Junta revolucionaria provincial (del 30-IX al 23-X de 1868)*, Cámara Oficial de Comercio e Industria de la provincia de Gerona, 1971, 123 pp.

172. Nieto, Alejandro, «La Administración y el Derecho Administrativo durante el Gobierno Provisional de 1868-69», *RO*, VI (1968), 67, pp. 64-93.

173. Nieto de Sangenis, Mercedes, *La I República española en Barcelona*, Universidad de Barcelona, 1974, 242 pp.

174. Núñez, M.ª Felipe, «Documentos sobre el problema de la sucesión de Isabel II», *Estudios de Historia contemporánea*, M., 1976, pp. 355-407.

175. Núñez Barbero, Ruperto, *La reforma penal de 1870*, Universidad de Salamanca, 1969, 72 pp.

176. Olivar-Bertrand, Rafael, «Visión norteamericana de la política española de 1860 a 1870», *REP*, 162, 1968.

177. *Id., España y los españoles cien años atrás (Visión transatlántica)*, M., Insula, 1974, 291 pp.

178. *Id., Prim*, M., Tebas, 1975, 720 pp.

179. Oliver Sanz de Bremond, Emilio, *Castelar y el período revolucionario español (1868-1874)*, M., G. del Toro, 1971, 308 pp.

180. Ollero-Tassara, Andrés «Un pensador tradicional ante la transformación de la sociedad decimonónica», *AT*, VI (1968), 36, pp. 642-657.

181. Oltra, Joaquín, *La influencia norteamericana en la Constitución Española de 1869*, M., Instituto de Estudios Administrativos, 1972, 194 pp.

182. Pastor, Luis María, «La Hacienda de España en 1872», *Revista de Economía Política*, M., 63, 1973, pp. 197-300.

183. Pérez Baró, Albert, «La cooperación y el primer congreso obrero», *Historia de la cooperación catalana*, B., Nova Terra, 1974, pp. 23-40.

184. Pérez-Prendes y Muñoz de Arraco, José Manuel, «La prensa y el código penal de 1870», *H*, XXXI (1971), 119, pp. 551-579.

185. Perlado, Pedro Antonio, *La libertad religiosa en las constituyentes del 69*, Pamplona, Universidad de Navarra, 1970, 426 pp.

186. Petschen, Santiago, «Posición transaccionista del partido demócrata en las Constituyentes de 1869 respecto a las relaciones de la Iglesia y el estado», *REP*, 193, 1974, pp. 117-146.

187. *Id.*, «La cuestión religiosa en las Cortes Constituyentes de 1869», *Miscelánea Comillas*, M., XXXII (1974), 60, pp. 127-153.

188. *Id., Iglesia-Estado un cambio político. Las Constituyentes de 1869*, M., Taurus, 1974, 432 pp.

189. Poblet Guarro, Josep María, *Prim: militar, diplomátic, conspirador, home de govern,* B., Portic, 1975, 748 pp.
190. Ralle, Michel, «L'utopie et l'action dans la Première Internationale en Espagne», *Actes du VIᵉ Congrès National des Hispanistes Français de l'Enseignement Supérieur,* París, Les Belles Letres, 1971, pp. 83-106.
191. *Id.,* «La notion de "bourgeoisie" dans l'idéologie de la Première Internationale en Espagne», *La question de la «bourgeoisie» dans le monde hispanique au XIXᵉ siècle,* Burdeos, Ed. Bière, 1973, pp. 119-135.
192. Rodríguez de Coro, Francisco, «El primer obispo de Vitoria y las Concepcionistas de Azpeitia durante el Sexenio Revolucionario. Documentos inéditos», *SV,* XXII (1975), 2, pp. 187-229.
193. *Id., El obispado de Vitoria durante el sexenio revolucionario,* Vitoria, Caja de Ahorros, 1976, 382 pp.
194. Rosenblatt, Nancy A., «Emilio Castelar, teórico, publicista y político republicano», *REP,* 186, 1972, pp. 179-210.
195. Ruiz Lagos, Manuel, *Ensayos de la revolución. Andalucía en llamas 1868-1875,* M., Ed. Nacional, 1978, 392 pp.
196. Ruiz Sáenz, Alfonso, *Aspectos de la primera República en Logroño,* Logroño, Instituto de Estudios Riojanos, 1977, 132 pp.
197. Sales de Bohigas, Nuria, «Sociedades de seguros contra las quintas (1865-1868)», *La Revolución de 1868,* pp. 109-125.
198. *Id.,* «Servicio militar y sociedad en la España del siglo XIX, *Sobre esclavos, reclutas y mercaderes de quintos,* B., Ariel, 1974, pp. 209-277.
199. Sagrera, Ana de, «Amadeo de Saboya es proclamado rey de España», *Historia y Vida,* B., IV (1971), 34, pp. 112-129.
200. Sánchez-Albornoz, Nicolás, «El trasfondo económico de la Revolución», *RO,* VI (1968), 67, pp. 39-63.
201. *Id.,* «Cádiz, capital revolucionaria, en la encrucijada económica», *La Revolución de 1868,* pp. 80-108.
202. *Id., España hace un siglo: una economía dual,* M., Alianza, 1977, 184 pp.
203. Sánchez Jiménez, José, «El período revolucionario en un pueblo de la sierra (1868-1874)», *Sociedad, Política y Cultura,* pp. 73-80.
204. Sánchez Mantero, Rafael, «Bibliografía sobre la Revolución de 1868», *AT,* VII (1969), 37, pp. 27-31.
205. Santillán y Gutiérrez de Bárcena, José Ramón, «De 1869 a 1874. Nuevos documentos complementarios para el estudio de este período de la historia de España», *Boletín de la Real Academia de la Historia,* M., CLXVIII (1971), 2, pp. 347-364.

206. Sanz de Diego, Rafael M.ª, «La legislación eclesiástica del sexenio revolucionario (1868-1874)», *REP,* 200-201, 1975, pp. 195-223.

207. Saurín de la Iglesia, M.ª Rosa, «1868. Reflexiones italianas sobre "La Gloriosa"», *Spanische Forrschungen der Gorresgesellschaft,* xxiv (1968), pp. 422-434.

208. Schiavo, Leda, «Valle-Inclán, Paúl y Angulo y la Revolución del 68», M., *Insula,* xxx (1975), 339, pp. 1 y 12.

209. Sebastiá Domingo, Enrique, «Las elecciones municipales en Valencia en 1868», *Primer Congreso de Historia del País Valenciano,* Universidad de Valencia, vol. iv, 1975.

210. Seco Serrano, Carlos *(Ed.), Actas de los Consejos y Comisión Federal de la Región Española (1868-1874),* Universidad de Barcelona, 1969, 2 t., lxxi + 403 y 345 pp.

211. Id. *(Ed.), Cartas, comunicaciones y circulares del III Consejo federal de la Región española,* Universidad de Barcelona, t. i, 1972, xxxvi + 430 pp., y t. ii, 1973, xxxvii + 404 pp.

212. Id., «La toma de conciencia de la clase obrera y los partidos políticos de la era isabelina», *La Revolución de 1868,* pp. 25-48.

2¹3. Id., «L'Espagne, la Commune et l'Internationale», *International Review of Social History,* xvii (1972), pp. 222-239.

214. Solé Tura, Jordí, y Aja, Eliseo, *Constituciones y períodos constituyentes en España (1808-1936),* M., Siglo XXI, 1977, pp. 55-67 y 158-161.

215. Stafford, David, «Brousse and the Comité de Propagande Socialiste Révolutionnaire de la France méridionale, Barcelona, 1873», *From Anarchism to Reformism. A study of the political activities of Paul Brousse within the First International and the French socialist movement 1870-1890,* Londres, Weidenfeld & Nicolson, 1971, pp. 35-45.

216. Temime, Emile, «L'Espagne à la veille de la Révolution de 1868, vue par un touriste français», *Mélanges à la mémoire d'André Joucla-Ruau,* Universidad de Aix, 1978, t. i, pp. 371-381.

217. Termes, Josep, «Aspects inédits de l'activité de l'Internationale en Espagne sous la Première République», *La Première Internationale. L'institution. L'implantation. Le rayonnement,* París, cnrs, 1968, pp. 321-329.

218. Id., *Anarquismo y sindicalismo en España. La Primera Internacional (1864-1881),* B., Ariel, 1971, 670 pp.

219. Id., «Nationalisme et ouvriérisme catalan (1868-1874)», *Mouvements nationaux d'indépendance et classes populaires aux XIXᵉ et XXᵉ siècles en Occident et en Orient,* París, Armand Colin, 1971, pp. 211-216.

220. *Id.,* «El federalisme català en el període revolucionari de 1868-1873», *Recerques,* B., 2, 1972, pp. 33-69.
221. *Id., Federalismo, anarcosindicalismo y catalanismo,* B., Anagrama, 1976, pp. 47-120.
222. Tierno Galván, Enrique, *Leyes políticas españolas fundamentales (1808-1936),* M., Tecnos, 1975, 534 pp.
223. Titos Martínez, Manuel, «Guadahortuna: un ejemplo local de la reacción caciquil a la revolución de 1868», *Anuario de Historia Moderna y Contemporánea,* Granada, 4-5, 1977-1978, pp. 419-437.
224. Tortella, Gabriel, «Ferrocarriles, economía y revolución», *La Revolución de 1868,* pp. 126-137.
225. Trías Vejarano, Juan J. *(Ed.);* Pí y Margall, Francisco, *Pensamiento social,* M., Ciencia Nueva, 1968, 356 pp.
226. *Id.,* «La experiencia de 1868-1873», *Almirall y los orígenes del catalanismo,* M., Siglo XXI, 1975, pp. 120-220.
227. *Id.* (y Elorza, Antonio), *Federalismo y Reforma Social en España (1840-1870),* M., Seminarios y Ed., 1975, 450 pp.
228. Trujillo, Gumersindo, «La libertad de enseñanza en la Revolución de 1868», *AT,* VII (1969), 37, pp. 5-26.
229. Tuñón de Lara, Manuel, «El problema del Poder en el sexenio 1868-1874», *Estudios sobre el siglo XIX español,* M., Siglo XXI, 1972, pp. 83-153.
230. *Id.,* «1868-1874. Crisis y crecimiento. Revolución de 1868. La Primera Internacional. La Primera República», *El movimiento obrero en la historia de España,* M., Taurus, 1972, pp. 165-248.
231. *Id.,* «La política social en el parlamento de la Primera República», *Estudios de Historia contemporánea,* B., Nova Terra, 1977, pp. 21-48.
232. Turin, Yvonne, «Le problème universitaire et la révolution de 1868 en Espagne», *RHMC,* XVIII (1971), pp. 282-295.
233. *Id.,* «1868. Révolution scientifique. Etude idéologique du mouvement révolutionnaire espagnole», *Revue Historique,* 524, 1977, pp. 353-362.
234. Valverde, Isidoro, *Los cantonales,* Cartagena, Athenas, 1971, 170 pp.
235. *Id.,* «Centenario de la revolución cantonal: la insurrección cantonal de Cartagena», *Revista General de Marina,* M., 185, 1973, pp. 21-36.
236. *Id.,* «*El Cantón Murciano*», *órgano oficial de la Federación* (Estudio realizado sobre el facsímil editado en Cartagena en 1891), Ayuntamiento de Cartagena, 1973, 145 pp.
237. Vázquez de Prada, Valentín, «Consideraciones, a cien años fecha, sobre una ruidosa polémica: proteccionistas frente a librecambistas», *AT,* VI (1968), 36, pp. 589-599.

238. Vilar, Juan Bautista, *El Obispado de Cartagena durante el sexenio revolucionario (1868-1874)*, Universidad de Murcia, 1973, 47 pp.

239. *Id., Bases sociales y económicas del Cantón Murciano*, M., Miguel Castellote, 1973, 119 pp.

240. *Id.*, «Apuntes sociológicos en torno al levantamiento carlista de Ciudad Real en 1869», *Anales de la Universidad de Murcia*, XXXIV (1975-1976), 1-4, pp. 87-109.

241. *Id.*, «Aportación al estudio del Cantón Manchego», *Cuadernos de Estudios Manchegos*, Ciudad Real, 7, 1977.

242. Vilar, Pierre, «1864-1881: Autour de la 1re Internationale et de la 1re République», en J. Droz *(Ed.), Histoire Générale du Socialisme*, París, PUF, t. 2, 1974, pp. 295-312.

243. Viñas Cebrián, José, «Revolución de septiembre de 1868. Aspecto militar en Andalucía y la batalla del Puente de Alcolea», *AH*, XLVIII-XLIX (1968), 147-152, pp. 123-159.

244. Zavala, Iris M., «La prensa ante la revolución de 1868», *Románticos y socialistas. Prensa española del XIX*, M., Siglo XXI, 1972, pp. 179-205.

LA HISTORIA ECONOMICA DE LOS SIGLOS XIX Y XX: ENSAYO BIBLIOGRAFICO *

Gabriel TORTELLA

Este ensayo sobre historiografía económica está subdividido de manera muy simple cronológicamente en lo que podríamos llamar siglo XIX, y que cubre más o menos de 1830 a 1914, y siglo XX que cubrirá naturalmente hasta nuestros días, aunque algunos trabajos de historia económica desde 1940 hasta hoy naturalmente son muy difíciles de separar de los estudios puramente económicos. Haremos, sobre este período, unos comentarios acerca de los temas más interesantes y sobre algunos de los trabajos de economistas y de historiadores que pueden ser calificados realmente de historia económica y no de economía simplemente.

EL SIGLO XIX

Creo que la idea más clara y admitida por todos acerca de este período, es que, más que ante una época de industrialización en España, estamos ante un ensayo fracasado de industrialización, o quizá, desde otro punto de vista, ante el establecimiento de las bases o de las condiciones para el crecimiento sostenido que va a tener lugar durante el período siguiente, es decir el siglo XX. Hoy esta conclusión nos parece evidente, pero no era así hace poco más de diez años. Hacia el año 1967, se llegó a publicar en Barcelona un tomito para celebrar el bicentenario de la revolución industrial en España,

---

* Este artículo es una versión considerablemente ampliada y corregida de mi comunicación al X Coloquio de Pau. Quiero agradecer al profesor Pierre Malerbe su generosa ayuda en la transcripción de la versión oral; y al profesor Leandro Prados de la Escosura sus comentarios y sugerencias. Las abundantes omisiones y otros errores son exclusivamente míos.

considerando que ésta había tenido lugar con la importación de la primera maquinaria de hilar inglesa.

Es indudable que durante el siglo XIX, a pesar de que la revolución industrial fracasó, no hubo, propiamente hablando, estancamiento económico tampoco. Y se pueden citar unos cuantos hechos a este respecto: la desamortización, la construcción del ferrocarril, el desarrollo del sistema bancario, el crecimiento notable de la industria textil en Cataluña, la instalación del telégrafo, el crecimiento de las ciudades, la modernización del sistema fiscal y presupuestario, así como del sistema administrativo del Estado, e incluso reformas profundas de la educación. Todo ello son indicios de una sociedad en movimiento, pero, a pesar de todos estos indicios, podemos decir que la sociedad española permaneció apegada a una agricultura pobre y atrasada y que las actividades modernas que podríamos llamar actividades industriales (por utilizar una palabra que sintetiza mucho) permaneció en minoría. Y el desfase entre la sociedad española y la de la mayor parte de los otros países europeos probablemente aumentó.

Ahora entraremos a analizar el trabajo realizado en diversos sectores.

Población

Empezando por la población tenemos que quizá la más importante aportación de los historiadores demógrafos españoles y extranjeros, es el haber establecido claramente que esta población tuvo tasas de crecimiento muy modestas y muchas características de una población subdesarrollada, lo cual ha servido también para confirmar la impresión de que la revolución industrial no tuvo lugar en ese período.

Este relativo subdesarrollo de la población en España en el siglo XIX ya nos había sido sugerido por J. Nadal en la primera edición de su síntesis de demografía histórica y ha sido explicitado cada vez más con las sucesivas ediciones de este libro. Los trabajos de Livi-Bacci, alguno de los cuales ha sido traducido recientemente al castellano en el libro de Glass y Revelle sobre demografía histórica, demostraron con gran claridad esta impresión y añadieron algunas precisiones más. La población española tiene caracteres de subdesarrollo en primer lugar por la alta tasa de mortalidad, que viene causada por unos cuantos factores que son típicos del subdesarrollo: una alimentación deficiente —a este respecto muchos artículos y trabajos nos han dado ejemplos de la correlación existente entre zonas deficitarias o con gran carestía de alimentación y alta mortalidad—, y una incidencia alta de las epidemias. Esta alta incidencia era a su vez debida, por una parte, a la mala alimentación y, por otra, a unos muy bajos niveles de higiene privada y pública. Es interesante recordar un fragmento de Mérimée que me parece un indicio claro del mal nivel y de la laxitud con que se aplicaban las medidas de higiene en la España del siglo xix. Mérimée cuenta que en un viaje de Madrid a Barcelona, iba en una diligencia con una hermosa dama y un torero famoso que iba a actuar en Barcelona. Antes de llegar a Barcelona, el torero galantea a la dama, que responde a sus halagos. Al llegar se les dice que hay una cuarentena que se aplica a los de la diligencia; que no pueden entrar en Barcelona porque parece que en Madrid y Barcelona hay zonas epidémicas. Sin embargo, se les dice que el torero puede pasar porque tiene que torear en la plaza esta tarde. Llevado de su galantería, el torero dice que si a la dama no la dejan entrar, él no torea esta tarde. Al cabo de unas discusiones se suspende la obligación de la cuarentena para toda la diligencia y todo el pasaje entra en Barcelona. Mérimée comenta esta anécdota sorprendiéndose precisamente por la falta de rigor con que se aplicaban las reglas de sanidad en nuestro país, y la anécdota me parece sugerir una de las razones por las que las epidemias tienen tal incidencia en la España del siglo xix.

Hay además de la mortalidad epidémica una alta mortalidad ordinaria debida a todo lo dicho antes y a lo extendido de las enfermedades endémicas: tuberculosis, tisis, etc., sobre las cuales Vicente Pérez Moreda tiene muy interesantes páginas en su tesis.

Junto a esta alta mortalidad España exhibe una tasa de natalidad que, aunque alta en términos absolutos, es baja en términos relativos, es decir, relacionada con la mortalidad; ello hace que el crecimiento vegetativo sea relativamente bajo en comparación con el nivel europeo. El crecimiento vegetativo es el antepenúltimo de los países de Europa occidental, siendo el primero el de Irlanda y el segundo el de Francia.

A Livi-Bacci le parece que hay indicios, ya desde el siglo xviii, para suponer que se daban prácticas maltusianas de control artificial de la natalidad entre la población española.

Pasamos ahora al tema de las migraciones. A partir de 1888 tenemos datos bastante fiables para la emigración. Sabemos que hay un fuerte emigración española no sólo transatlántica sino también hacia el norte de Africa y hacia Europa a través de los Pirineos. Y a pesar de que esta emigración sea relativamente baja en términos relativos, alcanza altas cotas a partir de principios de siglo. En los treinta años anteriores a 1914, la emigración representa un millón de españoles. Este movimiento de población generó unos flujos de remesas de emigrantes que contribuyeron a equilibrar la balanza de pagos.

En cuanto a las emigraciones internas, sabemos también que el proceso fue de continuación de las tendencias que existían tenuemente desde la Edad Media y claramente desde el siglo XVI. Es decir, que las fuerzas centrífugas imperan sobre las fuerzas centrípetas (huida de la Meseta) y también que a éstas se superponen fuerzas que podríamos llamar de gravedad, es decir, de Norte a Sur. Lo cual hace que el litoral mediterráneo y el litoral atlántico sean las zonas donde se acumula la población mientras se vacía relativamente el centro.

Naturalmente, en este panorama, la mayor vitalidad demográfica se manifiesta en Cataluña, lo cual nos demuestra la correlación entre la vitalidad demográfica y la industrialización en este período.

La agricultura

La agricultura es la más importante de las actividades económicas en el siglo XIX, tanto por el número de hombres que ocupaba, como por su participación en la renta nacional. El estudio de la agricultura española en el siglo XIX reviste, por razones de sobra conocidas, grandes dificultades que hasta muy recientemente han desanimado a los investigadores. Vicens Vives, por ejemplo, es bien sabido que basaba sus capítulos sobre el tema de un estudio eternamente inédito de Salvador Millet y Bel cuyas cifras son muy conjeturales.

La abolición del diezmo dificulta la estimación del volumen de las cosechas. Hoy, aparte de estudios regionales que abundan pero que son limitados en el espacio y el tiempo, hay un equipo de estudios en la Universidad Complutense (Grupo de Estudios de Historia Rural) que nos ha dado primicias de un trabajo de ámbito nacional. En cuanto a la estimación de cosechas, etc., se espera la publicación de las tesis de Ramón Garrabou y de Teresa Carnero, que prometen estudios cuantitativos acerca de finales del siglo XIX.

En cuanto a síntesis de lo que se sabe y mostrando precisamente las grandes lagunas de nuestra ignorancia, está probablemente entre las mejores la de Gonzalo Anes en uno de los libros de ensayos publicados por el Banco de España. En el último número de *Hacienda Pública Española* hay una lúcida síntesis de Fontana sobre los últimos tiempos del Antiguo Régimen y los comienzos del siglo XIX.

Estudios regionales hay muchos y muy valiosos. Su agrupación y su síntesis vendrá en su día y probablemente contribuirán mucho a nuestra comprensión del ámbito nacional, pero difícil sería nombrarlos todos aquí. Muchos de ellos ponen de relieve un punto ya conocido: la intensa dualidad de la agricultura española en el siglo XIX; es decir, la diferencia entre una meseta cerealícola y con bajos rendimientos y, por otra parte, una periferia en donde en zonas determinadas abundan los cultivos de regadío o de secano que son competitivos con el exterior, obtienen buenos rendimientos y muestran tendencia a la exportación, concretamente de vinos, naranjas, frutas, hortalizas, frutas secas, aceite, etc.

Una cuestión que ha apasionado mucho más a los historiadores que la de la producción es la de los regímenes de propiedad de la tierra, y en concreto el tema de las desvinculaciones y desamortizaciones del siglo XIX. De esto se ocupan tanto los historiadores económicos como los historiadores que podríamos llamar institucionales o sociales. Pero el problema aquí es parecido al de la producción: es difícil agregar cifras hasta el ámbito nacional. Nos encontramos con que las mejores monografías también son de tipo zonal, regional o provincial.

A mi modo de ver, el problema fundamental de la desamortización radica en saber cómo afectó a la distribución de la propiedad, a su administración, al volumen de producción y, por lo tanto, todo ello al bienestar de la población en su conjunto y en sus distintas clases. Pero en especial nos interesa, naturalmente, la suerte que en estas transformaciones les cupo a los campesinos.

Otro problema relacionado con la desamortización que toca no sólo al ámbito agrícola sino a toda la comunidad española, es el impacto de la desamortización sobre el presupuesto, sobre el poder de la Iglesia, sobre la correlación de fuerzas políticas, etc.

La cuestión del impacto sobre la distribución de la producción está todavía en el aire y creo que quizá lo más sugestivo sobre el tema hayan sido unos artículos de Herr que están basados sin embargo en evidencias muy puntuales. Su hipótesis es que generalmente las tierras desamortizadas a nivel local tendieron a ser adquiridas en concordancia con la previa distribución de la riqueza agraria. De modo que la desamortización, según las hipótesis de Herr, no habría cambiado sustancialmente la estructura de la propiedad agraria. Pero sí habría cambiado la identidad de los propietarios puesto que la Iglesia y los municipios cedieron sus títulos de propiedad en favor de ciudadanos particulares. Parece muy claro que no ha habido más latifundios que antes por consecuencia de la desamortización. Lo que en cambio parece fuera de duda es que la desvinculación favoreció claramente a la nobleza terrateniente y que desvinculación y desamortización perjudicaron a los campesinos pobres que se habían venido beneficiando de la caridad de la Iglesia y de la ocupación de hecho de tierras eclesiales vinculadas y de tierras públicas. Los estudios de Francisco Simón Segura que son meritorios y concienzudos, pero a mi modo de ver poco sistemáticos en su exposición, nos han aportado a nivel nacional un conocimiento más seguro del ritmo de la operación. Hay estudios locales de muy alta calidad y sería imposible citarlos todos aquí.

Otros temas relacionados con la agricultura son interesantes, como los relativos a los precios y a su geografía. Así Nicolás Sánchez Albornoz está sometiendo a tratamiento econométrico las cifras procedentes de la *Gaceta* y está obteniendo como subproducto resultados de gran interés sobre la estructura geográfica, la producción, la relación de precios y cosechas, etc.

La industria

En cuanto a la industria, la gran fracasada o semifracasada del período, sabemos que su distribución regional fue muy desigual; sabemos también que, como en Inglaterra, fue la industria textil algodonera (y luego la siderúrgica) la primera que se desarrolló. Pero, a diferencia de lo ocurrido en Inglaterra, el algodón no llevó tras sí al resto de la economía porque faltaba aquí lo que sí había allí como rico telón de fondo: prosperidad agrícola, red de transportes, un Estado eficaz, un alto nivel educativo, etc.

Los más valiosos trabajos sobre industria algodonera barcelonesa se deben a la escuela de Barcelona (J. Nadal, M. Izard, J. Maluquer de Motes, etc.). Me parece que uno de los problemas fundamentales a este respecto es el de establecer por qué creció la industria algodonera en Barcelona. Había algunas razones que harían pensar que este crecimiento es sorprendente, entre otras, naturalmente, la falta de carbón y la falta de algodón, lo que implica que se hubiesen de importar las materias primas más fundamentales. La respuesta a esta pregunta, a mi entender, reside en el crecimiento agrícola y comercial de Cataluña en el siglo xviii que P. Vilar nos ha descrito de manera tan completa. También podría haberse beneficiado la industria de las condiciones favorables del puerto de Barcelona para importar algodón y exportar tejidos; y quizá, también, pero de esto no estoy totalmente convencido, de la tradición textil (aunque ésta sea lanera) desde la Edad Media en Barcelona. Sin olvidar, por supuesto, en un plano más general, las oportunidades que presentaban el mercado colonial y la protección arancelaria sistemática por parte del Estado español.

Gracias a estos trabajos conocemos importantes características del perfil de las curvas de producción, de los precios, e incluso algunos rudimentos de la estructura de esta industria. Pero hay una serie de cuestiones que precisamos saber acerca de la industria algodonera catalana: la estructura del mercado, las historias de algunas industrias individuales, su desarrollo y su dinámica. Y quizá lo más importante, saber si valió la pena el esfuerzo económico que implicó la protección arancelaria a la industria algodonera catalana. ¿No hubiera sido mejor dejar que la industria se desenvolviera por sí misma sin protección arancelaria como hicieron otras industrias algodoneras no británicas en el continente, como la belga o la suiza? Esta, pienso, parece ser la cuestión central que hay que plantear derechamente, aunque muy difícil de contestar.

También quisiéramos saber más acerca de las tasas de beneficio, de las estructuras de costes en comparación con las empresas no españolas. Esto nos permitiría emitir hipótesis sobre la viabilidad que hubiera tenido la industria algodonera barcelonesa en caso de haber tenido que competir en el mercado internacional. No cabe duda de que esta industria costó cara a los españoles que, para mantenerla, para que existiera, pagaron precios más altos por las prendas de vestir que los que hubieran pagado en ausencia de arancel. El problema está en que se obtuvieron también, como contrapartida, ciertos beneficios, como el desarrollo de la ciudad de Barcelona, y el empleo de una parte sustancial de la población obrera de esa ciudad.

El crecimiento del núcleo urbano y de la industria crearon economías externas indudables que de alguna manera favorecieron el desarrollo de otras actividades en Barcelona, en Cataluña y en el resto de España. Acerca de esto existe una cierta polémica, quizá concluida, pero en absoluto concluyente, entre Sánchez Albornoz y Nadal. Sopesar el pro y el contra de esta protección parece ser uno de los problemas importantes relativos a la industria algodonera en el siglo XIX.

En cuanto a la siderurgia, lo que ha aparecido hasta ahora son trabajos de Nadal y González Portilla, que han renovado lo que sabíamos, lo que era doctrina recibida del ya antiguo libro de Sánchez Ramos y otros más antiguos todavía. El problema fundamental de la siderurgia española es el de la materia prima energética, la escasa y mala calidad del carbón español, lo cual explica por qué hubo tantos intentos fallidos hasta localizarse en Vizcaya la industria siderúrgica al final del siglo XIX. Otro problema es la falta de mercado por el atraso del resto de la economía: el mercado español era muy poco profundo por el atraso de la agricultura y de la industria. La industria estaba en malas condiciones, además, para competir con la siderurgia británica, alemana, belga o francesa. Varios autores (entre ellos, yo mismo) han sugerido, siguiendo las reclamaciones de industriales y publicistas coetáneos, que si no se hubiera concedido franquicia a las importaciones de hierro para la construcción del ferrocarril a mediados del siglo XIX, la siderurgia española se hubiera beneficiado de la demanda ferroviaria. Hoy esta afirmación me parece muy discutible. Antonio Gómez Mendoza en su trabajo aún inédito sobre historia ferroviaria (y yo mismo, más modestamente, en un trabajo en prensa) arguye convincentemente que el tendido ferroviario no hubiera podido construirse cuando y como se construyó sin importar hierro extranjero. La industria española hubiera tardado muchos años en poder abastecer la demanda ferroviaria, los precios hubieran sido más altos y el material probablemente de peor calidad. Sobre esta industria, de todos modos creo que no sabemos lo bastante, y tenemos los mismos, o aún mayores, interrogantes que para el algodón.

Hay muchas más industrias que la algodonera y la siderúrgica incluso en un país atrasado como la España del siglo XIX: industrias textiles como la sedera y la lanera, por ejemplo. Sobre la sedera y la algodonera no catalana creo que sabemos relativamente bastante gracias a los trabajos de Martínez Santos, García Bonafé, y Aracil, Podríamos pedir más sobre la lanera. Hay una serie de cuestiones que no están claras acerca de la utilización de materia prima española en las industrias de transformación de la lana, aunque el reciente trabajo del Grupo de Estudios Agrarios ha aclarado algunos puntos sobre la decadencia de la cabaña lanar. En cuanto a otras industrias, las más importantes en términos cuantitativos son la molinería y la elaboración de alimentos; sobre estas industrias tradicionales, sabemos muy poco y presentan interés porque ocupaban una gran cantidad de mano de obra. Lo mismo sobre la industria de elaboración del vino, que empleaba bastante mano de obra independientemente de las faenas del cultivo de la vid.

Por lo que respecta a la minería, su papel es fundamental a partir de 1875 sobre todo. Entre los diversos trabajos sobre este tema destacan los de Nadal. Esperamos impacientemente la tesis de G. Chastagnaret de la que ha publicado algunas primicias. Sobre la producción de cobre hay también una monografía publicada hace ya varios años por David Avery, historiador inglés no económico, sobre la Compañía de Río Tinto, que está llena de datos interesantes para la historia económica, aunque no plantea problemas puramente económicos sino más bien políticos y sociales. Está también, por supuesto, el ya bien conocido libro de Checkland, sobre la otra gran compañía cuprífera, Tharsis, y las monografías de Estevan Senis y de Donézar.

A propósito de la minería sería preciso que los futuros estudios enfocaran el papel económico que tuvo la minería desde el punto de vista español, o sea sobre la expoliación que supuso para España la extracción de minerales por parte de compañías y cárteles extranjeros. También habría que hacer un balance de costes y beneficios de esta expoliación y a la vez de la entrada de capitales y del aumento en el empleo de mano de obra que el desarrollo de la minería entrañó, y sobre el papel de multiplicador que tuvo el desarrollo de la minería, de estímulo para otras industrias. Sobre este impacto tenemos el artículo de Valerie Shaw. La cuestión me parece muy digna de atención, porque, a mi modo de ver, este desarrollo está conectado con el comienzo del despegue de la economía española. El papel exportador de la minería es impresionante y en la medida en que estas exportaciones financiaron la importación de bienes de equipo no se puede decir que la minería, en total, sea una actividad

que se deba apuntar en el «Debe» exclusivamente sino que tiene
muchos renglones que deben apuntarse también en el «Haber»; y
el saldo de «Debes» y «Haberes» es lo que ignoramos y debemos
tratar de sopesar cuidadosamente.

Comercio exterior

Esto nos lleva a la cuestión del comercio exterior. La investigación
sobre este tema ha estado paralizada hasta muy últimamente por la
sencilla razón de que unos ensayos de Valentín Andrés Alvarez de
hace unos treinta años desanimaron totalmente a los estudiosos. Se
desprendía de los estudios de Andrés Alvarez que las cifras oficiales
españolas no valían absolutamente nada y no se les podía conceder
ninguna fiabilidad. Esto no es totalmente cierto, sobre todo para el
siglo XIX. Estoy convencido de que estas cifras se pueden utilizar con
precauciones y que de ellas se puede sacar mucho partido. Es un
campo que queda abierto para futuras investigaciones. Por ahora se
pueden sacar varias conclusiones. Primero, la enorme rapidez con
que creció el comercio exterior desde 1850, rapidez tanto más destacable cuanto que es mayor que la del comercio exterior inglés,
francés, italiano o portugués, por ejemplo. Este crecimiento rápido
hace pensar que la eficacia de la política proteccionista no era tanta,
y que la economía española estaba creciendo a pesar de obstáculos
y trabas. Sería muy extraño que la elevación del nivel de comercio
no fuese acompañada de un crecimiento económico.

Además, en la actividad exportadora encontramos un considerable dinamismo: es decir, que España no es un país de monocultivo.
A partir de 1850 hay una serie de productos que España exporta,
una variedad renovada de actividades exportadoras. La economía
española se adapta a los avatares del mercado. Por ejemplo, la caída
de las exportaciones de lana es compensada por las exportaciones
de vino. La plaga filoxérica da lugar a un aumento de la exportación
de naranjas y de minerales. Después, a finales de siglo, se desarrollan
cada vez más las exportaciones de productos semimanufacturados y
de productos manufacturados, como tejidos y zapatos. No nos encontramos ante el clásico problema del país subdesarrollado que o
exporta unos determinados productos o no exporta nada. Hay una
cierta flexibilidad en el sistema productivo español.

En cuanto a la importación de capitales en España, es un tema eminentemente polémico sobre el cual esperamos con impaciencia la tesis de Broder de la que nos ha dado ya algunas primicias y que creo va a cambiar mucho el enfoque de los trabajos sobre la cuestión.

Otros sectores

El de los transportes es también un tema que ha suscitado abundante polémica. España tiene una orografía poco apta para el transporte, y esto se ha reflejado en su historia. El romper el obstáculo orográfico por medio del ferrocarril fue sin duda un paso muy importante. Al tema del ferrocarril se han dedicado varios libros últimamente, como el de Aníbal Casares, el de Wais San Martín y ahora, recientemente, el del Banco de España dirigido por Artola. En otros trabajos, como uno de Nadal *(El fracaso)* y otro mío *(Los orígenes)* se prestaba atención al tema y se hacían críticas al modo en que se construyó la red; en el caso de Nadal, predominantemente por la estructura radial que se le dio; en el mío por la excesiva rapidez con que se construyó. Ambas tesis han sido criticadas abundantemente: la mía por Nadal (entre otros); la de Nadal, por algunos de los autores del libro del Banco de España (entre otros). Entre los trabajos en ciernes que podrán contribuir a la polémica y aclarar algunos de los puntos en debate está el de Antonio Gómez Mendoza. Su metodología es análoga a la de algunas obras recientes anglosajonas, tratando, entre otras cosas, de medir el ahorro social que significó el ferrocarril.

Quizá se exagere un poco la polémica que divide a los que, para decirlo de manera excesivamente simplista, están en pro o en contra del ferrocarril. El simplismo debe ser matizado. Evidentemente la economía española en el siglo XIX tenía pocas alternativas al transporte ferroviario. No cabe duda de que la construcción del ferrocarril era indispensable y no pudo sino tener efectos beneficiosos para la economía española. Lo que en realidad se discute es el modo en que se construyó el ferrocarril, el trazado y el ritmo temporal. Frente a los beneficios a largo plazo, indiscutibles, el hecho de que se construyera tan tarde, es decir, ya entrada la segunda mitad del siglo, y que se construyera entonces con gran precipitación probablemente hicieron que la infraestructura ferroviaria fuera irremediablemente defectuosa, que la red de tipo radial, poco meditada, no fuera la mejor posible. Estos dos defectos de base probablemente hicieron que la rentabilidad del ferrocarril fuera siempre muy baja y que esto repercutiera precisamente en su estructura y su falta de desarrollo posterior.

Sobre las cuestiones de moneda y banca se ha escrito bastante, quizá más, relativamente hablando, de lo que el tema merece. Tenemos varios volúmenes del Banco de España, obras colectivas todos ellos, pero entre cuyos autores destacan Rafael Anes, Pedro Tedde y Diego Mateo. Contamos ya con tres libros sobre la banca catalana de Francesc Cabana. Hay un libro mío que se ocupa principalmente de temas bancarios. Y ha aparecido muy recientemente el de Clementina Ródenas sobre la banca valenciana. Todos ellos elaboran y amplían sobre trabajos tales como los de Sardá, Tallada, Canosa y, más recientemente, Cameron. El tema bancario ha producido poco debate. Hoy resulta claro que los primeros bancos modernos aparecen en España alrededor de 1850, y que la estructura actual se forja a principios del siglo xx; que la banca privada catalana, con mucho la más importante en el siglo xix, empieza a decaer visiblemente hacia 1885, mientras que la vasca inicia un impresionante crecimiento hacia las mismas fechas; que la naturaleza y composición de la oferta monetaria sufren una gran transformación durante el último cuarto del siglo xix; y que la peculiaridad española se manifiesta una vez más en el abandono subrepticio del patrón oro en 1883.

Sobre historia presupuestaria tenemos recientes y valiosos trabajos, como los sucesivos volúmenes que Fontana nos viene ofreciendo (*La quiebra; Hacienda y Estado; La revolución liberal*), el de Martín Niño sobre la Hacienda en la Revolución de 1868 y, de fechas anteriores, los de Solé Villalonga sobre la reforma de Villaverde y de Estapé sobre la de Mon y Santillán. Por cualquier lado que se mire, la panorámica de la Hacienda en el siglo xix es desoladora. Déficit persistente, «arreglos» frecuentes que son otros tantos repudios mal encubiertos, ventas del patrimonio estatal para financiar un gasto desmedido y económicamente poco justificable, son las consecuencias de un sistema de impuestos inflexible, rígido y regresivo. Consecuencia del caos presupuestario fue el enorme crecimiento de la Deuda pública, y la abdicación por el Estado de partes sustanciales de su soberanía económica: arrendamiento de las minas de Almadén y Río Tinto, concesión del Banco Hipotecario, monopolio de emisión del Banco de España, exportación del *stock* de oro, etc.

EL SIGLO XX

En la investigación sobre este período, en la que aún queda tanto por hacer, los historiadores de la economía se ven ayudados por los practicantes de otras disciplinas, muy especialmente por los especialistas en Estructura Económica y en Política Económica. Tal es el caso, como veremos, de estudiosos como José Luis García Delgado, Santiago Roldán, Juan Muñoz, Ramón Tamames, Juan Velarde, etc. Los historiadores económicos y los practicantes de estas otras disciplinas empleamos técnicas de análisis muy semejantes entre sí aunque no exactamente iguales; ello hace que sea muy difícil establecer una distinción entre lo que es historia económica del siglo xx o lo que son estudios del largo plazo de la economía presente o muy recientemente pasada. Por ello la distinción que aquí estableceremos entre obras de historia económica y las que no lo son tiene forzosamente que ser algo arbitraria, aunque se impone establecer una barrera de un tipo o de otro porque en caso contrario resultaría imposible citar el número ingente de obras escritas sobre economía del siglo xx.

El tema quizá más destacado que el siglo xx ofrece al historiador es nada menos que el de la Revolución Industrial. Como hemos visto, el nudo central del siglo xix es lo que Nadal ha definido con el título: «El fracaso de la revolución industrial». Pues bien, yo propondría como título descriptivo de la historia económica del siglo xx español el siguiente: «La revolución industrial española y sus peculiaridades»; porque es indudable que el xx ha sido el siglo de la industrialización española. Todas las series macroeconómicas y nuestra propia experiencia vital lo testimonian así.

Este proceso de industrialización que todavía estamos viviendo ha conllevado una serie de profundos trastornos sociales y políticos que imprimen un fuerte sello de originalidad a la experiencia española, no porque tenga exclusividad en simultanear industrialización con inestabilidad sociopolítica —todo lo contrario— sino porque estos avatares han adquirido un marcado sello de personalidad propia mediterránea ibérica e hispánica, aunque claramente dentro del contexto europeo.

Muchas de las grandes preguntas relativas a la economía española en el siglo xx están sin contestar. Quizá la más importante sea la siguiente: ¿cuáles son las fuerzas que ponen en marcha el proceso? O, dicho de otro modo: ¿es la política económica de los gobiernos la madre o, al menos, la comadrona de la industrialización, es decir, la que la genera o la facilita? ¿O será la industrialización un producto de importación? Si aceptamos la primera hipótesis, y dado que la política económica de los gobiernos españoles desde 1890 está claramente dominada, con variaciones sin duda, por los principios intervencionistas, proteccionistas, corporatistas y con frecuencia autarquistas, estaremos postulando el éxito de este tipo de política económica. Si sostenemos más bien la segunda hipótesis, entonces se abre ante nosotros otra nueva serie de interrogantes. Si la industrialización es un fenómeno importado, ¿a través de qué mecanismos tuvo lugar esta importación?, ¿a través de la imitación de técnicas y hábitos extranjeros? ¿A través de la importación de bienes de equipo y de capital? ¿O será más bien la demanda extranjera de bienes españoles la que constituye la ampliación del mercado necesaria para estimular la tecnificación y la industrialización? O, como es más probable, ¿son todas estas cosas a un tiempo? En este caso, cabe plantearse una nueva pregunta: si la industrialización fue un fenómeno importado, ¿qué papel desempeñó la política económica de tipo proteccionista antes descrita? ¿No será que en lugar del papel de comadrona tuvo el de abortista? ¿O puede ser que el papel desempeñado fuera más bien neutro?

Es difícil, a la vista de lo que hasta ahora sabemos, elegir entre una u otra hipótesis acerca de las causas de la Revolución Industrial española. En favor de la primera hipótesis podría aducirse el hecho de que industrialización y proteccionsmo han crecido simultáneamente. Esta es, podríamos decir, la doctrina recibida: los viejos trabajos de José Acisclo Castedo y de Manuel Pugés en sus defensas de las tesis proteccionistas aducían tal sincronía y con ellos parecen coincidir autores más modernos como Jaime Vicens Vives y Ramón Tamames.

Pero frente a esta tesis puede argüirse otra sincronía: la existente entre el proceso de industrialización español y el de otros países de la cuenca mediterránea, tales como Italia, Grecia o Yugoslavia, principalmente. Esta coincidencia haría pensar que el caso español es paralelo al de la cuenca normediterránea y la industrialización de esta región, a su vez, un caso ilustrativo del modelo general de W. Lewis aplicado a escala europea y no a escala mundial (este tipo de análisis también está implicado en los últimos capítulos de la *Teoría de la Historia Económica,* de J. R. Hicks). Según este modelo de economía dual la industrialización se extendería como una mancha de aceite a lo ancho y largo de un espacio económico a medida que el desarrollo de la zona adelantada fuera requiriendo mayor empleo de recursos (especialmente mano de obra) de la zona atrasada. La exportación de mano de obra a cambio de tecnología y capital sería el motor que iría transformando las zonas relativamente atrasadas. Este habría sido, con ciertas salvedades, el caso de Europa a partir de la Revolución Industrial inglesa en el siglo XVIII. En el XIX habría sido absorbida la franja norte del Continente y en el XX la franja sur. Poco habrían tenido que ver las políticas económicas de los diferentes Estados ante esta inexorable expansión geográfica del capitalismo, que en el último cuarto del siglo XX estaría empezando a afectar a Africa del Norte.

Esta cuestión, que me parece la más trascendental de las que ofrece la historia económica de nuestro siglo XX, no ha sido planteada de manera clara e inequívoca por nadie para el caso español, lo cual no es sorprendente por las enormes dificultades que ofrece la contrastación de las hipótesis subyacentes.

En general, debido a la vasta complejidad de los problemas del período, y la fuerte compartimentalización cronológica del mismo en una serie de subperíodos con problemática propia encuadrados por fenómenos tales como las dos guerras mundiales, la Gran Depresión del siglo XX, nuestra guerra civil, la guerra de Corea, el Plan de Estabilización español, la reciente crisis energética, etc., lo más frecuente en los estudios de Historia Económica han sido las monografías de límites cronológicos más que temáticos. Ejemplo de esto lo tenemos en el libro de José Luis García Delgado y Santiago Roldán sobre la primera guerra mundial, el de Velarde sobre la Dictadura, el de Balcells sobre la Segunda República, etc.

Esto no quiere decir, sin embargo, que no haya algunas síntesis de mayor longitud cronológica. Higinio Paris Eguilaz, por ejemplo, nos ha venido ofreciendo varias obras de conjunto y de clara orientación macroeconómica sobre períodos largos del siglo XX, algunas de ellas de principios de siglo; pero se trata de obras relativamente pobres de análisis que en realidad son poco más que subproductos de su trabajo en la Comisión de la Renta Nacional del Consejo de Economía Nacional y, por tanto, glosas a las series de Renta Nacional desde 1906 hasta la actualidad elaboradas por ese organismo.

Un intento de síntesis lleno de puntos de vista interesantes y bien documentados es el estudio de José Fontana y Jordi Nadal en el volumen correspondiente del libro recopilado por Carlos M. Cipolla con el título general de *Historia Económica de Europa* de la colección Fontana de la editorial Collins, de Londres. Esta síntesis, que (que yo sepa) no ha sido publicada entera en castellano (aunque parte ha sido reproducida en el libro que ahora mencionaré de Rafael Aracil y Mario García Bonafé), es de gran utilidad, pero tiene desde nuestro punto de vista el defecto de carecer de una visión de conjunto, es decir, de ser simplemente una yuxtaposición de breves ensayos, por otra parte excelentes, sobre los distintos períodos cronológicos (hasta la Dictadura, la República, la Guerra, y el Franquismo, dividido éste a su vez en tres etapas).

Un carácter relativamente similar tiene el libro de Aracil y García Bonafé al que acabo de referirme, *Lecturas de Historia Económica de España,* que, compilado con fines indudable y primordialmente didácticos y con excelente criterio, carece también de una visión totalizadora porque todos los artículos incluidos se ciñen a problemas concretos y están agrupados por períodos, y porque la síntesis de los autores que se ofrece como epílogo se ciñe también muy estrechamente a la bibliografía.

De un modo u otro, por tanto, nos encontramos frente a una imponente masa de trabajos monográficos sobre temas o períodos concretos, pero carecemos de obras recientes de síntesis. Quizá sea esto buena señal, porque es posible que nuestro conocimiento sea aún insuficiente para intentar la gran visión de conjunto. Pero también es cierto que toda síntesis es siempre provisional y que su valor no está en establecer la verdad implícita de una vez por todas, sino en sintetizar los conocimientos de un período, en sugerir orientaciones futuras de investigación, en polarizar las críticas y estimular los contrastes. Hay dos libros muy recientes, el de Harrison (en inglés) y el de Broder, Témime y Chastagnaret (en francés) que nos ofrecen resúmenes de la economía española contemporánea, es decir, de mediados del siglo XVIII hasta nuestros días. Aparecieron cuando este ensayo estaba ya escrito, y a ellos me referiré al final.

Por períodos cronológicos, y considerando un siglo XX corto, es decir, comenzando en 1914, tenemos en primer lugar la importante e imponente monografía ya mencionada de José Luis García Delgado y Santiago Roldán, con la colaboración de Juan Muñoz, sobre la economía industrial española durante la primera guerra mundial y su postguerra. Este trabajo, titulado *La formación de la Sociedad Capitalista en España* y constituido por más de 1100 páginas de análisis y estadísticas, arroja luz sobre muchos problemas, y entre ellos algunos de los planteados antes, porque describe los cambios que en la economía española tuvieron lugar como consecuencia de la primera guerra mundial. Y nos encontramos con el siguiente cuadro: los cambios fueron profundos, en otras palabras, la nueva situación internacional afectó hondamente a un país neutral como España, pero aunque exteriormente los signos de prosperidad fueran muchos (superávit en la balanza de pagos, altos beneficios industriales) los efectos a largo plazo fueron desastrosos, como es bien sabido, ya que tuvo lugar una grave crisis a partir de 1918 y la estructura de la economía española salió gravemente debilitada del conflicto debido muy especialmente al proceso de descapitalización que tuvo lugar durante la guerra. Ahora bien, como señalan nuestros autores, la guerra actuó como «un eficaz sistema de protección automática para la producción nacional», y sus efectos nos muestran los inconvenientes de estos sistemas de protección y su futilidad. El gran problema fue que la economía española se adaptó febrilmente a este sistema anómalo de protección creando una serie de actividades que solamente podrían resultar viables en circunstancias totalmente anormales; y, por otra parte, que la sustitución de importaciones que esta protección exigía mostró que la economía era incapaz de autoabastecerse del capital y la tecnología que el aumento de exportaciones y de producción necesitaban. La consecuencia fue esa grave descapitalización. Los peligros del proteccionismo extremo quedan bien ilustrados con este ejemplo.

Sobre los aspectos económicos de la Dictadura poco se ha hecho desde el libro de Velarde acerca de la política económica de ese Régimen. Y este libro no puede ser definitivo sobre el tema, no porque sea un panegírico, que no lo es, sino porque se trata de una primera aproximación, no concluyente en palabras del propio autor, del impacto de la política económica de la Dictadura. El libro de Velarde está lleno de análisis ingeniosos (véase, por ejemplo, el panorma de los problemas de financiación y monetarios), pero sin suficiente respaldo empírico, a pesar de las abundantes tablas estadísticas, y sin juicio de conjunto: las diferentes piezas están ahí (política monetaria, política fiscal, política de obras públicas, política industrial, política de comercio exterior) pero falta el ensamblaje. Para un juicio completo de la Dictadura se requiere una discusión (discusión en sentido científico, se entiende) punto por punto de los análisis de Velarde y después un ensamblaje del rompecabezas, es decir, una visión general. A mi modo de ver, la cuestión que más urgentemente requiere estudio para este período es la del comercio exterior, que Velarde ignora. Sobre la Dictadura se ha escrito recientemente una tesis no publicada de un joven profesor norteamericano, James Rial. Su análisis es también de política económica, que estudia conjuntamente con las medidas estrictamente políticas y administrativas. Sus conclusiones son desfavorables a la labor económica del régimen, pero sus métodos de análisis económico son menos refinados de los de Velarde aunque aventaja a éste en la perspectiva más global que adopta, relacionando los problemas económicos con los políticos y los sociales, siempre dentro del marco internacional. Adolece, sin embargo, del mismo grave defecto que el libro de Velarde: también pasa por alto totalmente los problemas del comercio exterior.

Un paso en este sentido puede ser el dado recientemente por Juan Hernández Andreu, que en sus trabajos sobre la economía de entre guerras ha puesto de manifiesto la dispar evolución de los precios de productos industriales y los de materias primas y productos agrícolas. La baja de éstos desde mediados de los años veinte introduce un elemento depresivo en la economía española que contrasta con el fuerte impulso industrializador que viene del alza de los productos industriales hasta 1930.

Esto nos sitúa en la nueva edición de una vieja querella: la del impacto de la Gran Depresión de los años treinta sobre la economía española. Las principales posturas de la polémica se fijaron ya durante los propios años treinta. Frente a los autores que afirmaban que la Depresión tuvo un impacto relativamente pequeño sobre la economía española, otros veían en ella la causa del fracaso de la República y el estallido de la Guerra Civil. Resulta interesante observar que una y otra postura tienen poco que ver con el credo político de los que las mantienen.

Es sabido que durante los años treinta hubo dos grandes economías que apenas se vieron afectadas por la crisis: la soviética y la japonesa. Varios autores del período entre los que se encuentra el propio Banco de España (en una publicación de tipo estadístico titulada *Ritmo de la Crisis Económica Española en relación con la Mundial*) afirmaron que, a causa del alto nivel de autarquismo que practicaba, también la economía española se vio relativamente poco afectada. La consecuencia de este análisis sería, o bien que las causas de la guerra civil habían sido más sociopolíticas que económicas, o bien que la crisis de la economía española fue autóctona. Modernamente ésta fue la postura sustentada por Vicens Vives, Nadal, y

Casimiro Martí en su ponencia al Congreso de Historia Económica de Estocolmo de 1960, y sigue siendo sustentada más recientemente por Nadal y Fontana en su contribución al libro de Cipolla ya mencionado y aún más próximamente por Jordi Palafox en una tesis doctoral aún sin publicar. Más matizada es la postura de Albert Balcells que en su libro sobre *Crisis económica y agitación social en Cataluña,* aun aceptando las conclusiones básicas de Vicens y los demás, piensa que las repercusiones sociales sobre el paro en las ciudades industriales de Cataluña, en particular Barcelona, fueron muy considerables.

Hacia el extremo opuesto se sitúa Juan Hernández Andreu en varios artículos recientes a los que antes me referí y un libro aún inédito. Utilizando los propios datos del Banco de España, Hernández Andreu llega a la conclusión de que hay que distinguir al menos tres grupos de variables: en primer lugar, las de tipo monetario, que apenas se vieron afectadas por la crisis; en segundo lugar, las materias primas, que se vieron poco afectadas, probablemente porque los mercados de estos bienes ya estaban en depresión desde casi diez años antes; y, en tercer lugar, los bienes de equipo, que sí sufrieron una grave crisis durante los años treinta.

La formulación más reciente de la postura contraria es la de Jordi Palafox, que, sin afirmar que la economía española estuviese totalmente en un «espléndido aislamiento», sostiene lo siguiente. Primero: las cifras del comercio exterior exageran notablemente la caída de las exportaciones durante el período por razones de mala recogida de los datos y cambios en el modo de registrar los datos precisamente durante esos años. Segundo: las caídas en la exportación de ciertos productos tradicionales, como la naranja, se debieron más a razones climáticas (heladas) que a cambios en la demanda. Tercero: la crisis real, pero comparativamente pequeña, de la economía española durante esos años se debió más a razones internas (herencia de la Dictadura, incertidumbre política, militancia sindical) que a repercusiones de la crisis internacional. Cuarto: dado el relativo aislamiento de la economía española, la política económica de redistribución de la renta llevada a cabo por la Segunda República compensó, al menos en parte, los impactos externos, permitiendo la expansión del ahorro y el crecimiento de varias industrias de consumo, notablemente la textil. Quinto: la indudable crisis de las industrias pesadas se debe a efectos de desaceleración resultantes del abandono por los gobiernos republicanos de la política de obras públicas y gastos militares de la Dictadura.

Como puede verse, la polémica, de la cual no todo ha sido publicado, pero de la que soy espectador privilegiado porque me honro con la amistad de ambos autores, tiene gran interés. El problema estriba en que la deficiencia de los datos, en concreto los de comercio exterior y balanza de pagos en general, nos impiden establecer conclusiones inequívocas. Pero lo que resulta ya muy claro a estas alturas es que hay que desechar posturas extremas: Hernández Andreu y Palafox han estrechado los márgenes de la discusión: si bien parece claro que la Depresión incidió menos en España que en otros países europeos (pero no que en todos), también está claro que el país no se libró de serios problemas. Aquí había una crisis endógena autóctona, también es indudable. Y la exterior incidió en alguna medida en la interior. Los investigadores deben tratar de precisar y cuantificar más estas relaciones.

Un sector extremadamente importante durante estos años es la agricultura. Sobre los problemas de la agricultura destacan las obras de Balcells, Maurice, Malefakis y Carrión, todos ellos con un enfoque en el que la esfera económica se relaciona muy estrechamente con la social y política.

Desde el punto de vista que aquí estamos adoptando, es decir, el del relativo largo plazo, la Guerra Civil es un paréntesis cuyo estudio tiene interés limitado. Los trabajos sobre la economía de guerra no pueden, evidentemente, hacerse con una óptica de la economía del crecimiento. En general, estos estudios se deben a dos tipos de intereses: el primero, el de la historia política y social, para estudiar el comportamiento de grupos e instituciones en situaciones excepcionales; el segundo, un punto de vista teórico económico interesado en el comportamiento de ciertas variables en circunstancias también extraordinarias. En ambos casos lo que destaca es el carácter de excepcionalidad, de paréntesis. Ambas consideraciones se han aunado en el estudio más importante que tenemos sobre la economía de guerra, el de Bricall sobre la política económica de la Generalidad de Cataluña y que es un libro sobre organización y política y no sobre desarrollo económico como, por otra parte, resulta natural.

En relación con la guerra civil y como estudio de diplomacia económica, tienen interés y altura los trabajos de Sardá sobre el Banco de España durante la República (muy poco conocido por haber sido secuestrado hace casi diez años, esto es, desde poco después de su publicación *, los de Viñas y los ya numerosos estudios sobre la financiación de la Guerra Civil de Antonio de Miguel, Larraz, Whealey, Harper, Detweiler y otros. La Historia económica del franquismo está aún en plena elaboración.

Frente a la afirmación incontrovertible de que es durante los años 1950-1975 cuando tiene lugar la más profunda transformación de la economía española, esto es, el gran despegue industrial, la ineludible pregunta es: ¿hasta qué punto puede atribuirse al franquismo este crecimiento económico?

He aquí una cuestión que nos apasiona a los españoles porque apenas hay ninguno de nosotros que no haya tomado partido frente al franquismo. Pero aparte de motivaciones emocionales, el interés de la cuestión trasciende nuestras pasiones nacionales, porque el franquismo es uno de los ejemplos más acabados y exitosos de sistema político autoritario, de los que tanto circulan por el mundo. Si este sistema puede atribuirse la Revolución industrial española se apunta un tanto de consideración.

Por citar otra sincronía más, resulta indudable que la hay entre el gran período de crecimiento acelerado de la economía española y las décadas de poder omnímodo del General Franco. A primera aproximación, por tanto, la coincidencia parece entrañar una relación de causalidad: España se desarrolló gracias al franquismo, piensan muchos. Profundizando un poco, las cosas, como siempre, se complican. En primer lugar, los quince primeros años del franquismo exhiben una de las más lentas recuperaciones postbélicas que registra la historia, hecho bien estudiado por Jacinto Ros Hombravella. La lentitud casi increíble de esta recuperación pone muy en entredicho las capacidades milagroso-económicas del franquismo. En segundo lugar, la economía española, más que con la cambiante política eco-

---

* La historia del secuestro de este libro colectivo, titulado *El Banco de España, una historia económica,* es una anécdota más de la inepcia y la incuria de los años del franquismo. En su artículo, Sardá afirma, entre otras cosas, que el oro enviado a Rusia durante la guerra civil fue la contrapartida del material soviético recibido y, por tanto, propiedad legítima del Estado soviético. Durante las negociaciones que mantenían en París diplomáticos españoles y rusos, éstos esgrimieron el artículo de Sardá contra las reclamaciones de los españoles por la devolución del oro. Estos diplomáticos españoles se encontraron doblemente incómodos porque no habían leído el libro. La reacción del entonces Ministro de Asuntos Exteriores, señor López Bravo, fue exigir el secuestro del libro, que aun hoy permanece fuera de la circulación en los sótanos del Banco de España.

nómica del franquismo, parece sincronizada con la evolución económica de la Europa occidental en su conjunto. Las etapas de rápido crecimiento coinciden sorprendentemente a uno y otro lado de los Pirineos. Hechas estas constataciones, resulta que el único mérito que sin duda puede atribuírsele a la política económica del franquismo es el haber renegado de sus principios repetidamente proclamados de nacionalismo económico, intervencionismo totalitario y autarquismo estratégico, y haber practicado a partir de 1957 una política económica *relativamente* flexible que permitiera uncir la economía española al carro triunfante de la Europa occidental.

Estos son, creo yo, las dos posturas antitéticas entre las cuales van a debatirse los historiadores de la economía reciente en los años venideros. Con contadas excepciones predomina en lo publicado hasta hoy el segundo punto de vista: véanse, por ejemplo, los trabajos de Jacinto Ros Hombravella, Ramón Tamames o Manuel Jesús González. Esta cuasi-unanimidad resulta sorprendente si se piensa en lo fácilmente apreciable que es la coincidencia cronológica de la dictadura franquista con la etapa de crecimiento acelerado, coincidencia hábil y machaconamente explotada por periodistas y propagandistas durante aquellos años.

Entre las obras más significativas en este debate se encuentran las del equipo dirigido por Ros Hombravella, la del alemán Jürgen Donges, y la de Manuel Jesús González. La primera marcó un hito en la historiografía de la economía franquista porque presenta la novedad de analizar los primeros veinte años del régimen (los menos brillantes) con la minuciosidad y desapasionamiento del técnico de la economía. Particularmente notable resulta el análisis que ya habían adelantado los autores en un artículo de la revista *Recerques* sobre la extrema lentitud de la recuperación postbélica.

El libro de Donges es de mucho mayor rigor técnico. Su enfoque es más el del economista que el del historiador (si tal distinción puede hacerse) en el sentido de que su preocupación por las cuestiones políticas y sociales es muy secundaria. Su problema fundamental es el de las causas de la Revolución industrial en España. Su respuesta es inequívoca: la política económica autárquica ha sido una rémora que sólo se ha removido con el famoso Plan de Estabilización de 1959. El libro de Donges tiene la virtud de que junto a una gran sencillez de exposición exhibe el empleo de técnicas econométricas rigurosas que dan contraste empírico riguroso a sus afirmaciones.

También el libro de González es inequívocamente el de un economista y el de un economista especialmente interesado en el corto plazo. Aunque sin duda constituye la más completa historia económica del franquismo hasta ahora publicada, este libro se centra en el famoso Plan de Estabilización de 1959, que constituye la divisoria entre las dos grandes etapas de la política económica (y, yo diría, de la política a secas) del franquismo. El estudio de los años 1939-1959 se hace sobre todo con la óptica de las «contradicciones internas» que hicieron inviable el sistema autarquista; y la década de los sesenta está vista como la consecuencia de los cambios político-económicos que tuvieron lugar en torno al Plan de 1959, sin que ello implique (muy al contrario) que el autor olvide las «contradicciones internas» de esta segunda etapa.

Podrían citarse muchas más obras de conjunto y sectoriales sobre este período. Algunas están incluidas en la bibliografía. Pero para hacer el comentario que muchas de ellas merecen se necesitaría tiempo y espacio del que aquí no se dispone. Terminaré mencionando los dos manuales a que antes me referí, el de Harrison y el de Témine, Broder, y Chastagnaret. Estos libros se superponen cronológicamente. El primero se intitula «Historia Económica», pero hubiera debido añadirse en el título la palabra «social», porque éste es más bien el enfoque de Harrison: problemas políticos y grupos sociales tienen más vida y relevancia en este libro que los problemas puramente económicos. Paradójicamente, en el libro de los franceses, que es un manual de historia contemporánea, los problemas económicos, aunque muy sucintamente, están más enfocados: no en vano dos de los tres autores son historiadores económicos. La ventaja de Harrison, continuando la paradoja, quizá esté en un mejor engarce entre problemas económicos y sociales.

A modo de conclusión diré que aunque este pobre resumen no le hace justicia y quizá incluso no lo ponga de manifiesto, las dos últimas décadas, además de la industrialización de España, han sido también las del despegue de su historiografía económica, especialmente la relativa al período contemporáneo.

LISTA DE OBRAS CITADAS

Amsden, Jon, *Collective bargaining and class conflict in Spain*, Londres, London School of Economics and Political Science, 1972.

Anderson, Charles W., *The political economy of modern Spain,* Madison, The University of Wisconsin Press, 1970.

Andrés Alvarez, Valentín, «Historia y crítica de los valores de nuestra Balanza de Comercio», *Moneda y Crédito,* núm. 4 (Madrid, 1943). Reproducido en Juan Velarde Fuertes, *Lecturas de Economía Española,* Madrid, Gredos, 1969, pp. 536-549.

——, «Las balanzas estadísticas de nuestro comercio exterior», *Revista de Economía Política,* vol. I, núm. 1 (enero-marzo, 1945), pp. 73-94. Reproducido en Velarde Fuertes, *Lecturas de Economía Española.*

Anes Alvarez, Gonzalo, «La agricultura española desde comienzos del siglo XIX hasta 1868: algunos problemas», en Banco de España, *Ensayos sobre la economía española.*

——, «Tendencias de la producción agrícola en tierras de la Corona de Castilla (siglos XVI a XIX)», *Hacienda Pública Española,* núm. 55 (1978), pp. 97-111.

Anes Alvarez, Rafael, «El Banco de España (1874-1914): un banco nacional», en Tortella y otros, *La Banca española en la Restauración,* tomo I, *Política y Finanzas.*

——, «Las inversiones extranjeras en España de 1855 a 1880», en *Ensayos sobre la economía española a mediados del siglo XIX,* Servicio de Estudios del Banco de España, Madrid, 1970.

——, y Carlos Fernández Pulgar, «La creación de la peseta en la evolución del sistema monetario de 1847 a 1868», *Ensayos sobre la economía española a mediados del siglo XIX,* realizados en el Servicio de Estudios del Banco de España, Madrid, 1970.

Aracil, Rafael y García Bonafé, Mario, «Industria doméstica e industrialización en España», *Hacienda Pública Española,* núm. 55 (1978), pp. 113-29.

——, *Industrialització al País Valencià: el cas d'Alcoi,* Valencia, Tres i Quatre, 1974.

—— (eds.), *Lecturas de historia económica de España. Siglos XVIII-XX,* 2 vols. Vilassar de Mar, Barcelona, Oikos-Tau, 1976-1977.

Artola, Miguel; Bernal, A. M., y Contreras, J., *El latifundio. Propiedad y explotación, ss. XVIII-XX,* Madrid, Servicio de Publicaciones Agrarias, 1978.

Artola, Miguel, y otros, *Los ferrocarriles en España, 1844-1943,* I. *El Estado y los ferrocarriles.* II. *Los ferrocarriles y la economía,* Madrid, Servicio de Estudios del Banco de España, 1978.

Avery, David, *Not on Queen Victoria's Birthday. The story of the Rio Tinto mines,* Londres, Collins, 1974.

Balcells, Alberto, *Crisis económica y agitación social en Cataluña de 1930 a 1936,* Barcelona, Instituto Católico de Estudios Sociales de Barcelona, Ediciones Ariel, 1971.

Bernal, Antonio Miguel, *La propiedad de la tierra y las luchas agrarias andaluzas*, Esplugues de Llobregat, Barcelona, Ariel, 1974.

——, *La lucha por la tierra en la crisis del Antiguo Régimen*, Madrid, Tecnos, 1979.

——, «El latifundio y su evolución», en Artola y otros, *El Latifundio*.

Bricall, Josep María, *Política económica de la Generalitat (1936-1939)*, vol. I, *Evolució y formes de la producció industrial*, Barcelona, Edicions 62, 1970.

Broder, Albert, «Les investissements français en Espagne au xIxᵉ siècle. Essai de quantification des investissements privés». Mecanografiado. 2ᵉ Colloque des Historiens Economistes Français. París, 4-6, oct. 1973.

——, «Les investissements étrangers en Espagne au xIxᵉ siècle: méthodologie et quantification», *Revue d'Histoire Economique et Sociale* (1976), pp. 29-62.

——, *Méthodologie du calcul des investissements étrangers: calcul des investissements étrangers en Espagne. Sources méthodes définition des répartitions nationales*. Multicopiado (sin fecha).

Cámara Urraca, J. y Sánchez Zurro, D., «El impacto de los capitales urbanos en la explotación rural: las grandes fincas de los alrededores de Valladolid», *Estudios Geográficos*, xxv (1964), núm. 97, pp. 536-611.

Campillo, Manuel, *Las inversiones extranjeras en España (1850-1950)*, Madrid, Gráficas Manfer, 1963.

Carnero, Teresa, «Crisi i burguesía conservadora durant la Gran Depressió: el País Valencià, 1879-1889», *Estudis d'Historia Agrària*, Barcelona, Curiàl Edicions Catalanes, 1978.

——, «La gran depressió al País Valencià: crisi i frustració Social», *Raons d'identitat del País Valencià*, Valencia, Tres i Quatre, 1977.

——, «Las contradicciones de una economía básicamente agraria: el País Valenciano durante el último tercio del siglo xIx», *Estudis d'Historia Contemporánia del País Valencià*, Valencia: Facultat de Geografía i História, 1978.

——, *Expansión Vinícola y Atraso Agrario. La viticultura española durante la Gran Depresión, 1873-1898*, Madrid, Servicio de Publicaciones Agrarias, en prensa.

Casares Alonso, A., *Estudio histórico-económico de las construcciones ferroviarias españolas en el siglo XIX*, Madrid, Instituto Iberoamericano de Desarrollo Económico, 1973.

Castedo y Hernández de Padilla, José Acisclo, *Referencias históricas y comentarios sobre la economía arancelaria española*, Madrid, Imprenta Sáez, 1958, 436 pp.

Chastagnaret, Gérard, «Spéculation et exploitation minière en Espagne au milieu du dix-neuvième siècle: La Fusión Carbonífera y Metalífera de Belmez y Espiel», *Mélanges de la Casa de Velázquez,* tomo x (1974), pp. 357-385.

Checkland, S. G., *The Mines of Tharsis: Roman, French and British Enterprise in Spain,* Londres, Allen & Unwin, 1967.

Donezar Díez de Ulzurrun, Javier M., «La minería española en el período 1868-1875», *Hispania,* 131 (1975), pp. 585-650.

Donges, Juergen B., *La industrialización en España. Política, logros, perspectivas,* Barcelona, Oikos-Tau, 1976.

Estafé, Fabián, *La reforma tributaria de 1845. Estudio preliminar y consideración de sus precedentes inmediatos,* Madrid, Instituto de Estudios Fiscales, 1971.

Estevan Senis, M.ª Teresa, «La minería cartagenera, 1840-1919, aspectos económicos y sociales», *Hispania,* 101 (1966), pp. 61-95.

Fernández de Pinedo, Emiliano, «La entrada de la tierra en el circuito comercial: la desamortización en Vascongadas. Planteamiento y primeros resultados», en J. Nadal y G. Tortella (eds.), *Agricultura, comercio colonial y crecimiento económico.*

Fontana Lázaro, Josep, *La quiebra de la monarquía absoluta 1814-1820 (La crisis del Antiguo régimen en España),* Barcelona, Ariel, 1971, 499 pp.

——, *Hacienda y Estado en la crisis final del Antiguo Régimen español, 1823-1833,* Madrid, Instituto de Estudios Fiscales, 1973.

——, *La revolución liberal,* Madrid, Instituto de Estudios Fiscales, 1977.

——, «Colapso y transformación del comercio exterior español entre 1792 y 1827», *Moneda y Crédito,* núm. 115 (diciembre de 1970).

——, «La crisis agraria de comienzos del siglo xix y sus repercusiones en España», *Hacienda Pública Española,* núm. 55, 1978, pp. 177-190.

——, y Nadal, Jordi, «Spain 1914-1970», *The Fontana Economic History of Europe. Contemporary Economies. Part Two* (ed. Carlo M. Cipolla), Glasgow, William Collins Sons & Ltd, 1976.

Flores, Xavier, *Estructura socioeconómica de la agricultura española,* Prólogo de P. Vilar, Barcelona, Península, 1969, 310 pp.

García-Lombardero y Viñas, Jaime y Dopico, Fausto, «La renta de la tierra en Galicia y la polémica por la renovación de los foros en los siglos xvii y xviii», *Hacienda Pública Española,* núm. 55 (1978), pp. 191-199.

García-Lombardero y Viñas, Jaime, *La agricultura y el estancamiento económico en Galicia en la España del antiguo régimen,* Madrid, Siglo XXI, 1973.

Garrabou, Ramón, «Las transformaciones agrarias durante los siglos xix y xx», en Nadal y Tortella, *Agricultura, comercio colonial y crecimiento económico.*

——, «La crisi agraria espanyola de finals del segle xix: una etapa del desenvolupament del capitalisme», *Recerques*, 5 (1975).

Glass, D. V. y Revelle, Roger, *Población y cambio social. Estudios de demografía histórica*, Madrid, Tecnos, 1978.

Gómez Mendoza, Antonio, «La contribución de los ferrocarriles al crecimiento económico de España, 1855-1914», mecanografiado, Oxford, 1978.

Gomila Gasoliva, Juana M.ª, «La desamortización eclesiástica en Menorca (1820-1845), *Revista de Menorca*, Mahon, 1.er semestre, 1976.

González González, Manuel-Jesús, *La economía política del franquismo (1940-1970). Dirigismo, mercado y planificación*, Madrid, Tecnos, 1979.

González Portilla, Manuel, «El desarrollo industrial de Vizcaya y la acumulación de capital en el último tercio del siglo xix», *Anales de Economía*, oct.-dic., 1974, pp. 43-83.

Grupo de Estudios de Historia Rural, «Contribución al análisis histórico de la ganadería española, 1856-1929», *Agricultura y Sociedad*, números 8 y 10 (1979).

Harrison, Joseph, *An economic history of modern Spain*, Nueva York, Holmes & Meier Publishers Inc., 1978.

Hernández Andreu, Juan, «La depresión agrícola mundial y la agricultura española, 1921-1934», *Información Comercial Española*, números 528-529 (agosto-septiembre, 1977).

——, «La crisis económica mundial de 1929 y la economía española», *Información Comercial Española*, núm. 514 (junio, 1976).

——, «Algunas conclusiones sobre la crisis económica de 1929 y la economía española», *Económicas y Empresariales*, núm. 6.

Herr, Richard, «La vente des propriétés de mainmorte en Espagne, 1798-1808», *Annales ESC*, 1974, pp. 215-228.

——, «Hacia el derrumbe del Antiguo Régimen: crisis fiscal y desamortización bajo Carlos IV», *Moneda y Crédito*, 118 (septiembre, 1971), pp. 37-100.

——, «El significado de la desamortización en España», *Moneda y Crédito*, núm. 131 (diciembre, 1974), pp. 55-94.

Izard, Miguel, *Manufactureros, industriales y revolucionarios*, Barcelona, Crítica, 1979, 271 pp.

——, *Industrialización y obrerismo. Las tres clases del vapor, 1869-1913*, Barcelona, Ariel, 1973.

——, «Inversión de capitales en la primera etapa de la industrialización catalana», en *Primer simposio nacional sobre industria textil (...) catálogo y estudios complementarios de la Exposición Documental y Bibliográfica sobre la Industria Textil catalana* (folleto) (sin páginas), presentada en Tarrasa del 3 al 21 de noviembre de 1971.

——, *La revolución industrial en España: expansión de la industria algodonera catalana, 1832-1861,* multicopiado, Mérida (Venezuela), Universidad de los Andes, 1969.

Lazo Díaz, Alfonso, *La desamortización de las tierras de la Iglesia en la provincia de Sevilla (1835-1845),* Sevilla, 1970.

Leal, José Luis; Leguina, Joaquín; Naredo, José Manuel, y Tarrafeta, Luis, *La agricultura en el desarrollo capitalista español,* Madrid, Siglo XXI, 1975.

Livi-Bacci, Massimo: «La fecundidad y el crecimiento demográfico en Epaña en los siglos XVIII y XIX, en D.V. Glass y Roger Revelle, *Población y cambio social. Estudios de demografía histórica,* Madrid, Tecnos, 1978.

López de Sebastián, José, *La política agraria en España. 1920-1970,* Madrid, Guadiana, 1970.

Maluquer de Motes, Jordi, «La estructura del sector algodonero en Cataluña durante la primera etapa de la industrialización, 1832-1861», *Hacienda Pública Española,* núm. 38 (1976).

Martín Niño, Jesús, *La Hacienda española y la Revolución de 1868* (prólogo de Lucas Beltrán), Estudios de Hacienda Pública, Instituto de Estudios Fiscales. Ministerio de Hacienda, Madrid, 1972.

Martínez Santos, Vicente, «La sedería de Valencia, 1750-1800», *Moneda y Crédito,* 134 (septiembre, 1975), pp. 115-135.

——, *La sedería en Valencia, 1750-1865. Algunos problemas,* tesis doctoral, Universidad de Valencia, Facultad de Ciencias Económicas, 1974.

——, «Sedería i industrialització. El cas de Valencia (1750-1870)». *Recerques, Historia, Economía y Cultura,* núm. 5, Barcelona, Ariel, 1975, pp. 111-137.

Mateo del Peral, Diego, «Aproximación a un estudio sociológico de las autoridades económicas en España (1868-1915)», en Tortella y otros, *La Banca española en la Restauración,* I, pp. 15-106.

Maurice, Jacques, *La Reforma Agraria en España en el siglo XX (1900-1936),* Madrid, Siglo XXI, 1975.

Millet y Bell, Salvador, *Historia de l'agricultura espanyola durant els segles XIX i XX,* Memoria inédita.

Nadal, Jordi, *El fracaso de la Revolución industrial en España,* Barcelona, Ariel, 1975.

——, *La población española (siglos XVI a XX),* Barcelona, Ariel, 1966.

——, «Orígenes de la industrialización en España: Málaga», *España Económica,* núm. 3667 (29 noviembre 1969), pp. 19-22.

——, «Los comienzos de la industrialización española (1832-1868): la industria siderúrgica» (Banco de España), *Ensayos sobre la economía española.*

——, «Industrialización y desindustrialización del sureste español, 1817-1913», *Moneda y Crédito*, núm. 120 (marzo, 1972), pp. 3-80.

——, «Industrialisation et desindustrialisation du Sud-est espagnol, 1820-1890», en *L'industrialisation en Europe du XIXᵉ siècle*.

——, *El fracaso de la Revolución industrial en España, 1814-1913*, Barcelona, Ariel, 1975.

——, y Tortella, Gabriel, eds., *Agricultura, comercio colonial y crecimiento económico en la España contemporánea. Actas del Primer Coloquio de Historia Económica de Historia Económica de España (Barcelona, 11-12 de mayo de 1972)*, Esplugues de Llobregat, Barcelona, Ariel, 1974.

Nadal i Ferreras, Joaquim, «La industrialització al gironés: l'exemple de Salt», *Recerques Historia Economia, Cultura*, vol. 6, *Ideología i creixement industrial* (separata).

Nadal Ferreras, Joaquín, *Comercio exterior y subdesarrollo*, Madrid, Instituto de Estudios Fiscales, 1978.

Palafox Gamir, Jorge, *La incidencia de la depresión económica mundial de los años treinta y la crisis de la economía española*, 2 vols., Tesis Doctoral, Universidad de Valencia, 1978.

Paris Eguilaz, Higinio, *Factores del Desarrollo Económico Español*, Madrid, Consejo Superior de Investigaciones Científicas, «Sancho de Moncada», 1957, 452 pp.

——, *El desarrollo económico español, 1906-1964*, Madrid, 1965.

——, *Evolución política y económica de la España contemporánea*, Madrid, 1968.

Puges, Manuel, *Cómo triunfó el proteccionismo en España (La formación de la política arancelaria española)*, Barcelona, Juventud, 1931.

Rial, James H., *Revolution from above: dictatorship in Spain*, mecanografiado, 1978.

Roldán, Santiago y García Delgado, José Luis, con la colaboración de Juan Muñoz, *La formación de la sociedad capitalista en España, 1914-1920*, 2 vols., Madrid, Confederación Española de Cajas de Ahorro, 1973.

Pascual Domenech, Pere, «Los orígenes del ferrocarril en Cataluña. El ferrocarril de Barcelona a Mataró (1848-1856)», *Hacienda Pública Española*, núm. 55 (1978), pp. 313-338.

Pérez Moreda, Vicente: «Las crisis de mortalidad en la España interior», tesis doctoral, Facultad de Letras, Universidad Complutense, 1977.

Ponsot, Pierre, «Revolution dans les campagnes espagnoles au xixᵉ siècle: les desamortissements. Revue des études récentes». *Etudes Rurales*, núm. 45 (enero-marzo, 1972), pp. 204-223.

Porres Martín Cleto, Julio, *La desamortización del siglo XIX en Toledo*, csic, Toledo, Diputación Provincial, 1965.

Prados de la Escosura, Leandro, «El comercio exterior de España, 1890-1830: una reconsideración», *Hacienda Pública Española,* núm. 55 (1978), pp. 339-349.

Quirós Linares, F., «La desamortización, factor condicionante de la estructura de la propiedad agraria en el Valle de Alcudia y Campo de Calatrava», *Estudios Geográficos* xxv (1964), núm. 96, pp. 367-407.

Ródenas, Clementina, «La política bancaria deflacionista en España a mediados del siglo xix: la influencia de la Ley Peel», *Hacienda Pública Española,* núm. 55 (1978), pp. 315-365.

——, *Banca i industrialització al País Valencià, 1840-1880,* Valencia, Tres i Quatre, 1978.

Ros Hombravella, Jacinto; Clavera, Joan; Esteban, Joan M.; Monés, M. Antonia, y Montserrat, Antoni, *Capitalismo español: de la autarquía a la estabilización (1939-1959),* 2 vols., Madrid, Edicusa, 1973.

Rueda Herranz, Germán, «Los beneficiarios del proceso desamortizador en una zona de Castilla la Vieja (1821-1891)», *Moneda y Crédito,* 137 (junio, 1976), pp. 45-101.

Sánchez Albornoz, Nicolás, *Jalones en la modernización de España,* Barcelona, Ariel, 1975.

——, *España hace un siglo: una economía dual,* Madrid, Alianza, 1977.

——, *Los precios del vino en España, 1861-1890,* Servicio de Estudios del Banco de España. Documento de trabajo [1979].

——, «El trasfondo económico de la Revolución», *Revista de Occidente,* año vi, 2.ª ep., núm. 67, pp. 19-63.

——, «De los orígenes del capital financiero: La sociedad general del Crédito mobiliario español, 1856-1902», *Moneda y Crédito,* 97 (junio, 1966), pp. 29-67.

——, «La crisis de 1866 en Madrid: La Caja de Depósitos, las sociedades de crédito y Bolsa», *Moneda y Crédito,* núm. 100 (marzo, 1967), páginas 3-40.

——, *Los precios agrícolas durante la segunda mitad del siglo XIX,* volumen I. *Trigo y cebada.* Materiales para la historia económica de España. Madrid, Servicio de Estudios del Banco de España, 1975.

Sánchez Ramos, Francisco, *La Economía Siderúrgica Española,* tomo I: *Estudio crítico de la historia industrial de España hasta 1900.* Madrid, Instituto «Sancho de Moncada», 1945.

Schwartz, Pedro, *El producto nacional de España en el siglo XX* (Selección de textos por ...), Madrid, Instituto de Estudios Fiscales, 1977.

Shaw, Valerie, «Exportaciones y despegue económico: el mineral de hierro de Vizcaya, la región de la ría de Bilbao y algunas de sus aplicaciones para España», *Moneda y Crédito,* 142, pp. 87 ss.

Simón Segura, Francisco, *La desamortización de Mendizábal en la provincia de Madrid,* Madrid, Instituto de Estudios Sociales, 1969.

——, «La desamortización de Mendizábal en la provincia de Gerona», *Moneda y Crédito,* 113 (1970).

——, «La desamortización de Mendizábal en la provincia de Barcelona», *Moneda y Crédito,* 98 (1966).

——, *La desamortización española en el siglo XIX,* Madrid, Ministerio de Hacienda, Instituto de Estudios Fiscales, 1973.

——, «La desamortización de 1855», *Comunidades* (Publ. del Instituto de Estudios Sindicales, Sociales y Cooperativos), núm. 7 (enero-abril, 1968), año III, pp. 175-246 (publ. antes en la *Revista de Economía Financiera Española,* núms. 19-20).

Tamames, Ramón, *Estructura Económica de España,* 3 vols., Madrid, Guadiana, 1975.

——, *La República. La era de Franco,* Historia de España Alfaguara, Madrid, Alianza, 1973.

Tedde de Lorca, Pedro, «El proceso de formación de la Compañía de los Ferrocarriles Andaluces (1874-1880)», *Hacienda Pública Española,* núm. 55 (1978), pp. 367-397.

——, «La Banca privada española durante la Restauración», en Tortella y otros, *La Banca española en la Restauración,* I, pp. 217-455.

Témine, Emile; Broder, Albert, y Chastagnaret, Gérard, *Histoire de l'Espagne contemporaine de 1803 à nos jours,* París, Aubier Montaigne, 1979.

Tomás y Valiente, Francisco, «Recientes investigaciones sobre la desamortización: intento de síntesis», *Moneda y Crédito,* núm. 131, (diciembre, 1974), pp. 95-160.

Tortella Casares, Gabriel, *Los orígenes del capitalismo en España. Banca, industria y ferrocarriles en el siglo XIX,* Madrid, Tecnos, 1973. Reimpreso en 1975.

—— (dir.), *La Banca Española en la Restauración,* tomo I: *Política y finanzas;* tomo II: *Datos para una historia económica,* Madrid, Servicio de Estudios del Banco de España, 1974.

——; Martín Aceña, Pablo; Sanz Fernández, Jesús, y Zapata Blanco, Santiago, «Las balanzas del comercio exterior español: un experimento estadístico, 1875-1913», en García Delgado, José Luis y Segura, Julio (eds.), *Ciencia Social y Análisis económico. Estudios en homenaje a Valentín Andrés Alvarez,* Madrid, Tecnos, 1978.

Universidad Comercial de Deusto, *Riqueza Nacional de España.* Estudio conmemorativo del cincuentenario de la ..., 5 vols., Bilbao, Universidad Comercial de Deusto, 1968.

Velarde Fuertes, Juan, *Política económica de la Dictadura,* Madrid, Guadiana, 1968.

Vicens Vives, J. (con la colaboración de Nadal, J.), *Manual de Historia económica de España,* Barcelona, Teide, 1960 (1.ª ed.).

——, y Llorens, Montserrat, *Industrials y politics del segle XIX*, Barcelona, Vicens Vives, 1961.

Vilar, Pierre, «La Catalogne industrielle: reflexions sur un démarrage et sur un destin» en *L'industrialisation en Europe au XIXe siècle*, París, CNRS, 1970.

——, *Catalunya dins l'Espanya moderna. Recerques sobre els fonaments econòmics de les estructures nacionals*, Barcelona, Edicions 62, 1966.

Wais San Martín, Francisco: *Historia general de los ferrocarriles españoles, 1830-1941*, Madrid, Editora Nacional, 1967.

Wright, Alison, *The Spanish Economy*, Londres, MacMillan, 1977.

LA NUEVA HISTORIA DE LA IGLESIA CONTEMPORANEA EN ESPAÑA

Fernando García de Cortázar

La conquista de un espacio público, desde donde desenvolverse a gusto, es la gran tarea que se impone la Iglesia en España, tras la escalada revolucionaria ochocentista, que puso en entredicho los fundamentos religiosos de la sociedad civil, afirmando la independencia de ésta, frente a la institución eclesiástica. Para la Iglesia católica, empezaron a soplar malos vientos cuando la Ilustración hizo ver la autonomía del quehacer secular, cuyo reconocimiento equivalía a admitir, por parte de la clerecía, la pérdida de su antigua función de guía y control de la sociedad civil. De ahí que la historia contemporánea de la Iglesia española sea como el testimonio del combate de una corporación, por encontrar nuevas formas de implantación social.

Pero, en seguida surge una pregunta: ¿qué ha ocurrido con la Iglesia del Antiguo Régimen? La burguesía ha tomado el poder en España y ya para finales del ochocientos ha logrado imponer un nuevo tipo de vida, que necesariamente debe afectar a las relaciones de la sociedad civil con la institución eclesiástica. Esta toma del poder, por parte de la burguesía, no se ha llevado a cabo sin convulsiones o sin antagonismos violentos. Desplazar a la nobleza, tan enraizada en el poder, no fue tarea fácil ni lo fue tampoco la sustitución de la vieja sociedad estamental por la más dinámica sociedad clasista. Ante la revolución burguesa, la Iglesia española había sido beligerante. No en vano había acompañado a la nobleza, durante siglos, en el disfrute de los privilegios, que una particular organización de la sociedad le otorgaba. Del pacto de la Iglesia con la nobleza había surgido el tipo de sociedad característico del Antiguo Régimen. A la hora de los duelos, eclesiásticos y nobles se consolaban queriendo convencerse de que la revolución no podría alterar, por mucho tiempo, el orden «natural» de la sociedad, que, hasta ese momento, buenos beneficios les había reportado. Sin embargo, la Iglesia española, al mismo tiempo que condenaba la revolución, que le había expoliado, se preparaba su futuro, iniciando un progresivo acercamiento a los protagonistas de la nueva sociedad.

Por otra parte, la Constitución de 1867, al desarrollar la organización del Estado de la Restauración, aproximaba a la Iglesia a las tareas de construcción del modelo de sociedad civil, que la burguesía había plasmado. De esta forma, los burgueses españoles, ya en el último tercio del siglo pasado, estrechaban sus relaciones con la Iglesia, que no sólo les otorgaba su perdón por las exacciones pasadas sino que también bendecía las riquezas de aquéllos, amasadas en el trasiego de propiedad desamortizada.

El sistema canovista reclamaba de la Iglesia una importante función de legitimación de las instituciones políticas y la jerarquía no hizo ascos al cometido legitimador, al ofrecérsele, en contraprestación, un ámbito público, donde desenvolverse con holgura. En el *ralliement* o acercamiento al régimen republicano francés, por parte de León XIII, puede decirse que había quedado liquidada la vieja oposición de la Iglesia a los regímenes socio-políticos nacidos de la Revolución francesa. Por ello, los Nuncios de la Santa Sede en España no se cansaron de predicar el acatamiento a la legalidad liberal y acecharon a los prelados recalcitrantes para leerles la cartilla de la «sumisión a los poderes constituidos».

La Iglesia de la Restauración jamás olvidó que la estructura socio-política debía ser objeto directo de su misión evangelizadora y a tal empresa se entregaría, confiando en la virtualidad de su mensaje pero no descuidando, al mismo tiempo, el ejercicio de su capacidad de presión. La historia ha demostrado cómo el concepto de Iglesia no está reñido con la noción de *grupo de presión*. La peculiaridad de la Iglesia, como institución independiente del Estado, organizada, jerárquicamente, para realizar una función, no delimitada por límites temporales o geográficos, esboza ya un posible planteamiento conflictivo que se robustece al ver a la jerarquía eclesiástica, a lo largo de su transcurrir *definitorio* y *ordenatorio,* cargándose de las actitudes del puro poder. Por muchas declaraciones que haga la Iglesia sobre su apoliticismo no debemos olvidar que las instituciones religiosas todas tienen relaciones funcionales directas con los regímenes establecidos. Es claro que la Iglesia, en cuanto comunidad de creyentes, no se define por la acción de control del poder —típica de los grupos de presión— como lo es también que sólo una parte de la institución eclesiástica se asimila a éstos.

Después del oscurecimiento de la Iglesia-institución, en la España de mediados del siglo XIX, el ascenso de la burguesía va a hacer posible un nuevo protagonismo eclesiástico en una sociedad, que, en buena parte, ayudaría a configurar. Las organizaciones humanas tienden a adaptarse a las situaciones con objeto de garantizar su supervivencia: la Iglesia española no es una excepción. Considerada, durante muchos años, como la más rígida e inflexible de Europa, sin embargo, tiene dentro de ella elementos que le permiten ajustarse a las circunstancias prevalecientes. Esta versatilidad eclesial permite a la historiografía hacer un hueco para reflejar el itinerario de una institución, que predica principios inmutables pero que sabe mucho de mudanzas y acomodos, de acuerdo con el cariz de cada situación histórica.

De todas formas, el pacto de la Iglesia con la burguesía entrañaría no pocas dificultades para una institución, que con su ideología había coadyuvado a sostener el edificio del Antiguo Régimen. La Iglesia española es víctima —quizás, sin saberlo— de una abierta crisis de identidad. Ha tenido que aceptar el reto revolucionario y se ha puesto a replantear su programa, su organización y su acción. No poco le iba a ayudar a la Iglesia española, en este su examen planificador, la situación en que le había dejado el proceso revolucionario del ochocientos, culminando en la insurrección setembrina. La Iglesia no sólo había perdido, en España, su patrimonio tras las sucesivas enajenaciones del siglo XIX, sino que también su equipo de regulares, embestido por la legislación secularizadora, había dejado de existir. Apremiada por su misma indigencia, la Iglesia de España se va a entregar, con más empeño que en cualquier época anterior, a su función pastoral. No obstante, con no poca frecuencia, sucumbirá a la tentación de convertirse en un elemento configurador de la identidad social y aun del propio ordenamiento político.

La historia contemporánea de la Iglesia española reflejará las componendas de eclesiásticos y burgueses que harían posible la catolización de la burguesía y el aburguesamiento de la institución, que con tanto denuedo había defendido el viejo orden. El pacto de la Iglesia con la burguesía será duradero y sólo comenzará a resquebrajarse en las postrimerías de la dominación franquista. Va a ser entonces cuando se vuelva a hablar de una nueva crisis de identidad, en el interior de la Iglesia, de la que ésta, poco a poco, irá saliendo, precisamente gracias a la afirmación de su diferenciación

con respecto al resto de la sociedad. Esta afirmación lleva implícito el reconocimiento, de parte de la Iglesia, de la autonomía de
la sociedad civil, en un ámbito de competencias ya establecido. Esto
mismo había tratado de dejarlo bien claro la Ilustración, pero las
oportunidades con que había contado la Iglesia, defendida por un
régimen concordatario y confesional, en buena parte de su más
moderna historia, convertirían en papel mojado el teórico pluralismo
religioso de la sociedad española.

Así pues, la Iglesia, que emerge, tras el revolucionarismo ochocentista, con el apoyo y tutela de la clase burguesa, será la que,
en la actualidad, trate de enmendar su anterior trayectoria, alentando
la creación de estructuras opuestas a la discriminación clasista. La
misma Iglesia que, consagrando el triunfo de la burguesía, se acer-
cará y adaptará a la propiedad individual, esa misma, ante el impacto de la revolución socialista, no dudará en afirmar la convergencia existente entre determinadas metas del socialismo y el
apremio ético de la vida cristiana. Para el bondadoso Juan XXIII
esta acomodación eclesiástica a las «nuevas ideas», a los «tiempos
modernos» sería «aggiornamento», para otros, pura contemporiza-
ción o simple oportunismo. Y, en verdad, la «puesta al día» de
la Iglesia supone aceptar, en buena parte, los valores y categorías,
puestos en circulación por esa sociedad, a la que dice servir la
institución eclesiástica.

La historia de España nos permite afirmar que la Iglesia de
nuestro país nunca ha vivido en un régimen de democracia y en
una sociedad moderna pluralista y secular. En los años de la monarquía liberal, España continuó siendo, realmente, una *cristiandad* y
la sociedad pluralista y secular sólo hizo ocasionales y siempre con-
flictivas apariciones, las más de las veces aplastadas o asfixiadas por
la conminación socio-política de tal *cristiandad*. Ni que decir tiene
que la Iglesia, asentada en unas estructuras de *cristiandad*, no se
preocupó por presentar un cristianismo, que perdurase sin ellas,
antes al contrario se desenvolvió aguijoneada por la preocupación
de proteger las instituciones cristianas. Con la segunda República
no mejoró mucho el panorama, pues se estableció algo así como
un combate, entre dos confesionalismos: el católico, que luchaba por prorrogar el régimen de *cristiandad*, y el *confesionalismo laico*,
no menos belicoso y doctrinario. La Iglesia española de la era de
Franco rezuma política por todos lados. Política fue la Carta Colectiva de los obispos cruzados de 1937, con la que se destapó

la Iglesia de Franco y política fue la homilía del cardenal Tarancón ante el rey Juan Carlos, en el momento en que se sancionaba el fin del franquismo. Richelieu no lo hizo mejor ante Luis XIII de Francia. Y entre uno y otro acontecimiento, la Iglesia española vivió, como en época alguna, su compromiso con el Estado. Esta singular avenencia venía impuesta por algo tan dramático como es una guerra civil, con su secuela de sangre, mucha de ella vertida por la Iglesia, que viviría durante muchos años conmocionada por el recuerdo del bélico enfrentamiento.

Así pues, el Estado español democrático y pluralista y la Iglesia tienen que descubrir, en la actualidad, su nueva convivencia. La clerecía española no parece dispuesta a repetir la maniobra de 1937, sino que está lista para aceptar el pluralismo político y no casarse con nadie. En efecto, el pluralismo de opciones políticas es un hecho, entre los católicos españoles de hoy. La misma jerarquía habla de este pluralismo. En palabras del hábil cardenal Enrique y Tarancón, «el cristiano es libre para dar su nombre a cualquier partido político y puede alinearse en cualquier postura que respete la dignidad de la persona y trabaje en pro del bien común». Sin embargo, el pluralismo político tiene, para la Iglesia, unos límites. La incompatibilidad del cristianismo con aquellos partidos de inspiración marxista es uno de ellos. A pesar de las declaraciones de la jerarquía sobre tal incompatibilidad, existen no pocos cristianos que se preguntan hasta qué punto el marxismo supone una incuestionable oposición a un credo religioso, como el inspirado en el Evangelio.

La memoria histórica del pasado sirve, en nuestros días, a la Iglesia para no suspirar por el poder político pues la España de los años cuarenta al setenta es la demostración palmaria del fracaso de los regímenes de cristiandad. La Iglesia ha podido darse cuenta de que ni siquiera en la vertiente del *catolicismo sociológico,* los poderes políticos han conseguido ofrecerle triunfo alguno. De la mano de la historia, la Iglesia española debe entender que su cometido en una democracia es muy simple: el ejercicio de transmisión de su credo, la práctica del culto, la educación en la fe cristiana e incluso la orientación sobre los problemas socio-políticos que, necesariamente, poseen una vertiente ética y un contraste con las posiciones ideológicas de los creyentes. Sin olvidar nunca que en los llamados regímenes liberales, la Iglesia no es sino uno más de los numerosos protagonistas, que aparecen situados en el entorno del poder.

La nueva historiografía de la Iglesia española

Si la historia resulta profundamente esclarecedora y pedagógica de cara a la Iglesia, a la que se le ofrecen elementos de autoidentificación, necesarios, por ejemplo, para un proceso de cambio, no aparece menos ilustrativa para explicar la vida de los Estados y la manifestación política de los pueblos. Por otra parte, el protagonismo histórico de la Iglesia en España hace impensable cualquier explicación de la biografía de nuestro país, que no pase por la entraña de la institución eclesiástica.

No obstante este protagonismo eclesiástico, la historiografía ha sido muy tacaña con la Iglesia española, si bien, desde hace unos pocos años se observa un creciente interés por el tema, que, en la actualidad, cuenta ya con un buen número de estudiosos. Es verdad que la importancia del hecho religioso había sido destacada ya desde antiguo y que Maquiavelo había escrito con acierto: «Jamás hubo Estado alguno al que no se diera por fundamento la religión y los más precavidos de los fundadores de los imperios le atribuyeron el mayor influjo posible, en las cosas de la política [...] En todas partes, hay ejemplos convincentes de esto, por lo que puede verse cuán útil es la religión a la política». Sin embargo, es en nuestros días cuando más se han puesto de relieve las funciones del catolicismo y de la Iglesia-institución, en la marcha de los distintos regímenes políticos. Si los estudios de historia de España, aunque sea sesgadamente, han destacado la relevancia de la institución eclesiástica, la consideración de la religión, como ideología, ha venido a ponderar, aún más, tal protagonismo, al aparecer la Iglesia como fuente y soporte del hecho religioso. Por otro lado, a nadie se le oculta que la influencia de la Iglesia no termina en su propia elaboración religiosa sino que se prolonga, en las más diversas concepciones laicas, a través de la impregnación, que de aquélla han sufrido las distintas ideologías.

Existe otra razón más inmediata del auge de la historiografía eclesiástica. La experiencia de los últimos años de vida española, con un régimen hambriento de legitimaciones religiosas y una Iglesia interesadamente propensa a otorgárselas, ha suscitado el interés de unos cuantos historiadores por plasmar la función global de legitimación de un sistema, que se ha arrogado la institución eclesiástica, en el pasado de España.

Hablando de historiografía religiosa, el profesor Jover distingue, modélicamente, entre una *historia eclesiástica,* una *historia religiosa* y una *sociología de las formas de religiosidad,* esta última desarrollada con éxito por los alemanes bajo el nombre de *Volksreligiosität.* El objeto de la historia eclesiástica es la Iglesia, como institución de derecho público, por ello el primordial campo de análisis de dicha historia ha sido el de las relaciones Iglesia-Estado. Para la historia religiosa, lo importante es plasmar la presencia de la fe cristiana en la sociedad española y también las desviaciones, que con respecto a los arquetipos religiosos se han ido produciendo. Más allá de la mera cuantificación de la práctica religiosa, la sociología de las formas de religiosidad atiende a establecer la conexión de tal práctica con las actitudes y comportamientos globales de los grupos sociales en las diversas circunstancias históricas.

De todas formas, esta concepción tripartita no impide a los historiadores el reflejar, en un mismo estudio, las distintas concreciones del hecho religioso en España. A pesar de ello, se constata que el aspecto que más tienta a los historiadores actuales es el intrincado de las relaciones de la Iglesia con el Estado, por encima del puro tratamiento jurídico, que la consideración de ambas instituciones pueda suscitar. Pero, ya adelantamos que el empeño de abordar, complexivamente, a la Iglesia española no debe contentarse con los resultados obtenidos del análisis de la política eclesiástica. Hay que llegar a desentrañar la estructura de la Iglesia y describir la dinámica propia de una institución, que tiene rango de protagonista en nuestra historia.

La proliferación de estudios de historia religiosa de España coincide con la pérdida del monopolio clerical de tal investigación. Los historiadores laicos han entrado de lleno en el estudio de la institución eclesiástica y, como primer efecto de su actividad investigadora, la historia de la Iglesia española se ha ido despojando de su anterior carácter polémico y del ropaje apologético, del que no pocos clérigos gustaban revestirla. Por otra parte, es deber señalar el nuevo talante de nuestra historiografía actual, nacido de una mayor profundización sobre los verdaderos protagonistas —quiéranse o no— del pasado español. En este sentido, no deja de extrañar que, en un país como el nuestro, en el que la izquierda ha estado sólo momentáneamente en el poder, cuente ésta, sin embargo, con una más

densa bibliografía que la que puede presentar la derecha. Las clases
sociales, atrincheradas en la oposición, han contado con un mayor
número de estudiosos que el que ha atendido a la reflexión de las
organizaciones, situadas en el poder. Así, la dilatada bibliografía del
movimiento obrero no encuentra correspondencia en los estudios existentes sobre los auténticos centros de poder, a lo largo de nuestra
más moderna historia. La Iglesia española contemporánea no es una
excepción de esta general comprobación. Bien es verdad que las últimas investigaciones históricas, como ya ha quedado apuntado, hacen esperar que pronto la Iglesia deje de ser la gran institución pos-
tergada o insuficientemente analizada de nuestra historiografía.

Una mayor conciencia crítica de la Iglesia española, frente a su
pasado, facilita, en la actualidad, la tarea investigadora de los historiadores, al hacer que se desplomen las cortapisas ideológicas y
de prestigio que, hasta hace bien poco, obstaculizaban todo intento
concienzudo de entendimiento del universo religioso español. La configuración de un grupo de historiadores-clérigos, comprometido,
científicamente, en la labor de reflejar la verdadera imagen de su
institución, revela con claridad el cambio de agujas operado en el
seno de la Iglesia española. Así pues, mientras la historia de la
Iglesia abandona el *ghetto* clerical para instalarse en las universidades, desde dentro es urgida la institución eclesiástica a que olvide
su querencia hagiográfica y a que, con la prestación de sus fondos
documentales, haga posible una revisión en profundidad de su pasado. De tal forma que si, desde los últimos diez años, la historia
de la Iglesia viene siendo objeto de tesis de licenciatura y de doctorado en las universidades españolas, también lo está siendo de
estudios monográficos en los centros eclesiásticos.

La consideración de la Iglesia como *organización* —con lo que
ésta supone de parte dentro de un todo social— ha desplazado, en
la más moderna historiografía eclesiástica, a la tradicional consideración sobre su carácter de comunidad de fe de institución divina.
Toda organización, por el hecho de serlo, aparece como una formación social, con un número contabilizable de miembros y con una
clara diferenciación de funciones dentro de ellos. Común a todas las
organizaciones es el delimitar sus objetivos y los medios para al-
canzarlos. Estos imponen, a toda organización, la exigencia de una
configuración racional, orientada a la consecución de los objetivos
marcados. En cuanto organización visible, la Iglesia española presenta unos efectivos mensurables, cuenta con unos mecanismos de

reclutamiento y realiza determinadas funciones. Por ello, ningún estudio que pretenda abordar la reflexión de la Iglesia como organización puede hurtarse de analizar tales elementos. Así pues, los efectivos y dotación personal de la Iglesia española —episcopado, sacerdotes seculares, regulares y asosacionismo seglar— aportan el sustrato de la organización eclesial, en el ámbito de la sociedad. Su estudio pormenorizado permite hacer, de la consideración de los efectivos de la Iglesia española, verdaderas unidades de análisis, configuradoras de la estructura de la organización eclesiástica, en nuestro país. Importante es, pues, dejar sentadas las bases de una *demografía eclesiástica,* como punto de arranque de cualquier consideración sobre la estructura de la Iglesia española. Por lo que se refiere a la historia contemporánea de la Iglesia en España, hay que ponderar la dificultad que encierra el determinar los efectivos de la institución eclesiástica, a lo largo del siglo xix. A la dificultad de valorar, dentro de la organización eclesiástica, a aquellos miembros, que los censos de población engloban en la denominación de «valones dedicados al culto católico», se une la escasez de datos sobre el número de religiosos. Ambos sectores —el clero secular y los regulares— componen la dotación personal de la Iglesia. Cada uno, con su función específica y con diversa vinculación a las cabezas visibles de la organización, representa el material humano, con que ésta puede contar, de cara al logro de sus objetivos. Conviene deslindar bien dichos sectores —por lo que respecta a la demografía— ya que, a la hora de hacer el balance de la fuerza de la organización eclesial, no se debe asignar el mismo valor a idénticos números de las «dos Iglesias».

La atención al contingente humano de la Iglesia española contemporánea, en el modelo de investigación histórica que presentamos, lleva de la mano al estudio de la organización territorial eclesiástica. Interesa saber cómo parcela la Iglesia española el territorio, dónde se asienta y en qué circunscripciones territoriales distribuye la Iglesia secular sus efectivos. Al mismo tiempo, una reflexión sobre la Iglesia española debería describir el modelo de organización territorial, aplicado por los regulares. La Iglesia va a ver, a lo largo de los años, cómo sus diócesis se le agigantan o se le empequeñecen, sin que sus estructuras, poco flexibles, puedan paliar, muchas veces, el problema, ya que el trasvase migratorio de fieles de una región a otra no es acompañado del desplazamiento de sus clérigos. La historia contemporánea de la Iglesia española refleja el cambio de fisonomía de las diócesis producido por su mutable configuración demográfica, al mismo tiempo que muestra cómo se resienten las estructuras eclesiásticas de una notable falta de adaptación.

Durante muchos años, la actividad eclesial se ha equiparado con la actividad de la jerarquía, quizás porque una teología nacida de Trento identificaba a los mandos eclesiásticos con la misma Iglesia. Así pues, los protagonistas de la acción de la Iglesia española van a ser, en buena parte, sus clérigos. Que los obispos componen una clase poderosa en España nos lo recuerda la historia. Superioridad, en el campo eclesiástico, donde una eclesiología les viene atribuyendo una casi total preponderancia frente a los demás estamentos de la Iglesia. Prepotencia en la vida toda de la nación, tan condicionada, en su historia, por una religiosidad de la que la Iglesia es intérprete. Los cientos de años de la institución episcopal no han pasado en balde, cuando España se abre al mundo contemporáneo, y el prestigio de los obispos se deja sentir en la sociedad española. Muy mediatizados por regímenes concordatarios, los obispos españoles, en contadas ocasiones, supieron mostrar una independencia crítica frente a los gobiernos, de los que eran deudores de la mitra, que ostentaban. No abundan los obispos contestatarios en la historia contemporánea de España, ya que los mecanismos de selección han estado, sin duda, de parte de las autoridades civiles, que se equivocaron, muy raras veces, a la hora de promover sacerdotes al episcopado. Gracias a recientes estudios, empezamos a saber cómo es la sociología de nuestro episcopado contemporáneo y son dichas investigaciones las que pueden servir de pauta para abordar —desde una perspectiva sociológica— aquellas generaciones de obispos, aún inexploradas.

Otro de los grandes temas de la historia eclesiástica de la España contemporánea es el del desarrollo de los institutos religiosos, a partir de la segunda mitad del siglo XIX. Sin embargo, tan importante materia no ha encontrado todavía un lugar de rango en la historiografía de la Iglesia española. No es exagerado decir que difícilmente puede presentar, la Iglesia en España, un movimiento de tanta trascendencia para la nación como el que abanderaron las congregaciones religiosas en pro de la mentalización católica del país. Por otra parte, aunque no hubiera sido así, los regulares tienen su puesto en el esquema organizativo de la Iglesia, que está reclamando una mayor atención historiográfica.

Una reflexión sobre las finanzas de la Iglesia española no debería faltar en cualquier estudio, que quiera reflejar la peculiar organización de la institución eclesiástica. La problemática económica de la Iglesia española aparece como del más alto interés, en los dos últimos siglos, debido a la situación creada por el proceso desamortizador. Al verse privada la Iglesia española de la posesión de la tierra, que, durante tantos años había explotado, tuvo que idear otras formas de allegar dinero, para financiar su gestión. En efecto, la clerecía española va a llevar muy adentro la preocupación económica que le dejara el desemparo inicial de la desamortización. Por otra parte, la inadecuada organización económica de la Iglesia protagonizaría, a lo largo de muchos años, el descontento del bajo clero, que a duras penas conseguía sobrevivir con la recortada asignación estatal. No es una Iglesia rica la que surge de las ruinas del Antiguo Régimen. Se trata, más bien, de una Iglesia que tiene poco dinero y mal explotado, que no cuenta con recursos para asegurar la jubilación de sus sacerdotes y que tiene que depender de los polémicos presupuestos del *culto y clero*. Sin embargo, unas pocas congregaciones religiosas recuperarán, pronto, su prepotencia económica, por obra de un espectacular proceso de enriquecimiento y se convertirán en los auténticos protagonistas del buen entendimiento de la Iglesia con la burguesía. De tal forma que las grandes donaciones, los sustanciosos legados irán a parar a las arcas de frailes y monjas y no a las de las curias diocesanas. Pocas parroquias han sabido de la generosidad de la católica burguesía española y raras veces llegaron a manos de párrocos o coadjutores las limosnas que, tan pródigamente, se distribuían, entre los conventos de religiosos. A falta de investigaciones sobre la hacienda de la Iglesia española contemporánea, se puede adelantar que mientras las diócesis colocaban su dinero en bonos del Estado, las congregaciones religiosas, preferentemente masculinas, actuaban como empresas privadas, cuyo mayor incentivo era el de la máxima rentabilidad.

No quedaría completa la descripción de la estructura de la Iglesia española, en cualquier momento de su historia, si no se atendiera el estudio de las *funciones* propias de la institución eclesiástica. En España han abundado las situaciones en que la Iglesia se ha arrogado, como exclusivas de ella, funciones administrativo-gubernativas de orden temporal, por medio de las cuales ha ejercido un dominio colectivo, ajeno en sí a cualquier fin religioso. De

ahí el interés en definir, con claridad, las funciones específicas de
la Iglesia, para distinguirlas de aquellas otras, que con el tiempo
han sido apropiadas por la institución eclesiástica, pero que no le
son privativas. De la mano del estudio de las funciones de la Iglesia española contemporánea viene la consideración sobre su *acción*.

Las posibilidades de actuación de la Iglesia en campos que no
son, directamente, de su competencia son muy grandes en una
sociedad como la española de buena parte del período ahora considerado, que no ha deslindado del todo las dimensiones «profana»
y «religiosa» de su conducta. Bajo esta perspectiva, la afirmación
de que todo es «político», en la Iglesia, no es sino la confirmación
de que lo político afecta a todos los aspectos, incluso, a los más
profundos, de la práctica religiosa. El análisis de los condicionamientos políticos de la Iglesia española no debe hacer olvidar, sin
embargo, que el objetivo preferente de la historia de la institución
eclesiástica ha de ser la descripción de la acción y dinámica eclesiales en el pasado.

Nuevos métodos y nuevas escuelas

Si la historiografía eclesiástica actual ha conseguido abrirse camino,
en su empeño de describir, sin prejuicios apologéticos, el asentamiento y la actuación de la Iglesia española, en la sociedad contemporánea, ha sido debido, en buena parte, a la incorporación de nuevos
métodos de trabajo y al empleo de una documentación, hasta ahora
virgen. En esta línea, sería injusto no destacar la beneficiosa influencia ejercida sobre la historiografía eclesiástica española por los
seguidores de la escuela francesa de «Annales». La renovación metodológica, impuesta por el magisterio de unos cuantos historiadores
franceses, iba a abrir, también, inéditos horizontes a los estudiosos
del pasado religioso español. Bien es verdad, que el cambio de
actitud historiográfica tardó en convulsionar la temática eclesiástica,
pero no lo es menos que desde esa nueva orientación pudo la historia
de la Iglesia española iniciar su «revolución metodológica».

Para entender la parsimonia del cambio historiográfico eclesiástico no conviene olvidar el hermetismo, de que gusta rodearse la
Iglesia, y el recelo que a ella le han venido infundiendo las investigaciones «laicas» de su historia. Por otra parte, quien no se haya
acercado a un archivo diocesano no puede valorar, correctamente, la

dificultad de exhumación, que presentan muchas de las fuentes eclesiásticas. Junto a la incuria de algunos archivos diocesanos, la misma dificultad de acceso a ellos entorpece, no pocas veces, la labor investigadora. Por ello, son de agradecer los esfuerzos del «Instituto Enrique Flórez» del CSIC para centralizar en su sede madrileña la dispersa documentación diocesana. Sin duda alguna, tal empresa ahorrará, con el tiempo, a los historiadores, el ingrato trajín de discurrir por la geografía eclesiástica.

El minucioso vaciado de los *Boletines Eclesiásticos* de las distintas diócesis españolas está obteniendo resultados importantes, a la hora de reflejar la organización, funciones y acción de la Iglesia en España. Pero, también, es cierto que los Boletines Eclesiásticos, proporcionando noticia y documentación oficial de la Iglesia, ofrecen una visión de ésta, más *definidora* y menos *componedora,* de la que suministran otras informaciones y que no sirven para reflejar, por ejemplo, los obstáculos con que tropiezan los jerarcas en su actuación. Por otra parte, queda escamoteado todo el movimiento «underground» eclesiástico. De todas formas, conviene no olvidar que es la *carta pastoral* la forma más solemne de exposición doctrinal, empleada por los obispos, y que son los Boletines diocesanos los que la recogen. Se dan ciertas reticencias, no obstante, entre los historiadores, a emplear las cartas pastorales, como fuente preferente de investigación histórica. Se acusa a las cartas pastorales de eludir, en gran parte, lo que hoy llamaríamos el compromiso con la diócesis y con la sociedad, a quienes se dirigen, pues no son pocos, de entre dichos documentos episcopales, los que resultan ambiguos, por la falta de localización geográfica e histórica de los fenómenos, en ellos considerados. Abundan, es verdad, los obispos divagadores y, más aún, los teólogos impenitentes, que confunden una exhortación a sus diocesanos con una lección magistral del seminario. Sin embargo, entreverada en la verborrea episcopal, hay que saber distinguir la pauta del pensamiento de las élites eclesiásticas españolas y el empeño de éstas por conformar el pueblo cristiano a la cambiante Iglesia de cada situación histórica.

Una pastoral más concreta es la definida por las *circulares* episcopales. Documentos más breves que las pastorales no se prestan a las digresiones teológicas de éstas; sí, en cambio, a la exposición de determinadas líneas de acción religiosa. Son, también, las circulares, vehículo transmisor de las disposiciones de las Congregaciones Romanas y, consiguientemente, testimonio de la legislación de la

Iglesia universal. El interés en señalar la complicidad política de la
Iglesia contemporánea ha destacado la importancia historiográfica de
las circulares electorales, en las que los obispos orientan o imponen,
según la época, el comportamiento de sus diocesanos ante las urnas.

Mayores dificultades encuentra la investigación histórica, al abordar otra forma de difusión de la doctrina eclesiástica, como es la
predicación. Sin embargo, el impacto de la predicación, se puede
presumir, ha sido grande sobre la población española, poco crítica,
y a quien la problemática religiosa engendraba un sentimiento de
reverencial acatamiento. Aunque ya contamos con algún estudio de
la predicación ochocentista, desde el punto de vista de su capacidad
ideologizadora, confiamos en que un concienzudo análisis de los
sermonarios contemporáneos permita definir las líneas principales
de la actividad mentalizadora, que la Iglesia viene desarrollando,
con éxito desigual, desde los púlpitos.

De poco hubieran servido estos nuevos aires historiográficos,
si no hubieran venido acompañados de una mayor disponibilidad de
las distintas fuentes de la historia eclesiástica de España. La Iglesia
es muy cautelosa y guarda bien la trastienda de su pasado, así y
todo, cuando es inminente la apertura a la investigación de los fondos del pontificado de León XIII, cubriéndose de esta forma el
siglo XIX entero, el Archivo Vaticano aparece como un lugar de
visita obligada para el historiador del ochocentismo religioso en
España. La cuantiosa y suculenta documentación vaticana ha tentado
a un grupo de historiadores, de procedencia eclesiástica que, a la
sombra de la Universidad Gregoriana, tratan de rescatar, para una
historia científica, la imagen de la Iglesia de la pasada centuria. En
Madrid, el Archivo del Ministerio de Asuntos Exteriores ayuda, con
sus fondos documentales, a descubrir las manifestaciones de la estrategia política de la Iglesia en sus relaciones con el Estado español.

Como expresión de la nueva historiografía religiosa, vienen con-
figurándose distintos centros de investigación, instituciones y grupos
de trabajo, alguno de los cuales ya ha sido recordado, y a cuya
actividad hay que atribuir el renacimiento de los estudios de historia eclesiástica. Las Semanas de Historia Eclesiástica de España
contemporánea de El Escorial, a punto de cumplimentar su cuarta
convocatoria, han logrado congregar a un variado grupo de historiadores que, desde perspectivas diversas, han ampliado el viejo marco
de la temática religiosa de nuestro país. El protagonismo, en dichas
Semanas y en la más extensa difusión de la investigación histórica

de la Iglesia en España, es de justicia reconocérselo al profesor José Manuel Cuenca, cuyo magisterio se prolonga en un conjunto de aportaciones de discípulos suyos. Un cierto gusto por la erudición y por la historia pormenorizada, del que ya ha empezado a despegarse Cuenca, en sus más recientes síntesis, se manifiesta en los componentes de la que podríamos llamar escuela suya. Nota característica de ella es, también, la abundancia de documentación desplegada. Adelantado el nombre de uno de los historiadores, a quien debe más el ochocentismo eclesiástico, podríamos completar, no sin riesgo, una terna, destacando la labor investigadora de Manuel Revuelta González y Vicente Cárcel Ortí. Son estos tres historiadores —de formación y modo de hacer bien distintos— los responsables de la más moderna elaboración que la historia de la Iglesia, en la España del XIX, hoy nos ofrece. En efecto, la publicación, en la Biblioteca de Autores Cristianos del volumen correspondiente a la historia de la Iglesia española contemporánea, como auténtico acontecimiento historiográfico, justifica, por sí sola, la mención de los susodichos historiadores y nos da pie para ilustrar el cambio de agujas, operado en la investigación de la problemática religiosa del pasado español. Quien compare la nueva edición de la Historia de la Iglesia en España que, al presente, lanza la clerical BAC, con su precedente versión, alimento de tantos aspirantes al presbiterado, podrá apreciar el abandono de actitudes apologéticas y la incorporación de una metodología histórica más rigurosa.

La historiografía religiosa española es deudora, también, de los Coloquios de Pau, donde la Iglesia ha podido encontrar su espacio en una historia, con aspiración de totalidad. Tres capítulos podemos destacar como expresión de la contribución de la historiografía de Pau: la desamortización eclesiástica, la ideología religiosa, como soporte de diversos regímenes políticos, y el amplio espectro de las relaciones Iglesia-Estado. Mientras la Universidad de Navarra se hace digna de una mención, en estas páginas, por su aportación documental a la historia ochocentista de la Iglesia española, el monasterio de Montserrat encuentra un hueco, aquí, por su edición de fuentes eclesiásticas del siglo XIX. De la mano de éstas, se hace obvia la referencia a Víctor Manuel Arbeloa, historiador comprometido en la investigación del itinerario de la Iglesia en nuestro siglo. No queremos cerrar este recorrido por los fundamentos de la nueva historiografía religiosa española, sin recordar la ayuda prestada a los investigadores por el Instituto Enrique Flórez, con la publicación, en cuatro extensos volúmenes, del *Diccionario de la Historia Eclesiástica de España*. En él se ofrece amplia información sobre la Iglesia española y se difunden términos y conceptos, hasta ahora, patrimonio de unos pocos «iniciados», pertenecientes a la casta eclesiástica.

Los desiertos de la historiografía eclesiástica española

Afirmar que la historia, como ciencia de aproximación al pasado, envejece, equivale a proclamar la necesidad de una incesante reinterpretación del legado transmitido por las diversas investigaciones históricas. En efecto, la historia sigue haciéndose preguntas y no pierde la esperanza de iluminar, permanentemente, el pasado para actuar en el presente y preparar el futuro. Por ello, la reflexión sobre la nueva historiografía de la Iglesia en España nos lleva a recoger los interrogantes, que la historia religiosa de nuestro país plantea, y aquellas parcelas de la actuación eclesiástica que aún no han sido suficientemente exploradas. Una pauta cronológica nos hace descubrir aquellos momentos de la historia contemporánea, sobre los cuales han pasado de puntillas los investigadores eclesiásticos, mientras que un criterio temático pone el acento en las cuestiones, a las que todavía no ha abarcado la reflexión histórica. A tenor de esto, observamos una mayor dedicación de los historiadores a la tarea de reconstrucción del siglo xix de la Iglesia española, en relación con la suscitada por el xx. No son ajenos a esta vocación ochocentista de nuestros historiadores, por una parte, el prestigio, que a partir de los años sesenta, vino a rodear los estudios relativos al siglo pasado, y por otra, la posibilidad de consulta de cierta documentación de la Iglesia, que no se ofrecía con la misma prodigalidad, a las que deseaban adentrarse, en el más cercano siglo xx. Efectivamente, la historiografía de la Iglesia en España puede presentar un siglo xix rescatado de viejos prejuicios clericales y proyectado en las convulsiones políticas de la sociedad civil. Al presente, diversas monografías dan cuenta de una Iglesia ochocentista, que, sin renegar de las palabras de su Fundador sobre la espiritualidad de su reino, procuró situarse políticamente, aun a costa de buscar la colaboración con fuerzas sociales que, durante un tiempo, le habían hostilizado. De esta forma, los períodos en que suele ser parcelado el siglo xix, han encontrado su expresión propia en la historiografía de la Iglesia española, pero no han perdido la perspectiva integradora, que ofrece una historia más amplia de todo el quehacer de nuestra sociedad.

Por el contrario, el panorama historiográfico del siglo xx de la Iglesia española no es tan luminoso como el que ofrece la centuria pasada. Bien es verdad que las actuales investigaciones en marcha hacen augurar que, en poco tiempo, se puedan recuperar los años, en los que la manipulación ideológica del pasado, obra de los grupos en el poder, impedía un acercamiento crítico a nuestra historia más próxima. Si tuviera que señalar tres períodos de la historia novecentista de la Iglesia española que necesitan una más urgente iluminación, no dudaría en hacerlo, apuntando a la dictadura primorriverista, a la segunda república y a la guerra civil.

Los años de la dictadura de Primo de Rivera suelen ser calificados tópica y engañosamente de «paréntesis» (en verdad no lo fueron para los que la sufrieron). De ahí que la historiografía no se haya mostrado muy generosa con la década de los veinte y la Iglesia no ha sido una excepción. Ante la indigencia de monografías referidas a la Iglesia, durante el período dictatorial, encuentran acomodo y circulación interpretaciones sesgadas, que hablan de los días felices de la institución eclesiástica, entregada a la voluntad del dictador. No parece que fuera así la vida de la Iglesia con Primo de Rivera. Aproximaciones parciales al tema nos permiten afirmar que la jerarquía eclesiástica no fue muy entusiasta de un hombre, que no contó para nada con el enclenque sindicalismo católico y sí echó mano, en cambio, del socialista. Para el sistema educativo de la Iglesia, el apoyo dado por Primo de Rivera a las escuelas estatales era una amenaza que convenía neutralizar. Por otro lado, no fueron pocos los sinsabores de los curas catalanes, con sus obispos a la cabeza, acusados, por las instancias gubernamentales, de utilizar los púlpitos como instrumentos de catalanización, con lo que esta acusación suponía, en un régimen tan poco sensible al reconocimiento del hecho diferencial español.

Para los estudiosos de la segunda república, la Iglesia no es una incógnita. A ella apuntan los historiadores cuando analizan las fuerzas sociales que, de una u otra forma, participaron en el gran ensayo democrático que vivió el pueblo español tras la caída de la monarquía. Sin embargo, nos sabe a poco lo que las historias del período republicano nos cuentan de la intervención de la Iglesia en la configuración de la nueva convivencia de los españoles. En verdad, no sería justo silenciar la existencia de diversos trabajos relativos a la actuación de la Iglesia durante el experimento republicano, pero tampoco se puede ocultar la insatisfacción que aquéllos producen, al no abordar, de una manera global, el comportamiento de la Iglesia en una coyuntura muy poco de su agrado. Conocemos aspectos destacados de las relaciones de la Iglesia con el Estado, pero se nos escapa el impacto, que el cambio político, de seguro, tuvo en la organización, funciones y acción de la institución eclesiástica. Más allá de la pura política eclesiástica, referida a los gobiernos republicanos, nos preguntamos por la capacidad de adaptación o de resistencia de la Iglesia, al nuevo orden social.

Ya se ha dicho que la Iglesia española vivió de modo apasionado y traumático la guerra civil. Los números nos testifican la cuantía de las pérdidas eclesiásticas, en efectivos humanos y materiales, la exégesis de los documentos episcopales nos describe a una Iglesia, sacralizando la contienda y asentando los fundamentos del sólido compromiso político de años posteriores. Sin embargo, no se acaba ahí la llamada «Iglesia de la cruzada», e importa saber cómo vivió ella la tragedia de la guerra y cuáles fueron los mecanismos religiosos que, diariamente, puso en marcha para convertir a sus fieles en beligerantes. Si los historiadores nos hablan de una economía de guerra distinta de la de la paz, ¿no se podría llegar a definir unas formas de religiosidad y una Iglesia de la guerra, diferentes de las de la calma? Recogiendo esta invitación, unos cuantos títulos más serían capaces de completar la ya exhaustiva bibliografía de nuestra guerra.

Si la periodización al uso, en la historia contemporánea de España, nos has permitido destacar los vacíos existentes en la historiografía religiosa de nuestro país, un repaso de la problemática, recogida por aquélla, nos sirve ahora para interpelarnos acerca de las cuestiones, que no han encontrado una respuesta airosa, en la bibliografía eclesiástica. Vaya por delante que los márgenes de subjetividad, en este capítulo, aún son más grandes.

Mucho se ha escrito del talante reaccionario de nuestra Iglesia, a cuya jerarquía, con frecuencia, se ha presentado como la más conservadora y rancia de toda Europa. No les faltan argumentos a quienes así piensan; sin embargo, no está de más señalar la inexistencia de estudios comparativos que relacionen las distintas «Iglesias nacionales» y que nos den la verdadera medida de cada una de ellas a lo largo de su historia. Otro lugar común de la historiografía española contemporánea apunta al anticlericalismo visceral de nuestro pueblo y, en verdad, no faltan en ella alusiones a diversos momentos de agitación anticlerical, que serían como la expresión del descontento de una parcela de la sociedad ante la situación privilegiada de su Iglesia. Por ello, no sería empresa baldía el acometer decididamente la historia contemporánea del anticlericalismo español en la confianza de que el acercamiento a las fuentes literarias ha de propiciar fructuosos resultados.

Sabemos que la Iglesia no ha sido ajena a la elaboración política de los nacionalismos de España y que éstos han sido, en su historia, un ejemplo claro de formulación laica de un conjunto de contenidos religiosos, éticos y políticos. Junto a la interacción de la ideología religiosa y la política, importa mucho describir el papel desempeñado por la Iglesia-institución, en el desarrollo del movimiento nacionalista. Al mismo tiempo, la adhesión eclesiástica a la elaboración nacionalista y el fervor desplegado por la clerecía en su difusión pueden encontrar explicación plausible en la naturaleza dinámica del sentimiento religioso y en su capacidad de sublimación de la realidad. La ideología nacionalista con su espiritualización del concepto de *pueblo* supo ofrecer a los clérigos la posibilidad de robustecer su ministerio pastoral, mediante la dedicación sacerdotal a la salvación humana de ese pueblo, a quien, como tal, se presentaba acosado por el afán dominador de otra comunidad cultural o étnica. Quizás el nacionalismo vasco sea el testimonio más elocuente de cuanto venimos diciendo. Si la progresiva secularización de la sociedad venía resquebrajando el liderazgo de los sacerdotes desde los comienzos de la edad contemporánea, una ideología pararreligiosa, como la concebida por Sabino Arana, podía catapultar a los clérigos comprometidos con ella a la dirección de su comunidad. Son, pues, muchas las preguntas que los nacionalismos suscitan al historiador de la Iglesia y la menos importante de todas ellas no es si la contundente beligerancia política de grupos influidos por la institución eclesiástica podría arrancar no sólo de unos contenidos maximalistas, abastecidos por el nacionalismo, sino también de una mentalidad totalitaria y de una visión excluyente de la realidad, que la misma religión, quizás, ha ayudado a conformar. La intensa militancia religiosa, desplegada por numerosos miembros de ETA, en alguna época de su vida, se atreve uno a pensar que no ha desaparecido sino que ha cambiado de signo.

La consideración final pone el acento en la necesidad de alentar estudios en torno a dos temas ya sugeridos: el de las congregaciones religiosas y el de la financiación de la Iglesia. En efecto, la historia contemporánea de la institución eclesiástica, en España, no se puede entender sin destacar el protagonismo de los regulares en la configuración de la nueva sociedad. Por otra parte, la rápida expansión del sistema educativo católico, a lo largo del primer tercio del siglo XX, sólo se puede explicar recordando el desarrollo de los institutos religiosos a partir de la Restauración. Tema arduo es el de los recursos económicos de la Iglesia, cuya investigación tropieza con el silencio de ésta respecto del origen de buena parte de sus ingresos y de la forma de financiación de sus obras. La Iglesia, tan escrupulosa en la administración de sus dones espirituales, no parece observar análogo miramiento en la gestión de sus bienes materiales.

BIBLIOGRAFÍA

Selección de libros y artículos, publicados desde 1970.

Abellán, J. L., «Sociología del catolicismo español», *Sistema,* septiembre de 1978.

Alvarez Bolado, A., *El experimento del Nacionalcatolicismo, 1939-1975,* Madrid, 1976.

Alzaga, O., *La primera democracia cristiana en España,* Barcelona, 1973.

Andrés Gallego, J., *La política religiosa en España, 1889-1913,* Madrid, 1975.

Andrés Martín, M., *La supresión de las facultades de teología en las universidades españolas (1845-1855),* Burgos, 1976.

Aranzadi, J., «Milenarismo vasco y antisemitismo democrático», *El Viejo Topo,* marzo de 1979.

Arbeloa, V. M., *Socialismo y anticlericalismo,* Madrid, 1973.

——, *La semana trágica de la Iglesia en España, 1931,* Barcelona, 1976.

Artigues, D., *El Opus Dei en España,* París, 1971.

Astarloa Villena, F., *Región y religión en las Constituyentes de 1931,* Valencia, 1976.

BAC (Biblioteca de Autores Cristianos), *La Iglesia en la España contemporánea,* Madrid, 1979.

Barrio, J., «Félix Torres Amat (1772-1847): Un obispo reformador», *Anthologica Annua* (1975-1976).

Batllorí y Arbeloa, *Arxiu Vidal i Barraquer: Esglesia i Estat durant la Segona República Espanyola, 1931-1936,* 3 vols. (5 tomos), Barcelona, 1971, 1975 y 1977.

Benavides, D., *El fracaso social del catolicismo español,* Barcelona, 1973.

——, *Democracia y cristianismo en la España de la Restauración, 1875-1923,* Madrid, 1978.

Carballo, F., y Magariños, *La Iglesia en la Galicia contemporánea,* Madrid, 1978.

Cárcel Ortí, V., *Política eclesial de los gobiernos liberales españoles (1830-1840),* Pamplona, 1975.

——, *Correspondencia diplomática de los nuncios en España. Nunciatura Tiberi (1827-1834),* Pamplona, 1976.

Carro Celada, E., *Curas guerrilleros en España,* Madrid, 1971.

Castells, J. M., *Las asociaciones religiosas en la España contemporánea (1767-1965),* Madrid, 1973.

Castillo, J. J., *El sindicalismo amarillo en España,* Madrid, 1977.

——, *Propietarios muy pobres. Sobre la subordinación política del pequeño campesino. La Confederación Nacional Católica Agraria, 1917-1942,* Madrid, 1979.

Chao Rego, J., *La Iglesia en el franquismo,* Madrid, 1976.

Connelly Ullman, J., *La semana trágica,* Barcelona, 1972.

csic (Consejo Superior Investigaciones Científicas), *Diccionario de Historia Eclesiástica de España,* 4 tomos, Madrid, 1972-1976.

Cuenca Toribio, J. M., *La Iglesia española ante la revolución liberal,* Madrid, 1971.

——, *Estudios sobre la Iglesia española del XIX,* Madrid, 1973.

——, *Aproximación a la historia de la Iglesia contemporánea en España,* Madrid, 1978.

Cuenca, J., y Longares, J., *Bibliografía de la Historia de la Iglesia, 1940-1974: Artículos de revista,* Valencia-Córdoba, 1976.

Cuesta, J., *Sindicalismo católico agrario en España (1917-1919),* Madrid, 1978.

Díaz de Cerio, F., «Notas sobre el Jansenismo español en 1820-1825», *Scriptorium Victoriense* (1976-1977).

Díaz Mozaz, J. M., *Sociología del anticlericalismo,* Madrid, 1976.

El Escorial (Primera Semana), *La Restauración monárquica de 1875 y la España de la Restauración,* El Escorial, 1978.

—— (Segunda Semana), *Aproximación a la Historia social de la Iglesia española contemporánea,* El Escorial, 1978.

Feliú Monfort, G., *La clerecia catalana durant el Trienni Liberal,* Barcelona, 1972.

Fernández Areal, M., *La política católica en España,* Barcelona, 1970.

Ferrer Benimeli, J. A., «Notas para una historia de la masonería española de los siglos xix y xx» en el vol. ii del *Homenaje al Dr. Reglá,* Valencia, 1975.

García de Cortázar, F., «Análisis sociológico del episcopado español de la Restauración», *Revista Internacional de Sociología,* 1976.

——, «La Iglesia española de la Restauración: definición de objetivos y práctica religiosa», *Letras de Deusto,* julio-diciembre de 1978.

——, «Iglesia, ideología religiosa y nacionalismo vasco en la historia», *Socialismo, nacionalismo y cristianismo en el País Vasco,* Bilbao, 1979.

Gil Delgado, F., *Conflicto Iglesia-Estado (1808-1975),* Madrid, 1975.

Gómez Pérez, R., *Política y religión en el régimen de Franco,* Barcelona, 1976.

González Anleo, J., *La Iglesia española en 1970, en España: perspectiva 1972,* Madrid, 1971.

González Muñiz, M. A., *El clero liberal asturiano,* Oviedo, 1976.

Hermet, G., «El catolicismo en los regímenes autoritarios», *Sistema* (4), 1974.

Iturralde, J. De, *La guerra de Franco, los vascos y la Iglesia,* 2 tomos, San Sebastián, 1978.

Jiménez Duque, B., *La espiritualidad en el siglo XIX español,* Madrid, 1974.

Jiménez Lozano, J., *Los cementerios civiles y la heterodoxia española,* Madrid, 1978.

Lannon, F., «A Basque Challenge to the Pre-Civil War Spanish Church», *European Studies Review* (1979).

Longares, J., *Política y religión en Barcelona (1833-1843),* Madrid, 1976.

Maravall, J. A., «Sobre orígenes y sentido del catolicismo liberal en España», *Homenaje a Aranguren,* Madrid, 1972.

Marquina, A., «El primer acuerdo del nuevo Estado español y la Santa Sede», *Razón y Fe* (1978) 197.

Martí, C., «El sindicalismo católico en España», *Teoría y práctica del movimiento obrero en España,* Valencia, 1977.

Martí Gilabert, F., *La abolición de la Inquisición en España,* Pamplona, 1975.

Martín Tejedor, J., *Francisco Butiñá y los talleres de Nazaret,* Madrid, 1977.

Massot, J., *Aproximació a la historia religiosa de la Catalunya contemporània,* Barcelona, 1973.

Montero, J. R., *La CEDA. El catolicismo social y político en la II República,* Madrid, 1977.

Montoya, P., *La intervención del clero vasco en las contiendas civiles, 1820-1823,* San Sebastián, 1971.

Muntanyola, R., *Vidal i Barraquer, cardenal de la pau,* Barcelona, 1970.

Nodinot, J. F., *L'Eglise et le pouvoir en Espagne,* París, 1973.

Núñez Muñoz, M. F., *La Iglesia y la Restauración (1875-1881),* Santa Cruz de Tenerife, 1976.

Ollero Tassara, A., *Universidad y política. Tradición y secularización en el siglo XIX español,* Madrid, 1972.

Palacio Atard, V., *Cinco historias de la República y de la guerra,* Madrid, 1973.

Pérez Vilariño, J., *Inquisición y Constitución en España,* Madrid, 1973.

Perlado, P. A., *La libertad religiosa en las Constituyentes del 69,* Pamplona, 1970.

——, *Los obispos españoles ante la amnistía de 1817,* Pamplona, 1971.

Petschen, S., *Iglesia-Estado. Un cambio político. Las Constituyentes de 1869,* Madrid, 1974.

Portero, J. A., *Púlpito e ideología en la España del siglo XIX,* Zaragoza, 1978.

Raguer, H., *La Espada y la Cruz. La Iglesia, 1936-1939,* Barcelona, 1977.

Revuelta, M., *Política religiosa de los liberales en el siglo XIX. Trienio constitucional,* Madrid, 1973.

——, *La exclaustración, 1834-1837,* Madrid, 1976.

Rodríguez de Coro, F., *El obispado de Vitoria, durante el sexenio revolucionario,* Vitoria, 1976.

——, *País Vasco, Iglesia y revolución liberal,* Vitoria, 1978.

Ruiz Rico, J. J., *El papel político de la Iglesia católica en la España de Franco,* Madrid, 1977.

Sáez Alba, A., *La otra «cosa nostra». La ACNP,* París, 1974.

Sáez Marín, J., *Datos sobre la Iglesia española contemporánea, 1768-1868,* Madrid, 1975.

Sanz de Diego, R., «La legislación eclesiástica del sexenio revolucionario, 1868-1874», *Revista de Estudios Políticos* (200-201), 1975.

Tomsich, M. G., *El jansenismo en España,* Madrid, 1972.

Tuñón de Lara, M., «Política eclesiástica durante la segunda república española», *Fomento Social,* julio-septiembre de 1977.

Tusell, J., *Historia de la democracia cristiana en España,* Barcelona, 1973, 2 vols.

Ynfante, J., *La prodigiosa aventura del Opus Dei. Génesis y desarrollo de la Santa Mafia,* París, 1970.

HISTORIA DEL MOVIMIENTO OBRERO EN ESPAÑA (UN ESTADO DE LA CUESTION EN LOS DIEZ ULTIMOS AÑOS). PAU, 1979

Manuel Tuñón de Lara

Una ponencia de este género tiene siempre el inconveniente de si se considera este sector o especialidad con «tarjeta de identidad» suficiente para ser objeto de estudio específico.

Nuestra respuesta es, sin duda, afirmativa. Los hechos son muy testarudos, y aunque no fuese más que el espléndido desarrollo de este sector de la historia, aunque no fuese sino lo que ha ido surgiendo aquí mismo, en nuestros coloquios, durante diez años, no se podría negar la evidencia.

Sector especializado, sin duda, pero como todo sector, corriendo toda clase de riesgos si no se enmarca en el conjunto estructural en que está inserto. No hay historia del movimiento obrero sin estudio de las clases y, en primer lugar, de la patronal, y de los conflictos de clase; no hay historia del movimiento obrero sin estudio de los salarios, de la condición y nivel de vida obrera, pero tampoco sin estudio de los beneficios, ni de las organizaciones patronales; no hay historia del movimiento obrero sin conocer la función de los otros partidos, que no son obreros y, sobre todo, del Estado y sus aparatos en relación con las clases y su lucha.

En resumen, intentar la historia del movimiento obrero es situarse en la columna vertebral misma de la historia.

Tal vez por eso mismo, decir historia del movimiento obrero no supone en sí mismo una novedad metodológica. Puede haber historia episódica del movimiento obrero. A ella se había referido una vez Labrousse.

Alguien, a quien forzosamente habrá que referirse luego, nos ha criticado porque hablamos de «movimiento» obrero y no en plural, acusándonos, casi políticamente, de que se trata de un concepto «de clara raigambre marxista». Porque, en efecto, el concepto de movimiento obrero viene del concepto de clase obrera y se refiere a «el acto de asociarse los obreros, temporal o permanentemente, con fines profesionales o también políticos, pero siempre en función de su naturaleza obrera».

Este concepto se extiende modernamente a otros trabajadores asalariados, por lo general del sector Servicios. Se trata del paso de le espontaneidad a la organización, del choque objetivo de clases a nivel de empresa, a la toma de conciencia donde interviene la subjetividad; y luego, esa subjetividad se transforma en objetividad, se objetiviza, cuando el proceso múltiple de tomas de conciencia hace posible la organización.

Entonces, el obrero se siente que pertenece a una clase con intereses propios y con fines propios, y se asocia para el logro de esos fines o de parte de ellos.

La cuarta etapa es, precisamente, aquella que muestra el proceso de aglutinación; cuando trabajadores intelectuales, manuales o de carácter intermedio, se integran o articulan en el vasto conjunto del movimiento obrero.

Naturalmente, que esos historiógrafos a que nos hemos referido no quieren hacer ciencia, sino escamotear el resultado de la ciencia histórica; a su manera, participan también en la lucha de clase, como intelectuales orgánicos de las clases dominantes.

Pero va siendo hora de entrar en nuestro tema. Y para ello hay tres caminos: las aportaciones en: *fuentes,* en *zonas o territorios de conocimiento* y en *metodología.*

Además, sería interesante captar la temática de los grandes debates y su desarrollo.

Otra cuestión que se plantea es cómo dividir el examen: ¿por cuestiones generales, por períodos o por temas? Forzosamente habrá que combinar estas ópticas.

Y no sé si caeremos en el pecado de soberbia al recordar que aquí mismo, en aquellos Coloquios difíciles, perseguidos y calumniados al sur del Pirineo, surgieron las primicias y se expusieron los primeros resultados de tantas investigaciones; las de Elorza sobre el anarquismo durante la segunda república, de Calero sobre los movimientos obreros andaluces, de Balcells sobre nacionalismo catalán y marxismo, de Maurice sobre la lucha de clases en el campo, de Castillo sobre el sindicalismo católico, de Forcadell sobre el partido socialista en los primeros veinte años del siglo, de Marta Bizcarrondo sobre lo mismo en la Segunda República...

Intentemos ver claro.

Si sobre los orígenes (Sociedad de Tejedores, etc.) Elorza ha contribuido a clarificar muchos aspectos en su trabajo en *Revista de Trabajo,* es el período de la Primera Internacional, que ya en 1869, con la publicación por el Instituto de Amsterdam de la obra de Nettlau, valiosa sobre todo por las fuentes que maneja, con los cuadros de R. Lamberet, el que ha experimentado notables progresos. Igualmente por la publicación de las Actas y Comunicaciones y Circulares de la Federación Regional española que entre 1969 y 1972 se publican dirigidas por Seco Serrano. También Arbeloa publicará en 1972 las Actas del Congreso de Zaragoza, y Guereña ha realizado un trabajo sobre «La Emancipación» que nos atrevemos a calificar de modélico. Citemos también la reedición ampliada de la importante obra de R. Termes sobre anarquismo.

Sin salir de esta época mencionemos el trabajo sobre las condiciones de vida de la clase obrera madrileña de Rafael Flaquer, y las numerosas investigaciones de Angel Bahamonde, así como su tesis de próxima lectura, basadas todas en fuentes de primera mano del Archivo de la Villa.

El libro de Bahamonde y de J. Toro, *Burguesía, especulación y cuestión social en el Madrid del siglo XIX,* echa las primeras bases de historia social en un sector donde todavía no se había pasado del género narrativo.

Pero nos hará falta retroceder para citar una obra, sobre la que tendremos que insistir más adelante; la de Casimiro Martí y Josep Benet, *Barcelona a mitjan segle XIX (1854-1856),* auténtico modelo de investigación histórica coyuntural, perfectamente enmarcada en la estructura de la que emerge.

Después de este libro, ya está claro que la mítica «Unión de Clases» no existió nunca y que la huelga general de 23 de marzo de 1854 precedió a la de 1855, mucho más conocida.

La insurrección popular de 1856, el «Caso Barceló», la actividad de los «directores de la clase obrera», la represión, etc., son expuestas con la apoyatura de sólidas fuentes.

Todo eso, a pesar de dificultades de archivos encontradas por los autores en el gobierno civil y en capitanía general.

La modestia de limitarse a ser «una obra básicamente informativa», enunciada por Martí y Benet, queda muy por bajo de la realidad. Estamos ante una obra científica de primera fila. Sus complementos: Fuentes de Prensa de 1855, publicados por Elorza en *Revista de Trabajo.*

De la Cataluña del XIX no podemos alejarnos sin señalar obras importantes como la de Miguel Izard sobre *Las tres clases del vapor, 1869-1913,* indispensable para el conocimiento de un sector. En el mismo sentido su estudio sobre la Unión Manufacturera publicado en el número 4 de *Revista de Estudios Sociales* (1978).

En fin, el libro de Joaquim Ferrer sobre *El primer 1.º de mayo en Cataluña,* de gran riqueza informativa.

La gran temática de las dos ramas del movimiento obrero, socialismo y anarquismo, llamará la atención de los historiadores.

Sobre el socialismo se viene suscitando gran interés por la recepción del marxismo en España, por el equilibrio y desequilibrio entre aspectos orgánicos y teóricos de los primeros tiempos, etc.

Primero ha sido el redescubrimiento de Jaime Vera (J. J. Castillo no se limita, ni mucho menos, al Informe de la Comisión de Reformas Sociales), pero también su relativa puesta en cuestión por J. Araya, sobre un tema que también recogerá luego P. Ledesma: la influencia de «la ley del bronce» lassalliana en los primeros tiempos del socialismo español, que sólo sería rectificada por García Quejido en los primeros años del siglo.

J. José Castillo: Correspondencia de Mesa, en *L'Egalité*; notas biográficas en *Revista de Estudios Sociales,* mayo-diciembre 1975.

El tema de la Comisión de Reformas Sociales lo tomaron, en primer término, Elorza y M. C. Iglesias, a los que se suma el citado J. Araya, mientras que Arbeloa exhumaba las actas de las primeras reuniones del PSOE.

El problema de los fundamentos teóricos del primer partido obrero (marxismo de Mesa-Engels, «guesdismo», «pablismo» o reduccionismo) será planteado a fondo tanto por Elorza y su equipo (Arranz, Cabrero, Muñagorri, etc.) como por Pérez Ledesma y S. Castillo, tanto al presentar las obras y artículos de Pablo Iglesias (1975) como en un número especial de la revista *Sistema,* en que Elorza y su equipo dan la nota disonante del coro hagiográfico. El «pablismo» como extremismo verbal unido a la práctica reformista empieza a ser captado. ¿Hay algo más? Tal vez la afirmación de que no se trata de una introducción del esquematismo «guesdista», sino de un reduccionismo específico condicionado por la situación española (Arranz), por la estrategia previamente elegida por Iglesias. De Iglesias a Besteiro (Elorza).

Naturalmente, todo esto queda en el dominio de historia de las ideas como también el notable trabajo de Pedro Ribas «Sobre la Introducción del marxismo en España» *(R. E. Sociales,* núms. 6-7) y los de Maurice, Ralle, etc.

Importancia del último Coloquio de Madrid, en la Facultad de Ciencias Políticas, con Elorza, Balcells, P. Ledesma, los hermanos Castillo, Serrano, Ralle, Guereña, Maurice, Ribas, J. Girault, etc.

En el estudio de los hechos, de la implantación orgánica, de la actividad del PS, los trabajos de Santiago Castillo son determinantes para el período que va hasta finales de siglo.

Ciertamente, nos beneficiamos de una reedición de la obra de J. J. Morato, que más que una historia es una fuente o testimonio de primera mano. Pero análisis cuantitativos y regionalizados a fondo sólo los ha hecho Castillo.

Tesis sobre la UGT y trabajos análogos de Pérez-Ledesma: La dicotomía entre teoría revolucionaria y práctica reformista del PSOE: Iglesias: «Las reformas son necesarias». Influencia del libro de Deville y síntesis teórica de *La Nueva Era.*

Otros trabajos: Las primeras organizaciones en Madrid, Vizcaya, Asturias. Ciertamente, la primera parte del libro de Gómez Llorente, *Aproximación a la historia del socialismo español (hasta 1921)* de 1972, trata algo de esa época, pero con escasas fuentes. Este libro, pese a su buena voluntad, está escrito de manera acrítica.

Sobre el anarquismo, además del mencionado libro de Nettlau (fundamental para el período clandestino 1875-1881 y para el de la FTRE de 1881 a 1888), disponemos de los textos de Clara Lida y Alvarez Junco *(La ideología política del anarquismo español,* 1976). El metódico estudio de Temma Kaplan *(Orígenes del anarquismo en Andalucía. Capitalismo agrario y lucha de clases en la provincia de Cádiz, 1868-1903),* ha revolucionado esta clase de estudios. Es un examen infraestructural completo que contribuye a la destrucción de mitos sobre el particular. El gobierno anarquista de treinta y tres días en San Lúcar. Contra el milenarismo.

El tema del anarquismo en el siglo XX se ha visto enriquecido, además de por los estudios de más vasta dimensión de Quadrat, Ullman y Romero Maura, por otros de carácter más específico. Al principio del decenio que nos ocupa, el libro de César M. Lorenzo, *Les anarchistes espagnols et le pouvoir* constituyó un acontecimiento. Por primera vez, desde una óptica libertaria, se hacía un examen crítico del anarcosindicalismo en los años de la República, se establecía la diferencia entre la FAI y el grupo «Nosotros», etc. También se abordaba en esa óptica la participación en los poderes regionales y en el Gobierno central, se utilizaba una riqueza de fuentes confederales de tipo interno hasta entonces desconocida. La obra no está exenta de «ideologismo» pero es muy valiosa.

Volviendo hacia atrás, la obra tenaz de Antonio Elorza en *Revista de Trabajo,* con amplio recurso a las fuentes de prensa y también a las de archivos oficiales, ha permitido una recomposición de la historia «cenetista» desde los tiempos del Congreso de la Comedia hasta los del Conservatorio. Estos trabajos han arrojado mucha luz sobre la CNT en tiempos de la Dictadura y sobre las medidas represivas contra ella distadas por el Gobierno Primo de Rivera-Martínez Anido.

Esas investigaciones se completan, por el mismo Elorza, con su *Utopía anarquista bajo la Segunda República* (Madrid, 1973, pero cuyas bases están en su comunicación al II Coloquio de Pau, 1971) y su apéndice, «trayectoria histórica confederal». En ese mismo orden de cosas hay que señalar la tesis sostenida este mismo año por Xavier Paniagua en la Universidad de Valencia sobre *Ideología económica y revolución social libertaria. Agrarismo e industrialización en el anarquismo español, 1930-1939.*

Otra tesis, le da nuestro amigo Antonio Bar Cendón, que acaba de ser leída en la Universidad de Zaragoza, versa sobre *Proceso de formación del anarcosindicalismo español, 1910-1926* con extraordinaria riqueza de fuentes de prensa y documentación confederal.

Este panorama se enriquece con aportaciones extranjeras; en primer lugar una tesis ya antigua, de 1953, la de John Brademas, publicada en España tan sólo en 1974 con el título *Anarcosindicalismo y revolución en España, 1930-1937.* Su utilización de fuentes de primera mano y de testimonios es importantísima; hay ahí memorias e informes internos de la CNT y la FAI a nivel regional y nacional, y el famoso informe sobre la CNT redactado por Schapiro en 1933 (que luego ha publicado Elorza íntegro en la *Revista de Estudios de Historia Social*). En apéndice del libro hay el informe de la CNT (Comité Nacional) sobre los sucesos de mayo de 1937. Como la mayoría de los libros anglosajones, el estudio de Brademas concede demasiada importancia al relato y a las «pinceladas sicológicas» en detrimento de una sistematización, de un estudio estructural, de los fenómenos de implantación, etc. No es ajena esta obra, a pesar de sus méritos, a la idea difundida en el mundo en tiempos de guerra fría de que los anarcosindicalistas habían empezado a hacer una revolución generosa y romántica, que los comunistas, apoyados por el «centrismo» socialista, frustraron desde 1937. Naturalmente, ninguno de esos autores habría permitido ni durante 48 horas que un grupo análogo a las patrullas de control se enseñorease de sus ciudades americanas o británicas.

Pero tal vez los trabajos de mayor profundidad son los de nuestro amigo Balcells (que ya había hecho su tesis de licenciatura hace muchos años sobre *El sindicalismo en Barcelona)* al publicar *El arraigo del anarcosindicalismo en Cataluña* que tal vez sea la reflexión más profunda que se ha hecho sobre el tema. Pero Balcells, que constantemente está ejemplificando el método de la historia global o total ha abordado también el tema en su *Trabajo industrial y organización obrera en la Cataluña Contemporánea, 1900-1936* (libro de inapreciable valor, en cuanto a método, a contenido y a fuentes) y muy particularmente en su tercera parte, «La crisis del anarcosindicalismo y el movimiento obrero en Sabadell entre 1930 y 1936». La obra de Balcells desborda plenamente el tema, para entrar en la totalidad del movimiento obrero catalán con un rigor metodológico como nadie.

Quadrat, cuya obra es también de nivel superior, por lo que se refiere a los doce primeros años del siglo, es hoy en día el historiador que más precisiones ha aportado, más fuentes ha consultado y más errores ha deshecho sobre «Solidaridad Obrera» desde 1904 y sobre los Congresos fundacionales de la CNT; su obra *Socialismo y anarquismo en Cataluña. Los orígenes de la CNT* (1976) no sólo es de consulta insoslayable, no sólo ha deshecho mitos sobre Solidaridad y la Semana trágica, sino que es clave para 1910-1912; sobre la huelga de 1911, las provocaciones de Miguel Sánchez y otros asuntos hace aportaciones de primer orden.

Textos de Abad de Santillán, presentados por Elorza, y de Pestaña, con una Introducción biográfica. Biografía de Seguí, por Manuel Cruells (1974); la de Durriti por Pay.

En fin —vacilando si citarlas ahora o después— las Memorias son fuentes testimoniales apreciables. Las de Adolfo Bueso (1976) tienen una importancia fragmentaria al tratar de la CNT. Mas, cuando se refiere luego a su vinculación con Maurín por la trayectoria CNT-PC-BOC (muy interesantes sus recuerdos de la cárcel de Barcelona: Solís, etc.). Mucho más esenciales parecen las del dirigente campesino andaluz Antonio Rosado, publicadas hace un par de meses y presentadas por Antonio-Miguel Bernal. («*Tierra y libertad*». *Memorias de un campesino anarcosindicalista andaluz.*)

El camino del SOCIALISMO por el siglo XX nos lleva a una multiplicidad de trabajos monográficos: Unos, en torno a Iglesias: la tesis de Antonio Padilla sobre *Pablo Iglesias y el parlamentarismo restauracionista*, y la de M. Teresa Martínez de Sas: *El socialismo y la España oficial. Pablo Iglesias diputado a Cortes,* estudio coyuntural, hecho con buen aparato erudito, para un momento en que cambian ciertos aspectos: *a)* hacia el conjuncionismo; *b)* reconocimiento de las huelgas.

Sobre ese período yo mismo he intentado sacar a la luz lo que significó la creación de la Escuela Nueva y su evolución (N. de Arenas, J. Vera, etc.), así como de la Escuela Societaria (con Lamoneda, Egocheaga, etc., ampliando este tema hasta el de los sucesivos Congresos que llevaron a la escisión, etc. (Fuentes: *La Internacional, Nuestra Palabra, El Socialista,* Archivo N. de Arenas, Torralba Beci, Folletos de Escuela Nueva, etc.).

Uno de nuestros más fieles coloquiantes, Carlos Forcadell, dio aquí hace años sus primicias a las investigaciones sobre el PSOE desde primeros de siglo a la guerra mundial y vísperas de la escisión. Trabajando año tras año se ha convertido en su tesis y en su libro, *Parlamentarismo y bolchevización: El movimiento obrero español, 1914-1918.* Utilizando las fuentes de la Segunda Internacional, del Instituto de Amsterdam, además de la prensa exhaustivamente, constituye la mejor aportación existente hasta hoy a la historia del socialismo español en aquella coyuntura. Particularmente importante, el estudio de líneas de fractura del X Congreso, las relaciones con la tendencia de Zimmerwald; y también la postura frente a las guerras coloniales (lo que nos hace mencionar aquí también los trabajos de nuestro amigo Carlos Serrano sobre el PSOE y la guerra de Cuba).

Nada hay hasta el período de la República, como no sea el libro de Andrés Gallego, sobre *El Socialismo y la Dictadura,* que es más que nada una acumulación de documentos con propósito unilateral muy evidente.

Sin embargo, hay que hacer mención de los trabajos de Marta Bizcarrondo que, aunque centrados los más importantes en el período republicano (cuya tesis de inminente lectura será un acontecimiento para nuestro sector de la historiografía) parten de raíz honda. Su libro sobre *Araquistain y la crisis socialista en la Segunda República* echa sus raíces en el segundo decenio y en la crítica de la ideología del Araquistain que dirige *España,* como luego lo hace de *Leviatán.* Antes que nadie, aquella adolescente que presentó en nuestro primer Coloquio los resultados de sus trabajos, ha acometido el estudio de la radicalización socialista desde el 33, enmarcado en un vasto estudio de las ideologías. Centrando su trabajo sobre Araquistain, sus hipótesis sobre la naturaleza de la radicalización (pasajera) de aquella izquierda socialista fueron las primeras en plantear la cuestión a un nivel universitario y científico. Su presentación a los textos del 34 que ella presenta —*Octubre del 34: reflexiones sobre una revolución* y su introducción a la edición del *Anti-Caballero* de Gabriel Coca— demuestran una rara y valiosa erudición en el tema.

Otro de nuestros amigos, Manuel Contreras Casado, presentó su tesis en 1977 sobre el Partido Socialista de 1931 a 1936, ofreciéndonos la descripción más completa hasta el día de la estructura, organización e implantación del PSOE desde los últimos tiempos de la Dictadura hasta el comienzo de la guerra.

Está entre nosotros el autor de otro libro fundamental: *La izquierda del PSOE (1935-1936).* Se trata de Santos Juliá, que la publica en 1977.

Estudio coyuntural o «ponctuel», de gran lucidez, pleno de sugerencias, muy desmitificador. El libro, que llega a la hipótesis de que el izquierdismo es verbal y esconde un reformismo congénito e incurable, es también un estudio de todo el movimiento obrero español en 1935 y 36. Santos Juliá ha escrito después otro magnífico texto: *Orígenes del Frente Popular en España* (del que debiera hablar luego, aunque sea él mismo el ponente, en el tema de Segunda República), aunque sus fuentes para la parte francesa pequen de unilaterales.

El tema de la izquierda socialista es también tratado por Andrés de Blas *(El socialismo radical en la Segunda República,* 1978) —en su origen una tesis doctoral—. Es, a la vez, un serio enfoque, metodológicamente hablando, del tema «PSOE y Segunda República»; es notable el estudio orgánico y la apoyatura cuantitativa, y un inteligente estudio de élites. Su tesis: radicalización de la base del proletariado español (¿seguidismo?) (Diferencias de Caballero y Carrillo sobre las Alianzas en el 36). En realidad el «programa» de Caballero no existe, pese a lo que diga el autor, como tampoco existe un análisis marxista de la situación de España y de sus clases y correlatos de fuerza.

Yo mismo he abordado este tema del vacío teórico socialista en el libro colectivo *Teoría y práctica del movimiento obrero en España, 1900-1936* (1977), en el que intento explicar cómo el reduccionismo dominó tanto en la concepción de la conjunción, como en sus teorías sobre la revolución burguesa (Besteiro, 1971 y 1931-33, lo cual sigue siendo cierto para el reduccionismo izquierdizante que va de Araquistain a Caballero). Yo terminaba con una frase de Lamo de Espinosa: «No han faltado intelectuales en el Partido Socialista, han faltado teóricos.»

Esos intelectuales, a su vez dirigentes, han sido objeto de estudios: verdaderas biografías intelectuales, que no pueden olvidarse. En primer lugar, la del citado Emilio Lamo de Espinosa, *Filosofía y Política en Julián Besteiro,* de alto valor documental y crítico, engarzando teoría y acaecer histórico; también la de Virgilio Zapatero, *Fernando de los Ríos: los problemas del socialismo democrático.*

Fuentes para la historia socialista: la publicación de las actas de la UGT para todo el período del siglo XIX, por Amaro del Rosal. Y luego, del mismo Amaro (viejo militante sindical que ya nos había dado sus libros sobre Congresos obreros internacionales en los siglos XIX y XX) una *Historia de la UGT* en dos volúmenes (a la que sigue otro sobre UGT en el exilio), de gran riqueza documental pero que desde 1930, hacia la mitad del tomo primero, se convierte también en testimonio de protagonista, puesto que el autor estuvo siempre en puestos dirigentes de la UGT. Las partes referentes a octubre del 34 y a la guerra son, sobre todo, de indispensable consulta para esos temas. Pueden ser polémicas las listas de afiliados que da, pues se trata sólo de aquellos que están al corriente de sus cuotas.

Memorias cien por cien son las de Juan Simeón Vidarte, Vicesecretario General del PSOE. Sin embargo, de sus cuatro libros, es parte del referente al 36-39 (*Todos fuimos culpables)* y el de *Bienio negro e insurrección de Asturias;* ambos constituyen fuentes del más alto valor para nuestros trabajos.

En fin, sobre la unificación de las Juventudes Socialistas y Comunistas hay un librito de Ricard Viñas, muy bien documentado (1978) y la tesis de Ramón Casteras: las JSUC ante la guerra y la revolución (1936-1939), cuyo contenido va más lejos que el título, pues hace una breve historia del movimiento juvenil en toda España y estudia la actividad de la JSU en todo el país hasta el final de la guerra.

Compendios de Padilla sobre movimientos socialista y anarquista.

Sobre el *Comunismo* contamos, en primer lugar, con los textos procedentes de los archivos de Humbert-Droz publicados por el Instituto de Amsterdam. Aunque fragmentarios, son una buena aportación para el estudio de 1921 y 1922 (unificación del PCO y del PCE, sector ultraizquierdista, etc.) y se completan con aquella parte de las Memorias de Humbert-Droz (*De Lenine à Staline,* 1971), cuyas últimas sesenta páginas son un documento valioso sobre su presencia como instructor en España en 1930 y 1931. Bullejos: *La Komintern en España, recuerdos de mi vida* (1972), constituye también una fuente muy valiosa.

La bibliografía no es rica en este sector. Citemos la interesante aportación de nuestro amigo G. Hermet con los medios y límites de que ha dispuesto, y la *Historia del PCE,* de Joan Estruch, que va hasta 1936 en su tomo I, más que nada una serie de juicios políticos. Además, dos libros excelentes de Francesc Bonamusa: la *Historia del B. O. y C.* y *Andreu Nin y el movimiento comunista en España.*

Yo mismo, en mi libro *Luchas obreras y campesinas en la Andalucía del siglo XX,* he intentado estudiar las organizaciones comunistas de Sevilla de 1930 a 1933, su influencia sindical y política, teniendo como fuentes la prensa, el Diario de Sesiones de las Cortes, el Boletín Provincial y otras habituales, extendiéndome a problemas de la organización en toda Andalucía y al IV Congreso del PC. La tesina de Maitrise de Cecilia Marco-Cerezal había ya hecho, en 1971, una labor pionera en el tema del comunismo sevillano.

El *Sindicalismo Católico* ha tenido su mejor estudioso en nuestro amigo Juan José Castillo con su libro *El sindicalismo amarillo en España,* que toma el tema entre 1912 y 1923; encuadrado en un pulcro planteamiento teórico, bebiendo en numerosos archivos oficiales de España y Francia, en el archivo privado Nevares y en muchos otros fondos, bibliotecas, colecciones, etc., logra un estudio completo sobre objetos precisos, con unas conclusiones que se desprenden de ellos y que tiene la honestidad científica de declarar provisionales. Digamos, de paso, que no es menos modélico el estudio sobre el marqués de Comillas, «patrono ejemplar», última parte del libro, y recordemos su posterior estudio sobre la CONCA y uno precedente sobre la CESO y otro sobre los Círculos Católicos.

Me parece imprescindible señalar la inminente aparición de otra obra de Juan José Castillo que completa y desarrolla sus investigaciones sobre la función de las organizaciones católicas como aparatos ideológicos para obtener la hegemonía de la oligarquía dominante, el consentimiento de las clases subordinadas. Aquí se trata de los campesinos pobres en un estudio ejemplar sobre la Confederación Nacional Católico-Agraria desde 1917 hasta 1942, con el título *Propietarios muy pobres* y el subtítulo «Sobre la subordinación política del pequeño campesino en España». Que me sea permitido hoy, al cabo de nuestros diez coloquios, evocar la figura de aquel joven Juan José Castillo, que vino a verme al salir de la cárcel, antes de que empezásemos nuestras reuniones, para trabajar en los textos de Jaime Vera. No sin alegría señalamos hoy el camino por él recorrido. Sin duda, es el caso también de aquellos otros de las primeras y difíciles horas, los Malerbe, Balcells, Elorza, Eloy Fernández, David Ruiz, Calero, Lacomba, Girón, Botrel, Maurice, Garmendia, Antonio de las Heras, la pareja Mainer-Albiac, Forcadell y tantos más... y a los más jóvenes, a quienes tanto trabajaron conmigo y a quienes emotivamente me siento tan vinculado; y quiero citar con emoción los nombres de Jean-Michel Desvois y de Angel Bahamonde...

En fin, ¿qué decir también de aquellos que desde los primeros momentos no vacilaron en poner su ya cimentado prestigio en esta obra común? Los Casimiro Martí, Elías Díaz, Miguel M. Cuadrado, Raúl Morodo, José Luis Abellán, Manolo Ramírez... nuestro inolvidable Noël Salomon, tan fiel a los Coloquios de Pau hasta su muerte. Y con ellos, a este hombre del que no sabemos qué admirar más, si sus cualidades de historiador o sus valores humanos, Pierre Tucoo-Chala, que desde el primer día creyó en nosotros e hizo más que nadie por ayudarnos.

Pero sigamos con nuestro objeto de exposición. La historia del *catolicismo social* ha sido también abordada por Josefina Cuesta, aquí presente. Y el mismo Elorza ha realizado una importante aportación en *Revista de Trabajo,* estudiando la CESO, así como los llamados «sindicatos libres». Girón y Fernández hicieron aquí una valiosa comunicación sobre sindicalismo católico asturiano, partiendo de los archivos del gobierno civil. Y Benavides ha dejado constancia de la obra de Arboleya en *El fracaso social del catolicismo español,* con amplia base en los archivos del citado canónigo.

En fin, un estado de la cuestión ha sido presentado por Casimiro Martí en el libro colectivo *Teoría y práctica del movimiento obrero en España, 1900-1936* (Valencia, 1977), coordinado por Balcells, obra de múltiples referencias al tratar de la historia del movimiento obrero.

El movimiento obrero contemporáneo en las *nacionalidades* ha sido objeto de estudios de primer orden. En *Cataluña* ya hemos citado el trabajo plurifacético y ejemplar de Balcells, pero hay que hablar más de él; porque sus estudios sobre el desarrollo del socialismo catalán, sobre «marxismo y catalanismo, 1930-1936», todos partiendo de este anfiteatro y de estas reuniones, su trabajo sobre el 6 de octubre de 1934, su libro básico *Crisis económica y agitación social en Cataluña (1930-1936)* hacen que no se pueda hablar de historia del movimiento obrero en Cataluña sin hablar de él; además de ser representante de la «historia total», capaz de exponer los diversos niveles o instancias de la realidad histórica y sus interconexiones. (Y no olvidemos aportaciones fundamentales como la del paro en función de la crisis de los años de la República.) Tengo su trabajo *La crisis del anarcosindicalismo y el movimiento obrero en Sabadell entre 1930 y 1936,* como un modelo de interpretación entre estudio de la organización obrera, de la connotación económica y de la resultante de ambas a nivel de historia de los conflictos.

Hemos ya hablado de Quadrat. Pero hay que recalcar su aportación al tema del PSOE y al problema nacional catalán. Mencionemos también el trabajo de Llandoso y J. Ferrer sobre el CADCI; y el documentado libro de Pere Gabriel *El moviment obrer à Mallorca* (1973).

Euzkadi. Aquí parece concentrarse una corriente que acusa a los demás de sentimentalismo en favor de la clase obrera, de «moralizante», con la consiguiente falta de respeto a la verdad histórica que sería sacrificada al partidismo y al obrerismo.

En esta óptica destacan dos libros, que, sin embargo, no se pueden confundir: *Política Obrera en el País Vasco* (1890-1928), de Juan-Pablo Fusi, es un libro fundamental, una aportación básica que, de entrada, se declara neo-positivista, es decir, empirista. En otras ocasiones hemos dicho lo que pensamos del empirismo; limitémonos a señalar que la obra de Fusi, aunque deliberadamente se inclina por el relato clásico, tiene una apoyatura económica y sociológica, una inmensa riqueza de fuentes y que ha sido un paso adelante en el conocimiento de la historia vasca.

Otra cosa es el libro-tesis de Olábarri, *Relaciones laborales en Vizcaya* que, de entrada, rechaza ser historia del movimiento obrero y que acusa (como su prologuista, el señor Vázquez de Prada, de la Universidad de Navarra) de parcialidad a los que cultivamos la historia del movimiento obrero. El autor prefiere «relaciones laborales» y si es posible «armónicas», con tufillo de organización sindical del franquismo por encima de las clases. Porque la lucha de clases, según Vázquez de Prada, se la ha inventado el marxismo. Concretamente en Vizcaya, «existió en la medida en que la conciencia marxista fue inoculada en la conciencia de muchos obreros» y «hay sentimientos que pueden unir en forma muy estrecha a patronos y obreros por encima de reivindicaciones de orden laboral».

Partiendo de esas bases y a pesar del despliegue de fuentes, de haber podido consultar todos los archivos patronales, etc., etc., el libro trata de los patronos, pero le falta algo esencial: junto a los salarios de los obreros, ¿cuáles son los beneficios de los patronos? ¿Y cuáles los balances de las sociedades anónimas y las reservas de capital? Porque, naturalmente, lo importante es (como decía Vilar un día) saber cuál es el mecanismo por el cual los pobres siguen siendo pobres y los ricos se enriquecen; no las relaciones laborales, sino las relaciones de producción.

Aragón: libro de Eloy F. Clemente y Carlos Forcadell (1978).

Extremadura: Tesis de licenciatura de Sánchez Marroyo y de Juan García Pérez, modelos en su género, con aportaciones de primera mano, orientadas por nuestro amigo R. de las Heras que también prepara su libro sobre la Historia contemporánea de Extremadura, y presentó un trabajo modélico al VIII Coloquio.

Asturias contaba ya con un modelo: la tesis de nuestro amigo David Ruiz. Después contamos con los trabajos de Santullano y otros en curso de realización.

De Valencia los trabajos de Xavier Paniagua, Aracil Martí, García Bonafé, Amparo Alvarez Rubio, Rosa Ripollés, etc.

Por fin, *Andalucía,* cuenta ante todo con la tesis de Antonio María Calero, *El movimiento obrero en Granada de 1908 a 1923,* que no sólo es una aportación de primera mano, sino un modelo metodológico: estructura y coyuntura económicas, clases sociales en presencia, fracciones, etc.; su expresión a través de organizaciones y partidos; niveles de conflictividad.

Calero, en su librito *Movimientos sociales en Andalucía,* logra una síntesis perfecta y termina planteando el problema de la especificidad andaluza. Más interesante aún es su desmitificación de D. del Moral, así como del «catastrofismo» inventado por la burguesía partiendo de hechos aislados, antimesianismo —nada de repartos— mitos anarquistas, etc.

Sobre el ciclo 1917-1921 yo he intentado una investigación a base de fuentes primarias, en el citado libro de *Luchas Obreras y Campesinas en Andalucía.* Bernal, en un libro que recoge algunas de sus valiosas investigaciones, *La propiedad de la tierra y las luchas agrarias andaluzas* (1974) ha presentado un estudio pormenorizado de conflictividad campesina en sus diversas formas durante los años de la República.

En esos años hay un acontecimiento de lucha agraria con amplia onda de repercusión en la política española; nos referimos a Casas Viejas. Sobre este tema, Jacques Maurice y Gerald Brey han hecho un estudio completísimo, *Historia y leyenda de Casas Viejas* (1976, que parte de un primer estudio publicado en *Le Mouvement Social* en 1973). El enmarcamiento histórico, económico y político es de primer orden, así como la riqueza de fuentes de primera mano aportadas; un modelo, en suma, del que hay mucho que aprender. Gerald Brey ya nos había ofrecido su comunicación a nuestro III Coloquio sobre «socialistas, anarco-sindicalistas y anarquistas en la provincia de Cádiz en 1932-33», que se relaciona, evidentemente, con el anterior.

Temas son éstos andaluces, pero también de movimiento obrero agrario en general. Y al referirnos a él es imposible silenciar la obra más fundamental sobre el tema: *Reforma agraria y revolución campesina en la España del siglo XX* de Edward Malefakis, indispensable punto de referencia y consulta, tanto para cuestiones estructurales, como para una visión de conjunto de la FNTT y del anarcosindicalismo agrario en los años treinta. Nuestro amigo Jacques Maurice ha escrito un libro pequeño, pero muy valioso, *La reforma agraria en España, 1900-1936,* con un planteamiento muy inteligente, con agudas observaciones sobre la transferencia de la influencia anarquista desde el campo a las ciudades, en nuestro siglo, y con amplia base documental y cuantitativa. (Véanse también sus comunicaciones en nuestros cinco primeros Coloquios y sus recientes investigaciones sobre Colectivizaciones durante la guerra.)

Los grandes temas que se refieren a grandes coyunturas

1909. Conocimientos transformados a partir de Connelly Ull-man. *La semana trágica,* sobre todo en su segunda edición (1972). El papel de los radicales, el detalle casuístico de los días de huelga, la tesis del anticlericalismo (¿burgués, pequeño-burgués, anarquista?). El partido radical aprovecha «la gloria» de la Semana y sólo pierde prestigio a partir de 1911 cuando torpedea la huelga general.

En ese sentido abunda Romero Maura en *La rosa de fuego; el obrerismo barcelonés de 1899 a 1909* (se habla de obrerismo y no de movimiento obrero) obra de la tendencia neopositivista anglosajona, de sólida apoyatura de fuentes, pero en historia-relato (más estudio del partido radical que de las organizaciones obreras). Hay una discutible comparación del Partido Radical con el Partido Socialdemócrata alemán.

El citado libro de Quadrat completa, corrige y aumenta las investigaciones de los anteriores. Ha descubierto la importancia de los socialistas en *Solidaridad Obrera* (creada por ellos principalmente) y relaciona también la «Semana» con la actitud general del PSOE.

1917-1923. Además de la ya citada obra de Forcadell, contamos con la aportación de Gerald H. Meaker: *La izquierda revolucionaria en España, 1914-1923* (1974 en California, 1978 en Barcelona): buena utilización de todas las fuentes de prensa y de todos los libros.

No obstante, resulta imposible dejar pasar algunos errores de Meaker sobre la Escuela Nueva, tema que no conoce sino por fuentes de segunda y tercera mano. Nos resulta difícil admitir esa tendencia anglosajona a hacer «brillantes» descripciones de los protagonistas históricos tan facilonas como anticientíficas. En el caso de Meaker, Prieto era «rollizo y grasiento», De los Ríos «orador grave y melifluo» con «su barba bien cuidada», Pérez Solís, «soltero, romántico, emotivo…», Virginia González, «mujer llena, maternal y emotiva».

También habría que señalar que Antonio Buendía, que estuvo entre los fundadores del primer PC (y murió en el exilio, siempre de militante del PC, medio siglo después), no era «de familia modesta», sino terrateniente, el único propietario de olivares que tuvo el PC en sus filas durante decenios.

Tampoco está al corriente Meaker de las condiciones en que se rompió el pacto CNT-UGT en 1920 y del carácter decisivo que tuvo esta ruptura (promovida por la dirección de la UGT, con Caballero y Besteiro en cabeza, contra el criterio de la C. E. del PSOE) para el futuro del movimiento obrero en España.

Si Meaker se refiere a un esquematismo guesdista que hará creer al PSOE en una revolución ineluctable, pero siempre lejana (lo que le permite una praxis reformista) el análisis teórico no va más lejos; en puridad, en 1917, como antes en la conjunción, el PSOE no había comprendido el problema de la hegemonía en la revolución democrática, a la que confundía lamentablemente con la revolución burguesa. Parece olvidarse de que ni una sola de las conquistas democráticas ha sido otorgada por la burguesía sino arrancada por la lucha de masas.

«No es un debate sobre un problema nuestro, sino un problema de nuestros dominadores», dice Besteiro en 1918. Para él la dirección hegemónica del esfuerzo revolucionario democrático correspondía en 1917 (y en 1931 y en 1933) a la burguesía, y el protagonismo obrero no iba más allá de ser una fuerza de sostenimiento (a pesar de que la clase obrera realizase la huelga política).

Sobre 1917, he tenido ocasión de escribir varios ensayos (en *Historia-16*, agosto 77; en *Arbor*, marzo 79), intentando con una multiplicidad de fuentes (correspondencia oficial, toda clase de prensa, memorias de protagonistas de ambos bandos, etc.) un estudio coyuntural de la huelga del 17, llegando a probar: *a)* su incoherencia ideológica; *b)* su alcance político de hecho; *c)* las serias posibilidades de que hubiese provocación por parte gubernamental (medidas draconianas previstas por S. Guerra); el inquietante caso del descarrilamiento del tren mixto en Bilbao en «La Peña»; papel del inspector Gárate, etc. Pero desde la obra de Lacomba, anterior al período de los diez años últimos que examinamos, no se ha acometido un intento de estudio global de aquella coyuntura.

En fin, *Octubre 1934* cuenta con diversos trabajos de David Ruiz aquí mismo, en *Tiempo de Historia*, etc. Con un libro: *La Comuna Asturiana,* de Díaz-Nosty, bien enfocado, con amplia documentación, y una presentación del entorno muy pulcra; la reedición del libro de Grossi que es un testimonio de protagonista (en francés, 1972); *Octubre del 34; reflexiones sobre una revolución* (1977), presentación de textos políticos básicos por Marta Bizcarrondo (los debates político-teóricos que siguen) con una Introducción fundamental, de 80 páginas, que enfoca todo el entramado de la política obrera de la época, con un aparato crítico de primer orden. Estudia Marta, por un lado, dos procesos revolucionarios diferenciados con un origen común (Asturias-Madrid-Vizcaya y Cataluña) y en Asturias misma «la coexistencia temporal de diversas fórmulas socialistas». En fin, con una óptica policial, el documentado trabajo del comandante de la Guardia Civil Aguado Sánchez, aportación nada despreciable. Y como testimonio «desde arriba» los dos tomos de las Memorias de J. S. Vidarte que comprenden preparación de la insurrección, desarrollo y consecuencias hasta la formación del Frente Popular. Francisco Taibo ha escrito también sobre la represión asturiana. En otro trabajo yo he intentado responder a la cuestión de *¿Por qué y para qué octubre del 34?* Revolución socialista —la única en Europa entre las dos guerras— de tal pluralismo que, ni tiene programa entonces conocido y cada cual interpreta a su guisa. Ejemplo de «voluntarismo», sin duda, en que la clase obrera combatía apenas sin aliados. Una vez más, la indigencia teórica tendría graves consecuencias para los proyectos revolucionarios en España.

Parece agotado el tema. Lo está casi. Pero no quisiera yo terminar sin dejar constancia de unas páginas espléndidas escritas durante los últimos años sobre el movimiento obrero español desde 1918 a 1945 (digamos que esta periodicidad responde a una óptica europea, pero muy poco a la realidad histórica española): las de Pierre Vilar en la obra colectiva *Histoire général du Socialisme.*

No voy ahora a descubrir la inmensa aportación del maestro Vilar, pero sí quisiera señalar algunos rasgos fundamentales de este texto que pueden servirnos de orientación. En primer lugar la crítica que hace de la confusión teórica de los años 17 al 20 y del «menchevismo» socialista que personifica en Fabra Ribas. Su juicio e inquietudes sobre el papel de Seguí y la crítica de lo que estima subestimación de la coyuntura económica en Meaker son otros tantos centros de interés. En fin, la puntualización de la importancia agraria a partir de 1918, de la función de la UGT y L. Caballero en la salida a la escisión del 21, y el señalamiento de las diferentes líneas del anarquismo desde 1919 hasta 1931 son otros aspectos del mayor interés.

Más adelante, las reflexiones de Vilar sobre la función y actividad del Estado en defensa de la revolución en julio de 1936 son de gran originalidad y muestran una línea importante de investigación. Lo mismo, cuando se pregunta cómo se desplomaron en aquella misma fecha los baluartes del campesinado revolucionario y da la primera respuesta al decir que eso equivale a hablar de la represión, cuya investigación, que empieza a hacerse (y en este coloquio tenemos algún ejemplo) es imprescindible.

En fin, los consejos de orden metodológico de Vilar son siempre preciosos: «analizar y no describir». Y cuando se encara con el enfoque científico de la historia de la guerra civil y habla de «ciertos dogmatismos de moda» que reemplazan tranquilamente el esfuerzo de análisis global, de análisis histórico, por el «lea usted esto...» o el «es evidente que...» En cuanto a las fuentes, «la bibliografía subjetiva y partidista es superabundante. Lo raro es el documento objetivo, el material de archivo, las cifras seguras». Concluyendo con algo que es también una respuesta a cierta objeción un poco manida: «Ser objetivo es difícil. No está prohibido el tomar partido, si uno se explica. Pero no hay que deformar los hechos, ni contentarse con afirmaciones en lugar de análisis».

Con la referencia de Pierre Vilar concluimos este balance forzosamente somero y que, sin duda, será incompleto, a pesar de nuestra buena voluntad. Probablemente lo que nos queda es preguntarnos, ¿qué hacer ahora? ¿cómo y en qué sentido trabajar? Inmediatamente se agolpan en nuestra mente numerosos temas susceptibles de investigación. Pero ¡qué difícil resulta señalar prioridades! Digamos que un estudio de las élites, o mejor dicho del personal permanente de dirección en el movimiento obrero, de composición de sus organismos, de inventario de sus decisiones y de su respectiva puesta en práctica —o frustración—, de la influencia del partido y del sindicato en la clase, etc., se presenta como muy incitante. Pero también un necesario estudio histórico de los aparatos de Estado y de la lucha de clases. Luego, algo más concreto: el movimiento obrero y la guerra civil, la prensa obrera y otros medios de comunicación y, desde luego, esa historia del movimiento obrero bajo el franquismo, en las catacumbas, bajo la represión y en la lucha ininterrumpida que está llamando a gritos a los historiadores. Sobre ello se ha publicado ya mucho testimonio, de valor diverso como es natural; también no poca propaganda, alguna que otra manipulación, pero casi nada de verdadera historia. Los trabajos de Malerbe, David Ruiz, Sartorius, Ariza y Ludevic en orden general, los de Pons Prades, Sorel y Gros sobre guerrillas, el libro *Las huelgas contra Franco* de San Juan, Oliver y Pagés, el epítome *El sindicalismo de clase en España, 1939-1977* (firmado por Almendros, J. Asenjo, Pérez Amorós y Rojo Torrecilla), la tesis sociológica de J. A. Maravall *(Dictadura y disentimiento político)*, el libro de J. Picó sobre *Moviment obrer al País Valencià*, y el de Fabre, Huertas y Ribas sobre *Vint anys de resistencia catalana*; el trabajo de Sheelagh Ellwood en el libro dirigido por Preston y otros más constituyen unos primeros pasos en un camino difícil y largo de recorrer, pero que se ofrece como insoslayable horizonte a los historiadores del movimiento obrero de los pueblos de España.

LITERATURA Y SOCIEDAD DESDE 1898
(ESTADO DE LA CUESTION)

José-Carlos MAINER

El estatuto de la historia literaria en los Coloquios de Pau * ha reflejado en dosis muy equilibradas tanto la encomiable voluntad interdisciplinaria que los animó desde su comienzo como el largo trecho que todavía nos separa de la efectividad plena de esa deseada interdisciplinariedad. Como ponente —y puede que de los más asiduos—, quien esto escribe ha podido tener constancia de que la recíproca buena voluntad entre historiadores *tout court* e historiadores literarios resolvía bien poco: ni los primeros parecen muy animados a otorgar al testimonio artístico privilegio alguno sobre los conferidos al resto de la masa documental que manejan, ni los otros pasan a menudo de establecer un cotejo superficial —y, a las veces, una mera superposición mecánica— de datos historiográficos y datos literarios. O, en casos harto frecuentes, de considerar con ejemplar masoquismo, que —a pesar de cuanto dijeran desde Mallarmé hasta Jakobson— la operación de leer se reduce a la extracción de unas ideas generales destinadas a proporcionar evidencias de segundo grado a las que se obtienen de otros campos.

---

* Este mismo estatuto condiciona en gran manera las características del presente texto. Ofrecer una parte, siquiera mínima, de la bibliografía sobre literatura requeriría otro volumen como este. Y ante la imposibilidad de tal cosa, he preferido dedicar la mitad del trabajo a esbozar unas líneas generales de lo que han sido en este decenio los trabajos y los días en el estudio universitario de las disciplinas filológicas y la mitad restante a levantar acta de las nuevas tendencias en la interpretación de algunos períodos básicos en el entendimiento cultural de la España del siglo xx. La bibliografía que se cita en el texto y en el consiguiente apéndice es sencillamente incompleta (sólo menciona libros y, salvo algún caso, los de carácter general) y el criterio de inclusión ha sido, sin excepción, el grado de interés que podía ofrecer a un historiador en cuanto profesional. Discúlpenme mis colegas por las omisiones y excusen los historiadores lo que puede parecer el suponerles un escaso interés por las bellas letras.

Agrava el problema el todavía precario estatuto que la «historia de la literatura» ocupa en el vasto ámbito de las *literaturwissenschaften,* desde que, a principios de siglo, quebrara la fe positivista en aquel sintagma. No sin razón, los althusserianos se escandalizan de que el estudio literario es el único que no reconoce de manera unívoca su objeto específico de trabajo, en la medida en que aun no se ha llegado a una definición satisfactoria de qué es literatura. Posiblemente, porque no es un objeto absoluto sino en cierta medida. Porque más bien corresponde a una *función* cuyos significado y situación vienen determinados por sujetos que hacen de *autor* y sujetos que actúan como *público* y, desde luego, por un objeto común, el lenguaje, que, a su vez, ejerce en este caso otra *función* que no es, por descontado, la de la comunicación usual. La moderna lingüística literaria y las diferentes familias de semiólogos han clarificado, en forma frecuentemente irrefutable, los aspectos del último término y han roto, ojalá que para siempre, con la vieja distinción de fondo y forma literarios, origen último de nuestras desdichas.

Mucho más lejana parece la resolución satisfactoria del «otro» problema. De aquel que los primeros formalistas rusos llamaban —con sintomática cautela e implícita desconfianza— la relación de «series» literarias con «series» económicas, políticas, sociales...: nada menos, en fin, que la reconstrucción de una historia específica de la literatura (o, si se prefiere, de la función literaria). Al fin y a la postre, salir del análisis puntual, de la *inmanencia* que es propia de la llamada «crítica literaria», y considerar, no sólo las otras «series» concurrentes, sino el proceso causal, la viabilidad de establecer sin mimetismos una historia de la literautra que implicara la relación múltiple de autores y públicos, lectura y creación, tradicionalidad y ruptura, lengua común y lengua en función artística. En ese camino hay que andar y por él discurre ya más de una *escuela,* desde una parte no desdeñable de la familia semiológica hasta el activo núcleo althusseriano, pasando por los adalides alemanes de la *Rezeptionästhetik.* Si los años sesenta presentan un horizonte de conquistas decisivo para la tendencia formalista (cierto que contrapesado por esoterismos y especulaciones excesivos), la segunda mitad de los setenta parece venir afianzando un regreso a la historia literaria que no es, afortunadamente, una pura reacción contra la hegemonía de la crítica sino más bien un designio de *hacerla andar* también por la dimensión de la diacronía.

I. LA RENOVACIÓN DE LOS ESTUDIOS LITERARIOS

Se me ha de perdonar este breve *digesto* teórico porque sólo sobre los supuestos de estas reflexiones pueden y deben entenderse los debates y los logros de estos años, a la vez que las perplejidades y los tanteos tampoco ajenos, como es bien sabido, al común de las disciplinas humanísticas en una década que se abrió con la insurrección universitaria mundial de 1868-1969 y que cierra, provisionalmente y en el mismo lugar físico, la generalizada práctica de la hegeliana «negación de la negación» con sus conocidas consecuencias.

Un año y unos meses antes de la celebración del primer coloquio de Pau —en noviembre de 1968—, moría en Madrid don Ramón Menéndez Pidal. Aunque su actividad hubiera declinado en el último lustro de su centenaria existencia, don Ramón era, además de uno de dos o tres grandes científicos de nuestra edad contemporánea, un símbolo vivo de muchas cosas que contribuyó a definir en el marco de la filología europea —el fin del positivismo neogramatical, la «humanización» de la gramática histórica, la aproximación de la historia de la literatura a los conceptos idealistas de la historia de la cultura...— y, en un grado de excelencia, el patriarca, impulsor y primer combatiente de la llamada, y no sin razón, «escuela española de filología». Con su desaparición física coincidieron también decisivos cambios en la orientación de los estudios de nuestras disciplinas: desapareció de todas las facultades el viejo marbete de abolengo germánico que las denominaba de «Filología Románica» y, no sé si para bien, compareció el de «Filología Hispánica» (que, años más tarde, el desdichado Plan de Estudios del director general Suárez Fernández quiso convertir en una suerte de academia de preparación de docentes de enseñanza media); la Lingüística hizo su aparición y lo que era una simple cátedra (que respondía al arcaico nombre de «Gramática General y Crítica Literaria») se ramificó profusamente en nuevas disciplinas, llegadas a la par que la diferente recepción de la obra de sus adalides extranjeros (la gramática y la fonología estructurales, los nuevos conceptos de la semántica, la irrupción de Jakobson y sus discípulos de la etapa norteamericana, la gramática generativa de Noam Chomsky, la sociolingüística...); la Literatura padeció, por un lado, la agresiva ignorancia de los nuevos planes de estudios que, a partir de supuestos de vergonzante mimetismo «europeo» y al calor de los ideales «tecnocráticos», optaron por lo lingüístico contra lo literario, y, por otro lado, vivió en su seno la guerra civil de Historia contra Crítica.

Si una tesis de licenciatura de los años cincuenta tenía un noventa por ciento de posibilidades de titularse «El habla marinera de...», «Los rasgos fonéticos leoneses en el Fuero de...», «La lengua literaria de... (un autor medieval)», «El mito de (Perseo, Faetón...) en la literatura española» o «El paisaje de la obra de...», quince años después el mismo graduado se afanaría tras títulos como «La función pronominal en el español», «Sistema lingüístico y niveles de conciencia en el Valle de...», «Estructuras narrativas en la obra de...», «Formantes fónicos en los sonetos de...». La dialectología descriptiva (la más duradera herencia de la labor del Centro de Estudios Históricos, creado por Menéndez Pidal y su escuela) y el peculiar rumbo de la estilística española (a la que Dámaso Alonso y Amado Alonso dieran un cariz «existencial» y aun historicista que se desconoció en otras latitudes) se vieron rápida y a veces injustamente desplazados del interés de los estudiosos.

Lo dicho puede parecer caricatura (sin dejar de tener un fondo de verdad) y puede llevar a creer que existió un cambio brusco de actitudes, inducido por puro afán de estar al día. Pero la madurez de la filología española (una de nuestras ciencias más «presentables» en el concierto europeo) no debe ser confundida con la inmadurez del individuo recién escudillado como licenciado universitario. Ya desde los años cincuenta y aun antes, al margen de la universidad española, Joaquín Casalduero desarrollaba un original y personalísimo estructuralismo crítico, bien plasmado en sus numerosos y reveladores títulos que empiezan como «sentido y forma». Por las mismas fechas, Eugenio Asensio citaba —y, lo más sorprendente, usaba— conceptos acuñados por los formalistas rusos, cuando tal cosa era una novedad europea casi absoluta, y Francisco Ynduráin anotaba con referencias anglosajonas trabajos muy inusuales entre nuestros formalistas. Del mismo modo, el primer lustro de los sesenta abría una estimulante discusión sobre la novela picaresca (concepto anclado —pese al esfuerzo de un Moreno Báez— en la anticuada visión positivista del «realismo») donde Claudio Guillén, Carlos Blanco Aguinaga, Fernando Lázaro Carreter o Francisco Rico manejaron conceptos críticos muy nuevos y dieron una vuelta completa a nuestra idea de aquella modalidad narrativa.

II. Nueva crítica, nueva Universidad

Fue, sin embargo, la transición de los años sesenta a los setenta la que definió como «escuelas» lo que fueran caminos personales de innovación. Y creo que fue una revista como *Prohemio* (nacida en 1970), obra en buena medida de Antonio Prieto, la primera que se definió, aunque sin exclusiones, por un grado de exigencia «confesional», en buena parte identificado con la semiología. Sin exclusiones, decía, porque a esta publicación y a la paralela serie de estudios críticos publicada por Editorial Planeta debemos también traducciones de formalistas rusos (y en 1973 el primer y único libro español sobre el tema, original de Antonio García Berrio), el replanteamiento de las posibilidades del comparatismo literario (en 1974 constituía la primera Asociación española dedicada al tema, mediando los oficios de Prieto y Claudio Guillén entre otros) y versiones de un espectro bastante amplio de modalidades críticas. Por su lado, Fernando Lázaro Carreter orientaba una importante seción de estudios críticos bajo los sellos editoriales de Anaya, primero, y Cátedra, después, que abarcaban desde las ponencias de la famosa reunión de Bloomington (donde Roman Jakobson sentó las bases de la poética lingüística, o viceversa) a los primeros frutos del grupo alemán de Hans Robert Jauss y su estética de la recepción.

Un poco después, las series literarias de Editorial Comunicación y de Editorial Akal incrementaron la oferta teórica: una y otra desde supuestos marxistas que, en el primer caso, se orientaban hacia la revisión del formalismo ruso, la semiología francesa (R. Barthes...) y algunas novedades italianas (Della Volpe...) y, en el segundo, de efímera duración, hacia la órbita de Althusser, de quien Juan Carlos Rodríguez, profesor granadino, era nuncio *in partibus*. Fue este mayor rigor crítico lo que, en gran medida, acalló los ecos de una preocupación —nacida con fuerza al filo de los setenta— por la «sociología de la literatura» y que sospecho que jalearon más los amigos de la simplificación y del periodismo cultural que quienes fueron (puedo decir «fuimos») sus hipotéticos protagonistas, reunidos por dos veces (Universidad de Zaragoza, 1971, y Casa de Velázquez, Madrid, 1972, aquí con importantes colegas franceses). La obra de Lucien Goldmann dejó en España muy poco (a ella se aproxima algo de mi *Literatura y pequeña-burguesía en España,* 1972, y, en formas más explícitas, los trabajos de Juan Ignacio Ferreras sobre novela del XIX y algunas cosas recientes de Angel Berenguer y María Dolores Albiac) y menos aun, el tipo de trabajo propiciado por el centro bordelés que orientaba R. Escarpit: la hispánica reducción de la sociología a estos dos nombres y lo confuso de su mismo estatuto (entre la crítica inmanente y lo historiográfico) contribuyeron a lo efímero del episodio.

No todo era entusiasmo especulativo en este repentino florecer de la filología. Tras él anduvieron dos fenómenos simultáneos (el incremento del estudiantado universitario español y la proliferación de estudios hispánicos en el extranjero y, sobre todo, en los Estados Unidos), a lo que respondieron otros dos hechos de no pequeña importancia: por un lado, la euforia editorial que ha beneficiado hasta fechas muy recientes un mercado potencial en expansión, basado en la suscripción y el sistema de «lecturas obligatorias» escolares, pero bochornosamente entregado en su noventa por ciento a la iniciativa comercial (en llamativa contradicción con lo que ocurre en cualquier país del mundo); por otro lado, el aumento vertiginoso de profesorado que, en nuestro país, se estrelló muy pronto en el círculo vicioso de la incompetencia profesional-falta de medios-salarios ínfimos, convirtiendo un problema de crecimiento académico y racionalización profesional en una estremecedora llaga laboral que resulta difícil reconducir a los términos «tratables» que pudo tener en 1968-1970, al comienzo de la crisis. Si los nuevos profesores incrementaron los efectivos de las escuelas críticas y, a menudo, identificaron su heterodoxia profesional con su diaria pelea política y laboral, las nuevas editoriales hicieron su agosto en el mismo período; de su actividad se benefició la renovación de los estudios pero también —y en mayor medida— el aspecto más tradicional de la actividad filológica: la producción de textos escolares anotados y prologados con técnicas cada vez mejores (e incorporando a menudo «clásicos contemporáneos», incluso los vivos) y la elaboración de obras de síntesis.

Paralelamente, las tradicionales provincias del hispanismo extranjero aumentaron el número de sus contribuciones. Es difícil rebatir a los Estados Unidos (donde buena parte del trabajo viene firmado por profesores españoles emigrados) la palma de la cantidad y aun de la variedad de épocas tratadas. El veterano hispanismo francés (que en 1977 perdió a sus dos figuras más insignes, los inolvidables Marcel Bataillon y Noël Salomon) sigue orientado de preferencia a lo moderno y contemporáneo (siglos XVIII y XIX), estudiado desde los supuestos pragmáticos de la gran historia cultural de patente gala, y ha brindado a los estudiosos con estimulante periodicidad sus grandes *thèses d'Etat.* Se aprecia una mayor actividad en el hispanismo italiano, e incluso el alemán (tras el gran silencio de la inmediata postguerra, no ajeno a escrúpulos políticos) recupera su actividad.

Es fácil advertir, sin embargo, que la más reciente y mayor influencia en los rumbos españoles de los últimos cinco años ha sido la del hispanismo británico, similar en algún modo a la que ha ejercido en la historiografía que trata de los últimos cincuenta años del país. Por encima de una moda más o menos fugaz y arbitraria, conviene señalar que no faltan razones de peso que justifican el atractivo que la hispanística anglosajona ha ejercido sobre sus lectores peninsulares: un manual como *A Literary History of Spain,* dirigido por Royston O. Jones (1971-1972, trad. española, 1973) refleja, si se le compara con el tradicional y excelente manual de Angel Valbuena o el prolijo y nada original de Juan Luis Alborg (tres volúmenes a la fecha que sólo incluyen hasta el siglo XVIII), una agilidad expositiva, un eclecticismo en el planteo teórico y una falta de prejuicios valorativos, que, junto a su rigurosa profesionalidad, son rasgos no muy comunes en nuestros hábitos académicos. No es casual, por esto mismo, que dos épocas de nuestra literatura hayan sido muy particularmente afectadas por los heterodoxos británicos: la Edad Media y el Siglo llamado de Oro. En la primera, la interpretación idealista y tradicionalista de Menéndez Pidal ha sido severamente impugnada y nuevas (o no tan nuevas) tesis —sobre retórica formulística en la composición versificada, sobre la renovación de las tesis de Bédier en lo que atañe a los intereses ideológicos de la poesía heroica primitiva, sobre la actividad «institucional» como elemento de orientación, sobre el relieve dado a géneros desdeñados...— han socavado mucho el coherente pero ya viejo edificio menendezpidaliano. En lo que afecta al siglo áureo, el género más ampliamente estudiado ha sido el teatro. Lo que empezó siendo una afición juvenil de estudiosos de Oxford y Cambridge, católicos en su mayor parte y muy influidos por la lectura de T. S. Eliot (pienso en Edward Wilson, Alexander A. Parker, Bruce Wardropper —éste de actividad norteamericana—...), se ha convertido a la larga en una ejemplar tradición de análisis de símbolos, estructuras y recursos que, por hoy, ostenta una indiscutible hegemonía en el ámbito internacional de estos trabajos.

III. EL FINAL DE LA HISTORIOGRAFÍA LIBERAL

Decía más arriba que la muerte de Menéndez Pidal había coincidido con los inicios de un proceso de cambio en las concepciones académicas de la filología hispánica, pero también fue —y algo de esto se acaba de decir— un síntoma bien real de mutaciones más profundas en la visión histórica del pasado literario. Dos años después fallecía José Fernández Montesinos y, al poco, en el verano de 1972, Américo Castro, dos de los últimos y más valiosos sobrevivientes de la nómina de aquel Centro de Estudios Históricos de 1910 que estableció en nuestro país la Filología como ciencia. Con las nuevas pérdidas podía decirse que concluía lo más significativo de la historiografía liberal española: una forma de entender nuestra historia que tenía sus raíces en el idealismo krausista, su razón de ser en la búsqueda de un nacionalismo habitable (sin hogueras inquisitoriales, hecho de tradición viva) y su plasmación más evidente en la teoría de «las dos Españas» no sólo pensada sino protagonizada por quienes vieron, con la ruina de tantas cosas, la destrucción de sus referencias intelectuales y físicas en el holocausto de 1936 y la vesania de 1939 y siguientes.

La guerra había hecho del exiliado Montesinos —otrora (y siempre) un gran lopista y el primer editor moderno de los hermanos Valdés— un especialista en la novela española del XIX, campo de trabajo que, no por casualidad, lo era también de conflicto en la elaboración de la idea liberal de España. El caso de Américo Castro había sido algo más complicado y también más resonante (aunque de mérito igual a la espléndida serie de monografías sobre la narrativa decimonónica que Montesinos no pudo rematar). Las sucesivas revisiones de *La realidad histórica de España* hasta 1962 (y los muchos volúmenes conectados con aquélla) constituyeron una suerte de patética exasperación de lo que Menéndez Pidal había revelado como un destino nacional manifiesto: sólo que aquí el mismo destino castizo se trocaba en maldición bíblica y el conflicto maniqueo de las dos Españas se interiorizaba y resumía en una sola España, consecuencia y fruto de la voluntad de los vencedores pero marca-

da a fuego por el talante de las víctimas. Como demostró Eugenio
Asensio en ejemplar e impecable correctivo, los viejos mitos de la
historia liberal de España tocaron fondo en los fantasmas neospen-
glerianos de don Américo.

Los años sesenta fueron precisamente los que vieron la más
apasionada discusión de su tesis. A menudo tuvieron una significativa proyección literaria que se hizo notar en las ficciones de exiliados como Francisco Ayala y Segundo Serrano Poncela y, sobre
todo, en la «nueva manera» narrativa y ensayística de Juan Goytí-
solo, el más fervoroso y exasperado de los «castristas» españoles.
Por lo que hace al mundo erudito, las tesis de don Américo encontraron su mayor arraigo en Estados Unidos, donde han elaborado y
elaboran sus trabajos Stephen Gilman, Albert Sicroff, Francisco
Márquez Villanueva, Alfredo Hermenegildo, entre otros. Por su
parte, Julio Rodríguez Puértolas ha intentado una curiosa «lectura
marxista» de quien jamás lo fue pero sí diseñó el bulto de lo que
podría haber sido una premonición de las tesis de Goldmann: basta
leer «burguesía» donde pone «conversos», «conciencia de grupo»
donde se habla de «vividura» y «casta», o «visión trágica» del mundo donde Castro intenta explicar, en su atractivo léxico, el hondón
existencial del que nace la literatura de la que él llamó «edad conflictiva». Bastaría, de cierto, si Castro no estuviera en las antípo-
das de cualquier forma de historia materialista de la literatura y si
la función de ésta no fuera —antes que la de desentrañar hipotéticos maleficios nacionales— la de reducir a pocas y muy humanas cosas la vida y los azares de una comunidad.

La citada lectura marxista de Castro no ha sido el único ni
el más significativo episodio de la aplicación del materialismo dialéctico a la exégesis de la literatura. En este empeño ha habido, por
desdicha, más voluntarismo que reflexión, más afición que rigor,
más títulos grandilocuentes que resultados: en general, se ha bus-
cado más la receta universal que una práctica coherente, la ortodoxia escolástica que la elaboración personal, las grandes —y engaño-
sas— líneas que el propósito menor pero fielmente cumplido (como
si el marxismo condujera en exclusiva a la generalización). Cosas todas estas que son muy peligrosas en un ámbito que está ausente en
la obra de Marx, Engels y sus continuadores, o que lo está en la
forma subsidiaria e incompleta de lecturas polémicas e ideológicas,
nunca como objeto de conocimiento global (que es el único sentido en que cabe planteárselo).

Estas limitaciones y aquella buena fe se acusan en la reciente *Historia social de la literatura española* (1978, 3 vols.), de Carlos Blanco Aguinaga, Julio Rodríguez Puértolas e Iris M. Zavala, objeto de una polémica desenfocada (que desentierra inoportunos huesos stalinianos) y anunciada por sus autores como una suerte de Cruzada contra el reaccionarismo manualesco y reunión general bajo las nuevas banderas. El resultado es, sin embargo, un manual menos que mediano, elaborado desde los mismos supuestos clasificatorios, de inclusiones y aun de valoraciones que cualquier otro, exornado con unas «introducciones» de historia política a cada capítulo (como máxima novedad) y acompañado por unas «bibliografías críticas» que suman su elementalidad a su injusticia y, sobre todo, a sus olvidos e ignorancias. Se trata, en fin, no de un manual marxista sino de un manual politizado, candorosamente irritado muchas veces, que se suele limitar a análisis meramente ideológicos de una singular «antología de perlas» reaccionarias, espigada aquí y allá en la obra de los autores: jamás valora a éstos a partir de su situación en el mercado literario, ni a partir de las dimensiones profundas de su conciencia del oficio. Y la consecuencia es que, antes que otra cosa, esta *Historia social* exagera y aun caricaturiza la tradición de exégesis liberal española y, al margen de cualquier contacto con el marxismo, se contituye en heredera del pensamiento radical español de mediados del siglo XIX: véanse, por ejemplo, los capítulos dedicados al siglo XVII o la exégesis general del siglo XVIII, donde el análisis materialista no comparece ni siquiera como acorde estilístico.

Pero este manual —que ha conocido un significativo y fulminante éxito editorial— no pasa de ser un síntoma de una situación más preocupante: la urgencia y la dificultad de superar la tradición historiográfica inmediata —la creada por Menéndez Pidal y el Centro de Estudios Históricos— y dar carta de naturaleza a una interpretación nueva y no idealista. Y no porque falten monografías y estudios que pueden asentarla, sino porque carecemos aun de las síntesis atractivas, del grado deseable de circulación y difusión de ideas generales que puedan garantizar el reemplazo. El problema del marxismo en la ciencia literaria es, de hecho, más simple de lo que parece y uno de sus objetivos inmediatos debería ser garantizar la naturaleza científica de ese reemplazo y legitimar, en fin, la historia como ciencia de la literatura.

IV. La historia literaria del siglo xx:
algo de lo que falta

Los últimos diez años bibliográficos —que, como se ha visto, tantas cosas vienen cambiando— han visto también una reorientación en los campos de trabajo que ha beneficiado grandemente a la edad contemporánea y, en forma muy destacada, al siglo xx. Muchos temas que eran patrimonio de la crítica de actualidad no erudita se han revestido de mayor o menor seriedad académica: autores como Francisco Ayala, Antonio Buero Vallejo y Miguel Delibes (por citar tres casos muy llamativos al respecto) disponen hoy de más *ítem* bibliográficos que cualquier escritor de mediana nombradía de la época barroca, mientras que períodos literarios o géneros del siglo xx —pensemos en la crisis del 98 o en la narrativa posterior a 1939— cuentan con variados trabajos de conjunto cuando aún no tenemos una historia del humanismo español o de las formas de prosa doctrinal en el siglo xviii.

Es obvio que en tal aluvión bibliográfico hay que separar poco grano de bastante paja y que, antes de pasar a reseñar las novedades en torno al algunas *quastiones disputatae,* conviene fijar la atención en una serie de problemas que han centrado el interés de los estudiosos y en una serie de otros que, a mi modesto entender, debieran centrarlo. Precisamente en la medida en que, antes que monografías parciales, andamos necesitando ya una jerarquización de objetivos, unas hipótesis generales y diría que hasta una nomenclatura aceptable, por cuanto afecta a la elaboración de una historia literaria española del siglo xx. Una breve enunciación de estos problemas —por resolver o en vías de solución— podría ser la que sigue:

1) En primer término, la cuestión que podemos denominar de «protagonismo histórico» en la creación literaria, en su doble proyección: autores y público, quién escribe y quién lee y qué grado de complicidad, de persuasión o de sometimiento, hay entre ambos elementos de la producción literaria. El problema lo hacen muy trascendente la peculiar coyuntura de modernización que el país ha vivido en este siglo, la convivencia nada fácil de lo que, en términos gramscianos, llamaríamos «intelectuales tradicionales» e «intelectuales orgánicos», la sobrecarga política que ha sobrellevado la creación artística... Hace ya siete años yo intenté resolver algo con un

término —«pequeña burguesía»— que fue discutido, y con motivo, por su imprecisión; luego, Juan Marichal e Inman Fox, Tuñón de Lara y yo mismo, hemos indagado algo en la condición de «intelectual» y revisado la realidad que había tras los conocidos y asendereados marbetes «generacionales» (del 98, del 14, del 27, del 36...). Pero aún precisamos serios estudios sobre las actitudes intelectuales, su repercusión en el público, la crematística de los escritores, el grado de proyección de las tendencias del público —real o potencial— en la oferta artística... y establecer distinciones que van más allá del matiz caracterizador de una condición sociológica. Ortega y Benavente, por ejemplo, son dos burgueses por algo más que ésta, pero su comportamiento y función responde a dos tendencias de la burguesía nacional muy diferentes. «Federico Urales», Tomás Meabe o Gabriel Celaya proceden de medios sociales muy dispares pero asumen —en grados muy distintos y con expectativas de audiencia muy variadas— su condición de «escritores para el pueblo», propósito que tampoco podemos aceptar de entrada como realidad. Baroja, en cambio, suele encarnar, con fidelidad de manual, las contradicciones y limitaciones del análisis pequeño-burgués pero es demostrable que su ascendiente sobre el lector proletario español fue enormemente elevado. Creo que el importante volumen de Tuñón, *Medio siglo de cultura española* (1970), fue el adelantado en esos planteamientos; cinco años después, un libro mío, *La Edad de Plata*, siguió por parecidos caminos.

2)   Sabemos aún muy poco de lo que cabría llamar el aspecto «institucional» en nuestra literatura contemporánea. Abanico temático que alcanza desde la crematística del escritor (a la que Jean François Botrel ha hecho aportaciones decisivas) hasta la incidencia de los aspectos educativos, ya los veamos como vivienda y formación (¿sabemos lo que «saben» o «sabían» nuestros escritores?), ya como forma de vida (¿qué es ser catedrático de Universidad o médico o funcionario en la España de 1920, 1898 ó 1950?). Y que pasa, naturalmente, por un mejor conocimiento del mundo editorial (en sus dos vertientes de producción y consumo), por la incidencia de lo que precautoriamente llamamos «subliteratura» (donde han trabajado Andrés Amorós y Botrel, con objetivos y planteos muy diferentes, y que ha sido objeto de una reunión en Grenoble, 1977), por el conocimiento de los centros y agrupaciones donde el escritor se reconoce como tal (Ateneos —a destacar los tra-

bajos de A. Ruiz Salvador—, partidos políticos, manifiestos, opciones a cargos públicos), por el estudio de las sustanciales diferencias que entraña escribir en Madrid, Barcelona, Salamanca, Frómista u Oviedo.

3) El descubrimiento de la hemerografía como material de trabajo y como campo específico de valoración es una novedad que cuenta apenas un decenio y a la que muchos se han aplicado con entusiasmo (un interés que ya amenaza la supervivencia física de los periódicos y revistas de nuestras hemerotecas). Un Coloquio de Pau atestigua entre otras cosas la necesidad de estos trabajos (y, en cierta medida, su condición de moda), así como el mucho camino que nos queda hasta su íntegro conocimiento. Hora es ya, sin embargo, de someter la curiosidad de todos a una metodología y a unos límites que puedan situar en el futuro los frutos de la copiosa zafra hemerográfica: en primer término, la diferencia de alcance y significación de periódicos y revistas; en segundo lugar, la incidencia física —expresable en cifras de difusión y ámbitos sociales de ésta— pero también la más escurridiza incidencia «moral» de una publicación —la estima, en fin, que hacen de ella sus destinatarios—; en tercer lugar, la repercusión en la economía y en la autovaloración del escritor del hecho de escribir al hilo de la actualidad, para un medio esencialmente fungible y bajo la férula del corto plazo fijo de entrega de original (y, volviendo del revés la cuestión, habrá también que estudiar la proyección de estas servidumbres sobre el mismo discurso literario y *entender* la constitución del ensayismo moderno a partir de esas perentoriedades que fuerzan lo confesional, lo familiar o no del estilo, la lógica interna de la expresión, allí donde la recepción del público está tan presente en el acto de producción).

4) Con intensidad pareja a las tareas hemerográficas, el último lustro ha registrado también abundantes manifestaciones de la modalidad —que proviene del mestizaje entre lo editorial y lo erudito— que se ha bautizado con el modismo de *recuperaciones*. Hora era ya, desde luego, de disponer de importantes fragmentos de nuestro pasado cultural, de reimpresiones de revistas tan suculentas como las que facilitan Auvermann (y ahora Topos) o Letteradura, de colecciones como «La novela social» que viene de la mano de Editorial Turner..., pero hora también es de precaverse de ciertas servidum-

bres y espejismos que conllevan los rescates. Ante esta amenaza
conviene advertir que el descubrimiento más fácil y frecuente es el
del Mediterráneo, que la legítima pasión por el hallazgo no debe des-
bordarse, que el texto raro no es un fin en sí mismo sino una pieza
que ha de articularse con las preexistentes. Y que, en fin (y como
señalaba con ejemplar sensatez Fernando G. Lara a propósito de
Felipe Trigo), nada adelantamos con crear una biblioteca paralela
de «raros y curiosos», puesto que ese principio de clasificación nada
tiene de histórico.

5) El terreno de la «recuperación» es uno donde se viene
apreciando con más frecuencia de la deseable un mal bastante extendido: la ausencia de rigor filológico, de profesionalidad en suma,
que, por desdicha, caracteriza más el trabajo sobre la literatura contemporánea que el de otras épocas. Ni que decir tiene que la exhaustividad en la referencia bibliográfica, la precisión en el dato, el
uso de un vocabulario preciso y adecuado, la posibilidad de que el
interesado evalúe correctamente una cita... ni son adornos ni menos aún pretensión rechazable de mandarinato erudito por parte
de quien así trabaja. Un libro como el de Juan Antonio Hormigón,
*Ramón del Valle-Inclán: la política, la cultura, el realismo y el pue-
blo* (1973) resulta (al margen de su interés, sus frecuentes aciertos
y la ambiciosa candidez de semejante título) un ejemplo de cómo
no se debe manufacturar un trabajo filológico, aun por parte de
un aficionado. Y remitir al «pueblo» como destinatario de un volumen de ese jaez no disculpa ni de la prolijidad ociosa ni del des-
cuido bibliográfico ni de las afirmaciones a bulto: malo es el populismo en la creación literaria pero peor sería aún que invadiera con
su buena fe y su mala conciencia la tarea interpretativa y crítica.

V. NOVEDADES SOBRE EL FIN DE SIGLO

Posiblemente la *quaestio* más *disputata* de las que atañen a nuestro
siglo ha sido la «crisis de fin de siglo», donde ni el hombre que ha
de dársele registra unanimidad. El viejo rótulo de «generación del
98» fue, de hecho, un regalo envenenado del Azorín conservador
y ya algo nostálgico de su juventud, que, años después, Pedro Salinas —al oponerlo tajantemente al «modernismo»— y Laín Entralgo —al realizar sobre él un brillante ejercicio de crítica político-

moral— convirtieron en algo inmanejable. No es, pues, de extrañar que en 1969 Ricardo Gullón pidiera su simple erradicación («La invención del 98») y que seamos ya bastantes quienes usemos del marbete menos comprometedor que enuncia el principio de este párrafo.

La primera novedad que se registró en la valoración del 98 fue la olvidada constatación y progresivo conocimiento de la etapa juvenil y progresista de aquellos escritores: los trabajos de Inman Fox sobre Azorín y Maeztu, los de Rafael Pérez de la Dehesa (trágica y prematuramente desaparecido en 1972) sobre Unamuno y Azorín, las aportaciones documentales de Pedro Ribas, M. D. Gómez Molleda y Eugenio de Bustos a la bibliografía juvenil unamuniana, han cubierto buena parte de ese camino cuya valoración de conjunto ofrecía en 1970 un libro decisivo de Carlos Blanco Aguinaga *(Juventud del 98),* quien —junto con la *Revisión de Unamuno,* 1968, de Elías Díaz— era el primero en plantearse, aunque en forma algo esquemática, la clave del asunto: los porqués de una crisis de conciencia que llevaba a un grupo de autores desde el radicalismo juvenil a las posiciones idealizantes y aun reaccionarias en la madurez. Tema que sintentizan con habilidad José Luis Abellán en su *Sociología del 98* (1973) e Inman Fox en *La crisis intelectual del 98* (1977).

Paralelamente, hemos ido conociendo mejor lo que significa el modernismo y el regeneracionismo, dos dimensiones importantes en la crisis de fin de siglo. Los trabajos de Tuñón de Lara sobre Costa y Unamuno (1974), de J. S. Pérez Garzón sobre Luis Morote (1975), de Jacques Maurice y Carlos Serrano (1977) sobre Costa (más la imprescindible biografía —1972— y bibliografía —1974— que G. J. G. Cheyne ha dedicado a este último), el gran trabajo de Diego Núñez sobre la recepción española del positivismo (1975) y el chocante, largo y sagaz prólogo de Alfonso Ortí (1976) a la reedición de *Oligarquía y caciquismo...,* son piezas fundamentales a la hora de rellenar el casillero casi vacío del «regeneracionismo» y empezar a entender esa faceta del pensamiento burgués y su colusión con el pensamiento pequeñoburgués con el fondo de la añoranza del nacionalismo liberal. Por lo que hace al modernismo, una serie de trabajos de Ricardo Gullón y algunos otros de su discípula Lily Litvak nos permiten ver al movimiento en un contexto de crisis de valores internacional y colocar en su importante lugar ciertos aspectos —lo esotérico, el erotismo, el rechazo de la sociedad industrial...— que homogeneizan el fin de siglo español con muchos otros. Por su parte, los trabajos de Eduard Valentí Fiol (1973) y Joan Lluis Marfany (1975) sobre el dominio del *modernisme* catalán —libres para su bien de la resobada antinomia modernismonoventayocho— se han situado en una línea de crítica y valoración que los estudiosos del caso español debieran tener muy en cuenta. Con Gullón y Litvak se vuelve, en definitiva, a dar la razón a Juan Ramón Jiménez y a su conocida simplificación: «todo es modernismo». Y la cosa no anda lejos de ser cierta, aunque debieran tomarse a veces más precauciones: los términos y las realidades de «romanticismo», «naturalismo», «sociología positivista»... habrán de ser igualmente contrastados a la hora de trazar un balance fiel del período 1890-1910, tan decisivo en la mutación de los hábitos literarios españoles. Por el contrario, fieles al uso consagrado de «generación del 98» se muestran los recientes libros de H. Ramsden (1975) y Donald L. Shaw (1978), cada cual por diferentes y atendibles razones (el primero usando como nexo el conglomerado de nacionalismo y sociologismo; el segundo, por afinidades de concepción estética y filosófica): con todo y pensar que ambos autores simplifican en exceso el problema y yerran en la solución de la antinomia, hay que decir que son dos modelos de exposición precisa y estimulante y de buena lectura «literaria» de los textos aducidos.

Capacidad de lectura analítica que se echa a veces de menos en las síntesis citadas y aun en las monografías más recientes dedicadas a los autores. Los consabidos centenarios (1964, Unamuno; 1967, Valle; 1972, Baroja; 1975, Maeztu y Machado; 1976, la Institución Libre de Enseñanza) han sido pródigos en misceláneas de homenaje y en libros dedicados a los escritores del caso. Con todo y lo cual, sigue faltándonos un trabajo definitivo sobre Baroja, reconocemos lagunas considerables en la bibliografía azoriniana, echamos de menos una valoración desapasionada de la poética machadiana (y faltan trabajos sobre su prosa), mientras que sólo Valle-Inclán y Unamuno arrojan un balance muy satisfactorio. Y abundan todavía las preguntas básicas sin respuesta razonada: ¿dónde acaba el populismo y empieza el progresismo en el pensamiento de Machado?, ¿cuáles son las razones de su escasa *modernidad* artística y su manifiesta enemiga al simbolismo?, ¿qué es lo «popular» en Valle-Inclán?, ¿cuál es el vanguardismo de Azorín y hasta qué punto su regeneracionismo culturalista merece las virulentas descalificaciones de que ha sido objeto en un atractivo artículo de Blanco Aguinaga?, ¿dónde reside el valor literario —no ideológico— de la obra de Unamuno?, ¿cuál es, en resumidas cuentas, el resultado de la «modernización» traída por los hombres de fin de siglo y cuál es su herencia contable en sus numerosos epígonos? Estas preguntas serían imposibles si no anduvieran ya implícitas en mucha de la bibliografía reciente, pero, a pesar de todo, su adecuada resolución no parece próxima en bastantes casos.

VI. De 1914 a la postguerra civil

Se ha avanzado mucho en el «reconocimiento» de esa promoción intermedia y decisiva que Guillermo Díaz-Plaja sigue llamando «novecentismo» (véase su libro de 1975, harto deshilvanado, excesivamente dado a los «esquemas» y «características») y que Juan Marichal llama «generación de 1914» en su clásico trabajo sobre Manuel Azaña (1972). Pierre Malerbe llamó hace tiempo la atención sobre nuevos textos orteguianos, hoy en las *Completas,* y trabajos de Lacolma (1974), Gonzalo Redondo (1969) y Philip Silver (1978) han diseñado los perfiles de Ortega como político, empresario cultural y pensador (del que nos falta, empero, una buena biografía y un buen estudio de sus ideas estéticas; a cambio del último, Evelyne López Campillo nos ha brindado una necesaria monografía sobre la *Revista de Occidente).* Sobre Ramón Pérez de Ayala, los libros más importantes (el de V. García de la Concha sobre su poesía, el de Andrés Amorós sobre sus novelas, el largo trabapo de María Dolores Albiac sobre su tetralogía generacional: 1970, 1972, 1977, respectivamente) pertenecen a la última década y aún queda tela por cortar en autor tan elusivo. Por lo demás, en este período (y por lo que hace a lo que interesa a un historiador), aún nos falta un trabajo sobre el semanario *España* (cuya reimpresión se anuncia a cargo de Tuñón de Lara), una interpretación de la obra de Menéndez Pidal y sus colaboradores (que, como se apuntaba líneas arriba, viene siendo urgencia científica y, en gran medida, ingratitud cultural), un análisis sobre los cambios de estimativa artística que condenaron el modernismo y buscaron —en la plástica y la literatura— caminos a veces previos y a veces antagónicos al inminente vanguardismo...

El cincuentenario de la generación de 1927 no ha traído muchas novedades pero, a cambio, vamos conociendo mejor ciertos contornos necesarios. Hay varias colecciones de textos y manifiestos (Paul Ilie, 1970; Juan Manuel Rozas, 1974; Jaime Brihuega, 1979), antologías de prosistas (J. Crispin y R. Buckley, 1973) y trabajos —por lo regular, endebles— sobre la vida y locuras de Ernesto Giménez Caballero (M. A. Hernando, 1975; W. L. Foard, 1975) más dos breves repasos (M. A. Hernando, 1974; C. Bassolas, 1975) de *La Gaceta Literaria,* publicación decisiva y recientemente reimpresa. El surrealismo, la crisis de la poesía pura, el compromiso de los intelectuales en los años treinta y las formas de «novela social» son temas que se benefician de una moda, ojalá que duradera, que viene dando frutos muy importantes: señalaré el volumen de C. B. Morris (1973) sobre el primer tema, el libro de Juan Cano Ballesta sobre la poesía «impura» (1972), la ceñida síntesis de Jean Bécarud-Evelyne López-Campillo sobre el clima intelectual de la República (1977), el gran trabajo de Robert Marrast sobre el teatro en la zona leal durante la guerra civil (1977), y los impresionantes tres volúmenes sobre los antecedentes y desarrollo del II Congreso de Intelectuales (Valencia, 1937), obra de Manuel Aznar Soler y Luis M. Schneider que dan inmejorable ejemplo de cómo lo candente de un tema no se asocia con la irreflexión ni está reñido con el rigor profesional.

No remiten los fervores estudiosos sobre la postguerra. La afición de los jóvenes graduados norteamericanos a las más inverosímiles y paupérrimas novelas de esta época ha aportado bien poco a reserva de papel impreso. A cambio, la inteligencia y la malevolencia de Joan Lluis Marfany (1976-77), la reflexiva sensatez de Gonzalo Sobejano (1971 y 1975), la solidez y la información de Santos Sanz Villanueva (1972) y la excelente documentación de José M.ª Martínez Cachero (1973 y 1979) han servido paar poner en limpio los rasgos esenciales de esa trayectoria narrativa. Casi nada, en cambio, hay sobre teatro (excepción hecha del buen trabajo de conjunto de Francisco Ruiz Ramón, 1975) y poco sobre poesía (a la espera de que V. G. de la Concha complete *La poesía española de postguerra,* 1973, disponemos de la segunda parte de *El compromiso en la poesía española del siglo XX,* 1975, de Jan Lechner, y del apabullante y completísimo estudio *Las revistas poéticas españolas (1939-1975),* 1976, de Fanny Rubio). En lo que hace a la discusión ideológica, hallamos estimulantes aportaciones de José Luis

Abellán y un volumen importante de Elías Díaz (1973): a ambos se debe agradecer el riesgo inherente a un trabajo de esta índole y se ha de poner en la cuenta de los demás la ausencia de discusión que tales afanes han suscitado. Por mi parte, algo dije de los años cuarenta en *Falange y literatura* (1971), antes de que se precipitara la invasión memorialística que han tenido lectores pero no exégetas de talla.

La carne viva de eso que la rutina seguirá llamando *postguerra* (y no sin razón) precisa más trabajos y más perspectiva. Los sociólogos a la americana —pienso, sin ánimo de ofensa, en Amado de Miguel, Benjamín Oltra y el lamentablemente desaparecido Juan Francisco Marsal— han avanzado sugestivas líneas de trabajo sobre lo que cabría llamar «sociología de la función cultural» (la oposición Madrid-Barcelona, las consecuencias del desarrollismo, la incidencia de la mercantilización). Por otras vías, Valeriano Bozal o Ludolfo Paramio han dejado páginas breves pero estimulantes para establecer la mínima periodización que también interesa al citado libro de Elías Díaz. La avanzada elaboración de una *Historia de la literatura de postguerra* (que hemos de escribir Joaquim Marco, Mariano de Paco, Ignacio Soldevila-Durante y yo mismo) servirá —y no por lo que toca, seguramente— para intentar poner en claro algunas de estas cuestiones.

BIBLIOGRAFÍA

1. *Generalidades*

Asensio, Eugenio, *La España imaginada de Américo Castro,* Barcelona, El Albir, 1976.

Blanco Aguinaga, C.; Rodríguez Puértolas, J.; Zavala, I. M., *Historia social de la literatura española (en lengua castellana),* Madrid, Ed. Castalia, 1978, 3 vols.

Catalán, Diego, *Lingüística iberorrománica. Crítica retrospectiva,* Madrid, Ed. Gredos, 1974.

Estudios sobre la obra de Américo Castro, Madrid, Ed. Taurus, 1971.

García Lara, Fernando, «El sentido de una recuperación: Felipe Trigo», *Cuadernos Hispanoamericanos,* núm. 338, 1978, pp. 1-16.

Guillén, Claudio, *Literature as system,* Princenton University Press, 1972.

Homenaje a Menéndez Pidal, Cuadernos Hispanoamericanos, LXXX, 1969, pp. 238-240.

Jones, R. O. ed., *Historia de la literatura española,* Barcelona, Ed. Ariel, 1973, 6 vols.

Lázaro Carreter, Fernando, *Ensayos de poética. La obra en sí,* Madrid, Ed. Taurus, 1976.

Mainer, José-Carlos, *Literatura y pequeña burguesía en España,* Madrid, Edicusa, 1972.

——, *La Edad de Plata. Ensayo de interpretación de un proceso cultural,* Barcelona, Los Libros de la Frontera, 1975.

Oleza Simó, Juan, *Sincronía y diacronía. La dialéctica del discurso poético,* Valencia, Prometeo, 1976.

Peña, Aniano, *Américo Castro y su visión de España,* Madrid, Ed. Gredos, 1975.

Prieto, Antonio, *Ensayo semiológico de sistemas literarios,* Barcelona, Ed. Planeta, 1971.

Rodríguez, Juan Carlos, *Teoría e historia de la producción ideológica. Las primeras literaturas burguesas,* Madrid, Ed. Akal, 1974.

Talens, Jenaro, y otros, *Elementos para una semiótica de la literatura,* Madrid, Cátedra, 1977.

Tuñón de Lara, Manuel, *Medio siglo de cultura española (1885-1936),* Madrid, Ed. Tecnos, 1970.

Yllera, Alicia, *Estilística, poética y semiótica literaria,* Madrid, Alianza Ed., 1974.

2. Hemerografía. Reimpresiones y estudios

2.1. Reimpresiones

«Biblioteca del 36», Detlev Auvermann y Topos Verlag. Comprende su catálogo reimpresiones de *Litoral* (1927), *La Gaceta Literaria* (1927), *Nueva España* (1930), *Nueva Cultura* (1932), *Leviatán* (1933), *Cruz y Raya* (1933), *Octubre* (1933), *El Mono Azul* (1936), *Hora de España* (1937), *Romance*... y alguna otra. Anuncia reimpresión inminente de *Revista de Occidente* (1923) y *España* (1915).

Ed. Turner, de Madrid, ha realizado una reimpresión de *Alma Española (1903)* (1977), ha publicado antologías de *Hora de España, Cruz y Raya* y *Leviatán,* y prepara otra de *Hermes.* Por otro lado, su colección «La Novela Social» incluye en su catálogo relatos de F. Trigo, C. Arconada, J. Arderíus, J. Díaz Fernández, J. López Pinillos, M. Ciges...

Puvill Editor, Barcelona, ha publicado la reimpresión de *La Revista Nueva (1899)* (1979) y tiene en prensa la de *Vida Nueva* (1898).

Letteradura, Barcelona, ha reproducido la totalidad de *Acracia (1886)* (1978) y números sueltos de algunas revistas vanguardistas, catalanas y españolas.

2.2. Colecciones de documentos

Brihuega, Jaime, *Manifiestos, proclamas, panfletos y textos doctrinales. Las vanguardias artísticas en España, 1910-1931,* Madrid, Ed. Cátedra, 1979.

Buckley, R.; Crispin, J., *Los vanguardistas españoles 1925-1935,* Madrid, Alianza, 1973.

Esteban, J.; Santonja, G.; *Los novelistas sociales españoles 1928-1936,* Madrid, Hiperión, 1977.

Ilie, Paul, *Documents of the spanish Vanguard,* University of North Carolina Press, Chapel Hill, 1970.

Rozas, Juan Manuel, *La generación del 27 desde dentro,* Madrid, Alcalá, 1974.

2.3. Estudios hemerográficos

Bassolas, Carmen, *La ideología de los escritores,* Barcelona, Ed. Fontamara, 1975. (Se trata, en puridad, de una descuidada antología de *La Gaceta Literaria* de 1927).

Bécarud, Jean, *Cruz y Raya,* Madrid. Ed. Taurus, 1973.

Desvois, J. M., *La prensa en España (1900-1931),* Madrid, Ed. Siglo XXI, 1977.

Estudios de Información, núms. 21-22, 1972 («Contribución a la historia de la prensa en España»).

Gómez Aparicio, Pedro, *Historia del periodismo español. De las guerras coloniales a la Dictadura,* Madrid, Ed. Nacional, 1974.

Hernando, Miguel Angel, *La Gaceta Literaria 1927-1932,* Public. de la Universidad de Valladolid, 1974.

López Campillo, Evelyne, *La «Revista de Occidente» y la formación de minorías,* Madrid, Ed. Taurus, 1972.

Mainer, José-Carlos, *Burguesía, regionalismo y cultura. Los casos de «Revista de Aragón» y «Hermes»,* Barcelona, Antonio Redondo, 1974.

Redondo, Gonzalo, *Las empresas políticas de Ortega y Gasset,* Madrid, Ed. Rialp, 1972, 2 vols.

Rubio, Fanny, *Las revistas poéticas españolas 1939-1975,* Madrid, Ed. Turner, 1976.

Tuñón de Lara, M.; Elorza, A.; Pérez Ledesma, M., *Prensa y sociedad en España (1820-1936),* Madrid, Edicusa, 1975.

3. *La crisis de fin de siglo*

A.A.V.V., *La crisis de fin de siglo. Ideologías y literatura,* Barcelona, Ed. Ariel, 1975.

Abellán, José Luis, *Sociología del 98,* Barcelona, Ed. Península, 1973.

Blanco Aguinaga, Carlos, *Juventud del 98* (1970), Barcelona, Ed. Crítica, 1978.

Cheyne, G. C., *Joaquín Costa, el gran desconocido,* Barcelona, Ed. Ariel, 1972.

——, *A bibliographical Study of the writtings of Joaquín Costa,* Londres, Támesis Books, 1972.

Fox, Inman, *La crisis intelectual del 98,* Madrid, Edicusa, 1977.

Gullón, Ricardo, *La invención del 98,* Madrid, Ed. Gredos, 1969.

Litvak, Lily, *A dream of Arcadia. Antiindustrialism in spanish literature,* University of Texas, Austin, 1975.

——, *Erotismo fin de siglo,* Barcelona, Antoni Bosch, 1979.

Mainer, José-Carlos ed., *Modernismo y 98,* vol. v de *Historia y crítica de la literatura española,* Barcelona, Ed. Crítica, 1979.

Marfany, Joan Lluis, *Aspectes del modernisme,* Barcelona, Ed. Curial, 1973.

Maurice, Jacques; Serrano, Carlos, *J. Costa: crisis de la Restauración y populismo,* Madrid, Ed. Siglo XXI, 1977.

Núñez, Diego, *La mentalidad positiva en España: desarrollo y crisis,* Madrid, Túcar, 1975.

Pérez de la Dehesa, Rafael, *Germinal: una clave del 98,* Madrid, Ed. Taurus, 1971.

Pérez Garzón, J. Sisinio, *Luis Morote. La problemática de un republicano,* Madrid, Ed. Castalia, 1975.

Ramsden, H., *The spanish generation of 1898. Towards a reinterpretation,* Manchester University Press, 1974.

Shaw, Donald L., *La generación del 98,* Madrid, Ed. Cátedra, 1978.

Tuñón de Lara, Manuel, *Costa y Unamuno en la crisis de fin de siglo,* Madrid, Edicusa, 1975.

Valentí Fiol, Eduard, *El primer modernismo literario catalán y sus orígenes ileológicos,* Barcelona, Ed. Ariel, 1973.

4. *La reforma intelectual de 1914. Vanguardia y compromiso político. La postguerra*

Albiac, María Dolores, «Hidalgos y burgueses. La tetralogía generacional de Pérez de Ayala», en A.A.V.V., *Ideología y sociedad en la España Contemporánea,* Madrid, Edicusa, 1977, pp. 205-250.

Amorós, Andrés, *La novela intelectual de Ramón Pérez de Ayala,* Madrid, Ed. Gredos, 1972.

——, *Vida y literatura en «Troteras y danzaderas»,* Madrid, Ed. Castalia, 1973.

Aznar Soler, Manuel; Schneider, Luis M., *II Congreso Internacional de Escritores Antifascistas (1937)*, Barcelona, Ed. Laia, 1978, 3 vols.

Bécarud, Jean; López Campillo, Evelyne, *Los intelectuales españoles durante la II República*, Madrid, Ed. Siglo XXI, 1977.

Bozal, Valeriano, *El intelectual colectivo y el pueblo*, Madrid, Ed. Comunicación, 1975.

Cano Ballesta, Juan, *La poesía española entre pureza y revolución*, Madrid, Ed. Gredos, 1972.

Díaz, Elías, *Pensamiento español 1939-1973*, Madrid, Edicusa, 1974.

Foard, Douglas, *Ernesto Giménez Caballero (o la revolución del poeta)*, Madrid, Ed. Cultura Hispánica, 1975.

García de la Concha, Víctor, *La poesía española de postguerra*, Madrid, Ed. Prensa Española, 1973.

Hernando, Miguel Angel, *Prosa vanguardista en la generación del 27*, Madrid, Ed. Prensa Española, 1975.

Lacolma, Javier L., *El idealismo político de Ortega y Gasset*, Madrid, Edicusa, 1973.

Lechner, Jan, *El compromiso en la poesía española del siglo XX*, Universidad de Leiden, 1974.

Mainer, José-Carlos ed., *Falange y literatura*, Barcelona, Ed. Labor, 1971.

Marichal, Juan, *La vocación de Manuel Azaña*, Madrid, Edicusa, 1972.

Marfany, Joan Lluis, «Notes sobre la novel.la espanyola de postguerra», *Els Marges*, núms. 6-10, 1976-1978.

Martínez Cachetero, José María, *Historia de la novela española desde 1939*, Madrid, Ed. Castalia, 1979.

Marrast, Robert, *El teatre durant la guerra civil espanyola*, Barcelona, Institut del Teatre, 1977.

Mermall, Thomas, *La retórica del humanismo*, Madrid, Ed. Taurus, 1978.

Morris, C. B., *Surrealism and Spain 1920-1936*, Oxford University Press, 1973.

Ruiz Ramón, Francisco, *Historia del teatro español. Siglo XX*, Madrid, Ed. Cátedra, 1975.

Sanz Villanueva, Santos, *Tendencias de la novela española actual*, Madrid, Edicusa, 1972.

Sobejano, Gonzalo, *Novela española de nuestro tiempo*, Madrid, Ed. Prensa Española, 1975.

HISTORIA Y LENGUAJE

Miguel A. Rebollo Torío

Debo expresar, antes de nada, y no es mero formulismo, mi agradecimiento al profesor Tuñón de Lara por haberme invitado a intervenir en este X Coloquio de Pau. Es cierto que he trabajado en la relación historia-lenguaje, aunque he de advertir que lo he hecho desde una perspectiva lingüística, por lo cual, los historiadores quizá noten ciertas deficiencias desde un punto de vista histórico. Por desgracia, hoy no es posible abarcar tantas materias como antiguamente. La especialización puede determinar un tratamiento de todo lo que afecta al hombre en compartimentos estancos, y éste es un riesgo que debemos evitar a toda costa. En concreto, y en lo que se refiere a la lingüística —a grandes rasgos— las direcciones saussureana en Europa y bloomfieldiana en Norteamérica (después chomskiana) han puesto un especial cuidado, muy saludable en principio, en construir teorías lingüísticas, estrictamente lingüísticas, con abandono de los demás hechos ajenos a esta ciencia. Por fortuna siempre ha habido excepciones; los hechos lingüísticos no tienen explicación coherente si encerramos la lingüística en un fanal, y menos cuando esos hechos se refieren a una parcela de la lengua como es el vocabulario.

Hechas estas consideraciones, vamos a entrar en el tema propuesto que por razones metodológicas voy a dividir en dos partes: unos planteamientos teóricos en principio, y una aplicación a la realidad de dichos planteamientos.

Al abordar la relación historia-lenguaje, en cualquier época y sociedad, se plantea una cuestión previa: la elección del método de trabajo. Las actuales tendencias de la lingüística, tan distantes algunas entre sí, nos ofrecen un abanico de posibilidades para empezar a trabajar. No obstante, es obvio que no todas se adecuan del mismo modo para tratar sobre la relación establecida. En este sentido, considero que hay dos aspectos que conviene tener muy en

cuenta y que a mí me han resultado decisivos para elegir el método
de trabajo que mejor analiza los vínculos entre la historia y el lenguaje: en primer lugar, la adopción de una teoría con una base sólida y, en segundo lugar, la aplicación práctica de dicha teoría. Este
segundo aspecto es muy importante, porque en la lingüística actual disponemos de construcciones teóricas que nunca se han en-
frentado con la realidad, es decir, que ignoramos su viabilidad en la
esfera de la realidad. Planteado así el posible método aplicable, sólo
cabe una opción: acoger los trabajos de la que podríamos denominar
«escuela francesa» de lexicología, cuyas figuras más importantes
son G. Matoré y J. Dubois y los investigadores agrupados en torno
a la revista *Cahiers de Lexicologie*. G. Matoré con *La méthode en
lexicologie* [1], publicado en 1953, había establecido un método de investigación. Se trataba de agrupar el vocabulario en «campos»
(como ya habían hecho otros estudiosos) y de considerar lo que él
llama «palabras-clave» y «palabras-testigo», conceptos de innegable
interés para la lingüística, como ya veremos. El mismo autor había
publicado dos años antes *Le vocabulaire et la société sous Louis-
Philippe* [2]. Tiempo después, en 1962, aparecía de J. Dubois *Le vocabulaire politique et social en France de 1869 à 1872* [3]. Estas obras
permitían abordar, con éxito, la relación lengua-sociedad. No olvidemos que sus autores son lingüistas y que en ambos está planteado, desde el título, el vínculo entre el vocabulario y la sociedad o
el vocabulario y lo político-social.

La labor de los investigadores franceses no pasó inadvertida
para otros estudiosos españoles que, aplicando sus métodos, empezaron a trabajar en parcelas del vocabulario político español. Fruto
de ello fue una serie de trabajos centrados sobre el siglo XIX y el mío
propio sobre el siglo XX [4].

---

[1] G. Matoré: *La méthode en lexicologie. Domaine français*, París, Didier,
1953.

[2] G. Matoré: *Le vocabulaire et la société sous Louis-Philippe*, París-Lille,
1951.

[3] J. Dubois: *Le vocabulaire politique et social en France de 1869 à 1872*,
París, Larousse, 1962.

[4] M.ª Cruz Seoane: *El primer lenguaje constitucional español (Las Cortes
de Cádiz)*, Madrid, Moneda y Crédito, 1968; Dolores Ortiz González: *El primer exilio liberal y el léxico español*, Salamanca, tesis mecanografiada, s. f.;
M.ª Paz Battaner Arias: *Vocabulario político-social en España (1868-1873)*,
Madrid, BRAE, Anejo XXXVII, 1977; Miguel A. Rebollo Torío: *El lenguaje
de la derecha en la Segunda República*, Valencia, F. Torres, 1975, y *Lenguaje*

Ahora bien, si este método que consiste en agrupar los términos por *campos,* es decir, interrelacionar las palabras, puesto que aisladas carecen de valor, y determinar, si es posible, cuáles son las «palabras-clave» y las «palabras-testigo», ha obtenido unos logros en Francia y en España, convendría matizar las relaciones entre hechos lingüísticos y extralingüísticos. En efecto, no parece posible, sin salirnos de la lingüística, precisar qué palabras encajan en lo político y cuáles no y, más aún, diferenciar aquellas que inciden en el campo social y en el político. En definitiva, lo que planteo es la validez del criterio que me autoriza a insertar tales o cuales términos dentro de la esfera de lo político y tales y cuales otros no. En este sentido, resulta necesario acudir a nuestra propia experiencia para delimitar esos «campos», ya que como escribe J. Dubois: «Dans la mesure où la langue a d'abord une fonction de communication, le champ lexical se trouve défini par l'*experience,* traduite linguistiquement. Le lexique, objet de cette étude, *traduit* les rapports d'ordre économique, social et politique qui existent entre les diverses classes de la société (...) L'unité de ce vocabulaire reflète l'interdependance des phénomènes économiques, sociaux et politiques» [5]. Lo que J. Dubois reclama, a justo título, es la utilización de nuestra propia experiencia en trabajos lingüísticos de este tipo. Cierto es que conviene guardar las distancias entre ambos elementos, pero esta preocupación no debe impedir una simbiosis beneficiosa y necesaria para la lingüística. El investigador E. Arcaini sitúa muy nítidamente este planteamiento: «C'est à cause de cette relation continuelle entre monde sensible et langage, que la sémantique a besoin d'aller continuellement entre le monde extralinguistique et la langue; nous dirons qu'à ce niveau la langue ne peut être considerée en elle-même, malgré les nombreuses tentatives faites en ce sens» [6]. Con esto no debemos interpretar que la lengua tenga que depender forzosamente de otra u otras disciplinas, como ha ocurrido durante siglos; semejante concepción supondría un salto atrás sobre los progresos realizados en los últimos decenios. Se trata de matizar cuál es la situación del estudio de la lengua (aquí del vocabulario en concreto) y analizarla en su entorno histórico,

---

y política. Introducción al vocabulario político español republicano y franquista, Valencia, F. Torres, 1978.

[5] J. Dubois: *ob. cit.,* pp. 2-3. El subrayado es de J. Dubois.

[6] E. Arcaini: *Principes de linguistique appliquée,* París, Payot, 1972, p. 174.

puesto que es aquí donde cabe la única posibilidad de comprenderla.

Así, pues, el propio método de trabajo elegido impone la consideración de factores extralingüísticos en problemas lingüísticos. Pero además, existe otro factor, nada desdeñable, que motiva (o puede motivar de una manera inconsciente) la inclusión de elementos subjetivos, también extralingüísticos. Me refiero a la proximidad de la época estudiada: «Dans la mesure où l'époque étudiée est proche de nous et où la plupart des journaux qui paraissent entre 1954 et 1962 existent encore, l'intervention d'éléments subjectifs dans le choix et le classement socio-politique des quotidiens est inévitable», escribe D. Maldidier [7]. Esto afecta a la elección de materiales, tema sobre el que volveré a insistir, pero es significativo el reconocimiento expreso por parte de D. Maldidier de ese subjetivismo. Es en última instancia la experiencia, los datos extralingüísticos, lo que nos permite agrupar los términos en «campos». Será después, sobre esos vocablos, donde habrá que aplicar el método lingüístico. No hay, en consecuencia, que ver una contradicción irreductible en esta falsa dicotomía. Apoyarse sólo en la lingüística para ofrecer una relación entre vocabulario y sociedad supondría construir un álgebra pura sin base en la realidad. Así, G. Matoré, en su prólogo a la segunda edición de *La Méthode...,* insiste en la lexicología como una ciencia autónoma, pero señala también que su especificidad se muestra en el carácter extremadamente móvil del vocabulario que se opone al estatismo relativo de la sintaxis y de la fonética. También recoge el razonamiento de Greenberg, quien señala que el lingüista no puede establecer el sentido más que en relación con los aspectos extralingüísticos de la cultura [8].

Todo lo dicho nos lleva de nuevo a confrontar el método elegido con otros posibles. En efecto, la lingüística estructural (y utilizo este término a sabiendas de la variedad de estructuralismos que encubre) ha desarrollado nuevos caminos en la investigación que concierne al significado; sin embargo, sus posibilidades no alcanzan a trabajar sobre dominios tan extensos como el propuesto [9]. De

[7] D. Maldidier: *Analyse linguistique du vocabulaire politique de la guerre d'Algérie d'après six quotidiens parisiens,* Thèse de IIIe cycle, mecanografiada, Nanterre, s.f. p. 4.

[8] G. Matoré: *La méthode...,* 2.ª edición, 1973, pp. XXII-XXIII.

[9] Remito en este aspecto a L. Hjelmslev: «Para una semántica estructural», *Ensayos lingüísticos,* Madrid, Gredos, 1972, pp. 125-146; E. Coseriu:

otro lado, en la llamada Gramática Generativa existe una preocupación creciente por estos problemas, pero necesitamos todavía una clarificación y aplicación de sus hipótesis a la realidad [10].

Una vez que han sido analizadas las relaciones entre los datos extralingüísticos y la lingüística, por más que el problema siga sujeto a discusión, queda por afrontar una polémica que no por vieja carece de interés. Me refiero a la célebre disputa Marr-Stalin, es decir, la reconsideración de si la lengua es o no una superestructura. En efecto, años después de los debates entre pro y anti-marristas, J.-B. Marcellesi y B. Gardin dedican numerosas páginas de su obra *Introduction à la sociolinguistique. La linguistique sociale* [11], al tema, libro publicado en 1974. Para mejor centrar la cuestión, convendrá repasar los puntos más importantes de su historia.

Nicolás Yakovlevitch Marr (1864-1934), en sus estudios lingüísticos, había llegado a la conclusión de que la lengua estaba estrechamente vinculada a las clases sociales, de tal manera que las lenguas de una misma clase en diversos países de estructura social idéntica, tendrían entre sí un parentesco tipológico más grande que las lenguas de diferentes clases en el mismo país. Es decir, la lengua se configuraba como un fenómeno de superestructura. El marrismo, al parecer, le convino a la Unión Soviética de los años 30 por diversos motivos, pero al finalizar la segunda guerra mundial, con unas circunstancias internacionales muy distintas, las teorías de Marr no podían ser consideradas del mismo modo. Por ello, en 1950 —y recordemos que la lingüística no había alcanzado entonces el «boom» actual— *Pravda* y *Bolchevik* abren en sus páginas una discusión sobre la hipótesis de Marr. Durante unos meses se suceden artículos en pro y en contra hasta que el 20 de junio *Pravda* recoge las reflexiones de Stalin sobre este aspecto. La opinión de Stalin es la siguiente:

Principios de semántica estructural, Madrid, Gredos, 1977; B. Pottier: «Hacia una semántica moderna», *Lingüística moderna y filología hispánica,* Madrid, Gredos, 1970, p. 99-133; H. Geckeler: *Semántica estructural y teoría del campo léxico,* Madrid, Gredos, 1976; A. J. Greimas: *Semántica estructural,* Madrid, Gredos, 1971.

[10] Véase N. Chomsky: *Questions de sémantique,* París, Seuil, 1975; J. J. Katz y J. A. Fodor: *La estructura de una teoría semántica,* México, Siglo XXI, 1976; M. Galmiche: *Sémantique générative,* París, Larousse, 1975.

[11] J. B. Marcellesi y B. Gardin: *Introduction à la sociolinguistique. La linguistique sociale,* París, Larousse, 1974.

«P.—¿Es cierto que el idioma es una superestructura sobre la base?

R.—No, no es cierto. La base es el sistema económico de la sociedad, en una etapa dada de su desarrollo. La superestructura son las concepciones políticas, religiosas, artísticas y filosóficas de la sociedad y sus correspondientes instituciones políticas, jurídicas y otras (...) En este sentido, *el idioma se diferencia radicalmente de la superestructura (...) la lengua rusa ha continuado siendo en lo fundamental la misma que era hasta la Revolución de Octubre*» [12].

Con la entrada de Stalin en la polémica, la balanza se inclinaba decididamente contra las teorías de Marr. Ciertamente Stalin tiene razón al señalar que la lengua rusa no ha acompañado el cambio de la sociedad; un ciudadano de la URSS de 1900, por ejemplo, sigue hablando y haciéndose entender en la misma lengua que puede utilizar en 1920. Sin embargo, el propio Stalin comenta algo que es de vital importancia para un tema como el propuesto: «¿Qué ha cambiado durante ese período [el de la Revolución] en la lengua rusa? Ha cambiado en cierta medida *el vocabulario* de la lengua rusa, en el sentido de que se ha completado con una considerable cantidad de nuevas *palabras y expresiones,* nacidas en virtud del surgimiento de la *nueva producción socialista*» [13]. No hay, en consecuencia, un léxico totalmente nuevo, pero sí existen unos cambios dentro del vocabulario. El idioma depende del curso de la historia de la sociedad, de toda la sociedad, y no sólo de una clase. No obstante, las convulsiones de la sociedad rusa a comienzos del presente siglo han determinado, y esto es lo que reconoce Stalin, unas variaciones en el léxico, aunque fundamentalmente siga siendo el mismo. Todo ello demuestra que, pese a la antigüedad de la polémica, el problema no ha quedado zanjado.

J. Dubois, al comienzo de su obra citada, indica que «la langue, en définitive, reflète le caractère spécifique de l'histoire d'un peuple» [14], nosotros debemos entender aquí una parcela de la lengua: el vocabulario. G. Matoré va todavía más lejos que J. Dubois y en el prólogo de la primera edición a *La méthode*... escribe taxativamente: «La lexicologie, dans l'esprit de ceux qui la pratiquent, pour-

[12] J. Stalin: *El marxismo, la cuestión nacional y la lingüística,* Madrid, Akal, 1977, pp. 93-94.
[13] J. Stalin: *ob. cit.,* p. 94.
[14] J. Dubois: *ob. cit.,* p. 1.

rait ainsi contribuer à faire comprendre, en partant de l'étude des mots, les processus des évolutions sociales» [15]. Así, en el ejemplo señalado por Stalin a propósito de la Revolución de Octubre, la lexicología debe marcar el diferente estado de la sociedad rusa, y si esto es posible, su causa está en los cambios: palabras nuevas que surgen, acepciones distintas para términos ya existentes y, muy significativo también, vocablos que desaparecen. En el léxico es tan importante la aparición de palabras nuevas como la desaparición de otras antes existentes. El lexicólogo ha de mostrar una atención especial a todos estos hechos.

Volviendo al centro del problema: un cambio brusco de una sociedad no supone la creación de una nueva lengua acorde con esa situación, pero sí provoca unos cambios en el vocabulario, cambios que hallan explicación en fenómenos ajenos a la lengua. Por consiguiente, la lengua no es una superestructura, como afirma Stalin, pero tampoco resulta insensible a los cambios sociales. De ahí que no exista una opción pro Stalin o pro Marr. Es lo que Marcellesi y Gardin llaman un «faux dilemme» [16], y como ellos mismos señalan en una de sus conclusiones: «il n'est pas vrai que la langue ne soit qu'un phénomène de classe; il n'est pas vrai en sens inverse que la langue ne serve jamais des intérêts de classe» [17].

Un lingüista tan excepcional como es E. Benveniste se ha preocupado también de tratar estas mismas relaciones e, incluso, toma el ejemplo de la sociedad y lengua rusas antes y después de 1917 [18]. Ante los dos planteamientos extremos: «Langue et société ne sont pas isomorphes (...), leur structure ne coïncide pas» y «la langue est le miroir de la société», Benveniste comenta que casi no se pueden conciliar sus puntos de vista, pero no se detiene ahí y observa que el vocabulario conserva «témoignages irremplaçables sur les formes et les phases de l'organisation sociale, sur les régimes politiques, sur les modes de production qui ont été succesivement ou simultanément employés, etc.» [19]. En conclusión, las relaciones entre lengua y sociedad no son tan claras como para responder sí o no

---

[15] G. Matoré: *La méthode...*, p. VI.
[16] J. B. Marcellesi y B. Gardin: *ob. cit.*, p. 45.
[17] J. B. Marcellesi y B. Gardin: *ob. cit.*, p. 248.
[18] E. Benveniste: «Structure de la langue et structure de la société», *Problèmes de linguistique générale*, II, París, Gallimard, 1974, pp. 91-102. (Hay traducción castellana: Siglo XXI.)
[19] E. Benveniste: *art. cit.*, p. 98.

de una manera simplista. Ante todo es inegable, y todos los autores coinciden, el vínculo existente entre vocabulario y sociedad. Por ello, quizá convendría introducir un término que expresara esta interdependencia y no ha de verse en semejante propuesta el deseo de complicar el terreno terminológico, tan sobrecargado en lingüística, sino un intento de clarificar el panorama. Tal vez ese término podría ser el de *interestructura,* así no habría que plantear de una manera global la relación lengua-sociedad, sino sólo una parcela de aquélla: el vocabulario. Es de esperar que algún día las conexiones entre lengua y sociedad puedan clarificarse y ser estudiadas como corresponde. En este sentido, Benveniste es optimista, ya que concluye su artículo citado con las siguientes palabras: «Ainsi peuvent émerger des analogies profondes sous les discordances de surface. C'est dans la pratique sociale, comme dans l'exercice de la langue, dans cette relation de communication interhumaine que *les traits communs de leur fonctionnement seront à découvrir,* car l'homme est encore et de plus en plus un objet à découvrir, dans la double nature que la langue fonde et instaure en lui» [20].

Si el léxico es el campo más estudiado en este binomio, sabemos que, al menos, otros cambios son debidos también a factores sociales. Es muy conocido el ejemplo de la grafía «oi» en francés, articulada [wé] hasta la Revolución francesa y cambiada en [wá] a partir de ella. Asimismo, la nueva norma fonológica que adopta el castellano en el Siglo de Oro es «un fenómeno social, es una subversión de la estimativa lingüística cortesana. El buscar los motivos de esta subversión tiene que basarse en datos ya no lingüísticos, sino puramente histórico-sociales, y no podemos entrar aquí en el problema» [21]. Efectivamente, ignoramos por qué esa subversión ocurre entonces y, en cambio, no tuvo lugar antes o después, pese a que «acaso los puntos débiles del antiguo sistema fueron una condición —pasiva— para que triunfara el nuevo», como escribe el profesor Alarcos en la misma cita indicada.

Se puede pues determinar que, si a unos cambios sociales no les corresponden, por fuerza, unos reajustes lingüísticos que afecten a todo el sistema, es falso extender tal razonamiento a todas las situaciones del binomio lengua-sociedad. Todavía no alcanzamos a

---

[20] E. Benveniste: *art. cit.,* p. 102. (El subrayado es mío, M. A. R.)
[21] E. Alarcos Llorach: *Fonología española,* 4.ª edición, aumentada y revisada, Madrid, Gredos, 1965, p. 268.

explicar las relaciones existentes, por más que no las podamos negar. Por ello, defiendo el término de *interestructura* para marcar el aspecto más conocido del problema: las relaciones vocabulario-sociedad.

Dicho esto, voy a abordar la relación entre lengua y política a partir de 1931 en España. Por supuesto, cada época es deudora de la anterior, y si queremos analizar los antecedentes del léxico político español del siglo xx, disponemos de algunas obras citadas en la bibliografía. De igual manera que el léxico político y social adquiere una precisión acorde con la situación político-social del siglo xix, el del siglo xx reflejará una sociedad distinta. Así, mientras en los comienzos del siglo xix el uso de «ciudadanos» tiene un resalte especial porque «este tránsito de "vasallos" a "ciudadanos" simboliza todo lo que va del antiguo al nuevo orden»[22], en el segundo tercio del siglo xx «ciudadanos» es un término normal, usado por los políticos para dirigirse a una masa heterogénea al comienzo de sus alocuciones. Ya no es un vocablo conflictivo. En cambio, sería absurdo buscar en el siglo xix una palabra como «fascismo». El léxico se enriquece con el paso de la historia.

A partir de 1931 en España suceden unos hechos importantísimos: el cambio de la Monarquía a la República, la guerra civil del 36 y el caudillismo de Franco. Es lógico suponer, dadas las premisas indicadas, que el léxico acuse la marcha de la sociedad española. No obstante, las vicisitudes históricas por todos conocidas no bastan para encasillar y determinar el léxico. El período de tiempo elegido, a partir de 1931, es muy largo y heterogéneo. Se impone, por razones metodológicas, establecer unos cortes que nos permitan ver diacrónicamente la evolución. En realidad todo es diacronía en la lengua mientras ésta cumple efectivamente la función de comunicación, es decir, que no se trata de una «lengua muerta». Lo que ocurre es que la lengua se mantiene en equilibrio y asegura el entendimiento entre sus hablantes. Los usuarios, por el contrario, apenas diferenciamos esos cambios. Por cosiguiente, la distinción sincronía-diacronía sirve para una mejor comprensión de los fenómenos. Ahora bien, ¿en virtud de qué criterios podríamos cortar los años objeto de estudio? La delimitación histórica plantea graves problemas, que ustedes conocen mejor que yo. Considero que los únicos criterios válidos son de carácter extralingüístico. Es

---

[22] M.ª Cruz Seoane: *ob. cit.*, p. 23.

así como he fragmentado dicha etapa en tres fases, a sabiendas de que otros trabajos puedan centrarse en espacios más cortos.

I.—En 1931 España abandona el sistema monárquico y adopta un sistema republicano. Esta fase dista mucho de ser homogénea; hay tres períodos muy claros dentro de ella: el bienio reformador, primer bienio o bienio transformador como escriben distintos historiadores, que abarca de 1931 a 1933; el bienio de reacción, negro o radical-cedista desde 1934 a 1936, y el triunfo del Frente Popular en febrero de 1936. Todo este tiempo se desarrolla bajo una República no exenta de luchas, pero en paz (por oposición a la guerra). A continuación se producen los acontecimientos bélicos de 1936-1939. Si englobo ocho años tan complejos en una misma sincronía, se debe a la necesidad de atender al plano global de la obra. Para un período tan largo como el elegido no resulta aconsejable establecer una fragmentación tal que atomizara excesivamente la visión. Ello es lo que me permite tratar la Guerra Civil en esta fase, porque hasta 1939 la República subsistió en España.

Por otra parte, en el aspecto internacional sucede un hecho de relevancia: el derrumbamiento de la bolsa en 1929. Así, dos acontecimientos, uno nacional y otro mundial, permiten comenzar el trabajo en 1931.

II.—A partir de 1939 y hasta 1975, el panorama político español transcurre bajo el personalismo del Caudillo Franco. Sin embargo, no podemos abarcar un período tan extenso sin delimitarlo con mayor minucia. Todo el franquismo se caracteriza por el dominio del General y la inexistencia de libertad de expresión, pero no es una etapa homogénea, como sucedía con la fase republicana. El período tan dilatado entre 1939 y 1975 nos permite, en este caso, establecer un corte en 1963. En efecto, los años posteriores a la guerra han sido denominados con el nombre de «autarquía». El triunfo de las naciones aliadas sobre los países fascistas en la segunda guerra mundial repercute en nuestro país. España queda prácticamente aislada del mundo; por ello son muy significativos los acuerdos entre España y los Estados Unidos y la Santa Sede en 1953. No obstante, la fecha elegida ha sido 1963 por una razón fundamental: el desarrollo. España pasa por una etapa de estabilización a fines de los años 50 e inicia los Planes de Desarrollo. Es curioso que en 1963 el salario base ascienda a 60 pesetas diarias. España quiere coger el tren del progreso e industrialización comandada por los tecnócratas, unidos indisolublemente al Opus Dei.

III.—Desde 1963 en adelante se produce una liberalización en nuestro país, no tanto como para permitir los partidos políticos, pero sí para entrever unas formas más flexibles. Me refiero a las llamadas «asociaciones». Los partidos políticos, como tales, tendrán que esperar a la muerte de Franco y a la fase predemocrática, de transición o de consenso. La España posterior a 1963 seguirá constituida como una «Democracia Orgánica», pero será también la España del Desarrollo.

He expuesto estos tres cortes con base en fenómenos históricos con la idea de presentarles a ustedes las razones que le inducen a un lingüista a relacionar etapas históricas con el vocabulario. En efecto, el léxico va reflejando las evoluciones de la sociedad española a lo largo de la época estudiada. Para mejor analizarlo, me remitiré a los conceptos de «palabra-clave» y «palabra-testigo» de G. Matoré. Si en un país como España hay unos cambios socio-políticos desde la República hasta la muerte de Franco y si hemos dividido ese tiempo en tres cortes sincrónicos, es de suponer que cada uno de ellos disponga de unos términos específicos y precisos que señalen, inequívocamente, cada fase analizada. Aquí es donde cobra gran importancia el método establecido por Matoré. Veamos qué suponen para el lingüista francés esos conceptos.

La «palabra-clave» designa no «une abstraction, non une moyenne, non un objet, mais un être, un sentiment, une idée, vivants dans la mésure même où la société reconnaît en eux son idéal» [23]. Tal como lo expresa Matoré, es difícil encontrar la «palabra-clave» de una España tan escindida como la que abarcan la República y el Franquismo. Las tensiones impiden que un término pueda recubrir el ideal de *toda* la sociedad; sí existen palabras que convienen a *partes* de esa sociedad, pero éstas ya no encajan en la definición propuesta. Creo, por consiguiente, que no hay «palabras-clave» durante este período, y tal ausencia es importante, reveladora de una

---

[23] G. Matoré: *La méthode*…, p. 68.

fuerte escisión social. En este sentido, la inexistencia de las «palabras-clave» refleja el carácter de la sociedad española desde un punto de vista negativo. Un rasgo de las «palabras-clave» estriba en que sólo debe existir una para cada etapa propuesta, por eso yo aludo a la fórmula en plural, pensando en poder asignar a cada corte sincrónico un «ideal». Esto no es viable, ni tampoco el hallazgo de un término que recubriera a la vez República y Franquismo por razones mucho más obvias.

Por el contrario, sí nos encontramos en cada período «palabras-testigo». Estas son «des éléments particulièrement importants en fonction desquels la structure lexicologique se hiérarchise et se coordenne» y la «palabra-testigo» se alza como un «symbole d'un *changement*», es un neologismo, es decir, una palabra de nueva creación [24]. Debo precisar que esa palabra puede ser tanto una forma nueva, inexistente antes en el léxico de la lengua, o también el uso de una palabra no nueva respecto de la forma, pero con un nuevo contenido semántico. A diferencia de las «palabras-clave», las «palabras-testigo» pueden ser más de una en una sola etapa propuesta. En lo que se refiere a los tres cortes sincrónicos del período estudiado, los términos que vertebran la sociedad española, son, a mi juicio, éstos:

I.—De 1931 a 1939, de una manera progresiva, la escisión del pueblo español se centra en el fascismo-antifascismo. El *Fascismo* se configura como la «palabra-testigo» de la época republicana. La lucha armada de 1936-1939 enfrenta a dos bandos que plantean la organización político-social de España sobre bases muy distintas. No voy a entrar en la consideración sobre si el régimen personalista de Franco se atiene a las características del fascismo, sino en la aseveración de que la propaganda y los escritos de entonces aludían a la lucha de «fascistas» y «antifascistas» en el campo republicano y a «nacionales» y «antinacionales» en el otro (dejando aparte otros vocablos). ¿Por qué elegir, pues, *Fascismo* y no nacional, por ejemplo, u otros términos? Existen varias razones que explican su elección:

a) El *Fascismo* es un término fundamental del siglo xx en todo el mundo.

[24] G. Matoré: *La méthode...*, pp. 65, 66 y 41, respectivamente.

b) Las siglas de FE se presentan ambiguas. Los jonsistas las identifican con Falange Española, Frente Español y Fascismo Español [25].

c) En la derecha (uso el término en un sentido convencional) los diferentes partidos aluden al *Nuevo Estado,* al *Jefe* y al *caudillo,* palabras que nos remiten al *fascismo* inequívocamente.

d) Por último, *nacional* no se siente vinculado al siglo XX, sino a los comienzos del siglo XIX. *Nación, nacional* y *patria* subsisten en el siglo XX, pero no son específicos de estos años.

El *Fascismo* es un término no exclusivo de la vida española, su proyección es internacional, pero no deja de apuntar sin duda a los años 30 de nuestro país.

II.—Desde 1939 hasta 1963 considero tres «palabras-testigo»: el *Movimiento,* la *Cruzada* y la *Democracia Orgánica.* Estas tres formas pertenecen exclusivamente al dominio español.

El *Movimiento* nace como sinónimo de FE y poco a poco amplía su significado hasta englobar la rebelión contra la República durante la Guerra Civil, para terminar por designar el substrato doctrinal de lo que va a ser el Régimen, aunque en la España posterior a 1963 el Movimiento se circunscribe a FET de las JONS, como escribe L. Aranguren [26]. Me interesa destacar la utilización del término, alumbrado en principio por J. A. Primo de Rivera, por la España vencedora. Es indudable que los ganadores han recogido el léxico de la derecha más cerrada a falta de una ideología propia, es decir, de FE de las JONS. Por eso, yo pude escribir que otras formaciones apenas tuvieron peso específico [27].

---

[25] M. A. Rebollo: *Lenguaje y política...,* p. 38. (En lo sucesivo me basaré en mis dos libros citados para todos los ejemplos.)

[26] *Apud* M. A. Rebollo: *Lenguaje y política...,* p. 159.

[27] No ha de interpretarse tal afirmación como un desconocimiento, en cocreto, de lo que supuso la Comunión Tradicionalista-Carlista, que es lo que ha entendido el señor de la Torre Acosta (J. M. de la Torre Acosta: «El Carlismo en la II República», *Historia 16,* número 13, mayo 1977, p. 80), puesto que yo me limitaba a la herencia lingüística de la que se sirvió el Régimen y no a unos planteamientos históricos. Me reafirmo en que la base doctrinal del Estado postbélico hay que buscarla fundamentalmente en la derecha de los «puños y de las pistolas», lo cual revela una absoluta carencia de ideología.

La *Cruzada* permite la construcción de una forma de Estado opuesta a la anterior. A lo largo de la Historia no nos interesa aludir a las famosas Cruzadas medievales, que denotan un significado inequívocamente religioso del término —origen casi perdido— sino a la Guerra Civil. La izquierda empleó también la palabra en un sentido bélico, pero pronto pasó a tener una utilización exclusivamente de derechas. Además de las implicaciones guerreras, y es muy importante, la *Cruzada* adquiere un valor económico ratificado por Franco. He incluido en esta etapa esta «palabra-testigo» por las innumerables alusiones de los dirigentes a sus orígenes bélicos. No se entiende la España posterior a 1939 sin esa *Cruzada,* que apunta a un período republicano, es cierto, pero encaja de lleno en los años inmediatamente posteriores.

La *Democracia Orgánica* es perfectamente ignorada hasta 1945; es más, ni siquiera la *democracia* tiene antes notas positivas. El motivo de que una democracia adjetivada sea posible a partir de esa fecha es obvio, y la lengua refleja el intento de adecuación formal a las nuevas realidades internacionales. Recordemos que en 1947 se aprueba, por referéndum, la Ley de Sucesión. La naciente y flamante *Democracia Orgánica* tiene sus raíces en FE y, en general, en la derecha. Los cauces «naturales» de familia, sindicato y municipio apuntan a la doctrina joseantoniana.

Las tres «palabras-testigo» de 1939-1963 se hunden en el pasado y en la ultraderecha de los tiempos de la República. El léxico no muestra aspectos creadores, positivos, durante estos años. La total carencia de ideología se camufla bajo fórmulas envejecidas y autoritarias. No se puede pasar por alto la pobreza terminológica que la vida política conlleva estos años. Frente al ingente caudal de palabras en la época republicana, apoyada en los partidos políticos, en la democracia, en la libertad de expresión, el Nuevo Régimen se apropia de una ínfima parte de los términos en curso y proscribe los demás. Aquí, la ausencia y la potenciación de determinadas palabras refleja fielmente la sociedad española.

III.—Desde 1963 y hasta el fin del Franquismo domina la *Tecnocracia,* término de nuevo cuño, común a la llamada cultura occidental. Antes de los Planes de Desarrollo no hay *Tecnocracia* en España (se vislumbra con el Plan de Estabilización). En nuestro país surgen los tecnócratas vinculados al Opus Dei. El contenido de la palabra no es nuevo; ya Marcelino Domingo aludió en 1928 a los técnicos del Dictador Primo de Rivera, pero es ahora cuando adquiere un auge universal. La sociedad española de 1963-1975 comienza a liberalizarse, aunque no cambia la forma del Estado, pero se olvidan ciertas palabras —*leitmotiv* de la época anterior— y se rescatan, poco a poco, algunas de la etapa republicana. Una revista como *Cuadernos para el Diálogo* hubiera sido impensable unos años antes.

En definitiva, considero que las cinco «palabras-testigo» propuestas apuntan claramente a la República, Autarquía y Desarrollo; sobre ellas se vertebra el léxico que refleja la sociedad.

Antes de proponer algún ejemplo que muestre las relaciones interestructurales entre vocabulario y sociedad, voy a tratar el problema que plantea la recogida del *corpus* para un lingüista. Un período tan dilatado como el escogido implica una selección previa, puesto que es imposible leer *todo*. De ahí que un hipotético recuento estadístico de determinados términos quede descartado *a priori*. Sería muy interesante, por ejemplo, disponer de cifras exactas de una palabra como *democracia* en Azaña, Besteiro, Gil Robles, Ledesma, Franco, D. Ridruejo y Girón, por señalar algunos nombres significativos, analizar los porcentajes y ver qué contenidos se encubren bajo un mismo significante, pero no es factible. Por ello, he dispuesto el *corpus* atendiendo a dos razones: los discursos políticos de los líderes más destacados y la lectura sistemática de la prensa. Claro es que no siempre ha sido fácil alcanzar estas metas. Durante la etapa republicana no ha habido problemas para conocer los periódicos y revistas con sólo acudir a las Hemerotecas Nacional y Municipal de Madrid; los discursos de Azaña, Prieto, Largo Caballero, J. Díaz, etcétera, aunque editados fuera de la Península, tampoco han planteado dificultades. Mayores problemas hay para localizar lo que los políticos exiliados decían fuera de España. El vocabulario de la oposición franquista está por hacer. Yo sólo he tenido acceso a algunos escritos de manera esporádica. Probablemente este aspecto hubiera sido más fácil estudiarlo en Francia que en España. Con todo, no creo que mi desconocimiento forzoso del léxico oposicionista falsee la sociedad española; en la Península no cabía otra opción que la de los vencedores y el vocabulario lo refleja bien.

Por último, para ejemplificar la relación entre vocabulario y sociedad voy a presentar la evolución de unos términos desde el comienzo de la República hasta el fin del franquismo: *político, demo-cracia, partidos políticos, revolución* y *las dos Españas*.

En los años de la República, acordes con la libertad de expre-sión, el *político* recubre facetas muy dispares. Es un servidor de la comunidad para Azaña, un abogado de los intereses de clase en Maeztu, un egoísta en J. A. Primo de Rivera y un traidor del pro-letariado para *Anarquía* (órgano de la FAI). Este abanico de acep-ciones queda reducido posteriormente a dos, o mejor, a una sola: el político auténtico, entiéndase el vencedor de la guerra; los demás carecen incluso de la misma forma lingüística, no son ya políticos, sino *politicastros*, con todo el matiz peyorativo que supone seme-jante sufijo. En la última fase del franquismo, más liberal que la anterior, desaparece este término, ya no existe la degradación, y nace, fiel reflejo de la nueva etapa, el *tecnócrata*, que tiene un ras-go básico: la carencia del control democrático.

Más complejo que el *político* es el vocablo *democracia*. Al salir de la Dictadura anterior, la naciente República se une inequívoca-mente a la *democracia*, con diversos matices. Ambos conceptos van a seguir un desarrollo paralelo. La *democracia* tiene una carga posi-tiva en Azaña (y en general en la izquierda): «el mejor sistema para elegir a los más dignos», y negativa para la derecha, motejada de «superchería» (Aparicio), «rotura con la tradición» (Montes), «in-capacidad para el gobierno» (Maeztu), «improvisación» (Calvo Sote-lo). La gran cantidad de términos injuriosos durante los años re-publicanos revela con claridad la escisión de España en dos. En el caso de la *democracia* —como sucede con otros términos— conviene distinguir dos niveles: la democracia desde una perspectiva atempo-ral y la democracia existente, real en un momento dado. De ahí las adjetivaciones tan interesantes de esta etapa. Así, Largo Caballero y Ramos desdeñan la *democracia burguesa;* Gil Robles declara en 1933 que la democracia no es un fin, sino «un medio para ir a la conquista de un Estado nuevo»; J. A. Primo de Rivera degrada esa «cosa que se llama democracia cristiana»; Ledesma equipara la *de-mocracia parlamentaria* con el «feudalismo moderno»; E. Bilbao relaciona la *democracia inorgánica* con el Estado liberal. Este sin-tagma es muy significativo, porque subyace en él la oposición *de-mocracia orgánica,* no desconocida en esta época, como lo demues-tran las palabras del profesor Costamagna, italiano, quien la vincu-la con el régimen fascista (véase la *Antología de Acción Española,* p. 107). El carácter negativo de la *democracia* pervive en los años de postguerra. Todavía en 1962 Solís declara que la palabra no le gusta demasiado. Sin embargo los acontecimientos internacionales provocan una rehabilitación del término con una única adjetivación: *orgánica*. La *democracia orgánica* se asienta en la familia, municipio y sindicato, la triple base reivindicada por FE-JONS. En oposición a esta democracia se halla la «falsa e inorgánica». La adecuación de este sistema con el caudillismo es perfecta: «La democracia consiste en averiguar cuál es la voluntad del pueblo y en servir dicha voluntad», proclama Franco. Me interesa subrayar que la fórmula no nace en 1939 con el Nuevo Estado, sino que después de la segunda guerra mundial es cuando alcanza su máxima extensión, y el Régimen, como siempre, acude a las bases terminológicas que encuentra en la derecha más extrema de los años republicanos. Las únicas críticas toleradas dentro de España se encubren bajo la «diversidad de opiniones» y el «contraste de pareceres». Con el Desarrollo, la *democracia orgánica* no varía; todavía López Rodó puede decir en 1969 que la democracia (sin adjetivos) «es una etiqueta que a veces cubre falsificaciones». La liberalización se advierte en que una revista como *Cuadernos para el Diálogo* puede poner en duda la «representatividad» de la democracia orgánica. En este sentido tiene razón *Pueblo,* periódico de la Organización Sindical, al llamar a la Democracia orgánica *Democracia gobernada.*

La voz *partido* revela bien la trayectoria del Nuevo Estado. Con la República, los partidos habían florecido, eran vitales dentro de este sistema. El testimonio de Calvo Sotelo es revelador: «Para Azaña, éstos son piedra angular de la República. Gil Robles los estima insustituibles, aunque no le entusiasmen. Yo los considero gangrena y guillotina.» Como es habitual, para el Régimen de postguerra esta última consideración va a ser la única válida. Los partidos conocerán una serie de términos injuriosos, degradantes: «apetencias malsanas», «cenáculos políticos», «granjerías», «núcleos partidistas», «tertulias de conspiración». Es cierto que bajo la República coexisten otros términos (frentes, ligas, bloques, sectas, banderías, partidejos…), pero es curioso observar cómo, en general, suele ser la derecha más extrema quien vitupera. Entre 1939 y 1963 sólo una fuerza política se identifica como *partido* e incluso se convierte en nombre propio: es el Partido por antonomasia, el de FET de las JONS. Posteriormente los partidos tampoco van a desempeñar ningún papel en el Estado español (siguen prohibidos); continúa el recelo hacia ellos, como se advierte en López Rodó cuando alude a la «retórica de los viejos partidos», pero, frente a la etapa anterior, no se emplean fórmulas sinonímicas injuriosas, e incluso surge un término, ambiguo, que apunta a una consideración no monolitista de la vida política española, las *asociaciones*. Se pretende que éstas queden vinculadas ideológicamente al Movimiento, y ciento sector de la prensa las contempla como los posibles «partidos políticos de la derecha».

En consecuencia, el sistema político español desde 1939 muestra un empleo de términos nuevos (pluralismo, asociaciones, etc.) con respecto a la inmediata España de postguerra, un planteamiento oficial —e insisto en ello— que abre tímidamente otros horizontes.

El término *revolución* necesita un tratamiento distinto del de partido político. No desaparece en los años posteriores a la guerra civil, como ocurría con este sintagma. Aquí interesa, ante todo, acotar su significado dentro de los distintos bandos y a través de las tres etapas históricas señaladas. No pensemos que izquierda y derecha se corresponden con *revolución* y *contrarrevolución* en lo que se refiere al uso del léxico. Para mejor entender y deslindar lo que de «revolucionario» tienen los distintos partidos es conveniente acudir a la *contrarrevolución, reacción* y *pensamiento antirrevolucionario.*

La *contrarrevolución,* en los años republicanos, fue el lema de la CEDA de cara a las elecciones de 1936; en este sentido se opone a *revolución* y se localiza temporalmente. Por el contrario, el *pensamiento antirrevolucionario,* reivindicado por *Acción Española,* se opone a *revolución* también, pero carece de precisión temporal; se enfrenta contra cualquier revolución de cualquier época. La *reacción* es la palabra que emplea la izquierda para calificar a la derecha, sobre todo durante la guerra civil. Por oposición a la *reacción,* justamente lo contrario es la *revolución* que preconiza la izquierda. Así este término adquiere dos notas: una negativa —la antítesis de la reacción— y otra positiva —la necesida de «cambiar» el país—. No podemos caracterizar mejor ese «cambio», máxime cuando la izquierda no constituía un bloque homogéneo, pero sí se advierte una defensa de la República, la democracia y los partidos políticos por lo menos. Hacia dónde se hubiera dirigido ese cambio supone entrar ya en la historia-ficción.

Queda por delimitar la *revolución* de un grupo de la derecha. Me refiero a FET de las JONS. Las características son muy claras y pertinentes para no confundir el «cambio» con la *revolución* de falangistas y jonsistas. J. A. Primo de Rivera, Ledesma y Redondo la vinculan con: 1) el servicio a la permanente unidad de España; 2) lo nacional; 3) la concordia de la patria; 4) la tradición y renovación, y 5) la violencia política. En suma, bajo una misma etiqueta se encubren dos concepciones completamente distintas.

Después de la guerra civil, la *revolución* queda como un vocablo mágico que ningún político puede olvidar, pero no se concreta en nada. La *revolución* recoge algunos aspectos de la época anterior, de FET de las JONS: se opone al materialismo, insiste en lo nacional y social, es creadora y pretende hacer una España distinta. El mismo vacío ideológico continúa después de 1963. La *revolución* va a ser el *desarrollo,* es decir, se adecua perfectamente a la etapa de los tecnócratas, pese a que alguna voz discrepante aluda todavía a la *revolución pendiente.*

Por último, *las dos Españas,* problema muy viejo de este país, muestran muy bien la escisión de la sociedad española. En 1971 Martínez Esteruelas reconocía la polémica. La existencia de *las dos Españas* corrobora la imposibilidad de encontrar una «palabra-clave» en el período estudiado.

Como conclusión, el vocabulario refleja las vicisitudes históricas de una sociedad. No se explican los términos sin su contexto y, a la inversa, el léxico señala inequívocamente un período histórico determinado. En lo que se refiere a España, la complejidad del vocabulario entre 1931 y 1939 se corresponde con la sociedad republicana, después el régimen personal de Franco borra muchas palabras y recoge fundamentalmente la terminología de FE-JONS, adecuada a las diferentes etapas de nuestro país. Cualquier régimen necesita un apoyo ideológico y el de la derecha más extrema convenía bien al Nuevo Estado.

SEGUNDA REPUBLICA:
POR OTRO OBJETO DE INVESTIGACION

Santos JULIÁ

Durante la última década, la producción bibliográfica en torno a la Segunda República ha estado dominada, como en años anteriores, por la historiografía política angloamericana. Razones de todo tipo, que van desde el indudable valor de estos trabajos hasta las exigencias de la propaganda política o a nuestra propia penuria, han contribuido a la resonancia y, en ocasiones, al alcance popular de esa específica forma de hacer historia. Quizá sea ésta una buena ocasión de someterla a crítica, de reflexionar sobre lo que le debemos para saber dónde estamos y qué nos queda por hacer.

El influjo de la historiografía angloamericana tiene que ver, sin duda, con un estilo común que la caracteriza y que podría definirse como economía y, en ciertos casos, elegancia descriptiva. Son libros que, al contrario de lo que ocurre con una parte de la producción española, están destinados a ser leídos no sólo por el especialista sino incluso por el gran público o, al menos, por el sector interesado en el tema. Ese estilo evita en lo posible la cita larga, las listas de miembros de los comités locales, provinciales, regionales o nacionales de tal o cual partido, el inacabable discurso sobre el discurso, la reiterativa prueba del punto, que se prefiere sostener en el propio texto y engarzar de forma lógica y coherente con la totalidad de la narración.

Junto a ese estilo se ha transmitido, sin embargo, una problemática, una metodología y un abanico de lecciones morales. El campo de la problemática está circunscrito por una pregunta que determina el contenido de la mayor parte de estos trabajos: por qué fracasó la República. Quizá no sea necesario iniciar un trabajo histórico planteando previamente una pregunta, pero en el caso de que fuera inevitable, podrían plantearse otras muchas. Al preguntar por el fracaso de la República no se está abriendo una duda inocente: se da por supuesto que la República fracasó y se acota ya de salida el campo de la investigación a las razones de ese fracaso. La problemática que se expresa en la pregunta cierra así y limita el específico objeto de estudio. Se trata de describir los hechos fundamentales que condujeron a este fracaso. La República objeto del discurso histórico-científico no es la República escueta, sino la República que fracasa, es decir, la República que es el origen de la guerra civil, que conduce a la guerra civil.

El fracaso se define específicamente como fracaso político y, de forma más concreta, como fracaso de los partidos políticos de centro o de las zonas centristas de los partidos de derecha e izquierda, para encontrar una salida a la crisis de los años 30. La política no se entiende aquí como el plano en que se concentran y consideran las contradicciones de clases sino como ese concreto campo en que unas fuerzas organizadas que se llaman, sobre todo, partidos y sindicatos, luchan por el poder de Estado. Dentro de esas organizaciones, el específico campo de estudio es el que se refiere a las opciones políticas adoptadas por sus órganos dirigentes. En fin, y en la mayoría de los casos, esos órganos se reducen a la persona o personas más expresivas de la política que se supone que condujo al desastre. El estudio de las políticas de los partidos se convierte así en estudio de las políticas de algunas de las personas que dirigen los partidos. El resultado obtenido es la razón del fracaso de la República.

Al investigar la política en sí misma y sólo en cuanto actividad práctico-concreta de unos organismos que aspiran al poder de Estado o lo detentan se está provocando ya una fragmentación del campo de estudio y una compartimentación de sus objetos. Si queda algún resto de preocupación por temas sociales, económicos, culturales, se incluye aquí y allí alguna referencia o algún párrafo sin que aparezca por ningún lado el hilo capaz de coser esas esferas a la política en un todo coherente. Y es que, en efecto, la política entendida en su aspecto más formal de luchas de partidos o incluso de personajes de partidos no puede convertirse en argamasa que dé fuerza al todo y cohesión a sus partes. En consecuencia, los diferentes sectores de la vida social no estrictamente políticos quedan en el aire, bailando a su propio son. Incluso una obra estimable, dedicada a la reforma agraria, termina dando de su fracaso estas tres razones que se sitúan fuera del específico ámbito de la tierra: la incompetencia de Domingo, la indiferencia de Azaña ante los problemas rurales y la carencia de perspectiva de Largo Caballero a lo que se añade, como telón de fondo, la crisis económica general de Europa en los años 30. Nada de extraño que un autor más específicamente político cargue todo el fracaso a la incapacidad de los políticos para resolver los problemas del país en un marco aceptable por la mayoría. La clave explicativa última se sitúa siempre en el ámbito de lo político previa su reducción a lo estrictamente personal [1].

La problemática abierta con la pregunta sobre el fracaso de la República y cerrada con esta teoría reduccionista de lo político no sólo limita y recorta el campo de análisis, y lo fragmenta y compartimenta, sino que, además, impone el tipo de respuesta y condiciona así el proceso de su elaboración. No se trata de un fracaso cualquiera sino de un fracaso que se resuelve en una guerra civil, esto es, en el enfrentamiento de dos bandos que por hipótesis reflejan y expresan la polarización de la sociedad. Si la guerra no se hubiera producido, quizá nadie habría dicho que la sociedad española de 1935 era bipolar, o que las elecciones de febrero se hicieron en una atmósfera de guerra civil, o que el 16 de febrero comenzó una guerra civil no declarada. Dos grandes coaliciones políticas de carácter electoral, enfrentadas precisamente porque se produce una coyuntura electoral, no tienen por qué ser necesariamente el reflejo de una sociedad partida en dos. Pero como el resultado conocido es la guerra y como, por definición, una guerra sólo es posible cuando fallan las soluciones moderadas —y, curiosamente, no para hacerlas fallar— todo el interés de los investigadores consistirá en documentar el presunto fallo y en datarlo: los autores con simpatías hacia la derecha hablarán de Octubre del 34 como del punto de no retorno; los que se muestran más inclinados a la izquierda dirán de la represión de los campesinos en el 34 o de las amenazas fascistizantes de la CEDA. Da igual, puesto que se trata de respuestas dispares dentro de la misma problemática. La distorsión que tal problemática introduce sobre el material investigado es notable. Un autor que ha contribuido como pocos a restaurar el prestigio de la República, afirma que la opinión política estaba dominada en 1935 por dos temores: al fascismo en la izquierda; al comunismo en la derecha. Basta recorrer la prensa de ese año para comprender lo dis-

[1] Malefakis, *Agrarian Reform,* p. 393; Thomas, *The Spanish,* p. 194.

paratado de tal afirmación, que no es en modo alguno inocente o irrelevante: la guerra ya está toda entera en esos temores [2].

A partir de ellos se crea la imagen de la violenta ascensión a los extremos y el correlativo hundimiento del centro. Largo Caballero por un lado y Calvo Sotelo por el otro son, como alguien dice, los hombres de la situación. Largo se hace comunista o casi y Calvo arrastra a los cedistas y arrincona a Gil Robles convirtiéndose nada menos que en «líder de la oposición parlamentaria». La última solución posible —una dictadura republicana o un gobierno Prieto— es boicoteada por los extremos. La guerra es, pues, inevitable en la medida en que no se produce el hecho político único que podría detenerla. Paradójicamente, una historiografía positiva y empiricista hasta el extremo basa el origen de la guerra en la no verificación de una mera hipótesis [3].

La necesidad de unos extremos que expliquen el fracaso trastoca y oscurece todos los datos estrictamente políticos del problema, que son precisamente a los que estos autores dedican su atención preferente o exclusiva. Era predecible, si se tiene en cuenta la concepción de la política como esfera autónoma que guarda en sí la clave última de su propia razón. Un análisis más concreto confirma esa sospecha: al lado de penetrantes juicios políticos, abundan afirmaciones o supuestos que distorsionan la realidad: la existencia nunca demostrada de un pacto caballerista-comunista; la afirmación de que las Alianzas Obreras ejercían en la primavera del 36 un doble poder; la atribución del extremismo verbal de la izquierda del PSOE a la política reaccionaria de la CEDA; la tesis del rapto de las juventudes socialistas por las comunistas; el avance incontenible de una revolución que subía desde las cálidas tierras del sur; las calles de Madrid a merced de las milicias socialistas o comunistas; una derecha convencida de que la revolución sólo podía detenerse por medio de una contrarrevolución preventiva.

Como, de todas formas, esta distorsión de los hechos no es suficiente para dar cuenta del resultado final, los autores de la problemática del fracaso muestran el suyo propio en dos frases ejemplares. Dice Thomas, a modo de conclusión sobre lo que llama «failure»

[2] Jackson, *The Spanish Republic and the Civil War,* Princeton, 1965, p. 485.

[3] Ver Romero Maura, «Unas palabras», p. 241, para unas inteligentes reflexiones sobre el carácter acientífico de estos razonamientos a base de «contrafactuales no-idénticos».

de la República, que los «espectros causaron la guerra y después los fantasmas se adueñaron del país». Thomas cree quizá que al recurrir a esta retórica huera está fabricando alguna frase ingeniosa pero lo que hace, en realidad, es confesar la banalidad de sus intentos de buscar fracasos en la incapacidad de los políticos. Jackson no se deja llevar por ese lirismo dudoso aunque, tras señalar que la guerra no era inevitable, dice, sin embargo, que llegó como «estallido culminante» de las pasiones políticas de un siglo. Otro autor de lengua inglesa —Sanchez— dice que de dos [4]. ¿Y por qué no de uno y medio, o de tres, o de todos los que hay desde que llegaron los romanos?

Si la problemática limita el campo de análisis, lo compartimenta y lo distorsiona, la metodología empleada sobredetermina esos mismos efectos y conduce a idéntico resultado final. Al tratar de metodología es preciso, sin embargo, introducir una clara diferencia entre los diversos grupos de autores. Si, en general, la historiografía angloamericana comparte idéntica problemática, el instrumental utilizado para abordarla es distinto. En los autores de historias generales el material es mayoritariamente el de memorias y relatos de protagonistas, mientras que en autores que tratan de un tema específico, la fuente básica de documentación es la prensa y los documentos de la época. Con todo, la metodología es similar: acumulación de datos relativos a los recuerdos y/o discursos explícitos de los principales protagonistas para documentar todas y cada una de las afirmaciones del relato que se pretende descriptivo y absolutamente libre de teoría. Pero esa metodología actuando sobre diferente material —y con distintas posiciones subjetivas no explicitadas teóricamente— da, como no podía ser de otra forma, diferentes resultados.

En efecto, la búsqueda documentada y positiva del fracaso, basada sobre todo en la lectura de memorias y relatos de protagonistas o en la rápida consulta a uno o dos periódicos moderados —que caracteriza a los historiadores generales— intentará repartir por igual y de manera equitativa las culpas del fracaso. El relato se construye así expresa, intencionadamente, como relato paralelo en el que aparezcan, si es posible en la misma frase y, cuando no, en párrafos contiguos, las culpas de unos y otros, sus temores, sus incompeten-

---

[4] Thomas, p. 194; Jackson, p. 493; Sánchez, *Reform and Reaction*, Chapel Hill, 1964, p. 214.

cias, sus extremismos. No importa que uno crea que la falange comenzó el terrorismo y otro afirme que se limitó a responder al terrorismo de que era objeto: lo importante es que hubo terrorismo por ambos bandos y que quede la duda sobre quién fue el primero. Tampoco importa en exceso si fue Largo quien comenzó a asustar a la burguesía o si se le adelantó Gil Robles o Calvo Sotelo asustando a los proletarios. Lo importante es que proletarios y burgueses estaban asustados y que había alguien que los asustaba por igual.

Al ser las memorias el documento básico para sostener cada una de estas afirmaciones paralelas, comienza a proyectarse sobre la República, distorsionando su realidad, la sombra de la guerra. Por una excepción a la que los estudiosos de la II República debíamos estar agradecidos, por esta vez no faltan memorias. Incluso sobran. Pero en ese caudal no todo y ni siquiera la mayor parte es oro. Las memorias están escritas con la conciencia del desastre final, de la culpa o de las ansias por eximirse de ellas. Desde Alcalá Zamora a Largo, pasando por Lerroux, Gil Robles, o Hernández, todas ellas están montadas sobre un esquema muy simple: la maldad del otro, su estupidez o su incompetencia. Basarse en ellas o atiborrarse de ellas juega malas pasadas.

Nada de extraño, pues, que los historiadores más especializados dirijan su pregunta a fuentes más primarias. Con todo, la metodología determinada por el campo de investigación previamente acotado impone de nuevo la primacía del discurso explícito de los dirigentes políticos. Lo que ocurre es que con esta nueva generación, la especificidad del objeto de estudio —la CEDA, el PSOE, la Falange, la reforma agraria, la izquierda, los carlistas— amplía el material y transforma su jerarquía: si antes prevalecían las memorias, ahora el mismo discurso explícito se documenta en las manifestaciones de los dirigentes publicadas en la prensa de la época, en sus intervenciones parlamentarias, las resoluciones y programas adoptados por sus partidos, las editoriales publicadas en sus periódicos. Se ha ganado así en profundidad y cantidad de conocimientos pero no se ha conseguido nada en la transformación cualitativa de lo conocido. Que sigue siendo, como venía ya impuesto por la problemática previa y reforzado por la metodología acumulativa de datos sobre el discurso explícito, el específico plano de los partidos y de sus luchas. De nuevo tropezamos, pues, con las limitaciones ya señaladas para la historia general.

La lógica explicativa implícita en esta metodología refuerza las distorsiones creadas por la técnica de investigación y sobredetermina los mismos efectos producidos por la problemática. Se trata ahora de la clásica inversión que caracteriza a toda lógica idealista por la que lo real se convierte en mero predicado de lo ideal. Aquí la Idea que despliega todas sus potencialidades en una marcha hacia atrás, es el Fracaso o, más dramáticamente, la Guerra-originada-por-la República. Metidos en la tremenda caverna del Fracaso, estos autores sólo ven las sombras de la República moviéndose en los muros fascinantes de la Guerra. La Gran Idea del Fracaso-Guerra se ha tragado así y ha disuelto la específica realidad de la República, cuyo ser se reconstruye a partir de las sombras que proyecta hacia adelante[5].

Es una lógica que sufre, además, lo que Hamerow llamaba «la maldición de la contemporaneidad»[6]. Hamerow creía que ningún acontecimiento había sufrido más de esa «maldición» que la revolución alemana de 1848. No había visto aún la producción angloamericana sobre la República: continuamente se nos nombran objetos con conceptos que remiten a otra cosa, situada en otro tiempo o en otro lugar: al pistolerismo de las calles de Madrid se le denomina «guerrilla urbana» y ya estamos de lleno en el Montevideo de finales de los sesenta; a Calvo Sotelo se le llama «líder de la oposición parlamentaria», lo que además de ser falso de toda falsedad —era dirigente de los grupos monárquicos y en la República no existía

---

[5] Esta lógica explicativa es evidente en dos títulos de muy diferente valor: *The origins of Franco's Spain* y *The coming of the Spanish Civil War*. Los libros tratan, respectivamente, de la CEDA en la II República y del enfrentamiento CEDA-PSOE en el mismo período. Sin embargo, en ambos títulos, y quizá por imposiciones editoriales, la II República se desustantiviza, se eclipsa, desaparece y vuelve a emerger convertida en mero predicado de otra cosa: de la España de Franco, de la guerra civil. Que son los verdaderos objetos, la auténtica realidad y, por tanto, la Idea. De la España de Franco, la CEDA y los aconteceres a ella ligados son simplemente el «origin»; de la guerra civil, el enfrentamiento CEDA-PSOE es sencillamente el «coming». La España de Franco y la Guerra están ya en la CEDA y en sus pungas con el PSOE. «Están» quiere decir aquí que son ya, en su origen y en su «coming». Lo único que hace falta para cerrar la racionalidad de la Segunda República es que llegue de una buena vez a la plenitud de su ser, que cumpla su destino: la Guerra y la España de Franco.
[6] Th. S. Hamerow, «History and the German Revolution of 1848», *The American Historical Review*, LX, 1, octubre de 1954, p. 28.

la figura de la «oposición parlamentaria»— nos lleva en volandas
al espacio británico, lo que hace más terrible su asesinato, sabido
como es que en el Reino Unido las disputas políticas se resuelven
—se resolvían— por la negociación.

La problemática que crea un objeto y la metodología que impone una técnica de investigación y una lógica explicativa culminan,
casi de forma invariable, en un intento de lección moral, cuyo contenido se ha modificado sensiblemente de una generación de historiadores a otra. Los historiadores generales, anclados en esa especie
de liberalismo conservador a lo Madariaga, adoptaron ante el tema
de su estudio la misma actitud que los políticos británicos de los
años treinta impusieron a la República: neutralidad. A medida que
los años pasaban, esa primera neutralidad valorativa se escoró ligeramente a la derecha: a la tesis de que ninguno era bueno siguió la
de que algunos eran menos buenos que los otros y, por tanto, más
culpables [7]. Con los autores especializados, la pretendida neutralidad
y la lección moral en ella implícita —eviten los extremos— dejan
paso a la búsqueda de un responsable, casi siempre en la izquierda.
Esto es obvio en libros insignificantes y descaradamente unilaterales
como el que Payne dedica a lo que llama revolución española, pero
lo es también en autores serios y documentados. Si con el Malefakis
de los años 60 había encontrado Lerroux un inesperado y cualificado
defensor, si con Jackson lo había encontrado Prieto —dos políticos
de centro— con Robinson sale por vez primera al ruedo el abogado
de uno de los supuestos extremos. Robinson llevará su defensa hasta
afirmaciones claramente grotescas, pero lo que interesa destacar es
la decidida toma de posición, que ha encontrado en Preston una
respuesta de alta calidad.

Que, sin embargo, se mantiene dentro del terreno de juego delimitado por los antecesores: se trata de una historia política, entendida como historia de los grupos dirigentes de los partidos políticos.
Con los autores especializados desaparecen los errores de hecho
provocados por aquella neutralidad valorativa, por la pretensión de
construir una historia paralela y por el empacho de memorias, aunque aumenten las afirmaciones ideológicas, y no siempre documen-

---

[7] Ver la crítica de M. Blinkhorn —motivada por la aparición del libro
compilado por R. Carr— a lo que llama «nueva ortodoxia» de los «historiadores angloamericanos», en *European Studies Review*, 3, 1, enero de 1973.

tadas, debidas a la quiebra del paralelismo, a la reducción de responsabilidades a uno de los dos extremos y al excesivo e indiscriminado valor dado al discurso explícito de los dirigentes. De ellos hemos llegado a saberlo casi todo y, en ocasiones, más de lo que la crítica histórica —o la historia crítica— permitiría saber.

Lo importante, con todo, no es esto, sino el agotamiento de esta problemática, esta metodología y este abanico de lecciones morales. El imposible paralelismo de los autores generales se ha transmutado en explicación circular de los autores especializados. Las paralelas se han encontrado y han terminado mordiéndose la cola. Es preciso romper ese círculo.

Sobre todo, porque en él estamos prácticamente todos nosotros. La crítica a esta historiografía es, en realidad, crítica de nuestro propio trabajo que, salvo contadas excepciones, se ha mantenido dentro de las coordenadas trazadas por estos autores, con el agravante de que se ha concedido una atención a mi entender desmesurada a los estudios ideológicos. Podríamos estar discurseando sin fin sobre la filosofía o ideología política de tal o cual escritor anarquista, socialista o de la derecha. La galería de escritores es amplia y da para entretenerse. Es, sin embargo, un entretenimiento que comienza a ser inútil y no sólo porque toda historia ideológica es susceptible de críticas más severas que la meramente política, sino porque además no hay en la España de los años 30 ideologías o «pensamientos» que merezcan tantos y tan extensos estudios. Bastaría publicar —si hubiera mercado para ello— lo que decían, pues se trata de autores que en su totalidad se dejan leer, a quienes no es preciso organizar, desentrañar, aclarar y ni siquiera presentar.

A estos estudios ha seguido en importancia una apreciable producción de trabajos sobre lo que pueden denominarse aspectos más formales de la política: elecciones y sistema electoral; legislación; reformas; políticas educativa, agrícola, religiosa; proceso de elaboración de leyes y tomas de decisión parlamentarias; partidos y sistemas de partidos; estudios sobre la Constitución o los estatutos de autonomía.

Y, en tercer lugar, nuestra historia de la política entendida de nuevo como historia de partidos. El volumen de producción ha aumentado considerablemente en los últimos años, pero en general esta historia no ha sido capaz ni se ha propuesto romper el campo acotado por la historiografía angloamericana ni ha abordado otra documen-

tación que no sea el discurso de los dirigentes, las resoluciones de
los comités o los datos de prensa. Hemos abarcado un campo más
amplio —del POUM a la CEDA— y en algún caso con mayor aparato
documental, pero también con la evidente desventaja de que la
agilidad de escritura se ha sustituido entre nosotros por cierto estilo
de tesis doctoral que a veces hace físicamente imposible cualquier
lectura.

De todas formas, lo importante no es ese estilo sino la aceptación
acrítica del campo propuesto. Y hoy se puede decir que ese campo
y su fórmula están demasiado agotados como para que sean posibles
todavía variaciones de interés. Quizá el hecho de que todos hayamos
gastado unos años en recorrer de nuevo el campo con la misma fórmula en la mano nos permita ahora proyectar un salto hacia adelante
y romper el círculo en el que agoniza ese tipo de historia.

Los instrumentos teóricos para romper esta explicación paralelo-
circular de la política por la política tienen ya, al menos, un siglo
de vida. Muy resumidamente: la política es el plano de una totalidad
social que se refiere a las prácticas de las clases relacionadas con la
lucha por el poder de Estado. No entramos ahora en la autonomía
y las complejas relaciones de este plano con otros; baste señalar que
las formas concretas en que se resuelve esa relación, esto es, los procesos concretos de la constitución de las clases y de los resultados de
su lucha tienen que ser objeto de investigación empírica y no puede
establecerse *a priori*. Todo proceso político, todo proceso de constitución de una clase y de su práctica organizada, pero también de sus
temores y esperanzas, de sus ilusiones y sus artículos de fe, tiene una
formación específica que es preciso investigar en sí misma [8].

La República, sin más adjetivaciones, ofrece un objeto singular
de investigación puesto que con ocasión de su llegada acceden a la
práctica política grandes sectores de población antes marginados o
reprimidos. Esta accesión y la respuesta correlativa que encuentra
en otras clases es, a mi entender, el fundamento de un discurso

---

[8] Marx señala, en *El Dieciocho Brumario,* que la lucha de clases crea
«las circunstancias y condiciones» que permiten desempeñar su papel a un
individuo en este caso «mediocre y grotesco» como Luis Napoleón, y que,
además de las «condiciones materiales de existencia», los partidos políticos
se dividían por «los viejos recuerdos, las enemistades personales, los temores
y esperanzas, los prejuicios e ilusiones, las simpatías y antipatías, las convicciones, los artículos de fe y los principios».

histórico-científico que constituya a la República como específico objeto de estudio sin remitirla de antemano ni a su fracaso ni al origen de la guerra y sin que sobre ella pesen rápidas conceptualizaciones o vanos clichés teóricos. Es un objeto político, ya que la República está dominada sin duda por lo político. Lo único que ocurre es que aquí política se entiende en un sentido diferente: como práctica total de las clases, relativa al poder. Y este campo específico y el proceso de su formación y de sus determinaciones está por explorar.

Quedan, en efecto, como primer momento analítico, grandes temas que se refieren a la política-organización, a la política cristalizada ya en partidos, sindicatos, grupos, instituciones, organizaciones. Sabemos mucho o casi todo, por ejemplo, de las distintas políticas del partido comunista, pero sabemos muy poco o casi nada del propio partido y, especialmente, de ese proceso que le convierte de secta en partido de masas. No hay ninguna historia de las grandes centrales sindicales: quiénes eran sus miembros, cómo vivían y qué querían, cómo se organizaban. Conocemos el pensamiento de Isaac Puente o de Abad de Santillán, la vida y milagros de Durruti, pero nadie ha investigado los mecanismos de dirección de la CNT ni nadie ha explicado las razones de los continuos y recurrentes fracasos de la FAI. En fin, por poner punto final a una lista que podría ampliarse, sabemos bien poco de los partidos republicanos, de los intereses que representaban, los miembros que los componían, los sentimientos que les animaban. El predominio de la problemática del fracaso y de la metodología centrada en las manifestaciones de los dirigentes ha relegado a un segundo plano la atención que estos temas relativos a la política como práctica de organizaciones merece y exige. Porque el hecho de que la política sea una esfera autónoma de una totalidad no sólo permite sino que impone la investigación de esos y otros muchos temas similares. Es imprescindible conocer en sí mismos, en su propia entidad y en el específico proceso de su formación y cristalización, la organización de los partidos, su estructura, las luchas por el poder, las convicciones ideológicas, las enemistades personales, las zonas de implantación... imprescindible porque sólo conociendo todo esto, o en el mismo ejercicio de su conocimiento será posible dar un segundo paso que nos lleve a investigar la forma concreta en que se resuelve la determinación de lo político por las contradicciones y luchas de clase. Y así, el conocimiento de la política-organización no se agotará en sí misma ni será objeto de un discurso histórico-moral cerrado sino que remitirá a aquellas «circunstancias y condiciones» que permiten a partidos, sindicatos o grandes burocracias —Ejército, Iglesia— actuar como lo hacen, que establecen el marco, los límites de la actuación posible de estos organismos. En resumidas cuentas, tiene que remitir al estudio de las clases y de sus concretos e históricos enfrentamientos.

Y aquí es donde el panorama de nuestros conocimientos es prácticamente desolador. En realidad, a medida que descendemos de los planos más superestructurales de lo político a lo que podría llamarse cotidianeidad de la existencia y lucha de clases, perdemos en conocimiento tanto como la vida social gana en riqueza. Por poner sólo un ejemplo: sabemos más de las peleas entre Prieto y Largo que del PSOE y de la UGT; sabemos más del partido y del sindicato que de sus prácticas concretas; conocemos mejor esa práctica que quienes la practicaban; y, en fin, sabemos más de los militantes que de la clase a la que pertenecen, cuya práctica realizan y cuya conciencia manifiestan. Y este es precisamente el campo que es ofrece más nuevo y más apasionante. No sólo porque hay más miembros de una clase que militantes de un partido, o más militantes que dirigentes y más dirigentes que ideolólogos, sino porque sin saber lo que pasa en ese plano concreto de la formación de la conciencia y práctica de clase todo el discurso sobre los dirigentes y sus políticas, e incluso sobre los partidos y sus organizaciones, es un discurso en definitva abstracto.

Los movimientos populares y las clases cuya formación, conciencia y práctica reflejan: ese es el gran ausente de la historia de la República. Que lo sea es injustificable en la teoría y sorprendente en la práctica, pues la República, además de ofrecer todas las variantes de lo que podría apasionar a un historiador de movimientos sociales, se constituye como objeto de investigación nuevo y específico precisamente porque en ella se quiebran las viejas relaciones de poder y otras capas y clases sociales acceden a la conciencia y a la práctica política.

La situación en que se encuentran, entre nosotros, este tipo de estudios impide, ante todo, tratar adecuadamente la política en su dimensión organizada, a la que ya me he referido. Pero, además, la ignorancia de esos movimientos tiene un aspecto más concreto que se refiere a la formación, a la constitución de las clases como tales, a las manifestaciones múltiples y singulares de su conciencia, al conocimiento exacto de sus individuos: quiénes son, qué quieren, cómo viven, cómo se organizan, cómo resisten, de qué bases parten, qué ganan, qué pierden. Poco se sabe de todo esto y no es poco lo que habría que saber.

Una vez estudiados estos movimientos —y no ya sólo en su estructura y anatomía, esto es, sin pretender reducirlos a ese sociologismo ramplón y devastador que todo lo resuelve a base de esquemas, flechitas, clasificaciones y cuantificaciones, sino en el específico proceso de su formación, en lo que lo constituye como individuo histórico concreto— y conocido por otra parte el plano de la política-organización, será posible avanzar por un terreno complejo y hasta ahora inexplorado entre nosotros. Me refiero a la concreta y empírica relación que existe durante la República entre clases sociales-movimientos populares y partidos políticos. Nuestra ignorancia en este ámbito no se supera con esa invocación ritual al influjo de unas masas —que quedan indefinidas e indiferenciadas y, por tanto, desconocidas y, pues, inexistentes— sobre las políticas de los partidos o de sus grupos dirigentes. Tales invocaciones adquieren a veces el carácter de un himno o de una narración mítica: la presión unitaria de las masas obliga... empuja... Esto, dicho así —y se dice— es un cuento que reviste los caracteres de lo que los ilustrados franceses llamaban la impostura sacerdotal; es decir, un cuento dirigido a nuestro personal consuelo colectivo, a ocultar las miserias, los errores y los extravíos de esas masas y de los partidos que las representan o que se imaginan que las representan.

Investigada empíricamente esta relación por hipótesis compleja y no lineal de las clases con los partidos, será posible quizá cerrar el conocimiento de los propios partidos o sindicatos porque sólo entonces estaremos en condiciones de saber o vislumbrar de qué forma se sitúan los partidos en la concreta dinámica de la clase y de sus movimientos; cómo ayudan a despertar y consolidar la conciencia y la práctica de clase o la bloquean y paralizan; qué metas proponen y cómo se organizan para conquistarlas, etc. Naturalmente, todo esto es válido no sólo para la clase obrera y sus partidos o movimientos, sino también para otras clases y para los sobredeterminantes que actúan en cada caso.

El hecho de que en la dirección aquí señalada no se hayan dado grandes pasos no obedece sólo a una determinada teoría sobre lo político ni al predominio de cierto tipo de historiografía angloamericana, sino a un motivo bastante más prosaico: la historia de los

partidos tal como la hace esta escuela inglesa o la historia de las ideologías y de los partidos tal como la hacemos nosotros es mucho más
fácil y directamente documentable que esta otra historia de la compleja relación entre las clases, su conciencia, el proceso de la formación de sus prácticas, sus diversas expresiones, sus relaciones con
la organización de la política y, en fin, la propia historia de los partidos en su totalidad. Así, no es extraño que hoy contemos con libros que tratan exhaustivamente de la filosofía política de Besteiro,
el humanismo de De los Ríos o la radicalización de Largo y que, sin
embargo, nadie nos cuente la entrada masiva de campesinos del sur
en la UGT —por qué entran, qué efectos tiene esta entrada en la
propia organización sindical, cómo transforma las relaciones de poder en el plano local, qué nueva dinámica política emerge a partir
de esos cambios. Sin duda, la accesión de los campesinos a la conciencia y la práctica políticas es mucho más importante para el futuro del país que todas las filosofías de Besteiro, De los Ríos y Largo juntas. Y, sin embargo, ahí están esperando que alguien se ocu-
pe de ellos. Es más importante, pero es más difícil de conocer, ya
que los textos que expresan la ideología de esos u otros pensado-
res están publicados y al alcance de la mano. Se comprende, pues,
que quien estudia la ideología de estos personajes, o de Isaac Puente, Pestaña, Gil Robles o cualquier otro, lo haga no sólo y quizá
no principalmente porque crea que conocer esa idología es más re-
levante que saber algo acerca de los supuestos seguidores de esos
personajes o de sus partidos, sino simplemente porque lo que esos
personajes decían es perfectamente documentable.

Desembocamos así en los problemas de documentación que plantean los procesos aquí descritos. Difícil será abordarlos hasta que
los archivos de los partidos, de la policía, la guardia civil, las organizaciones patronales, la Iglesia no se pongan a disposición de los
investigadores. Mientras tanto, se hacía necesario romper el encan-
to de una específica práctica de la investigación histórica y del objeto sobre el que ha versado. Al abandonar ese objeto y esa práctica por medio de otra teoría de la política, la misma necesidad de
completar el conocimiento de lo político expulsará la investigación
fuera de ese plano hasta engarzarlo, a través de la mediación de los
movimientos populares, con las clases sociales que son su soporte,
«su condición y su circunstancia». Quizá al final de ese viaje, pueda reescribirse una historia de la República que no se limite a repetir las razones ilusorias de su presunto fracaso.

BIBLIOGRAFÍA *

1. *Obras generales y monografías*

Aguiló, L., *Las elecciones en Valencia durante la Segunda República*, Valencia, 1974.
Alós, V., *Castellón y la II República: aspectos electorales*, Zaragoza, 1978.
Arbeloa, V. M., *¿Una Constitución democrática? (La Constitución española de 1931)*, Madrid, 1977.
——, *La semana trágica de la Iglesia en España (1931)*, Barcelona, 1976.
Balcells, A., *Crisis económica y agitación social en Cataluña (1930-1936)*, Barcelona, 1971.
——, *Marxismo y Catalanismo, 1930-1936*, Madrid, 1977.
Becarud, J., y López Campillo, E., *Los intelectuales españoles durante la II República*, Madrid, 1977.
Ben-Ami, S., *The origins of the Second Republic in Spain*, Oxford, 1978.
Benavides, L., *La política económica de la Segunda República*, Madrid, 1977.
Bizcarrondo, M., *Araquistáin y la crisis socialista de la II República. Leviatán (1934-1936)*, Madrid, 1975.
Blas, A. de, *El socialismo radical en la II República*, Madrid, 1978.
Blinkhorn, M., *Carlism and crisis in Spain, 1931-1939*, Cambridge, 1975.
Bohigas, O., *Arquitectura i urbanisme durant la República*, Barcelona, 1978.
Bonamusa, F., *El Bloc Obrer i Camperol. Els primers anys, 1930-1932*. Barcelona, 1974.
——, *Andreu Nin y el movimiento comunista en España (1930-1937)*, Barcelona, 1977.
Borrás, T., *Ramiro Ledesma Ramos*. Madrid, 1971.
Brademas, J., *Anarcosindicalismo y revolución en España (1930-1937)*, Barcelona, 1974.
Bravo, F., *La reforma agraria en la República*, Madrid, 1978.
Brey, G., y Maurice, J., *Historia y leyenda de Casas Viejas*, Madrid, 1976.
Capel, R. M., *El sufragio femenino en la Segunda República española*, Granada, 1975
Carballo, F., *La Iglesia en la Galicia contemporánea, 1931-1936*, Madrid, 1977.

---

* Por razones de espacio, no se incluyen aquí las fuentes primarias publicadas. Para una magnífica selección, ver P. Preston, *La destrucción de la democracia en España*, Madrid, 1978.

Carr, R., *The Spanish tragedy,* Londres, 1977.
—— (comp.), *The Republic and the Civil War in Spain,* Londres, 1971.
Cierva, R. de la, *Historia de la guerra civil española,* I. Madrid, 1969.
Cruells, M., *El 6 d'Octubre a Catalunya,* Barcelona, 1971.
Díaz-Nosty, B., *La Comuna asturiana,* Madrid, 1974.
Elorza, A., *La utopía anarquista bajo la Segunda República,* Madrid, 1973.
Fernández, J. L., *1931. La Segunda República,* Madrid, 1977.
González Casanova, J. A., *Elecciones en Cataluña (1931-1936),* Madrid, 1969.
González Múñiz, M. A., *Problemas de la Segunda República,* Madrid, 1974.
Gubern, R., *El cine sonoro en la II República,* Barcelona, 1977.
Jackson, G., *Costa, Azaña, el Frente Popular y otros ensayos,* Madrid, 1976.
Jiménez, J., *El fascismo en la crisis de la II República,* Madrid, 1979.
Juliá, S., *La izquierda del PSOE, 1935-1936,* Madrid, 1977.
——, *Orígenes del Frente Popular en España,* Madrid, 1979.
Lamo de Espinosa, E., *Filosofía y política en Julián Besteiro,* Madrid, 1973.
Malefakis, E., *Reforma agraria y revolución campesina en la España del siglo XX,* Barcelona, 1971.
Marichal, J., *La vocación de Manuel Azaña,* Madrid, 1971.
Maurice, J., *La reforma agraria en España en el siglo XX, 1900-1936,* Madrid, 1975.
Meer, F. de, *La cuestión religiosa en las Cortes Constituyentes de la Segunda República,* Pamplona, 1975.
——, *La Constitución de la II República,* Pamplona, 1978.
Molas, I., *El sistema de partits politics a Catalunya (1931-1936),* Barcelona, 1972.
Molero, A., *La reforma educativa de la Segunda República española. Primer bienio,* Madrid, 1977.
Molins, N., U.H.P. *La insurrección proletaria de Asturias,* Madrid, 1978.
Montero, J. R., *La CEDA. El catolicismo social y político en la II República,* Madrid, 1977.
Pages, P., *El movimiento trotskista en España, 1930-1935,* Barcelona, 1977.
Pastor, M., *Los orígenes del fascismo en España,* Madrid, 1975.
Payne, S., *La revolución española,* Barcelona, 1972.
Paz, A., *Durruti, le peuple en armes,* París, 1972.
Pérez Galán, M., *La enseñanza en la Segunda República española,* Madrid, 1975.

Pitarch, I., *Sociología dels politics de la Generalitat, 1931-1939,* Barcelona, 1977.

——, *L'estructura del Parlament de Catalunya i les seves funcions politiques, 1932-1939,* Barcelona, 1977.

Poblet, J. M., *Historia de l'Esquerra Republicana de Catalunya, 1931-1936,* Barcelona, 1976.

Preston, P., *La destrucción de la democracia en España,* Madrid, 1978.

Ramírez, M., *Los grupos de presión en la Segunda República Española,* Madrid, 1969.

—— (comp.), *Estudios sobre la Segunda República española,* Madrid, 1975.

Rebollo, M. A., *El lenguaje de la derecha en la II República,* Valencia, 1975.

——, *Vocabulario político, republicano y franquista, 1931-1977,* Valencia, 1978.

Robinson, R., *Los orígenes de la España de Franco,* Barcelona, 1978.

Roig, J., *L'Estatut de Catalunya a las Cortes Constituyentes,* Barcelona, 1978.

Ruiz, A., *Ateneo, Dictadura y República,* Valencia, 1977.

Sánchez, J. A., *La revolución de 1934 en Asturias,* Madrid, 1974.

Seco, C., *Historia de España, época contemporánea,* Barcelona, 1971.

Tamames, R., *La República. La Era de Franco,* Madrid, 1973.

Thomas, H., *The Spanish civil war* (3.ª ed., revisada y aumentada), Harmondsworth, 1977.

Tuñón de Lara, M., *La Segunda República,* Madrid, 1976.

Tusell, J., *La Segunda República en Madrid: elecciones y partidos políticos,* Madrid, 1970.

——, *Las elecciones del Frente Popular,* Madrid, 1971.

——, *Historia de la democracia cristiana en España,* Madrid, 1974.

Varela, S., *Partidos y Parlamento en la Segunda República,* Barcelona, 1978.

——, *El problema regional en la Segunda República,* Madrid, 1976.

Viñas, A., *La Alemania nazi y el 18 de julio* (2.ª ed. revisada y aumentada), Madrid, 1977.

Viñas, R., *La formación de las Juventudes socialistas unificadas, 1934-1936,* Madrid, 1978.

2. *Artículos*

Aragón, M., «Manuel Azaña, un intento de modernización política», *Sistema,* 2 (mayo, 1973).

Becarud, J., «Sobre un libro obligado: 'Manuel Azaña, profecías españolas', de Ernesto Giménez Caballero», *Sistema,* 8 (enero, 1975).

Blas, A. de, «La radicalización de Francisco Largo Caballero, 1933-1934», *Sistema,* 8 (enero 1975).

Blinkhorn, M., «Carlism and the Spanish crisis of the 1930s», *Journal of Contemporary History,* VII, 3-4 (julio-octubre 1972).

——, «Anglo-American historians and the Second Spanish Republic: the emergence of a new orthodoxy», *European Studies Review,* 3, 1 (enero 1973).

——, «The Basque Ulster: Navarre and the Basque autonomy question under the Spanish Second Republic», *The Historical Journal,* XVII, 3 (septiembre 1974).

Bonells, J., «Crise économique et crise politique en Espagne (1930-1936). Quelques éléments d'approche», *Annales de la Faculté des Lettres et Sciences Humaines de Nice,* 30 (1978).

Cabrera, M. «Organizaciones patronales y cuestión agraria en España», en J. L. García Delgado (comp.) *La cuestión agraria en España,* Madrid, 1976.

——, «La estrategia patronal en la Segunda República», *Estudios de Historia Social,* 7 (octubre-diciembre, 1978).

Fusi, J. P., «Indalecio Prieto y el Estatuto Vasco de las Izquierdas», *Homenaje a J. Caro Baroja,* Madrid, 1978.

García Alvarez, M. B., «La voluntad regional como origen de autonomía política en la Segunda República», *Sistema,* 14 (julio 1976).

Germán, L., «El socialismo en Aragón, 1930-1936», *Cuadernos Aragoneses de Economía* (1977-1978).

González Casanova, J. A., «La Constitución de la Segunda República española y el Estatut de Catalunya», *Sistema,* 17-18 (abril 1977).

Lennon, F., «A Basque challenge to the pre-civil war Spanish Church», *European Studies Review,* 9:1 (enero 1979).

Malefakis, E., «Peasants, politics and civil war in Spain», en J. Bezucha (comp.), *Modern European Social History,* Lexington, 1972.

——, «Análisis de la Reforma Agraria durante la Segunda República», *Agricultura y Sociedad,* 7 (abril-junio, 1978).

Martín, A., «Colocación y regulación del mercado de trabajo agrícola», *Agricultura y Sociedad,* 3 (abril-junio, 1977).

Montero, J. R., «La articulación ideológica de los supuestos contrarrevolucionarios de la CEDA», *VIII Coloquio de Pau,* Madrid, 1979.

Preston, P., «Alfonsist monarchism and the coming of the Spanish Civil War», *Journal of Contemporary History,* VII: 3-4 (julio-octubre 1972).

——, «El accidentalismo de la CEDA ¿aceptación o sabotaje de la República?», *Revista Internacional de Sociología,* XXX, 3-4 (julio-diciembre 1972).

——, «The 'moderate' Right and the undermining of the Second Republic in Spain, 1931-1933», *European Studies Review,* 3; 4 (octubre 1973).

——, «La revolución de Octubre en España: la lucha de las derechas por el poder», *Sistema,* 14 (julio 1976).

——, «The struggle against fascism in Spain: *Leviatán* and the contradictions of the socialist left, 1934-6», *European Studies Review,* 9; 1 (enero 1979).

Ramírez, M., «La escisión del Partido radical-socialista en la Segunda República española», *Atlántida,* 41 (mayo 1969).

——, «La formación de Unión Republicana y su papel en las elecciones de 1936», *Atlántida,* 44 (abril 1970).

——, «Cesión y reacción en las Cortes de la Segunda República española (un análisis del grupo parlamentario de partidos)», *Historia social de España. Siglo XX,* Madrid, 1976.

——, «Los tópicos revisables en la bibliografa sobre la II República española», en *Ideología y sociedad en la España contemporánea,* Madrid, 1977.

——, «Los partidos políticos durante la II República», en *VIII Coloquio de Pau,* Madrid, 1978.

Romero Maura, J., «Unas palabras sobre el debate historiográfico acerca de la II República», *Revista Internacional de Sociología,* XXX (julio-diciembre 1972).

Seco, C., «La experiencia de la derecha posibilista en la Segunda República española», en J. M. Gil Robles, *Discursos Parlamentarios,* Madrid, 1971.

——, «Chapaprieta, un técnico anterior a la tecnocracia», en J. Chapaprieta, *La paz fue posible,* Barcelona, 1971.

Serrano, C.: Maurice, J.; Guereña, J. L., «L'International Communiste et l'Espagne. Autour de textes de P. Togliatti», *Cahiers d'Histoire de l'Institut Maurice Thorez,* 22 (3. [er] trimestre 1977).

Sevilla Andrés, D., «La guerra civil y la desorganización política, 1931-1939» en M. Fraga (comp.) *La España de los años 70,* III, t. I, Madrid, 1974.

Sevilla-Guzmán, E. y Preston, P., «Dominación de clase y modos de cooptación del campesinado en España: La Segunda República», *Agricultura y Sociedad,* 3 (abril-junio, 1977).

HISTORIOGRAFIA POLITICA
DE LA GUERRA CIVIL DE ESPAÑA

M.ª Carmen García-Nieto

Al iniciar mi intervención debo hacer una alusión personal y pido excusas por ello. No soy *especialista* en el estudio de la «guerra». He llegado a su estudio impulsada, principalmente, por quien ha despertado tantas vocaciones de historiadores y ha marcado caminos a la investigación de nuestra historia de España en los diez últimos años, el profesor Tuñón de Lara, y quiero aprovechar el marco de este X Coloquio para agradecer públicamente, sumándome a los sentimientos de cuantos amigos y colegas participamos en él, la labor realizada en diez años de «Coloquios», contribuyendo a la desmitificación de nuestra historia, y sobre todo abriendo nuevos caminos de investigación, despertando vocaciones de historiadores para realizar una historia de España real, objetiva y verdadera, por ser ciencia y no mera reconstrucción de hechos, simple narración.

Hace dos años y medio el profesor Tuñón pidió mi participación en una Historia de España que se está llevando a cabo bajo su dirección, y mi colaboración directa con él en la parte de la guerra civil de España. Fue, a partir de ese momento, cuando empecé a hundirme en esos tres años de nuestra historia. Y ahora puedo decir, como afirmaba ya en 1967 el profesor Vilar, que el estudio de la guerra es el período de la historia de España que más elementos aporta a mi reflexión histórica. No pretendo hacer una investigación pura, una mera reconstrucción de sucesos ocurridos entre 1936 y 1939. Me acerco a esos años para reconstruirlos en un diálogo permanente con el presente. Ayer y hoy que se iluminan mutuamente. En ese diálogo se reconstruye el primero y se hallan elementos para transformar el segundo.

Teniendo en cuenta, pues, que estoy en los inicios de una investigación sobre la guerra, intentaré hacer una aproximación al panorama historiográfico de la misma, presentando, al final, el estado de la cuestión, que quedará ya esbozado al analizar algunas obras.

y los problemas y líneas de investigación que deben marcar el trabajo del historiador de los años 1936-1939.

1.   1936-1939. La guerra civil de España en la coyuntura española e internacional

Los tres últimos años de la década de los treinta son años clave de la historia española y europea, y más aún mundial. Puede decirse que la guerra y las grandes transformaciones económicas y sociopolíticas que se dieron en España atrajeron en aquellos años la atención del mundo entero, y jugaron un papel importante en toda la dinámica posterior de la historia mundial.

En primer lugar, en España, la guerra como fenómeno general fue el esfuerzo inmenso de la clase dominante para resolver en su favor la crisis orgánica del Estado abierta en 1917. No fueron tres años de interregno en la historia de España, sino la culminación de una crisis de Estado abierta en los años veinte. En 1930 la fracción dominante en el bloque de poder era la burguesía agraria. Perdió el poder político en 1931, y en 1936 corría el riesgo de perder la propiedad de los medios de producción en el campo, y después de las elecciones de febrero de 1936 se veía alejada definitivamente del aparato estatal. En esa primavera del 36 a la revolución democrática se sumó la revolución agraria y una mayor participación de la clase obrera que provocó la contrarrevolución.

El 18 de julio surgió como la solución para resolver la crisis orgánica del Estado. Solución violenta mediante el aplastamiento de la clase antagónica y la unificación política. Abrió tres años en los que la lucha de clases se manifestó no sólo en el aspecto político, sino también de forma violenta en el terreno militar, y, consecuencia de todo ello, en el desarrollo de la formación social española se produjo el paso de una situación democrática a un estado autoritario.

En segundo lugar, en el conflicto mundial imperialista, 1936 fue un hito fundamental, de suerte que fue el primer eslabón de la segunda guerra mundial. En España se luchó frente al fascismo en defensa de la democracia; pero, se luchó también en el otro bando, en defensa de unos intereses de clase ante los que capitularon las democracias occidentales. Inglaterra y Francia poseían fuertes intereses económicos en España y al producirse la sublevación militar, que en pocos días evolucionó hacia una guerra civil, temieron ser desplazadas por Alemania e Italia, y les atemorizó también la revolución social. Por eso ante la actitud ofensiva de los fascismos se dio en ellas una postura vacilante y contradictoria. Por un lado tuvieron un instinto conservador que aplaudía el golpe militar, por otro su ser democrático las impulsaba a una solidaridad con el antifascismo. Pero prevaleció el instinto conservador y las democracias occidentales capitularon ante el fascismo en España y en Munich en 1938. Fueron tres años en los que a nivel mundial se aceleraron las contradicciones entre potencias y se gestaron las grandes alianzas que en 1939 se enfrentaron en lucha por el dominio del mundo.

2. ANOTACIONES AL CONCEPTO
   DE «HISTORIOGRAFÍA POLÍTICA» DE LA GUERRA

Delimitar el concepto de «historiografía política» es un problema a mi juicio grande y que excede el ámbito de esta comunicación, ya que exige una serie de debates a nivel teórico y metodológico. Pero sí que es preciso sentar unas premisas previas, que no pretenden ser más que el punto de partida de ese debate al que me refería, y que ahora nos han de servir de pista y guía para poder analizar brevemente la historiografía de la guerra bajo ese prisma que calificamos de «político».

En primer lugar, de una manera muy simple y por exclusión es historiografía política la que no trata específicamente los aspectos económicos y militares, así como la cuestión internacional, analizados en ese Coloquio en otras comunicaciones por los profesores Angel Viñas y Michael Alpert. También por exclusión no se incluye en ella la gran producción literaria de los años de guerra.

En segundo lugar, puede decirse, pues, de una forma muy genérica que historiografía política de la guerra es la que trata aspectos relacionados con la formación y actuación de los gobiernos en la España del Frente Popular o los distintos órganos que van surgiendo en la zona rebelde; la que analiza la actividad de los partidos políticos y sindicales o la formación del partido único; la que estudia los grupos de presión y las fuerzas sociales motrices de la acción política y militar; la que estudia el aparato de Estado en toda su complejidad, etc.

Ahora bien, en tercer lugar, quiero aportar una serie de elementos para ese debate teórico y metodológico, previo a una investigación histórica sobre los aspectos políticos de la guerra. Para una historia política no basta tratar los puntos que hemos enunciado más arriba, aislada o sectorialmente. Hay que hacer la historia de las relaciones sociales, ver cómo actúan las distintas fuerzas políticas, sociales y económicas, analizar cómo se imbrican y se relacionan los distintos niveles. No puede ser una historia reduccionista a lo que tradicionalmente se entiende por político: las personas que detentan el poder y llevan a cabo las grandes decisiones, sino que es preciso analizar quiénes son los que ocupan los puestos intermedios en el aparato de Estado (directores generales, subsecretarios, alcaldes, funcionarios a todos los niveles, etc.), la base militante de los partidos y sindicales, el consenso del pueblo ante el poder, etc. Todo ello, necesario en el análisis político de cualquier época de nuestra historia, lo es más en los años de la guerra, en los que en una coyuntura bélica es imposible separar lo militar y lo político en toda la complejidad que acabo de indicar. Una historia política no puede ser sectorial y parcial. Ha de ser una historia en que después de una investigación profunda de todos los niveles y aspectos que inciden en la vida, el historiador analice las relaciones e imbricaciones profundas entre ellos. En una palabra, ha de ser una historia global que permita conocer las grandes transformaciones que se realizan en España en los años de la guerra, teniendo muy presente que no hay historia política si se olvida uno de sus elementos fundamentales, las contradicciones de clase.

Estas breves anotaciones me dan pie para acercarme a la historiografía de la guerra, y comprender si tenemos o no historiografía política.

3. Visión panorámica de la historiografía, 1936-1970

Antes de analizar la historiografía de la guerra en los últimos diez años se impone acercarse a la gran «selva» historiográfica que tanto en nuestro país como en el extranjero se ha producido ya desde los momentos iniciales de la sublevación de los generales. No voy a seguir una clasificación que podría hacerse bajo diversos conceptos: obras de divulgación u obras con fuentes de primera mano; obras de tipo general o síntesis o bien las que tratan un aspecto sectorial, ya sea en el tiempo, por el asunto o por el lugar geográfico; obras que se refieren a la España republicana o bien a la zona franquista. He preferido analizarlas desde un punto de vista cronológico, situándolas en el contexto político del momento en que aparecieron.

3.1. *Años de guerra y España franquista de posguerra y autarquía, 1936-1959*

En el conjunto de estos veintitrés años se escribieron muchísimas obras. Sus autores fueron los protagonistas de ambos bloques beligerantes, políticos y militares (Abad de Santillán, Zugazagoitia, Rojo, Vigón, Serrano Suñer, etc.); corresponsales extranjeros de guerra (Brasillach, Bollotten, Borkenau, Jellineck, Orwell, Koltsov, Morrow, etcétera); políticos, militares y diplomáticos (Nenni, Longo, Maiski, Hayes, Bowers, etc.) La mera enumeración de estos nombres revela ya en gran parte el carácter de estas obras. Son obras del momento y con grandes limitaciones. Más aún si se tiene presente la coyuntura política de estos años tanto en España como en el extranjero (posguerra española y autarquía, segunda guerra mundial, posguerra y guerra fría) que pesa sobre los escritores y condiciona su obra.

En España son los años de silencio, tergiversación e instrumentalización de la historia reciente y pasada de nuestro país, al servicio y justificación del triunfo militar y del «Estado nuevo». Es la historia oficial, la de los vencedores que no permiten que se ponga en entredicho el triunfo (Arrarás, Aznar). En el exilio se escribió la historia «clandestina», la que no pudo ni publicarse ni venderse en las librerías españolas, y que hasta hoy no será conocida por millones de españoles. Es la historia de los vencidos, sobre los que pesa la impotencia, el dolor, la amargura y muchas veces, también, la persecución y el campo de concentración de un mundo que se batía en la segunda gran guerra imperialista de nuestro siglo.

Todos han sido beligerantes, y salvo contadísimas excepciones este hecho les impidió hacer un examen general totalizador del fenómeno que constituye la guerra. No obstante, en la producción de estos años hay obras que son fundamentales y «fuente» imprescindible para todo estudioso de la guerra. Memorias como las de Zugazagoitia, Abad de Santillán, Alvarez del Vayo, etc. Ensayos como los de Madariaga. Una historia de España, cuyo tomo III está dedicado a la guerra, y que es la primera historia de nuestro país escrita por un socialista. Es la de Antonio Ramos Oliveira, si bien priva en él el periodista sobre el historiador.

A lo largo de estos veintitrés años los historiadores «puros» no tuvieron perspectiva, ni condiciones para poder realizar un estudio científico de aquellos años (falta de archivos, política cultural represiva, etc.).

En resumen, la historiografía de estos años es limitada, y la cantidad supera la calidad; más numerosa la del exilio que analiza la guerra en la zona republicana que la franquista, e historiografía pluralista tanto en la temática como en la concepción ideológica. La que se produce en la España de Franco es escasa y «monocorde» en todos los aspectos.

3.2. _La década 1960-1970_

La coyuntura española cambió. Era el momento en que se pusieron las bases jurídicas para el desarrollo económico: plan de Estabilización al que seguirían los planes de desarrollo, con todas las consecuencias que tuvieron en las relaciones laborales y en la estructura sociopolítica y cultural de nuestro país. Se había terminado la autarquía, y desde 1953, después de los acuerdos con los Estados Unidos, se había iniciado el camino interrumpido hacia la integración de España en el mundo occidental capitalista.

Fue en este momento cuando la «guerra de España» se puso de moda y se convirtió en el punto de mira y de interés dentro y fuera de nuestro país. Como dijo Pierre Vilar en 1967, «la historiografía de la guerra de España entra en el movimiento mismo de la Historia». Ya no son únicamente los protagonistas de los hechos quienes escriben sobre la guerra; en esta década aparecieron ya historiadores que, basándose en fuentes de distinto tipo, intentan hacer historia. ¿Qué historia? ¿Historia política? Al analizar sus principales obras quedará delimitado. Hay algo importante, y es que en cierta medida fue en esta década cuando se escribieron las primeras síntesis históricas y al mismo tiempo las principales obras sobre la guerra, que en los años recientes 1976-1979 se reeditarán.

3.2.1. Historiografía oficial franquista

Apenas nada nuevo puede observarse en el método y contenido de la historiografía en estos años respecto a los de la inmediata posguerra. La política cultural de control ideológico subsistía. Permanecen los «mitos» sobre el heroísmo del Alcázar, el bombardeo de Guernica, el terror rojo, etc., pero sobre todo, y éste es el más importante, el que se refiere a los motivos y causas de la sublevación: Franco se levantó para impedir el complot revolucionario comunista. Se insiste más en Franco que en los generales. En consecuencia se sigue tratando este período de nuestra historia como el del triunfo de un ejército, defensor no sólo de los intereses españoles, sino de toda la civilización occidental. A los «vencidos» se les ignora o se les califica de «rojos» igual a malos. El maniqueísmo es uno de los elementos de su historia. Y la guerra es considerada como una «cruzada» (Marrero, Calvo Serer, Montero, Seco, etc.).

Hay una reconstrucción de los hechos partiendo de unos puntos de vista que no tiene nada que ver con lo que sucedió y con las verdaderas causas de la sublevación de los generales. Es una historiografía parcial y partidista en el uso de las fuentes, al olvidar y silenciar en repertorios y obras, total o parcialmente, la bibliografía republicana (Montero, Seco), o más grave aún al silenciar hechos ciertos, por ejemplo la represión franquista frente a sacerdotes vascos, políticos, civiles, etc., o las luchas políticas antes de la unificación, etc.

Mención especial merecen dos obras publicadas en esta década que quieren ser ya «historia» de la guerra, además de la de Seco, publicada en el tomo VI de la «Historia de los pueblos hispánicos», editada por Gallach. Ambas son una síntesis de todo lo ocurrido en los tres años de la contienda, pero cuyos puntos de partida se sitúan en la misma línea de todo lo dicho. El título de la primera, publicada en 1968, *Síntesis histórica de la Guerra de Liberación,* lo dice ya claramente. «Liberación», ¿de qué y de quién?: del comunismo y de los enemigos de España, publicada por el Servicio Histórico Militar, que también da este nombre a la sección del archivo que conserva los fondos documentales de 1936 a 1939. El autor de la segunda obra, *Historia de la Guerra Civil Española,* es Ricardo de la Cierva, que con ella inició su producción historiográfica inagotable en años sucesivos, como «historiador oficial» del franquismo. Se caracteriza por la utilización de fuentes documentales, bibliográficas y hemerográficas a las que sólo él y autores extranjeros tuvieron acceso aquellos años. Obras, por tanto, cuyo uso es necesario como referencia documental, como «fuente» en último término, pues La Cierva recopila y narra, pero adolece de excesivo ideologismo, por lo cual hay que utilizarlas con un espíritu crítico muy grande. En su obra se encuentran la mayoría de los mitos de toda la historiografía franquista. Sustituye, como dice Southworth, «mentiras» por «contraverdades». Así, por ejemplo, no acepta Guernica, y no admite los documentos que en 1936 revelaban la próxima subversión comunista, pero afirma la actuación cierta de «revolucionarios» como causa inmediata que provocó la sublevación.

3.2.2.   Escuela liberal anglosajona

En ella englobamos los estudios de historiadores ingleses y americanos, más alguno alemán y francés, que constituyen el sector más importante de la historiografía de la guerra civil no sólo en esta década de los sesenta, sino hasta nuestros días. Son las obras de Thomas, Southworth, Jackson, Payne y Carr entre otros, que de 1961 a 1969 contribuyeron a que la guerra civil de España entrara en la corriente historiográfica mundial no sólo a través de corresponsales o militantes de uno u otro bando, sino a través de obras históricas, insertas en una historiografía liberal neopositivista. Tuvieron una importancia grande, pues frente a la historiografía oficial franquista ofrecieron ya una nueva visión de los años de la guerra con todas las limitaciones que analizaré después, a pesar de que la publicación en lengua original y su traducción posterior al castellano se realizaron en el extranjero y su venta estuvo prohibida en nuestro país

Entre ellas destaca en primer lugar *La Guerra Civil de España* de Hugh Thomas, cuya primera edición inglesa se hizo en 1961 y en castellano en 1967, reeditándose sucesivamente hasta 1978-1979 en que se está realizando la última edición revisada y en fascículos, que le da una divulgación mucho mayor. Es la primera obra que intentó dar una visión de conjunto y que basaba su estudio en archivos (carlista de Sevilla, etc.), bibliografía anterior, obras literarias, prensa, memorias y entrevistas a protagonistas franquistas, de la CNT, del POUM, republicanos, del PSOE, del PNV, antiguos brigadistas y corresponsales. No hay del PCE. Su estudio parte de los orígenes de la guerra, centrándolos en los años de la Segunda República de 1931 a 1936. Narra los hechos militares, y particularmente interesante es el aspecto que dedica a la intervención extranjera. El fallo principal es el análisis de las causas de la guerra, que las centra en el fracaso de la Segunda República, en la agitación y el miedo a la revolución social; además es muy superficial el análisis de los partidos políticos y sindicales en la zona republicana o de las distintas fuerzas sociales en la España de Franco.

En la misma línea está *La Segunda República y la Guerra Civil de España* del norteamericano Jackson, preparada de 1960 a 1962, escrita en 1964, publicada en inglés en 1965 y en castellano en 1967, y reeditada en 1977. Es una buena síntesis, rica en datos obtenidos de importantes fuentes hemerográficas y entrevistas. No obstante son fuentes parciales o incompletas como las utilizadas por Thomas. Así Jackson al analizar la evolución política de la España republicana se basa fundamentalmente en Bollotten, por lo cual no tiene una visión de todas las fuerzas políticas y le conduce a conclusiones inexactas. Para él la guerra fue el resultado del enfrentamiento de pasiones políticas e ideológicas y del fracaso de la Segunda República. En resumen, obra de síntesis, aporta hechos importantes y analiza bastante bien la política de terror y represión de ambas zonas.

En la misma corriente historiográfica está toda la obra de Payne, pero con un «ideologismo» mayor. Hay que reseñar también las diversas obras de Southworth, *El mito de la cruzada de Franco* y *Antifalange. Estudio crítico de «Falange en la guerra de España» de M. García Venero,* publicadas respectivamente en 1963 y 1967, encaminadas en especial a combatir las interpretaciones franquistas y oficiales.

En todas ellas el fracaso de la Segunda República vehicula en gran parte el análisis de la guerra y les lleva a hacer una serie de afirmaciones que distorsionan la realidad. Hecho además contrario a toda regla positivista.

3.2.3. El marxismo en la historiografía de la guerra

Es en estos años cuando el marxismo se incorpora a la historiografía de la guerra, a través de la *Historia de España* del profesor Pierre Vilar y *La España del siglo XX* de Manuel Tuñón de Lara, sucesivamente reeditadas ambas hasta 1978, y con una influencia grande en sectores universitarios y en el conjunto de la sociedad española.

En cuanto a la obra del profesor Vilar, además de la visión sintética que dedica en su *Historia de España* a la guerra, hay que reseñar su comunicación en un Coloquio celebrado en Moscú en 1967 sobre *La guerra de 1936 en la historia contemporánea de España. Intento de orientación y problema de fuentes,* en la que por primera vez se plantea la cuestión teórica y metodológica previa a todo estudio científico de la guerra, reflexión que ampliará y completará en estudios posteriores hasta abril de 1979 en que sé que muy pocos días después de este Coloquio participará en el que se celebrará en Barcelona sobre la guerra.

El estudio de Tuñón de Lara en *La España del siglo XX* es sumamente importante, con todas las limitaciones respecto al uso de fuentes documentales por imposibilidad de acceso a las mismas. Es una obra de síntesis como otras que han aparecido en estos años; Tuñón no pretendía al escribirla más que hacer eso, una síntesis divulgadora. Pero el método empleado en ella es el que le da valor e importancia. En la obra de Tuñón es la primera vez que se analiza la conflictividad social como elemento primordial del desarrollo político, relacionándolo con los aspectos económicos, políticos y militares, haciendo ya un leve intento de historia global; en segundo lugar se analizan aspectos apenas tratados por otros historiadores, tales como el desarrollo cultural y la enseñanza; en tercer lugar, respecto a las fuentes hay que destacar la utilización de fuentes inéditas siendo el primero que emplea el «Boletín del Gobierno de Euskadi», y además, en especial memorias de hombres de Estado manejadas con un gran espíritu crítico y pluralista, sin partir de posturas preconcebidas.

Por último, *Guerra y revolución en España* de los historiadores franceses Broué y Témine, en los que priva a veces su postura militante sobre la del historiador, y que les conduce, no obstante manejar una gran cantidad de fuentes hemerográficas como base principal de su investigación y entrevistas, a conclusiones no siempre exactas y superficiales en aspectos de la revolución, culpando a los gobiernos del Frente Popular y a los comunistas de su fracaso.

Quiero añadir aquí una obra que inició su publicación en estos años y cuyo último volumen apareció en 1977. Es *Guerra y Revolución en España,* realizada por un colectivo de dirigentes del Comité Ejecutivo del Partido Comunista de España. Obra fundamental como aportación de datos y fuentes inéditas en torno a aspectos bélicos, pero sobre todo para el estudio de las transformaciones sociopolíticas de la España republicana. Hay que utilizarla como fuente, y por ello con un gran espíritu crítico, teniendo en cuenta el contexto en el que fue escrita.

3.2.4. Visión anarcosindicalista de la guerra

En esta década de los sesenta se reeditan unas obras (Orwell, Peirats, Souchy, etc.) y se publican otras (Bollotten, Mintz, Lorenzo, etcétera) cuyos autores, corresponsales en los años de guerra o militantes, analizan la guerra desde una óptica e ideología anarcosindicalista. Voy a analizar tres de ellas.

Peirats, antiguo militante, ya en los años inmediatamente posteriores a la guerra escribió *La CNT en la revolución española,* sucesivamente reeditada y que considero fuente de primer orden, para conocer cómo se hizo y se perdió la revolución. Escribe ahora *Los anarquistas en la crisis política española.*

El periodista norteamericano Bollotten publicó *El gran engaño. La revolución española. Las izquierdas y la lucha por el poder.* Obra rica en datos sobre la revolución en Cataluña, que es el contenido del libro, pero falla en sus conclusiones políticas. La primera edición española apareció en 1961, al mismo tiempo que la inglesa y prologada por el ex ministro franquista Fraga Iribarne. El gran engaño al que se refiere el título de la obra en inglés es el que realizaron los comunistas impidiendo el triunfo de la revolución.

Importante es la obra de César M. Lorenzo, *Los anarquistas en el poder,* joven historiador, hijo de antiguo militante, cuyo objetivo es descifrar cómo fueron resolviendo la contradicción entre el apoliticismo anarcosindicalista y la necesidad de pactar con los gobiernos y movimientos políticos.

3.2.5. Memorias

También en este sector la década de los sesenta vio aparecer en el extranjero las memorias y discursos de Azaña, Prieto, Largo Caballero, Líster, Modesto, Dolores Ibarruri, entre otras. En España se publicaron las de Gil Robles y el coronel Casado.

En resumen, diez años riquísimos en publicaciones sobre la guerra: unas abren horizontes (Tuñón, Vilar), otras plantean problemas e interrogantes, pocas estudian la España franquista.

4. La guerra en la historiografía
   de la última década 1970-1979 [1]

Los últimos diez años de nuestro inmediato pasado, desde el proceso de Burgos, que sirvió de detonante de todas las fuerzas sociales y políticas del país, a las de la oposición y a las del bloque en el poder, pasando por momentos cruciales —la muerte de Carrero, la de Franco— hasta el presente, en que se inicia la democracia, han sido los años en los que la ciencia histórica en nuestro país ha dado grandes avances positivos, y puede decirse que lentamente se encamina hacia la construcción de una historia social y también de una historia global. En torno a la guerra civil han sido años en los que se está produciendo el desbloqueo de información y el de testimonios sobre esos años clave en el desarrollo de la formación social española. La guerra se convierte en punto de mira y atracción de historiadores, universitarios y en conjunto de toda la sociedad.

Son años que se caracterizan por la explosión bibliográfica, manifestada en la edición de obras que estudian aspectos concretos de la misma, en la reedición de memorias y de muchísimas obras prohibidas hasta el presente, y por fin en la publicación de revistas de divulgación (*Historia y Vida, Tiempo de Historia, Historia Internacional, Historia 16, Nueva Historia,* etc.) en las que se escriben artículos, algunos de ellos de verdadero interés por dar a conocer aspectos hasta hoy tabúes, y por tanto prohibidos, tales como la represión, y que dan pie a futuras investigaciones.

A pesar de todo esto y de ser muy numerosa la producción historiográfica sobre la guerra, en lo que se refiere a historiografía política se encuentran pocos avances respecto a los años anteriores. Aparecen nuevas e importantísimas obras en torno a la historia militar, económica e internacional (Viñas, Alpert, Salas, entre otros) citadas y estudiadas por otros colegas en este mismo Coloquio; pero

[1] Remito al lector a la nota bibliográfica posterior, donde encontrará las referencias completas de las obras.

en el aspecto concreto político resaltan, sobre todo en estos diez años, las «reediciones».

4.1. *Obras generales de síntesis y Memorias*

Entre las nuevas aportaciones destaca *Estudios sobre la Guerra Civil española* dirigida por Carr y que recoge una serie de estudios de importantes estudiosos de la guerra en diversos aspectos, como Thomas, Bollotten, Cierva, Salas, Whealey y que aunque cada uno de ellos trata un tema específico, tales como colectivizaciones, partidos políticos, ejército, participación internacional, se presenta como una obra de conjunto en torno a la guerra.

Dos obras de síntesis importantes, *La revolución y la guerra civil española* de Payne, y *La guerra de los mil días* de Cabanellas, están en la línea historiográfica liberal anglosajona analizada más arriba. Sobresale la de Cabanellas por la cantidad de fuentes empleadas y la riqueza de datos que aporta en diálogo con testigos personales.

Una tercera síntesis son las 114 páginas que en 1973 escribió Ramón Tamames en su obra *La Segunda República y la Era de Franco,* volumen VII de la «Historia de España Alfaguara», editada por Alianza y dirigida por el profesor Artola. Tamames no es historiador, y por ello más que una obra histórica es un ensayo periodístico muy bueno. No tiene un planteamiento global, carece de método en el análisis histórico, y tiene sí el tratamiento sectorial de diversos aspectos de la realidad española en los años de guerra, aunque alguno de ellos muy superficial e incompleto como es el que se refiere a los partidos políticos. Como positivo es la aportación de datos económicos, elemento indispensable para el estudio científico de la guerra.

No puede silenciarse *Guerra y revolución en España, 1936-1939,* en 5 volúmenes, de Georges Soria, obra de síntesis, sin aportaciones nuevas más que el ser una edición en lujo con profusión de material gráfico importantísimo. Y en el marco de la historiografía marxista hay que señalar dos obritas del historiador italiano Gabriele Ranzato, *Rivoluzione e guerra civile in Spagna, 1931-1939,* obra de conjunto y de síntesis de todos los años de la Segunda República desde su inicio hasta la liquidación de la misma por el triunfo militar de los generales sublevados, y un pequeño estudio, *Lucha*

de clases y lucha política en la guerra civil española, en el que analiza el hecho de las colectivizaciones y la acción de los partidos políticos.

También se perpetúa en estos diez años la historiografía franquista oficial en las obras ya mencionadas de R. de la Cierva, y a
través de la obra que desde los inicios de 1970 realiza el profesor Palacio Atard desde la Cátedra de Historia de España Contemporánea de la Facultad de Geografía e Historia de la Universidad
Complutense de Madrid. Se planteó, en primer lugar la necesidad y
la renovación del método en la investigación y enseñanza universitaria de la «Guerra Española». En este sentido pronunció el discurso de apertura del año académico 1969-1970 en el que planteó sus
puntos de partida y su programa. Organizó una curso monográfico
en el que participaron los historiadores De la Cierva y Salas Larrazábal. El método y contenido de los mismos y el de las obras de
Palacio *(Cinco historias de la República y la Guerra)* están en la
línea de toda la historiografía franquista. Como cuestión primordial
Palacio reclamaba ya en el discurso mencionado imparcialidad y
objetividad en el tratamiento de la guerra; quiere abandonar el maniqueísmo que reducía la guerra a dos bandos, pero, sin embargo,
continúa hablando de dos fantasmas que estuvieron en la base de
la misma: la «amenaza comunista» y el «peligro fascista», e insiste
en la guerra como «cruzada». En una palabra, subsisten los mitos
que desde 1936 caracterizaron la historiografía oficial. Palacio realizó una tarea importante contribuyendo al desbloqueo informativo
sobre la guerra al dirigir y publicar una colección de *Cuadrenos Bibliográficos* (folletos, memorias, periódicos, obras literarias, libros)
que constituye una aportación de primer orden para el investigador.
Recoge los fondos de la Biblioteca Nacional, Servicio Histórico Militar, Centro de Documentación del Ministerio de Información y
Turismo, etc., con una breve reseña a veces y la signatura de los
mismos. La riqueza de material contenido en estos cuadernos es
enorme.

También se publican por primera vez en estos años numerosas
Memorias de políticos y militares de ambas zonas (Serrano Súñer,
Sáinz Rodríguez, Mola, Hedilla, Laín Entralgo, Ridruejo, Ciutat,
Tagüeña, Cordón, Azcárate, Líster, Vidarte, etc., etc.), instrumento
y fuente de primera mano, ya que son el testimonio de quienes estuvieron en el centro de la acción política y militar del Estado, del
que fue liquidado por el triunfo militar de un bloque, y del que

estaba naciendo de ese mismo triunfo. Testimonio imprescindible, al que hay que acercarse con un espíritu crítico que obliga al historiador a un manejo plural de las mismas y a verificar lo que los protagonistas afirman con documentos y otras fuentes del momento.

4.2. *Obras que tratan aspectos sectoriales de la guerra*

Es tal vez la investigación histórica de aspectos parciales, ya sea en el tema ya en el lugar geográfico o en el tiempo, la que más ha avanzado en estos diez años. Los principales asuntos tratados son los siguientes:

a) *Anarquismo y colectivizaciones.* Unas obras pertenecen a testigos oculares (Leval, Souchy), reeditadas en estos años; otras son estudios actuales (Mintz, Gutiérrez Molina, Pérez Baró, etc.). Ninguna es un estudio definitivo, ni por el enfoque ni por la documentación empleada, pero son aportaciones importantísimas. Destaca también en estos años la obra del historiador inglés Brademas *Anarcosindicalismo y revolución en España (1930-1937)*, escrita hacia 1953-1954 y que no pudo publicarse hasta 1974.

b) *Partidos políticos y sindicales.* Es una de las parcelas historiográficas más pobres. No obstante por lo que se refiere a la España republicana hay que destacar dos obras importantes por su contenido y su método. La del benedictino P. Hilario Raguer *L'Unió Democràtica de Catalunya i el seu temps (1931-1939)*, y la de Amaro del Rosal, *Historia de la UGT*.

A ellas pueden añadirse R. Casterás, *Las JSUC ante la guerra y la revolución (1936-1939)*, y las páginas que Hermet, Claudín y Estruch dedican en sus obras generales a la actuación del Partido Comunista de España en los años de guerra. También las de Víctor Alba, Pagés y sobre todo Bonamusa sobre el POUM y sus dirigentes. La obra de Bonamusa es su tesis doctoral, que completa sus estudios anteriores sobre la izquierda comunista en Cataluña. En ésta reconstruye la vida de Nin y su obra en la revolución. Es una construcción presidida por criterios positivistas que enlaza en gran manera con la historia «evénementielle», pero al mismo tiempo intenta desideologizar los análisis históricos en torno a la práctica de la izquierda comunista de 1936 a 1937. Es en este sentido una aportación historiográfica importantísima. No pueden olvidarse las obras del viejo militante Gómez Casas en torno a la FAI y CNT.

Respecto a la España de Franco es poco o casi nada lo estudiado. En 1970 García Venero publicó *Historia de la Unificación,* que completa sus estudios anteriores sobre Falange. En los últimos años, Bilnkhorn y Seco han publicado dos obras generales sobre el carlismo, en las que tangencialmente se refieren a los años de la contienda. Más que por el análisis histórico es por la aportación de nuevas fuentes documentales y orales por lo que hay que reseñar los artículos en revistas y la pequeña monografía de Josep Carles Clemente sobre el carlismo.

4.3. *La guerra en las distintas zonas geográficas del país y otros asuntos*

Se ha iniciado el estudio monográfico del desarrollo de la guerra en Asturias, Madrid, Alicante, Valencia, Euskadi... Investigación que a veces aparece en pequeños artículos en las revistas más arriba citadas o en publicaciones locales, y también en pequeñas monografías. Son pocas todavía pero abren perspectivas importantes. Quiero destacar *La guerra civil en Madrid (1936-1939),* de Matilde Vázquez y Javier Valero, licenciados en Ciencias Políticas y Sociología, en la que estudian todos los aspectos desde el militar a la organización política y la polémica ideológica, sin olvidar la vida cotidiana en la capital. Es importante porque analiza la guerra con gran imparcialidad y objetividad en el marco de la segunda república y de la coyuntura internacional, pero se reduce a la reconstrucción de los hechos conforme a las fuentes utilizadas, abundantes pero incompletas, pues en su mayoría son hemerográficas, memorias y bibliografía anterior.

Otros aspectos cuya investigación se ha iniciado son *El Comisariado Político,* de Comín Colomer; *Los sucesos de mayo,* de Cruells; la actuación de las mujeres y su contribución en la tarea de guerra y retaguardia estudiada por Carmen Alcalde y M. Nash; la educación y la enseñanza que ha dado pie a artículos, algún estudio como el de Safon y a Memorias de Licenciatura todavía inéditas, como la de María Luisa Mohedano en la Facultad de Geografía e Historia de la Universidad Complutense, importante estudio sobre la enseñanza de 1936 a 1939 en las dos zonas de España, etc. Por último, quiero reseñar dos obras que en alguna manera analizan la actitud de la Iglesia en estos años. La primera es el pequeño estudio del P. H. Raguer, *La espada y la cruz,* y la segunda es la biografía del cardenal Vidal i Barraquer, escrita por Muntanyola, en la que se hace referencia tangencial a los años de guerra, centrándola principalmente en la actitud del primado de Tarragona. Ambas son importantes porque completan y amplían, aunque todavía de forma inacabada, lo que Montero escribiera en los años 60.

Aunque no trato aquí la historiografía cultural, creo que es importante reseñar al menos las ediciones facsímiles que en el extranjero se iniciaron de las grandes revistas culturales publicadas en la España republicana de 1936 a 1939 y pequeños estudios sobre ellas. En este aspecto es importante la publicación facsímil de *Hora de España* por editorial Laia de Barcelona, por ser la publicación cultural más importante de aquellos años, y en cuyas páginas se recoge todo el pensamiento y las ansias de una cultura al servicio del pueblo. *Hora de España* es una fuente de primer orden no sólo para recuperar nuestra cultura sino toda la historia de aquellos años.

4.4. *Documentos y textos*

Un cuarto aspecto en la historiografía de los años 70 son las publicaciones que recogen documentos y textos de los años de la guerra y que ofrecen la historia viva y directa. Son un material de primera mano para el investigador y para todo el que desee conocer este período. En primer lugar destacan las varias recopilaciones realizadas por F. Díaz Plaja, *La España política del siglo XX en fotografías y documentos* (tomo 3) y *La guerra de España en sus documentos,* a las que hay que añadir la que acaba de aparecer en 1979 con el título *Si mi pluma valiera tu pistola. Los escritores de la guerra civil,* que recoge numerosísimos testimonios de 1936 a 1939, en que escritores *nacionales* y republicanos enjuician, comentan y expresan lo que la guerra fue y lo que se vivía en aquellos momentos. Son textos fundamentalmente recopilados de la prensa diaria y periódica de la época.

Como colección de documentos y textos es importante la realizada por mí y Javier María Donézar en el vol. 10, «La guerra de España», de las *Bases Documentales de la España Contemporánea,* en la que intentamos recopilar textos y documentos, expresión y reflejo de las grandes transformaciones sociales y políticas de los años de guerra, precedida de una introducción y un análisis histórico.

Termino la reseña historiográfica de la guerra con una obra reciente, publicada en esta primavera de 1979 y que es una aportación importante a la historiografía política. Me refiero a la obra del historiador inglés Ronald Fraser, *Recuérdalo tú y recuérdalo a otros. Historia oral de la guerra civil española.* Su importancia estriba en el empleo de nuevas fuentes. No son las clásicas —prensa, documentos, memorias—. Utiliza el testimonio oral de quienes fueron protagonistas. Introduce una nueva técnica y metodología, la entrevista como base de la historia oral. Historia oral que proporciona el aspecto subjetivo, el ambiente de los acontecimientos, las motivaciones, etc. En este sentido es un hito importantísimo que abre nuevos caminos en los estudios sobre la guerra civil superando la historia militar y política clásica para llegar a una historia social.

4.5. *Reediciones*

En esta década, al iniciarse el desbloqueo informativo sobre la guerra, se llevan a cabo reediciones de las principales obras escritas en los años anteriores —Thomas, Southworth, Jackson, Payne, Tuñón, Broué y Témine, Cabanellas, Lorenzo, Vilar, etc., etc.— y también de memorias como las de Zugazagoitia, Abad de Santillán, Hidalgo de Cisneros, Modesto, Ibarruri, C. de la Mora, etc. etc. Si importante es toda la historiografía producida en estos años no menor es el capítulo que se refiere a las reediciones.

5. Problemas y líneas de investigación. A modo de conclusión

En esta brevísima «aproximación» a la historiografía política de la guerra civil española quiero señalar las aportaciones, las lagunas e interrogantes y algunas pistas que deben guiar futuras investigaciones, a fin de conseguir una historia real y objetiva, en una palabra, científica de la guerra.

En primer lugar, lo que se constata es una verdadera selva de obras de las que puede decirse que es mayor la cantidad que la calidad. Pocas son verdaderamente «históricas», y aun éstas se inscriben en su mayoría en el marco de una historia relato. Son fundamentalmente descriptivas de los hechos militares o políticos, ignorando casi en su totalidad los aspectos económicos y sociales. Son obras panorámicas y de síntesis, o bien son historias sectoriales que analizan un aspecto determinado. Aportan datos pero no todos, plantean interrogantes y lagunas tanto en lo que se refiere a la zona republicana como a la «nacional». La laguna mayor que ofrece la historiografía política de la guerra es el desconocimiento casi total del Estado que estaba surgiendo en la España franquista. La historiografía es escasísima y la que hay se reduce casi exclusivamente a la descripción de los aspectos bélicos y militares; sólo alguna obra —Payne, G. Venero— aborda en parte el problema de la Unificación. Pero ¿qué fuerzas sociales y políticas actuaron en el momento de la sublevación?, ¿hubo realmente apoyo popular?, ¿cuál fue en verdad el peso de la Iglesia?

Otro aspecto importante que al analizarlo plantea también interrogantes y lagunas en la historiografía política es el factor ideológico del historiador, que condiciona en gran medida su obra e impide la objetividad. Me refiero principalmente a los historiadores liberales-politistas-positivistas (Thomas, Jackson, etc.) o marxistas militantes (Broué, Témime, Alba, etc.). Todos, desde una óptica u otra parten de una idea preconcebida que esquematizando mucho podría reducirse a dos aspectos cuando analizan la España del Frente Popular: 1) el desorden y el caos dominaban la retaguardia y la desorganización del ejército, lo cual exigía un poder fuerte y centralizado, que no se logró; 2) la revolución proletaria iniciada en julio del 36 fracasó ante las necesidades de la guerra. Ambas posturas coinciden en culpar, de la falta de orden por un lado y del fracaso de la revolución por otro, al gobierno del Frente Popular y a los comunistas. A tal conclusión llegan unos y otros por partir de un concepto que condiciona toda su investigación y por el manejo parcial y unilateral de fuentes.

Respecto a las fuentes utilizadas por toda la historiografía hay que señalar el manejo de fuentes de primera mano impresas y orales, pero que resultan parciales por dos motivos: por no confrontarlas con fuentes documentales de la época, y por no ser su utilización plural, ya que en muchos casos el historiador se limita a una o varias ideologías pero no a todas.

Hacia una investigación de la guerra quiero señalar las siguientes líneas que pueden orientar la misma:

1.º El análisis de los años 1969-1939 es imposible sin el conocimiento de los antecedentes que deben remontarse a 1917, que
marca el inicio de la crisis estructural en el seno de la sociedad española. Este conocimiento ayudará a concretar las causas mediatas
e inmediatas de la sublevación y de la guerra, deshaciendo las fal-
sas posturas o mitos de desorden, caos, fracaso de la democracia y
del Frente Popular, que aparecen hoy en la historiografía liberal y
franquista. Conocimiento y análisis de la coyuntura internacional,
ya que la guerra no fue un hecho aislado de nuestro país, sino que
se halla inserta en el marco de la lucha mundial imperialista.

2.º Es preciso la utilización y manejo de todas las fuentes españolas y extranjeras, documentales (públicas y privadas, del Estado, partidos, sindicales, de hombres de Estado, etc.), hemerográficas, memorias, estadísticas, entrevistas, etc., que permiten el análisis socio-económico y socio-político en ambas zonas. Es necesario
conocer el funcionamiento de los centros de poder, quién ocupaba
los puestos decisorios del Estado y sus aparatos, lo cual permitiría
conocer la evolución y liquidación de la democracia de nuevo tipo
en la España del Frente Popular, y cómo surgió, por otra parte, el
poder franquista. Junto a ello es necesario analizar la práctica de
los partidos políticos y sindicales no sólo a través de la documentación oficial de congresos, plenos, declaraciones, etc., de las ejecuti-
vas, consejos federales, dirigentes, etc., sino realizando un estudio
sobre las agrupaciones, células, consejos locales, militantes, averi-
guando quién colectiviza, cómo se llevaron a cabo los comités de
enlace, cuántos, dónde, por qué fracasan, etc., etc. Y en la España
«nacional» quiénes se afilian a Falange, por qué, su procedencia, qué
hacen, etc., etc. Por último, en ambas zonas hay que estudiar y analizar la práctica política —económica, laboral, religiosa, represiva,
etcétera— de los distintos gobiernos y órganos de poder. Todo ello
es necesario para llegar a realizar una verdadera historia política,
que no puede olvidar que uno de los elementos fundamentales del
cambio político son las contradicciones de clase.

A modo de conclusión

Hay que abordar el estudio de la guerra civil como «objeto histórico». No es fácil. Se presentan unos problemas. En primer lugar,
teóricos, pues creo que hay que partir de unos términos científicos

capaces de aclarar las causas, el desarrollo y las consecuencias de la guerra; y con la ayuda de esta reflexión teórica el historiador debe hacer preguntas a los documentos y a los testigos, con una investigación rigurosa, crítica y plural de todas las fuentes. En segundo lugar, existe el problema de las fuentes y del método. Dispersión de archivos y dificultades de acceso, y a veces falta de formación de los mismos (partidos políticos). Dispersión, sobre todo, de esa fuente primordial que es la entrevista, que exige nuevas técnicas y la formación de un nuevo archivo, el que hoy empieza a denominarse «Archivo de la Palabra». En tercer lugar, el problema del trabajo colectivo que permita la investigación exhaustiva de todos los aspectos y que colabore a ese análisis de conjunto, global.

Se ha hecho la crónica de la guerra. Ahora es necesario abordar el estudio de las conmociones estructurales de ambas zonas. Hay que hacer una reflexión colectiva, un programa de investigación científicamente concebido. La verdad de la historia de la guerra no es sólo el relato de los hechos militares y de los gobiernos, sino la historia de las relaciones sociales. Hay que llegar a realizar la historia social de la guerra.

HISTORIOGRAFÍA POLÍTICA 1970-1979 *

1. *Obras generales*

Alba, Víctor, *La revolución española en la práctica,* Madrid, Júcar, 1978.
Cabanellas, Guillermo, *La guerra de los mil días; nacimiento, vida y muerte de la II República Española,* México, Grijalbo, 1973.
Carr, Raymond, *The Republic and the Civil War in Spain,* Londres, Macmillan; Nueva York, St. Martin Press, 1971 (ed. castellana, Barcelona, Ariel, 1973).
Cierva y de Hoces, Ricardo de la, *Historia ilustrada de la guerra civil española,* Barcelona, Ediciones Danae, 1970, 2 vols.

---

* Se da una relación no exhaustiva de la historiografía publicada en estos diez años, teniendo que renunciar por falta de espacio a la historiografía publicada de 1936 a 1970, de la que se hace referencia en la comunicación. Remito al lector a los repertorios bibliográficos y al «Indice Histórico Español». No se incluyen tampoco obras que tratan aspectos militares, económicos y culturales.

Cuadernos Bibliográficos de la Guerra de España, 1936-1939, Madrid, Cátedra de Historia de España Contemporánea, Universidad Complutense de Madrid, 1966-1970.

Martínez Bande, José Manuel, *Los cien últimos días de la República,* Barcelona, Luis de Caralt, 1973.

Palacio Atard, Vicente, *Cinco historias de la República y de la Guerra,* Madrid, Ed. Nacional, 1973.

——, *Aproximación histórica a la guerra española (1936-1939),* con la colaboración de R. de la Cierva y R. Salas Larrazábal, Anejos de los *Cuadernos bibliográficos de la Guerra de España, 1936-1939,* Madrid, 1970.

Payne, Stanley G., *The Spanish Revolution,* Nueva York, Norton, 1970 (Ed. castellanas, Barcelona, Ariel, 1972; Madrid, Júcar, 1976).

Ranzato, Gabriele, *Rivoluzione e guerra civile in Spagna, 1931-1939,* Turín, 1975.

——, *Lucha de clases y lucha política en la guerra civil española,* Barcelona, Anagrama, 1978.

Robinson, Richard A. H., *The origins of Franco's Spain. The right, the Republic and Revolution (1931-1936),* Newton Abbot (Devon) Library of politics and society, 1970.

Rojas Vila, Carlos, *La guerra civil vista por los exiliados,* Barcelona, Ed. Planeta, 1975.

Sonadellas, Concepción, *Clase obrera y revolución social en España, 1936-1939,* Madrid, Zero-zyx, 1977.

Soria, Georges, *Guerra y revolución en España, 1936-1939,* Barcelona, Grijalbo, 1978, 5 vols.

Tamames, Ramón, *La República. La Era de Franco* («Historia de España, Alfaguara», VII), Madrid, Alianza Ed., 1973.

2. Memorias

Abad de Santillán, Diego, *Memorias (1897-1936),* Barcelona, Ed. Planeta, 1977.

Aguirre Lecube, José Antonio, *Veinte años de gestión del Gobierno Vasco (1936-1956),* Durango, Leopoldo Zugaza, 1978.

——, *Informe del presidente Aguirre al Gobierno de la República.* Prólogo de Sancho de Beurko, Bilbao, Editorial La Gran Enciclopedia Vasca, 1977.

Ansó, Mariano, *Yo fui ministro de Negrín, memorias ineludibles,* Barcelona, Ed. Planeta, 1976.

Arnal, Jesús, *Por qué fui secretario de Durruti,* Andorra la Vieja, Ed. Mirador del Pirineu, 1972.

Azcárate, Pablo, *Mi embajada en Londres durante la guerra civil española* (Memorias), Barcelona, Ariel, 1976.

Brunet Serrano, M.ª Luisa y Ramón, *Memorias de guerra*, Madrid, Prensa Española, 1976.

Bueso, A., *Recuerdos de un cenetista*, Barcelona, Ariel, 1978.

Burgo, Jaime del, *Conspiración y guerra civil*, Madrid, Alfaguara, 1970.

Calderón Durán, Isidoro, *Guerra civil española (1936-1939): mis memorias*, Sevilla, Ed. del autor, 1977.

Ciutat de Miguel, Francisco, *Relatos y reflexiones sobre la guerra de España*, Madrid, Forma, 1978.

Cordón, Antonio, *Trayectoria* (Memorias de un militar republicano), París, Col. Ebro, 1971 (Barcelona, Crítica-Grijalbo, 1978).

Corominas, Pedro, *La República i la Guerra Civil*, Barcelona, Curial, 1975.

Franco Salgado-Araujo, *Mis conversaciones privadas con Franco*, Barcelona, Ed. Planeta, 1976.

Galarza, Ramón de, *Diario de un gudari condenado a muerte*, San Sebastián, Ed. Vascas, 1977.

García Oliver, Juan, *El eco de los pasos. El anarcosindicalismo en la calle, en el Comité de Milicias, en el Gobierno, en el exilio*, Barcelona, Ibérica, 1978.

Guarner, Vicente, *Cataluña en la guerra de España*, Madrid, G. del Toro, 1975.

Guzmán, Eduardo de, *Nosotros, los asesinos*, Madrid, G. del Toro, 1976.

Hedilla, Manuel, *Testimonio de Manuel Hedilla*, Barcelona, Acervo, 1972.

Heredia, Manuel de, *Monarquía, República y guerra*, Madrid, Rodas, 1976.

Izcaray, Jesús, *La guerra que yo viví*, Madrid, Edicusa, 1978.

Laín Entralgo, Pedro, *Descargo de conciencia (1930-1960)*, Barcelona, Barral Ed., 1976.

López, Juan, *Una misión sin importancia (Memorias de un sindicalista)*, Madrid, Ed. Nacional, 1972.

Merino Galán, Angel, *Mi guerra empezó antes*, Madrid, Indice, 1976.

Mola Vidal, Emilio, *Memorias*, Barcelona, Ed. Planeta, 1976.

Montseny, Federica, *Cent dies de la vida d'una dona*, Barcelona, Galba ed., 1977.

Miravitlles, Jaume, *Episodis de la guerra espanyola*, Barcelona, 1972.

Onaindia, Alberto de, *Hombre de paz en la guerra*, Buenos Aires, Ed. Vasca Ekin, 1973.

Pamies, Teresa, *Cuando éramos capitanes*, Barcelona, Dopesa, 1974.

Pí Sunyer, Carlos, *La República y la guerra. Memorias de un político catalán*, México, Oasis, 1975.

Pons Prades, Eduardo, *Un soldado de la república: itinerario ibérico de un joven revolucionario,* Madrid, G. del Toro, 1974.

Ragón, Baltasar, *Terrassa 1936-1939, tres anys difícils de guerra civil,* Terrassa, Ed. Fundació Soler i Palet, 1972.

Ridruejo, Dionisio, *Escrito en España,* Madrid, G. del Toro, 1976.

——, *Casi unas memorias,* Barcelona, Ed. Planeta, 1978.

Sanz, Ricardo, *Los que fuimos a Madrid,* Barcelona, Petronio, 1977.

Serrahima Roca, Maurici, *Memóries de la guerra civil i del'exili,* Barcelona, Edicions 62, 1972, 2 vols.

Serrano Súñer, Ramón, *Entre el silencio y la propaganda la historia como fue. Memorias,* Barcelona, Ed. Planeta, 1977.

Soldevila, Ferran, *Al llarg de la meva vida,* I, 1926-1939, Barcelona, Ed. 62, 1970.

Tagüeña Lacorte, Manuel, *Testimonio de dos guerras,* México, Ed. Oasis, 1973 (Barcelona, Ed. Planeta, 1977).

Toryho, Jacinto, *Del triunfo a la derrota,* Barcelona, Argos-Vergara, 1978.

Urquijo, Alfonso de, *Cuando empuñamos las armas. La pequeña historia de una familia numerosa entre 1936 y 1942,* Madrid, Moneda y Crédito, 1973.

Vallina, Pedro, *Mis Memorias,* México, Tierra y Libertad, 1971.

Vidarte, Juan Simeón, *Todos fuimos culpables. Testimonio de un socialista español,* México, FCE, 1973.

Vigón Suerodíaz, Jorge, *Cuadernos de guerra y notas de paz,* Oviedo, 1970.

Vila-Sanjuán, José Luis, *¿Así qué? Enigmas de la guerra civil española,* Barcelona, Ed. Nauta, 1972.

3. *Aspectos sectoriales*

Abella, R., *La vida cotidiana durante la Guerra Civil,* Barcelona, Ed. Planeta, 1975, 2 vols.

Alba, Víctor, *Dos revolucionarios: Andreu Nin, Joaquín Maurin,* Madrid, Seminarios y Ed., 1973.

Alcalde, Carmen, *La mujer en la guerra civil española,* Madrid, Ed. Cambio 16, 1976.

Alcázar de Velasco, Angel, *La gran fuga,* Barcelona, Ed. Planeta, 1977.

Ambou, Juan, *Los comunistas en la resistencia nacional republicana. La guerra en Asturias, País Vasco y Santander,* Madrid, Hispamerca, 1978.

Benavides, M. D., *Guerra y revolución en Cataluña,* México, 1978.

Blinkhorn, Martin, *Carlism and crisis in Spain, 1931-1939,* Cambridge University Press, 1975.

Bonamusa, Francesc, *Andreu Nin y el movimiento comunista en España (1930-1937)*, Barcelona, Ed. Anagrama, 1977.

Brademas, John, *Anarcosindicalismo y revolución en España (1930-1937)*, Barcelona, Ariel, 1974.

Bricall, Josep M.ª, *Política económica de la Generalidad*, Barcelona, Nova Terra, 1973.

Brissaud, André, *Canaris, La guerra española y la II guerra mundial*, Barcelona, Noguer, 1972.

Cabezas, Juan Antonio, *Asturias, catorce meses de guerra civil*, Madrid, G. del Toro, 1975.

Casterás, Ramón, *Las JSUC ante la guerra y la revolución, 1936-1939*, Barcelona, Nova Terra, 1977.

Cierva, Ricardo de la, *Leyendas y tragedia de las Brigadas Internacionales*, Madrid, 1971.

Claudín Fernando, «La revolución inoportuna (España 1936-1939)», en *La crisis del movimiento comunista*, I, París, Ruedo Ibérico, 1970.

Comín Colomer, Eduardo, *El comisariado político en la guerra española, 1936-1939*, Madrid, Librería Ed. San Martín, 1973.

Cruells, Manuel, *Els fets de maig, Barcelona 1937*, Barcelona, Joventut, 1970.

Chiapuso, M., *Los anarquistas y la guerra en Euskadi. La Comuna de San Sebastián*, San Sebastián, Txertoa, 1977.

Chipont Martínez, Emilio, *Alicante 1936-1939*, Madrid, Ed. Nacional, 1974.

Enzensberger, Hans Magnus, *El corto verano de la anarquía. Vida y muerte de Durruti*, Barcelona, Ed. Grijalbo, 1976 (ed. original alemana, 1972).

Estruch, Joan: *Historia del PCE, 1920-1939*, Barcelona, El Viejo Topo, 1978.

García Moriyón, F., *Colectivizaciones obreras y campesinas en la Revolución española*, Madrid, ZYX, 1977.

García Venero, Maximiano, *Historia de la Unificación (Falange y Requeté en 1937)*, Madrid, Distribuciones Madrileñas, 1970.

Gibson, Ian, *La represión nacionalista de Granada en 1936 y la muerte de Federico García Lorca*, París, Ruedo Ibérico, 1971.

Gómez Casas, Juan, *Los anarquistas en el Gobierno (1936-1939)*, Barcelona, Bruguera, 1977.

Gutiérrez Molina, J. L., *Colectividades libertarias en Castilla*, Madrid, Campo Abierto, 1977.

Hermet, Guy, *Les communistes en Espagne*, París, Armand Colin, 1971 (París, Ruedo Ibérico, 1972).

Jiménez de Aberastury, J. C. y L. M., *La guerra en Euskadi*, Barcelona, Plaza y Janés, 1978.

Leval, Gaston, *Espagne libertaire, 1936-1939*, París, Ed. du Cercle, 1971.

——, *Colectividades libertarias en España*, Madrid, Ricardo Aguilera, 1977.

Llarch, Joan, *Cipriano Mera, un anarquista en la guerra de España*, Barcelona, Euros, 1976.

——, *La muerte de Durruti*, Barcelona, Ed. Aura, 1973.

Llorens Castillo, Carlos, *La guerra en Valencia y en el frente de Teruel*, Valencia, Fernando Torres, 1978.

Maiz, Félix, *Mola, aquel hombre, diario de la conspiración de 1936*, Barcelona, Ed. Planeta, 1976.

Mintz, Frank y Peciña, Miguel, *Los amigos de Durruti, los trotskistas y los sucesos de mayo*, Madrid, Campo Abierto, 1978.

Mintz, Frank, *L'autogestion dans l'Espagne révolutionnaire*, París, Belibaste, 1970 (Ed. castellana, Madrid, Ed. La Piqueta, 1977).

Muntanyola, Ramón, *Vidal i Barraquer, Cardenal de la pau*, Barcelona, Estela, 1970.

Muñiz Martín, Oscar, *Asturias en la guerra civil*, Salinas (Asturias), Ayalga, 1976.

Nash, Mary, *Mujeres libres*, ed. de..., Barcelona, Tusquets, 1975.

Pagés, Pelai, *Andreu Nin. Su evolución política, 1930-1937*, Barcelona, 1975.

Pamies, Teresa, *Una española llamada Dolores Ibarruri*, Barcelona, Martínez Roca, 1977.

Pastor Petit, Domingo, *Espionaje (España, 1936-1939)*, Barcelona, Bruguera, 1977.

——, *Los dossiers secretos de la guerra civil*, Barcelona, Argos-Vergara, 1978.

Pérez-Baro, Albert, *Trenta mesos de col.lectivisme a Catalunya 1936-1939*, Barcelona, Ariel, 1970.

Pons Prades, Eduardo, *Guerrillas españolas, 1936-1960*, Barcelona, Ed. Planeta, 1977.

Raguer Suñer, Hilari, M., *La espada y la cruz*, Barcelona, Bruguera, 1977.

——, *La Unió Democrática de Catalunya i el seu temps, 1931-1939*, Abadía de Montserrat, 1976.

Ramos Pérez, *La guerra civil en la provincia de Alicante*, Alicante, Ed. Biblioteca de Alicante, 1973-1974.

Richards, Vernon, *Enseñanzas de la revolución española*, París, Ed. Belibaste, 1971 (Madrid, Campo Abierto, 1977).

Romero, Luis, *Tres días de julio*, Barcelona, Ariel, 1972.

——, *Desastre en Cartagena*, Madrid, 1971.

——, *El final de la guerra*, Barcelona, Ariel, 1976.

Rosal, Amaro del, *Historia de la UGT,* Barcelona, Grijalbo, 1977, 2 vols.

Safón, Ramón, *La educación en la España revolucionaria, 1936-1939* Madrid, Ed. La Piqueta, 1978.

Seco Serrano, Carlos, *Tríptico carlista,* Barcelona, Ariel, 1976.

Semprún-Maura, Carlos, *Révolution et contre-révolution en Catalogne,* Tours, Mame, 1974 (ed. catalana, Barcelona, Dopesa, 1975; ed. castellana, Barcelona, Tusquets, 1978).

Souchy, Agustín, *Entre los campesinos de Aragón,* Barcelona, Tusquets, 1977.

Suárez, Andrés, *Un episodio de la revolución española: el proceso contra el POUM,* París, Ruedo Ibérico, 1974.

Usobiaga Irazustabarrena, Juan José de Iturralde, *La guerra de Franco, los vascos y la Iglesia,* San Sebastián, 1978, 2 vols.

Vázquez, Matilde y Valero, Javier, *La guerra civil en Madrid,* Madrid, Ed. Tebas, 1978.

4. *Textos y Documentos*

Aguirre, José Antonio de, *El informe del Presidente Aguirre al Gobierno de la República sobre los hechos que determinaron el derrumbamiento del frente del norte en 1937,* Bilbao, La Gran Enciclopedia Vasca, 1977.

Díaz-Plaja, Fernando, *La guerra de España en sus documentos,* Barcelona, Ed. Marte.

——, *La España política del siglo XX en fotografías y documentos,* Barcelona, Plaza y Janes, 1970-1972, 4 vols.

——, *Si mi pluma valiera tu pistola. Los escritores de la Guerra Civil,* Barcelona, Plaza y Janés, 1979.

«Euskadiko Agintaritzaren Egunerokoa» («Diario oficial del País Vasco), 1936-1937, Durango (Vizcaya), Leopoldo Zugaza, 1977, 3 vols.

García-Nieto, M.ª Carmen y Donézar, Javier M.ª, «La guerra de España, 1936-1939 (vol. 10 de *Bases Documentales de la España Contemporánea*), Madrid, Guadiana, 1974.

Jackson, Gabriel, *La guerra civil española. Antología de los principales cronistas de guerra americanos en España,* Barcelona, Icaria, 1978. Júcar, 1977.

Lamoneda, Ramón, *Posiciones políticas. Documentos. Correspondencia.* México, 1976.

La revolución española en la práctica. Documentos del POUM. Madrid, Júcar, 1977.

5. *La España de Franco*

Cierva, Ricardo de la, *Historia del franquismo,* Madrid, Ed. Planeta, 1977-1978, 2 vols.

Carr y Fusi, *España, de la dictadura a la democracia,* Barcelona, 1979.

Gallo, Max, *Historia de la España franquista,* París, Ruedo Ibérico, 1972.

Georgel Tacques, *Le Franquisme. Histoire et bilan 1939-1969,* París, Editions du Seuil, 1970 (trad. castellana posterior).

Lloyd, Alan, *Franco,* Londres, Longmann, 1970.

Miravitlles, Jaume, *Los comunicados secretos de Franco, Hitler y Mussolini,* Barcelona, Plaza y Janés, 1977.

Solé-Tura, Jordi, *Introducción al régimen político español,* Barcelona, Ariel, 1971.

HISTORIOGRAFIA MILITAR DE LA GUERRA DE ESPAÑA. ESTADO DE LA CUESTION

Michael ALPERT

Debo decir, ante todo, no con falsa modestia, pero para que no queden defraudados, que mi aportación a la historiografía pertenece a la tradición —muy inglesa, por supuesto— de afición. Sin embargo, delante de personas como ustedes, que han sido para mí hasta ahora sólo nombres y libros conocidos, aprecio la ocasión que me ha brindado el profesor Tuñón para comentar la dirección actual de la historiografía militar de la Guerra de España y sugerir algunas lagunas que me parece hace falta rellenar.

Soy consciente de que un extranjero debe andar con pies de plomo al hablar de la historia de otro país, máxime en el caso de la Guerra de España, no sólo porque ese conflicto tenga un interés intelectual, sino porque sigue siendo todavía una herida mal cicatrizada. Mi tarea es doblemente difícil porque tengo que demostrar mi desacuerdo con la actual dirección de los estudios científicos sobre el tema. Algunos de los autores a quienes voy a criticar son amigos y a todos les respeto, a la vez que discrepo de sus enfoques. Que me perdonen de antemano si falto a las reglas de la crítica dura pero cortés.

Desde 1969, ha habido un número creciente de obras sobre la guerra civil. Obras de conjunto, como la reedición de Hugh Thomas y *La guerra de los mil días* de Cabanellas. Obras sobre las campañas, como la serie de Martínez Bande; sobre la participación internacional como las de Viñas, de Jesús Salas y de John Coverdale; memorias como las de Tagüeña, jefe destacado comunista, las de Mera, el más significado jefe anarquista, y las de Antonio Cordón, muy importante por haber estado el autor en el centro del esfuerzo bélico como subsecretario de ese Ministerio. Ha habido bibliografía, como la de Palacio Atard, de gran valor, sobre todo en lo que a periódicos de guerra se refiere[1]. Ha habido estudios sobre los Ejércitos, sobre la Aviación y sobre la Marina (y serían necesarios muchos más), sobre el comienzo y el final de la guerra (sobre todo los trabajos de Luis Romero y de Martínez Bande) y sobre las peripecias de algunas provincias (importante tarea porque conducirá a la historia «completa» sobre la que se basarán las síntesis del futuro).

El hecho es, sin embargo, que las obras de conjunto y las de vulgarización se basan en las investigaciones científicas de muy pocas personas, que, por su importante aportación y por la ausencia de otros trabajos, gozan de gran influencia.

La mayor fuente de información sobre la historia militar la constituyen las trece monografías hasta ahora publicadas del coronel Martínez Bande, que han ido apareciendo a lo largo de estos diez años. A mi modo de ver, Martínez Bande no debe ser incluido en el llamado grupo de «revisionistas» o historiadores «neofranquistas». No creo que Martínez Bande tergiverse los hechos para presentarlos como quiere. Al contrario, yo diría que es un autor de gran penetración, que demuestra un notable escepticismo, propio de historiador y no de propagandista, sobre la posibilidad de establecer la verdad completa a base de la documentación asequible. Martínez Bande trabaja dentro del Servicio Histórico Militar, y nadie conoce los documentos como él. Y sin embargo, a pesar de basarse en documentos, aun en lo que se refiere a la historia pura militar, en sus obras siempre cita una larga bibliografía de libros impresos y de testimonios personales.

Los otros historiadores sobre los que se basan las obras de divulgación son Ramón y Jesús Salas Larrazábal, cuya obra comentaré en su momento. Los autores que escriben en inglés —aparte de Hugh Thomas, que requiere distinta consideración, y a quien supongo que no se lee precisamente por su historia militar, sino por la imponente capacidad de su visión global de la Guerra— son George Hills, biógrafo de Franco, historiador de España y

---

[1] Quizá resulte interesante señalar, a modo de comentario sobre la actitud respecto al acceso del público al material antes reservado, que en 1971 consulté los folletos señalados por Palacio Atard. Eran principalmente obras editadas por el Comisariado de Guerra del Ejército de la República. Tuve acceso, tras cierta insistencia, a la Biblioteca Nacional en Madrid, y sólo se me permitió leerlos uno a uno bajo el ojo vigilante de un empleado que además, se permitió ofrecerme una serie de exabruptos impertinentes sobre el contenido de los folletos que él hojeaba antes de entregármelos.

de Gibraltar, y el estadounidense Stanley Payne, especialista en la historia del Ejército español y de la Falange. Estos dos autores tienden a aceptar criterios revisionistas, debido sin duda a que han utilizado las directrices marcadas por las obras de los hermanos Salas. El caso de mi amigo George Hills, autor de un libro llamado *The Battle for Madrid,* es un claro ejemplo. Es un libro importante de vulgarización, de amena lectura, con eficientes mapas y cuadros[2]. Hills casi sintetiza esta nueva presentación que insistiré en criticar. Empieza, como deberían comenzar los libros sobre la guerra civil, con la República, pero no tarda en incurrir en los viejos tópicos del llamado «odio patológico» de Azaña hacia la religión, y, como Payne y los Salas, no deja de decir que Azaña dijo que había triturado el Ejército. Verdaderamente no sé cuándo va a terminar esto. Azaña no dijo que iba a triturar el Ejército ni que lo había triturado[3].

Creo que Hills se equivoca al decir que los socialistas en 1934 no tenían motivos para temer a la CEDA, ya que los mítines de este partido se parecían sólo «superficialmente» a los de Hitler y Mussolini. Pero ¿no fueron los temores del movimiento obrero español los que contaron, sobre todo ante la represión del movimiento obrero vienés por parte de Dollfuss en febrero de 1934? Hills, basándose probablemente en los descubrimientos de Ramón Salas, insiste en la abundancia de oficiales profesionales en el Ejército de la República. Por lo que se refiere a sus conclusiones militares, Hills opina que la República debería de haber mandado su Aviación y su Marina al estrecho de Gibraltar al principio de la sublevación para impedir el cruce del Ejército de Marruecos. Se puede admitir que el caos de Madrid impidió una fría reacción por parte del Gobierno, pero nos preguntamos cómo la flota republicana, recién asesinados todos sus oficiales o casi todos, y en pleno fervor revo-

---

[2] Mi punto de vista es que es preciso tratar con toda seriedad una obra de vulgarización. Un libro de investigación original escrito para otros historiadores empieza a tener importancia cuando los vulgarizadores la saquean y adoptan sus enfoques para su tarea de presentar la historia al gran público.

[3] Véase Miguel Maura, *Así cayó Alfonso XIII,* México, 1962, p. 227; M. Azaña, *Obras Completas,* México, 1968, vol. II, pp. 38-39. También el *Diario de Sesiones de las Cortes Constituyentes* del 2 de agosto de 1932. En el debate sobre la Ley de Reclutamiento y Ascensos de la Oficialidad del Ejército, el general Fanjul se refiere a la «trituración». Azaña rectifica en seguida diciendo: «Es una frase que ha corrido de boca en boca.»

lucionario, pudiera haber hecho nada, ya que en Gibraltar se les negó combustible y hasta colaboraron las autoridades inglesas con la Marina de los rebeldes, como el mismo Hills afirma en su obra sobre Gibraltar. ¿Cómo podía la Aviación republicana, formada principalmente por cazas Nieuport, mantener una presencia significante en el Estrecho, en rivalidad con la aviación —más eficaz— alemana e italiana y contra la artillería antiaérea de los buques de guerra alemanes que estaban allí? Hills sugiere que el gobierno de Madrid debería haber enviado tropas de la División de la Capital para sofocar la rebelión sevillana de Queipo de Llano. Pero la División de Madrid estaba en plena efervescencia. Las sublevaciones de los cuarteles de Carabanchel y la Montaña ya estaban en marcha.

A menudo los pequeños comentarios indican más claramente que los argumentos fundamentales cual es la posición adoptada por su autor. Nos dice Hills, por ejemplo, que la mayoría de los soldados de las Brigadas Internacionales tenían experiencia de haber servido en la guerra. Ahora bien, una persona que hubiera tenido participación significativa en la primera guerra mundial, tendría, en 1936, cuarenta años cumplidos que no es precisamente la edad para ser soldado.

Desde luego, pocos interbrigadistas tenían experiencia militar. Hills hace esta aseveración probablemente para equilibrar a los interbrigadistas con los Legionarios de Franco. Pero no hay comparación posible. Se podría decir más: no menciona Hills la matanza —o la negativa a tomar prisioneros— de Badajoz; insiste en el sibaritismo de Negrín.

El autor es fuerte en la descripción militar; su descripción sobria y escueta, es iluminadora. Pero, políticamente, el libro es parcial.

Uno de los primeros textos importantes de la época 1969 a 1979 sobre la guerra civil fue el tomo de ensayos que editó Raymond Carr: *The Republic and the Civil War in Spain*. Contiene la única historia que conozco del Ejército de Franco, de Ricardo de la Cierva. Este autor subraya la eficacia logística, como complementaria a la unidad de mando, como factor de la victoria. Sin embargo, al Ejército de Franco se lo ha considerado siempre en comparación con el de la República, y diría yo que una importante tarea sería elaborar una serie de estudios sobre el Ejército franquista, pues hasta ahora, aparte de unos aspectos parciales, tenemos sólo una historia anecdótica. En especial, hace falta una investigación sobre la participación marroquí.

El historiador americano Stanley Payne publicó sus opiniones en *The Spanish Revolution*. Payne no simpatiza con Azaña y repite lo de la trituración del Ejército. (Quisiera decir, entre paréntesis, que estoy tratando de realizar un examen de la filosofía y de la lingüística de Azaña con referencia a su política militar. ¿Hay acceso a la documentación del Ministerio de la Guerra de los años 1931 a 1933? ¿Ha visto alguien las miles de solicitudes que Azaña dijo haber recibido a raíz de la Ley de Retiros?) Volviendo al tema, Payne, en su capítulo sobre el Ejército Popular, repite las a menudo citadas cifras —y a menudo diferentes— que demuestran que en la zona republicana quedaba más del Ejército que en la zona rebelde. Discrepo de Payne, de los Salas y de Ricardo de la Cierva porque me parece que ellos creen que se pueden comparar dos cosas diferentes. A mi modo de ver, una cosa es un batallón del Ejército, salido de Burgos, o de Valladolid o de cualquier otro cuartel de una ciudad sublevada, completo, con sus propios oficiales, suboficiales y armamento, sin milicias indisciplinadas alrededor, y otra es un pelotón o compañía de Madrid, luchando en la Sierra, acoplada con otras unidades que no conoce, contaminado por la indisciplina y falta de experiencia de una masa miliciana, sospechoso de sus oficiales, quienes en todo caso han sido agregados después de haber sido pescados en los recovecos de algún negociado del Ministerio de la Guerra.

Payne apoya el argumento de que la República debía de haber empleado en su zona a los miles de oficiales que no habían participado en el Alzamiento, pero sin reconocer que nadie se fiaba ya de la mayoría de estos oficiales, no porque fuesen fascistas, sino porque ¿cómo se podía esperar que luchasen contra sus compañeros de armas? Payne avanza la cifra de tres mil oficiales de la escala activa que sirvieron en el Ejército de la República, cifra muy difícil de establecer.

Fundamentalmente, estos autores se basan en las investigaciones de los hermanos Salas, investigaciones minuciosas sobre la Aviación y sobre la Internacionalización de la Guerra Civil, y sobre el Ejército Popular. Los trabajos merecen gran respeto. Son monumentales, tratan de ser completos, demuestran un tremendo esfuerzo. Pongo esto de antemano, porque me voy a permitir ciertas críticas, sobre todo de la obra de Ramón Salas sobre el Ejército Popular.

Creo, en primer lugar, que esta obra ha sido mal tratada por su editor. Tiene capítulos, muy largos y nutridos, pero el índice sólo nos da títulos como «Madrid» o «Guadalajara», ya que el enfoque es lógicamente cronológico. Salas suele discutir los temas en los subcapítulos, que también son grandes, pero que no figuran en el índice, de modo que una persona que busca la opinión del autor sobre cierto tema, digamos el funcionamiento del Comisariado de Guerra, o la eficacia del servicio de recuperación de heridos, o algo técnico semejante, o bien desea reunir todas las referencias a alguna brigada o división, no lo puede hacer. Si hubo espacio para un apéndice fotográfico, interesante, pero no precisamente necesario, o para 138 páginas de listas de oficiales de las Brigadas Internacionales, podía habérsenos dado un índice temático.

Salas mantiene como tesis principal que los documentos dicen toda la verdad. Por eso da la razón a éstos cuando algún testimonio personal o libros publicados contradicen las fuentes que él acepta como primarias, o van contra su interpretación de estas fuentes. Su punto principal es que, contra todo lo que se ha dicho, el Ejército Republicano no carecía de armas. Aquí no voy a entrar en liza porque las armas constituyen un tema que hay que estudiar con mucho más detalle. Sólo diré que basarse en documentos es muy precario si, en efecto, uno no admite qué documentos se encuentran para decir lo que uno quiere. A menudo las fuentes «primarias» se contradicen. Es más. Hay que saber medir el momento de las fuentes. No es cuestión sólo de la cantidad de cierta arma. El arma debe convenir a la situación militar donde se la emplea y debe estar completa. Mejor que yo lo explica Andrés García Lacalle en su obra sobre la Aviación, que es una respuesta a la de Jesús Salas. Según Lacalle, es verdad que Francia mandó más bombarderos Potez de los que comúnmente se ha dicho, pero los Potez eran lentos y «ataúdes volantes». El famoso caza ruso llamado el *Chato* era muy maniobrable, pero superado por el alemán ME. 109 a alturas de más de 4.000 metros. El bombardero rápido *Katiuska* era magnífico, pero tenía los depósitos de combustible inadecuadamente protegidos y por eso no podía volar sino donde no estuviera la soberbia artillería antiaérea alemana de 8,8, «la loca» como se la llamaba, que tanto daño haría al Ejército Británico en las batallas de Africa del Norte durante la segunda guerra mundial.

Resulta claro, a mi modo de ver, que hay todavía mucho que decir sobre la cuestión del armamento empleado en la guerra civil. Es muy difícil, pero no se puede hacer juicios sin ello.

En lo que a la polémica de los oficiales profesionales se refiere, Ramón Salas intenta demostrar que tres mil de la escala activa (de entre 15 y 16 mil en total), formaron en el Ejército Popular. A menudo da largas listas de oficiales en ciertos frentes. Pero el dar, digamos, cincuenta apellidos en Madrid en noviembre de 1936, no indica que las unidades combatientes, siquiera a nivel tan elevado como batallón, tuviesen oficiales experimentados y resueltos. Aparte de esto, no es raro encontrar en estas listas apellidos que no figuran en el Anuario Militar de 1936 (es el caso de diversos apellidos en la página 406, con referencia al frente de Bilbao), lo cual indica que estos oficiales eran retirados o, y éste es a menudo el caso, ex sargentos ascendidos. En el curso de una lista de 29 tenientes coroneles en la defensa de Madrid (p. 627), puede constatarse que muchos no eran tenientes coroneles en 1931 y muchos más no eran oficiales de Infantería. Se incluye a personas como Antonio Ortega, que hacía dos años era sargento de Carabineros, o Servando Marenco, de Oficinas Militares y en 1936 Jefe de la Comandancia de Milicias, como si estos hombres fuesen comparables en habilidad y experiencia militar a los tenientes coroneles que tenían enfrente, Castejón o de Tella, por ejemplo.

Salas critica al Ejército Popular por estar politizado, pero esto es decir algo muy obvio. Querer separar, en una historia de la Guerra Civil, la lucha militar de la lucha política, me parece un enfoque equivocado. Un oficial, aunque tuviese ideas progresistas, podía combatir en el Ejército de Franco porque iba con la corriente, con sus compañeros. Pero en el Ejército Popular, donde la Guerra era una lucha política transferida al campo de batalla, el oficial se encontraba siempre bajo sospecha y tenía que buscar garantías. Salas ataca al Gabinete de Información y Control, negociado que clasificaba a los oficiales según fueran «leales», «indiferentes» o «fascistas». Lo ataca porque trató injustamente a algunos oficiales. Pero a mí lo que siempre me ha parecido raro es lo contrario: el que hayan quedado con la República oficiales de lealtad dudosa hacia ella. Y debemos decir que los dos miembros más destacados del Ejército Popular, José Miaja y Vicente Rojo, no tenían antecedentes precisamente izquierdistas. El oficial a quien Salas escoge (página 493) como ejemplo de la injusticia del Gabinete de Información y Control, es precisamente uno que mantenía relaciones con el enemigo antes del golpe final del coronel Casado. Quizás, en este caso al menos, el Gabinete de Información y Control no iba tan descaminado [4].

Para llegar a su cifra de tres mil oficiales de la escala activa que sirvieron a la República, Salas hace un cálculo basándose en la Lista Provisional elaborada en Barcelona en 1938. Cálculo arriesgado, ya que, bajo el epígrafe de *profesionales,* a diferencia de *oficiales en campaña* o *oficiales de milicias,* se incluye a muchos que, antes de la Guerra, estaban retirados o eran suboficiales, sargentos y posiblemente simples soldados. Para saber quién fue oficial en 1936, habría que comparar las listas de 1936 y 1938, uno al lado de la otra, tarea que he llevado a cabo en el caso del Arma de Artillería. Tal vez, existe el riesgo de que el Arma de Artillería no sea típica para el caso, aunque creo que ningún otro cuerpo fue más leal que ella. No obstante, puedo decir que en 1938 quedaba en el Ejército de la República el 14 por ciento de los oficiales de Artillería que había en 1936. Si extrapolamos esta cifra a todo el Ejército, tendríamos una cifra de alrededor de dos mil.

En una obra que pretende ser imparcial, mi crítica más dura es que el autor escribe con hostilidad hacia su tema. Veamos lo que dice de las milicias de Madrid. Afirma que había más milicianos en el frente de los que aparecían en los estadillos que los jefes elevaban a la superioridad. Pero no nos dice cómo lo sabe. Quizá es por las constantes quejas de que se mandaban hasta dos veces más raciones que las indicadas por los estadillos. Pero ¿no es cierto que todo jefe, máxime en situación de escasa disciplina, exagera sus fuerzas cuando pide municiones o raciones? ¿No es posible también que los estadillos pequen de exagerados, como fue el caso de las fuerzas del conocido jefe miliciano Valentín González, «El Campesino», como demuestra una cita de la magnífica serie de libros sobre las batallas del Ebro y del Segre de Luis Mezquida?

Pero luego Salas dice lo contrario, que Madrid no dio tantos milicianos como el campo. Y esto porque: «En Madrid se cobraba las 10 pesetas (haber diario del miliciano) sin tener que empuñar un fusil». Es decir, que los campesinos iban a las milicias por las diez pesetas. Frase hiriente, de las que Salas critica cuando las pronuncia Azaña, pero sin evidencia. Tratar seriamente de com-

[4] Véase Martínez Bande, *Los cien últimos días de la República,* p. 121, y documentos del Cuartel General del Generalísimo, legajo 277, carpeta c10, en el Servicio Histórico Militar.

parar la contribución a la masa miliciana de las provincias de la República, requeriría establecer cifras fidedignas de un gran número de variables, y sospecho que no nos enteraríamos de mucho.

En conclusión, diría que los historiadores deben convencerse de que lo que se ha hecho hasta ahora es despejar el camino, no recorrerlo por completo. Hay que hacer caso omiso de la «definitividad», es decir, la actitud según la cual no hay más que decir sobre un tema porque cierto historiador ya lo sabe y lo ha dicho todo. No sé cuántos documentos se han leído, pero el hecho es que casi nadie ha trabajado en el Archivo de Salamanca, donde se guarda toda clase de material no puramente militar. Hay documentos en el Servicio Histórico Militar que ni Martínez Bande ni Salas citan. ¿Qué ha sido, por otra parte, de la tonelada de papel sobre la Aviación que según Jesús Salas fue recuperada después de la guerra? ¿Cuándo se podrán ver los archivos de las auditorías de guerra?

Además, queda mucho por investigar. No sabemos mucho del Ejército de Franco, de la participación marroquí, ni del nivel de control que mantenían los rusos sobre sus aviones y carros de combate.

Los historiadores que han desempolvado los documentos han arrojado el guante. Los investigadores debemos recogerlo.

BIBLIOGRAFÍA

Nota aclaratoria: En el texto me he limitado a hacer la crítica de una tendencia, criticando unas pocas obras. Tampoco cito aquí todos los trabajos que han aparecido sobre la guerra acivil desde 1969. Me limito a una selección de los que creo más importantes por su originalidad y que entran más en el campo de la historia militar que en otro. Para una relación más completa hay que consultar los repertorios de libros editados en España, Estados Unidos, Francia, Gran Bretaña, etc., y la nueva edición de la obra de Hugh Thomas, que posee una bibliografía abundante comentada. El asterisco indica que hay traducción castellana.

Obras de conjunto

Cabanellas, G., *La guerra de los mil días,* Buenos Aires, Heliastro, 1975.
Carr, R. (Ed.), *The Republic and the Civil War in Spain* *, Londres, MacMillan, 1971.
Cierva, R. de la, *Historia ilustrada de la guerra civil española,* Barcelona, Danae, 1970.

Payne, S., *The Spanish Revolution**, Londres, Weidenfeld & Nicolson, 1970.

Thomas, Hugh, *The Spanish Civil War* (Rev. y aumentada)*, Harmondsworth, Penguin, 1977.

Las campañas

Hills, G., *The battle for Madrid**, Londres, Vantage Books, 1977.

Martínez Bande, J. M., *Monografías sobre la guerra de España,* Madrid, San Martín, 1968.

Mezquida Gené, L. M., *La batalla del Ebro,* Tarragona, Excma. Diputación, 1963, 1970.

——, *La batalla del Segre, íbid.,* 1972.

Los Ejércitos

Alpert, M., *El Ejército republicano en la guerra civil,* Barcelona, Ruedo Ibérico, 1978.

Casas, R., *Las milicias nacionales en la guerra de España,* Madrid, Ed. Nacional, 1974.

Cierva, R. de la, «El Ejército nacional», en Carr (obra citada), Londres, MacMillan, 1971.

Salas Larrazábal, R., «El Ejército de la República» *(íbid.).*

——, *El Ejército Popular de la República,* Madrid, Ed. Nacional, 1973.

Naval

Alcofar Nassaes, J. L., *Las fuerzas navales en la guerra civil española,* Barcelona, DOPESA, 1971.

Aviación

García Lacalle, A., *Mitos y verdades: la aviación en la Guerra de España,* México, Oasis, 1973.

Salas Larrazábal, J., *La Guerra Civil desde el Aire,* Barcelona, Ariel, 1969.

Internacional

Alcofar Nassaes, J. L., *Los asesores soviéticos en la guerra civil española,* Barcelona, DOPESA, 1971.

Coverdale, J., *The Italian intervention in the Spanish Civil War,* Princeton, 1975.

Salas Larrazábal, J, *La intervención extranjera en la guerra de España,* Madrid, Ed. Nacional, 1974.

Varios, *Bajo la bandera de la España republicana,* Moscú, Ed. Progreso, s.f. (¿1970?).
Viñas, A., *La Alemania nazi y el 18 de julio,* Madrid, Alianza Ed., 1974.

Brigadas Internacionales

Alcofar Nassaes, J. L., *Spansky: los extranjeros que lucharon en la Guerra Civil Española,* Barcelona, DOPESA, 1973.
Castells, A., *Las Brigadas Internacionales en la guerra de España,* Barcelona, Ariel, 1974.

Fase final

Martínez Bande, J M., *Los cien últimos días de la República,* Barcelona, Caralt, 1973.
Romero, L., *El final de la guerra,* Barcelona, Ariel, 1976.

Documentos

Palacio Atard, V., *Cuadernos bibliográficos de la guerra de España,* Madrid, Cátedra de Hist. Cont. de la Fac. de Fil. y Letras de la Univ. de Madrid, 1966-1969.
Díaz-Plaja, G., *La guerra de España en sus documentos,* Barcelona, G.P., 1969.
García-Nieto, M. del C., *La guerra civil (bases documentales de la España contemporánea),* Madrid, Guadiana, 1975.
Gárate, J. M., *Partes oficiales de guerra,* Madrid, San Martín, 1977.

Memorias

Ciutat, F., *Relatos y reflexiones,* Barcelona, Forma 400, 1978.
Cordón, A., *Trayectoria (memorias de un artillero),* París, Ebro, 1971.
Mera, C., *Guerra, cárcel y exilio de un anarcosindicalista,* París, Ruedo Ibérico, 1976.
Modesto, J., *Soy del Quinto Regimiento,* París, Ebro, 1969.
Tagüeña, M., *Testimonio de dos guerras,* México, Oasis, 1973.

DIMENSIONES ECONOMICAS E INTERNACIONALES DE LA GUERRA CIVIL: UNA PRESENTACION DE LA LITERATURA RECIENTE *

Angel VIÑAS

Estas páginas aluden a dos planos de la historiografía de la guerra civil española que discrepan profundamente entre sí en cuanto al aparato conceptual, metodológico y documental que los domina. Ambos pueden fundirse, sin embargo, en lo que en los últimos años ha aparecido como una faceta crecientemente importante en la investigación: la financiación exterior de la contienda y el análisis de los mecanismos aplicados a la superación del estrangulamiento impuesto por la carencia de divisas con las cuales atender a la demanda de importación de material de guerra, alimentos, semimanufacturas, combustible y productos industriales imprescindibles para sostener el esfuerzo bélico.

Abordaré, en primer lugar, una brevísima panorámica de los aspectos económicos de la guerra civil tal y como han ido cohesionándose en la literatura antes de presentar la selección efectuada sobre la vertiente internacional de la contienda. En ambos casos mencionaré los últimos trabajos que conjugan ambas dimensiones.

I

Desde el punto de vista del esclarecimiento de los mecanismos e instituciones de la economía de guerra en el período 1936-1939 se impone, ante todo, una constatación radical: no disponemos todavía de ningún estudio global de la economía española en lo que cabría denominar etapa de emergencia bélica, y los pequeños intentos existentes (por ejemplo, el de Benavides) no pueden calificarse ni de logrados ni de satisfactorios.

---

* Esta es una versión ligeramente modificada de la ponencia presentada al X Coloquio de Pau, siguiendo la sugerencia del profesor Tuñón de Lara, a quien deseo agradecer su insistente amabilidad en que la llevase a cabo.

Es fácil, desde luego, traer a colación trabajos importantes y meritorios pero éstos no cubren la amplia laguna que se abre ante el investigador de nuestros días, tan pronto como éste parta de presupuestos técnicos y metodológicos inexcusables. Las carencias sentidas son tanto más de lamentar cuanto que si la configuración internacional del período favoreció netamente al bando franquista y perjudicó a la República, no sería menor —en mi opinión— la importancia que cabe atribuir al factor económico. La contienda, en efecto, rompió el esquema de relaciones económicas interregionales e internacionales, subordinando los mecanismos de producción y distribución a las duras exigencias de la economía de guerra, que poco a poco fue cristalizando en ambas zonas.

En el plano económico hemos de distinguir aquellas obras que han puesto el énfasis sobre los aspectos internos de la contienda y las que han dado entrada a los factores internacionales. En la escasa literatura de calidad disponible, predominan esencialmente las primeras.

Dentro del análisis de la economía española en la guerra civil tienen un fuerte papel específico los trabajos que abordan las transformaciones agrícolas e industriales ligadas a los experimentos anarquistas y la colectivización en la zona republicana, problemas que han dado origen a una amplia literatura, si bien en muchos casos de marcado sabor apologético, que minimiza el efecto de la desorganización y de la «re-institucionalización» de las relaciones productivas y de distribución sobre la economía de guerra propiamente dicha. Un excelente resumen, realizado con criterios analíticos modernos y que sintetiza y reinterpreta gran parte de la información disponible es el de Bernecker. Por otra parte, Mintz ha puesto a punto un inmenso material desperdigado.

Ahora bien, la atención de la literatura se ha concentrado por lo general en los aspectos organizativos e ideológicos, abordándose con menor frecuencia la descripción y análisis de los entrabados procesos de reconversión productiva, los efectos sobre los volúmenes y niveles de producción y la contribución *sectorial,* en una palabra, a la implantación y desarrollo de una economía de guerra. La relativa carencia de estadísticas dificulta, por lo demás, la traducción sistemática del cada vez más imprescindible enfoque globalizador.

El vacío que la literatura económica muestra en lo que se refiere a la guerra civil se ha cubierto en parte en monografías que adoptan una perspectiva regional. La obra de Bricall, por ejemplo, es un trabajo admirable que utiliza abundantemente documentación primaria procedente del Servicio Central de Estadística, del Departamento de Economía y del Instituto de Investigaciones Económicas de Cataluña, junto con una considerable cantidad de bibliografía secundaria de la época. Se trata de un estudio pionero que permanece hoy, a los diez años de su publicación, como un monumento aislado y todavía incompleto que podría y debería ampliarse sectorialmente. La economía catalana durante la guerra es, con gran diferencia, el ámbito mejor conocido gracias a la obra de Bricall y a la de Pérez Baró, que sin embargo presta menor atención a la evolución de los sectores productivos.

Las restantes regiones de la España republicana no han merecido tratamiento similar. Es poco lo que se sabe de la economía de Euzkadi, aunque el *Informe del presidente Aguirre* contiene referencias de carácter económico, lo que hace pensar que los archivos del gobierno vasco en el exilio deben disponer de material de interés para el economista.

Menos se conoce aún de la evolución económica en la zona astur-leonesa, aun cuando hay ya autores que trabajan en este campo, como, por ejemplo, José Luis Marrón Jaquete. Sin embargo, Andalucía y Levante constituyen campos absolutamente vírgenes.

La menor atención relativa la ha recibido la política económica del gobierno central: ciertamente ésta se colapsó en los primeros meses de la guerra, pero se reconstituyó lentamente en el curso de la misma, creándose instituciones que perdurarían a lo largo de la contienda. Parece claro que la disgregación territorial debió afectar a la posibilidad de implantar políticas sectoriales centralizadas, pero es el caso que no disponemos de estudios sobre los efectos y modalidades de políticas instrumentales tales como la financiera y la monetaria —destinadas a facilitar la movilización de recursos en favor del sector de la economía de guerra. Las notas de Julio Carabias, ex gobernador del Banco de España y subgobernador durante la contienda civil, son insuficientes, lo que también ocurre con las memorias de Ramón López Barrantes, gobernador del Banco Exterior de España, entidad que desempeñó un papel de importancia capital. La reconversión productiva de cara a la cobertura de las necesidades bélicas ha sido abordada en varias de las obras mencionadas anteriormente, pero aún aguarda su desvelamiento monográfico.

Con todo, la laguna quizá más importante es la que se refiere a la política de comercio exterior, dado que éste 'habría de jugar un papel compensador respecto a las deficiencias de la producción interna, suministrando a la vez recursos financieros adicionales a los derivados de la movilización de las reservas metálicas. También debería realizarse una investigación sobre el funcionamiento de la Caja de Reparaciones que, en parte, orientaría sus esfuerzos en tal sentido y que apenas si aflora en la literatura. En realidad, desde el punto de vista de obtención de recursos que permitieran salvar el estrangulamiento exterior sólo podemos mencionar los trabajos realizados sobre la movilización del oro y de la plata, a los cuales me referiré más adelante. Es posible que, dentro del programa de investigación del Servicio Histórico del Estado Mayor de la Armada, se aborden también las consecuencias económicas de la política de bloqueo. Un estudio de Rafael González Echegaray permite pensar, desde luego, en la conveniencia de que los economistas se adentren en los archivos de la Marina.

Si el análisis de la economía y de la política económica de la zona republicana durante la guerra adolece todavía de numerosas lagunas, las correspondientes contrapartidas en la zona franquista están aún por esclarecer en cuanto a sus efectos y ello tanto en lo que se refiere a la evolución productiva como a la transformación y reconversión sectoriales y a las líneas de actuación funcionales en materia presupuestaria, fiscal, de controles directos y de comercio exterior. Conocemos el marco, en términos generales, las disposiciones legales y poco más.

Ciertamente, el régimen franquista no mostró nunca interés por desvelar los mecanismos económicos que habían apoyado su victoria. En el *Boletín Oficial del Estado* de 4 de agosto de 1940 apareció, en la sección de «Anuncios», un resumen sobre la evolución de la Hacienda desde el 18 de julio de 1936 que ha constituido desde entonces una referencia obligada, reproducida bastante acríticamente. Se debió al celo del ministro de Hacienda de la época, José Larraz, quien impuso su publicación venciendo a duras penas la resistencia de numerosos oponentes. Sin embargo, es fácil constatar que se trata de un pequeño estudio imbuido por las reticencias propias del período de posguerra: se magnificaban los resultados inflacionarios de la Hacienda republicana, se condenaban las enajenaciones patrimoniales y se disminuía el recurso del vencedor al crédito exterior así como un tipo de financiación que no podía por menos de resultar también altamente inflacionario. La Administración franquista disponía de datos y estudios mucho más perfilados sobre los cuales cayó el velo del secreto, todavía no levantado.

Así, por ejemplo, las autoridades financieras de Burgos establecieron la Cuenta General del Estado para los años de la guerra civil, documento clave que se conserva —o conservaba— en el Ministerio de Hacienda, pero del que ni siquiera ha aparecido mención alguna en un excelente resumen unificado de cuadros financieros y presupuestarios publicado en 1976 por el Instituto de Estudios Fiscales.

La política monetaria aguarda aún el análisis de su evolución y efectos: las referencias contenidas en las *Memorias* del Banco de España de la posguerra, en el trabajo de Larraz o en algún artículo como, por ejemplo, el debido al estadístico Antonio de Miguel, son absolutamente insuficientes. Tampoco el prolífico Higinio Paris Eguilaz pasaría de una descripción somera de la política franquista. Otros artículos aparecidos, por ejemplo, en revistas italianas de la época son irrelevantes, caracterización que puede aplicarse a gran parte de los publicados en aquellos años. El profesor Juan Sardá abordó el tema brevemente en su estudio sobre la evolución del Banco de España en el período 1931-1962, pero sin adentrarse demasiado en la problemática de la guerra civil ni en los resultados compilados en su día por los servicios correspondientes.

La política fiscal fue muy apagada pero sería interesante determinar documentalmente sus causas, así como el hecho, quizá no demasiado sorprendente, de que la Hacienda franquista se abstuviera de acudir a empréstitos interiores para financiar los gastos de la contienda, recurriendo por el contrario a métodos puramente inflacionarios como el de la continuada apelación al Banco de España. La explicación usual de que difícilmente impondría el Estado naciente cargas económicas a sus propios seguidores de la oligarquía es, evidentemente, correcta, pero es necesario conocer más, como, por ejemplo, la formulación de las percepciones de la burocracia de la época. La literatura suele basarse en los datos muy insuficientes de Carlos Delclaux Oraa, cuya tesina para la Universidad Comercial de Deusto no fue publicada. El que los profesores Enrique Fuentes Quintana y César Albiñana los retomaran en sus apuntes universitarios les aseguró una influencia desproporcionada sobre generaciones de economistas.

Naturalmente, queda también por escudriñar el tema, muy debatido, de los efectos de la guerra civil. En este terreno, la más reciente aportación es la efectuada por el profesor Pedro Schwartz, que todavía constituye un ensayo preliminar.

Tal panorama, un tanto desolador, se ha reflejado en pequeñas síntesis parciales. Quizá la más completa sea por el momento la efectuada por Jacinto Ros Hombravella y sus colaboradores. El resultado de lo que se conocía acerca de las cruciales relaciones económicas con el exterior lo ha resumido modernamente Fernando Eguidazu.

De hecho, han sido las relaciones económicas y financieras internacionales de ambos bandos lo que más ha atraído la atención —y la fantasía— de los autores. Ni republicanos ni franquistas estaban preparados para financiar una guerra larga, pero el estrangulamiento con que toparon fue muy diferente: el gobierno de Madrid disponía de las reservas metálicas del banco de Emisión en tanto que Franco debía salvar la carencia de divisas refugiándose en otros mecanismos, a veces bastante atípicos. En ambos casos, la dotación de recursos controlados por los respectivos centros de poder iría variando a lo largo de la guerra, según las inevitables modificaciones territoriales. Y, finalmente, las dos zonas habían de abastecer con prioridades cambiantes tanto al sector bélico como al no bélico de la economía. Todo ello incidiría en otro de los problemas que más preocupación ha despertado en la literatura, cual es el de la valoración de la ayuda exterior obtenida por los contendientes.

Las pasiones suscitadas por este complejo de temas se traducirían, por ejemplo, a nivel oficial en esa obra impresionante que es la *Causa General,* cuyo capítulo XII se dedicaría precisamente a exponer la actuación del «gobierno marxista» en relación con el patrimonio nacional, embarullando el ya de por sí confuso panorama con una seleccionada sarta de mentiras y medias verdades.

Las aportaciones recientes son diversas y han clarificado algunos aspectos de la política económica exterior de ambos bandos. En lo que respecta al republicano se han registrado los avances más considerables y mejor fundamentados documentalmente.

Quizá porque el «oro de Moscú» haya sido uno de los mitos predilectos de la dictadura, y como tal tratado en la misma y por la misma, su clarificación historiográfica había de resolverse sólo gracias a una combinación de circunstancias muy favorables. Estas empezaron a darse en el caso del profesor Juan Sardá, quien rozó el tema en su artículo sobre el Banco de España. Dado que sus tesis contrariaban las posturas oficiales, la obra general, en la que participaban otros destacados especialistas en historia económica, fue retirada de la circulación tras una serie de episodios rocambolescos. Hasta febrero de 1979 no se revisó la decisión de desbloquearla.

Análogo destino, si bien de más corta duración, corrió un primer avance de mi investigación sobre el papel del oro y de la plata en la guerra civil, que no fue distribuido hasta después de la celebración de las primeras elecciones generales a Cortes de junio de 1977.

De tal experiencia se desprendía, no obstante, que sólo a base del detenido análisis de la documentación reservada que se encuentra en determinados archivos de la Administración cabía y cabe perfilar una parte de la política financiera de relación con el exterior, ámbito en el cual, y no por casualidad, el franquismo se mostró siempre coriáceo y secretivo.

En ausencia de datos fiables de procedencia republicana, la atención de los investigadores hubo de concentrarse en las relaciones económicas exteriores del gobierno de Burgos. En 1953 un apresurado artículo de John R. Hubbard abordó la financiación internacional obtenida por Franco. Con numerosos errores y deficiencias de información este trabajo tuvo la virtud de llamar al menos la atención sobre la política comercial franquista y la desviación de intercambios en favor de las potencias fascistas. Glenn T. Harper, basándose en las primeras aportaciones de Merkes y en los documentos publicados de la Wilhelmstrasse, mostró en 1967 los intentos alemanes por penetrar la minería española en el famoso asunto Montana: ignoró la problemática expuesta por autores marxistas tales como Marion Einhorn y, por supuesto, no traspasó los límites establecidos quince años antes por los documentos aparecidos. Los mecanismos bilaterales de política comercial apenas si han sido objeto de profundización, siendo ello una de las lagunas que todavía subsisten en el terreno de las relaciones hispano-alemanas. Merkes, Abendroth y Schieder ofrecerían nuevos detalles, en parte a base de documentos no publicados, sobre la penetración económica del Tercer Reich en España, pero sin poder ligarlos a la imprescindible documentación española ni analizar la política bilateral de carácter comercial en el contexto técnico correspondiente.

A comienzos de la década de los setenta, Jesús Salas Larrazábal se adentró por el complejo campo de las relaciones financieras exteriores en un intento de fundir algunos de los rasgos básicos de la dimensión internacional de la contienda con la estimación, en términos físicos y de valor, de la ayuda bélica recibida por ambos contendientes. La base documental vendría dada en su caso por las colecciones diplomáticas publicadas francesas y alemanas —cuyas insuficiencias son notorias— y, como auténtica primicia en la literatura, por los fondos de la Junta Nacional de Adquisiciones (luego Dirección General del mismo nombre) de la Secretaría General del Estado (dependiente posteriormente de la Presidencia del Gobierno) así como por algunos otros procedentes del Servicio Histórico Militar.

En los aspectos estrictamente internacionales este trabajo pionero adolece de algunas percepciones incorrectas, del desconocimiento de mucha de la literatura moderna sobre los mismos y de la problemática en ella reflejada y debatida. No cabe pasar por alto la relativa carencia de valoración de los propios documentos que no reciben con frecuencia la discusión crítica necesaria y que se acumulan en ocasiones unos tras otros poco menos que cronológicamente. El proceso de internacionalización se analiza sólo durante el primer año del conflicto, la narración se entrecorta para reproducir documentos diplomáticos sobre la situación de las hostilidades y pronto se pasa sin solución de continuidad a la estimación de los volúmenes de ayuda extranjera, no sin que aquel proceso de internacionalización se interprete como impulsado por la réplica alemana a una escalada rusa preexistente.

El peso de la obra, sin duda meritoria, radica en el intento de identificar empíricamente los envíos de material de guerra alemán, italiano, ruso y francés a los contendientes —aparte de algunos otros suministros de diversas procedencias—. Incide, sin embargo, en el error de equiparar la determinación final de la deuda de guerra con la valoración económica de la ayuda obtenida del exterior.

Así, por ejemplo, después de argumentar extensamente acerca del importe máximo en liras del apoyo italiano por él estimado, Salas llega a la conclusión de que su techo vendría dado por los 5.000 millones de liras acordados el 8 de mayo de 1940 entre los gobiernos de Roma y Madrid, ignorando la fortísima quita concedida por Italia al régimen de Franco y que llegó a suponer casi el 40 por 100 del total. Igualmente cabría señalar que en el caso del Tercer Reich Salas ofrece un tope máximo (computando incluso partidas tales como transportes e intereses) de 410 millones de marcos. Sin embargo, las cifras alemanas disponibles presentan totales mucho más elevados, del orden de 560 millones.

La disminución de la aportación nazi-fascista al bando franquista en términos de valor va en paralelo con estimaciones que el propio autor considera muy abultadas respecto a los suministros soviéticos. Ello le permite razonar que, en el peor de los casos, éstos debieron ser inferiores al volumen del depósito de oro efectuado en Moscú —como así ocurrió— sin que Salas llegue, no obstante, a extraer la base para justificar la diferencia. Teniendo en cuenta que este autor fundamenta su trabajo en ciertas hipótesis no contrastables o contrastadas documentalmente sobre las aportaciones de material bélico y que no aborda las complejas negociaciones destinadas a fijar los límites de la deuda de guerra contraída por Franco con las potencias fascistas, no es de extrañar que su conclusión culmine en que «contra todo lo argüido hasta ahora la ayuda al gobierno de Madrid superó a la que alemanes e italianos otorgaron al gobierno de Burgos».

Aun cuando no cabe dudar de la escrupulosidad de Jesús Salas, parece evidente que tal conclusión había de ser regocijante para el régimen franquista: treinta años después de la aparición del pequeño trabajo de Larraz un investigador español, utilizando otro abanico documental, llegaba a resultados similares. Quizá en los primeros años de la década de los setenta el franquismo no tuviese ya interés en extraer propaganda política de tal tipo de conclusiones. Sin embargo, en base a documentación de naturaleza financiera no es posible beneficiar al general Franco con tesis de tal carácter.

Otra aportación en lo que se refiere a la determinación de la valoración de la ayuda exterior recibida por el bando franquista es la debida a Robert Whealey. Dicho autor ha aplicado una metodología diferente a documentos análogos a los consultados por Jesús Salas: partiendo de cifras globales de ayuda nazi-fascista que, sin embargo, todavía resultan inferiores a las reales (si bien son más elevadas que las del militar español), Whealey ha tratado de identificar las cifras de moneda extranjera gastadas por las autoridades de Burgos, llegando a estimar la aplicación de un total de 76 millones de dólares en las áreas del dólar y la esterlina, que habría que añadir a los 538 millones de marcos y 6.800 millones de liras que maneja como valoración del apoyo prestado por las potencias fascistas. Así, pues, Whealey estima en un mínimo de 646 millones de dólares los desembolsos realizados en el sector bélico de la economía de la zona dominada por el gobierno de Burgos. También este cálculo está infracuantificado a la par que el método lleva a mezclar conceptos muy diferentes como son los conectados con el resultado de las relaciones comerciales de índole más o menos normal (que, naturalmente, debieron seguir manteniendo ambas zonas), el apoyo recibido en forma de créditos financieros exteriores o asimilados y las divisas captadas por otros procedimientos.

En los últimos años han aparecido igualmente algunos intentos de despejar incógnitas relacionadas con aspectos parciales de los suministros exteriores. Así, por ejemplo, basándose en los recuerdos de José Antonio Alvarez Alonso y en alguna documentación de CAMPSA, Ricardo de la Cierva ha abordado brevemente el tema de los envíos de carburantes norteamericanos a la España de Franco. Como CAMPSA no ha abierto aún sus archivos a la investigación, cabe pensar que también en este ámbito encontraremos en el futuro numerosas novedades si bien es justo señalar que De la Cierva no cae en el burdo error —elevado a la categoría de verdad en mucha de la literatura— de creer que tales suministros se financiaron mediante créditos a largo plazo. Adicionalmente, Whealey está realizando un estudio sobre la política petrolífera en los años treinta, del que debemos esperar, sin duda, interesantes aportaciones.

El tema de las piritas ha merecido la atención de Harvey. Este autor ha mostrado algunas de las repercusiones internacionales de la política de comercialización de tal mineral, en manos de los sublevados desde un principio. En su interesante artículo, Harvey reconoce que es todavía poco lo que se sabe acerca de la política financiera de los contendientes y de la maquinaria o mecanismos establecidos para controlar en las zonas respectivas la producción y la distribución.

Llegados a este punto, he de mencionar inexcusablemente mis más recientes investigaciones. Estas se han orientado en dos direcciones: en una he tratado de integrar la movilización de las reservas de oro del Banco de España y de otros activos captados al público con el proceso de internacionalización de la guerra civil y con las relaciones intergubernamentales hispano-soviéticas. En otra he abordado las líneas fundamentales que definieron el rumbo de la política comercial exterior franquista durante la guerra civil.

En este último aspecto hay que subrayar la importancia del comercio internacional de la zona como mecanismo aplicado a la disminución del volumen de endeudamiento contraído con las potencias fascistas, la atipicidad que supondría paliar éste mediante la utilización de pesetas ordinarias (es decir, sin entregar divisas), el predominio de las compensaciones privadas y el mantenimiento a todo trance del sistema de compensación HISMA/ROWAK en el intercambio hispano-alemán —que me parece mucho más significativo que los esfuerzos de inversión minera tan destacados en la literatura.

Finalmente, he tratado de documentar la dependencia del gobierno de Franco con respecto al apoyo financiero y económico prestado por Italia y el Tercer Reich, disminuyendo por el contrario el peso que comúnmente suele atribuirse en la bibliografía al procedente de los círculos del capitalismo español o internacional. Todos los créditos financieros exteriores recibidos por el gobierno de Burgos han sido identificados así como las líneas generales del proceso de liquidación de las deudas de guerra con las potencias fascistas. Igualmente se ha pasado revista a la crítica situación existente en el verano de 1939 y a los resultados globales del movimiento de divisas de la España nacional. Los vacíos todavía existentes serán completados en una futura monografía en la que me gustaría abordar el proceso de captación de moneda extranjera y su asignación funcional y sectorial.

II

Esta breve referencia a la literatura disponible sobre las dimensiones económicas de la guerra civil nos ha puesto en contacto con el segundo plano a destacar en este trabajo: el internacional.

Este goza, obvio es señalarlo, de un interés máximo en la historiografía, abordado corrientemente desde el punto de vista de las relaciones de las potencias con respecto a la guerra civil. Que ello no agota el problema es evidente y, en una exposición necesariamente forzada, podríamos distinguir diversos niveles de análisis que traducen planteamientos conceptuales y enfoques metodológicos muy distintos en respuesta a una determinación crecientemente compleja de lo que es fundamental hoy en el estudio de la guerra civil. Tales niveles son seis: 1) actitudes individuales de las potencias ante la contienda; 2) relaciones entre ellas, en la medida que contribuyeron a configurar el curso de la misma; 3) efectos de ésta sobre la escena internacional del período; 4) procesos de formulación de decisiones sobre la política adoptada ante la guerra de España, en reacción a presiones emanadas de los grupos sociales o de segmentos diferenciados de los aparatos burocráticos y estatales; 5 trasfondo social amplio de la acción exterior de las potencias y, finalmente, 6) interacción internacional de sectores y clases sobre y con la guerra civil.

En general, la historiografía ha seguido un curso normal, deteniéndose en primer lugar en los niveles bilaterales y multilaterales menos complicados antes de pasar a los últimos dos o tres planteamientos, que requieren un desarrollo conceptual e instrumental más elaborado.

Así, por ejemplo, los dos primeros niveles fueron abordados ya en el curso de la propia guerra civil y en la posguerra aunque, por obvias razones, la literatura de tal época no podía ofrecer un análisis crítico basado en fuentes documentales internas. La exposición haría uso de materiales públicos de procedencia oficial, de tratamientos externos —a veces muy penetrantes— y de testimonios y experiencias de protagonistas de la política internacional del período o de la intervención extranjera en la guerra civil, muchos de ellos con claridad y lucidez notables.

El peso específico atribuible a las relaciones entre las potencias y a su interacción en la guerra civil disminuiría en las obras profranquistas, salvo para denunciar y exagerar la ayuda prestada a los contrarios. Evidentemente, la dictadura recién implantada no podía tener demasiado interés en realzar los apoyos exteriores que habían hecho posible su victoria, y la literatura testimonial del período no revelaría muchas de las interioridades del proceso de formulación de la diplomacia fascista o de las reacciones ante ella de las autoridades de Burgos.

Con el transcurso del tiempo la manifestación específica de las actitudes de las potencias que configuraron, entre otros factores, el curso de la guerra civil dio paso a dos planteamientos algo más complejos: la reconstrucción de las ocultas relaciones entre las mismas, en el tenor de la historia diplomática y del molde cristalizado por una larga tradición de historiografía y, seguidamente, el efecto de la contienda sobre el deterioro del sistema de relaciones de la entreguerra.

El paso a esta segunda etapa se abrirá a raíz de la publicación de dos colecciones de documentos alemanes por el Departamento de Estado norteamericano y por el Ministerio de Relaciones Exteriores soviético. El contexto era favorable a dichos planteamientos: la determinación de la injerencia nazi-fascista en la guerra civil era un tema altamente político en el período de ostracismo del régimen franquista del sistema de Naciones Unidas. La aparición de los primeros testimonios de dirigentes de las potencias derrotadas en la segunda guerra mundial avivó el interés histórico y político que alcanzó una cota culminante con la publicación del famoso tomo III de la serie D del material documental de la Wilhelmstrasse, a cargo de una comisión mixta franco-anglosajona.

Desde los años cincuenta la revisión historiográfica de la dimensión internacional en la guerra civil sería intensa y acumulativa. Sus resultados dependerían en gran parte de dos variables fundamentales: apertura de archivos estatales (y privados) y análisis crítico de las memorias de participantes en la política internacional del período, que poco a poco irían apareciendo.

Era de esperar que la revisión avanzase con mayor seguridad, o al menos con mayores posibilidades de contrastación empírica, en aquellos casos en los que más rápidamente pudiera obtenerse acceso a los imprescindibles fondos documentales. No es de extrañar por ello que la intervención nazi en la guerra civil fuese uno de los campos más prontamente investigados. En 1961 Manfred Merkes publicó su tesis doctoral, iniciadora de la revisión, y al año siguiente Marion Einhorn sentaba en la República Democrática Alemana tesis diametralmente opuestas que teñirían la historiografía de los autores de esta nacionalidad: la ayuda hitleriana a Franco se explicaría por el deseo del capital monopolista alemán de participar en la explotación de las riquezas naturales de la economía española.

La polémica entre los historiadores de las dos Alemanias continuaría durante toda la década, reflejo en parte de actitudes políticas ante el régimen de Franco, eficazmente apoyado por los sucesivos gobiernos de la RFA. La historiografía alcanzó aquí un alto nivel de calidad con la publicación de la segunda edición —muy ampliada— de la obra de Merkes, en la cual se explotaba por vez primera un amplio abanico documental procedente de los archivos militares y civiles del Tercer Reich, reduciéndose la importancia hasta entonces atribuida tradicionalmente a los diplomáticos. Con ello la formulación interna de la política alemana ante la guerra civil pasó a proyectarse en primer plano, alcanzándose el cuarto nivel señalado con un grado de sofisticación documental no igualado para otros países.

En los Estados Unidos el primer ensayo sobre la relación entre las grandes potencias y la guerra de España data de 1962 y fue debido a Dante A. Puzzo: se basaba en los documentos oficiales publicados hasta el momento y hacía uso de la colección diplomática italiana de la octava serie que había empezado a aparecer en 1952. Su intento —sesgado y en ocasiones ingenuo— fue rápidamente superado y la apertura de los archivos norteamericanos posibilitó el trabajo de Richard P. Traina sobre la política exterior estadounidense ante la guerra civil, que superaba múltiples antecedentes de menor entidad. Sin agotar el cuarto nivel de análisis, quedarían por aclarar numerosas cuestiones en escalones inferiores así como en lo que se refería al apoyo económico e instrumental que la sedicente cruzada recibió en los Estados Unidos.

Los autores norteamericanos prefirieron concentrarse, por el contrario, en la participación de sus compatriotas en las brigadas internacionales o en la repercusión de la guerra civil sobre la opinión pública y los intelectuales de aquel país.

De entre los casos de archivos estatales que no se abrieron, los estudios referidos a la política de la Unión Soviética frente a la contienda española progresaron rápidamente. Algo no de extrañar, quizá, en el contexto de la guerra fría. David T. Cattell, basándose en documentos del comité de no intervención y en material publicado de procedencia soviética, abrió aquí una vía en los primeros tres niveles. Posteriormente Iwan Maiski alumbró con algún detalle la interpretación del Kremlin acerca de la política de no intervención y su propio papel en el comité. Testimonios más o menos sospechosos, como los de Krivitski y Orlov y de renegados comunistas españoles, como Jesús Hernández, oscurecieron una interminable discusión que hundía sus raíces en la misma época de la guerra civil y a la que habían contribuido en la literatura los testimonios de Araquistáin, Casado, García Pradas, Prieto y muchos otros. Los avances documentales fueron escasos, si bien la Unión Soviética dio a conocer a partir de 1965 los recuerdos de participantes directos de tal nacionalidad en la contienda española. Pero las relaciones intergubernamentales con la España republicana continuaron y continúan siendo un terreno difícilmente contrastable mientras que otros escalones superiores de análisis siguen absolutamente inexplorados.

Desde el punto de vista de la reconstrucción documental el cierre de los archivos estatales británicos, franceses e italianos se tradujo en la ampliación relativamente escasa de los fondos que sustentaban los análisis contenidos en la literatura aparecida en los años sesenta para precisar la formulación y cambios de la política de tales potencias ante las vicisitudes por las que atravesó la contienda española.

Autores como Watkins analizaron, cierto es, sus efectos sobre la opinión pública inglesa y Kleine-Ahlbrandt abordó el estudio de la política británica. Sin embargo, sus resultados no superaron en mucho a los recogidos por los *Surveys of International Affairs,* que habían dirigido Arnold Toynbee y Verónica Boulter. En esta época son, no obstante, de destacar las memorias de Sir Anthony Eden, que aportaron interesantes apreciaciones. Las de otros políticos británicos que aparecieron ulteriormente redondearon numerosos detalles.

En el caso francés se disponía de abundantes obras testimoniales y de una base documental que retrocedía a la comisión de encuesta parlamentaria sobre los acontecimientos ocurridos entre 1933 y 1945. Era también muy amplia la bibliografía secundaria. Los archivos estatales permanecían cerrados, sin que pueda yo estimar desde fuera su interés en la actualidad, ya que mucho material conservado en el Quai d'Orsay fue destruido antes de la derrota de Francia en 1940.

Los documentos diplomáticos de la segunda serie, cuyo tomo 2 se publicó en fecha tan lejana como 1964 cubriendo el estallido de la guerra civil, dieron a conocer revelaciones interesantes, pero el examen del proceso de formulación de la política francesa en sus variados ámbitos ante la guerra civil y la intervención en España —cuarto nivel de análisis— no disponía —ni dispone— de una base comparable a la que cabe encontrar en los Estados Unidos, Alemania y, ahora, tras la apertura de archivos, en Inglaterra. David W. Pike abordó el estudio de la propaganda que rodeó en Francia a la guerra civil basándose en el estudio sistemático de la prensa y de cierta documentación procedente de archivos departamentales, pero los avances registrados en el terreno de los estatales no diplomáticos fueron nulos: todavía hoy estamos a la espera de investigaciones que hagan uso de los documentos emanados del Ministerio de Finanzas, de los servicios de Aduanas, del Banco de Francia, etcétera, por no citar los del Ministerio de la Guerra, entre otros muchos.

Existían, eso sí, importantes trabajos de detalle: Nathanael Greene, por ejemplo, examinó el papel de la cuestión española en la división de la SFIO y David Carlton analizó críticamente los orígenes de la política de no intervención, que ya había tocado Geoffrey Warner entre otros autores.

En el caso italiano la década de los sesenta fue bastante pobre: todavía resultaban fundamentales las obras de Francesco Belforte, Dino Grandi y otros autores fascistas, complementadas con los recuerdos de Luigi Longo y Pietro Nenni. Alberto Aquarone había abordado el impacto de la guerra civil en Italia y Olao Conforti la derrota de Guadalajara, pero era evidente para cualquier interesado que aún quedaba mucho terreno por desbrozar.

Peor era el estudio de las relaciones hispano-portuguesas que continuaron desatendidas en la investigación, si bien la publicación en los primeros años sesenta de una colección de fondos diplomáticos portugueses mejoró la base documental disponible. Hasta diez años más tarde no se registró ningún avance importante en este campo y ello sólo gracias a la aparición de los desorientantes recuerdos de Pedro Theotonio Pereira, embajador en Salamanca.

Naturalmente, el estudio de la dimensión internacional de la guerra civil no faltó nunca, efectuado desde posiciones muy diferentes, en las grandes obras generales sobre la contienda, basadas en buena medida en materiales publicados y en bibliografía secundaria: como es notorio la década se abrió con la aparición del trabajo de Hugh Thomas que fue seguido, en rápida sucesión, por los de Pierre Broué y Emile Témime, Gabriel Jackson y Stanley G. Payne, entre muchos otros. Con escasas excepciones estas obras no traspasaron los tres primeros niveles de análisis, situándose ocasionalmente en el cuarto.

Para acceder a los escalones más superiores había que acudir a las numerosas aportaciones realizadas por estudiosos de la política internacional de los años treinta. Eran muchos los que abordaban en términos generales la problemática amplia suscitada por la intervención extranjera en España o la actitud de las potencias ante la guerra civil; los trabajos de Gerhard L. Weinberg, de Ferdinand Siebert o de Jens Petersen alumbraron la política exterior nazi-fascista y su interacción a niveles más desarrollados de análisis pero sin profundizar en el caso español. Gottfried Niedhart exploró por su parte las relaciones germano-soviéticas en tanto que Josef Henke y W. N. Medlicott desvelaron las germano-británicas, contribuyendo a enmarcar en un contexto referencial más amplio coordenadas básicas que incidieron sobre la guerra de España. Y, por supuesto, obras generales sobre relaciones internacionales como las de Pierre Renouvin y Jacques Duroselle también se ocuparon del tema. Todavía servía —y sirve— el magistral estudio de Norman J. Padelford sobre

International Law and Diplomacy in the Spanish Civil Strife, aparecido en 1939, como compendio de la situación contemplada desde el ángulo del Derecho Internacional.

Durante todos estos años ha de subrayarse la ausencia de autores españoles residentes en España en el gran debate historiográfico sobre la dimensión internacional de la guerra civil. Herbert R. Southworth, en 1965, trazaría un impresionante e implacable cuadro de la historiografía franquista prevaleciente en la época, aludiendo en numerosas ocasiones al tratamiento recibido en ésta por los aspectos internacionales de la contienda. Destacaban, eso sí, las condenas y vituperaciones de la ayuda obtenida por la República y en el ámbito restringido de las brigadas internacionales se registrarían algunas tímidas aportaciones. En general la dictadura se refugiaba todavía en la propaganda, la distorsión y la mitología.

La bibliografía fundamental sobre la dimensión internacional de la guerra civil era, necesariamente, foránea y la producida en el interior del país desorientante, como revelan en aspectos fundamentales, por ejemplo, los recuerdos de Luis Bolín, uno de los creadores y más acérrimos defensores del mito franquista de Guernica, también desvelado por Southworth.

Lo insostenible de la divergencia entre la calidad del debate exterior y la endeble literatura del interior favoreció, sin duda, la aparición en España de algunos autores que con la debida cautela empezaron a atacar en la década de los setenta temas hasta entonces eludidos. Jesús Salas Larrazábal utilizó abundantemente material procedente de archivos españoles en una reconstrucción de historia militar que no subvaloraba el papel atribuible a la Legión Cóndor. Poco después su hermano, el coronel Ramón Salas, abordaba el delicado tema de la intervención extranjera y las ayudas exteriores: una comparación de su trabajo sobre el Ejército Popular con los planteamientos del coronel Juan Priego López en los años cincuenta revela el trecho recorrido, que no solía desbordar en España los tres primeros niveles de análisis.

Esto queda ejemplificado en el caso del primer autor del interior que se orientó monográficamente por el estudio de la dimensión internacional de la contienda con criterios modernos: el diplomático, destinado en Londres, Fernando Schwartz quien hizo uso de documentos del comité de no-intervención, algunos fondos del Foreign Office y abundante bibliografía de carácter general, realizando un trabajo desigual pero meritorio, de calidad muy superior a la que en tales aspectos había generado el régimen.

Un resumen de la problemática de la intervención extranjera en la guerra civil, tal y como aparecía en la literatura a comienzo de los años setenta, fue el publicado por Robert Whealey en la colección de ensayos dirigidos por Raymond Carr. Desde entonces, la apertura de los archivos británicos y las posibilidades de acceder a los italianos ampliarían notablemente el panorama documental a la vez que entraban en juego autores con experiencia de archivos españoles, que se abrían o permanecían cerrados a la investigación, según circunstancias hasta entonces nunca bien definidas.

Quizá fuese la intervención nazi la que generó una mayor producción: sin superar el ponderado tratamiento de Merkes, Hans Henning Abendroth publicó un amplio estudio de la política alemana, y de sus interacciones con la británica y la francesa, ante la guerra civil en una línea entre historia diplomática y el cuarto nivel de análisis, realizando posteriormente otros trabajos de síntesis. Wolfgang Schieder iluminó las relaciones entre la intervención en España y el plan cuatrienal de Göring en tanto que la destrucción de Guernica suscitaba un amplio debate.

Aunque subsisten lagunas —algunas muy importantes—, cabe afirmar que en la actualidad las relaciones hispano-alemanas han sido las mejor analizadas en la literatura, en la que está bastante cubierto con arreglo a criterios modernos el período comprendido entre la terminación de la primera guerra mundial y el final de la segunda, para esta última fase gracias a las aportaciones de Klaus-Jörg Ruhl. Whealey tiene terminado un nuevo trabajo sobre la intervención hitleriana en la guerra civil y Raymond Proctor —ex aviador militar— realiza un estudio sobre la actuación de la Legión Cóndor: en ambos casos se han utilizado materiales documentales procedentes de archivos españoles a los que no han acudido los autores extranjeros antes mencionados. Por otro lado no cabe olvidar que la política exterior alemana ha atraído la atención de numerosos investigadores tanto de esta nacionalidad (piénsese, por ejemplo, en Klaus Hildebrand, Andreas Hillgruber, Hans-Adolf Jacobsen, Jost Dülffer, Hans-Erich Volkmann, Axel Kuhn, etc.) como anglosajones que han analizado su conexión con las bases sociales y económicas del sistema nacionalsocialista extrayendo conocimientos que permitirán ubicar mejor y con mayor precisión la participación nazi en la guerra de España, cuyos antecedentes examiné en 1974.

La intervención italiana ha sido alumbrada, por fin, en sus aspectos políticos y militares fundamentales por John F. Coverdale, en base a fuentes de aquella procedencia en un estudio pionero que ha recibido abundantes elogios si bien no traspasa los primeros niveles de análisis. El desbrozamiento aquí es mucho menos intenso que en el caso alemán y la asunción de planteamientos típicos de los escalones quinto y sexto muchísimo menor.

La política francesa sigue estando comparativamente desatendida: David W. Pike mejoró sus anteriores aportaciones analizando el impacto de la contienda en la prensa y su interacción con las medidas diplomáticas. Jean Lacouture abordó una labor de síntesis en su biografía de Léon Blum, basándose en los trabajos de John E. Dreifort sobre Yvon Delbos y en las actas del coloquio de 1965 sobre la figura del político socialista, y yo he precisado el tenor documental de los compromisos franco-españoles vulnerados al estallar la guerra civil. Recientemente la política exterior francesa anterior al segundo conflicto mundial ha sido analizada con gran aparato informativo, pero en una línea de historia diplomática tradicional, por Anthony Adamthwaite. En general, el que los planteamientos metodológicos típicos de los niveles de análisis más avanzados no hayan sido recibidos en el caso francés muestra la fragilidad de nuestros conocimientos, pues es en estos escalones —y referidos concretamente a las potencias democráticas occidentales— donde el estudio de la dimensión internacional del conflicto resulta más gratificante.

La sucesiva apertura de archivos extranjeros se configura, mientras tanto, como un riquísimo filón que han empezado a explotar, aparte de algunos de entre los autores mencionados, Jill Edwards, Michael Alpert y Glyn Stone para la política británica hacia España. Si el marco referencial de la misma ha sido ya iluminado desde hace tiempo, aún quedan por analizar parcelas considerables del proceso de toma de decisiones, sobre todo en relación con los aspectos económicos.

Por otro lado, Antonio Marquina Barrio ha iniciado una pionera exploración de los archivos vaticanos con el fin de alumbrar la cambiante actitud de la Santa Sede y su actuación en el tablero internacional en relación con la guerra de España.

En lo que se refiere a la relativamente desamparada política exterior republicana se han producido aportaciones muy sensibles:

a las conocidas e informativas memorias de Félix Gordón Ordás hay que añadir ahora las de Pablo de Azcárate, embajador en Londres. La muerte impidió al Dr. Marcelino Pascua, representante español en Moscú y París, alumbrar las relaciones intergubernamentales de la República con la Unión Soviética y Francia. Algunos documentos por él conservados me han permitido, sin embargo, avanzar un poco en el terreno de tales contactos bilaterales.

Los últimos años han contemplado, pues, en conjunto, una mejora considerable de la base documental y la esperada aparición de autores españoles que participan en el debate internacional. Entre ellos tal vez sea Andreu Castells quien haya realizado, por ejemplo, la que sea mejor reconstrucción de la problemática de las brigadas internacionales.

Es necesario indicar, por último, que el actual cambio político en España ha inspirado o permitido la aparición de memorias que suministran detalles interesantes para enjuiciar ciertos aspectos de la interacción con el exterior junto con otras dimensiones, naturalmente. Si las de José Ignacio Escobar, marqués de Valdeiglesias, desorientaban sobre los orígenes de la intervención alemana, los testimonios de Pedro Sainz Rodríguez sitúan en un contexto referencial mucho más perfilado las raíces de la decisión mussoliniana de injerirse en asuntos españoles. La vieja tesis de la existencia de ciertas ramificaciones internacionales en los orígenes del estallido de la guerra civil —y que autores profranquistas trataron de utilizar para demostrar la intervención soviética— parece ahora inclinarse decididamente del lado de la co-responsabilidad entre dirigentes fascistas y cualificados sectores conspiratoriales promotores de la sublevación militar.

Finalmente, la descongelación, en febrero de 1977, del acceso a los fondos del Ministerio español de Asuntos Exteriores, que pueden en la actualidad consultarse hasta el año 1945 inclusive, permitirá atajar una de las deficiencias más agudas en el estudio de las dimensiones internacionales de la guerra civil: la carencia relativa de información sobre la percepción, interpretaciones, reacciones y cambios en la formulación interna de la política extranjera por parte del bando franquista, aspectos que no siempre cabe inferir de los documentos, comunicaciones y estimaciones que obran en archivos de otros países y que han utilizado profusamente autores sin referencia alguna a los fondos españoles y a veces sin conocimiento de los peculiares procesos de toma de decisiones de la Administración franquista de la época.

Por supuesto, la apertura de dichos archivos no basta para alumbrar la relación con el exterior: en el caso de Guernica, valga el caso, he tratado de mostrar que también será necesario recurrir a los del Gabinete Diplomático y, sobre todo, a los de las Casas Civil y Militar del Jefe del Estado. Tampoco cabe olvidar los del Ministerio de la Guerra, cerrados hasta ahora a la investigación, y aún queda por examinar el espinoso tema de los archivos privados, ya que los estatales han experimentado la depredación de la élite del poder decisional en la Administración durante la dictadura, atenta a eliminar muchas de las huellas de su actuación, de sus opiniones y de sus pugnas.

En general, la discusión sobre la dimensión internacional de la guerra civil ha puesto de relieve, en mi opinión, el papel absolutamente crucial que cabe atribuir a las relaciones con el exterior para explicar y comprender su curso, evolución y resultados. Los archivos españoles suministran un material muy considerable que permitirá invalidar numerosas manifestaciones de la autocomplacencia franquista y colmar lagunas sensibles para la comprensión global del marco externo en que se desarrolló la contienda.

Es frecuente en la literatura, como han hecho por ejemplo Wolfgang Schieder y Christof Dipper, encontrar referencias a las omisiones aún no cubiertas por la investigación. En la dimensión internacional de la guerra civil suelen conectarse con las modalidades cambiantes y la extensión de las intervenciones extranjeras, así como con la participación diferenciada de los grupos de intereses, a nivel gubernamental, en la configuración de las relaciones con las dos Españas. Pero si estas lagunas se detectan en el caso de las potencias no es menos cierto que una parcela que reclama urgente atención la constituye, en mi opinión, el análisis del proceso de adopción de decisiones español, tanto en el lado republicano como en el franquista.

¿Pueden bastar los recuerdos de Alvarez del Vayo, las sospechosas Memorias de Prieto o las tergiversadas de Largo Caballero para alumbrar la formulación de la política exterior de la República? Ignoramos mucho acerca de la practicada por Negrín, de la percepción de las realidades exteriores por parte de una burocracia desgarrada y, en parte, improvisada. El tomo IV de *Guerra y Revolución en España* ha aportado por vez primera documentación sobre las reflexiones tácticas de Negrín en el contexto internacional posterior al acuerdo de Munich pero es mucho lo que ignoramos en diversos ámbitos bilaterales, incluso en conexión con la propia Unión Soviética.

Y en el bando triunfador la situación no es mejor: conocemos, cierto es, el tenor general de su dependencia crítica con respecto a las potencias fascistas pero casi siempre en base a las percepciones de éstas. ¿Acaso no tenía margen de maniobra en política exterior el gobierno de Burgos? ¿Cuál fue su actitud y cómo se manifestó frente a las más intolerables intromisiones y recortes de independencia que, al parecer, intentaron poner en práctica los italianos? ¿Cómo fue modificando sus tácticas el incipiente nuevo Estado ante el endurecimiento de las relaciones internacionales? ¿En qué pugnas se enfrentaron sus dirigentes y cómo se tradujeron éstas en un proceso complejo de toma de decisiones del que tampoco puede prescindir una dictadura medianamente moderna y así lo era la franquista?

Esta perspectiva no ha hecho sino aflorar y deberá atraer, pienso, una parte de la atención de los investigadores en los próximos años. No será, sin duda, una problemática fácil. Habremos de desarrollar los necesarios instrumentos, los modelos teóricos y de comportamiento burocrático imprescindibles y aplicarlos a las circunstancias españolas, atemperándolos a una realidad deformada por los efectos de los aparatos ideológicos fascistas, la irresponsabilidad y, no en último término, por la corrupción de la dictadura.

Todo ello suscita dificultades considerables. Sin embargo, tanto en lo que se refiere a las dimensiones económicas como a las internacionales de la guerra civil parece claro que la investigación del futuro habrá de prestar mucha más atención que hasta la fecha a la rica documentación conservada en numerosos archivos estatales y locales españoles. El nuevo frente de trabajos y planteamientos que se ha abierto en los últimos años hubiera sido impensable de no haber contado con los materiales procedentes de algunos de ellos (Servicio Histórico Militar, Dirección General de Adquisiciones, Banco de España, Ministerios de Asuntos Exteriores y de Hacienda, Instituto Español de Moneda Extranjera, etc.). Quedan, sin embargo, todavía muchos por abrir y explorar y en tal sentido el hecho de que en la novísima Constitución española el artículo 105, apartado b) prevea que la Ley regulará «el acceso de los ciudadanos a los archivos y registros administrativos, salvo en lo que afecta a la seguridad y defensa del Estado, la averiguación de los delitos y la intimidad de las personas» debe ser saludado como un triunfo considerable por todos aquéllos para quienes aparece como tarea urgente la recuperación de las dimensiones ocultas de una historia reciente que ha sido manipulada y distorsionada por el franquismo.

Toda selección es arbitraria. La que aquí presentamos deja de lado, con escasas excepciones, obras generales y se concentra en los que nos parecen más relevantes trabajos especializados de los últimos años. Se ha dado preferencia a los extranjeros que todavía no afloran en los escritos de autores españoles. Las obras testimoniales y de memorias se han reducido al mínimo, igual que las que versan estrictamente sobre aspectos militares.

Literatura seleccionada *

A)   *Dimensiones económicas*

Alvarez Alonso, José Antonio, *Notas sobre el suministro de petróleo a la España nacional en la guerra civil (1936-1939)*, Madrid, s.e., 1970.

Arias Velasco, José, *La Hacienda de la Generalitat 1931-1938*, Esplugas de Llobregat, Ariel, 1977.

Benavides, Leandro, *La política económica en la II República*, Madrid, Guadiana, 1972.

Bernecker, Walther L., *Anarchismus und Bürgerkrieg. Zur Geschichte der sozialen Revolution in Spanien, 1936-1939*, Hamburgo, Hoffmann und Campe, 1978.

Beurko, Sancho de (ed.), *El informe del presidente Aguirre al gobierno de la República sobre los hechos que determinaron el derrumbamiento del frente del Norte (1937)*, Bilbao, La Gran Enciclopedia Vasca, 2.ª ed., completa, 1978.

Bricall, Josep María, *Política económica de la Generalitat (1936-1939) I, Evolució i formes de la producció industrial*, Barcelona, Edicions 62, 1970.

Carabias, Julio, «Apuntes de historia monetaria. El drama de la peseta», *Revista de Economía Continental*, 20 de diciembre de 1946 (reproducido, en lo que se refiere a la guerra civil, en Angel Viñas, *El oro de Moscú*).

---

* La separación en los dos grupos es un tanto arbitraria, toda vez que en una serie de trabajos ambas dimensiones se interpenetran. Ello no obstante, la adscripción se hace por la orientación que me parece dominante. Los títulos no se repiten.

Cierva, Ricardo de la, «El suministro y la financiación de los carburantes en la guerra civil: datos y testimonios», *Hacienda Pública Española,* núm. 48, 1977.

Delclaux Oráa, Carlos, «Datos para el estudio de la financiación de nuestra última guerra (1936-1939)», *Boletín de Estudios Económicos,* mayo de 1951.

Eguidazu, Fernando, *Intervención monetaria y control de cambios en España, 1900-1977,* Madrid, ICE/Libros, Ministerio de Comercio y Turismo, 1978.

Einhorn, Marion, *Die ökonomischen Hintergründe der faschistischen deutschen Intervention in Spanien, 1936-1939,* Akademie Verlag, Berlín (RDA) 1962 (reimpresa por DEB Verlag, Berlín Occidental).

González Echegaray, Rafael, *La marina mercante y el tráfico marítimo en la guerra civil,* Madrid, Editorial San Martín, 1977.

Harper, Glenn T., *German Economic Policy in Spain During the Spanish Civil War,* La Haya, Mouton, 1967.

Harvey, Charles E., «Politics and Pyrites During the Spanish Civil War», *Economic History Review,* febrero de 1978.

Hubbard, John R., «How Franco Financed His War», *The Journal of Modern History,* diciembre de 1953.

López Barrantes, Ramón, *Mi exilio,* Madrid, Gregorio del Toro, 1974.

Miguel, Antonio de, «Fundamentos técnicos para la construcción de una escala de desbloqueo. El tránsito de la peseta roja a la peseta nacional», *Moneda y Crédito,* diciembre de 1944.

Mintz, Frank, *La autogestión en la España revolucionaria,* Madrid, Ediciones de la Piqueta, 1977.

París Eguilaz, Higinio, «Die Währungspolitik während des spanischen Bürgerkrieges und ihre Auswirkung auf die spanische Volkswirtschaft». *Weltwirtschaftliches Archiv,* 1940, II.

——, «Sobre algunos problemas de la Ley de Desbloqueo», *Moneda y Crédito,* septiembre de 1945.

——, «La política económica durante la guerra española de 1936-1939». *De Economía,* julio-diciembre de 1964.

Pérez Baró, Albert, *30 meses de colectivismo en Cataluña,* Esplugues de Llobregat, Ariel, 1974.

Ranzato, Gabriele, *Lucha de clases y lucha política en la guerra civil española,* reproducido en *Cuadernos Anagrama,* Barcelona, 1979.

Ros Hombravella, Jacinto; Clavera, Joan; Esteban, Joan M.; Mones, María Antonio y Montserrat, Antoni, *Capitalismo español: de la autarquía a la estabilización (1939-1959),* Madrid, Cuadernos para el Diálogo, 2.ª ed., 1978.

Salas Larrazábal, Jesús, *La intervención extranjera en la guerra de España,* Madrid, Editora Nacional, 1973.

Sardá, Juan, «El Banco de España (1931-1962)», *El Banco de España: una historia económica,* Madrid, 1970.

Schieder, Wolfgang, «Spanischer Bürgerkrieg und Vierjahresplan. Zur Struktur nationalsozialistischer Aussenpolitik» en Engelhardt, U., Sellin, V. y Stuke, H., (eds.) *Soziale Bewegung und politische Verfassung. Beiträge zur Geschichte der modernen Welt,* Stuttgart, Ernst Klett Verlag, 1976 (reimpreso en Schieder, W. y Dipper Ch. (eds.), *Der Spanische Bürgerkrieg in der internationalen Politik (1936-1939),* Munich, Nymphenburger Verlagshandlung, 1976).

Schwartz, Pedro, «El Producto Interior Bruto de España de 1940 a 1960», en su compilación *El Producto Nacional de España en el siglo XX,* Instituto de Estudios Fiscales, Ministerio de Hacienda, Madrid, 1977.

Viñas, Angel, *El oro español en la guerra civil,* Instituto de Estudios Fiscales, Ministerio de Hacienda, Madrid, 1976.

——, «Gold, the Soviet Union, and the Spanish Civil War», *European Studies Review,* enero de 1979.

——, *El oro de Moscú. Alfa y omega de un mito franquista,* Barcelona, Grijalbo, 1979.

——, «La administración de la política económica exterior en España, 1936-1979», *Cuadernos Económicos de ICE,* núm. 13, Ministerio de Comercio y Turismo, Madrid.

Viñas, Angel; Viñuela, Julio; Eguidazu, Fernando; Fernández Pulgar, Carlos, y Florensa, Senén, *Política comercial exterior en España (1931-1975),* Banco Exterior de España, Madrid, 1979.

Whealey, Robert, «How Franco Financed His War - Reconsidered», *Journal of Contemporary History,* enero de 1977 (reproducido como «Los financieros de la Cruzada. Cómo financió Franco su guerra». *Historia 16,* abril de 1979).

B) *Dimensiones internacionales*

Abendroth, Hans-Henning, *Hitler in der spanischen Arena. Die deutschspanischen Beziehungen im Spannungsfeld der europäischen Interessenpolitik vom Ausbruch des Bürgerkrieges bis zum Ausbruch des Weltkrieges,* Schöningh, Paderborn, 1973.

Adamthwaite, Anthony, *France and the Coming of the Second World War, 1936-1939,* Londres, Frank Cass, 1977.

Alpert, Michael, «La diplomacia inglesa y el fin de la guerra civil española», *Revista de Política Internacional,* abril de 1975.

Azcárate, Pablo de, *Mi embajada en Londres durante la guerra civil española,* Esplugues de Llobregat, Ariel, 1977.

Bolloten, Burnett, *The Spanish Revolution. The Left and the Struggle for Power During the Civil War,* The University of North Carolina Press, Chapel Hill, 1979 (versión española por Grijalbo, Barcelona).

Breen, Catherine, *La Droite française et la guerre d'Espagne (1936-1937)*, Ginebra, Editions Médecine et Hygiène, 1973.

Carlton, David, «Eden, Blum, and the Origins of Non-Intervention», *Journal of Contemporary History*, julio de 1971.

Castells, Andreu, *Las brigadas internacionales de la guerra de España*, Esplugues de Llobregat, Ariel, 1974.

Cattell, David T., *Communism and the Spanish Civil War*, University of California Press, 1955, reimpresa por Russell & Russell, Nueva York, 1965.

——, *Soviet Diplomacy and the Spanish Civil War*, Universidad of California Press, 1957, reimpresa por Johnson Reprint Corporation, Nueva York, 1971.

Cortada, James W., *Two Nations Over Time, Spain and the United States, 1776-1977*, Greenwood Press, Westport, Conn., 1978.

Coverdale, John F., *Italian Intervention in the Spanish Civil War*, Princeton University Press, 1975 (versión española por Alianza Universidad, Madrid).

Durand, André, *Histoire du Comité International de la Croix-Rouge. De Sarajevo à Hiroshima*, Institut Henry-Dunant, Ginebra, 1978.

Edwards, Jill, «Gran Bretaña prefirió a Franco», *Historia 16*, diciembre de 1977.

Escobar, José Ignacio, *Así empezó...*, Madrid, Gregorio del Toro, 1971.

Kleine-Ahlbrandt, William Laird, *The Policy of Simmering. A Study of British Policy During the Spanish Civil War*, La Haya, M. Nijhoff. 1962.

Lacouture, Jean, *Léon Blum*, París, Seuil, 1977.

Maier, Klaus A., *Guernica, 26-4-1937*, Madrid, Sedmay ediciones, 1976.

Maiski, Iwan, *Cuadernos españoles*, Moscú, Progreso, s.f.

Merkes, Manfred, *Die Deustsche Politik im spanischen Bürgerkrieg*, Bonn. Ludwig Röhrscheid Verlag, 2.ª edición ampliada, 1969.

Pike, David W., *Conjecture, Propaganda and Deceit and the Spanish Civil War. The International Crisis over Spain 1936-1939 as Seen by the French Press*, California Institute of International Affairs, Stanford, 1968.

——,*Les Français et la guerre d'Espagne, 1936-1939*, París, Presses Universitaires de France, 1975.

Ruhl, Klaus-Jörg, *Spanien im Zweiten Weltkrieg. Franco, die Falange und das Dritte Reich*, Hamburgo, Hoffmann und Campe, 1975.

Sáinz Rodríguez, Pedro, *Testimonio y recuerdos*, Barcelona, Planeta, 1978.

Salas Larrazábal, Jesús, *La guerra de España desde el aire*, Esplugues de Llobregat, Ariel, 2.ª edición revisada, 1972.

Salas Larrazábal, Ramón, *Historia del Ejército Popular de la República* Madrid, Editora Nacional, 1973.

Schwartz, Fernando, *La internacionalización de la guerra civil española* Esplugues de Llobregat, Ariel, 2.ª edición ampliada, 1972.

Southworth, Herbert R., *La destrucción de Guernica. Periodismo, diplo macia, propaganda e historia,* París-Barcelona, Ruedo Ibérico, 1977

Stone, Glyn, «Britain, Non-Intervention and the Spanish Civil War». *European Studies Review,* enero de 1979.

Schieder, Wolfgang y Dipper, Christoph (eds.), *Der Spanische Bürger krieg in der internationalen Politik (1936-1939),* Munich, Nymphen burger Verlagshandlung, 1976.

Traina, Richard P., *American Diplomacy and the Spanish Civil War,* Indiana University Press, Bloomington, 1968.

Viñas, Angel, *La Alemania Nazi y el 18 de julio. Antecedentes de la intervención alemana en la guerra civil española,* Madrid, Alianza Universidad, 2.ª edición ampliada, 1977.

——, «Blum traicionó a la República», *Historia 16,* abril de 1978.

——, «Guernica: las responsabilidades», *Historia 16,* mayo de 1978.

Warner, Geoffrey, «France and Non-Intervention in Spain, July-August 1936», *International Affairs,* abril de 1962.

Watkins, K. W., *Britain Divided. The Effect of the Spanish Civil War on the British Political Opinion,* Londres, Nelson, 1963.

Whealey, Robert, «Foreign Intervention in the Spanish Civil War», en Raymond Carr (ed.), *The Republic and the Civil War,* Macmillan, Londres, 1971 (versión española en Ariel, *Estudios sobre la Repú blica y la guerra civil española,* 1973).

Zschokke, Helmut, *Die Schweiz und der Spanische Bürgerkrieg,* Zurich. Limmat Verlag, 1976.

Desde que revisé esta ponencia hasta su publicación han aparecido. como muestra del continuado interés que los temas tratados en ella des piertan, algunos trabajos de mención inexcusable. En los aspectos eco nómicos resalta el tan esperado segundo volumen de Josep Maria Bricall, *Política econòmica de la Generalitat. El sistem financer,* Barcelona, Edi cions 62, 1979. En los aspectos de relaciones internacionales han rellenado huecos Jill Edwards, *The British Government and the Spanish Civil War,* Londres, Macmillan, 1979, e Iva Delgado, *Portugal e a guerra civil de Espanha,* Lisboa, Publicaciones Europa-América, s. f. Una reciente puesta a punto es la de Ramón Salas Larrazábal, *Los datos exactos de la guerra civil,* Madrid, Rioduero, 1980.

LA HISTORIOGRAFIA DE LA CATALUÑA CONTEMPORANEA

Albert BALCELLS

Durante los diez últimos años la historiografía catalana de los siglos XIX y XX ha realizado progresos muy notables en comparación con la situación en que se hallaba cuando en 1958 Jaume Vicens Vives publicó *Industrials i polítics dels segle XIX,* iniciando un camino que sería continuado por otros muchos investigadores.

Es imposible sintetizar en pocas líneas las realizaciones de una historiografía que ha tenido y sigue teniendo un papel fundamental en la supervivencia y en el desarrollo de la conciencia catalana de identidad colectiva.

La labor historiográfica catalana durante la última década se ha caracterizado por: *a)* una recesión del estudio del siglo XIX —excepto en el campo de la historia económica— en comparación con el auge del estudio del siglo XX; *b)* una transformación de la historiografía sobre la primera mitad de nuestro siglo, que durante algunos años, ante una demanda insaciable, ha sufrido una cierta inflación; *c)* una cierta detención de la historia demográfica junto con un progreso lento pero sólido de la historia económica, en especial de la agraria y de la industrial; *d)* un desarrollo espectacular de la historia del movimiento obrero, aunque limitada a unos cuantos períodos y grupos; *e)* una renovación de la historia política gracias a la aplicación de la estasiología y de la sociología electoral; *f)* un despegue de la historia de la reforma educativa catalana en el primer tercio del siglo XX; *g)* una profundización rigurosa en el conocimiento de las instituciones autonómicas catalanas y su acción política; y, por último, *h)* un debate crítico sobre los conceptos para estudiar el fenómeno nacional y sobre las bases sociológicas de los orígenes y trayectoria del movimiento nacional catalán, al mismo tiempo que se le encuadra en el marco todavía problemático de los Países Catalanes, como se ha venido haciendo después del simposio de Barcelona de mayo de 1974, en los coloquios de Perpiñán en marzo de 1975, de Barcelona en octubre de 1976 y de Mallorca en diciembre de 1978, con la particularidad muy positiva de que en los tres últimos la historiografía se ha integrado en el marco interdisciplinar de las ciencias sociales.

Revistas.—En medio de toda clase de dificultades han aparecido y han logrado mantenerse algunas revistas científicas, como *Recerques,* con ocho números aparecidos en Barcelona desde 1970, como *Arguments* en Valencia, con tres números a partir de 1974, como *Randa,* dedicada a Mallorca, Menorca e Ibiza con siete números y, por último, en 1978 nació *Estudis de Història Agrària,* cuyo grupo editor convocó además un coloquio de historia agraria de los Países Catalanes en Barcelona en octubre del mismo año. Han seguido publicándose también *Indice Histórico Español,* la revista bibliográfica fundada por Vicens Vives en 1953, y la revista del Instituto Municipal de Historia de Barcelona, *Cuadernos de Historia Económica de Cataluña,* de la que han aparecido dieciocho números a partir de 1968.

Obras instrumentales.—Entre los instrumentos de trabajo no puede omitirse la *Gran Enciclopedia Catalana,* publicada a partir de 1970 y cerca ya de su culminación con trece volúmenes. También es una aportación fundamental la *Bibliografía dels moviments socials a Catalunya País Valencià i les Illes,* aparecida en 1972 con dos mil quinientas reseñas críticas de obras existentes en cincuenta bibliotecas y referentes a los años que van de 1833 a 1936. También son útiles la *Bibliografía de Historia Económica de Cataluña (1950-1970),* de Gaspar Feliú, el primer catálogo de la biblioteca de la Fundación de Estudios Históricos y Sociales sobre la Guerra Civil Española de 1936 (FIEHS), recientemente trasladada de Perpiñán a la Universidad de Barcelona, y el primer catálogo de la colección de prensa clandestina y del exilio entre 1939 y 1976 que posee el Departamento de Historia Contemporánea de la misma universidad.

Obras generales.—En cuanto a las obras de síntesis cabe destacar un libro colectivo, el volumen v —dedicado al siglo xix— de la *Historia de Cataluña* que edita Salvat, y que representa una actualización de *Un segle de vida catalana* (1961), obra en la cual colaboraron ya algunos de los redactores de la nueva historia, que pronto se verá continuada con un volumen vi dedicado al siglo xx. En cuanto a los libros de bolsillo, además de las síntesis de los siglos xix y xx escritas por Albert Balcells y por Miquel Izard, ha aparecido un primer esquema sobre la vida política catalana bajo el franquismo, escrito por J. M. Colomer, J. M. Ainaud y Borja de Riquer para la colección *Coneixer Catalunya*. También se ha reeditado recientemente la cronología de los movimientos sociales en Cataluña, País Valenciano y Baleares, que en 1967 escribieron Emili Giralt, Albert Balcells y Josep Termes.

Memorias, dietarios, testimonios y ediciones de textos.—Uno de los aspectos más positivos para la historiografía contemporánea ha sido la publicación en estos últimos diez años de muchos libros de memorias y de testimonios personales sobre acontecimientos relevantes. Citemos a título de ejemplo los recuerdos de Pere Corominas, Carles Pi Sunyer, Joan García Oliver, Federica Montseny y Rafael Vidiella. Entre los testimonios valiosos de la guerra civil tenemos los de los militares republicanos Frederic Escofet y Vicens Guarner. Sin embargo todavía no se han publicado los dietarios de Cambó. Existen valiosos archivos personales por explorar, como el de Joan Casanovas, presidente del Parlamento catalán. Contamos, sin embargo, con un modelo de inventario completo de un archivo particular, el de Bofill i Mates, realizado por Jordi Casassas.

Las selecciones de textos han sido especialmente numerosas en lo que respecta al movimiento nacional y al movimiento obrero, contando hoy con repertorios de textos muy útiles para la historia del pensamiento político. En lo referente al movimiento nacional catalán las selecciones de textos más interesantes han sido las de González Casanova, Félix Cucurull y Josep Benet (Rober Arnau), sin olvidar las selecciones documentales de la colección Undarius. El autonomismo valenciano cuenta con la selección que contiene el libro de Alfons Cucó y el autonomismo mallorquín con los dos volúmenes de textos de Gregori Mir (Anselm Llull). Se han reeditado las obras más interesantes de Joaquín Maurín y de Andreu Nin que tan sugestivas fueron para muchos jóvenes historiadores en los años sesenta. Al anarcosindicalismo se han dedicado diversas selecciones de textos como la de Josep Termes en la nueva edición de su libro de 1965, las de Albert Balcells y de Antonio Elorza para los años de la Dictadura de Primo de Rivera y la República, la de Pere Gabriel sobre los escritos de Joan Peiró, la de Elorza sobre los de Pestaña y la de Mary Nash sobre la revista *Mujeres Libres*. Sería interesante contar con una selección de *La Revista Blanca* en su segunda época, parecida a la que tenemos ya para la primera, de 1898 a 1905.

Historia demográfica.—Después de los importantes trabajos de Jordi Nadal, Emili Giralt y Josep Iglèsies sobre la población catalana entre los siglos XVI y XX, poco se ha avanzado en cuanto a historia demográfica y, en cambio, los trabajos de Armand Sáez, Pinilla de las Heras y Lluis Recolons sobre inmigración y crecimiento de la población durante los últimos treinta años, dan testimonio del progreso de la ciencia demográfica en Cataluña.

Historia Agrària.—El primer número de la revista *Estudis de Història Agrària* y el primer coloquio sobre esta temática, reflejan los progresos realizados por la especialidad. A los trabajos de Emili Giralt, Josep Iglèsies, Salvador Llobet y J. Vilà Valentí, se han sumado en los últimos años numerosas monografías —muchas de ellas todavía inéditas— sobre la desamortización eclesiástica en Gerona —Simón Segura y Montserrat Holi—, en Barcelona —Simón Segura, Elisa Badosa, M. A. Solà—, y en Tarragona —Salvador J. Rovira—, junto con estudios sobre la evolución de las rentas y los rendimientos de patrimonios señoriales y burgueses, y los trabajos sobre la crisis agraria finisecular, como los de Josep Iglèsies y Ramón Garrabou. Toda esta labor va a permitir en breve tener una visión global notablemente enriquecida de la transición de la agricultura de subsistencia a la capitalista en Cataluña, siguiendo los pasos de la gran obra de Pierre Vilar para el siglo XVIII. Entre las conclusiones que ya se esbozan, destaquemos algunas. La disolución del régimen señorial estuvo precedida por una notable caída de las rentas en contraste con lo que había sucedido en el siglo XVIII. El arraigo y vigor de la enfiteusis contribuyó a amortiguar los efectos de la desamortización y del fin del régimen señorial en cuanto a concentración de la propiedad. El ritmo de transformación agrícola se hizo más lento en el último tercio del siglo XIX. Después de haber sido un poderoso motor de la industrialización, la agricultura no se vio suficientemente estimulada por la industria para intensificar suficientemente sus rendimientos.

Poco se ha avanzado respecto al conocimiento de los movimientos campesinos. Aparte de los estudios de Jaume Torras sobre el precarlismo como manifestación anticapitalista de un campesinado empobrecido, no han aparecido monografías comarcales que maticen y amplíen los estudios generales que sobre el movimiento rabassaire habían publicado Emili Giralt y Albert Balcells. En cambio Montserrat Caminal prepara una tesis sobre la gran entidad patronal, el Instituto Agrícola Catalán de San Isidro.

Historia de la industria.—En la última década ha tenido sus principales logros en los estudios de Jordi Nadal, Miquel Izard y

Jordi Maluquer sobre el sector algodonero en el siglo xix. Pero los demás sectores industriales, que se desarrollan principalmente en el siglo xx, siguen esperando atraer la atención de los investigadores. De todas formas, el interés que se percibe en las jóvenes promociones universitarias por los estudios comarcales centrados en la industrialización, permiten esperar que este déficit será superado pronto.

Historia del comercio y de las finanzas.—La historia de las entidades financieras y de los flujos comerciales ha tenido un notable desarrollo en lo referente a las últimas décadas gracias a los trabajos de Ros Hombravella, Jordi Petit, Antoni Montserrat, Ramón Trías Fargas y otros economistas. Una obra colectiva, *L'economia de Catalunya, avui* da buena prueba de ello. Pero después del estudio sobre la Bolsa de Barcelona de Josep Fontana y del de Nicolás Sánchez Albornoz sobre la crisis financiera de 1866, poco se ha adelantado, si exceptuamos algunas obras que han aportado numerosos datos como los referentes a la historia de la banca, realizados por Francesc Cabana y por Pedro Voltes. Las únicas aportaciones al importante tema de los flujos comerciales han sido la aparición tardía del ensayo de Carles Pi Sunyer sobre el comercio de Cataluña con el resto de España en 1930, el trabajo sobre el comercio entre España y Cuba por Jordi Maluquer y el estudio sobre el comercio entre España y Gran Bretaña de Joaquín Nadal. Queda todavía mucho que hacer en cuanto a la explicación histórica de la frustración del capitalismo financiero catalán.

Historia del pensamiento económico.—Este aspecto ha conocido algunas aportaciones interesantes. Citemos el trabajo de Ernest Lluch sobre el período de 1760 a 1840; el conjunto de trabajos en torno a la figura y a la obra innovadora de Ildefonso Cardà, el primer urbanista del siglo xix; el libro de F. Artal, E. Gasch, C. Massana y F. Roca, que cubre el período de 1931-1939, sin olvidar la importancia que en este aspecto como en muchos otros ha tenido el libro de Josep M. Bricall sobre la política económica de la Generalitat durante la guerra civil. Quizás convendría repensar y volver a explicar la polémica proteccionista durante el siglo xix. Es necesario estudiar además el programa económico de la burguesía catalanista entre 1914 y 1923, en su pugna con políticos españoles como Eduardo Dato y como Santiago Alba.

Historia de las instituciones autonómicas.—La lucha en favor de la recuperación del Estatuto de 1932 en los años setenta ha sido acompañada de la aparición de una serie de trabajos científicos rigurosos sobre el proceso autonómico y sus instituciones. Contamos con las obras de González Casanova, Manuel Gerpe y J. M. Roig i Rosich sobre la temática estatutaria, con los libros de Ismael Pitarch y Camps Arboix sobre el Parlamento de Cataluña, y con los trabajos sobre la hacienda de la Generalitat de J. M. Vilaseca y de Arias Velasco. La Mancomunitat ha sido menos estudiada, si bien contamos con unas primeras aproximaciones de Camps Arboix, de J. M. Ainaud y Enric Jardí y de Francesc Roca.

Historia del movimiento obrero.—Quizás sea éste el campo que ha conocido un desarollo mayor, pero al lado de estudios rigurosos, que se plantean las relaciones entre el movimiento obrero y el marco estructural y coyuntural en que se desenvuelve, tenemos obras que en nada se diferencian de la historiografía más tradicional como no sea en tratar de líderes obreros en vez de tratar de dirigentes políticos burgueses. El siglo XIX ha atraído el trabajo de los investigadores considerablemente menos que el XX. Las principales aportaciones han sido el libro de J. M. Ollé sobre el período inicial de 1840-43, el estudio de Miquel Izard sobre las tres Clases de Vapor, y la monumental obra de Casimir Martí y Josep Benet sobre el movimiento obrero durante el bienio progresista.

El período que precedió a la fundación de la CNT es hoy mejor conocido gracias a los voluminosos estudios de Joan Connelly Ullman, Joaquín Romero Maura y Xavier Quadrat. La problemática de la mujer obrera en las primeras décadas del siglo ha sido tratada por Albert Balcells. La compleja problemática de los años de la primera guerra mundial y de los que precedieron a la Dictadura de Primo de Rivera, ha contado con algunas aportaciones que han ampliado relativamente poco los conocimientos anteriores. Quizás una mejor comprensión de la naturaleza y del papel del Sindicato Libre sea una de las pocas novedades gracias a los artículos de Antonio Elorza y de Colin M. Winston.

El socialismo catalán, que era muy poco conocido antes de la última década, cuenta hoy con un conjunto de trabajos referentes al primer tercio del siglo como los de Xavier Quadrat, Albert Balcells, Jesús M. Rodés y Josep Lluis Martín Ramos. Sigue faltando un estudio crítico sobre el PSUC durante la guerra civil y durante la época franquista. El comunismo heterodoxo ha sido estudiado por Francesc Bonamusa y Pelai Pagés. El BOC, la Izquierda comunista y el POUM han atraído de manera desproporcionada la atención de la juventud universitaria durante algunos años.

El sindicalismo y la conflictividad obrera durante la Segunda República cuentan con las aportaciones de John Brademas y de A. Balcells. Se ha iniciado una tendencia a realizar estudios locales que están enriqueciendo considerablemente nuestra visión hasta ahora demasiado barcelonista y esquemática del movimiento obrero. Después de los trabajos sobre sindicalismo en Sabadell, entre 1900 y 1936, realizados por Esteve Deu y Albert Balcells, tenemos el dedicado a Mataró por Marta Manté. Un trabajo muy valioso ha sido el libro de Pere Gabriel sobre el movimiento obrero en Mallorca hasta 1936.

Respecto al difícil estudio de la CNT y la UGT durante la guerra civil, todavía hay mucho que hacer tomando como punto de partida la crónica del militante anarquista José Peirats y el polémico y sugestivo ensayo de César Martínez Lorenzo.

La renovación de la historia política.—Los nuevos estudios sobre partidos políticos y la sociología electoral histórica son las dos líneas principales de la renovación de la historia política. La obra más importante en cuanto a estasiología histórica es el libro de Isidre Molas sobre la Lliga Catalana y el sistema de partidos que enmarcó su actuación. Otras aportaciones valiosas han sido los libros sobre la *Unió Democràtica de Catalunya* de Hilari Ragué y sobre el *Partit Nacionalista Republicà d'Esquerra* —el grupo de *L'Opinió*— de Joan B. Culla. Nos falta sin embargo una obra parecida dedicada al Partido Radical hasta 1923 —pues el libro de Ruiz Manjón se centra en el período de 1931-1936— y también se percibe la carencia de una obra sistemática sobre la Esquerra Republicana, a pesar de la existencia del libro de un militante, Josep Poblet. Otro grupo del cual nos falta información es Estat Català, si bien Ucelay Da Cal prepara una tesis sobre el nacionalismo radical. Se nota también la falta de estudios sobre la derecha burguesa catalana no autonomista, aquella que se identificaba con Maura y que colaboró luego con Primo de Rivera y más tarde con Franco.

La otra línea de investigación que abre nuevas perspectivas tanto en el campo de la historia política como en el de la historia de la sociedad es la sociología electoral histórica. Da testimonio de ello el número 10 de *Perspectiva Social*. Los trabajos de María Rosa Virós, Mercé Vilanova, Borja de Riquer, Concepción Mir, Pere Cornellà y otros, representan un avance en el conocimiento de las relaciones entre el comportamiento electoral, la conciencia nacional y la conciencia de clase. Es imprescindible que los investigadores

procedentes de los departamentos de historia tomen el relevo de los
procedentes de la sociología política, que dieron el impulso inicial
y hoy se dedican al estudio de las numerosas consultas electorales
del presente.

Cataluña bajo el franquismo.—La historiografía de Cataluña bajo
el franquismo no está todavía en condiciones de darnos una visión
global y trabada, pero contamos ya con una serie de estudios valiosos: un conjunto de obras sobre la economía catalana durante las
últimas décadas como las de Ribas Massana, Jacint Ros Hombravella, J. M. Bricall y Antoni Pugés; el libro de Josep Benet sobre la
represión de todas las manifestaciones de catalanidad durante los
primeros tiempos del franquismo; el inicio del estudio del socialismo
en Cataluña entre 1939 y 1975, promovido por el Centre d'Estudis
Socialistas y cuya primera aportación se recoge en los números 4
y 5 de la revista *Debat;* el libro de J. M. Colomer sobre el movimiento estudiantil; el trabajo sobre el personal político del franquismo de Carles Viver y un conjunto de testimonios y trabajos
sobre la conflictividad laboral y el movimiento obrero como los de
Sanz Oller, Ignasi Riera, Banuel Ludevid, Lluis Fina, José Antonio
Díaz y el estudio sociológico sobre la lucha laboral en la SEAT escrito
por Faustino Miguélez.

Finalmente, en esta panorámica incompleta y esquemática de la
historiografía contemporánea catalana reciente, no puede faltar una
referencia al debate sobre las bases sociales del movimiento nacional
catalán en sus orígenes y sus sucesivas fases. El debate planteado
en 1974-75 trataba de dilucidar si el movimiento nacional catalán
era un movimiento iniciado, impulsado y dirigido por la burguesía
con una participación secundaria de una parte de las clases populares subordinadas, o si, por el contrario, era un movimiento de
carácter fundamentalmente popular en el que se insertó tardíamente
la burguesía para instrumentalizarlo, hasta que el movimiento empezó a escapar a su control. La primera tesis con diversos matices
ha sido la de Pierre Vilar, Josep Fontana y Jordi Solé Tura, mientras
que con la segunda tesis se ha identificado, entre otros, Josep Termes y quizás en parte Josep Benet, aunque no ha participado directamente en la polémica. A pesar del gran interés del debate hemos
avanzado poco relativamente, respecto a un punto de partida que
era el esquema de Maurín de las tres etapas sucesivas del movimiento
nacional catalán —burguesa, pequeño burguesa y obrera colectivis-
ta— y respecto al esquema más rico y matizado que esbozó Pierre

Vilar, partiendo no obstante de la definición estaliniana de nación de 1913. La nación aparece contradictoriamente como el marco de la alianza de ciertas clases —nunca todas— y como el marco de la lucha de clases. Ni la nación es la plataforma de una sola clase ni todas las clases pueden identificarse con los diversos y sucesivos proyectos nacionales. La hegemonía en el bloque nacional de clases puede pasar e históricamente ha pasado de una clase a otra.

La Renaixença literaria no fue el origen sino una de las manifestaciones de un catalanismo prenacionalista que políticamente se expresó a través del provincialismo democrático y del federalismo republicano, si bien la incorporación —condicional y limitada— de la burguesía con la adopción del marco doctrinal del nacionalismo de fin de siglo, significó la cristalización de la conciencia nacional catalana. El debate sigue abierto e interesa no sólo a los historiadores catalanes.

La lista bibliográfica que se adjunta prescinde de los artículos científicos por razones de espacio y pretende abarcar —sin pretensiones de exhaustividad— la producción historiográfica sobre Cataluña durante los siglos XIX y XX, dejando de lado numerosas obras que tratan de la realidad catalana pero abarcan un ámbito mayor. Seguramente estos estudios serán citados en este mismo volumen por otros historiadores.

BIBLIOGRAFÍA

Ainaud, J. M., y Jardí, E., *Prat de la Riba, home de govern,* Barcelona, Ariel, 1973.
Albertí, Santiago, *El republicanisme català i la Restauració monàrquica (1875-1923),* Barcelona, Albertí, 1972.
Arias Velasco, J., *La Hacienda de la Generalitat, 1931-1938,* Barcelona, Ariel, 1977.
Arnau, Roger (Pseud. de Josep Benet), *Marxisme català i qüestió nacional catalana (1930-1936),* París, Edicions Catalanes de París, 1974, 2 vols.
Artal, F.; Gasch, E.; Massana, C.; Roca, F., *El pensament econòmic català durant la República i la guerra (1931-1939),* Barcelona, Edicions 62, 1976.
Balcells, Albert, *El problema agrari a Catalunya, 1890-1936. La qüestió rabassaire,* Barcelona, Nova Terra, 1968.

——, *Crisis económica y agitacion social en Cataluña (1930-1936)*, Barcelona, Ariel, 1971.

——, *Ideari de Rafael Campalans,* Barcelona, Pòrtic, 1973.

——, *La polémica del 1928, entorn de l'anarquisme a Catalunya,* Barcelona, Nova Terra, 1973.

——, *Trabajo industrial y organización obrera en la Cataluña contemporánea,* Barcelona, Laia, 1974.

——, *Cataluña contemporánea* (1800-1939), Madrid, Siglo XXI, 1974 y 1977, 2 vols.

——, *Marxismo y catalanismo, 1930-1936,* Barcelona, Anagrama, 1977.

Barbaza, Yvette, *Le paysage humain de la Costa Brava,* París, Armand Colin, 1966.

Batllori, M.; Arbeloa, V. M., *Arxiu Vidal i Barraquer. Església i Estat durant la Segona República,* Barcelona, Abadía de Montserrat, 1971, 3 vols.

Benelbas, León; García, Xavier; Tudela, Joan, *La Unió de Pagesos. El sindicat del camp,* Barcelona, 7×7 Edicions, 1977.

Benet, Josep, *El Dr. Torras i Bages en el marc del seu temps,* Barcelona, Estela, 1968.

——, *Catalunya sota el franquisme. Informe sobre la persecució de la llengua i la cultura de Catalunya pel règim del general Franco,* Barcelona, Blume, 1978.

——; Martí, Casimir, *Barcelona a mitjan segle XIX. El moviment obrer durant el Bienni Progressista (1854-1856),* Barcelona, Curial, 1976.

Bonamusa, Francesc, *El Bloc Obrer i Camperol. Els primers anys (1930-1937),* Barcelona, Curial, 1974.

——, *Andreu Nin y el movimiento comunista en España (1930-1937),* Barcelona, Anagrama, 1977.

Bosch Gimpere, Pere, *La Universitat i Catalunya,* Barcelona, Edicions 62, 1971.

Brademas, John, *Anarcosindicalismo y revolución en España (1930-1937),* Barcelona, Ariel, 1977.

Bricall, Josep Maria, *Política econòmica de la Generalitat (1936-1939). Evolució i formes de la producció industrial,* Barcelona, Edicions 62, 1970.

Bueso, José, *Recuerdos de un cenetista. De la Semana Trágica a la Segunda República,* Barcelona, Ariel, 1976.

Cabana, Francesc, *Bancs i banquers a Catalunya,* Barcelona, Edicions 62, 1972.

——, *Història del Banc de Barcelona,* Barcelona, Eidicions 62, 1979.

Campillo, Maria; Centelles, Esther, *La premsa a Barcelona, 1936-1939.* Centre d'Estudis d'Història Contemporània, Barcelona, La Gaya Ciencia, 1979.

Camps i Arboix, Joaquim de, *La Mancomunitat de Catalunya,* Barcelona, Bruguera, 1968.

——, *El Parlament de Catalunya (1932-1936),* Barcelona, Edicions 62, 1976.

Carbonell, Jaume, *L'Escola Normal de la Generalitat (1931-1939),* Barcelona, Edicions 62, 1977.

Carner Ribalta, Josep, *De Balaguer a Nova York passant per Moscú i Prats de Molló. Memòries,* París, Edicions Catalanes de París, 1972.

Castaño, Josep, *Memòries sobre la JOC a Catalunya (1932-1970),* Barcelona, Abadia de Montserrat-ICESB, 1976.

Casterás, Ramón, *Las JSUC: ante la guerra y la revolución social (1936-1939),* Barcelona, Nova Terra, 1977.

Cisquella, Georgina; Erviti, José Luis; Sorolla, José Antonio, *Diez años de represión cultural. La censura de libros durante la ley de prensa (1966-1976),* Barcelona, varios editores, 1977.

Codina, Jaume, *El delta del Llobregat i Barcelona. Gèneres i formes de vida dels segles XVI al XX,* Barcelona, Ariel, 1971.

Colomer, J. M., *Els estudiants de Barcelona sota el franquisme,* Barcelona, Curial, 1978.

Colomer, J. M.; Ainaud, J. M.; Riquer, B. de, *Els anys del franquisme,* Barcelona, DOPESA, 1978.

Comorera, Joan, *Socialisme i qüestió nacional. Edició a cura de Leandre Colomer,* Barcelona, Undarius, 1977.

Cornellà i Roca, Pere, *Les eleccions de la Segona República a la ciutat de Girona,* Girona, 1975.

Creixell, Joan, *Premsa clandestina, 1970-1977,* Barcelona, Ediciones Crit., 1977.

Cruells, Manuel, *L'expedició a Mallorca l'any 1936,* Barcelona, Joventut, 1971.

——, *El 6 d'octubre a Catalunya,* Barcelona, Pòrtic, 1970.

——, *El separatisme català durant la guerra civil,* Barcelona, DOPESA, 1975.

——, *Els fets de maig. Barcelona, 1937,* Barcelona, Juventud, 1970.

——, *Salvador Seguí, el Noi del Sucre,* Barcelona, Ariel, 1974.

Cuadrat, Xavier, *Socialismo y anarquismo en Cataluña (1899-1911). Los orígenes de la CNT,* Madrid, Ed. de la Revista de Trabajo, 1976.

Cucurull, Fèlix, *Panoràmica del nacionalisme català,* París, Edicions Catalanes de París, 1975-1976, 6 vols.

Culla i Clarà, Joan B., *El catalanisme d'esquerra. Del grup de «L'Opinió» al Partit Nacionalista Republicà d'Esquerra (1928-1936),* Barcelona, Curial, 1977.

Díaz, José Antonio, *Luchas internas en Comisiones Obreras. Barcelona 1964-1970,* Barcelona, Bruguera, 1977.

Elorza, Antonio, *La utopía anarquista durante la Segunda República,* Madrid, Ayuso, 1973.

——, *Artículos madrileños de Salvador Seguí,* edición y prólogo de..., Madrid, Edicusa, 1976.

Escarrá, Eduard, *El desarrollo industrial de Cataluña (1900-1908),* Barcelona, Grijalbo, 1970.

Escofet, Frederic, *Al servei de Catalunya i de la República. La desfeta (6 d'octubre de 1934),* París, Edicions Catalanes de París, 1973.

——, *Al servei de Catalunya i de la República. La victòria (19 de juliol de 1936),* París, Edicions Catalanes de París, 1973,.

Fabré, Jaume; Huertas, Josep M.; Ribas, Antoni, *Vint anys de resistència catalana (1939-1959),* Barcelona, La Magrana, 1974.

Fanés, Fèlix, *La vaga de tramvies del 1951,* Barcelona, Laia, 1977.

Feliu, Gaspar, *La clerecia catalana durant el Trienni Liberal,* Barcelona, Institut d'Estudis Catalans, 1972.

Ferrer, Joaquim, *Francesc Layret, 1880-1920,* Barcelona, Nova Terra, 1971.

——, *El primer «1er de maig» a Catalunya,* Barcelona, Nova Terra, 1972.

——, *Simó Pierra: Perfil d'un sindicalista,* Piera, Simó, *Records i experiències d'un dirigent de la CNT,* Barcelona, Pòrtic, 1975.

Ferrer, Miquel, *La Generalitat de Catalunya a l'exili,* Barcelona, Aymà, 1977.

Galí, Alexandre, *Història de les institucions i del moviment cultural de Catalunya, 1800-1836,* Barcelona, 1978, 2 vols.

García Oliver, Juan, *El eco de los pasos,* Barcelona, Ruedo Ibérico, 1978.

Gerpe, Manuel, *L'Estatut d'Autonomia de Catalunya i l'Estat integral,* Barcelona, Edicions 62, 1977.

Giralt, E.; Balcells, Albert; Cuco, Alfons; Termes, Josep i equip de redacció, *Bibliografía dels moviments socials a Catalunya, País Valencià i les Illes,* Barcelona, Lavínia, Teide, 1972.

Gómez Casas, Juan, *Historia de la FAI,* Madrid, zyx, 1977.

Ganzález Agapito, Josep, *Bibliografía de la renovació pedagògica a Catalunya à el seu contexto (1900-1938),* Universidad de Barcelona, 1978.

González Casanova, José Antonio: *Elecciones en Barcelona (1931-1936),* Madrid, Tecnos, 1969.

——, *Federalim i autonomía a Catalunya (1868-1938),* Barcelona, Curial, 1974.

Gorquín, Julián, *El proceso de Moscú en Barcelona. El sacrificio de Andrés Nin,* Barcelona, Aymà, 1975.

Hansen, Edward C., *Rural Catalonia under the Franco regime. The fate of regional culture since the Spanish Civil War.* Cambridge University Press, Londres-Nueva York-Melburne, 1977.

Huertas, Josep M.ª, *Salvador Seguí: el Noi del Sucre. Materials per a una biografía,* Barcelona, Laia, 1974.

Izard, Miquel, *Revolució industrial i obrerisme. Les «Tres Classes de Vapor» a Catalunya (1869-1913),* Barcelona, Ariel, 1970.

——, *El segle XIX. Burgesos i proletaris,* Barcelona, DOPESA, 1978.

Jofre, P.; Calvo, A.; Vega, E.; Mollà, Damià; Rodríguez, R.; Pinilla de las Heras, E., etc., *La immigració als Països Catalans,* Barcelona, La Magrana, 1978.

Jones, Norman L., «El problema catalán desde la guerra civil», *España en crisis,* Madrid, Fondo de Cultura Económica de México, 1978.

Jutglar, Antoni, *Història crítica de la burgesia a Catalunya,* Barcelona, DOPESA, 1972.

Ludevid, M., *El movimiento obrero en Cataluña,* Barcelona, Avance, 1977.

Lladonosa, Manuel, *El congrés de Sants,* Barcelona, Nova Terra, 1975.

Lluch, Ernest, *El pensament econòmic de Catalunya (1760-1840),* Barcelona, Edicions 62, 1973.

Manent Joan, *Records d'un sindicalista llibertari català. 1916-1943,* París, Edicions Catalanes de París, 1976.

Manté Bartra, Marta, *La problemática de la Segunda República a través del estudio de una situación concreta: el Mataró de los años treinta,* Barcelona, Rafael Dalmau, 1977.

Martín Ramos, Josep Lluís, *Els orígens del Partit Socialista Unificat de Catalunya (1930-1936),* Barcelona, Curial, 1977.

Massot i Muntaner, Josep, *Aproximació a la història religiosa de la Catalunya contemporània,* Barcelona, Abadia de Montserrat, 1973.

——, *L'Església catalana entre la guerra i la postguerra,* Barcelona, Rafael Dalmau, 1978.

Mercader, Joan, *Catalunya i l'Imperi napoleònic,* Barcelona, Abadia de Montserrat, 1978.

Miguélez, Faustino, *SEAT. La empresa modelo del Régimen,* Barcelona, DOPESA, 1977.

Molas, Isidre, *Lliga Catalana,* Barcelona, Edicions 62, 1972.

——, *El sistema de partits polítics a Catalunya (1931-1936),* Barcelona, Edicions 62, 1972.

Monés, Jordi, *El pensament escolar i la renovació pedagògica a Catalunya (1833-1938),* Barcelona, La Magrana, 1977.

Muntanyola, Ramón, *Vidal i Barraquer, cardenal de la paz,* Barcelona, Estela, 1971.

Navarro, Ramón, *L'educació a Catalunya durant la Generalitat (1931-1939),* Barcelona, Edicions 62, 1979.

Ollé, Josep M., *El moviment obrer a Catalunya. 1840-1843,* Barcelona, Nova Terra, 1973.

Pagès, Pelai, *Andreu Nin, su evolución política (1911-1937),* Madrid, ZYX, 1975.

——, *El movimiento trotskista en España (1930-1935),* Barcelona, Península, 1977.

Pàmies, Teresa, *Quan erem capitans,* Barcelona, DOPESA, 1974.

Peiró, Joan, *Escrits, 1917-1939. Tria i introducció de Pere Gabriel,* Barcelona, Edicions 62, 1975.

Pérez Baró, Albert, *Trenta mesos de col.lectivisme a Catalunya, 1936-1939,* Barcelona, Ariel, 1970.

——, *Les cooperatives a Catalunya,* Barcelona, Institut d'Estudis Catalans, 1972.

Pestaña, Angel, *Trayectoria sindicalista. Prólogo de Antonio Elorza,* Madrid, Tebas, 1974.

Pi Sunyer, Carles, *La República y la guerra. Memorias de un político catalán,* México, Ed. Oasis, 1975.

——, *El comerç de Catalunya amb la resta d'Espanya,* Barcelona, Pòrtic, 1974.

——, *Memòries de l'exili. I. El Consell Nacional de Catalunya. 1940-1945,* Barcelona, Curial, 1978.

——, *Memòries de l'exili II. El Govern de la Generalitat a París, 1945-1948,* Barcelona, Curial, 1979.

Pitarch, Ismael E., *L'estructura del Parlament de Catalunya i les seves funcions polítiques (1932-1939),* Barcelona, Curial, 1977.

Poblet, Josep M., *Història de l'Esquerra Republicana de Catalunya (1931-1936),* Bacelona, DOPESA, 1975.

——, *Vida i mort de Lluis Companys,* Barcelona, 1976.

Pons, Agustí, *Conserves amb Frederica Montseny,* Barcelona, Laia, 1977.

Raguer i Suñer, Hilari, *La Unió Democràtica de Catalunya i el seu temps (1931-1939),* Barcelona, Abadia de Montserrat, 1976.

Ribas i Massana, Albert, *La Universitat Autònoma de Barcelona, 1933-1939,* Barcelona, Edicions 62, 1976.

——, *L'economia catalana sota el franquisme, 1939-1953,* Barcelona, Edicions 62, 1978.

Riera, Ignasi, *El Baix Llobregat, 15 anys de lluites obreres,* Barcelona, Blume, 1976.

Riera Llorca, Vicens; Manent, Albert, etc., *El exilio español de 1939. VI. Cataluña, Euzkadi, Galicia,* Madrid, Taurus, 1978.

Riquer, Borja de, *Lliga Regionalista. La burgesia catalana i el nacionalisme (1898-1904),* Barcelona, Edicions 62, 1977.

Roig i Rosich, Josep M., *L'Estatut de Catalunya a Les Corts Constituents (1972),* Barcelona, Curial, 1978.

Roig, Montserrat, *Rafael Vidiella, l'aventura de la revolució,* Barcelona, Laia, 1976.

Romero Maura, Joaquín, *«La rosa de fuego». El obrerismo barcelonés de 1899 a 1909,* Barcelona, Grijalbo, 1976.

Rovira Gómez Salvador J., *La desamortització a Tarragona, 1835-1845,* Tarragona, Institut d'Estudis Tarraconenses. Diputació de Tarragona, 1979.

Saladrigas, Robert, *L'Escola del Mar i la renovació pedagògica a Catalunya. Converses amb Pere Vergés,* Barcelona, Edicions 62, 1973.

Sales, Joan, *Cartes a Màrius Torres,* Barcelona, Club editor, 1976.

Sales, Nuria, *Sobre esclavos, reclutas y mercaderes de quintos,* Barcelona, Ariel, 1974.

Sans Orenga, M., *Els treballadors mercantils dins el moviment obrer català,* Barcelona, Pòrtic, 1975.

Sanz Oller, J., *Entre el fraude y la esperanza. Las CCOO de Barcelona,* París, Ruedo Ibérico, 1972.

Sardà, J.; Sáez, A.; Alcaide, J.; Jané, J.; Ortega, J., etc., *L'economia de Catalunya avui,* Barcelona, Banco de Bilbao, 1974.

Sauret, Joan, *L'exili polític català,* Barcelona, Proa, 1979.

Segarra, Agustí, *Federico Urales y Ricardo Mella, teóricos del anarquismo español,* Barcelona, Anagrama, 1977.

Serrahima, Maurici, *Del passat quan era present,* Barcelona, Edicions 62, 1972.

——, *De mitja vida ençà,* Barcelona, Edicions 62, 1969.

——, *Memòries de la guerra i de l'exili.I.1936-1937,* Barcelona, Edicions 62, 1978.

Simón Segura, Francisco, *Contribución al estudio de la desamortización en España. La desamortización de Mendizábal en la provincia de Gerona,* Madrid, Instituto de Estudios Fiscales, 1969.

Sol, Romà; Torres, M. Carme, *Lleida i el fet nacional català (1878-1911),* Barcelona, Edicions 62, 1978.

Solà, Pere, *Las escuelas racionalistas en Cataluña (1909-1939),* Barcelona, Tusquets, 1976.

Solá i Dachs, Ll., *Història dels diaris en català, 1879-1976,* Barcelona, EDHASA, 1978.

Soldevila, Ferran, *Història de la proclamació de la República Catalana. Pròleg de Miquel Coll i Alentorn. Introducció i recull documental de Pere Gabriel,* Barcelona, Curial, 1977.

Tellez, Antonio, *La guerrilla urbana: Facerías,* París, Ruedo Ibérico, 1974.

——, *Sabaté, guerrilla urbana en España (1945-1960),* Barcelona, Plaza-Janés, 1978.

Termes, Josep, *Federalismo, anarcosindicalismo y catalanismo,* Barcelona, Anagrama, 1976.

Torras Elías, Jaime, *Liberalismo y rebeldía campesina 1820-1823,* Barcelona, Ariel, 1976.

Torras i Ribé, J. M., *La revolució industrial a la comarca d'Anoia,* Barcelona, Dalmau, 1979.

Ullman, Joan Connelly, *La Semana Trágica,* Barcelona, Ariel, 1972.

Le Vatican et la Catalogne, París, Edicions Catalanes de París, 1971.

Verrié, J. P.; Cirici, A.; Maragall, P.; Martín Ramos, J. L., etc., «Història del socialisme a Catalunya, 1939-1972», *Debat* 4-5, Barcelona, Centre d'Estudis Socialistes, 1978.

Viver Pi-Sunyer, Carles, *El personal político de Franco (1936-1945),* Barcelona, Ed. Vicens Vives, 1978.

HISTORIOGRAFIA VASCA RECIENTE

José EXTRAMIANA

El título que encabeza las pocas páginas de mi ponencia sería presuntuoso si no se hicieran algunas advertencias. Un concurso de circunstancias ha permitido que se me encomiende la tarea de realizar un balance de lo escrito en materia de historia del País Vasco desde hace diez años. Por ello, estas notas sólo pueden ser, en el mejor de los casos, un inicio, un bosquejo que tendrá que corregirse y ampliarse *. El trabajo que emprendo resulta difícil, debido a su magnitud intrínseca y a mis propias limitaciones. Estas —sin tener en cuenta otras insuficiencias— se desprenden de una indagación parcial, pues, habiéndome interesado por un tema del siglo XIX (la última guerra carlista), mi búsqueda bibliográfica se ha orientado naturalmente hacia la Edad Contemporánea. Si he procurado reunir y leer lo editado sobre esa época, es posible que se me hayan olvidado algunos títulos, por lo abundante y variado de la actual producción. Aunque nos limitemos a lo publicado desde 1969, esa delimitación no resta muchas dificultades a nuestro empeño, pues precisamente por esas fechas empieza a acelerarse el ritmo de las ediciones. Las preocupaciones de los estudiosos se han conjugado con las exigencias de un público cada vez más interesado por la historia para dar lugar a un caudal impetuoso de artículos y libros de tema histórico.

Hace ya tiempo que el campo de la historia escrita dejó de estar yermo. Desde que el gran maestro Vicens Vives emprendiera un nuevo remozamiento de los estudios en Cataluña y en España, se ha recorrido un largo camino. El nos enseñaba a examinar los diversos aspectos de la vida colectiva en sus múltiples y complejas inter-relaciones. Se descubría una «metodología» de la historia (con

---

* El tiempo escaso que he podido reservar a este estudio y el obligado alejamiento de Euskadi le han privado de la dedicación que merece.

ambición de ser «global»), que Pierre Vilar, maestro de una generación de historiadores españoles, contribuía a precisar y a desarrollar.
Al amparo de los juristas, se enriquecía el conocimiento de lo «institucional», mientras que en las Facultades de Ciencias Económicas
se cultivaba y se enseñaba la Historia de la Economía. Se multipli-
caban las obras especializadas, los estudios de historia regional y
local.

En un entorno español favorable, crecía la bibliografía referente al País Vasco que se aprovechaba del desenvolvimiento general
y a él contribuía porque no faltaban estudios ya añejos sobre diversos aspectos de la vida de la región en el pasado. Las mutaciones,
a veces espectaculares, que dicha región presencia en la época contemporánea, así como su propia singularidad, atrajeron la atención
de los especialistas. Paralelamente, el viejo y el nuevo fuerismo, y
más tarde el nacionalismo, suscitaron una abundante literatura histórica, de condena y de defensa, de mutilación y de sublimación, de
reivindicación, de definición de una nacionalidad... Ahora, la acui-
dad y la gravedad con las que se plantea el problema vasco impul-
san esa actividad, incitadora de nuevos estudios de historia, desde
y en un marco vasco.

Una parte de la historiografía vasca era apéndice de la española, se insertaba en la proliferación de estudios de historia regional.
Sin insistir más por ahora en este importante problema, digamos,
por ejemplo, que los historiadores vascos preferían publicar, por razones «administrativas», en las grandes editoriales nacionales. Han
faltado los «organismos» y «mecanismos» que dieran impulso a esa
historiografía. La imperdonable inexistencia de una Universidad ha
sido un obstáculo, y, *a contrario,* la creación de Colegios Universitarios, un estimulante. Incitadores han sido también las Diputaciones y Cajas de Ahorros de cada una de las cuatro provincias que, con
la Universidad privada de Navarra, financiaron ediciones. Permitieron también la publicación de revistas sobre temas vascos (y no
exclusivamente sobre temas de historia vasca): *Príncipe de Viana,
Boletín de la Real Sociedad Vascongada de Amigos del País, Boletín
de la Institución Sancho el Sabio, Boletín de Estudios Históricos
sobre San Sebastián, Estudios Vizcaínos...* La Caja de Ahorros de
San Sebastián organiza, desde 1969, concursos sobre el tema «Pueblos de Guipúzcoa», que dan lugar a una proliferación de «Monografías» (35 en el 69, 28 en el 71). La RSVAP reúne «Simposios de
Historia de Vizcaya» (en 1971, 73, 75, 77), fecundos y producti-

vos. La ayuda así prestada, por modesta que pueda parecer, descubre las enormes posibilidades que resultarían de la obtención de la autonomía y de la creación de una Universidad vasca. La democratización del Estado español facilita también las iniciativas privadas. Las empresas editoriales aumentan en número e incrementan el volumen de sus publicaciones: Auñamendi, Gómez, Haranburu, Txertoa... ofrecen al público nuevos estudios; la Gran Enciclopedia Vasca reedita obras de valor[1]. Los centros de publicación semipúblicos realizan esfuerzos mayores que nunca (por ejemplo la Biblioteca L. de Ajuria al servicio de la Institución Sancho el Sabio). Un brillante plantel de historiadores jóvenes crea en 1977 la *Revista de Estudios Vascos SAIOAK*.

Dejando de lado algunos sectores como la prehistoria, antropología, etc., y prescindiendo por ahora de las publicaciones que pueden tener un carácter más propagandístico, ¿cómo enfocar el tema que nos preocupa? Sería interesante analizar las obras por épocas y, dentro de éstas, por temas, ámbito geográfico, etc., señalando, para cada uno de los períodos, los aspectos más estudiados y los más descuidados. Una clasificación de esa naturaleza supera mis fuerzas y, probablemente, el insuficiente desarrollo de la investigación no la aconseja.

Adoptaré, pues, un método que consistirá en dar cuenta de la aportación de algunos jóvenes, y ya prestigiosos, historiadores, analizando brevemente sus respectivas obras, seleccionadas en función, a la vez, de la importancia de los temas tratados (en el caso de estudios especializados) y de su carácter extensivo (el conjunto del País Vasco o un período largo). Seguiré un orden cronológico y temático que permitirá descubrir los temas y centros de interés que más han atraído a los especialistas, así como las particularidades de los diversos enfoques. Tras una breve mención a los manuales, presentaré un apéndice bibliográfico en el que clasifico a obras y autores por épocas, cuando se prestan a la ordenación cronológica, incluyendo en apartado especial, por temas, los estudios que no se sujetan a aquel criterio.

Ignaro y profano en materia de historia medieval, me contento con censar títulos y autores, tomando como punto de partida un

---

[1] Publicaciones con frecuencia voluminosas y de alto coste. *Cien libros vascos fundamentales y Diccionario de nombres euskéricos. Crónica General del País Vasconavarro.*

interesante artículo de García de Cortázar: «Los Estudios de tema medieval vascongado: un balance de las aportaciones de los últimos años»[2], cuyo enunciado es suficientemente elocuente como para remitir al lector a esa fuente de información bibliográfica.

Encontramos ecos de la Edad Media en el primer libro que analizamos: El «igualitarismo» vasco: mito y realidad, de A. Otazu y Llana. Este historiador nos invita a seguir las etapas constitutivas de la capa más encumbrada de la sociedad, desde la Baja Edad Media hasta finales del siglo XVIII, dentro del fluir de la historia vasca de ese período. No oculta su intento de escribir un libro polémico y desmitificador, lo que le ha atraído detractores que se esfuerzan por denunciar las insuficiencias de su obra[3]. No obstante, el enfoque es interesante y la aportación valiosa.

El libro contempla la elaboración de la tesis «igualitaria» (la tan decantada «igualdad social», sociedad equilibrada y armoniosa, carente de conflictos, la «democracia» vasca secular) y las fases de esa elaboración del siglo XVI al XVIII, situándolas en su entorno socio-económico, tratando de desentrañar los «intereses» que generan esa ideología y las metas que su difusión se propone alcanzar. Al analizar la obra de los teorizantes de esa tesis (basándose en la bibliografía fundamental referente a los problemas evocados y tras haber examinado una documentación básica para el estudio de algunas comarcas de diversas provincias y de algunas «grandes familias»), Otazu describe cómo siglo tras siglo se va constituyendo una clase dominante, numéricamente reducida, hasta llegar a ser «oligárquica» en el siglo XVIII, y los mecanismos de dominación y opresión que dicha clase ejerce[4].

En sus páginas descubrimos lo que ha sido, en su evolución a través de los tiempos, el régimen señorial en el País Vasco, las acciones y reacciones de opresores y oprimidos, la lucha de clases: la historia a secas. Empieza la obra con una exposición sobre el régi-

---

[2] SAIOAK, núm. I, año I, 1977, pp. 181-201.

[3] Véase, por ejemplo, L. Lopetegui, «Observaciones a un libro discutido», Estudios Vizcaínos, núms. 9-10, Bilbao, 1974, año V, pp. 301-319.

[4] Para las referencias de éste y de los demás libros y artículos, véase el Apéndice bibliográfico. Además de los expedientes consultados en el AHN y en el APG (Tolosa), Otazu ha explorado en algunos archivos municipales (Berastegui, Albiztur) y privados (documentación referente a ciertas familias importantes): Archivo de los Condes de Oñate, ADV «mayorazgo de Loyola», «mayorazgo de Idiaquez», «mayorazgo de Berriatu», así como los Registros de las Juntas Generales, Extractos de la Real Sociedad Bascongada, etc.

men feudal-banderizo en la Edad Media, la dominación de los «parientes mayores», la fundación de ciudades [5], las luchas de bandos, el sentido de la incorporación a Castilla, la creación de Hermandades y el desarrollo de las instituciones vascas, la lucha por el poder municipal en el tránsito de la Edad Media a la Moderna... A continuación, observamos la prolongación de los derechos señoriales hasta los siglos XVI y XVII, la resistencia antiseñorial y la defensa de los campesinos. Luego, el trasfondo social del «igualitarismo» en el XVI: la acumulación, el incremento demográfico, la emigración; la situación en el siglo XVII, algunas luchas populares; la estratificación social en Navarra. Así se llega al siglo XVIII, con su ascenso demográfico y económico, la constitución de la «oligarquía» y la creación de la Real Sociedad Vascongada, la rebeldía popular de las «matxinadas», la crisis y la represión, el poder municipal y provincial, la codicia que despiertan los bienes comunales, el acercamiento del bajo clero al pueblo. En ese contexto prospera de nuevo el «igualitarismo» del Padre Larramendi y la obra de Egaña que Otazu analiza y tipifica [6]. La simple enumeración de las cuestiones tratadas da idea de la riqueza y el interés de este libro que impugna toda una «literatura histórica» idílico-patriarcal, vasta empresa de manipulación ideológica.

Ese mismo período, ampliado en cada una de sus márgenes, es objeto de estudio por parte de E. Fernández de Pinedo, en una perspectiva económica que, no obstante, en ningún momento descuida la evolución histórica «global». Pero, como su obra fundamental se refiere esencialmente al siglo XVIII y al tránsito del Antiguo Régimen al Liberalismo, retrocedemos un momento para anunciar un libro de próxima publicación: *Vascongadas 1450-1720. Un crecimiento económico desigual,* de L. M. Bilbao, que va a esclarecer los fundamentos de la historia moderna de las tres provincias occidentales y especialmente aspectos menos conocidos de ese período y de esa área geográfica: el siglo XVII y Alava, la hermana pobre de la «tría» «vascongada». L. M. Bilbao nos ha dado ya un anticipo de la precisión, calidad y transparencia de su trabajo en un artículo titulado: «Crisis y reconstrucción de la economía vascongada en el siglo XVII». Se estudia en él las repercusiones y modalidades de esa

---

[5] El mismo autor ha redactado un artículo sobre «Los banderizos del Bidasoa».

[6] Véase también Otazu: *Hacendistas navarros en Indias,* y J. Caro Baroja: *La hora navarra del XVIII.*

crisis europea en gran parte del País Vasco; una crisis más estructural que coyuntural, que provoca la ruptura del «equilibrio económico imperante en Europa». La vulnerabilidad de la economía vasca hace que las repercusiones sean intensas, pero la reacción ante la crisis da lugar a resultados positivos y duraderos en núcleos particularmente dinámicos. L. M. Bilbao analiza ese proceso en los diversos sectores de la producción, empezando por la agricultura y los nuevos métodos de explotación de la tierra y del trabajo agrícola, sin olvidar el papel del comercio y el lugar de la industria en esas transformaciones; también observa el comportamiento de las diversas comarcas y zonas para comprobar la emergencia de Bilbao y, en definitiva, el incremento y la consolidación de las posibilidades de desarrollo capitalista del País Vasco.

Sobre el mundo rural vasco y la modificación de las relaciones de producción en el campo, Fernández de Pinedo en el artículo de *SAIOAK:* «El campesino parcelario vasco en el feudalismo desarrollado (siglos XV-XVIII)» precisa algunos aspectos de ese problema en las dos provincias costeras.

Pero la obra fundamental de este autor, por su volumen, los problemas estudiados y la documentación consultada, es hasta ahora *Crecimiento económico y transformaciones sociales del País Vasco, 1100-1850* [7]. Esas fechas no delimitan bien el contenido básico del libro, es decir, el siglo XVIII y el primer tercio del XIX, pues, al período anterior a 1700, sólo consagra unas setenta páginas, especie de jugosa introducción al estudio de siglo y medio de historia de las tres provincias occidentales que ocupa más de cuatrocientas páginas.

F. de Pinedo nos ofrece, primero, un riguroso análisis de la evolución demográfica, contemplada en cada una de sus facetas y en sus relaciones múltiples con otros fenómenos (descripción del movimiento demográfico, papel que éste desempeña como factor, valoración de su peso como consecuencia). Sigue una exposición minuciosa sobre la producción agrícola y las relaciones de producción en el campo: modificaciones técnico-económicas, régimen de

---

[7] F. de Pinedo ha elaborado su método y obtenido una primera información sobre los problemas que estudia, consultando la mejor y más amplia bibliografía general y especializada. Su documentación inédita comprende centenas de expedientes de Archivos nacionales (RAH, Simancas, etc.), provinciales (del País Vasco), municipales, parroquiales, de los Obispos de Calahorra y Vitoria, algunos conventos...

propiedad y tenencia de la tierra, estructuras agrarias y evolución, estudio de mercados, desarrollo y formas del comercio, acumulación de capital agrario. Hay, a continuación, una parte más reducida (por el peso relativo menor de esa actividad), pero no menos precisa, que trata de la industria y su modo de organización, así como de su dimensión comercial, que da paso, luego, al estudio de la sociedad, en todos y cada uno de los grupos que la componen, con la estabilidad que le confieren estructuras heredadas y con los desequilibrios que provocan las transformaciones económicas del Siglo de las Luces. Los problemas internos, la incidencia de acontecimientos exteriores, los conflictos y las luchas que el pueblo vasco conoce y vive en el siglo XVIII y en el largo período de transición (y de crisis) de un siglo a otro desfilan ante el lector iluminados por las conclusiones que el autor extrae del análisis que precede: agitación rural, «matxinadas», represión, «bandolerismo», guerra franco-española, *zamacolada,* ocupación napoleónica, impugnación y defensa del Fuero, desamortización, aduanas, «incubación» de la primera guerra carlista [8].

No hay ninguna duda, el libro de F de Pinedo es una de las obras más interesantes y de imprescindible consulta para saber lo que ha sido en el País Vasco el tránsito de la Edad Moderna a la Contemporánea.

Referente a la misma época (Edad Moderna y principios de la Contemporánea) y con un enfoque similar, pero limitado espacialmente a Guipúzcoa, tenemos también un estudio de F. de Albaladejo: *La crisis del Antiguo Régimen en Guipúzcoa, 1766-1833: cambio económico e historia,* elaborado a partir de ricas fuentes bibliográficas y documentales. Se compone de dos partes: la primera, de 1500 a 1766 (tras una introducción en la que se resume el período de transición de la «sociedad banderiza» al «feudalismo avanzado»); la segunda, de más amplitud, de 1766 a 1833 [9]. Complementario del anterior, este libro permite conocer las particularidades

---

[8] Véase del mismo autor el Prólogo a la obra de F. Bacon: *Historia de la Revolución de las Provincias Vascongadas y Navarra (1833-1837),* 1838, San Sebastián, Txertoa, 1973.

[9] No sabemos si este libro es la parte más sustancial de la tesis de F. de Albaladejo: *Las Vascongadas en el siglo XVIII. Aproximación a una estructura regional.* (Tesis leída en la Universidad de Salamanca, de cuya publicación no tenemos noticia.) Del mismo autor: *Manuel de Larramendi: la particular historia de Guipúzcoa.*

de una provincia en la que la larga crisis de entre los dos siglos ha sido especialmente dolorosa. Contiene interesantes «Apéndices» sobre: la división administrativa de Guipúzcoa en el siglo XVIII, precios y demografía de 1766 a 1833, propiedad de los caseríos de doce pueblos de Guipúzcoa en 1810, grandes compradores de bienes desamortizados entre 1808 y 1814, nómina de individuos e inventario de bienes de los que toman parte por D. Carlos en la primera contienda y evadidos (al campo carlista) de la ciudad de Irún.

Como puede observarse, las obras analizadas hasta ahora se refieren a la Edad Moderna y al período de crisis en que desemboca; todos los estudios consagran gran espacio al siglo XVIII, época de mutación. En el fondo, lo que ha apasionado a los investigadores es el siglo escaso que va de mediados del XVIII a la primera guerra carlista. Ya veremos luego que otra época predilecta es la que empieza en 1876. De forma que el segundo tercio del siglo XIX, así como ciertos aspectos del primer tercio, han interesado mucho menos; se alude a ese período como epílogo del anterior o como «prehistoria» de las transformaciones que se observan en el último cuarto del siglo XIX.

No obstante, todo no ha sido olvidado; González Portilla ha estudiado algunos aspectos de la evolución económica y, sobre todo, de la demografía de Vizcaya; hay algunos artículos sobre la Guerra de Independencia o el *Trienio;* F. de Pinedo caracteriza (en su libro y en un artículo) el proceso desamortizador que, por mi parte, estudio (referido esencialmente a Alava y Guipúzcoa) en unos capítulos de mi libro. También disponemos de algunos estudios de M. Basas Fernández [10].

Con respecto a la Desamortización, uno de los primeros especialistas ha sido Mutiloa Poza. Basándose en una documentación provincial, este autor establece un balance global de las ventas, por años y localidades, en Alava y Guipúzcoa. Ese balance pone al descubierto el formidable despojo del que fueron víctimas los pueblos en tiempo de la ocupación napoleónica, pero subestima los bienes que aún conservaban las corporaciones locales en 1817 y no se ocupa de la naturaleza de la operación. Con todo, ese estudio es valioso y de útil consulta.

El mismo autor ha consagrado varios artículos al conflicto (en las tres provincias occidentales) entre los responsables gubernamen-

---

[10] Para títulos y referencias, véase el Apéndice bibliográfico.

tales y las autoridades forales con motivo de la Ley General de 1855. Ese mismo problema, referido a Navarra, había sido ya estudiado por Gómez Chaparro.

Más voluminoso es el libro de Mutiloa sobre *La Desamortización eclesiástica en Navarra.* Una importante documentación permite a este historiador describir, primero, el patrimonio de la Iglesia en Navarra y, luego, establecer un balance, por años, de todo lo enajenado en el siglo XIX. Los datos que suministra son una fuente indispensable para quien desee conocer o ampliar el estudio de ese problema.

Acaso más completo y riguroso, aunque más restringido cronológicamente, es la obra de Donézar referente a la *Desamortización de Mendizábal en Navarra,* la realizada de 1836 a 1850. Utilizando una documentación casi exhaustiva, que de antemano es criticada y valorada, Donézar hace un estudio, minucioso, detallado y de gran rigor, de la cantidad y calidad de los bienes enajenados a cada uno de los sectores del clero, así como de la ubicación de esas propiedades. Reserva un apartado valiosísimo a los compradores, lo que permite hacerse una idea del alcance y la trascendencia de la reforma.

Tras esos estudios especializados, que se refieren a diversas épocas del siglo, pasamos al campo de la historia de las ideas y, en este terreno, ha interesado especialmente la encrucijada del 68.

El Obispado de Vitoria durante el sexenio revolucionario, de F. Rodríguez de Coro, analiza la actitud de aquel organismo antes de la «setembrina» y después del 68. Se puede observar la actividad que el clero despliega contra el nuevo régimen, tomando como pretexto, en el plano regional, la «toma» de la Diputación de Guipúzcoa por los liberales en 1869. Precisamente, la eminencia gris de ese Obispado, antes y después de la «Gloriosa», es el canónigo Manterola, «diputado, conspirador y dirigente carlista». V. Garmendia ha consagrado un libro interesante a ese inteligente ideólogo y propagandista del carlismo en general y del carlismo vasco en particular.

Manterola fue también fundador y director del *Semanario Católico Vasco-navarro* de Vitoria, importante órgano de prensa de la Iglesia Vasca, al que hace tres años dedicamos un artículo.

Después de unos artículos en torno a la Iglesia, Rodríguez de Coro nos ha ofrecido más recientemente otro libro, *País Vasco, Iglesia y Revolución liberal,* en el que estudia con más amplitud el comportamiento del clero vasco desde la creación del Obispado de Vitoria hasta los albores de la Restauración.

Queda así sentado el papel contrarrevolucionario de la Iglesia vasca, vanguardia reaccionaria en una coyuntura delicada para España e instigadora de la guerra carlista. Esta ha sido estudiada en el marco alavés por J. Aróstegui: *El carlismo alavés y la guerra civil de 1870-1876.* Este libro, que se apoya en una amplia bibliografía y en una documentación procedente de Archivos provinciales (incluso documentos de la Diputación carlista de Alava) y municipales, ofrece un cuadro bastante completo del carlismo alavés, de su geografía por zonas, de sus hombres, sus tendencias, sus medios, sus procedimientos. Contiene también un balance de los sacrificios impuestos a algunas familias y a los pueblos a lo largo del conflicto.

Por nuestra parte, en un libro redactado en francés en 1977 y de próxima publicación, en lengua castellana, en San Sebastián, estudiamos *La última guerra carlista en el País Vasco: génesis, significado, alcance.*

Se trata de examinar el conflicto en el fluir de la historia vasca del siglo xix y como punto de confluencia entre el antiguo y el nuevo País Vasco. Por eso, dedicamos cierto espacio al período de entre las dos guerras y aun más páginas a la batalla política y de propaganda que se inicia en el 68. Luego, procuramos destacar la dimensión popular del carlismo vasco y la singular experiencia de autogobierno que vive durante la guerra, gracias a ésta y pese a las enormes dificultades que inevitablemente crea.

Discrepamos de Olcina *(El carlismo y las autonomías regionales)* que, fundándose en la importancia de la motivación foral y en la participación masiva del pueblo rural, no vacila en señalar la existencia carlista «federalista», «reformista» y, naturalmente, progresista. Algo que, forzando el anacronismo, no quedaría muy lejos del carlismo actual, «socialista y autogestionario».

Eso es un contrasentido y el último libro de Beltza *(Mediación y alienación: Del carlismo al nacionalismo burgués),* aunque escrito con más precipitación que los libros anteriores del mismo autor, confirma nuestras tesis en lo que se refiere a la naturaleza del carlismo.

La conclusión de la última guerra carlista acarrea la abolición de los Fueros y el comienzo del régimen de «conciertos económicos».

Sobre los primeros intentos de modificación de los Fueros, las diversas disposiciones legislativas atentatorias (adoptadas a lo largo del siglo xix) así como sobre el proceso legal de abolición, puede consultarse el libro de J. M. Angulo: *La abolición de los Fueros e instituciones vascongadas.* La singularidad fiscal del País Vasco, antes y después de la abolición, se resume en una obrita de G. Martínez Díez: *Fueros sí, pero para todos.* Más descriptivo, sobre los «conciertos» y su contenido es el libro de C. Postigo: *Los conciertos económicos.*

Con la supresión de la autonomía en 1876, las provincias vascas se ven sometidas a un proceso de intensa integración económica a España y lo que ya estaba en ciernes antes de esa fecha recibe un impulso prodigioso: se acelera la explotación minera y la exportación de mineral; la acumulación de capital así obtenida permite financiar la revolución industrial; las fronteras con España desaparecen, Vizcaya manda productos siderúrgicos a España y recibe masas de hombres en busca de trabajo. Surge un nuevo País Vasco a partir de dos coordenadas: la inmigración y la industrialización. Ese proceso de mutación cualitativa, en su doble dimensión, demográfica y económica, ha sido estudiado con precisión por González Portilla. Si la obra básica de este autor (*Crecimiento económico de España, 1880-1913*) no se refiere exclusivamente al País Vasco, éste tiene un peso importante en ese crecimiento y G. Portilla, en una serie de artículos del más alto interés, analiza detenidamente la expansión económica vasca en el *hipocentro* de la «explosión»: Baracaldo-Bilbao [11]. Explosión minera, auge de las exportaciones —que, dicho sea de paso, contribuyen al crecimiento inglés—, márgenes beneficiarias fabulosas; en poco tiempo se acumulan fortunas capaces de asegurar las importantes inversiones que la siderurgia moderna requiere. Pero no se pasa automáticamente de la acumulación a la inversión; se necesitan alicientes. Los barcos que transportan el mineral regresan cargados de coque; combustible barato, hierro abundante, mercado español protegido, mano de obra abundante. La cosecha promete ser fructífera. Vizcaya envía productos siderometalúrgicos a otras partes de España y recibe a masas de hombres en busca de trabajo y de jornales de subsistencia, procedentes de regiones cada vez más alejadas. Esas masas humanas se ven sometidas, como las minas, a intensa explotación. G. Portilla ha estudiado los salarios y los precios, las condiciones de vida y de higiene de esos tra-

---

[11] Véase en nuestro apéndice bibliográfico («Siglo xix») títulos y referencias de los estudios de G. Portilla.

bajadores, su miseria, enfermedades, el aumento de la mortalidad, la contribución de los inmigrados, con sudor y sangre, a la industrialización del País Vasco.

El mismo autor evoca también algunos problemas relacionados con la defensa de ese proletariado y los primeros conflictos sociales. Eugenio Lasa ha estudiado la huelga general de 1890, el primer conflicto laboral de envergadura; pero la actividad de la clase obrera organizada ha sido objeto de un primer libro importante debido a J. P. Fusi.

La obra de este último autor, *Política obrera en el País Vasco, 1880-1923,* que utiliza una multitud de fuentes, incluso inglesas [12], contiene una amplia información sobre la organización sindical y política de este proletariado. En cada etapa de su estudio, Fusí tiene en cuenta la evolución económica, las transformaciones sociales y la vida política vasca, para situar mejor esa actividad sindical y política de los trabajadores. Seguimos paso a paso la implantación y consolidación en Vizcaya de la UGT y del PSOE, que pasan por dificultades, retrocesos, revisiones, debidos, no sólo a la represión y a la actividad patronal, sino también al aislamiento al que parte de la comunidad vasca condena a esa clase obrera, por su doble condición de explotados y de «maketos».

Más reciente, y referido exclusivamente a Vizcaya, es el estudio de I. Olabarri Gortázar: *Relaciones laborales en Vizcaya, 1890-1936.*

En la vida pública vasca de las postrimerías del XIX, sindicalismo y socialismo constituyen un elemento nuevo, pero no el único. El viejo fuerismo resentido y otros fuerismos más novedosos desembocan en un movimiento nacionalista que matiza, enriquece y complica el panorama político vasco y español.

Con respecto a la historia del nacionalismo vasco, si nos referimos únicamente a los últimos diez años, la primera parte del período es bastante estéril. Aparte el libro de García Venero, cuya tercera edición, a cargo de la Editora Nacional, aparece en 1969, sólo se estudian aspectos parciales de la historia del nacionalismo, pro-

---

[12] Utiliza este autor una abundante documentación procedente del AHN («Papeles del Ministerio de la Gobernación»), de los Archivos del Ministerio de la Gobernación y de la Presidencia del Gobierno, documentos diplomáticos y consulares ingleses (del «Public Record Office» de Londres), Archivos privados (Familias Maura, Romanones, Unamuno, de la «Orconera» y de Eduardo Victoria de Lecea), amén de una serie de periódicos y revistas y una considerable bibliografía (libros, folletos, artículos).

ducto con frecuencia de militantes o simpatizantes de ese movimiento que a veces publican sus obras en euskera [13]. En 1973, A. Elorza redacta un artículo titulado «Sobre ideología y organización del primer nacionalismo vasco» [14], que es probablemente el punto de partida de una producción que empieza a ser fecunda.

En 1975, se publica el libro de Solozábal *El primer nacionalismo vasco*. El autor establece una relación estrecha entre la reivindicación nacionalista y esa nueva situación que se crea en el País Vasco a partir de 1876: inmigración, revolución industrial, movimiento obrero, derrota del fuerismo, transformación de la clase privilegiada, desplazamiento del centro dominante a Bilbao, núcleo españolizado y españolizante.

Solozábal analiza las consecuencias del nuevo desarrollo económico, lo que los Fueron han significado en el pasado y las repercusiones que tiene su abolición; culmina su estudio con el análisis del pensamiento y de la acción de Sabino Arana, en sus dos etapas fundamentales, delimitadas por su rechazo, en los primeros tiempos, de la industrialización y por la aceptación, más tarde, de ésta.

Contemporánea de la obra de Solozábal es la de J. C. Larronde *(El nacionalismo vasco: su origen, su ideología en la obra de Sabino Arana y Goiri)*, pero publicada en lengua castellana más tarde, en 1977. También Larronde tiene en cuenta los fundamentos socioeconómicos de ese movimiento político y contempla la evolución del País Vasco en el siglo xix.

Entre ambos libros, se sitúan cronológicamente los de Beltza, de 1976. En *El nacionalismo vasco* se analiza y estudia ese movimiento desde su nacimiento hasta el final de la última guerra civil. En *Nacionalismo vasco y clases sociales,* Beltza descubre la dimensión «clasista» del nacionalismo «burgués» y nos transmite el producto de sus reflexiones sobre varias nacionalidades oprimidas de nuestro tiempo.

---

[13] Por ejemplo: J. Elosegui: *Quiero morir por algo,* Burdeos, 1971; «Itarco»: *El nacionalismo vasco en la guerra y en la paz,* E. Alderdi, 1971; P. Larzábal: *Eskuldungoaren aldaketak Ipar Euskal Herrian (1900-1970),* Jakin, Ipar Euskal Herria, 1969; T. Monzón: *Kontzientziaren eboluziñoa,* Jakin, Ipar Euskal Herria, 1969.

[14] Dicho artículo, destinado al Homenaje a Pérez de la Dehesa, no fue publicado hasta 1975. Ahora se edita en último libro de Elorza: *Ideologías del nacionalismo vasco.* Véanse las explicaciones del autor en el prólogo de este último libro.

Balance de esos libros, cuya aportación se enriquece con la propia investigación, de varios años de duración, un estudio más completo del tema va a ser el de Javier Corcuera, cuya tesis, recientemente leída en la Universidad de Valladolid y de próxima publicación *, es un libro esperado con impaciencia por la luminosidad que arroja sobre el período de formación del nacionalismo y lo valioso de la metodología referente a historia electoral y de los partidos políticos. Precisamente en este último terreno había espacios vacíos; por fortuna, algunas obras sobre el conjunto de España (como la de M. M. Cuadrado: *Elecciones y partidos políticos de España (1868-1931),* o la de J. Tusell: *Las elecciones del Frente Popular)* contenían referencias al País Vasco.

En espera de tener pronto el gusto de leer el libro de Corcuera, nos referiremos a la reciente obra de A. Elorza: *Ideologías del nacionalismo vasco,* libro que he leído deprisa pero con apasionamiento.

Basándose en un conocimiento riguroso del período que examina y a partir de fuentes hemerográficas (pues la prensa y los folletos son vehículos privilegiados de difusión ideológica), Elorza, en seis capítulos —en realidad, seis estudios, algunos de ellos ya publicados antes—, nos presenta la ideología del nacionalismo, con variantes y tendencias, en su evolución, en función de cambios estructurales o coyunturales, de 1876 a 1937.

Analiza primero la ideología fuerista presabiniana, especialmente en Navarra, donde la Asociación Euskara realiza grandes esfuerzos en pro del euskera y de un renacimiento cultural y literario propiamente vasco. Pone de relieve cómo ese movimiento queda circunscrito a una élite intelectual, minoritaria, por falta de bases socio-económicas que nutran, den vida a esa formulación teórica y la traduzcan a la práctica. Si ese movimiento fracasa políticamente, al menos suministra una base ideológica a los primeros nacionalistas. Es lo que el autor estudia en el segundo capítulo de su libro («Sobre ideologías y organización del primer nacionalismo vasco»).

Las mutaciones operadas en Vizcaya proporcionan esa base social de que se carecía en Navarra. Sabino Arana funde «el fuerismo radical, la defensa de la cultura vasca tradicional y el antimaketismo» en un conjunto coherente, aunque ambiguo y socialmente «polivalente», pero con un denominador común para mucha gente: el

---

* *Orígenes, ideología y organización del nacionalismo vasco, 1876-1904,* Madrid, Siglo XXI de España, 1979.

rechazo de la situación política y de los conflictos sociales que engendra la industrialización. Sabino Arana trata en un principio de conciliar los intereses de diversas capas populares y algunos sectores acomodados (clases medias, pequeña burguesía, sector fuerista de la propiedad rural) desechando a la alta burguesía y al proletariado, dos agentes de la industrialización (y de la españolización, naturalmente). También marginaliza, en cierto modo, a la burguesía no monopolista, adicta al movimiento nacionalista pero antiseparatista: los «euskalerriacos» o «fenicios». En el primer Arana hay pues una fuerte dosis de ruralismo.

En el capítulo «el tema agrario en la evolución del nacionalismo» analiza el autor esa dimensión de la ideología. Cómo «ruralismo», «historicismo mítico-legendario», fuerismo son elementos que vienen de lejos y que Sabino Arana hereda. Aparece luego una contradicción entre esa visión idílica del campo y la situación real de los campesinos que, en muchos casos, se agrava; pero, el movimiento nacionalista va a tomar en consideración los problemas concretos y aspiraciones de las masas rurales y, por ese camino, tendrá adeptos en el campo.

En la segunda década del siglo XX, el nacionalismo ha penetrado ya en amplios sectores de la sociedad vasca. La incidencia de la primera guerra mundial (capítulo IV) y la consiguiente expansión económica en el País Vasco comprometen la precaria unión del Partido, conglomerado de capas sociales diversas. Esa coyuntura da confianza a los sectores burgueses del nacionalismo (que encuentran agradable la convivencia con un capitalismo español expansivo) en busca de una «vía catalana». Por el contrario, la base pequeño-burguesa del PNV imputa el crecimiento económico a la capacidad de los vascos y, la mayor conflictividad social, a la política española. Este sector, y en general la juventud, acentúan su separatismo frente a los partidarios de la «vía catalana»; la escisión es inevitable, pero la dictadura de Primo de Rivera y la forzada inactividad atenúan las divergencias.

En un estudio aparte (capítulo VI), Elorza analiza, de 1903 a 1937, esa doble tentación del nacionalismo (independentismo o autonomía). Hay una contradicción originaria entre formulaciones teóricas y objetivos, que apuntan hacia la independencia, y la práctica política, que va en busca de la autonomía. Esa contradicción suscita dos grandes tendencias que, a su vez, reflejan oposiciones de intereses entre una burguesía no monopolista y la base del Partido. Las tendencias y oposiciones van a tener, en la composición sociológica del Partido, cada vez más base social, pues, en los años 30, el movimiento tiene también una dimensión laica y obrerista.

Con la Segunda República, se abre una nueva fase de expansión y desarrollo del movimiento nacionalista. Despliega éste una intensa, variada y multiforme actividad que no sólo se limita a lo político, sino que también se extiende a lo sindical, económico, cultural, la estética, indumentaria, diversiones, etc., etc. Junto al Partido propiamente dicho, pululan multitud de organizaciones: obreras, juveniles, femeninas, folklóricas, docentes... La diversidad social de los adherentes y el carácter multiclasista del nacionalismo se acentúan y el terreno es más propicio que nunca al ahondamiento de las divergencias internas. Pero el predominio de la acción en detrimento de la reflexión relegan la ideología a un segundo plano. Por otro lado, muchos curas son agentes eficaces e influyentes en el campo de la formación ideológica, al mismo tiempo que animadores de muchas actividades y mentores aglutinantes de organizaciones y de militantes. En el capítulo v se estudian su papel y su influencia.

No obstante, aparecen tendencias cristalizadas. En vísperas de la guerra, la dirección del PNV intensifica su «confesionalidad» y se desliza cada vez más hacia posiciones «separatistas». Un ala izquierda del movimiento concibe un proyecto nacionalista y progresista: autodeterminación, extensiva a Euskadi-Norte, confederación republicana europea, reformismo «socializante». Este último aspecto la acerca al Frente Popular español. Un objetivo inmediato y común a todo el movimiento: la obtención del Estatuto vasco.

Así, pues, hasta la última guerra civil, la obra de Elorza es de gran utilidad para conocer a un movimiento que ha sido y no ha dejado de ser uno de los elementos importantes de la vida política vasca y española. Esta obra nos ofrece también, desde el País Vasco, una imagen amplia de la historia de Euskadi del siglo XIX al siglo XX.

En fin, referente a la efímera autonomía vasca de la época prefranquista, el librito descriptivo de J. M. Castells: *Estatuto vasco (El Estado regional y el proceso estatutario vasco)* resume la doctrina de la Segunda República en materia de autonomía regional y los antecedentes del Estatuto vasco: el de Estella, el proyecto de las Gestoras, la discusión en las Cortes y la adopción del Estatuto.

Como se puede observar en las páginas que preceden, han sido esclarecidos aspectos fundamentales del pasado vasco. En las edades Moderna y Contemporánea se conoce con cierta precisión la vida económica y social, con sus grandes variantes zonales, así como los mecanismos y las etapas de su evolución; en suma, los rasgos generales de la evolución histórica del País Vasco, el «esquema» básico de su historia. Ese esquema presenta similitudes, naturalmente, con el español, pero también diferencias substanciales que constituyen precisamente el fundamento de la originalidad vasca y un ejemplo de las correcciones que es preciso aportar a la idea que se tiene del pasado español, en realidad, multiforme, con matices regionales fuertemente diferenciados. A su vez, esos estudios ponen de manifiesto la diversidad de comportamientos, en el interior del País Vasco, las diferencias zonales y comarcales. El desarrollo de los estudios enriquecerá y modificará el actual esquema, la idea que ahora nos hacemos del pasado de nuestro pueblo.

Hemos notado que lo que más ha interesado a los investigadores han sido las épocas de transición, de mutación y de crisis, que han repercutido de manera particularmente intensa en tierra vasca: el tránsito del siglo XVIII al XIX y de éste al siglo XX. Lo visible, en la primera de esas épocas, es la especial hostilidad del País Vasco al Liberalismo, y, en la segunda, la reivindicación nacionalista; en ambas, la singular participación del País Vasco en las convulsiones de la vida política española.

En el conocimiento del pasado vasco hay todavía lagunas, espacios vacíos u obscuros, pero la multiplicación de los estudios, a la que asistimos, permite mostrarse optimista. Cierto que numerosas publicaciones forman parte de una literatura más o menos «mítico-legendaria», mas ¿por qué quejarse de esa proliferación? Alguien ha dicho que el estudio de la historia debiera reservarse a los profesionales. No comparto esa opinión, pues prefiero pensar que la historia es, en cierto modo, como el deporte: cuanto más se cultive, en todos los lugares, más posibilidades hay de ganar en las competiciones. No sea que ocurra como en política; se tiene tendencia, pretextando que los problemas de las colectividades son complejos, a denigrar a los políticos profesionales, los «politicastros», y a postergarlos ante los «técnicos», los tecnócratas, que —según nos quieren hacer creer— no hacen política, se contentan con administrar; lo malo es que suelen hacer la peor de todas.

En todo caso, la profusión de las publicaciones sobre el País Vasco, cualquiera que sea su calidad, incita a cultivar la historia vasca y es también el exponente de la preocupación de muchos vascos por conocer el pasado de su país, preocupación legítima y, en las condiciones actuales, altamente comprensible.

Por un lado, en nuestra propia tierra vasca, se ha tenido empeño en falsear la imagen de nuestro pasado, lo que prueba que también la historia es «ideología». El «análisis concreto de la realidad concreta» permitirá sacarla de ese terreno, acercarla a la «ciencia», servirse de ella como instrumento de liberación colectiva.

Por otro lado —y es el punto en el que conviene hacer hincapié— las autoridades centrales han obstaculizado el estudio de nuestra historia: un aspecto de la opresión cultural. A los alumnos de las escuelas del País Vasco se les hablaba de los fenicios, cartagineses, etc., y no de sus antepasados. Una ojeada a las síntesis y manuales de historia vasca da idea del carácter discriminatorio de los programas escolares.

Antes de 1974, las síntesis, o bien se referían a la Edad Media (como la *Historia del pueblo vasco* de F. de Zavala) o bien eran ediciones francesas en lengua francesa *(Histoire du Pays Basque,* de J. L. Devant).* El breve manual de Ugalde *(Síntesis de la Historia del País Vasco)* se edita en Madrid en 1974 y, en poco tiempo, se hacen dos ediciones; se publicará en el País Vasco en 1977. Otro manual, equivalente al anterior por su volumen y por ser destinado a colegiales o a gente no iniciada en la materia, es el de Paul Arzak, editado por L. Haranburu en 1978. No es inútil compararlos.

Sin necesidad de pronunciarnos sobre la calidad respectiva de esas obras, comprobemos simplemente que Ugalde consagra más de la mitad de su espacio al período anterior a 1515 y unas 20 páginas a la época comprendida entre 1841 y 1936. Paul Arzak, por el contrario, se extiende hasta 1972 y dedica la mitad de su libro al período que va de 1833 a la época actual.

Está claro que la democratización del Estado español facilita el desarrollo de los estudios de historia vasca. En 1978, aparecen también dos Síntesis más voluminosas, producto de la colaboración de varios autores: *La historia del pueblo vasco,* en dos volúmenes, editada en San Sebastián (por Erein) y la referente a Navarra, también obra colectiva, publicada por la Ed. Vizcaína. En 1979, Haranburu piensa editar una *Historia General de Euskadi* (en la que participan varios especialistas) en cinco volúmenes.

Esos manuales responden a la necesidad de modificar los programas en todos los centros de enseñanza para dar cabida en ellos a la historia del País Vasco. También son una exigencia del público en general, ávido de conocer la historia de su país. Pero son igualmente útiles para el investigador porque las síntesis espaciosas permiten conocer las parcelas conquistadas y los terrenos más ignotos. Su confección es, pues, un trabajo necesario y valioso.

Otra tarea, más urgente aún, ha de consistir en sacar a muchos fondos documentales del estado lastimoso en que se hallan, evitar su ruina; ficharlos, clasificarlos, catalogarlos. En este orden, sería útil poner a disposición de los estudiosos catálogos, lo más minuciosos y descriptivos posibles, de los Archivos provinciales y locales, públicos y, si es posible, privados; dar cuenta de la documentación referente al País Vasco existente en Archivos nacionales o de otras provincias. Habría que multiplicar los centros especializados y también crear organismos de coordinación y hasta de planificación. Alentar la publicación de revistas, y de boletines periódicos que den cuenta de lo realizado.

Se necesitan marcos apropiados, organismos, medios, equipos de investigadores; todo es posible, con una condición básica, sin embargo, la autonomía cultural, que sólo se puede dar en el marco de la autonomía a secas.

El desarrollo de los estudios históricos vascos, condicionante en parte de una futura y mejor institucionalización de Euskadi, depende naturalmente de esa institucionalización. La franca y decidida aplicación de todas las posibilidades legales que ofrece la actual Constitución española puede ser un primer paso importante para esa renovación de la vida vasca (indispensable para dar un nuevo impulso a los estudios vascos): autonomía de Euskadi en una España, en una Europa multinacionales, algo muy distinto, claro está, de la España y de la Europa de las multinacionales.

BIBLIOGRAFÍA

Para facilitar la consulta, consignamos, por orden alfabético de autores, las principales obras y artículos publicados desde 1969 (sólo en raras ocasiones notamos algunas reediciones), clasificados en seis apartados: Edad Media, Moderna, Contemporánea, Fueros, Estudios especializados, Síntesis.

I. *Edad Media*

Los marcos provinciales (y el particular de Navarra) invitan a consagrar a las «Vascongadas» un espacio distinto del de Navarra.

1) Provincias occidentales

Arocena, F., *Indice documental del Archivo municipal de la villa de Hernani,* San Sebastián, Caja de Ahorros, 1976.

Arocena, I., *Los banderizos vascos,* San Sebastián, 1969.

Banus, J., *De la tierra al villazgo en Guipúzcoa: Los Fueros municipales. Las Hermandades de Guipúzcoa: Orígenes, naturaleza y competencia.* Coloquio de Historia del Derecho, San Sebastián, 1972.

——, «Ordenanzas de la Cofradía de Santa Catalina», *Boletín de Estudios históricos sobre San Sebastián,* 8 (1974), pp. 73-106.

Banus, J. y Aguirre: «Alava medieval», *Boletín R.S.V.A.P.* xxix, 1973, pp. 79-117.

Basas, M., *El crecimiento de Bilbao y su comarca,* Bilbao, Cámara de Comercio, 1969.

Cantera Burgos, F., «Las juderías medievales en el País Vasco», *Sefarad,* xxx, 1971, pp. 265-317.

Crónica de los muy ilustres Señores de Vizcaya y del linaje de Haro alcaldes que fueron de las apelaciones de Castilla, Bilbao, La Gran Enciclopedia Vasca, 1971.

Crónicas de la Casa de Vizcaya, Bilbao, La Gran Enciclopedia Vasca, 1971.

Enciso, E., «Rodrigo de Mendoza, alcaide de Laguardia (1461-¿1501?)», *Boletín Sancho el Sabio,* xvi, 1972, pp. 111-166.

García de Cortázar, J. A., *Vizcaya en el siglo XV. Aspectos económicos y sociales,* Bilbao, Caja de Ahorros de Vizcaya, 1966.

——, «Los estudios de tema medieval vascongado: un balance de las aportaciones de los últimos años», *SAIOAK,* i, 1, 1977, pp. 181-201.

——, *Introducción a la historia medieval de Alava, Guipúzcoa y Vizcaya en sus textos,* San Sebastián, Txertoa, 1979.

Gutiérrez Arechabala: *Vizcaya en la Alta Edad Media,* Bilbao, Excma. Diputación de Vizcaya, 1976.

Luengas Otaola, V. F., *El Fuero de Ayala,* Vitoria, Diputación foral de Alava, 1974.

——, *Introducción a la muy noble y muy leal tierra de Ayala,* Bilbao, Ed. Vizcaína, 1974.

Martín, J., *El honor y la injuria en el Fuero de Vizcaya,* Bilbao, Excma. Diputación de Vizcaya, 1973.

Martínez Díez, G., *Aproximación a la historia jurídica guipuzcoana,* San Sebastián, Universidad de Valladolid, 1970.

——, *Alava medieval* (2 vols.), Vitoria, Diputación foral de Alava, 1974.

——, *Fiscalidad en Guipúzcoa durante los siglos XIII-XIV*, AHDE, 1974.

——, *Guipúzcoa en los albores de su historia*, Excma. Diput. Guip., 1976.

——, *Desarrollo de las villas y Fueros municipales*, Coloquio de Historia del Derecho, San Sebastián, 1972.

Monreal Cía, G., *El Señorío de Vizcaya: Origen y naturaleza jurídica*, Coloquio de Historia del Derecho, San Sebastián, 1972.

Otazu y Llana, A.: «Los banderizos del Bidasoa», *Boletín de la R.A.H.*, Madrid, 1973.

Sánchez Albornoz, Cl., *Vascos y navarros en su primera historia* (reed. y comp.), Madrid, Ed. del Centro, 1974.

Santoyo, J. C., «Comerciantes medievales vitorianos en Inglaterra», *Boletín Sancho el Sabio*, XXII, 1973, pp. 143-154.

La Sociedad vasca rural y urbana en el marco de los siglos XIV y XV, Bilbao, 1975.

Tellechea, J. I., «Ferrerías guipuzcoanas a fines del siglo XV, *Boletín R.S.V.A.P.*, XXXI, 1975, pp. 81-111.

Valverde, J. M., «En torno a la incorporación de Vitoria a la Hermandad alavesa», Separata del *B. Sancho el Sabio*, XV, 1971.

Vigil, M. y Barbero, A., *Sobre los orígenes sociales de la Reconquista*, Barcelona, Ariel, 1974.

Vizcaya en la Alta Edad Media. (Textos de L. G. de Valdeavellano.) Bilbao, Ed. Vizcaína, 1976.

Zumalde, J., «Ordenanzas de los pañeros vergareses», *Boletín R.S.V.A.*, XXIX, 1973, pp. 533-545.

2) Navarra

Arbeloa, J., *Los orígenes del Reino de Navarra* (3 vols.), Auñamendi, núms. 69-74.

Arroyo, F., «La política semítica de Felipe el Atrevido de Navarra (1277-81)», *Lizarzas* 2, Valencia, 1970, pp. 87-108.

Carrasco Pérez, J., *La población de Navarra en el siglo XIV*, Pamplona, 1973.

Goñi Gaztambide, «La formación intelectual de los navarros en la Edad Media (1122-1500)», *EEMCA*, X, 1975, pp. 143-303.

Juanto Manrique, F., «Para la historia de la judería de Pamplona, siglos XII-XV», *Lizarzas* 2, Valencia, 1970, pp. 77-85.

Lacarra, J. M., *Expediciones musulmanas contra Sancho Garcés (905-925)*, Pamplona, Estudios de Historia de Navarra, 1971.

——, «Las Cortes de Aragón y Navarra en el siglo XIV», *Anuario de Estudios medievales*, 7, 1970-1971, pp. 645-652.

——, *El juramento de los reyes de Navarra (1234-1329)*, Zaragoza, 1972.

——, *Historia del Reino de Navarra desde sus orígenes hasta su incorporación a Castilla* (3 vols.), Pamplona, Aranzadi, 1972-1973.

——, *Historia del Reino de Navarra en la Edad Media,* Caja de Ahorros, 1975.

Martín Duque, J. J.; Zabalo, J.; Carrasco Pérez, *Peajes navarros. Pamplona (1351), Tudela (1365), Sangüesa (1362), Carcastillo (1362),* Pamplona, 1973.

Martínez Ruiz, J. J., *La Pamplona de los burgos y su evolución urbana, siglos XII-XVI,* Pamplona, 1975.

Zabalo Zabalegui, J.: *El registro de Comptos de Navarra de 1280,* Pamplona, 1972.

——, *La administración del reino de Navarra en el siglo XIV,* Pamplona, 1973.

ARTES

Angles, H., *Historia de la música medieval en Navarra,* Pamplona, 1970.

Lacarra Ducay, M. C., *Aportación al estudio de la pintura mural gótica en Navarra,* Pamplona, 1974.

Uranga, J. E. e Iñiguez, F., *Arte medieval navarro,* t. I, Pamplona, 1971.

II. Edad Moderna

Cuando un libro se refiere a varias épocas, los situamos en la que constituye su centro de interés fundamental.

Bennassar, B., *Recherches sur les grandes épidémies dans le Nord de l'Espagne à la fin du XVIe siècle,* París, 1969.

Bilbao, L. M., *Vascongadas, 1450-1720. Un crecimiento económico desigual,* Tesis, de próxima publicación, leída en Salamanca en 1976.

——, «Crisis y reconstrucción de la economía vascongada en el siglo XVII», *SAIOAK,* I, 1, 1977, pp. 157-180.

Bilbao y F. de Pinedo, *La evolución del producto agrícola bruto en la Llanada alavesa, 1611-1813,* I Jornadas de Metodología Aplicada, Santiago de Compostela, 1973.

Caro Baroja, J., *La hora navarra del XVIII,* Pamplona, 1969 (Véase de este autor «Estudios especializados, monografías»).

Chauvirey, M. F., *La vie quotidienne au Pays Basque sous le Second Empire,* París, Hachette, 1975.

Fernández de Albaladejo, *La crisis del Antiguo Régimen en Guipúzcoa. Cambio económico e historia,* Madrid, Akal editor, 1975.

——, «Manuel de Larramendi: la particular historia de Guipúzcoa», *SAIOAK,* I, 1, 1977, pp. 148-156.

Fernández de Pinedo, E., *Crecimiento económico y transformaciones sociales del País Vasco, 1810-1850,* Madrid, Siglo XXI editores, 1974.

——, «El campesino parcelario vasco en el feudalismo desarrollado», *SAIOAK,* I, 1, 1977 (véase de este autor «Siglo XIX»).

Insausti, S., «El Corregidor castellano en Guipúzcoa (siglos XV-XVI)», *Boletín de R.S.V.A.P.,* XXXI, 1975, pp. 3-32.

Manso Zúñiga, G., «Los comuneros alaveses», *Boletín de R.S.V.A.P.,* 1969.

Otazu y Llana, A., *Hacendistas navarros en Indias,* Bilbao, 1970.

——, *El «igualitarismo» vasco: mito y realidad,* San Sebastián, Txertoa, 1973. (Véase de este autor «Edad Media».)

Palacio Atard, V., *Pescadores vascos en Terranova en el siglo XVIII,* Primera semana de Antropología vasca, Bilbao, 1971.

Rodríguez Herrero (Transcripción, prólogo y notas de...), «Descripción sumaria de la villa de Lequeitio (1740)», *Estudios Vizcaínos,* 2, 1970, pp. 259-332.

Santoyo, J. L., *Viajeros por Alava (siglos XV a XVIII),* Biblioteca L. de Ajuria, núm. 6, Vitoria.

Zubizarreta, P., *El contrabando en Guipúzcoa en el reinado de Carlos IV,* (tesis de Licenciatura, Zaragoza, 1972).

III. *Edad Contemporánea*

A. Siglo XIX

Arostegui, J., *El carlismo alavés y la guerra civil de 1870-1876,* Vitoria, Diput. foral de Alava, 1971.

Arpal, J., *Familias y solares ante los conflictos de la primera mitad del siglo XIX,* I Coloquio Internacional de Estudios Vascos, Burdeos, 1973.

Basas, M., *Planteamiento de una reforma estructural a mediados del siglo XIX para el desarrollo económico de Vizcaya,* Univ. de Deusto.

——, «Dinámica de los precios de los artículos de consumo en Vizcaya durante el decenio crítico de 1860-1869», *Estudios Vizcaínos,* núm. 1, año I, Bilbao, 1970.

——, *Economía y Sociedad Bilbaínas en torno al Sitio de 1874,* Diput. 1978.

Colección de documentos inéditos de la guerra de la Independencia existentes en el Archivo de la Excma. Diputación de Vizcaya, Bilbao, 1959.

Cuenca Toribio, J. M., «El pontificado pamplonés de D. Pedro Cirilo Uriz y Labayru (1862-1870), *Hispania Sacra,* 43-44, 1969, pp. 129-157.

Diarios del bloqueo de Pamplona (1874-1875), Pamplona, 1973.

Díaz de Cerio: «El nombramiento del primer chantre de la catedral de Vitoria», *Scriptorium Victoriense,* 23, 1976, pp. 54-95.

Donézar, J. M., *La desamortización de Mendizábal en Navarra,* Madrid, CSIC, 1975.

Extramiana, J., «Quelques aspects du désamortissement des biens de l'Eglise dans la province d'Alava», *Actes du VIe Congrès National des Hispanistes Français,* Besançon, 1971.

——, «De la paz a la guerra: Aspectos de la ideología dominante en el País Vasco de 1866 a 1873», *Boletín Sancho el Sabio,* 20, 1976, pp. 7-89.

——, *La dernière guerre carliste au Pays Basque: genèse, signification, portée,* Université de Lille, centre de reproduction des thèses, 1979. (La versión española, publicada por L. Haranburu en 1979.)

Fernández de Pinedo, *La desamortización en Vascongadas,* I Congreso de Historia Económica, Barcelona, 1972. (Véase de este autor «Edad Media».)

Garmendía, V., *Vicente Manterola, Canónigo, Diputado y Conspirador carlista,* Vitoria, Biblioteca L. de Ajuria, 1976.

González Portilla, M., *Evolución del coste de la vida, los precios y la demografía en Vizcaya en los orígenes de la Revolución industrial,* Madrid, 1974.

——, «Acumulación de capital y desarrollo industrial del País Vasco en el último tercio del siglo XIX», *Anales de Economía,* 3.ª época, octubre-diciembre, 1974, pp. 43-83.

——, «El mineral de hierro español (1870-1914): su contribución al crecimiento económico inglés y a la formación del capitalismo vasco», *Estudios de Historia Social,* núm. 1, 1977.

——, «Los orígenes de la sociedad capitalista en el País Vasco. Transformaciones económicas y sociales en Vizcaya», *SAIOAK,* I, 1, 1977, pp. 67-127.

Gonzalo Bilbao, F., «Las epidemias de cólera del siglo XIX en Alava», *Medicamenta,* 182, sin año, pp. 369-370.

González Revuelta, M., *Los conventos de Vizcaya durante la primera guerra carlista,* Letras de Deusto, 7, 1974, pp. 53-86.

Jiménez de Aberasturi, J. C., «Agricultura y minería en el Valle de Oyarzun a principios del siglo XIX, Boletín de *R.S.V.A.P.,* XXIX, San Sebastián, 1973.

Lasa, E., «Socialismo en Vizcaya: La huelga general de mayo de 1890», *Tiempo de Historia,* año I, núm. 7, junio de 1975.

Miranda Rubio, F., *La guerra de la Independencia en Navarra,* Pamplona, Ed. Gómez, 1977.

Montoya, P., *La intervención del clero vasco en las contiendas civiles. 1820-1823,* San Sebastián, 1971.

Moral, T., *El monasterio de Leyre en el último período de vida cisterciense (1800-1836)*, San Sebastián, 1971.

Mutiloa Poza, «La desamortización en Vizcaya y Provincias Vascongadas», *Estudios Vizcaínos,* año I, julio-diciembre 1970, año II, enero-junio 1971 y año II, julio-diciembre 1971.

——, *La desamortización eclesiástica en Navarra,* Pamplona, 1972.

Olcina, E., *El carlismo y las autonomías regionales,* Madrid, Seminarios y Ediciones, S. A., 1974.

Oribe Etxabe, Y., «Francia en Vizcaya en el primer semestre de 1808», *Estudios Vizcaínos,* año III, Bilbao, enero-junio de 1972.

Rodríguez de Coro, F., «Rivalidades Vascongadaas en torno a la creación de su seminario conciliar», *Estudios Vizcaínos,* 7-8, 1973, pp. 55-118.

——, «Intolerancia religiosa en Vascongadas en torno al sexenio revolucionario», *Lumen,* 24, 1975, pp. 439-451.

——, «Vicente Manterola y algunos presupuestos de su intolerancia religiosa (1866)», *Boletín de Estudios Históricos sobre San Sebastián,* 10, 1976, pp. 209-234.

——, *El Obispado de Vitoria durante el sexenio revolucionario,* Vitoria, Biblioteca L. de Ajuria, 1976.

——, «Reacciones vascongadas ante un nuevo comportamiento religioso en España (1868-1869)», *Scriptorium Victoriense,* 24, 1977, pp. 65-100.

——, *País Vasco, Iglesia y Revolución liberal,* Vitoria, Biblioteca L. de Ajuria, 1978.

Ruiz de Azúa, E., *El sitio de Bilbao en 1874,* Bilbao, 1977.

Santoyo, J. L., *La legión británica en Vitoria,* B. L. de Ajuria, núm. 4.

Satrústegui, J. M., *La economía rural en la primera mitad del siglo XIX,* Bayonne Musée, 1978.

Sillaurren, R. M., *Viajeros ingleses del siglo XIX* (recopilación de textos), B. L. de Ajuria, núm. 23.

Solozábal, J. J., *El primer nacionalismo vasco,* Madrid, 1975.

Vergniori Arana, I., «El cambio institucional en Vizcaya en 1810, *Estudios Vizcaínos,* año III, Bilbao, enero-junio de 1972.

B. Siglos XIX-XX y XX

Aguirre, J. A., *Entre la libertad y la revolución, 1930-1935,* Bilbao, Talleres Gráficos E. Verdes Achirica (s.a.).

Beltza, *El nacionalismo vasco,* San Sebastián, Txertoa, 1976.

——, *Nacionalismo vasco y clases sociales,* San Sebastián, Txertoa, 1976.

——, *El nacionalismo vasco en el exilio, 1937-1960,* Colección «Askatasun Haizea», núm. 27.

Onaindía, A. de, *Ayer como hoy. Documentos del clero vasco. Selección y presentación*, St. Jean de Luz, Axular, 1976.

Ossa Echaburu, R., *El Bilbao del novecientos. Riqueza y poder de la Ría (1900-1923)*, Bilbao, 1969.

Sagües, M., «El euskera y la enseñanza en los estatutos de autonomía», *SAIOAK*, I, 1, 1977, pp. 49-66.

Tussell, *Las elecciones del Frente Popular* (2 vols.), Madrid, Cuadernos para el Diálogo, 1971.

Larzábal, P., *Eskualdungoaren aldaketak Ipar Euskal Herrian (1900-1970)*, Jakin, Ipar Euskal Herria, 1969.

Monzón, T.: *Kontzientziaren eboluziñoa*, Jakin, Ipar Euskal Herria, 1969.

IV. *Fueros y régimen foral*

Muchos aspectos del régimen institucional vasco son estudiados en obras generales o estudios especializados (sobre todo referentes a la Edad Media) que no consignamos aquí. La bibliografía es abundante y de valor diverso; nos limitamos a incluir algunos títulos y a citar algunas reediciones más valiosas. Sobre las modalidades jurídico-institucionales de Navarra, se han publicado numerosos libros y folletos. Existe incluso un *Diccionario de los Fueros y Leyes de Navarra.*

Sobre los orígenes de los Fueros y su funcionamiento en épocas más alejadas de nuestro tiempo, existe una historiografía mítica-legendaria que tiende periódicamente a reproducirse. M. de Lecuona previene contra esa tentación en un artículo: «Escollos de nuestra historiografía (Normas de buen sentido para nuestros historiógrafos)», *Boletín R.S.V.A.P.*, XXVII, 1971, pp. 3-18.

Angulo, J. M., *La abolición de los Fueros e instituciones vascongadas*, San Sebastián, Auñamendi, 1976.

Burgo, J. del, *El Fuero: pasado, presente, futuro*, Pamplona, 1975.

——, *Origen y fundamento del régimen foral de Navarra*, Pamplona, 1968.

Cillán Apalategui, A., *La foralidad guipuzcoana*, Zarauz, 1969.

Celaya, A., *Derecho civil foral de Vizcaya y Alava*, Durango, 1976.

Estornes, I, *Carlismo y abolición foral*, San Sebastián, Auñamendi, 107.

Lacarra, J. M., *Fueros de Navarra I: Fueros derivados de Jaca: Estella, San Sebastián*, Pamplona, Príncipe de Viana, 1969.

——, *2 - Fueros de Jaca-Pamplona*, Pamplona, 1975.

Madrazo, P. de, *Navarra. Sus monumentos y artes. Su naturaleza e historia (reedición)*, San Sebastián, Auñamendi, «Serie Aralar», núm. 7.

Marichalar y Manrique, *Historia de los Fueros de Navarra, Vizcaya, Guipúzcoa y Alava (reedición),* San Sebastián, Auñamendi, «Serie Aralar», núm. 6.

Martínez, G., *Fueros sí, pero para todos,* Madrid, Silos, 1976.

Martínez Tomás, A., *La naturaleza jurídica del régimen foral de Navarra,* tesis doctoral (¿publicada?), mayo de 1872.

Monreal Cía, G., *Las instituciones públicas del Señorío de Vizcaya,* Bilbao, 1974. (Hasta el siglo XVIII.)

Otaegui, T., *Principios constitucionales del Fuero de Vizcaya. El vasco, primer pueblo del mundo que practicó la democracia...,* Biblioteca de Derecho foral vasco, vol. I. Bilbao, La Gran Enciclopedia Vasca, 1976.

Postigo, C., *Los conciertos económicos,* San Sebastián, L. Haranburu, 1979.

V. *Estudios especializados, monografías*

Arpal, J., *Los Garaganza de Elgoibar,* San Sebastián, 1973.

——, *Estructuras familiares y sociedad tradicional en el País Vasco,* tesis doctoral, 1974.

——, «Estructuras familiares y de parentesco en la sociedad estamental del País Vasco», *SAIOAK,* I, 1, 1977, pp. 202-217.

Beurko, S. de, *Vascos por el mundo,* St. J. de Luz, Ed. Askatasuna, 1976.

Bilbao, L. M. y F. de Pinedo, E., *Factores que condicionan la evolución de la propiedad en el País Vasco continental,* Comunicación al Seminario de Historia agraria, Fund. March, 1977.

Caro Baroja, J., *Sobre la casa, su estructura y sus funciones,* Pamplona, Cuadernos de Etnología y Etnografía de Navarra, 1969.

——, *Las bases históricas de una economía tradicional,* Pamplona, 1969.

——, *Inquisición, brujería y criptojudaísmo,* Madrid, 1970.

——, *Los pueblos del Norte,* San Sebastián, 1973.

——, *Estudios Vascos* (6 vols.), San Sebastián, Txertoa, Col. «Askatasun Haizea», núms. 7 y 12 a 16. Idem (misma colección, *Los pueblos del Norte,* núm. 9).

Carro Celada, *Curas guerrilleros,* Madrid, Vida Nueva, 1971.

Celaya Olabarri, P., *Eibar. Síntesis de monografía histórica,* San Sebastián, 1970.

Comarca del Boiherri. De una economía rural a una economía industrial..., Erandio-Bilbao, Siadeco, 1974.

Douglass, W. A., *Muerte en Murelaga. El contexto de la muerte en el País Vasco,* Madrid, 1973.

——, *Oportunidad y éxodo rural en dos aldeas vascas. Echalen y Murelaga,* San Sebastián, Auñamendi, 1977.

Estornes Lasa, M., *Gentes vascas en América,* Col. Auñamendi, núm. 23.

Fernández Albaladejo, P., *Aspectos comerciales de la crisis de 1853 en Guipúzcoa,* Colloque International d'Etudes Basques, Burdeos, 1973, Bayonne Musée, 1978. (Véase de este mismo autor «Edad Moderna».)

Galindo, M., *El caserío vasco como tipo de explotación agraria,* Valladolid, 1969.

Goyeneche, E., *Un ancien du nationalisme basque Agustin Chaho et la guerre carliste,* Coll. Interna. d'Etudes Basques, Burdeos, 1973, Bayonne Musée, 1978.

Gorosabel, *Cosas memorables de Guipúzcoa (reedición),* Bilbao, 1972.

——, *Diccionario histórico vasco,* Bilbao, 1970.

Guiard, T., *Historia del Consulado de Bilbao...,* Bilbao, 1968.

Idoate, F., *Un documento de la Inquisición sobre la brujería navarra,* Pamplona, 1972.

Insausti, S., «Apuntes para la historia comercial donostiarra», *Boletín de Estudios Históricos,* núm. 4, San Sebastián, 1970.

Lasa, J. I., *Legazpia,* San Sebastián, 1970.

Lhande, P., *La emigración vasca,* Col. Auñamendi, núms. 85-86 (2 vols.), 1971.

Michelena, L., *Apellidos vascos,* San Sebastián, Txertoa, Col. «Askatasun Haizea», núm. 8.

Navajas Laporte, A., *La ordenación consuetudinaria del caserío en Guipúzcoa,* San Sebastián, 1975.

Odriozola, I. E., *Azpeitia y sus hombres,* San Sebastián, 1970.

Onaindía Nachiondo, M., *Las luchas y las defensas de los renteros y de los medieros (Abreita),* San Sebastián, Lur, 1978.

Palacios, J., *Rioja alavesa,* San Sebastián, Hórdago publicaciones, 1978.

Zumalde, I., *Vergara,* San Sebastián, 1970.

VI. *Síntesis, Manuales*

Devant, J. L., *Histoire du Pays Basque,* Bayona, Editions Goiztiri, 1970.

Historia General de Euskadi (5 vols.), próxima publicación, L. Haranburu, San Sebastián.

Historia del pueblo vasco (2 vols.) (Obra colectiva, Arocena, Elorza, etc.) San Sebastián, Erein, 1978.

Iturriza y Zabala, J. R., *Historia general de Vizcaya y epítome de las Encartaciones,* Bilbao, 1977.

Mañaricúa, A. E., *Alava, Guipúzcoa y Vizcaya a la luz de su historia,* Bilbao, Ed. Vizcaína, 1977.

428   José Extramiana

Navarra desde Navarra (obra colectiva), Bilbao, Ed. Vizcaína, 1978.
Paul Arzak, J. I., *Historia del País Vasco,* San Sebastián, L. Haranburu, 1978.
Ugalde, M., *Síntesis de la Historia del País Vasco,* Madrid, 1974.
Zavala, F. de, *Historia del pueblo vasco* (2 vols.), San Sebastián, Auñamendi, 1971 (hasta el siglo xv).

LAS INVESTIGACIONES SOBRE HISTORIA DE GALICIA (SIGLOS XIX Y XX). ACTUALIDAD Y REALIZACIONES

Jaime García-Lombardero y Viñas

Más que una relación completa y comentada de las publicaciones e investigaciones realizadas en los últimos diez años, sobre historia de Galicia, pretendo, sobre todo, ofrecer una visión de las hipótesis de trabajo, conclusiones obtenidas y temas de investigación insuficientemente tratados, que muestre la actualidad investigadora ejercida, fundamentalmente, desde el ámbito universitario y las realizaciones que, en este campo, se han llevado a cabo durante esta década por los estudiosos gallegos.

El claro desarrollo que desde hace pocos años han adquirido las investigaciones sobre los problemas históricos de Galicia obedece, a mi juicio, a dos motivos. En primer término, al afán generalizado de los pueblos en la búsqueda de su propia identidad y a la sentida necesidad de explicar los puntos básicos de la cultura autóctona que, en el caso gallego, se materializa en la búsqueda de las causas de su pasado diferenciador. En segundo lugar, los investigadores que, de alguna forma, intentamos ofrecer soluciones a los problemas históricos de nuestro país, nos hemos propuesto desmitificar la historia de Galicia y abordar aquellos problemas en su exacta dimensión, para que los economistas puedan contar con una base sólida y coherente con la que afrontar las muchas tareas que tenemos planteadas en el plano del crecimiento económico.

La meritoria labor de nuestros historiadores del siglo XIX (M. Murguía, B. Vicetto, E. Vedia o F. Tettamancy) [1] no es válida para cumplir los propósitos anteriormente citados. La carencia de un método adecuado, que obedecía a la línea seguida por las corrientes historicistas en boga, se mezcla en estos autores con mentiras piadosas o, en todo caso, con interpretaciones gratuitas y erróneas de

---

[1] De las obras históricas de Murguía y Vicetto hay reedición en *Historia de Galicia,* 14 volúmenes, La Coruña, 1979.

los hechos. Eran, eso sí, otros tiempos, cuando los límites entre literatura e historia no estaban todavía bien delimitados. Sin embargo, lo que no resulta aceptable es que perdure este modo de abordar la historia, que más recuerda a crónicas episódicas con carácter de epopeya nacional, que a una investigación que aplique métodos de análisis científico[2]. En esta oscuridad histórica hubo algún intento clarificador que no ha tenido el eco suficiente. Me refiero a los limitados pero incisivos trabajos que el fallecido Xesús Ferro Couselo publicó en la década de 1940 sobre los levantamientos realistas en una comarca de la provincia de Ourense, en donde, por primera vez está presente el análisis histórico de toda una problemáatica social del país gallego[3].

Sin embargo, tendremos que esperar hasta la década de 1960 para que surjan las primeras investigaciones novedosas y sistemáticas que utilicen las fuentes documentales adecuadas para abordar aspectos concretos de problemas históricos de Galicia. En este sentido, puede decirse que Antonio Meijide Pardo fue quien ha despertado el interés por la historia económica y social de Galicia con su peculiar sagacidad a la hora de abordar los problemas que afectaron a la generalidad de la sociedad gallega del pasado. En 1960 publicó su obra de carácter más general, *La emigración gallega intrapeninsular en el siglo XVIII*[4], en donde, por primera vez, se exponen de forma coherente las raíces económicas y sociales del fenómeno emigratorio que ha caracterizado a Galicia hasta nuestros días. Tanto por la abundante y seleccionada documentación archivística, como por lo renovador de los planteamientos expuestos puede considerarse esta obra de Meijide como pionera de la corriente actual de investigación, en especial en el campo de la historia económica. La producción de este incansable historiador es, desde entonces, continua y fructífera, porque da a conocer problemas de la historia de nuestro país en el período de la crisis del Antiguo Régimen y de la revolución burguesa en España, que suscitarán entre otros

---

[2] La obra de Emilio González López responde a esta tendencia. A modo de ejemplo puede verse su libro *El águila gala y el búho gallego. La insurrección gallega contra los franceses,* Buenos Aires, Ed. Galicia, 1975.

[3] Jesús Ferro Couselo, «Constitucionales y realistas. Los comuneros de Valdeorras», *Boletín de la Comisión de Monumentos de Orense,* t. XIV, 1943-44; *id.,* «El trienio constitucional en Galicia», *Boletín de la Comisión Provincial de Monumentos,* t. XV, 1943-44.

[4] Madrid, CSIC, 1960.

investigadores la necesidad de profundizar en nuestro pasado más inmediato. Ha abordado temas agrarios tan esenciales como las crisis de subsistencias, la introducción de nuevos cultivos o el comercio de exportación de ganados. Pero serán, sobre todo, los temas relacionados con los intentos de industrialización y con el desarrollo de las actividades comerciales los que con mayor amplitud ha tratado: el estudio de los orígenes de los astilleros de O Ferrol, las fábricas textiles, la penetración catalana en las actividades pesqueras, el comercio marítimo gallego y la descripción del comportamiento de los hombres de negocios, son algunos ejemplos. Hace bien poco tiempo, incluso, ha publicado una selección documental comentada referente a las iniciativas comerciales e industriales de Antonio Raimundo Ibáñez, Marqués de Sargadelos, cuya obra principal fueron las ya conocidas Reales Fábricas y altos hornos de fundición instalados en el norte de Galicia a finales del siglo XVIII. Al campo de la historia política de Galicia, también ha aportado Meijide su grano de arena lleno de sugerencias.

Será durante la última década cuando se siente la necesidad de proceder a sistematizar esta nueva corriente en la investigación de la historia del pasado gallego más inmediato. El estudio, conformación y desarrollo de un modelo que sirva de marco para el análisis histórico de las causas del atraso económico de Galicia constituye, desde entonces, la tarea y ámbito de investigación al que nos dedicaremos algunos investigadores gallegos.

La hipótesis de trabajo se centra en el planteamiento de que el origen del atraso y del lento desarrollo del capitalismo en Galicia se debe a un proceso histórico cuya característica fundamental es la lenta desintegración de las estructuras agrarias tradicionales, lo que impidió la integración y formación de un mercado que sirviera de base al desarrollo de un proceso de industrialización. Las investigaciones realizadas en torno a los problemas planteados por las contradicciones del Antiguo Régimen, especialmente en lo que se refiere a los acontecimientos surgidos en torno al sistema foral de tendencia y explotación de la tierra, permiten afirmar que a finales del siglo XVIII y comienzos del siglo XIX se configuró una estructura económica y social que determinó el fracaso de los intentos de industrialización del primer tercio del siglo y consolidó la falta de modernización del sector agrario con la consiguiente dislocación entre los focos urbano-costeros, dedicados al comercio marítimo, y la

Galicia rural imposibilitada de favorecer un proceso de crecimiento económico sostenido [5].

Hay evidencias históricas que ponen de manifiesto que, desde mediados del siglo XVII se produce un cierto crecimiento económico dentro de la estructura agraria tradicional, cuyas manifestaciones más claras fueron el aumento de la población, la difusión de nuevos cultivos, como es el caso del maíz [6], y la extensión de algunos ya existentes. Este período de auge, que encuentra de nuevo sus límites a finales del siglo XVIII, determina una serie de enfrentamientos entre los principales grupos sociales privilegiados que controlaban de cerca la producción (los monasterios y los «señores medianeros») motivados por el interés de apropiarse del incremento de la productividad que, presumiblemente, producía la difusión del cultivo del maíz [7] y que permitió una elevación de la renta de la tierra en términos absolutos. Hasta finales del siglo XVIII la forma más generalizada de ceder la tierra para su explotación era el foro que, a

---

[5] Para ampliar este tema de los foros, véase Jaime García-Lombardero, *La agricultura y el estancamiento económico de Galicia en la España del antiguo régimen,* Madrid, Siglo XXI, 1973; Jaime García-Lombardero y Fausto Dopico, «La renta de la tierra en Galicia y la polémica por la renovación de los foros en los siglos XVII y XVIII», *Hacienda Pública Española,* núm. 57, 1978; Ramón Villares Paz, «No cincuentenario da lei de redención de foros (1926-1976). Aproximación ao problema», *Grial,* núm. 54, 1976.

[6] Contra lo que algunos autores sostienen, el maíz no puede ser considerado como un producto agrario «revolucionario», si por ello entendemos que provoca transformaciones de tipo estructural. La difusión del cultivo del maíz en sociedades tradicionales a lo más que conduce, por sí solo, es a un aumento de la población como consecuencia de una mejora cuantitativa en la alimentación, generada por un aumento de la producción. Un magnífico estudio que aborda este tema de la difusión del maíz y su repercusión en las sociedades tradicionales ha sido publicado por Paul A. Hohemberg, «Maiz in french agriculture», *Journal of European Economic History,* vol. 6, núm. 1, 1977, pp. 63-101.

[7] Como se sabe, la productividad se mide por el trabajo socialmente necesario para producir una unidad de producto, y su aumento o descenso ha de valorarse en relación al mismo tipo de bien producido por los mismos procedimientos. En el caso de adopción de nuevas plantas para cultivar (como es el maíz), no puede hablarse, en sentido estricto, de aumento de la productividad en el siglo XVII, aunque se haya incrementado la producción de unidades de medida por persona como consecuencia de la sustitución de un cereal por otro. Para ello habría que demostrar que ambos son bienes perfectamente sustitutivos, lo cual está muy lejos de ser así para el caso de sustitución del trigo por el maíz, o que este último entre formando parte de la rotación en un lugar en donde antes no se producía nada o muy poco.

pesar de su larga duración, permitía aprovechar los resquicios temporales para aumentar la renta o, lo que es más importante, para intentar despojar a los cultivadores directos o a los «señores medianeros». En 1763, como consecuencia de las luchas entabladas entre monasterios y «medianeros» por la apropiación de parte del aumento del excedente agrario, se dicta una norma legal que, en la práctica, convierte a los foros temporales en perpétuos y consolida la división de dominios (el útil y el directo) o, lo que es lo mismo, la *propiedad compartida* de la tierra adecuada sólo a la racionalidad de un sistema precapitalista. El problema de los foros no se resuelve hasta 1926 a pesar del desarrollo en España de las nuevas prácticas jurídicas adoptadas por la revolución burguesa. Tanto la Ley Hipotecaria como el Código Civil no abordan el tema de los foros, porque era más que imposible compaginar el espíritu de defensa de la propiedad privada con una figura jurídica que expresaba todo lo contrario. Este tema sirvió de base de discusión para todas las polémicas que se entablaron en torno a los problemas de la agricultura gallega, comenzando por el Congreso Agrícola Gallego de 1864, por poner un ejemplo. La implantación de la *propiedad plena* e individual de la tierra en España a raíz de las medidas desamortizadoras y desvinculadoras no tendrá un total reflejo en Galicia debido a la persistencia del sistema foral de cesión de las explotaciones agrarias. En consecuencia, en Galicia no se consolida ni la propiedad plena burguesa ni la propiedad plena campesina de la tierra, lo que supuso un importante freno al proceso de modernización de las estructuras.

Sobre el proceso desamortizador en Galicia no se han publicado, de momento, estudios muy precisos [8], pero por los trabajos que se encuentran en curso de realización sabemos de la peculiaridad del proceso. En primer lugar, para poder valorar los efectos que ha tenido la desamortización hay que partir del hecho de que en Galicia la mayor parte de lo que se valora y subasta son rentas forales, esto es, el dominio directo o derecho a percibir una renta, una vez hecho el cálculo capitalizado de la misma. El dominio útil o

---

[8] Hasta hoy lo único que está publicado es una tesis de licenciatura de María del Carmen Quintáns Vázquez, *El dominio de San Martín Pinario ante la desamortización. Rentas de la abadía,* Santiago, 1972, que no aborda el tema de la desamortización más que en las últimas páginas de forma muy superficial. Esperemos que próximos trabajos que ya se están terminando confirmen los planteamientos que aquí hago.

usufructo continuarán disfrutándolo los «señores medianeros» y los cultivadores directos por no afectarles las leyes desamortizadoras. Cambian los propietarios «nominales» de la tierra, pero no desaparece la dualidad que refleja el foro en la propiedad compartida. La burguesía ciudadana dedicada al comercio invierte los beneficios obtenidos en él y en las actividades manufactureras del salazón en compra de rentas forales, quizá por ser de mayor seguridad que otro tipo de alternativas de inversión. Esta actitud de la burguesía exige un estudio profundo del que se puedan derivar nuevas conclusiones sobre el fracaso y la timidez de los intentos de industrialización. En definitiva, la desamortización no favoreció en Galicia el desarrollo de las relaciones capitalistas en el sector agrario sino que contribuyó a la persistencia de las estructuras tradicionales que impedirían beneficiarse de las restantes medidas de carácter burgués introducidas por la revolución liberal. El desarrollo «natural» del tránsito del feudalismo al capitalismo se vio, pues, frenado por el mantenimiento de los foros hasta 1926.

Sin embargo, este proceso de persistencia de las relaciones feudales de producción y de distribución del excedente agrario no impidió que, desde el exterior del propio desarrollo de la economía de Galicia, se fueran introduciendo relaciones de mercado que, paulatinamente, minaban los cimientos de la agricultura tradicional y liberaban mano de obra de este sector cuyo destino era emigrar en busca de nuevas oportunidades que no se le ofrecían en su país. El drama de Galicia no es tanto la explotación por una política centralista definida de extracción de recursos materiales, como podría ser el caso de Andalucía, sino, más bien, la ausencia de cualquier tipo de política en relación a Galicia. No éramos una tentación para el naciente capitalismo español porque no ofrecíamos una demanda de productos (ni agrarios ni manufacturados) ni podíamos ofrecer recursos alimenticios (salvo excepciones coyunturales, como el ganado, o lo limitado de los productos de la industria salazonera) en abundancia que contribuyeran a mantener los precios en las zonas industrializadas y, por consiguiente, los salarios. Esta carencia de interés del legislador por los problemas específicos de Galicia fue, a mi juicio, uno de los factores coadyuvantes del mantenimiento de importantes elementos de carácter feudal en la estructura económica, hasta bien entrado el siglo XX.

La progresiva monetización de la economía española acelerada a raíz de las medidas tributarias liberales, que obligaban a satisfacer los tributos en dinero, fue un hecho que incidió y gravitó en las crisis agrarias del siglo xix en Galicia. Las crisis de subsistencia, que por sus características externas recuerdan a las del Antiguo Régimen, eran el empuje decisivo de oleadas emigratorias. Es sabido que la exigencia del pago de los tributos en dinero obliga al campesino a producir para un mercado con objeto de obtener el numerario suficiente para hacer frente a las demandas del fisco. Pero una agriculutra comercializada exige y provoca una racionalización de las explotaciones para adecuarse a la economía de mercado y obtener los productos a precios competitivos. Este proceso de adecuación a las formas productivas de un sistema capitalista se vio frenado, en Galicia, por la existencia de la propiedad compartida de la tierra. Así, la continua presión fiscal y el progresivo endeudamiento del campesinado favorecían la emigración, aunque, como alternativa, en algunas zonas obligó a los agricultores a integrar en su sistema tradicional de producción de autoconsumo ciertas actividades destinadas a desempeñar un papel en el mercado. Fue el caso del viñedo y de la cría de ganados para la exportación. Parece ser que el viñedo experimenta un importante grado de expansión durante la primera mitad del siglo xix, por ser el vino un producto fácilmente comercializable que absorbe abundante mano de obra y su producción puede adaptarse a las prácticas tradicionales que caracterizaban la falta de desarollo de las fuerzas productivas. Se observa, por otro lado, que en las épocas de malas cosechas de vino los campesinos se endeudan y se produce una crisis que pone de relieve las contradiciones existentes en el seno del sistema de producción y que se resolverán con una salida masiva de población excedentaria. La crisis agraria de 1852-55 puede servir de ejemplo [9].

Asimismo, muchos agricultores gallegos utilizaron el recurso de criar algunas cabezas de ganado vacuno que eran adquiridas por tratantes y comerciantes intermediarios en las ferias de la comarca para conducirlas a los puertos gallegos con destino a su exportación al mercado de las islas británicas. Cuando en 1881 Inglaterra interrumpe las importaciones de ganado gallego y portugués, todo este sistema que generaba numerario para el campesinado entra en crisis y se produce una nueva oleada emigratoria. De este modo, se

---

[9] M. X. Rodríguez Galdo y Fausto Dopico, «La crisis agraria de 1852-1855 y la persistencia de las estructuras tradicionales», *Investigaciones Económicas*, núm. 7, 1978.

iba liberando mano de obra de la agricultura y se producía la lenta introducción de las relaciones capitalistas.

Por todo ello, la falta de integración del mercado y la persistencia de las estructuras tradicionales en el sector agrario van a favorecer el fracaso de los intentos de industrialización que se producen en la primera mitad del siglo XIX y retrasarán el desarrollo del capitalismo en Galicia. Este siglo estará jalonado de algunas iniciativas industriales de envergadura, pero habrá que esperar hasta el año 1950 para que se realicen inversiones productivas industriales y el desarrollo de subsectores como la industria eléctrica, automovilística, naval y la modernización de la pesca de altura. Pero el desarrollo del capitalismo no ha sido una consecuencia «natural» de la evolución del sistema imperante en Galicia, como ya he señalado, sino que se genera desde el exterior mediante mecanismos de dominación. Por ello, la industrialización no integral de la Galicia de hoy, en donde no hay ningún proceso productivo de ciclo completo que absorba los excedentes de mano de obra, obedece a la carencia de un desarollo autóctono de las relaciones de producción y distribución. Fundamentar históricamente estas hipótesis de trabajo es la tarea ya emprendida cuyas realizaciones se enumeran en la bibliografía adjunta.

En líneas generales, este es el modelo del comportamiento de la economía en los siglos XIX y XX que sirve de marco para las investigaciones realizadas sobre la historia económica de Galicia. Los trabajos de Luis Alonso Alvarez sobre la penetración catalana en el sector pesquero gallego que supuso la implantación de los primeros empresarios y de los primeros obreros en torno al trabajo del salazón de pescados, las publicaciones de X. A. López Taboada sobre la población de Galicia entre 1850-1914 en donde se ponen de relieve las causas del proceso emigratorio hacia América, las investigaciones de Fausto Dopico y M. X. Rodríguez Galdo sobre la incidencia de las crisis de subsistencias del siglo XIX en el éxodo hacia otros países, algún trabajo de Ramón Villares sobre el problema de los foros en el siglo XIX, y mis propios trabajos en los que intento poner de manifiesto la tendencia a la articulación de un mercado en Galicia a finales del siglo XIX y las características de la crisis ganadera de la misma época implican la aceptación y el desarrollo del modelo expuesto. El trabajo sólo está iniciado y queda mucho por hacer, pero los proyectos en curso de los que tengo noticia, sin duda descubrirán nuevos campos y aportarán soluciones más sólidas a los problemas económicos de nuestro pasado.

En cuanto a la historia en su faceta de análisis y valoración de los acontecimientos políticos se han estudiado, en especial, tres aspectos: las guerras carlistas, los movimientos políticos de formación y consolidación del nacionalismo gallego y el estatuto de la Segunda República. Trataré de abordar y valorar, hasta donde me sea posible, las conclusiones de los trabajos más representativos.

A las guerras carlistas o, más concretamente, al carlismo gallego, se le han dedicado tres interesantes trabajos: una tesis de licenciatura leída en 1975 por María Francisca Castroviejo Bolívar con el título de *Aproximación sociológica al carlismo gallego* (1977), un libro de J. R. Barreiro Fernández titulado *El Carlismo Gallego* (1977) y un sugerente artículo de María Rosa Saurín de la Iglesia, «Algunos datos para el estudio del carlismo gallego (1833-1839)» *(Hispania,* 1977), autora que también ha publicado *Apuntes y documentos para una historia de Galicia en el siglo XIX* (1977), en donde pueden recogerse interesantes aspectos de la historia política y económica de Galicia.

El primer trabajo realizado fue el de María Francisca Castroviejo y estudia la organización y desarrollo de la primera guerra carlista en la provincia de Lugo. En este libro se caracteriza al carlismo gallego como una manifestación en forma de conspiración y guerrilla que viene a ser una respuesta de los grupos privilegiados contra los intentos de poner en práctica el programa liberal. A la cabeza de este movimiento de reacción se encontraban los representantes del estamento eclesiástico a los que se sumaron los «señores medianeros» que veían peligrar su situación de intermediarios rentistas. La autora es consciente, sin embargo, de que el carlismo ha de verse como una manifestación compleja de las tensiones producidas en una época de cambios. No obstante, el problema que suscita mayor interés a la hora de estudiar el carlismo en cualquier lugar es el de las motivaciones e intereses que condujeron a la participación o inhibición del campesinado. Para Castroviejo resulta evidente que el campesinado no apoyó al carlismo en Galicia, sino que, por el contrario, colaboró activamente con el ejército y participó en la persecución de los cabecillas de las facciones carlistas. Esta actitud responde, según la autora, a una disposición de ánimo secular en contra de rentistas y «medianeros», que eran los representantes de la opresión caciquil, y a una esperanza de que con los liberales, al menos, no empeorasen las condiciones de vida en el campo. Estas aseveraciones están fuera de toda duda para Castroviejo: «El campesinado había sido en Galicia el gran ausente del carlismo... El carlismo jamás fue en Galicia un fenómeno de masas... La guerra carlista continuaría en medio de la pasividad de los campesinos que permanecía en vano a la espera de que un gobierno liberal se decidiera a mostrarse solidario con su destino» [10]. Dejo para más adelante mi valoración y juicio sobre tales afirmaciones y su fundamentación documental.

El libro que dedica Barreiro al carlismo es bastante más ambicioso, porque intenta ofrecer una perspectiva histórica del problema que abarca desde los alzamientos realistas del Trienio Liberal hasta el carlismo en su fase de paz (1875-1915) que avecina su crisis en Galicia. Pienso que después de una lectura detenida puede obtenerse la conclusión de que el autor trata de mostrarnos, al igual que lo había hecho Castroviejo para la primera guerra carlista, la constante de todos los movimientos reaccionarios del siglo XIX en Galicia: la nula o irrelevante participación campesina al lado del carlismo, lo que configura a este modelo interpretativo como distinto a los utilizados para el resto de España. Su conclusión se halla en las primeras páginas cuando afirma que «el campesino gallego difícilmente se vinculará a un partido en el que las figuras destacadas (clero e hidalguía rural) son precisamente los perceptores de rentas... y esto quizá explique, ésta es al menos nuestra hipótesis, que el carlismo gallego no triunfará» [11]. No es este el momento de hacer una crítica del importante libro de Barreiro, pero sí me interesa señalar que a pesar de la gran cantidad de documentos y bibliografía consultada, el análisis de las principales motivaciones y planteamientos económicos de la época son excesivamente superficiales (dos páginas escasas para procesos tan complejos como la desamortización o los intentos de reforma tributaria, por poner un ejemplo), lo que conduce a adoptar soluciones demasiado forzadas, como veremos a continuación.

[10] María Francisca Castroviejo, *Aproximación sociológica al carlismo gallego,* Madrid, Akal, 1977, p. 166.
[11] J. R. Barreiro Fernández, *El carlismo gallego,* Santiago, 1977, p. 17.

A la hora de valorar cuantitativamente la participación campesina, ambos autores acuden a la misma fuente documental que son las causas procesales instruidas contra los carlistas. De su estudio deducen que un 44 por 100 (Castroviejo) o un 35 por 100 (Barreiro) de los procesados eran campesinos que participaron en la primera guerra carlista, y hasta un 52 por 100 de los que lo hicieron en la segunda. Las cifras no han tenido en cuenta los muertos en campaña ni se cuantifican aquellos casos menores, sino que sólo se tienen en cuenta «los de positiva connivencia con el carlismo» [12]. A la vista de estas limitaciones que imponen los autores cabe esperar que los porcentajes reales serían apreciablemente más elevados, lo que daría a entender una mayor participación campesina. Además, no se considera la significación cualitativa de los procesos que, obviamente, se instruirían con especial celo contra los cabecillas y jefes de las facciones (los más instruidos) y se perseguirían con menor insistencia a los insurrectos subordinados. Pienso, por tanto, que las conclusiones podrían ser diferentes de haber aprovechado mejor la importante masa documental utilizada, especialmente en lo que se refiere a su encuadre dentro de un marco teórico adecuado que tenga en cuenta la complejidad de los fenómenos de tipo económico. La cruda realidad de los porcentajes de participación citados lleva a la conclusión de que, al contrario de lo que afirman los autores, el campesinado participó al lado del carlismo en Galicia. Otro problema es valorar la importancia de esa participación, lo que exigiría, a su vez, conocer cuántos campesinos apoyaron *voluntariamente* la causa liberal. A mi juicio, justificar la participación campesina que ofrecen las cifras señalando que eran mercenarios pagados por los carlistas no es razón suficiente que explique el importante número de procesos instruidos contra labradores de profesión declarada. Así, desde la perspectiva de otro tipo de fuente documental, María Rosa Saurín no es tan tajante e insistente en la negación de la participación campesina e, incluso, llega a afirmar que existía un gran descontento entre el campesinado «hacia las nuevas y desconocidas medidas liberales que minarían su modo tradicional de procurarse la subsistencia» [13]. En efecto, los temores sobre los aumentos de rentas que pudieran derivarse del proceso des-

---

[12] J. R. Barreiro, *ob. cit,* p. 157.
[13] María Rosa Saurín de la Iglesia, «Algunos datos para el estudio del carlismo gallego», *Hispania,* 135, pp. 140-141.

amortizador eran constantes, así como las protestas que suscitaba la conversión obligatoria de pagos de tributos y derechos en dinero que implicaban las medidas de la hacienda liberal.

Para analizar el carlismo en Galicia pienso que habría que partir, como pone de manifiesto Jaume Torras para los movimientos reaccionarios del siglo XIX, del hecho de que en el proceso de la revolución burguesa en España se mostró la incapacidad de los liberales para asumir las reivindicaciones de las masas campesinas. Por ello, la respuesta del campesinado a la política de la burguesía no debe interpretarse, tan sólo, en términos de su adscripción a uno de los dos polos antagónicos de la instancia política. La reacción campesina no hay que tomarla ni como específicamente feudal ni como una alternativa radical a la revolución liberal. «Hay que entenderla, sencillamente, como un testimonio de su oposición a la modalidad concreta que revestía la liquidación del antiguo régimen y, en particular, la inserción de la agricultura en la formación social resultante de este proceso» [14]. Ha de tenerse en cuenta, además, que todo análisis que se efectúe en términos de clases sociales es mucho más complejo de lo que en ocasiones se piensa. Afirmar que en la Galicia del siglo XIX sólo había dos clases sociales, los que pagaban rentas y los que cobraban rentas, es un razonamiento tan esquemático que coarta toda posible interpretación razonable sobre una sociedad tan compleja como es toda aquella que se encuentra en un período de transición hacia sistemas más evolucionados. Puede que las conclusiones de Castroviejo y Barreiro sean acertadas (lo que no es, de momento, lo más racional), pero lo que tendrían que haber hecho es fundamentar y razonar las causas históricas que expliquen el comportamiento peculiar del campesinado gallego. Hasta que esto no se haga no cabe pensar en el planteamiento de un «modelo de carlismo gallego» radicalmente diferente a las pautas señaladas por Fontana y expuestas, también, por Torras [15].

La misma esperanza hay que poner en las explicaciones que en el futuro se hagan sobre las características de los alzamientos realistas del Trienio, porque las interpretaciones de Sor Antonia Rodríguez Eiras se fundamentan, también, en un «antagonismo de clase

---

[14] Jaime Torras, *Liberalismo y Rebeldía Campesina, 1820-1823*, Barcelona, Ariel, 1976, pp. 30-31.

[15] J. Fontana, *La Quiebra de la Monarquía Absoluta*, Barcelona, 1971, y Jaime Torras, *ob. cit.*

binario» y maniqueo [16]. También carecemos de estudios sobre las actividades y actitudes de los grupos e individuos que canalizaron las decisiones liberales y crearon las Sociedades Patrióticas, tema que de forma tan amplia y documentada ha estudiado Alberto Gil Novales para España en conjunto [17].

De especial interés son los temas que se refieren a las luchas y movimientos que llevaron a la formación y consolidación del nacionalismo gallego. El levantamiento de 1846, el federalismo republicano y sus secuelas regionalistas, así como las actitudes políticas ante el Estatuto de la Segunda República son algunos de los temas estudiados con mayor detalle. No hay conclusiones unánimes de valoración de las aportaciones a la configuración del nacionalismo en cada momento político de los citados. Sin embargo, si dejamos a un lado la polémica entablada hace unos años entre X. Vilas Nogueira y J. R. Barreiro [18] sobre la significación del galleguismo en el siglo XIX, que por lo demás, poco aclara, puede decirse que a raíz del movimiento provincialista de 1841 a 1860 comienza a formarse una conciencia de necesidad de resolver, por los propios gallegos, los problemas planteados en el momento. Estos primeros pasos son tímidos y no contienen planteamientos ideológicos y económicos que puedan recordar a un programa político. Habrá que esperar hasta el período de 1860-1880 para que, iniciado el movimiento cultural del *rexurdimento,* se comience a desarrollar un programa regionalista (político y económico) en el que desempeñaron un papel no desdeñable los federalistas. El fracaso de la política regionalista, agudizado por las contradiciciones de clase, daría paso en 1916 a los planteamientos nacionalistas con la creación de las *irmandades*

---

[16] Sor Antonia Rodríguez Eiras, «Alzamientos realistas en Galicia en el trienio constitucional», *Cuadernos de Estudios Gallegos,* XXI, 1966, pp. 189-215; y «La junta apostólica y la restauración realista en Galicia», *Cuadernos de Estudios Gallegos,* XXII, 1967, pp. 198-220.

[17] En el libro de Gil Novales, *Las Sociedades Patrióticas (1820-23),* Madrid, Tecnos, 1975, dedica unas páginas a las sociedades gallegas, pp. 169-184. Sobre este tema, también Meijide ha escrito un artículo, que lleva el título de «Causa instruida al alférez Pita da Veiga con motivo del alzamiento de 1820 en La Coruña», *Revista del Inst. José Cornide,* núms. 5-6, 1969-70, pp. 103-123.

[18] Véase en la bibliografía adjunta los artículos de ambos autores. Una síntesis interesante de la historia política de Galicia se encuentra en Baldomero Cores Trasmonte, *Sociología política de Galicia. Orígenes y desarrollo (1846-1936),* La Coruña, Librigal, 1976.

da fala. Desde entonces, la conciencia autonomista se desarrolla entre los grupos culturales y políticos, lo que permitió, durante la Segunda República, la elaboración y aprobación plebiscitaria del Estatuto. A este tema ha dedicado A. Alfonso Bozzo un importante y excelente estudio en donde se plasman las actitudes y posturas de los partidos políticos sobre el problema autonómico, así como también ofrece un análisis pormenorizado del texto estatutario, del que se ocupa en otra publicación Xosé Vilas Nogueira [19].

También la historia reciente de la Iglesia en Galicia ha sido objeto de algunos trabajos interesantes. El número 2 de la revista *Encrucillada* se dedicó al tema general de Fe y Nacionalismo. Hay un trabajo de Barreiro sobre la Iglesia y el galleguismo entre 1840 a 1923, en donde expone los planteamientos del clero como institución ante el proceso de formación de la conciencia nacionalista. En síntesis, puede decirse que su posición fue, casi siempre, hostil a todo intento de asumir los problemas nacionales de Galicia. La excepción la constituye el período regionalista, desde 1885 hasta comienzos del siglo xx, cuando se acepta, sin oficialidad, las tendencias culturales de estos años, aunque la clara oposición se manifiesta ya en el período del primer nacionalismo (1916-1923). Las razones de esta actitud vienen dadas, según Barreiro, por la ausencia de una teología de la galleguidad y por la dependencia política de la jerarquía y del clero gallego de los partidos centralistas en el poder. De todos modos, pienso que, hasta hace muy poco tiempo, no cabe pensar que la Iglesia en Galicia hubiera actuado de otro modo, porque asumir unos presupuestos teológicos en donde tuvieran cabida un ideal galleguista y una praxis pastoral del mismo estilo es impensable en una institución con una jerarquía tan centralizada. A parecidas conclusiones llegan otros autores en un libro titulado *La Iglesia en la Galicia Contemporánea (1931-36),* porque vienen a concluir que la jerarquía episcopal de Galicia fue satélite de la española, lo que se manifiesta en su monolitismo hasta la década de 1960 y en la incomprensión de la religiosidad popular.

Algún que otro tema queda pendiente de comentario extenso, como es el de los movimientos agraristas de la época de la Restau-

---

[19] A. Alfonso Bozzo, *Los partidos políticos y la autonomía de Galicia (1931-36),* Madrid, Akal, 1976. Xosé Vilas Nogueira, *O estatuto galego,* A Coruña, 1975. Queda por reseñar y citar un artículo de Bozzo, aparecido en el último número de *Recerques.*

ración que ha estudiado J. A. Durán. Si la mayor virtud de este escritor es la abundante documentación periodística utilizada, su mayor defecto estriba en que no basa sus razonamientos en un marco teórico previo sobre los movimientos sociales (para lo que existen excelentes estudios), y hace muy difícil para el historiador la comprensión y el alcance del denominado «agrarismo gallego».

En definitiva, el camino a seguir por los investigadores de la historia de Galicia parece que está marcado, al menos en los aspectos más importantes. La inquietud investigadora de estos últimos años, a pesar de ciertas dificultades a nivel académico, hace suponer un futuro prometedor para el conocimiento desmitificado de nuestra historia.

BIBLIOGRAFÍA SELECCIONADA

(Publicaciones más significativas y editadas recientemente)

Alfonso Bozo, Alfonso, *Los partidos políticos y la autonomía de Galicia (1931-1936),* Madrid, Akal, 1976, 392 pp.

Alonso Alvarez, Luis, *Industrialización y conflictos sociales en la Galicia del antiguo régimen (1750-1830),* Madrid, Akal, 1976, 237 pp.

Barreiro Fernández, José Ramón, «Aproximación metodológica al estudio del federalismo republicano en Galicia (1869-1874)», en *Actas de las I Jornadas de Metodología Aplicada a las Ciencias Históricas,* tomo IV, Santiago, 1975, pp. 303-314.

——, *El carlismo gallego,* Santiago, Pico Sacro, 1976, 351 pp.

——, y Rodríguez Díaz-Ruibal, S., «El evolucionismo en Galicia en el siglo XIX. Hipótesis interpretativa del atraso de la ciencia en España durante la segunda mitad del siglo XIX, *Compostellanum,* XVI, 1971, pp. 539 ss.

——, *El levantamiento de 1846 y el nacimiento del gallegismo,* Santiago, Pico Sacro, 1977, 246 pp.

——, «Federalismo e rexionalismo galegos no século XIX», *Grial,* núm. 43, 1974, pp. 49-53.

——, «Ideario político-religioso de Rafael Vélez, Obispo de Ceuta y Arzobispo de Santiago (1777-1850)», *Hispania Sacra,* núm. 25, 1972, pp. 75 ss.

——, «Igrexa e galeguismo na historia (1840-1923)», *Encrucillada,* núm. 2, 1977, pp. 3-16.

——, «Pronunciamento de 1846 e rexionalismo galego», *Grial,* núm. 50, 1975, pp. 413-428.

Barreiro Gil, Manuel Xaime, «Don Cruz Gallastegui Unamuno e a súa labor aprol da mellora da agricultura galega (1891-1962)», *Revista Galega de Estudios Agrarios,* núm. 2, 1979.

Barreiro Mallón, B., «Demografía y crisis agrarias en Galicia en el siglo xix», *Actas de las I Jornadas de Metodología Aplicada a las Ciencias Históricas,* tomo iii, Santiago, 1975, pp. 477-504.

Barreiro Somoza, José: «El movimiento de los afrancesados gallegos», *Compostellanum,* xvii, 1972.

Bustelo, Francisco: «Población y subdesarrollo en Galicia: sugerencia para un estudio histórico», *Hacienda Pública Española,* núm. 55, 1979, pp. 147-168.

Carballo, Francisco: «A igrexa galega ante o estatuto de autonomía de 1936», *Encrucillada,* núm. 2, 1979, pp. 17-27.

——, «Aproximación histórica da Igrexa galega (1939-1975)», *Encrucillada,* núm. 3, 1977, pp. 245-262.

Castroviejo Bolívar, María Francisca, *Aproximación sociológica al carlismo gallego,* Madrid, Akal, 1977, 223 pp.

Cores Trasmonte, Baldomero, «Antolín Faraldo y el regionalismo gallego», *Boletín del Instituto de Ciencia Política,* núm. 10, 1972.

——, «Bases generales del regionalismo y su aplicación en Galicia», *Compostellanum,* núms. 1-4, 1973, pp. 159-204.

——, «La revolución de septiembre en Compostela», *Cuadernos de Estudios Gallegos,* xvii, 1962, pp. 90-116.

——, «Los orígenes de la Solidaridad Gallega y la Solidaridad Catalana», *Sociología Política de Galicia. Origen y desarrollo (1846-1936),* La Coruña, 1976.

——, *O libro negro da Galicia electoral,* Santiago, 1978, 158 pp.

——, «Vida y muerte de Antolín Faraldo», *Cuadernos de Estudios Gallegos,* xxvi, 1971, pp. 213-242.

Dopico, Fausto: «José Alonso López, liberal e crítico das institucións do antigo réximen», *Grial,* núm. 61, 1978, pp. 257-266.

Durán, José Antonio, *Agrarismo y movilización campesina en el país gallego (1875-1912),* Madrid, Siglo XXI, 1977, 458 pp.

Ferro Couselo, Jesús, «Constitucionales y realistas. Los comuneros de Valdeorras», *Boletín de la Comisión Provincial de Monumentos de Orense,* xiv, 1943-44, pp. 152-186.

——, «El trienio constitucional en Galicia», *Boletín de la Comisión Provincial de Monumentos de Orense,* xv, 1943-44.

Gallego Guitián, María Visitación: «Muestreo aleatorio sistemático aplicado al estudio de la desamortización en la provincia de La Coruña», *Actas de las I Jornadas de Metodología Aplicada a las Ciencias Históricas,* tomo iv, pp. 45-64, Santiago, 1975.

García-Lombardero, Jaime, «Evidencias dunha crise agraria en Galicia: precios i explotación do gando a remates do século XIX», *Revista Galega de Estudios Agrarios,* núm. 1, 1979.

——, *La agricultura y el estancamiento económico de Galicia en La España del antiguo régimen,* Madrid, Siglo XXI, 1973.

——, «La formación de un mercado regional: Galicia (1860-1890)», *Moneda y Crédito,* núm. 119, 1971.

——, y Dopico, Fausto, «La renta de la tierra en Galicia y la polémica por la renovación de foros en los siglos XVII y XVIII, *Hacienda Pública Española,* núm. 57, 1978.

González Mariñas, Pablo, *Las diputaciones provinciales en Galicia: del antiguo régimen al constitucionalismo,* La Coruña, Diputación Provincial de..., 1978, 273 pp.

López Taboada, José Antonio: «Dinámica de la población gallega en la segunda mitad del siglo XIX. Evolución global e hipótesis interpretativas», *Actas de las I Jornadas de Metodología Aplicada a las Ciencias Históricas,* tomo I, Santiago, 1975, pp. 463-476.

Meijide Pardo, Antonio, «Apuntes para la historia de Vigo. Su consulado de comercio (1820-1826)», *Boletín de la Real Academia Gallega.* núm. 355, 1973.

——, «Apuntes sobre las relaciones galaico-portuguesas durante la guerra de la independencia», *Associaçao Portuguesa para o Progresso das Ciências. XXVI Congreso Luso-Español,* 1962.

——, «Causa instruida al alférez Pita da Veiga con motivo del alzamiento del 1820 en La Coruña», *Revista del Instituto José Cornide de Estudios Coruñeses,* núms. 5-6, de 1969-70, pp. 103-123.

——, «Censo de comerciantes coruñeses en los años 1830-1845», *Revista del Instituto José Cornide de Estudios Coruñeses,* núms. 8-9, 1972-73, pp. 227-246.

——, «Encuesta sobre las cosechas de lino y cáñamo en la antigua provincia de La Coruña», *Revista del Instituto José Cornide de Estudios Coruñeses,* núms. 8-9, 1972-73, pp. 201-226.

——, «La primera industria coruñesa del vidrio (1827-1850)», *Revista del Instituto José Cornide de Estudios Coruñeses,* núms. 10-11, 1974-75, pp. 143-201.

——, «Los ingleses Lees y su fábrica de tejidos en Pontevedra», *El Museo de Pontevedra,* XIX, 1968.

——, «Mercaderes catalanes en Galicia. Juan Carré y Bartra (1806-1844)», *Boletín de la Real Academia Gallega,* núms. 333-339, 1965.

——, *Negociantes catalanes y sus fábricas de salazón en la ría de Arosa (1780-1830),* La Coruña, 1973.

O'Flanagan, Patrick, «The chamging population structure of Galicia (1900-1970)», *Iberican Studies,* vol. V, núm. 2, 1976, pp. 61-80.

Parrilla Hermida, M., «Apuntes históricos sobre la inoculación de la viruela como método profiláctico», *Galicia Clínica,* mayo 1975, pp. 566-583.

——, «Apuntes históricos sobre la sanidad en La Coruña. La epidemia de cólera de 1854», *Galicia Clínica,* mayo 1974.

——, «Una página de la historia sanitaria de La Coruña. La epidemia de 1809 y el cementerio general de la ciudad», *Revista del Instituto José Cornide de Estudios Coruñeses,* núms. 5-6, 1969-70, pp. 153-171.

Pérez García, J. M., «La mortalidad infantil en la Galicia del siglo XIX. El ejemplo de los expósitos del Hospital de los Reyes Católicos de Santiago», *Liceo Franciscano,* núms. 85-86-87, 1976, pp. 171-197.

Quintans Vázquez, María del Carmen, *El dominio de San Martín Pinario ante la desamortización. Rentas de la abadía,* Santiago, Universidad de..., 1972.

Roca Cendán, Manuel, *Luis Peña Novo e a súa visión da economía galega,* Tesis de Licenciatura leída en la Facultad de Ciencias Económicas y Empresariales de Santiago, 1978.

Rodríguez Eiras, Sor Antonia, «Alzamientos realistas en Galicia en el trienio constitucional», *Cuadernos de Estudios Gallegos,* XXI, 1966, pp. 189-215.

——, «La Junta Apostólica y la restauración realista en Galicia», *Cuadernos de Estudios Gallegos,* XXII, 1967, pp. 198-220.

Rodríguez Galdo, María Xosé, «A crise agraria de 1853 e a emigración galega a Cuba», *Grial,* núm. 57, 1977, pp. 261-272.

——, y Dopico, Fausto, «A crise do viñedo a mediados do século XIX e os problemas de monetización da economía galega», *Grial,* núm. 62, 1978, pp. 392-402.

——, ——, «Desartellamento da economía tradicional galega e emigración no século XIX. A empresa de emigración de colonos galegos de Urbano Feijóo Sotomayor», *Revista Galega de Estudios Agrarios,* núm. 1, 1979.

——, «Hambre y enfermedad en Galicia a mediados del siglo XIX», *Actas del V Congreso de Historia de la Medicina,* 1977.

——, y Dopico, Fausto, «La crisis agraria de 1852-1855 en Galicia y la persistencia de las estructuras tradicionales», *Investigaciones Económicas,* núm. 7, sept.-dic. de 1978, pp. 203-217.

Rodríguez Pampín, José Manuel, «Cristiáns galegos de militancia nacionalista (1840-1936)», *Encrucillada,* núm. 2, 1977, pp. 53-66.

Saurín de la Iglesia, María Rosa: «Algunos datos para el estudio del carlismo gallego (1833-1839)», *Hispania,* núm. 135, pp. 139-201.

——, *Apuntes y documentos para una historia de Galicia en el siglo XIX,* La Coruña, Diputación Provincial de..., 1977, 379 pp.

Taboada Moure, Pablo, «Crises de subsistencias e motíns populares na Galicia costeira (1835-1836)», *Grial,* núm. 60, 1978, pp. 170-180.

Vilas Nogueira, Xosé: «El autonomismo gallego en la II República», en M. Ramírez, *Estudios sobre la II República española,* Madrid, 1975.

——, «Federales e rexionalistas galegos no xix. Un exemplo de mistificación histórica», *Grial,* núm. 42, 1973, pp. 430-436.

——, «Ideología y periodización del diferencialismo gallego en el siglo xix», en M. Tuñón de Lara y otros, *Ideología y sociedad en la España contemporánea,* Madrid, Cuadernos para el Diálogo, 1977, pp. 11-36.

——, «La primera fase del proceso estatutario gallego: Asamblea de 4 de junio de 1931», *Boletín del Instituto de Ciencia Política,* núms. 11-12, dic. de 1972-enero de 1973.

——, *O Estatuto galego,* A Coruña, Edicións do Rueiro, 1975, 335 pp.

Villares Paz, Ramón: «La hidalguía intermediaria y la desamortización en el suroeste de la provincia de Lugo», *Actas de las I Jornadas de Metodología Aplicada a las Ciencias Históricas,* tomo iv, pp. 65-72, Santiago, 1975.

——, «No cincuentenario da lei de redención de foros (1926-1976). Aproximación ao problema», *Grial,* núm. 54, 1976, pp. 477-489.

EL ESTADO DE LA CUESTION EN HISTORIA REGIONAL Y LOCAL

Eloy Fernández Clemente y Carlos Forcadell

Introducción

Es ésta, propiamente, una ponencia, es decir, un trabajo que presentamos de modo abierto a toda sugerencia, añadido, discusión y corrección. Y ello tanto por la amplitud de su objeto como por la dificultad de reducir a interpretaciones comunes la diversidad que caracteriza a la historiografía de carácter regional y local. Para la presentación de este tema hemos recabado de compañeros conocedores y especialistas en la investigación histórica contemporánea de las distintas regiones que no tienen un tratamiento específico y diferenciado en este coloquio, la correspondiente información sobre el estado historiográfico de las mismas durante esta década. La mayoría de ellos han respondido con entusiasmo, y sus aportaciones, muy sistematizadas en general, se añaden al texto de la ponencia para su publicación. Nosotros nos limitamos a presentar estos datos resaltando las constantes, temáticas, metodológicas, institucionales, que aparecen en la mayoría de los informes, a los que unimos el propio nuestro sobre Aragón.

La primera cuestión a analizar y a debatir, es la de la propia estructura de los trabajos de esta reunión, que con «un indudable respeto» a nuestra reciente Constitución, traduce en categorías historiográficas la relación regiones-nacionalidades, colocando en un saco común todo lo referente a los territorios que no son Cataluña, País Vasco o Galicia. Es indudable que uno de los factores que integran el hecho nacional es la disposición de una historia diferenciada, y el desarrollo de una historiografía sobre la misma. Pero es también evidente que hechos como la celebración de los recientes Congresos de Historia del País Valenciano (1971), de Cultura Andaluza (1977), Primer Encuentro de Historia Contemporánea de Palma de Mallorca (1977), Primeras Jornadas de Historia de Ex-

tremadura (1979), o los Congresos de Estudios Aragoneses (1976)
y de Estudios sobre Aragón (1978), indican que desde el punto de
vista de la investigación histórica las diferencias son más de intensidad que cualitativas. Por ello, a la vez que aceptamos el tratamiento convencional de este Coloquio, entendemos que está totalmente
justificado, a la vez que es necesario, un encuentro en el que las
diferentes historiografías regionales presenten individualmente el
estado y la problemática de su área respectiva.

Por otra parte hay que aludir, sin entrar a fondo en la cuestión,
al hecho de que la tarea histórica se organiza como ciencia por encima del sentimiento regional o nacional o de sus diferentes grados.
Y así, a título de ejemplo, la investigación más depurada sobre historia de la prensa durante el siglo xix es la efectuada por Celso Almuiña para la de Valladolid, o una de las mejores descripciones de
las estructuras de Antiguo Régimen es la realizada por Gonzalo
Sanz para Segovia. Y tantos etcéteras.

Pero también es evidente que a lo largo de la última década
se ha producido un considerable auge en los estudios de historia
contemporánea proyectados sobre un área regional paralelo al que
ha experimentado la conciencia de una colectividad sobre su territorio y sobre la singularidad de su desarrollo histórico. En este sentido parece bastante claro que el desarrollo de esta historiografía
contemporánea regional y con conciencia de tal, no ha ido después
del resurgir del sentimiento autonómico, sino que por el contrario lo
ha precedido. La generalización de este hecho nos llevaría a afirmar
el papel de minorías culturales en la recuperación de los particula-
rismos y de las reivindicaciones de autoidentificación y autonomía
política. Dentro de estas minorías, grupos de historiadores, habrían
desempeñado una función privilegiada, por los condicionamientos
propios de su propia especialidad.

En relación con estos hechos, sería pecar de falsa modestia, si
no se aludiera al papel desempeñado por Manuel Tuñón y sus diez
coloquios de historia en esta Universidad. No sólo el material acumulado en las sucesivas ediciones de los coloquios es una evidente
demostración de lo que los mismos han significado para el renacimiento de la historiografía contemporánea regional, sino que también el propio profesor Tuñón ha dado continuidad a estos presupuestos promoviendo y dirigiendo la Colección de Historia Contemporánea de la Editorial Siglo XXI, donde sistemáticamente han ido
apareciendo series de síntesis de historias regionales.

Entrando más directamente en nuestro tema, empezaremos señalando que son muy escasos los estudios que tengan como tema global la historia de las regiones y el problema regional. Podemos mencionar el número 2 de la revista *Agricultura y Sociedad,* que ofrece una bibliografía sobre el estado de la cuestión en las diferentes regiones de España, muy estimable, aunque lógicamente reducida y generalizada; el libro de Amparo Rubiales titulado *La Región, Historia y actualidad* (Sevilla, 1973); un estudio de José Miguel de Azaola sobre «La Regionalización de España», publicado en el tomo 1 de *Vasconia y su destino,* y de gran utilidad; el voluminoso trabajo sobre *Autonomías regionales en España (Traspaso de funciones y servicios),* editado recientemente por el Instituto de Estudios de Administración Local (S. Martín Retortillo, L. Cosculluela y E. Orduña), que aporta documentación muy abundante sobre Cataluña y el País Vasco, pero también sobre otros territorios españoles, y en todo caso, supone un buen esquema de trabajo para completar las historias de las propias regiones y de sus propias autonomías.

Los problemas institucionales

Uno de los problemas más frecuentemente señalado en los informes es el de la inexistencia, o implantación muy reciente y excepcional, de Facultades o centros de investigación histórica que destinen una cátedra, seminario, u otro tipo de organización docente, a la historia contemporánea regional. Durante los años del franquismo la historia social y política de los siglos XIX y XX se olvidaba, como se rechazaba la existencia diferencial de los distintos pueblos de España. El extraordinario conservadurismo de muchos catedráticos de historia contemporánea tendría su paradigma en el caso de Luciano de la Calzada, cuya prolongada presencia en Murcia supuso una losa para las investigaciones de historia regional. Ejemplos hay más. También habría que señalar la tardía y deficiente estructura de los Departamentos, como en el caso de Oviedo, donde el de Historia Contemporánea no ha tenido autonomía hasta 1978. Sólo en época muy reciente se ha incrementado notablemente la elaboración de tesis y tesinas sobre temas regionales y locales, y ello la mayoría de las veces bajo la presión y orientación de jóvenes licenciados. La mayor parte de estos trabajos están sin publicar y son por tanto de difícil consulta.

La fructífera, y convencionalmente denominada agresión a la historia por parte de otras ciencias sociales, ha tenido una beneficiosa incidencia en el desarrollo de la historiografía regional, y en el de la historiografía en general, por cuanto lo que resultaba difícil o imposible en el marco de tradicionales Departamentos de las Facultades de Letras, ha encontrado su vía en cátedras de otras facultades, de Historia de la Medicina, Derecho, Sociología, etc. Los departamentos de historia económica de recientes Facultades de Empresariales han sido buen refugio de nuevos planteamientos y de nuevas metodologías. También es detectable el positivo papel de nuevas generaciones de catedráticos y profesores de instituto en el crecimiento de la investigación regional y local. La creación de nuevos centros (el caso del Colegio Universitario de Logroño puede ser un ejemplo), potencia adecuadamente los estudios regionales y demuestra que dormían por falta de apoyos institucionales.

Otro grave problema es el de las editoras o revistas. El costo cada vez más prohibitivo de los libros supone un freno sensible a la divulgación, que crearía un clima creciente de interés por la historia contemporánea regional. Casos como el de Asturias, con un florecer editorial magnífico, el de las bien llevadas publicaciones de la Universidad de Sevilla, etc., serán excepciones aquí. Y no digamos de esos mortecinos institutos provinciales o locales de estudios, acogidos al patronato «José María Quadrado» del CSIC, y aún apenas renovados, y cuyas publicaciones, aferradas a la más áspera erudición, apenas se han ocupado hasta ahora de historia contemporánea, por razones obvias. Excepciones también serían en este caso las buenas revistas que se publican en Valencia, Mallorca, Canarias, etc.

La temática

Los temas más frecuentes en la bibliografía existente en las regiones españolas sobre su historia contemporánea son: demografía, historia agraria y desamortización (con abundantes monografías), historia de la educación (muy pocas entran en la «cultura» genéricamente entendida, incluyendo la literatura regional, salvo las que por poseer un idioma u otros rasgos distintivos lo hagan desde esa perspectiva), elecciones y partidos políticos, Segunda República, Guerra Civil (aún muy escasos estudios *objetivos* de tipo regional, excepto, por ejemplo, los de Mallorca y Alicante, 1976), iglesia, burguesía y poder político (Canarias, Valencia, Asturias, donde se estudia además el desarollo industrial, etc.), movimiento obrero (sobre todo en los países catalanes de la vieja Corona de Aragón, tras la excelente bibliografía básica sobre el tema de Giralt, Balcells y Termes), historia económica (potenciada en muchos lugares por las instituciones bancarias y de crédito y ahorro, y llevada a cabo sobre todo en las nuevas facultades de Ciencias Económicas y Empresariales, destacando Valencia, Córdoba, Canarias, Zaragoza...), emigración (sobre todo en la asturiana y canaria, hacia América), etc.

Curiosamente, la historia de los movimientos regionalistas no ha recibido aún un tratamiento adecuado, excepto en algunas monografías andaluzas, los estudios de Cucó y otros en Valencia, o la reciente síntesis de Royo-Villanova en Aragón.

Las fuentes y los archivos

Se hace necesaria una breve referencia a las posibles fuentes específicas para la investigación de carácter local o regional y a su localización en archivos y centros de documentación. Y esto, a pesar de que la pluralidad y diversificación de las fuentes que pudiéramos considerar regionales o locales, la progresiva absorción por parte del estado de competencias políticas y administrativas a lo largo del siglo XIX y hasta hoy, y la desigual y variada situación de los archivos, agravada por su retraso y por la escasez de dotaciones, hacen particularmente difícil reducir a una clasificación y a una valoración el material histórico propio de una historia regional o localizada. Hay que señalar en primer lugar que la historiografía contemporánea se define precisamente por actuar sobre una sociedad dotada de un estado progresivamente centralizado y crecientemente eficaz, hecho que no puede ser olvidado en las investigaciones regionales, y que se traduce en la práctica por la necesidad de acudir a archivos históricos generales o nacionades, y de conocer sus orígenes y disposición. El Archivo Histórico Nacional se fundó en 1866 y es imprescindible la consulta de varias de sus secciones. La *Sección de Clero Secular y Regular* está formada por los archivos de los monasterios e iglesias incautadas por el Estado durante el proceso desamortizador, por lo que encierra documentación de tipo diverso y de origen múltiple para investigaciones localizadas sobre el Antiguo Régimen y su disolución. La *Sección de Estado* está formada por fondos del antiguo Consejo de Estado y de la Secretaría de Despacho de Estado (actual Ministerio de Asuntos Exteriores), y tiene importantes fondos relativos a la Guerra de la Independencia. La *Sección de Fondos Modernos,* por último, reúne documentación procedente del Ministerio de Hacienda, de Presidencia del Gobierno, de Educación Nacional y de Gobernación. En el fondo de este último ministerio se recoge material hasta bien entrados los años 30 de este siglo, y resulta especialmente valioso para investigaciones sobre implantación regional de partidos políticos y sindicados, conflictividad social, etc.

En el Archivo de Indias de Sevilla se encuentra documentación hasta las últimas décadas del siglo xix, de carácter preferentemente económico y comercial.

Los fondos de los distintos departamentos ministeriales resultan necesarios para investigaciones sectoriales. El Archivo General de la Administración Central de Alcalá de Henares viene a ser un archivo intermedio, y en él se encuentran fondos de todos los ministerios con más de veinticinco años de antigüedad, actualmente en proceso de incorporación. Además hay que contar con el Archivo de Presidencia del Gobierno (especialmente para estudios sobre personal y élites políticas), el del Ministerio de Agricultura, el del Ministerio de Comercio, Educación y Ciencia, Gobernación, Hacienda, Industria, Justicia, Trabajo (fundamental para historia social y del movimiento obrero), etc.

De modo no uniforme, la propia administración deja sus fondos al cuidado de delegaciones provinciales o de organismos territoriales. Es el caso de los Archivos de las Audiencias Territoriales, que aunque no suelen coincidir exactamente con espacios históricamente diferenciados, son básicos para el seguimiento de muchos problemas en el plano local, provincial o regional. Fondos muy ricos, generalmente con problemas de conservación, para estudios localizados de historia económica y de los procesos desamortizadores se pueden encontrar en muchos archivos de las respectivas Delegaciones de Hacienda provinciales.

Archivos de carácter y ámbito regional los hay en Valencia, Mallorca, Galicia, y los de las antiguas Chancillerías de Valladolid y Granada. Recientemente se creó un depósito regional en Cervera destinado a recoger la documentación contemporánea de la zona catalana. Es de esperar que la actual conciencia autonómica, combinada con una política de estado tendente a una cierta regionalización administrativa, esté abriendo el camino hacia la creación de archivos regionales que recojan la dispersa documentación y contribuyan a salvar fondos locales.

Entretanto y desde 1931, existen Archivos Históricos Provinciales en las capitales de provincia que, de forma desigual, recogen documentación de protocolos, de Hacienda, de las Diputaciones en algunos casos, etc. En la actualidad hay 41. De modo variable, es en las Diputaciones provinciales donde se conservan los fondos más importantes.

Archivos locales por excelencia son los de los ayuntamientos. Sin insistir, dada su diversidad, es preciso recordar la riqueza de fondos que pueden encerrar los archivos diocesanos y los catedralicios.

De particular importancia para estudios de Historia Contemporánea son las hemerotecas. Local o provincialmente se conservan en los archivos históricos provinciales o en los archivos del ayuntamiento. La Hemeroteca Nacional, y sobre todo la Hemeroteca Municipal de Madrid, completan en muchos casos ausencias locales y provinciales. E incluso hay que citar los fondos hemerográficos del Instituto Internacional de Historia Social de Amsterdam, de gran importancia para el período de la guerra civil por proceder de depósitos y donaciones particulares o de organizaciones políticas y sindicales. En el mismo sentido, y ampliando su campo a documentación original, el fondo del Servicio de Recuperación de documentos en Salamanca, es insustituible para estudiar los años de la República y de la guerra civil en todas aquellas zonas que, habiendo permanecido fieles a la República, pasaron a lo largo de la guerra a las manos de los nacionalistas, que enviaron la documentación recogida al citado servicio, establecido entonces y ahora en Salamanca.

Por último, hay que referirse, en su pluralidad, a los archivos que han dejado tanto instituciones de carácter privado como las Reales Sociedades Económicas de Amigos del País, casinos mercantiles o industriales, como a los archivos privados, de casas nobiliarias, de eruditos o jurisconsultos...

Problemas concretos

Aparte la citada dificultad en la consulta de fuentes ordenadas y bien clasificadas (apenas existen archivos centrales, colecciones mi-

crofilmadas, etc.), se comparte con la problemática general tantas
y tantas carencias como aquí escuchamos y escucharemos: la ausencia de equipos de trabajo llega a casos límite como el de Murcia
de «trabajo individualizado y a ser posible con monopolio del tema»;
la muy escasa relación interdisciplinar en cada región, la falta de
síntesis para el período —salvo en Asturias, Aragón, Valencia y,
para algunos temas, Andalucía—, la no existencia (salvo Canarias
y algún otro territorio) de asignaturas de Historia contemporánea
regional, la escasa implantación y edición de manuales para bachi-
lleres, cou y aun escolares más jóvenes de Historia de su país...

De Extremadura, una de las regiones más abandonadas en todos los aspectos, pero que ha asombrado a muchos con la excelente
organización y resultados de su primer encuentro de historia regional, y donde hace tiempo que venimos siguiendo los trabajos del
compañero Rodríguez de las Heras y otros, se nos sugieren algunas
ideas que muy bien pueden servirnos a cuantos trabajamos en
estos temas:

«1.º   La necesidad de, junto al análisis profundo y detallado
por parte de los compañeros de trabajo, el ejercicio teórico permanente que permita la creación de conceptos bien precisos y articulados. De tal manera que se evite, dentro de unos años, una babel,
es decir, un montón de trabajos que ha dado el análisis, pero no una
visión científica de nuestro objeto de estudio...

»2.º   La conciencia de nuestro retraso, insalvable en todos los
órdenes, si se siguen los escalones tradicionales. La búsqueda de
un esfuerzo metodológico, de unas herramientas, de ideas en general, que permitan un aceleramiento que rompa las diferencias (Universidades tradicionales-Universidades recientes, Universidades poderosas-Universidades pobres, Regiones privilegiadas-Regiones abandonadas) y que el sistema tal como está concebido, tiende a mantener.»

La «Historia contemporánea aragonesa» en los años 1970-1979

Los autores de esta Ponencia —Fernández Clemente y Forcadell—
presentaron, junto con los profesores Ferrer Benimeli y Germán
Zubero, un amplio estudio sobre «Historia Contemporánea Aragonesa» en el reciente encuentro de Teruel (18 al 20 de diciembre

de 1978) que se planteaba el «Estado actual de los estudios sobre Aragón». Dado lo reciente de aquella panorámica y la identidad parcial de los autores, resumimos, actualizando algunos datos, esa ponencia que, muy en breve, será publicada en Zaragoza.

Añadamos que a la ponencia se sumaron casi tres docenas de interesantes comunicaciones, tanto de estudios monográficos como de aportación de series documentales, bibliografías, etc. También —y ello nos exime aquí de mayores detalles— se presentó una estadística de las 133 tesis y tesinas presentadas en el Departamento de Historia Contemporánea de la Universidad de Zaragoza, en los tres últimos decenios. Por ella sabemos que sólo 14 tesis y 38 tesinas fueron tema aragonés. También por un laborioso estudio de alumnos de 5.º de esa Facultad de Letras, que han reunido 1.400 fichas de libros y artículos sobre Historia Contemporánea de Aragón, podemos conocer la estadística de ese material recopilado, agrupado por períodos y temas.

Planteamos allí, aparte del debatido problema de los límites cronológicos y la periodificación de la historia contemporánea, con sus concreciones regionales, un repaso a las principales publicaciones o trabajos inéditos, así como la indicación sobre las principales lagunas a cubrir lo antes posible.

Hubimos de constatar que «Zaragoza capital reúne no sólo la mayor parte de información sobre Aragón, sino también el mayor volumen de investigación, a pesar de su escasez y nula divulgación, del conjunto de la región, situación que debería ser corregida». También «la desaparición, dispersión, mala conservación y difícil acceso de toda clase de fuentes y documentación original, que habría que rastrear en los archivos madrileños, y que habría que localizar, fichar y ordenar en los archivos provinciales y locales, en la espera de que un Archivo Histórico Provincial o Regional pueda reunir, ordenar, catalogar y ofrecer sin dificultades al investigador, de un modo digno y conveniente, las herramientas básicas de su trabajo».

En cuanto a los problemas generales de la investigación, señalemos el escaso convencimiento que el actual director de Historia Contemporánea tiene de que «exista» una Historia Contemporánea de Aragón debido a su parcelación provincial desde 1833 y por otras razones. La aún reciente Facultad de Ciencias Económicas y Empresariales, en su Departamento de Historia Económica, ha tomado sobre sí el planteamiento y ha realizado ya diversos trabajos, publicado unos cuantos libros y bastantes artículos al respecto.

Remitiendo en extenso a las citas bibliográficas y comentarios que se hacen en la citada ponencia, resumimos aquí la situación por períodos y temas.

1. *Estudios globales de Historia Contemporánea de Aragón*

Se publicó en 1975 el *Aragón Contemporáneo* (Siglo XXI) de E. Fernández Clemente y, en 1978, este autor y C. Forcadell publicaron (Facultad de Empresariales) *Estudios de Historia Contemporánea de Aragón*. Diversos planteamientos relacionados con el tema, global o sectorialmente, figuran en el colectivo *Los Aragoneses* (Madrid, Istmo, 1977) y en el libro recién editado sobre el *I Congreso de Estudios Aragoneses* (Zaragoza, 1979).

Desde el punto de vista bibliográfico pueden señalarse las recientes obras: E. Fernández Clemente y A. Peiró: *Bibliografía de Historia Económica de Aragón;* Inocencio Ruiz Lasala: *Bibliografía zaragozana del siglo XIX* (Zaragoza, 1977); Angel Canellas López: *Historiografía de la ciudad de Zaragoza* (Zaragoza, 1978).

Dada la gran importancia historiográfica e instrumental para los historiadores, citaremos también la obra de inminente aparición, de E. Fernández Clemente y C. Forcadell, *Historia de la prensa aragonesa* (Zaragoza, Guara Editorial, 1979).

2. *Siglo XVIII*

En el Departamento de Historia Contemporánea de la Facultad de Letras se ha dedicado atención preferente hasta ahora a esta época, que decididamente consideran perteneciente a la Edad Contemporánea. Así, abundan los magníficos estudios, en separado o en colaboración, de los profesores Ferrer Benimeli y Olaechea, sobre *El Conde de Aranda* (14 estudios, el principal la biografía en 2 vols., Zaragoza, 1978), *Los motines de 1766, La Masonería en Aragón, Aragón en la Guerra contra la Convención* y un largo etcétera.

También en esta década y sobre el siglo XVIII, pueden señalarse los libros de J. F. Fornies sobre *La Real Sociedad Económica Aragonesa de Amigos del País* (Madrid, 1978), E. Fernández Clemente sobre *La Ilustración Aragonesa* (Zaragoza, 1973) y de G. Pérez Sarrión sobre *El Canal Imperial de Aragón hasta 1812,* y varias monografías sobre Zaragoza, Tarazona, etc.

3. *Guerra de la Independencia y período fernandino*

Es particularmente destacable la escasez de estudios sobre este período, a pesar del énfasis puesto sobre el mismo. En la última década no se ha publicado prácticamente ningún estudio en profundidad, estando anunciado uno sobre *Aragón bajo los Napoleón* (Col. «Aragón» de Librería General).

4. *Antiguo Régimen y Revolución liberal*

Se carece aún de estudios sobre las guerras carlistas, por ejemplo. Para la primera fase destacan los estudios de J. M. Delgado Idarreta sobre *Los pronunciamientos militares en Zaragoza durante el reinado de Isabel II,* y de Carlos Franco de Espes, *Los motines antifeudales de 1835 en Zaragoza* (tesis inédita), así como las tesis, aún inéditas de P. Marteles y C. Moreno de Rincón sobre *La desamortización en la provincia de Zaragoza* (épocas de Mendizábal y Madoz). Para el sexenio, apenas el trabajo, inédito igualmente, de I. Berdié sobre *Zaragoza durante la Primera República.*

5. *Restauración*

Siempre referido a esta década de los setenta, la producción de libros o tesis es escasa. Destaquemos la de J. A. Biescas sobre *La industrialización en Aragón 1900-1920* (inédita), la de D. Alvaro Benedí sobre *Elecciones en Zaragoza (1903-1923)* y la tesina de L. Germán Zubero sobre el mismo tema de *1931 a 1936* (y su tesis, va avanzada, sobre las *Elecciones en Aragón durante la Segunda República).* Para la Dictadura de Primo de Rivera apenas las referencias de J. Velarde en su libro sobre la política económica de aquel régimen. En cuanto al *Regionalismo aragonés* recoge mucha documentación el libro sobre este tema de C. Royo-Villanova.

Muy poco más podría citarse sobre la Guerra Civil, donde siguen predominando las versiones del Servicio Histórico Militar o las memorias propagandísticas a lo García Valiño... El período del franquismo, apenas está planteado históricamente en algunos artículos.

Historia regional de Asturias, siglos xix y xx
David Ruiz

Con independencia de las aportaciones de procedencia extra-regio-
nal a la hora de rendir cuenta de la producción historiográfica regis-
trada en la última década sobre los siglos xix y xx conviene retener
dos datos que explican tanto la cantidad como el ritmo de aquélla.
En primer lugar el retraso de la implantación de la Sección de Historia en la Universidad de Oviedo —hasta octubre de 1967 no se
impartirá el curso de Edad Contemporánea—, y en segundo término
los obstáculos de todo tipo que el integrismo académico y extra-aca-
démico fue generando año tras año logrando que hasta mayo de
1978 el Departamento de Historia Contemporánea no gozara del
grado de autonomía similar al resto de las disciplinas.

En síntesis y después de aplicar un elemental criterio de selección de lo publicado, las aportaciones de más relieve, algunas de
ellas ya incluidas en el libro de David Ruiz (*Asturias Contemporánea, 1808-1936,* Madrid, Ed. Siglo XXI, 1975) serían las siguientes:

I. *En Demografía* solamente se halla publicado un trabajo de
Concepción Criado y Ramón Pérez, *Notas sobre la dinámica de la
población de Asturias (1857-1970).* Oviedo, Departamento de Geografía, 1976.

II. Los artículos de Gerard Chastagnaret («Contribution a l'e-
tude de la production et des producteurs de houille des Asturies de
1861 a 1914», en *Melanges de la Casa de Velázquez,* vol. ix); de
José Luis Zapico («Fluctuaciones de los precios de cereales en Oviedo, 1790-1878», *Bidea* núm. 80, 1973) y el de Santos Madrazo («Las
transformaciones de la red viaria asturiana, 1750-1850»), *Bidea,* números 90-91, 1977) constituyen, junto a la obra de carácter más
general de Gabriel Santullano (*Historia de la minería asturiana.*
Salinas, Ayalga Edic., 1978) la principal contribución a la *Historia
económica.*

A los citados cabe añadir los trabajos de Guillermo Morales («La
siderurgia asturiana», *Bidea,* núms. 88-89, 1976), de Francisco Quirós («El puerto de San Esteban de Pravia», Oviedo, Departamento
de Geografía, 1975) y de Ramón Alvargonzález (*Gijón: Industrialización y crecimiento urbano.* Salinas, Ayalga Edic., 1977), todos
ellos planteados desde perspectivas geográficas.

III. *El sector agrario,* uno de los más rezagados, ha sido parcialmente cubierto por Jesús García Fernández *(Sociedad y organización del espacio en Asturias,* Oviedo, IDEA, 1976) y José María Moro *(La desamortización en la Asturias en el siglo XIX,* tesis de doctorado recientemente concluida y de próxima publicación, y del mismo autor «La desamortización de los bienes municipales en la segunda mitad del siglo XIX», *Bidea,* núm. 88-89, 1976).

IV. La *Historia social* ha atraído la atención en mayor grado dando lugar sin embargo a una producción de logros desiguales. Entre ellos el libro de Luis García San Miguel *(De la sociedad aristocrática a la sociedad industrial en la España del siglo XIX. Un estudio de la sociedad asturiana de la época,* Madrid, Edicusa, 1973) cuyo título no deja de resultar pretencioso; y las publicaciones centradas en torno a la insurrección de 1934: tres de ellas aparecidas en 1974: Bernardo Díaz Nosty *(La Comuna asturiana,* Bilbao, ZYX, 1974); Juan A. García Sauco *(La revolución de 1934,* Madrid, Editora Nacional, 1974), así como la esclarecedora presentación de Marta Bizcarrondo al debate de aquellos acontecimientos en su obra *Octubre de 1934. Reflexiones sobre una revolución* (Madrid, Ayuso, 1976).

Trabajos más ceñidos al comportamiento y actitudes de la burguesía y la clase obrera en relación con la industrialización, han sido apuntados en los artículos de David Ruiz («La antigua nobleza y la industrialización. El fenómeno asturiano», Madrid, Hispania CSIC, 1971); y de Isaac González («La inversión y los inversores en Asturias, 1885-1900», Studium Ovetense, II, Oviedo, 1975), temáticas abordadas con mayor amplitud y para el período 1880-1920 por Francisco Erice en su trabajo de Licenciatura recientemente concluido.

La contribución a la Historia del *movimiento obrero* a partir del libro de David Ruiz (primera edición Oviedo, 1968; segunda edición Madrid, Júcar, 1979) han sido los de Gabriel Santullano («La agitación social en Asturias en los comienzos de la Segunda República», incluido en *Sociedad, Política, Cultura,* Madrid, Edicusa, 1973) y del mismo Gabriel Santullano («Algunas notas sobre la prensa obrera en la Asturias del siglo XIX», *Bidea,* núms. 88-89, 1976); de Bernardo Fernández y José Girón («Aproximación al sindicalismo agrario en Asturias 1906-1923», incluido en *La cuestión agraria en la España Contemporánea,* Madrid, Edicusa, 1976) y la de Domingo Benavide (*El fracaso social del catolicismo español, Arboleya Martínez, 1871-1936,* Barcelona, Nova Terra, 1973) y la de Juan José Castillo (*El sindicalismo amarillo en España,* Madrid, Edicusa, 1977).

La *Historia Política* solamente cuenta con el trabajo de José Girón sobre «Las elecciones de 1933 en Asturias», incluido en *Sociedad, Política y Cultura* ya citado. El mismo autor está a punto de concluir su tesis sobre *Elecciones y Partidos Políticos en Asturias* en el período 1891-1936.

Finalmente, *el nivel ideológico-cultural* solamente cuenta en su haber, hasta el presente, con un trabajo debido a A. García-Prendes y L. Alonso («La Extensión Universitaria de Oviedo», *Bidea,* número 79, Oviedo, 1974).

Informe Canarias

A. M. Bernal y A. Macías

En el momento presente, hacer un balance aproximativo de los trabajos —algunos de ellos en curso de elaboración—, sobre la historia regional de Canarias nos parece demasiado apresurado, dada la escasez de publicaciones y la pobreza de planteamientos de algunas de ellas, y la ingente labor que viene desarrollándose, en comparación con etapas anteriores.

I. *Obras y trabajos de carácter general sobre historia regional*

Con el afloramiento de los presupuestos autonomistas asistimos a un renovado interés por la historia regional. Ahora bien, ante la carencia de estudios que aborden la problemática histórica del Archipiélago en conjunto, se ha recurrido a satisfacer la preocupación socio-histórica con la reedición de autores ya clásicos en la historiografía canaria. Nos referimos a Viera y Clavijo y Millares Torres, autores de la segunda mitad del siglo XVIII y XIX, respectivamente. La nueva reedición de Millares está siendo revisada y al propio tiempo completada con aportaciones de investigadores actuales.

No obstante y en el marco de esta renovación, se han publicado algunas obras cuyo único mérito, a nuestro modo de ver, es su intento de ofrecer una explicación al devenir histórico canario. En esta segunda línea nos encontramos con los trabajos siguientes: V. Morales Lezcano, *Síntesis de historia económica de Canarias* (Santa Cruz de Tenerife, 1966); A. González Viéitez y O. Bergasa, *Desarrollo y subdesarrollo de la economía canaria* (Madrid, 1969); P. Hernández y otros, *Natura y cultura de las Islas Canarias* (Santa Cruz de Tenerife, 1977); J. A. Alemán y otros, *Ensayo sobre historia de Canarias* (Madrid, 1978).

Finalmente, el tema canario ha sido tratado por varios autores con todo el rigor que se merece, desde un punto de vista económico y en el momento actual, en la revista *Información Comercial Española*, núm. 543, noviembre de 1978.

II. *Monografías*

A) Trabajos que continúan la tradición historiográfica erudita

Se trata de investigaciones que no siempre tienen un objetivo claro ni responden a una línea de trabajo definida de antemano. Sus características más destacadas son su continuidad temática con las inquietudes que ya había estado desarrollando la historiografía erudita canaria y su falta, en muchos casos, de una renovación metodológica. Entre estos trabajos destacamos: M. A. Ladero Quesada, «La economía de las Islas Canarias a comienzos del siglo XVI», *Anuario de Estudios Americanos,* núm. 31, Sevilla, 1974, pp. 725-749; M. Lobo Cabrera, *La esclavitud en las Canarias Orientales en el siglo XVI (negros, moros y moriscos),* Universidad de La Laguna. Tesis doctoral inédita, 1979.

B) La moderna historiografía regional

La historiografía regional cuenta en la actualidad con una renovación creciente y una mayor riqueza de planteamientos, no sólo por abordar temas hasta ahora poco estudiados, sino por las preocupaciones metodológicas que demuestran sus autores. Los trabajos se encaminan a esclarecer los grandes aspectos del desarrollo histórico.

En el aspecto demográfico y poblacional, señalamos los siguientes trabajos, en los cuales se pone de manifiesto una de las constantes demográficas del Archipiélago canario: su fuerte crecimiento demográfico; E. Burriel de Orueta, *Evolución moderna de la pobla-*

ción de Canarias (Santa Cruz de Tenerife, 1977); M. Goderch Figueroa, *Evolución de la población de La Laguna entre 1750 y 1860* (La Laguna, 1975); J. F. Martín Ruiz, *El N. W. de Gran Canaria. Un estudio de demografía histórica (1485-1860)* (Las Palmas de Gran Canaria, 1978). El mismo autor prepara su tesis doctoral sobre la población de las Canarias Orientales en la época estadística.

La agricultura es el sector dominante de la economía canaria y es lógico que sobre este tema insistieran los investigadores. Desde el punto de vista de la problemática de la agricultura actual, tenemos los trabajos de A. Alvarez Alonso, *La organización del espacio cultivado en la comarca de Daute (N. W. de Tenerife)* (La Laguna, 1976); J. A. Sanz, *La crisis de la agricultura en Canarias* (Las Palmas de Gran Canaria, 1977); E. Villalba Moreno, *Aproximación al estudio del tomate en Tenerife y Gran Canaria* (Santa Cruz de Tenerife, 1977); desde la perspectiva de la antropología social, A. Galván Tudela, *Ecosistema, relaciones de producción y grupos de parentesco: la transformación social de Taganana,* Universidad de La Laguna. Tesis doctoral inédita, 1977.

En el apartado más propiamente historiográfico, el tema agrario carece aún de un análisis serio. A. Macías, en su trabajo sobre *La transformación de la propiedad agraria concejil en el paso del Antiguo al Nuevo Régimen,* Anexo núm. 1 de la Revista de Historia Canaria, 1978, plantea el tema del proceso desamortizador de las tierras de propios. El mismo autor elabora su tesis doctoral intentando analizar los parámetros macroeconómicos (población, producción, precios, renta) y la problemática social. La desamortización ha sido tratada por J. J. Ojeda Quintana, *La desamortización en Canarias (1836-1855)* (Las Palmas de Gran Canaria, 1977).

La existencia de un cultivo exportador en las Islas desde su colonización y de una *burguesía comercial* ha llamado la atención de los historiadores. Ahora bien, los trabajos realizados hasta el momento ofrecen pocas respuestas a las interrogantes que en la actualidad la moderna historiografía sobre el tema se está planteando. No obstante, es de importancia el estudio de V. Morales Lezcano, *Relaciones mercantiles entre Inglaterra y los Archipiélagos del Atlántico Ibérico. Su estructura y su historia (1505-1783)* (La Laguna, 1970). Esperamos una revisión y profundización en el tema en la tesis doctoral, en preparación de A. Guimera Ravina.

El cuarto aspecto que ha suscitado un gran interés en los estudiosos de historia regional es el *análisis de la burguesía canaria y el poder político.* Al trabajo de M. Guimerá Peraza, *El pleito insular (1808-1936)* (Santa Cruz de Tenerife, 1976), sobre la pugna por la separación del Archipiélago en dos provincias, sin escaso planteamiento teórico, T. Noreña Salto, en *Canarias: política y sociedad durante la restauración* (Las Palmas de Gran Canaria, 1978), ha puesto de manifiesto la existencia de un agudo conflicto entre fracciones de la clase burguesa canaria por el control político del Archipiélago, con el fin de capitalizar su representación ante el poder central; de la misma autora, «Federalismo y centralismo: Fernando León y Castillo y el proyecto de Constitución federal», *Revista de Historia Canaria,* núm. 171, Santa Cruz de Tenerife, 1978, pp. 111-120; A. Millares Cantero, *Aproximación a una fenomenología de la restauración en la Isla de Gran Canaria* (Las Palmas de Gran Canaria, 1975). También la masonería como una de las formas de asociación y manifestación de la ideología burguesa ha sido tema de estudio de M. Paz Sánchez, *La masonería en la isla de La Palma.* Universidad de La Laguna. Memoria de licenciatura inédita, 1979.

Con respecto a la *historia religiosa,* los estudios son muy escasos. El obispo Tavira y Almazán, perteneciente al grupo del jansenismo español y que estuvo al frente de la diócesis de Canarias, ha sido tratado nuevamente por J. Infantes Florido, *Un seminario de su siglo: entre la Inquisición y las Luces* (Las Palmas de Gran Canaria, 1978); asimismo, las controversias suscitadas en torno a la división de la diócesis en dos obispados en el primer tercio del siglo XIX, con el establecimiento de una nueva sede en Tenerife, es el tema analizado por M. F. Núñez, «La diócesis de Tenerife. Apuntes para su historia. De los orígenes hasta su establecimiento definitivo», *Revista de Historia Canaria,* núm. 171, Santa Cruz de Tenerife, 1978, pp. 33-72.

En otro apartado, *de movimiento obrero y luchas sociales,* la labor sólo ha comenzado. Para el Antiguo Régimen, A. Macías publicó un trabajo («El motín de 1777. Su significación socioeconómica en la comarca suroeste de Gran Canaria», *Anuario de Estudios Atlánticos,* núm. 23, Las Palmas de Gran Canaria, 1977, páginas 263-345), en el que ha desarrollado el problema de la expansión del cultivo y los conflictos sociales en torno a la propiedad de la tierra. Para la etapa contemporánea, tenemos el trabajo de O. Brito Rodríguez, *El movimiento obrero en Canarias* (Universidad de La Laguna. Tesis doctoral, inédita, 1976). Asimismo, en este momento se está ultimando un trabajo sobre los conflictos sociales en el Antiguo Régimen.

En otro orden, nos encontramos con estudios que tocan de alguna manera problemas que tienen una constante histórica en nuestra región. Nos referimos en concreto a *la emigración a América*. Prueba de ello son los trabajos siguientes: A. Borges, «Aproximación al estudio de la emigración canaria a América en el siglo XVI» (*Anuario de Estudios Atlánticos,* núm. 23, Las Palmas de Gran Canaria, 1977, pp. 239-262); J. Hernández García, *La emigración canaria a Cuba en el siglo XIX* (Universidad de La Laguna. Tesis doctoral inédita, 1978). Finalmente, *la emigración actual a Venezuela* y sus efectos sobre el desarrollo económico regional, en cuanto a la inversión de capital verificado por los emigrantes, es tema de estudio de un *colectivo interdepartamental* integrado por profesores de historia económica, geografía e historia moderna y antropología de la Universidad.

¿Cuáles son las perspectivas de la investigación en Canarias? Evidentemente, los trabajos que hemos reseñado marcan de alguna forma la trayectoria que en este momento se está realizando, no exenta de dificultades. En primer lugar, cabría señalar la elevada fragmentación de temas y esfuerzos en la tarea emprendida, en cuanto que no existe una línea clara de investigación ni programa coherente, fragmentación agravada por la dependencia intelectual a que está sometida la Universidad, en el sentido de que el trasiego continuo de catedráticos, cuya estancia no suele sobrepasar los dos años —salvo honrosas excepciones—, provoca una diversidad de criterios a la hora de enfocar y elegir los temas de investigación y la desorientación del alumnado, al propio tiempo que una diversidad también en la metodología aplicada.

Unido a estos dos grandes problemas como más destacados, preciso es indicar también la temática que aún está ausente de tratamiento en la historia regional. En primer lugar, se desconocen los problemas de historia económica. Se habla de comercio, producción, precios, rentas, palabras que parecen estar ya de moda entre los historiadores canarios, pero que aún están vacías de contenido. Desde el punto de vista sociopolítico, no se encaran los temas con el rigor y análisis que se requiere actualmente. El estudio social de la clase política, a pesar de los avances alcanzados, carece de profundidad, así como los estudios de geografía electoral, partidos y organizaciones obreras. Finalmente, la respuesta que la investigación histórica puede aportar sobre los problemas actuales de Canarias está por elaborar.

Por último, destacamos como aspecto negativo la ausencia y debilidad de las reuniones y coloquios de ámbito regional. El coloquio hispanoamericano, que viene desarrollando sus sesiones anualmente en Las Palmas, ha jugado un papel que, en nuestra opinión, no ha resuelto ningún problema, ya que se parte de la óptica americanista y de Canarias como avanzada hispana hacia el continente americano, haciéndose, por tanto, completa abstracción y un volver la espalda a los problemas históricos internos de la región.

Sin embargo, hay aspectos positivos. La consideración de *la historia regional como disciplina académica,* vinculada al departamento de Historia Moderna de la Universidad, ha supuesto, sin duda, un gran paso. De igual forma, la publicación periódica de la *Revista de Historia Canaria,* con nuevo formato y revitalización temática, y sus *anexos* sobre temas monográficos pretende cubrir la necesidad de dar a conocer una serie de trabajos que de otra manera permanecerían inéditos. La preocupación por contrastar opiniones y entablar discusiones críticas entre historiadores e intelectuales canarios se viene notando últimamente. Prueba de ello es el Seminario interdepartamental que hemos señalado anteriormente. Finalmente, esperamos que los seminarios de Historia Social de Canarias, en años anteriores dedicados al tema de las revueltas agrarias y en este año al problema de la burguesía, tenga el éxito deseado.

EXTREMADURA

Antonio R. DE LAS HERAS

«Profundización histórica en el subdesarrollo extremeño»: Bajo este tema, y con la preocupación siempre de la articulación y la coherencia, se han realizado o se están realizando las siguientes investigaciones:

Preocupa en primer lugar la búsqueda de una precisión conceptual y de una articulación permanente, a partir del ejercicio teórico.

— «Estructura agraria y conflictos campesinos en Cáceres durante la Segunda República». (Prof. Juan García Pérez) (Memoria de licenciatura leída en esta Facultad en septiembre de 1976.)

— Juan García Pérez: «Las desamortizaciones en Cáceres» (Tesis en elaboración).

— María Jesús Collantes: «La higiene en Cáceres durante los siglos XIX y XX. Cambios y permanencia» (Tesis en elaboración).

— Rafael Salas: «La emigración cacereña 1900-1975» (Tesis en elaboración).

— Méndez Mellado, Hortensia: «Los conflictos campesinos en Badajoz durante la Segunda República» (Tesina en elaboración).

— Manuel Martín Cortés: «Delincuencia en Cáceres durante la Segunda República (Crisis sociopolítica y delincuencia)» (Tesina leída en esta Facultad en febrero de 1977.

— Fernando Sánchez Marroyo: «Crisis agraria y mentalidad regional durante la Restauración en Cáceres» (Tesis doctoral en elaboración).

— Fernando Sánchez Marroyo: «Cáceres 1900-1920: El reformismo católico y los orígenes del movimiento obrero». Cáceres. (Tesina publicada por la Caja de Ahorros).

— Teresa González: «Educación y reacción en la provincia de Cáceres» (Tesina en elaboración).

— María Jesús Merinero: «Comportamiento político de Cáceres 1890-1931» (Tesis presentada).

— María Teresa Agorreta: «La estructura socioprofesional y el voto socialista en las elecciones de Diputados a Cortes. Badajoz, 1931-1936» (Tesina leída en esta Facultad en 1977).

— Luis Acha: «Elecciones de 1933 en Cáceres» (Tesina en elaboración).

— María Teresa Agorreta: «El partido socialista en Badajoz» (Tesis en elaboración).

— Sol Africa Santos Pedraza: «Cáceres: La influencia de la Iglesia en la Cruzada nacional» (Tesina en elaboración).

A la vez nos hemos planteado la recogida de todos los datos que movemos en estos trabajos, y no sólo la recogida sino la posibilidad de operar con ellos, en ordenador. Hasta el momento utilizamos el ordenador del Centro de Cálculo y proceso de datos del MEC, pero estamos tramitando la adquisición de un microordenador, una especie de ordenador de bolsillo (20 kgs.) que permita llevarlo al archivo donde se está trabajando.

En esta línea de trabajo hay que incluir también la tesis doctoral de Félix Corrales, sobre el Archivo Municipal de Moraleja, que lo está analizando para la utilización del ordenador.

Merece destacarse también el planteamiento que se ha hecho en las I Jornadas de Historia de Extremadura, con tema monográfico «La Tierra».

Quiero también resaltar dos ideas que presiden toda nuestra actividad:

1.ª La necesidad de, junto al análisis profundo y detallado por parte de los compañeros de trabajo, el ejercicio teórico permanente que permita la creación de conceptos bien precisos y articulados. De tal manera que se evite, dentro de unos años, una babel, es decir, un montón de trabajos que ha dado el análisis, pero no una visión científica de nuestro objeto de estudio que es Extremadura.

2.ª La conciencia de nuestro retraso, insalvable en todos los órdenes, si se siguen los escalones tradicionales. La búsqueda de un esfuerzo metodológico, de unas herramientas, de ideas en general, que permitan un aceleramiento que rompa unas diferencias (Universidades tradicionales-Universidades recientes, Universidades poderosas-Universidades pobres, Regiones privilegiadas-Regiones abandonadas) y que el sistema tal como está concebido, tiende a mantener.

HISTORIA CONTEMPORÁNEA DE MALLORCA.
ESTADO DE LA CUESTIÓN

Isabel MOLL BLANES

Hasta fechas muy recientes —poco más o menos a partir de los años 70— la historia de Mallorca ha sido tratada de forma un tanto desequilibrada, dado que prácticamente eran dos las épocas que más atraían la atención de los historiadores y eruditos: la prehistoria (en su corto período de la época talaiótica) y la Baja Edad Media (aunque esta categoría aplicada a Mallorca resulte errónea) a partir del momento de la conquista catalana (1229) y hasta la Germanía (1521); el siglo XVIII también fue objeto de algunos trabajos, aunque de hecho para la Edad Moderna las referencias eran las crónicas de Dameto, Mut y Alemany que escribieron en el XVII una *Historia de Mallorca* curiosamente aceptable y no superada hasta el momento. La historia contemporánea ha supuesto una especie de vacío, como si desde la guerra de la Independencia hasta la llegada del turismo de masas la historia del pueblo mallorquín no hubiera existido, clara contradicción con la realidad, puesto que los mallorquines aquí estamos. A partir de la fecha citada —1970-71— y exceptuando unas pocas obras que seguidamente se expondrán, el panorama de la historia de Mallorca en la época contemporánea va cambiando, y sobre todo se va planteando una problemática interesante aunque tal vez aparentemente conflictiva: la que pone en cuestión una concepción de la historia fáctica y la que exige el derecho de un reconocimiento paralelo, que no por el hecho de estudiar «la historia de los pueblos sin historia» se deje de hacer Historia.

Siguiendo las pautas de la circular que se nos ha remitido, paso a exponer las características del panorama actual de la historia contemporánea en Mallorca:

1. *Publicaciones*

Podemos establecer una sistemática, de acuerdo con su mismo contenido:

A)   Obras generales

Barceló Pons, B.: *El segle XIX a Mallorca,* Ciutat de Mallorca, 1964; Monografies de l'Obra Cultural Balear (es una versión al catalán de «La vida económica de Mallorca en el siglo xix», publicade en el *BCOCIN* de Palma de Mallorca, 1961).

Ferrer, Antoni Ll.: «Notes sobre el segle xix a Mallorca», *Lluc,* enero 1974.

Ferrer Flórez, Miguel: «Historia política contemporánea de Mallorca (1808-1868)», *Historia de Mallorca* (coord. por J. Mascaró Pasarius), tomo ii, Palma, 1974. Trabajo tradicional dentro de la más pura erudición cronológica.

Llabrés Bernal, Juan: *Noticias y relaciones históricas de Mallorca,* 3 volúmenes (1801 a 1860), Palma, 1958-59-62. Cronología de hechos y noticias importantes (para el autor) acaecidos en la isla durante la época citada. Interesante a nivel de fuente complementaria.

Melià, Josep: *Els Mallorquins,* Palma, 1967. (Hay traducción castellana de la editorial Cuadernos para el Diálogo). Es más un buen trabajo periodístico que propiamente histórico; en su momento supuso un revulsivo interesante; en la actualidad muchas de sus hipótesis no se sostienen.

B) Obras referidas a períodos concretos

Oliver, M.: *Mallorca durante la primera revolución,* Palma de Mallorca, 1901. Excelente análisis de la sociedad mallorquina desde fines del siglo xviii hasta 1815.

Moll Blanes, Isabel: «El liberalisme a la Ilustració mallorquina: En Guillem I. de Montis», *Randa 7,* 1978. Introducción a una interesante correspondencia de este político.

Fuster Forteza, Gabriel: *Un alzamiento carlista en Mallorca* («Sa Llorensada», «Es rebumbori» o «Es Renou» de Manacor del 10 de agosto de 1835), Manacor, 1945. Descripción detallada del hecho.

Durán Pastor, Miguel: «Algunos aspectos de la Revolución de 1868 en Mallorca», *Historia de Mallorca* (coord. por J. Mascaró Pasarius), tomo ii, Palma, 1974.

Cruells, Manuel: *L'expedició a Mallorca l'any 1936,* Barcelona, 1971.

Ferrari Billoch, F.: *Mallorca contra los rojos. Fracaso de los desembarcos marxistas en la Isla* (Prólogo del Conde Rossi), Palma, 1936.

Gabriel, P.; Massot i Muntaner, J.; Perrà-Ponç, D.: «Cronología de Mallorca (1930-1939)», *Randa 4,* 1977.

Massot i Muntaner, Josep: *La guerra civil a Mallorca,* Montserrat, 1976.

Zayas, Alfonso de: *Historia de la Vieja Guardia de Baleares,* Madrid, 1955.

C) Historia agraria

Moll Blanes, Isabel, y Sau Puig, Jaume: «Algunas anotaciones sobre los contratos de arrendamiento en Mallorca» (s. xviii y xix). Comunicación presentada al *Primer Encuentro de Historia Contemporánea de Palma de Mallorca,* mayo 1977.

Moll Blanes, Isabel, y Sau Puig, Jaume: «Senyor i Pagesos a Mallorca» (1716-1860), *Estudis d'Història Agrària, 2,* Barcelona, 1979.

En este tema las mejores aportaciones son las de los geógrafos: Rosselló Verger, V.: *Mallorca el Sur y el Sureste,* Palma, 1964. Bisson, J.: *La terre et les hommes aux Baléares,* Aix-en-Provence, 1977.

D) Historia económica

Quintana Peñuela, Alberto: «Notas para una evolución del comercio de las Baleares entre 1868 y 1886», *Mayurqa,* IX, 1972.

Urech y Cifre, Casimiro: *Estudios sobre la riqueza territorial de las Islas Baleares dedicados a las Cortes Constituyentes,* Palma, 1869.

Ferragut Bonet, Juana: «La desamortización de Mendizábal en Mallorca (1836-1846)», *BCOCIN* de Palma, pp. 684-685 (1974).

Varios: *Banco de Crédito Balear 1872-1972,* Palma, 1973. Obra de encargo; a destacar los trabajos de Payeras y Alemany.

E) Historia política

Gabriel, Pere: «Socialisme, sindicalisme i comunisme a Mallorca (1929-1933)», *Recerques,* núm. 2.

Gabriel, Pere: «Alexandre Jaume, primer intel.lectual socialista mallorqui», *Randa 3,* 1976.

Llull, Anselm: *El mallorquinisme politic (1840-1936). Del regionalisme al nacionalisme,* París, 1975, 2 vols. Recogida de textos centrados en el tema del mallorquinismo, con cronología de los hechos más importantes relacionados con el proceso nacionalista en Mallorca, una noticia sobre los autores de los textos seleccionados y los periódicos donde aparecieron.

Mir Mayol, Gregori: «El socialisme utòpic de Gregori Bibiloni», *Lluc,* septiembre de 1972.

Simó, Guillem: «Notes per a una història del projecte d'Estatut d'Autonomia de les illes de 1931», *Randa 3.*

F) Movimiento obrero

Gabriel, Pere: *El moviment obrer a Mallorca al segle XX,* Barcelona, 1975.

Gabriel, Pere: «Entorn del moviment obrer a Mallorca al segle XIX», *Randa 1 i 2,* 1975-76.

G)   Educación-ideología-cultura

Colom, A., y Díaz, F.: «El fracaso del krauso-institucionalismo en Mallorca», *Mayurqa,* 16, 1976.

Díaz de Castro, F., y otros: «Los orígenes de la prensa política en Mallorca (1812-1814)», *Mayurqa,* 16, 1976.

Ferrà-Ponç, Damià: «Cultura i política a Mallorca», *Randa,* 2-3-4-7.

Ferrer, Antoni Ll.: «Literatura i liberalisme: Aspectes del trienni constitucional (1820-23) a Mallorca», *Randa 2,* 1976.

Ferrer, Antoni Ll.: «Aspectes de la difusió de la premsa política durant la Guerra del Francès», *Randa 7,* 1978.

Melià, Josep: *La Renaixença a Mallorca,* Palma, 1963.

Mir Mayol, Gregori: *Literatura i societat a la Mallorca de la postguerra,* Palma, 1970.

—: «Sobre el concepte d'Escole Mallorquina; Notes sobre ideologia i cultura», *Randa 1,* 1975.

—: «Gabriel Alomar: Nacionalisme i escola Mallorquina», *Randa 6,* 1977.

Miralles, Joan: *Un poble, un temps,* Palma, 1973. Conjunto de 21 interviús con gente mayor de Montuiri (Mallorca). Interesante como documento, aunque más a nivel antropológico.

Sureda, B.; Colom, A.; Díaz, F.; Oliver, J.; Janer Manila, G.: *L'educació a Mallorca. Aproximació històrica,* Palma, 1977.

Varios (Sureda Negre, Sureda García, Colm Canyelles, Moll Blanes, Janer Manila...): *Comunicacions a les II jornades d'història de l'educació en els països catalans,* Ciutat de Mallorca, 1978.

La mayoría de estas publicaciones, como resulta evidente, se han publicado en las siguientes revistas:

— *Boletín de la Sociedad Arqueológica Luliana* (fundado en 1885) *(BSAL).* A efectos de Historia Contemporánea, esta Revista contiene una importante colección de documentos. A partir del próximo número se incluyen ya algunos trabajos de Historia Contemporánea de Mallorca. Revista anual. La publica la «Sociedad Arqueológica Luliana».

— *Boletín de la Cámara Oficial de Comercio, Industria y Navegación de Palma (BCOCIN de P).* El interés de esta revista radica en la publicación de una sección de «Colaboraciones» que ha su-

puesto la posibilidad de dar salida a trabajos de curso, tesinas, etc.,
sobre todo en una época que no había otro tipo de publicación. La
buena época de este Boletín abarca desde finales de la década de
los 50 hasta su desaparición en 1975.

— *Mayurga.* Miscelánea de Estudios Humanísticos. Publicación
de la Facultad de Filosofía y Letras de Palma; 16 números: desde
octubre de 1968 hasta julio-diciembre de 1976. Los primeros trabajos de historia contemporánea aparecieron en el último número
publicado, es decir el 16. Se intenta ahora revitalizar esta publicación.

— *Randa:* Se publica en Barcelona desde 1975 (Ed. Curial).
Dedicado exclusivamente a temas de Mallorca, Menorca e Ibiza. Han
salido ya 7 números que llevan los siguientes subtítulos: 1. Història
i literatura a les Illes Balears; 2. Cultura i Història a Mallorca, Menorca i Eivissa; 3 i 4. La Republica i la Guerra Civil a Mallorca;
5. Llengua i cultura a les Balears; 6. Llengua i Literatura a Mallorca;
7. Història i Literatura a Mallorca i Eivissa.

— *Lluc:* Revista mensual que empezó a publicarse a fines de
la década de los años 20, como portavoz de una Comunidad Religiosa (los Sagrados Corazones). A partir de los años 70 se inicia una
nueva etapa dirigida primordialmente a la normalización del uso del
catalán y a la formación de una opinión pancatalanista. Revista de
opinión.

2. *Tesis*

Tesis doctorales presentadas

Camilo J. Cela Conde: *Articulación del modo de producción
capitalista y transformaciones de la sociedad campesina en la isla de
Mallorca,* Barcelona, junio de 1978.

Isabel Moll Blanes: *La economía y la sociedad en Mallorca: la
Sociedad Económica de Amigos del País,* Madrid, noviembre de 1979.

Tesis doctorales en preparación

Serra Busquests, Sebastià: *Partidos políticos en la Segunda República.*

Suau Puig, Jaume: *Estructura agraria mallorquina, s. XVIII
y XIX.*

Thomás, Francisca: *Agricultura y sociedad en Mallorca en el siglo XIX.*

Tesis de Licenciatura presentadas sobre temas de Demografía

Histórica (Artá en el siglo XIX), Estructura de la propiedad (Estudios de varios municipios), Desamortización de Mendizábal, Comercio exterior de Mallorca en el siglo XIX, La educación en Mallorca en el siglo XIX, El pensamiento nacionalista en Mallorca en el siglo XIX

Tesis de licenciatura en preparación sobre: La Iglesia en Mallorca en el siglo XIX; Estructuras sociales de Mallorca, 1833-1936; El anarquismo en Mallorca (1912-1936).

3. Centros de investigación

El único centro que se puede conceptualizar como tal es el Departamento de Historia Moderna y Contemporánea de la Facultad de Filosofía y Letras de Palma de Mallorca. En otro sentido hay que contar con el Archivo Histórico de Mallorca, el Archivo Diocesano de Palma, el Archivo Municipal de Palma, la Biblioteca Bartolomé March Servera (que no tiene que ver con la Fundación March); y sobre todo un buen conjunto de Archivos Particulares de importancia indiscutible.

4. Cursos

En la citada Facultad de Letras no hay ninguna asignatura de Historia de Mallorca, aunque próximamente se incluirá en los planes de estudio del segundo ciclo de la Sección de Historia y Geografía.
Se está llevando a cabo una labor de extensión mediante cursos especiales para Maestros; y este año como primera experiencia, un ciclo de Conferencias en los Institutos y centros de COU sobre *Historia Contemporánea de Mallorca,* con el fin de poder irla incluyendo paulatinamente como parte de la *Historia del Mundo Contemporáneo* de COU.

5. *Congresos*

En mayo de 1976: *Maura y su tiempo.*—Asistieron: Manuel Tuñón de Lara, Santiago Roldán y Miguel Martínez Cuadrado.

En mayo de 1977: *Primer Encuentro de Historia Contemporánea de Mallorca.*

El primero fue organizado por el Departamento de Historia Moderna y Contemporánea y la Facultad de Derecho. El segundo por la Facultad de Filosofía y Letras. Además, miembros del Departamento han participado en los siguientes Congresos celebrados en Mallorca:

2n. Encontre de Ciencies Socials dels Països Catalans.—Diciembre 1978, Palma.

II Jornades d'Educació dels Països Catalans.—Noviembre 1978, Palma.

A todo lo dicho hay que hacer una observación importante: la utilización cada vez más frecuente del catalán, tanto en publicaciones como en las explicaciones de clase en la Facultad.

PANORAMA DE LA HISTORIOGRAFÍA CONTEMPORÁNEA
EN LA REGIÓN MURCIANA

María Encarna NICOLÁS MARÍN

La penuria de trabajos que traten la historia de la región murciana en los últimos dos siglos es tan grande que necesita una explicación suficiente y clara. La escasez de investigación murciana sobre los siglos XIX y XX va unida a la persona de Luciano de la Calzada, que llega a Murcia en los primeros años de la década de los cuarenta —desde Valladolid—, para desempeñar la cátedra de Historia y la dirección de la especialidad, junto con la responsabilidad del Decanato, cuya presidencia ejercerá también desde esta fecha. Hombre poco interesado por la vida académica trató de justificar su puesto docente y la responsabilidad de formar personal investigador ofreciendo paternalmente la explotación de una «cantera» de documentos sobre Fernando VII, que tuvo ocasión de microfilmar en París con el disfrute de una beca de la Fundación J. March.

Si repasamos las tesis de licenciatura y doctorado realizadas desde el curso 1955 hasta 1973 —Calzada muere en 1974—, sobre his-

toria contemporánea el balance sería el siguiente: de un total de
51 trabajos, 16 tratan directamente el tema de Fernando VII; 6 se
refieren a la Guerra de la Independencia y la Constitución de Cádiz;
25 de distintos temas —destacando siempre el político— del siglo XIX, y tan sólo 3 trabajos sobre el siglo XX. De ese total, la preocupación por la historia local es abordada tan sólo en 15 trabajos,
la mitad de los cuales se producen entre 1970 y 1973, fechas en que
Calzada hace más patente su absentismo de la universidad. Los interesados por la historia local acuden a Juan Torres Fontes, catedrático de Historia Medieval, responsable del Archivo de Murcia y
autor de múltiples trabajos sobre la historia de Murcia en la Edad
Media.

La labor de Luciano de la Calzada es, pues, nefasta para la elaboración histórica del pasado reciente de la región murciana. Su
desprecio, reconocido por todos los que le conocieron, por la historia local quedaba de manifiesto cuando alguien le proponía la investigación sobre temas murcianos. Pronto conducía la inquietud
hacia algunos «rollos» sobre Fernando VII que entregaba al futuro
investigador. Es posible que con esta fobia a los temas locales evi-
denciara sus deseos de llegar a ocupar puestos más importantes que
los que le ofrecían a escala regional. De hecho su dedicación como
Delegado del Gobierno en la Confederación Hidrográfica del Segura, cargo que simultaneaba con el de Decano, fue más exclusiva que
la que prestó a la Universidad. De alguna manera, este cargo le podía
abrir puertas a otros más sugestivos para él. Esto unido a que desempeñó el «rol» de hombre de confianza del régimen franquista en
la Universidad, por lo cual no dudó en formar parte de tribunales
de tramitación de expedientes académicos a colegas de la Universidad, que no solían coincidir como él con el gobierno del Dictador.

Esta digresión es necesaria para entender el ambiente que se va
a crear en la Facultad de Filosofía de la que es Decano, y más en
concreto en la sección de Historia de la que es «el Catedrático».
Para equilibrar su continuo absentismo en la universidad supo rodearse de profesores que en ningún momento «le ocasionaran problemas» y que siempre estuvieran dispuestos a dar las clases que él
«casi nunca podía dar». Un trabajo reciente —«Situación y procedencia del profesorado de la Facultad de Letras en la Universidad
de Murcia 1964-1975», de María Dolores Marcos—, señala que la
asignatura de Historia de España fue impartida durante ese período

por 21 profesores; la de Historia Contemporánea de España por 12 profesores y la Historia Universal Contemporánea por tres.

Todo esto explica que la historiografía contemporánea murciana se caracterice por una ausencia total de equipos de trabajo, e incluso por la estimación de que lo adecuado es el trabajo individualizado y a ser posible el monopolio por el tema. Aunque esto es poco corriente, porque lo más característico es el desinterés total por la investigación y por enseñar a investigar. La situación caciquil que sufría la sección de Historia y Geografía determinaba, además, que se convirtiera en lugar de paso más o menos forzoso para buenos profesores que eran incompatibles con el Decano (así Bonet Correa, Vilá Valentí, Roselló Vergel, Luis Navarro, etc.).

La situación para el alumnado que se especializaba en Historia no era nada halagüeña. Sin ningún bagaje profesional ni para enseñar ni para investigar sólo cabía ponerse a «estudiar historia», más aún si se pensaba ir a oposiciones a las que se llegaba con la terrible fama de «haber estudiado en Murcia con don Luciano». En la Universidad se comentaba que ir sin padrino a una oposición era malo, pero ir con el apoyo o la herencia de Calzada era nefasto para el opositor, más si de un tribunal competente se trataba. Corrían ya otros aires y la investigación científica en historia había evolucionado en otros lugares, por lo menos por encima de la mera transcripción de documentos, aunque éstos fueran de Fernando VII.

Si analizamos las publicaciones sobre la historia contemporánea murciana constataremos científicamente lo anteriormente afirmado. La revista *Anales de la Universidad de Murcia* cuenta con muy pocos artículos de historia contemporánea desde 1943, fecha en que comienzan a publicarse, hasta 1977. Es francamente significativo que Luciano de la Calzada publique un solo artículo de tema contemporáneo: «La ideología política de la Guerra de la Independencia» [*Anales,* vol. XVI (1957-58), pp. 193-215], a pesar de estar treinta años en la Facultad. En dicha revista los artículos de investigación local se reducen a 6, de los cuales 3 los escribe Jiménez de Gregorio, con característica más costumbrista que científica, y otro lo podíamos calificar de «negación de la investigación histórica» por atreverse a contarnos los actos que sucedieron el día que se proclamó en Murcia la Constitución de Cádiz. Dos o tres artículos más de temas generales cerrarían la aportación del Departamento de Historia Contemporánea a la revista *Anales* de la Universidad de Murcia. Se conoce que en alguna ocasión se han rechazado artículos sobre temas locales sin pasar por la lectura, siendo publicados en revistas de otras universidades (por ejemplo, se puede comprobar en la revista *Estudis, 5,* 1976, de la Universidad de Valencia, en donde se publica un artículo sobre las elecciones municipales del 12 de abril en la provincia de Murcia).

La otra publicación que aborda temas murcianos es la que edita la Academia Alfonso X el Sabio, cuyo director es Juan Torres Fontes. *Murgetana* se publica desde 1949 y desde esta fecha hasta 1977 cuenta con 225 artículos en total, de los que tan sólo 11 tratan la historia de los siglos XIX y XX murcianos y entre los cuales sólo parece reunir los requisitos de un trabajo científico riguroso el de María Teresa Pérez Picazo («Estadística fabril e industrial. Una aportación al conocimiento de la industria murciana durante la Restauración» en el núm. 45, 1976). La Academia edita libros sobre diversos temas y aspectos murcianos destacando hasta ahora los de geografía y literatura. Está en prensa y a punto de aparecer el primer libro que inaugurará la serie de historia contemporánea murciana. Su autora es María Teresa P. Picazo, y el título «Oligarquía y campesinado en Murcia, 1875-1902».

¿Qué perspectivas hay para el futuro?, es la pregunta obligada al llegar a este punto en este breve resumen de la situación de los estudios de historia contemporánea murcianos. Hay que reconocer que en el curso 1974-75 empieza a surgir, aunque muy tímidamente, por parte de los universitarios, un interés por los temas regionales. El problema que se presenta, entonces, es quién dirige esos trabajos y con qué competencia científica. El Departamento desde esa fecha hasta la actualidad ha estado dirigido por cuatro personas muy poco interesadas por la investigación local (dos de ellas permanecieron en Murcia el tiempo suficiente para conseguir su acceso a la cátedra en otro lugar: Manuel Lucena, de Historia de América, y José Alcalá-Zamora, de Historia Moderna —éste estuvo el tiempo por record de tres meses—). En la actualidad, el departamento está dirigido por Ignacio Olábarri Gortázar, procedente de la Universidad de Pamplona, que sacó la oposición de agregado de Historia Contemporánea Universal en junio de 1978 —el tribunal lo formaban: Cuenca, Tusell, Cacho, Nazario González, Gil Munilla, bajo la presidencia de Gómez Molleda—. Entre los opositores, dos procedentes de Murcia: Juan Bautista Vilar, adjunto de Historia de España desde 1975, y María Teresa Pérez Picazo, catedrática de Historia de la Escuela de Formación del Profesorado de EGB, en los que alumnos y jóvenes recién licenciados tenían puestas sus esperanzas para que los orientasen en sus trabajos de investigación, además de asegurar un deseo de permanencia en la docencia, más fácil de conseguir de dos profesores que viven en Murcia. El profesor Olábarri tuvo que afrontar, en su primer contacto con los alumnos, la pregunta de rigor a la que contestó que permanecería durante todo este curso como mínimo. Es de suponer que el joven agregado espere su integración como catedrático para acercarse a su región y en concreto a la Universidad de Pamplona. Conocedor y estudioso del movimiento obrero —o como él denomina «relaciones laborales» [su tesis doctoral y publicación lleva ese título: *Relaciones laborales en Vizcaya (1890-1936)*]—, está dirigiendo algunas tesinas sobre temas de interés local, centrados principalmente en la etapa de la Segunda República, si bien los alumnos acuden en la práctica a otros profesores que conocen los temas regionales para recibir una más concreta orientación, o bien alguna que otra bibliografía marxista que el doctor Olábarri tiene relegada por considerarla como dogmática y parcial.

La cuarta persona que ha dirigido el Departamento siempre en períodos cortos «mientras llegaba otro agregado», es Pedro Rojas, adjunto de Historia Moderna y Contemporánea Universal y de España. Hombre oscuro en lo que al nivel epistemológico se refiere —diríamos que no se ha atrevido ni a cruzar su «umbral» si nos apoyamos en sus escasas publicaciones—, no lo fue tanto en su actitud política, pues simultaneó su puesto en la Universidad con el cargo de Subjefe del Movimiento en Murcia hasta su extinción. Todo el mundo interesado por la cultura se pregunta qué hizo Rojas por evitar la quema del Archivo provincial del Movimiento que se produjo en el verano del 77, cuando paradójicamente, como director del departamento que era, debía salvaguardar el patrimonio cultural-histórico.

La alternativa a toda esta situación, si bien no tan condenable como la etapa vitalicia de Luciano de la Calzada, viene de fuera de la Facultad, ligada principalmente a dos personas: Pedro Marset Campos y María Teresa Pérez Picazo. El primero desde su cátedra de Historia de la Medicina ha dirigido tesinas y tesis doctorales sobre geografía humana e historia contemporánea murcianas que finalmente han firmado otros. A esto hay que añadir los trabajos que hacen sus alumnos de 4.º Curso sobre la evolución de la sanidad en la región, relacionando continuamente la medicina con la sociedad. Actualmente, tiene en proyecto junto con un francés, Guy Lemeunier, y un especialista en historia local moderna, Francisco Chacón, una investigación sobre la demografía murciana desde el siglo xv hasta el xix. La segunda, María Teresa, está trabajando continuamente en los archivos de la región para continuar su investigación sobre la Restauración que ya hemos comentado. Trata de analizar y seguir la evolución de las estructuras socio-económicas del reino de Murcia para establecer dónde están los jalones de su modernización. Jóvenes licenciados acuden a ella para que les dirija sus tesinas o sus tesis, que van a ser el inicio de un equipo de trabajo.

No vamos a entrar en consideraciones sobre si en Murcia hay o no conciencia regional (resultaría cómico relatar las largas e infructuosas discusiones de muchos plenos de la Diputación sobre qué bandera tener y qué color; o decepcionante aludir al ente preautonómico del Consejo Regional...), pero lo que sí voy a concluir, recogiendo el título de un libro a punto de salir, es que la historia del Reino de Murcia es, en realidad, «una historia por hacer», aunque la probable integración de Ricardo de la Cierva —así «amenazó» desde su tribuna electoralista— la trate de postergar.

Desde hace dos cursos funciona la Cátedra de Historia del Reino de Murcia, subvencionada por la Caja de Ahorros Provincial. En el curso 1978-79 se desarrolló un programa de conferencias sobre «Murcia en las Edades Moderna y Contemporánea» en el que la parte contemporánea, a cargo de los doctores Jover Zamora y Olábarri Gortázar suponía un planteamiento del contexto español en el que se desarrolla la historia de Murcia, con algunas referencias a ésta.

Por último, con fecha 1 de junio de 1979 se ha presentado en la Academia Alfonso X el libro *Oligarquía y campesinado en Murcia,* en que M.ª Teresa P. Picazo estudia la etapa de la Restauración.

Historiografía contemporánea riojana
José Manuel Delgado Idarreta

Hoy día, con gran interés, se está haciendo un planteamiento realmente serio de las historias regionales. Algunas de ellas, es posible, con deficiencias, pero sus autores han partido, en general, de una bibliografía suficiente y trabajada con profundidad. La Rioja, que trata de conseguir su propia autonomía, debe pensar en recomponer también su propia Historia. En este sentido sólo trato de ofrecer una visión de la historiografía contemporánea riojana llena de limitaciones, pues la escasa atención a las regiones, la falta de perspectiva regional en los trabajos de Historia Contemporánea y la grave ausencia de éstos sobre Rioja, en concreto, dificultan claramente esta tarea. Si durante cuarenta años no pudo crecer un espíritu regional parece obvio que su historia tampoco haya tomado cuerpo. En el caso de la región Rioja, que corresponde en su mayor parte a la privincia de Logroño y depende administrativamente en unos casos de Burgos, otros de Zaragoza, etc., esta dificultad todavía se ve más agrandada.

1. *Centros de investigación*

Archivos

Los archivos son reducidos en la región. Lógicamente se puede trabajar en todos los archivos municipales, aunque no es mucha la documentación existente en algunos de ellos. El más interesante es el Archivo Municipal de Logroño, poco visitado y que nos daría la posibilidad de estudios realmente serios sobre la ciudad y su probremática. También habría que destacar el Archivo Histórico Provincial en formación, pero que un día dará provechosos frutos. Además sobre el aspecto religioso se puede entrar, no sin dificultades, en el Archivo Diocesano Provincial, bien ordenado y catalogado hasta la edad moderna.

Bibliotecas y Hemerotecas

Además hay que mencionar las bibliotecas y hemerotecas existentes en la provincia. Destacan en este sentido la Biblioteca del Instituto de Estudios Riojanos dedicada íntegramente a temas riojanos, con su correspondiente hemeroteca, poco completa por ahora y casi exclusivamente dedicada a la temática religiosa y de instrucción pública. La Biblioteca Pública Provincial, que tiene fondos muy importantes sobre todo de siglos atrás. La Biblioteca del Círculo Logroñés, que también dedica una pequeña parte de su espacio a hemeroteca; es muy selectiva, de clara tendencia conservadora, en líneas generales, y muy referida al siglo xx. La Biblioteca del Colegio

Universitario de Logroño, en formación, pues no olvidemos que partió de la nada hace seis años. Y por último la Hemeroteca del diario *Nueva Rioja,* que recoge desde su aparición, como *La Rioja,* en 1889, y como *Nueva Rioja* desde 1938, todos los números hasta hoy.

II. Líneas de investigación

Pocas y muy variadas son las publicaciones sobre Historia Contemporánea Riojana en estos últimos diez años. Cabe destacar en primer lugar las aportaciones sobre estudios de los diferentes municipios de la provincia. Algunos de muy escaso valor científico, incluso contestados a través de la prensa local. Quizás lo importante es, a pesar de todo, sentar las bases para un futuro próximo. En este sentido hay que mencionar los trabajos de Juan Ignacio Fernández Marco, *La muy noble y muy leal villa de Briones* (Logroño, 1976), sólo un capítulo está dedicado al Briones decimonónico; Jerónimo Cordón Palacios, *Luz a Ocón (retazos de Rioja)* (Logroño, 1974); Fernando Fernández de Bobadilla, *Apuntes para la historia de Arnedo* (Arnedo, 1976); Heraclio Palacios Jiménez, *Historia de la villa de Bañares* (Burgos, 1977); Antonio Cillero Ulecia, *Historia de la villa de Navarrete* (Logroño, 1978); Jerónimo Jiménez Martínez, «Logroño, plaza fuerte (1837-1861)» (*Berceo,* núm. 84, pp. 107-119), y Pedro Pegenaute Garde, «1817. La reforma Garay y su aplicación en la localidad riojana de Anguta» (*Berceo,* núm. 92, páginas 127-147).

Sobre la desamortización cabe destacar los trabajos de Rosa María Lázaro Torres, *La desamortización de Espartero en la provincia de Logroño* (Logroño, 1977), y el breve, pero importante trabajo de Eliseo Sainz Ripa, «La desamortización eclesiástica en la Rioja» (*Berceo,* núm. 85, pp. 209-227).

Referente al estudio de la industria riojana en estos últimos años citaré los trabajos de José Luis Calvo Ortega, «Tres momentos en el proceso de industrialización de Logroño» (*Berceo,* núm. 83, páginas 263-281), y de María del Carmen Sobrón Elguea sobre «Datos sobre exportaciones del vino de Rioja a Francia» (*Berceo,* número 85, pp. 187-208).

También hay que señalar las aportaciones sobre la Guerra de la Independencia. Así mencionaré los trabajos de Felipe Abad León,

Arnedo y su comarca durante la Guerra de la Independencia. Estudio documental (Logroño, 1975); como dice su propio subtítulo se trata sólo de un estudio, mejor sería decir, de todas formas, de una simple transcripción documental: bases de un trabajo posterior, y María del Carmen Sobrón Elguea, «Logroño en la Guerra de la Independencia» (tesis doctoral sin editar, Zaragoza, 1978).

Además, también se ha dedicado algún trabajo al estudio biográfico, como los de Felipe Abad León, «El juez don Ignacio Lapeña es asesinado en Arnedo el 2 de febrero de 1866: circunstancias y consecuencias» *(Berceo,* núm. 84, pp. 127-138), y Julio L. Fernández Sevilla, «El Dr. Zubía, un botánico en la Rioja» *(Berceo,* número 85, pp. 161-169).

Sobre la Iglesia debe mencionarse el artículo de Eliseo Sáinz Ripa, «La religiosidad en la Rioja durante el siglo xix. Coordenadas para su estudio» *(Berceo,* núm. 83, pp. 159-183).

Trabajo básico sobre la Primera República es el de Alfonso Ruiz Sáenz, *Aspectos de la Primera República en Logroño* (Logroño, 1977), tesis de licenciatura que fue leída en la Universidad de Zaragoza.

También la prensa ha suscitado el interés de la investigación en la región. Así lo muestran los traabjos de Justo García Turza, «La prensa en Logroño» (tesis fin de carrera en la Facultad de Periodismo de la Universidad de Navarra. Sin editar), y de José Miguel Delgado Idarreta, «Introducción al estudio de un diario político del siglo xix: La Rioja» *(Cuadernos de Investigación del C. U. de Logroño,* tomo iii, fasc. 1-2, mayo-diciembre 1977, pp. 137-147).

Además deben mencionarse otros trabajos sobre demografía: José Luis Calvo Palacios, «Aspectos demográficos de la provincia de Logroño» *(Berceo,* núm. 84, pp. 37-77); sobre sociedades, como los trabajos de José Merino Urrutia, «La Real Sociedad Riojana de los Amigos del País» *(Berceo,* núm. 82, pp. 7-14), y José Simón Díaz, «Algunas puntualizaciones sobre la fundación del Instituto de Estudios Riojanos» *(Berceo,* núm. 81, pp. 9-22).

Sobre instituciones riojanas se debe mostrar el trabajo de Iñigo de Aranzadi, *Alcaldes nobles de Casalarreina en los libros de Parroquia de San Martín (1672-1828)* (Madrid, 1971), aunque como vemos por su título sólo una pequeña parte de él nos interesa para nuestra historia contemporánea.

Por último, sólo reseñar el trabajo de José Miguel Delgado Idarreta, «Notas sobre los ferrocarriles de Logroño a fines del siglo xix» (*Cuadernos de Investigación del C. U. de Logroño,* tomo iv, fascículo 2, diciembre 1978, pp. 132-136).

III. *Nuevos caminos de investigación*

Sólo en estos últimos años puede decirse que comienza a aparecer con una mayor profusión el interés por los estudios riojanos. Dos instituciones pueden señalarse como motoras de este lanzamiento: el Instituto de Estudios Riojanos y el Colegio Universitario.

Instituto de Estudios Riojanos

Este Centro tiene su proyección hacia el exterior a través de su revista *Berceo;* revista que nació en el año 1946. No puede decirse que haga una aportación realmente seria de la Historia, al menos hasta estos últimos cinco años. En general es la transmisión erudita de una serie de conocimientos de personas interesadas por la historia, pero sin ningún rigor científico.

Además, el Instituto está dedicado a la publicación de obras referentes a la Rioja. Así lo muestra su catálogo editorial denominado «Biblioteca de Temas Riojanos». Es verdad que esta sección divulga poco sobre Historia Contemporánea de Rioja, y lo muestra el hecho de que sólo cuatro obras que aparecen en el catálogo hacen referencia a nuestra época contemporánea: Abad León sobre Arnedo y la Guerra de la Independencia; Lázaro Torres sobre la desamortización de Espartero en la provincia de Logroño; Ruiz Sáenz sobre la Primera República en Logroño, y Fernández Marco sobre la ciudad de Briones, y éste sólo parcialmente.

Colegio Universitario

El colegio Universitario publica periódicamente sus *Cuadernos de Investigación;* bien es verdad que tiene dos ramas: Filología y Geografía e Historia, y en esta última sólo un 70 por 100 está dedicado a la Historia y que, a su vez, abarca desde la Prehistoria hasta la actualidad. Significa que sólo puede aparecer un artículo de historia contemporánea en cada número y no siempre sobre Rioja. Hay que señalar de todas formas que los dos números previstos para 1979 se dedican exclusivamente a Logroño y Rioja respectivamente.

Pero el Colegio Universitario está sirviendo de base a nuevos y positivos estudios de Historia Contemporánea Riojana. Desde hace tres años están funcionando varios equipos de alumnos, bajo mi dirección, recopilando datos sobre prensa en la Rioja, mucha de ella desaparecida y que sólo conocemos a través de trabajar la prensa que nos queda.

Estos equipos de alumnos han recopilado datos sobre los ferrocarriles Logroño-Pamplona, que concluiré en breve. Además del conocimiento de otros proyectos ferroviarios como el Bilbao-Vitoria-Logroño, el Logroño-Soria, el Calahorra-Arnedillo (que se construirá más tarde) y el Haro-Pradoluengo, que ya vio la luz a finales del pasado siglo.

Por último, los mencionados equipos están recogiendo una abundantísima documentación sobre las elecciones a diputados a Cortes, senadores, concejales y diputados provinciales en el período comprendido entre la ley de sufragio universal (1890) y la llegada al poder de Alfonso XIII (1902).

El Colegio Universitario, por otra parte, si bien desde un punto de vista académico sólo imparte el primer ciclo de la Universidad, recoge ya las primeras generaciones de ex alumnos que, habiendo completado su formación en otras Facultades, trabajan hoy en temas riojanos. Así, Juan Carlos Bilbao analiza el tema de «Desamortización de P. Madoz en la Rioja» y Roberto Pastor aborda la temática de «Las Juntas Revolucionarias en Logroño en 1968». También César Marcos, licenciado por la Universidad de Zaragoza, que investiga sobre «Las elecciones en Logroño de 1933-1934», se integra en nuestro pequeño grupo de investigación dedicado a la reconstrucción de la Historia Contemporánea Riojana.

El hecho de que nuestro Centro, no sólo imparta el primer ciclo universitario, sino que también trate de canalizar a los licenciados en su camino por el tercer ciclo, da mayores posibilidades a los estudios históricos de nuestra zona.

RECIENTES APORTACIONES A LA HISTORIOGRAFÍA DEL PAÍS VALENCIANO

Cuando en 1968, el entonces catedrático de la Universidad de Valencia, Joan Reglá, publicaba la primera *Aproximació a la Història del País Valenciá* (Valencia, 1968), siguiendo la orientación renovadora que Jaume Vicens Vives se había encargado de divulgar en España, los capítulos dedicados a los siglos XVIII, XIX y XX comprendían tan sólo 11 páginas, de un total de 194. Esta proporción resultaba harto significativa de la penuria extrema de estudios con que contaba la historia contemporánea del País Valenciano. No era, pues, muy diferente el panorama historiográfico valenciano del del resto de España [1].

A finales de la década de los 60, al filo del primer Coloquio de Pau, eran muy pocos los trabajos de interés sobre los siglos XIX y XX valencianos. La *Aproximació...* del profesor Reglá, más que una síntesis de Historia del País Valenciano, pretendió ser, y no cabe duda que lo fue, un planteamiento general sugerente, capaz de enmarcar los necesarios trabajos que permitiesen la verdadera síntesis ulterior [2], en el contexto político del despertar de la conciencia valenciana a que tanto estaban contribuyendo, por entonces, nombres como Joan Fuster y M. Sanchis Guarner [3].

Junto a estos nombres, por entonces comenzaban a publicarse los primeros resultados de investigaciones inspiradas en criterios científicos, dentro de esta «renaixença» valenciana, que también llegó a las cátedras de Historia, renovadas gracias a la labor de Joan Reglá, J. M. Jover y Emili Giralt. Antes de 1968 se había publicado un importante trabajo de Enric Sebastià sobre la Restauración: *València en les novel.les de Blasco Ibáñez. Proletariat i burgesia* (Valencia, 1967) y se habían dado a la luz los primeros resultados de la investigación de M. Ardit sobre la crisis del Antiguo Régimen y

---

[1] Como ha señalado J. M. Jover, otro de los renovadores del panorama historiográfico español, y que también fue catedrático en Valencia por entonces, la «atención obsesiva» por la historia de los siglos XVI y XVII fue paulatinamente siendo sustituida en los años 60 por un interés creciente por el siglo XIX, que sólo muy recientemente se ha extendido al siglo XX. Cf. J. M. Jover, «El siglo XIX en la historiografía española contemporánea (1939-1972)», en VV. AA. *El siglo XIX en España: doce estudios,* Barcelona, 1974, pp. 9-152.

[2] Síntesis que, según nuestras noticias, está comenzando a realizarse en un ambicioso proyecto de Historia del País Valenciano, que dirigen, para la Edad Moderna y para la Edad Contemporánea, los profesores Sebastián García Martínez y Manuel Ardit.

[3] J. Fuster: *Nosaltres els valencians,* Barcelona, 1962, trad. castellana de 1967, y M. Sanchis Guarner: *La llengua dels valencians,* Valencia, 1967. Labor política que la derecha valenciana nunca ha perdonado, como lo prueba la reciente campaña difamatoria lanzada contra ellos y culminada en sendos atentados, que han llegado incluso a poner en peligro sus vidas.

de A. Cucó sobre la política valenciana en el siglo XIX⁴. A finales de la década de los 60 iban a aparecer una serie de trabajos aún hoy de imprescindible consulta, como los de Joan A. Lacomba sobre 1917 y Amparo Alvarez Rubio sobre el cooperativismo⁵. También por entonces, un amplio equipo de historiadores preparaba una bibliografía básica sobre movimientos sociales en Cataluña, País Valenciano y Baleares, y los profesores E. Giralt, A. Balcells y J. Termes publicaban una cronología para el período 1800-1939⁶.

De entonces a esta parte, y coincidiendo con el paulatino incremento del interés por lo que convencionalmente llamamos época contemporánea —paralelo, naturalmente, a la crisis del régimen de Franco— han aparecido gran cantidad de trabajos sobre el País Valenciano, que hacen imposible, en un espacio forzosamente reducido como es éste, una referencia detallada y completa. Estamos obligados, en consecuencia, a realizar una mera clasificación de los principales, a sabiendas de que nuestra memoria o nuestro criterio no siempre resultarán satisfactorios.

Señalemos, en primer lugar, el interés que existió, desde muy pronto, por los temas económicos. Una obra fundamental fue el trabajo interdisciplinar publicado ya en 1970 con el título de *L'Estructura económica del País Valencià* (Valencia, 1970)⁷.

Si la economía valenciana contemporánea ha dado pie a numerosas aportaciones fundamentales para la comprensión de nuestra historia reciente, en los últimos nueve años, el despertar de la conciencia valenciana dio también sus frutos en el Primer Congreso de Historia del País Valenciano, celebrado en Valencia del 14 al 18 de

---

⁴ M. Ardit publicaría en 1968 su trabajo sobre *Els valencians de les Corts de Cadis* (Barcelona, 1968).
⁵ J. A. Lacomba: *Crisis i revolució al País Valencià (1917)*, Valencia, 1968, y A. Alvarez Rubio: *Historia del cooperativisme al País Valencià*, Valencia, 1968.
⁶ E. Giralt, A. Balcells y J. Termes: *Els moviments socials a Catalunya, País Valencià i les Illes. Cronologia 1800-1939*, Barcelona, 1967, trad. castellana, 1970. E. Giralt, A. Balcells, A. Cucó, J. Termes, *Bibliografía dels Moviments socials a Catalunya, País Valencià i les Illes*, Barcelona, 1972.
⁷ Dirección técnica a cargo de Ernest Lluch, colaboraron en una obra que trataba desde los antecedentes históricos y las condiciones físicas hasta los diversos sectores económicos, los siguientes especialistas: E. Bono, A. Cañada, E. Dolz, A. García de la Riva, A. Gascón, E. Giménez, E. Giralt, A. López Gómez, T. Llorens, E. Lluch, M. C. Mestre, J. Navarro, R. Pérez Casado, M. Pérez Montiel, J. Petit, E. Soler, J. Soler y V. Ventura.

abril de 1971, y cuyas actas, para la «edad contemporánea», han sido publicadas por la Universidad de Valencia en 1974 [8]. Desde la doble perspectiva científica y cultural valenciana, es necesario señalar el importante papel desempeñado por los organizadores de los «Premios de Octubre», del «Congreso de Cultura Catalana», de la «Escola de Estiu», así como la actividad realizada por el ICE de la Universidad Literaria. Recientemente se ha constituido un «Centro de Estudios Históricos Marxistas».

Por último, señalaremos las revistas especializadas que suelen dar salida a los trabajos realizados sobre Historia Contemporánea del País Valenciano:

— *Saitabi*. Universidad de Valencia. Facultad de Filosofía y Letras.
— *Cuadernos de Geografía*. Universidad de Valencia. Departamento de Geografía (temas de geografía, muchos de los cuales son estudios históricos).
— *Estudis*. Universidad de Valencia. Departamento de Historia Moderna.
— *Estudis d'Història Contemporània del País Valencià*. Universidad de Valencia. Departamento de Historia Contemporánea.
— *Arguments*. L'Estel. Valencia.
— *ITEM. Revista de Ciencias Humanas*. Centro de Estudios Universitarios de Alicante.

1. Historia económica

1.1. Agricultura, propiedad de la tierra, problema agrario

a) Trabajos de «geografía agraria» de interés histórico: Muy especialmente el estudio de E. Burriel: *La Huerta de Valencia, zona sur* (Valencia, 1971); el de V. Gonzálvez Pérez: *El Bajo Vinalopó. Geografía Agraria* (Valencia, 1977); el de J. Costa Mas: *El Marquesat de Denia. Estudio geográfico* (Valencia, 1978), y el de A. López Gómez, «Nuevos riegos en Valencia en el siglo XIX y comienzos del XX», en VV. AA.: *Agricultura, comercio colonial y crecimien-*

---

[8] *Primer Congreso de Historia del País Valenciano*, Universidad de Valencia, vol. IV, *Valencia*, 1974, 794 pp. y 66 comunicaciones.

to económico en la España Contemporánea (Barcelona, 1974, páginas 188-205) [9].

b) Desde una orientación marcadamente histórica y con una atención no sólo a la economía sino también a las cuestiones sociales y políticas, el problema agrario ha sido planteado en el libro de M. Josepa Cucó, Miquel A. Fabra, R. Juan y J. Romero: *La qüestió agraria al País Valencià* (Barcelona, 1978), y en los siguientes artículos: sobre el arroz: M. Villora Reyero, «Sobre la libre introducción del arroz en Valencia», en *Primer Congreso de Historia del País Valenciano,* iv, Valencia, 1974, pp. 167-176; sobre la crisis vitivinícola de finales del siglo xix: Teresa Carnero Arbat, «Las contradicciones de una economía básicamente agraria: el País Valenciano durante el último tercio del siglo xix», *Estudis d'Història Contemporània del País Valencià,* Valencia, 1978, y «Crisi i burgesia conservadora durant la Gran Depressió», en *Estudis d'Historia Agraria,* 1, Barcelona, 1978; sobre la propiedad de la tierra: V. Gonzálvez Pérez, «Situación actual de la propiedad agraria en la provincia de Castellón», *Cuadernos de Geografía,* 19, Valencia, 1976; R. Aracil y M. García Bonafé, «El problema de la terra a Sueca», *Arguments,* 1, Valencia, 1974; P. Ruiz Torres, «Notas para el estudio de la propiedad de la tierra en el País Valenciano a principios del siglo xix», en VV. AA.: *La Cuestión Agraria en la España Contemporánea.* VI Coloquio de Pau, Madrid, 1976, y «Propiedad de la tierra y estructura de clases en los siglos xviii y xix: los Carrizales d'Elx», en *Estudis d'Història Contemporània del País Valencià,* núm. 1, Valencia, 1979, páginas 77-134, y J. Romero González y J. Cucó Giner, «La estructura de la propiedad de la tierra y los cultivos de la Ribera Baixa durante el siglo xix: El caso de Cullera», en *Saitabi,* xxviii, Valencia, 1978, pp. 137-160.

c) Estudios de economía y antropología social: J. Cucó Giner, «El canvi econòmic, l'estratificació social i el poder polític a una localitat de la Ribera Baixa del Xúquer», *Arguments,* 3, 1977; J. F.

---

[9] Los trabajos realizados en el Departamento de Geografía son muy numerosos y tan sólo hemos entresacado aquellos que presentan un mayor interés histórico y que, además, son trabajos acabados. Entre los que quedan, merece la pena señalar el estudio de J. Piqueras Haba sobre «Propiedad agraria y cultivos en Requena (Valencia)», *Cuadernos de Geografía,* Valencia, 1976.

Mira: *Un estudi d'antropologia social al País Valencià. Els pobles de Vallalta i Miralcamp.* Barcelona, 1974, y *Els valencians i la terra.* Valencia, 1978.

Por último señalemos el ensayo de Luis Font de Mora, *Taronja i caos economic* (Valencia, 1971).

1.2. Industrialización, Banca y ferrocarriles

Emili Giralt realizó un planteamiento histórico sobre la industrialización valenciana en un trabajo que despertó la polémica y que sigue siendo de gran interés: «Problemas históricos de la industrialización valenciana», *Estudios Geográficos,* XXIX (1968) [10]. Planteamientos generales, igualmente de interés, se encuentran en los trabajos de E. Lluch, *La vía valenciana* (Valencia, 1976), J. A. Tomas Carpi, *La economía valenciana: modelos de interpretación* (Valencia, 1976), V. Martínez Serrano, E. Reig y V. Soler: *Evolución de la economía valenciana, 1878-1978* (Valencia, 1978). También desde una perspectiva sociológica, J. Picó López, *Empresario e industrialización. El caso valenciano* (Madrid, 1976).

Estudios más concretos se han realizado sobre la industria textil alcoyana (R. Aracil y M. García Bonafé: *Industrialització al País Valencià. El cas d'Alcoi,* Valencia, 1974), sobre la industria del calzado en el valle del Vinalopó (J. M. Bernabé Maestre, *La industria del calzado en el valle del Vinalopó,* Valencia, 1976, e *Industria i subdesenvolupament al País Valencià,* Mallorca, 1975); así como el trabajo de T. Carnero y J. Palafox, que es un intento de presentar «El funcionament de putting-out al si d'una economía senyorial», *Recerques,* 5, 1975, y el de A. Yanini, «La industria textil de Onteniente», *Estudis d'història contemporània del País Valencià.*

El papel de la Banca ha merecido un interés creciente, desde el ya clásico trabajo de Roselló Verger y Bono Martínez, *La Banca al País Valencià* (Valencia, 1973), al reciente e importante estudio de Clementina Ródenas, *Banca i Industrialització. El cas valencià*

---

[10] El artículo de E. Giralt desencadenó una interesante polémica sobre el fracaso de la revolución industrial en el País Valenciano, en la que intervinieron J. Nadal (con una comunicación presentada al Primer Congreso de Historia del País Valenciano, que luego ha sido publicada), M. García Bonafé: «El marco histórico de la industrialización valenciana», *Información Comercial Española,* enero de 1974, y recientemente J. A. Tomás Carpi: *La economía valenciana: modelos de interpretación,* Valencia, 1976.

1840-1880 (Valencia, 1978). Telesforo M. Hernández Sempere está trabajando sobre los ferrocarriles y ha publicado algunos de sus primeros resultados («La etapa especulativa del ferrocarril español: un ejemplo práctico: el Madrid and Valencia railway», en *Estudis,* 4, Valencia, 1975; y «Notas para un estudio sobre un tipo específico de sociedades anónimas del siglo xix: La sociedad del ferrocarril del Grao de Valencia a Almansa», en VV. AA.: *Estudios de Historia de Valencia,* Valencia, 1978.

1.3. Historia de la población

Desde una perspectiva de demografía histórica son importantes los trabajos de P. Pérez Puchal, *Geografía de la població valenciana,* Valencia, 1977; los de J. E. Castelló («Bases de la demografía contemporánea del País Valenciano», en VV. AA.: *Siete Temas de Historia Contemporánea del País Valenciano,* Valencia, 1974, y *El País Valenciano en el censo de Floridablanca (1787),* Valencia, 1978); e¹ polémico estudio de F. Bustelo, «La població del País Valencià al segle xviii», en *Recerques,* 5, Barcelona, 1975; y los trabajos de V. González sobre *Crevillente. Estudio urbano y demográfico* (Valencia, 1971), «Notas sobre la demografía de la provincia de Alicante», *Cuadernos de Geografía,* 11, Valencia, 1972, y *La ciudad de Elche. Estudio geográfico* (Valencia, 1976). En el marco de lo que cabría llamar geografía urbana, pero con un aprovechamiento histórico del tema, señalemos el estudio de M. Sanchis Guarner sobre *La Ciutat de Valencia. Síntesis d'Historia i de Geografia urbana* (Valencia, 1972); así como el más especializado trabajo de Teixidor de Otto, *Funciones y desarrollo urbano de Valencia* (Valencia, 1976). Para una síntesis de la evolución de la población valenciana hay todavía que acudir a R. Pérez Casado, «Demografía», *L'Estructura economica del País Valencià,* i, Valencia, 1970.

2. *Historia social, historia política, ideologías*

2.1. Crisis del Antiguo Régimen y revolución burguesa

Las aportaciones fundamentales al período 1808-1843 son: el trabajo de Enric Sebastiá, «Crisis de los factores mediatizantes del régimen feudal. Feudalismo y guerra campesina en la Valencia de

1835», en VV. AA.: *La cuestión agraria en la España Contemporánea*, Madrid, 1976. El libro de M. Ardit, *Revolución liberal y revuelta campesina* (Barcelona, 1977). El libro de J. Brines Blasco, *La desamortización eclesiástica en el País Valenciano durante el trienio constitucional* (Valencia, 1978).

También tienen interés los trabajos de I. Morant sobre la crisis del régimen señorial en el ducado de Gandía, de P. Ruiz Torres, sobre el marquesado de Elche, de F. J. Hernández Montalbán sobre el problema de los señoríos durante el trienio constitucional y el pionero estudio de A. Blesa Cuñat sobre los pleitos de señorío posteriores al Decreto de 1811 [11].

2.2. Por lo que respecta a la época de Isabel II contamos con el reciente libro de J. Azagra Ros, *El bienio progresista en Valencia. Análisis de una situación revolucionaria (1854-56)* (Valencia, 1978). La Restauración y la monarquía de Alfonso XIII han dado lugar a estudios como los de E. Sebastia (citado al principio), de A. Cucó, *Republicans i camperols revoltats* (Valencia, 1975), y el de Luis Aguiló Lucía, *Sociología electoral valenciana (1903-1923)* (Valencia, 1976).

2.3. El movimiento obrero hasta la Segunda República fue objeto de una serie de comunicaciones de X. Paniagua, J. Prats, A. Al-

---

[11] A. Blesa Cuñat, «Aportación al estudio de los pleitos del señorío posteriores al Decreto de 1811», en *Primer Congreso de Historia del País Valenciano. I. Morant Deusa, Economía y Sociedad en un señorío del País Valenciano: El ducado de Gandía. Siglos XVIII y XIX*, Gandía, 1978. P. Ruiz Torres, «La crisis del régimen señorial en el País Valenciano: el señorío de Elche», *Estudis d'Història Contemporània del País Valencià*, Valencia, 1978. B. Clavero, P. Ruiz Torres y F. J. Hernández Montalbán, *Estudios sobre la revolución burguesa en España*, Madrid, 1979. El profesor J. Brines, tras su libro sobre la desamortización en el trienio y un artículo sobre «El proceso de amortización eclesiástica en el País Valenciano», *Estudis 3*, 1974, prepara otro libro sobre la desamortización de Mendizábal, del que ha salido un avance sobre la desamortización en la ciudad de Valencia en VV.AA., *Estudios de Historia de Valencia*. Sobre el período 1808-1943 es preciso mencionar, por el interés que presentan, una serie de trabajos que son anticipos de tesis doctorales en curso de realización: M. Baldó Lacomba, «Els inicis de l'ominosa década al País Valenciá: aspectes d'una contrarrevolucio (1823-1827), *Estudis d'Història Contemporània del País Valenciá*, Valencia, 1978; en el mismo libro: J. Romeu Llorach, «El equivalente y otras contribuciones en el País Valenciano», así como los trabajos de J. Millán y C. García Monerris, respectivamente, sobre el carlismo y el Patrimonio Real en el País Valenciano.

varez, etc., presentadas al Primer Congreso de Historia del País Valenciano [12]. Es de destacar, además de los trabajos de A. Alvarez y A. Cucó, la aportación de J. Romero, «Notes per a l'estudi dels origens del moviment obrer al País Valencià (1868-1909)», *Arguments*, 3, 1977.

2.4. Para el campo de las ideologías, el libro fundamental sigue siendo el estudio de A. Cucó sobre *El valencianisme polític (1874-1936)* (Valencia, 1971; traducción castellana, 1977). Igualmente hay artículos publicados que tratan del pensamiento económico, como los de E. Lluch, «Pensamiento económico e industrialización sedera valenciana (1740-1840)», *Siete Temas de Historia Contemporánea del País Valenciano* (Valencia, 1974); M. A. Fabra i Sanchez, «Valecianisme i economia: Ignasi Villalonga (1895-1973)», *Arguments*, 2, 1975; y Picó, Proteccionisme i classe dominant en el País Valencià 1900-1970», *Arguments*, 3, 1977. Por último, señalemos el trabajo de P. Vickers sobre «Vicente Blasco Ibáñez. Literatura e ideología (1880-1905)», *Siete Temas*...

2.5. Sobre la Segunda República y la guerra civil contamos con los trabajos de A. Cucó, «L'anarco-sindicalisme i l'Estatut d'Autonomia del País Valencià 1936-1939», *Recerques*, 2, Barcelona, 1972; y *Estatuismo y valencianismo* (Valencia, 1976). Las comunicaciones de I. Moles, Arrue y García Alix al *Primer Congreso de Historia del País Valenciano* [13] y el estudio de J. V. Marques, «Derecha Regio-

---

[12] *Primer Congreso de Historia del País Valenciano,* volumen IV, Valencia, 1974; X. Paniagua y J. Prats, «Contribución al estudio del movimiento lingüístico, 1905-1935», pp. 533-580; J. Pérez Montaner, «Els fets d'Alcoi de 1909 i la guerra de Marroc», pp. 589-595; A. Alvarez, «La Semana Trágica en Valencia», páginas 597-602; S. Pedrós, «Revolta a Cullera, 1911», pp. 603-622; A. Cucó, «Notes per a l'estudi de les agitacions camperoles valencianes: la revolta agrària de 1919», pp. 623-634; S. Franch Benavent, «Notes sobre l'origen del PSOE al sud del País Valencià», pp. 581-588; del mismo autor, «Les crisis internes del PSOE al País Valencià, 1921, 1931, 1934», pp. 641-648. Sobre la CNT: Alfons Cucó Giner, «Contribución al estudio del anarco-sindicalismo valenciano», *Saitabi,* XXII, Valencia, 1972, pp. 69-85.

[13] *Ibidem,* I. Molas, «Les institucions politiques segons l'avantproyecte d'Estatut d'Autonomía», pp. 691-699; C. García Alix, «Los Diputados valencianos en las Cortes de la Segunda República», 701-709; A. Alvarez, «El Sindicato de oposición a la CNT en el País Valenciano», pp. 711-716; V. Arrue, «La formació del Frent Popular al País Valencià, pp. 717-725.

nal Valenciana. Les condicions de possibilitat d'un grup polític», *Arguments,* 1, Valencia, 1974.

Sobre sociología electoral es fundamental el libro de L. Aguiló Lucía, *Las elecciones en Valencia durante la Segunda República* (Valencia, 1974).

Por último, sobre las colectivizaciones durante la guerra civil, J. A. Moreno Badía, «Les collectivitzacions al P. V. 1936-1939», *Primer Congreso de Historia del País Valenciano;* y A. Bosch, «Las colectividades agrarias en el País Valenciano: problemas y características», *Estudis d'Historia Contemporània del País Valencià* (Valencia, 1978). Así como los dos trabajos de R. Aracil y M. García Bonafé, aparecidos en *Arguments,* 1 (Valencia, 1974), «El problema de la terra a Sueca» y «Alcoi i la guerra civil: les collectivizacions».

2.6. Los últimos cuarenta años comienzan a despertar el interés de los investigadores. Señalemos el estudio de Damia Molla, «La formació social valenciana dels any 70. Análisi de les relacions socials del procés de treball durant les decades cinquanta i seixanta», *Arguments,* 2, 1975. Los estudios anteriormente citados de Martínez Serrano-E. Reig, T. Carpi, J. F. Mira, etc., y la atención que ha recibido el movimiento obrero bajo el franquismo, por parte de dos libros sobre este tema realizados por J. Picó, *El moviment obrer al País Valencià sota el Franquisme* (Valencia, 1977) y J. Sanz, *El movimiento obrero en el País Valenciano (1939-1976)* (Valencia, 1976). Recientemente, Martínez Sospedra, Muñoz Pellin, Aguiló i Lucía, Bosch Palanca y Serrano Martín, han publicado un estudio sobre *Las elecciones del 15-6-77 en la circunscripción de Valencia* (Valencia, 1979).

2.7. Cuestión nacional:

Además de los trabajos de A. Cucó, anteriormente citados, es preciso mencionar los planteamientos históricos que recoge la obra colectiva, bajo el seudónimo de Pere Sisé, *Raons d'identitat del País Valencià* (Valencia, 1977).

En el marco del debate sobre los Países Catalanes, la polémica recogida en *Taula de Canvi,* enero-febrero de 1977, con intervenciones de J. Fontana, A. Cucó, C. Dolc, E. Lluch, V. Soler, J. Guía y R. Ribó. Y los trabajos de J. M. Carreras-E. Giralt-E. Lluch i

F. Roca, «Nació i regió al Països Catalans: economia, politica, estructures territorials i ideologies», y de A. Cucó, «Dinamica dels Països Catalans: una perspectiva valenciana», ambos en *Arguments,* 3, Valencia, 1977.

Estado de la cuestión de la historiografía de Madrid

Angel Bahamonde y Julián Toro

Del Madrid del siglo XIX se ignora casi todo, y los tópicos inundan la bibliografía existente. Por no saber, ni siquiera disponemos de datos demográficos fiables, sobre todo, para la primera mitad de siglo. Se siguen repitiendo hasta la saciedad los datos procedentes del Diccionario de Madoz, que precisan una crítica a la mayor brevedad posible.

Al vacío demográfico hay que unir un desconocimiento casi total sobre niveles de industrialización, conflictividad social o evolución de la vida municipal madrileña; y esto, por poner algunos ejemplos.

Otro dato a tener en cuenta es la errónea generalización de hacer historia de Madrid cuando lo que resulta es historia de España. Para ello, es preciso hacer ciertas precisiones que.delimiten la historia local de Madrid. La principal de ellas es concretar el grado de influencia de los organismos estatales (políticos, administrativos...) en la vida madrileña. Existe un Madrid de funcionarios o una gran burguesía madrileña, porque la capital de la nación es el centro de decisiones del Poder, lo que provocará un continuo aflujo de burguesía periférica hacia la Corte. Pero asimismo existe una pequeña burguesía rentista, especuladora, artesanal o industrial, específicamente madrileña. Igualmente existen unas capas populares con unas características propias, generándose una lucha de clases con rasgos distintos a la de los centros industriales.

La bibliografía existente sobre el Madrid del siglo XIX, salvo excepciones, peca de un excesivo costumbrismo y de falta de método. Del siglo XX la carencia es casi total.

Las principales fuentes utilizadas hasta ahora siguen siendo las obras literarias de Mesonero Romanos, Galdós, Pío Baroja o el omnipresente Madoz.

La utilización de los archivos locales viene de tiempo reciente, quedando una gran temática por analizar. Precisamente, son los archivos de la Villa y de la Diputación Provincial, y la Biblioteca Municipal, los centros básicos a partir de los cuales tendrán que vertebrarse las futuras investigaciones.

La propia estructura del Archivo de la Villa es indicadora de la serie de temas que pueden analizarse. Este centro se subdivide en las siguientes secciones: Secretaría, Corregimiento, Estadística, Contaduría, Beneficencia, Quintas, Milicia Nacional y Alcaldes de Barrio. La documentación abarca desde la Edad Media hasta fines del siglo xix, con algunas proyecciones en el xx.

El Archivo de la Diputación Provincial posee inestimables fondos sobre los establecimientos de beneficencia dependientes de ella.

Otros tres centros, igualmente importantes, son el Archivo de Protocolos Notariales, el Registro de la Propiedad de Madrid y el Archivo de la Sociedad Económica Matritense de Amigos del País. A ellos habría que añadir los otros archivos y hemerotecas de ámbito nacional, con sede en Madrid.

BIBLIOGRAFÍA

La bibliografía hasta 1967 se encuentra recogida en la obra en dos tomos de José Luis Oliva Escribano: *Bibliografía de Madrid y su provincia.* El tomo i está dedicado a manuscritos e impresos, y el ii a artículos de publicaciones periódicas.

En cuanto a la bibliografía más reciente, las principales obras son:

Angel Bahamonde Magro y Julián Toro Mérida: *Burguesía, especulación y cuestión social en el Madrid del XIX,* Madrid, 1978.

Colegio Oficial de Arquitectos de Madrid: *Cartografía básica de la ciudad de Madrid. Planos históricos, topográficos y parcelarios de los siglos XVII, XVIII, XIX y XX,* Madrid, 1979.

Antonio Fernández García: *El abastecimiento de Madrid en el reinado de Isabel II,* Madrid, 1971.

Carmen García Monerris: «Los gremios de Madrid en los siglos xviii y xix. Aproximación al proceso de disolución gremial», Memoria de licenciatura, Universidad de Granada, 1977.

Carmen del Moral: *La sociedad madrileña fin de siglo y Baroja,* Madrid 1974.

Juan Sisinio Pérez Garzón: *Milicia Nacional y Revolución burguesa. El prototipo madrileño (1808-1874),* Madrid, 1978.

Soledad Puértolas: *El Madrid de la «lucha por la vida»,* Madrid, 1971.

Eulalia Ruiz Palomeque: *Ordenación y transformaciones urbanas del casco antiguo madrileño durante los siglos XIX y XX,* Madrid, 1976.

José María Sanz García: *Madrid, ¿capital del capital español? Contribución a la geografía urbana y a las funciones geoeconómicas de la Villa y Corte,* Madrid, 1975.

Carmen Simón Palmer: *La enseñanza privada seglar de grado medio en Madrid (1820-1868).*

Francisco Simón Segura: *La desamortización de Mendizábal en la provincia de Madrid,* Madrid, 1969.

J. A. Torrente Fortuño: *Historia de la bolsa de Madrid,* 2 vols., Madrid, 1976.

J. R. Urquijo Goitia: «Madrid, revolución y milicia en el Bienio», Memoria de licenciatura, Universidad de Valencia, 1977.

Hay que añadir ciertas obras históricas reeditadas como las de Mesonero Romanos, Fernández de los Ríos, Castro, Amador de los Ríos, etc.

Por último, el Instituto de Estudios Madrileños edita anualmente sus *Anales,* donde se recogen una gama variada de artículos de historia madrileña.